Entscheidungen

des

Reichsgerichts.

Herausgegeben

von

den Mitgliedern des Gerichtshofes
und der Reichsanwaltschaft.

Entscheidungen in Zivilsachen.

Neue Folge.

Fünfundvierzigster Band.

Der ganzen Reihe fünfundneunzigster Band.

Leipzig,
Verlag von Veit & Comp.
1919

Entscheidungen

des

Reichsgerichts

in

Zivilsachen.

Neue Folge.

Fünfundvierzigster Band.

Der ganzen Reihe fünfundneunzigster Band.

Leipzig,
Verlag von Veit & Comp.
1919

Druck von Metzger & Wittig in Leipzig.

Inhalt.

I. Bürgerliches Recht.

Reichsrecht.

II. Öffentliches Recht.

III. Gerichtliches Verfahren.

1. Zum Einfluß des Krieges auf die Höhe einer Unfallrente.

VI. Zivilsenat. Urt. v. 8. Juli 1918 i. S. D. (Bekl.) w. K. (Kl.). Rep. VI. 136/18.

I. Landgericht Elberfeld.
II. Oberlandesgericht Düsseldorf.

Wegen eines Unfalls, den er am 15. Oktober 1909 erlitten, hat der Kläger den Beklagten auf Schadensersatz in Anspruch genommen und ein rechtskräftiges Urteil über den Grund des Anspruchs erlangt. In dem jetzt angefochtenen Urteil ist sodann über die Höhe der zu leistenden Entschädigung entschieden worden. Der Beklagte hat Revision eingelegt, die erfolglos geblieben ist.

Gründe:

„Das Berufungsgericht stellt fest, daß der Kläger vor dem Unfall ein Durchschnittseinkommen von jährlich 3475 *M* hatte, berücksichtigt weiter die Niederlassung eines Konkurrenten und nimmt an, daß er, wenn er den Unfall nicht erlitten hätte, auch künftig einen Verdienst von 3000 *M* gehabt haben würde. Nur im Jahre 1914, dem ersten Kriegsjahre, würde sich der Verdienst auf 2500 *M* vermindert haben; für die spätere Kriegszeit sei namentlich mit Rücksicht auf die erhebliche Steigerung der Handwerkerpreise das Jahreseinkommen des Klägers ohne den Unfall wieder auf 3000 *M* zu schätzen. Dann wird der tatsächliche Verdienst des Klägers in den Jahren 1910 bis 1913 ermittelt und der Unterschied als Unfallsschaden betrachtet, für die spätere Zeit aber wird der Schaden auf die Hälfte des ohne den Unfall zu erwartenden Verdienstes geschätzt. Demgemäß spricht das Berufungsgericht dem Kläger für das letzte Vierteljahr 1914 312,50 *M* und für die Jahre 1915 bis 1917 zusammen 4500 *M* zu, für die Zeit vom 1. Januar 1918 an aber bis zur Vollendung des 65. Lebensjahres eine jährliche Rente von 1500 *M*.

Die Revision bekämpft die Zuerkennung einer Rente während der Kriegszeit. In der vorigen Instanz habe der Beklagte unter Berufung auf eine dienstliche Auskunft des Bezirkskommandos E. behauptet, daß der Kläger ohne den Unfall seit Kriegsbeginn zum Heere einberufen worden wäre; als Soldat würde er aber nicht mehr verdient haben als in seinem jetzigen Zustande. Daß der Beweis nicht erhoben worden sei, verstoße gegen § 286 oder § 313 Nr. 4 ZPO.

Die Rüge kann nicht als begründet anerkannt werden. Das Berufungsgericht hat den Einwand geprüft und kommt zu dem Ergebnis, es stehe völlig dahin, ob der Kläger als ungedienter Landsturmpflichtiger des Jahrgangs 1879 noch zum Heeresdienst eingezogen sein würde. Mit so unbestimmten Möglichkeiten könne nicht gerechnet werden, auch hätte der Kläger, selbst wenn er ohne den Unfall diensttauglich gewesen sein sollte, mit Rücksicht auf seine Familienverhältnisse, seine Stellung als selbständiger Meister und auch aus sonstigen Gründen frei bleiben können. Mit dieser Erwägung hat sich das Berufungsgericht innerhalb der seinem freien Ermessen gezogenen Schranken gehalten. Nach dem eingreifenden § 287 ZPO. bleibt es dem Ermessen des Gerichts überlassen, ob es bei der Ermittelung der Schadenshöhe eine beantragte Beweisaufnahme anordnen will; der Schaden kann auch abgeschätzt werden, ohne daß alle von den Parteien angebotenen Beweismittel erhoben werden (vgl. auch RGZ. Bd. 76 S. 175). Daß sich das Berufungsgericht bei der Abschätzung auf einen grundsätzlich falschen Satz gestützt hätte, womit ein Aufhebungsgrund gegeben sein könnte, ist nicht ersichtlich; in tatsächlicher Hinsicht sind aber seine Erwägungen nicht nachzuprüfen. Unbegründet sind ferner die Bedenken, die die Revision in der mündlichen Verhandlung dagegen vorgebracht hat, daß das Berufungsgericht den Kläger als ungedienten Landsturmpflichtigen des Jahrgangs 1879 bezeichnet, denn eine entsprechende Behauptung hatte der Kläger in seinem vorgetragenen Schriftsatze vom 11. Dezember 1917 aufgestellt, und der Beklagte hat ihr, soweit ersichtlich, nicht widersprochen. Daß aber § 313 Nr. 4 ZPO. verletzt sein sollte, ist nicht zuzugeben, denn das angefochtene Urteil enthält nicht nur überhaupt Entscheidungsgründe, sondern hat auch hinreichend erkennbar gemacht, weswegen auf die aufgestellte Behauptung nicht eingegangen und der beantragte Beweis nicht erhoben worden ist."...

---

2. Zur Lehre vom Schadensersatzanspruch bei Werkverträgen.

BGB. §§ 635, 276.

VII. Zivilsenat. Urt. v. 20. September 1918 i. S. Firma C. W. (Kl.) w. Firma E. & St. (Bekl.). Rep. VII. 133/18.

I. Landgericht Duisburg.
II. Oberlandesgericht Düsseldorf.

Auf Grund eines Werkvertrags hat die Beklagte im Jahre 1907 der Klägerin die Maschinen für eine Schotteranlage geliefert und in den von der Klägerin errichteten Gebäuden auf den von derselben hergestellten Unterlagen angebracht. Die Klägerin erhob verschiedene Bemängelungen, vor allem die, daß die Anlage nicht die zugesicherte Leistungsfähigkeit besitze. Sie erhob nach längeren Verhandlungen die Wandlungsklage auf Rücknahme der Maschinen und Rückzahlung der bezahlten 4000 *M*. Die Klage drang in der Hauptsache durch; nur ein Teilbetrag von 545,60 *M* wurde abgewiesen, weil die Klägerin in dieser Höhe Nutzen aus der Anlage gezogen hatte. Ihr Versuch, insoweit mit einer Schadensersatzforderung wegen entgangenen Gewinns aufzurechnen, wurde abgelehnt, da kein Verschulden der Beklagten dargetan sei. Am 14. November 1911 entfernte die Beklagte die Maschinen, und am 11. Januar 1912 erhob die Klägerin die gegenwärtige Klage, mit der sie aus dem Gesichtspunkte des Schadensersatzes Zahlung von 16877,04 *M* und Zinsen verlangt. Diesen Betrag behauptete sie aufgewendet zu haben, um die Gebäude und die Unterlagen für die Maschinen herzustellen.

Das Landgericht gab durch ein Teil- und ein Schlußurteil der Klage in Höhe von zusammen 12150 *M* und Zinsen statt, weil die Klägerin diese Summe über den Vertragspreis hinaus aufwenden müsse, um unter Verwendung der von ihr errichteten Gebäude und Maschinenunterlagen ein Schotterwerk zu erhalten, wie es dem Vertrage mit der Beklagten entspreche. Die Beklagte legte gegen beide Urteile, die Klägerin gegen das ihre Klage zum Teil abweisende Schlußurteil Berufung ein. Das Oberlandesgericht beschränkte die Verhandlung auf die von der Beklagten erhobenen Einwände der rechtskräftig entschiedenen Sache und der Verjährung und auf die weitere Frage, ob die Klägerin nach durchgeführter Wandlung ihren Schadensersatzanspruch überhaupt noch geltend machen könne. Es gelangte alsdann zur Abweisung der Klage.

Die Revision der Klägerin wurde zurückgewiesen.

Gründe:

„Das Oberlandesgericht geht ebenso wie das Landgericht davon aus, daß die Beklagte bei Erfüllung des Vertrags mit der Klägerin fahrlässig gehandelt habe, weist die Klage aber gleichwohl ab, weil der geltend gemachte Schadensersatzanspruch nicht neben, sondern nur statt der Wandlung verfolgt werden könne. Die dagegen erhobenen Angriffe der Revision gehen fehl. Das Oberlandesgericht unterscheidet in Anlehnung an die reichsgerichtliche Rechtsprechung (RGZ. Bd. 62 S. 119, Bd. 64 S. 41, Bd. 66 S. 12, Bd. 71 S. 173; Warneyer 1915 S. 204) zutreffend zwischen dem Anspruch auf Schadensersatz wegen Nichterfüllung, den der Besteller eines Werkes nach § 635 BGB. gegen den Unternehmer statt der Wandlung oder Minderung geltend machen kann, und dem aus § 276 abzuleitenden weiteren Schadensersatzanspruch. Den Unterschied zwischen den beiden Ansprüchen findet es mit Recht darin, daß im ersteren Falle ein unmittelbarer Zusammenhang des Schadens mit den beiderseitigen Leistungen aus dem Werkvertrage gegeben ist, während der Schaden im zweiten Falle erst durch das Hinzutreten eines besonderen selbständigen Ereignisses vermittelt wird, und daß er für den Besteller in dem ersteren Falle schon zu dem Zeitpunkt erwachsen sein muß, zu dem die kurze Verjährung nach § 638 zu laufen beginnt, was im zweiten Falle nicht erforderlich ist. In dem ersten Falle ist es derselbe Mangel des Werkes, der das Recht auf Wandlung oder Minderung entstehen läßt und auch den Schaden herbeiführt, in dem zweiten Falle erwächst der Schaden dem Besteller nicht lediglich aus jenem Mangel. Liegt ein Schaden der ersteren Art vor, so gibt der § 635 dem Besteller die Wahl, ob er Wandlung oder Minderung oder Schadensersatz fordern will. Die Vorschrift des § 635 ist in dieser Beziehung unzweideutig, sie gewährt keinen Anhalt für die gegenteilige Auslegung der Revision, daß der Schadensersatzanspruch des § 635 auch neben einer durchgeführten Wandlung oder Minderung gegeben sei. Zutreffend hebt die Revision hervor, daß die beiden Schadensersatzansprüche sich in der Frage der Verjährung unterscheiden — für den Anspruch aus § 635 läuft die kurze Frist des § 638, für den Anspruch aus § 276 die dreißigjährige Frist des § 195 —; aber dieser Unterschied ist nicht der einzige, wie die Revision will, er ist nur einer von mehreren, er ist auch nicht grundlegend, vielmehr nur eine Folge der oben hervorgehobenen wesentlichen Abweichungen.

In der Entscheidung des Senats vom 18. Juni 1918 (RGZ. Bd. 93 S. 158) wird anerkannt, daß eine auf die Fahrlässigkeit des Unternehmers gestützte Klage auf Ersatz besonderer schadenbringender Wirkungen einer fehlerhaften Werklieferung trotz einer und neben oder nach einer wegen des Fehlers durchgeführten Wandlungsklage zulässig ist. Wenn es dort weiter heißt, daß dafür die §§ 635, 276 BGB. in Betracht kommen, so könnte das mißverständlich erscheinen, allein die zum § 635 angeführte Entscheidung RGZ. Bd. 58 S. 173 rückt die Bedeutung des Satzes sofort in das rechte Licht. Sie sagt nämlich auf S. 178, daß das Gesetz die Geltendmachung der mehreren nach den §§ 634, 635 zulässigen Ansprüche im Eventualitätsverhältnis nicht verbiete. In diesem Sinne kann also ein Schadensersatzanspruch aus § 635 auch neben der Wandlung oder Minderung verfolgt werden. Durchdringen kann aber auch dann immer nur einer der drei mehrgenannten Rechtsbehelfe, und das ist der entscheidende Punkt in den obigen Ausführungen.

Beizutreten ist dem Oberlandesgericht endlich in seiner — von der Revision nicht bemängelten — Entscheidung, daß der Schadensersatzanspruch, wie ihn die Klägerin verfolgt, lediglich auf dieselben Mängel des Werkes gegründet ist, wegen deren die Klägerin die Wandlung erklärt hat. Unerheblich ist dabei, ob man mit der Klägerin die von ihr für die Maschinen hergestellten Gebäude und Unterlagen als nunmehr wertlos erachtet, oder ob man sie mit dem Landgericht als zur Herstellung einer vertragsmäßigen Anlage noch verwendbar und deshalb noch einen gewissen Wert darstellend ansieht. Als die Klägerin sich für die Wandlung entschied, konnte sie bereits übersehen, daß ihre eigenen Arbeiten und Leistungen ganz oder mindestens teilweise wertlos geworden seien. Deshalb mußte sie sich damals bereits entscheiden, ob sie wandeln oder Schadensersatz fordern wolle. Von der einmal getroffenen Wahl kann sie, nachdem sie mit der Wandlung durchgedrungen ist, nach § 635 nicht mehr abgehen.

In einer Entgegnung auf Ausführungen der Revisionsbeklagten hat die Revisionsklägerin noch erklärt, nach ihrer Auffassung sei es zwar nicht nötig, aber, falls erforderlich, könne ja die Klage im Vorprozeß auch als auf Schadensersatz gerichtet gewesen angesehen werden; es sei dann damals eben ein Teil des Schadens verfolgt worden. Dem steht indessen zunächst die formelle Rechtskraft des im Vorprozeß ergangenen Urteils entgegen. In Rechtskraft erwächst nicht bloß die Urteilsformel; sie und die Gründe bilden zusammen die Entscheidung, vgl. RGZ. (VZS.) Bd. 33 S. 4, und danach ist im Vorprozeß nur die Wandlungsklage erhoben und durchgedrungen. Das ist bisher auch weder in dem früheren noch in dem jetzigen Rechtsstreite, weder von den Parteien noch von den Gerichten in Zweifel gezogen worden. Weiter aber kommt auch materiell in Betracht, daß die Schadensersatzklage immer nur auf ein Verschulden der Beklagten hätte gegründet werden können. Der Versuch der Klägerin, im Vorprozeß mit einer Schadensersatzforderung wegen entgangenen Gewinns gegen gewisse Gegenansprüche der Beklagten aufzurechnen, ist aber gerade deshalb zurückgewiesen worden, weil ein Verschulden der Beklagten nicht dargetan sei. Auch deshalb kann die Klage, mit der die Klägerin in dem früheren Rechtsstreit obgesiegt hat, nicht die Schadensersatzklage gewesen sein." . . . .

---

3. Zur Anwendung des § 313 Satz 1 BGB.

VI. Zivilsenat. Urt. v. 25. November 1918 i. S. M. (Bekl.) w. H. (Kl.). Rep. VI. 254/18.

I. Landgericht II Berlin.
II. Kammergericht daselbst.

Inhaltlich einer notariellen Urkunde vom 16. Juni 1913 hat der Kläger bekannt, dem Kaufmanne R. aus Frankfurt a. M. aus barem Darlehen 25000 *M* — nebst Zins — zu schulden, und sich verpflichtet, dieses Darlehen am 15. Juli 1914 zurückzuzahlen. Wegen dieser Verpflichtungen hat sich der Kläger der sofortigen Zwangsvollstreckung aus der Urkunde für die Zeit vom 16. Juli 1914 an unterworfen. R. hat seine Rechte hieraus dem Beklagten abgetreten, wogegen dieser die Darlehnssumme zugesagt und nach seiner Behauptung auch gewährt hat, nämlich 17500 ℳ in bar, 7500 ℳ in Grundstücken, die er dem R. verkauft hat. Unstreitig war zur Zeit der Beurkundung des Schuldbekenntnisses vom 16. Juni 1913 von der Schuldsumme an den Kläger noch nichts ausgezahlt; in der Folge sind Zahlungen geleistet worden.

Der Kläger hat verlangt, die Zwangsvollstreckung aus der Urkunde vom 16. Juni 1913 solle für unzulässig erklärt werden, weil das Schuldbekenntnis durch Wucher und Betrug erlangt, die urkundliche Erklärung wie die Forderungsabtretung R.s an den Beklagten auch nur zum Schein abgegeben sei und die vom Beklagten am 10. März 1915 unternommene Zwangsvollstreckung auch für sich genommen eine betrügerische und deshalb gegen die guten Sitten verstoßende Handlung darstelle.

Das Kammergericht gab der Klage ohne Eingehen auf diese Begründung statt. Die Revision ist zurückgewiesen worden.

Aus den Gründen:

... „Das Berufungsgericht hält für erwiesen, daß — neben der Ausstellung der Schuldurkunde vom 16. Juni 1913 — zwischen R. und dem Kläger vereinbart worden sei, der Kläger müsse auf das Darlehen von 25000 ℳ die vom Beklagten an R. verkauften Grundstücke übernehmen. Dadurch habe sich R. dem Kläger gegenüber, da diesem gesagt war, er solle die Grundstücke bekommen, und er sich zur Rückzahlung des vollen Darlehens von 25000 ℳ verpflichtete, zur Übertragung des Eigentums an diesen Grundstücken verpflichtet. Dieser Teil der Vereinbarung hätte daher zu seiner Rechtsgültigkeit nach § 313 BGB. der gerichtlichen oder notariellen Beurkundung bedurft und sei, da es an dieser Form fehle, nichtig. Nach § 139 sei aber demgemäß das ganze Abkommen zwischen R. und dem Kläger einschließlich des Schuldbekenntnisses vom 16. Juni 1913 nichtig, da nach Sachlage angenommen werden müsse, daß R. das Geschäft mit dem Kläger allein bezüglich des (Bar-) Darlehens von 17500 ℳ nicht abgeschlossen hätte, wenn er gewußt hätte, daß die Vereinbarung über die Übertragung der Grundstücke auf den Kläger nichtig sei.

Die Revision wendet hiergegen ein, diese Beurteilung verkenne die Interessenlage. Für R. habe kein Interesse daran bestanden, sich zur Übereignung der Grundstücke zu verpflichten. Ihm habe es genügen müssen, wenn der Kläger sich verpflichtete, die Grundstücke in Anrechnung auf den Darlehnsbetrag in Zahlung zu nehmen (hereinzunehmen), — eine Abrede, die der Formvorschrift des § 313 nicht unterliege. Ebensowenig habe der Kläger ein Interesse daran gehabt, die Grundstücke übereignet zu erhalten; nur notgedrungen habe er sich zu deren Übernahme bereit finden lassen, er habe bares Geld gewollt. Wäre ein auf Übertragung des Eigentums an den Grundstücken gerichteter Vertrag im Sinne des § 313 geschlossen worden, so hätte der Kläger nur deren Auflassung und eine Darlehnssumme von 17500 *M* verlangen können. Würde dagegen nur eine Übernahmepflicht für den Kläger begründet, so habe dieser 7500 *M* in bar fordern können, wenn ihm die Grundstücke nicht übereignet wurden. R. sei auch die Formvorschrift des § 313 durchaus bekannt gewesen.

Diese Ausführungen vermögen das Urteil nicht zu erschüttern.

In der Rechtsprechung des Reichsgerichts steht grundsätzlich fest, daß, wenn durch den Vertrag eine Verpflichtung, das Eigentum an einem Grundstücke zu übertragen, festgesetzt ist, der Formzwang des § 313 nicht nur auf den diese Verpflichtung betreffenden Bestandteil des Vertrags, sondern auf alle Vereinbarungen sich erstreckt, aus denen sich nach dem Willen der Vertragschließenden der schuldrechtliche Veräußerungsvertrag zusammensetzen soll (vgl. RGZ. Bd. 93 S. 220 und die dort angef. Entsch., auch RGZ. Bd. 81 S. 134). Weiter ist in dieser Rechtsprechung anerkannt, daß Verträge rechtlich möglich sind, durch die nur der eine Teil zum Erwerb, nicht auch der andere zur Übertragung des Eigentums an einem Grundstücke verpflichtet wird, und daß Verträge dieser Art der Formvorschrift des § 313 nicht unterliegen (RGZ. Bd. 81 S. 134; Warneyer 1913 Nr. 396 S. 470, 1915 Nr. 42 S. 54 in Abs. 3, 1918 Nr. 71; vgl. auch RGZ. Bd. 82 S. 302; Leipz. Z. 1913 Sp. 293 Nr. 15, Sp. 851 Nr. 17; Komm. v. RGR. Erl. 1 zu § 313).

Indessen nimmt das Berufungsgericht nicht an, daß ein solcher Vertrag hier vorliege. Vielmehr wird aus den Ergebnissen der Beweisaufnahme und dem unstreitigen Sachverhalt gefolgert, der Vertragswille des Klägers und R.s sei dahin gegangen, daß jener die Grundstücke erhalten und volle 25000 *M* zurückzahlen solle. Daß hierbei die von der Revision hervorgehobene Interessenlage übersehen sei, dafür besteht kein Anhalt. Nach Umständen allerdings wird in der Tat ein Abkommen dahin, auf ein zugesagtes Darlehen Grundstücke oder andere Sachen in Zahlung zu nehmen, nur als eine dem Darlehnsgeber eingeräumte Vergünstigung, den Darlehnsnehmer statt Geldzahlung zum Teil anderweit abzufinden, dergestalt zu betrachten sein, daß nur der Darlehnsnehmer zur Hinnahme, zum Erwerb, nicht der Darlehnsgeber zur Übereignung verpflichtet sein solle. Ob und unter welchen näheren Voraussetzungen solchenfalls, sofern es sich um Grundstücke handelt, die Formvorschrift des § 313 eingreift oder nicht, braucht hier im allgemeinen nicht erörtert zu werden. Für den vorliegenden Fall nimmt das Berufungsgericht an, daß die Einigung der

Parteien sich nicht darauf beschränkt habe, dem Darlehnsgeber jene Abfindungsbefugnis einzuräumen, sondern daß weitergehend eine Verpflichtung festgesetzt worden sei, die Grundstücke aus dem Eigentum des R. in das des Klägers zu überführen. Diese Beurteilung des Berufungsgerichts, auf die tatsächlichen Umstände des Falles und die Auslegung des Vertragswillens gestützt, wie sie ist, läßt keinen Rechtsverstoß erkennen. Hat sich der Kläger in der Tat zur Zeit seines Abkommens mit R. — aus welchen Gründen immer — dazu bestimmen lassen, einer Übertragung des Eigentums an den Grundstücken unter Anrechnung von 7500 *M* auf den Darlehnsbetrag zuzustimmen, so kann es nicht für rechtsirrig erachtet werden, wenn das Berufungsgericht anderseits annimmt, R. habe damals eine Verpflichtung zur Übereignung übernommen sich nicht nur eine dahingehende Befugnis einräumen lassen.

Ebensowenig erhellt ein Rechtsverstoß aus den weiteren Erwägungen des Berufungsgerichts, womit es in Anwendung des § 139 BGB. die Rechtsbeständigkeit des ganzen Darlehnsabkommens verneint. Insbesondere ist die Feststellung des Berufungsgerichts, daß R. dem Kläger das Darlehen nur aus den Mitteln geben konnte, die er von dem Beklagten erhielt, dieser aber zur Darlehnsgewährung nur bereit war, wenn die Grundstücke in Zahlung genommen wurden, geeignet und ausreichend, das Urteil zu tragen. Ohne Rechtsirrtum folgert das Berufungsgericht weiter, daß R. jene Grundstücke hiernach seinerseits kaufen mußte, dies aber nur tat in der Erwartung, daß der Kläger sie ihm abnehmen werde, und das Abkommen über die weiteren 17500 *M* des Darlehnskapitals nicht eingegangen wäre, wenn er gewußt hätte, daß das Übereinkommen bezüglich der Grundstücke ungültig sei.

Ist dem so, dann hat R. aus dem gesamten Darlehnsabkommen — einschließlich des klägerischen Schuldbekenntnisses — keinen Anspruch erworben, der Beklagte also auch keinen solchen wider den Kläger von R. übertragen erhalten können. Die Vollstreckung aus der eingangs bezeichneten Schuldurkunde ist mithin unzulässig (§ 797 Abs. 4, § 767 ZPO.; vgl. auch RGZ. Bd. 55 S. 101 und Jur. Wochenschr. 1905 S. 53 Nr. 29).

Die auf Grund des Darlehnsverhältnisses empfangenen Geldzahlungen wird der Kläger allerdings nach Maßgabe des § 812 BGB. zurückzuerstatten haben, also unter besonderen rechtlichen Voraussetzungen, für die insbesondere auf § 818 Abs. 3 und § 822 hingewiesen sei. Für diesen Anspruch aber besteht keine vollstreckbare Urkunde, er ist hier gar nicht im Streite."...

4. Zur Auslegung einer der Verbürgung für ein Vereinbarungsdarlehen beigefügten Abrede, wonach der Bürge nur bis zu der zu ermittelnden Höhe der jenem zugrundeliegenden Werklohnforderung haften soll. Form einer solchen Abrede.

BGB. §§ 117, 133, 139, 607 Abs. 2, 766.

VI. Zivilsenat. Urt. v. 19. Dezember 1918 i. S. Po. (Kl.) w. Pau. u. Gen. (Bekl.). Rep. VI. 157/18.

I. Landgericht Leipzig.
II. Oberlandesgericht Dresden.

Die Beklagten sind aus einer Urkunde vom 9. April 1913 als Bürgen in Anspruch genommen und in erster Instanz verurteilt worden. Das Berufungsgericht hat die Klage abgewiesen. Das Urteil wurde auf die Revision des Klägers aufgehoben.

Aus den Gründen:

„In der Urkunde vom 9. April 1913 hat der Hauptschuldner erklärt, dem Kläger aus einem über den Umbau seines Hauses geschlossenen Werkvertrage 29000 ℳ schuldig geworden zu sein. Beide Parteien haben inhaltlich derselben Urkunde vereinbart, daß der Hauptschuldner dem Gläubiger künftig diesen Betrag als Darlehen schulde und vom 1. April 1913 an jährlich mit 5% zu verzinsen habe.

Die beklagten Bürginnen erklären in der Urkunde, „für die oben erwähnte(n) Darlehnsschuld(en) samt Anhang selbstschuldnerische Bürgschaft" zu übernehmen. Das Berufungsgericht hält weiter für erwiesen, daß vor Unterzeichnung der Urkunde den Bürginnen mündlich zugesichert worden sei, daß sie aus der Bürgschaft nicht wegen der Summe von 29000 ℳ, sondern nur wegen des Betrags, der bei Nachprüfung der Baukostenrechnungen nach Fertigstellung des Umbaues als dem Kläger gebührend durch einen Sachverständigen festgesetzt werde, in Anspruch genommen werden würden. Nur unter dieser Zusicherung, stellt es fest, hätten sie die Bürgschaft übernommen; der Kläger sei damit und daß diese Vereinbarung neben der Urkunde Geltung haben solle, einverstanden gewesen.

Das Berufungsgericht hält diese mündliche Vereinbarung für unwirksam, weil sie der in § 766 BGB. vorgeschriebenen Schriftform ermangele; es komme ihr nicht nur die Bedeutung einer die Bürgschaft erleichternden und deshalb formlos gültigen Nebenabrede zu. Vielmehr sei davon auszugehen, daß die Umwandlung der Werklohnforderung des Klägers in eine Darlehnsforderung nach dem Willen der Beteiligten mit der Wirkung beabsichtigt gewesen sei, daß an Stelle des Schuldgrundes aus dem Werkvertrage der neue Schuldgrund aus dem Darlehnsvertrag treten und damit der erstere Schuldgrund beseitigt werden solle.

Während nun die schriftliche Bürgschaftserklärung nach zweifelsfreiem, nicht auslegungsbedürftigem und deshalb auch nicht auslegungsfähigem Wortlaut für die Darlehnsforderung abgegeben sei, enthalte die mündliche Nebenabrede eine vollständige Änderung der Bürgschaftsverpflichtung in Ansehung der Hauptschuld, als welche im Sinne jener mündlichen Abmachung die ursprüngliche Werklohnforderung — in einer erst durch Sachverständige zu ermittelnden Höhe — anzusehen sei. Bei dieser Tragweite habe die mündliche Abmachung zur Wirksamkeit der Schriftform bedurft. Aber auch die schriftliche Bürgschaftserklärung sei unwirksam; ihr Inhalt sei, wie sich aus der Vereinbarung, daß daneben die mündliche Abrede gelten solle, ergebe, nicht gewollt, vielmehr nur zum Schein (§ 117 BGB.) erklärt worden. Ihre Unwirksamkeit ergebe sich aber auch aus § 139 BGB., weil die Bürginnen die schriftliche Erklärung nicht ohne die mündliche Abänderung abgegeben haben würden.

Hiernach können nach Ansicht des Berufungsgerichts die Bürginnen aus der in Rede stehenden Verbürgung überhaupt nicht in Anspruch genommen werden.

Mit Recht wendet sich die Revision gegen dieses Auslegungsergebnis. Das Berufungsgericht hat hierbei der Vorschrift des § 133 BGB., daß der wirkliche Wille zu erforschen und nicht an dem buchstäblichen Sinne des Ausdrucks zu haften sei, nicht völlig zu genügen vermocht. Nicht zu beanstanden ist die Auffassung, daß die Verbürgung für eine Darlehnsforderung erklärt sei; rechtlich nicht begründet dagegen ist die Annahme, daß Umfang und Tragweite dieser Bürgschaft nicht von der Ermittelung der Höhe des dem Kläger aus dem Werkvertrage zukommenden Guthabens hätten abhängig gemacht werden können. Zu Unrecht legt das Berufungsgericht hierbei auf die Umschaffung der ursprünglichen Werklohn- in eine Darlehnsforderung entscheidendes Gewicht; zur Willenserforschung in dem durch § 133 gebotenen Maße und Sinne genügt insbesondere dieser formalrechtliche Gesichtspunkt nicht.

Ohne weiteres erhellt, daß für die Rechtslage der Bürginnen die rechtliche Fundierung der Hauptschuld und deren juristische Betrachtungsweise bedeutungslos war. Nach dem festgestellten Sachverhalte kam es für die Bürginnen nur darauf an, zu keiner größeren Leistung verpflichtet zu werden, als sie, worüber noch kein Einverständnis bestand, der Kläger in der Tat vom Hauptschuldner zu fordern hatte. Ein hierauf gerichtetes Abkommen änderte an dem rechtlich bedeutsamen und maßgebenden Inhalte der Verbürgung als solcher nichts; nur das Maß der Verpflichtung sollte damit näher bestimmt werden. Wie der Schuldner eines durch Vereinbarung nach § 607 Abs. 2 BGB. begründeten Darlehnsverhältnisses grundsätzlich geltend machen kann, daß jener Vereinbarung ganz oder teilweise keine Forderung zugrunde gelegen habe, so kann auch der Bürge geltend machen, die von ihm verbürgte Forderung, sie mag unmittelbar aus Darlehen stammen oder erst zur Darlehnsforderung umgeschaffen sein, bestehe ganz oder teilweise nicht. Dem wäre nur dann anders, wenn in der Verbürgung vom 9. April 1913 zugleich eine Anerkennung der Hauptforderung in dem urkundlich angeführten Betrage von 29000 ℳ zu finden wäre. Derartiges nimmt aber das Berufungsgericht offenbar nicht an. Nach der seiner Beurteilung zugrunde liegenden Betrachtungsweise bedeuten jene 29000 ℳ in der Bürgschaftsurkunde nur den Höchstbetrag der Haftung. Im übrigen kann grundsätzlich der Umfang der Bürgenhaftung in jeder von den Vertragschließenden beliebten Weise beschränkt, insbesondere nach der Höhe einer anderen Forderung bemessen werden, diese mag unter denselben Parteien bestehen oder unter anderen, mit der Hauptforderung im wirtschaftlichen oder rechtlichen Zusammenhange stehen oder nicht.

Das in Rede stehende Abkommen enthielt auch nicht, wie das Berufungsgericht meint, eine vollständige Änderung der Bürgschaftsverpflichtung in Ansehung der Hauptschuld. Vielmehr war und blieb diese die gleiche wie in der schriftlichen Verbürgung. Nur um für den — zulässigen — Vorbehalt der Betragsermittelung den zutreffenden Ausdruck zu finden, wurde auf den früheren Ursprung der Hauptforderung als Werklohnforderung zurückgegriffen. War die Hauptforderung im übrigen durch die gewählte Ausdrucksweise auch nur unter den Beteiligten ausreichend bezeichnet, so stand der Wirksamkeit der Verbürgung von dieser Seite nichts entgegen.

Das Urteil war hiernach aufzuheben. Der Grundgedanke der angefochtenen Entscheidung, daß das mündliche Nebenabkommen wegen der zwischen dem Gläubiger und dem Hauptschuldner vorgenommenen Umschaffung der Werklohn- in eine Darlehnsforderung der Schriftform des § 766 BGB. bedurft hätte, kann nicht gebilligt werden. Vielmehr wäre auf die Frage sachlich einzugehen gewesen, ob jene mündliche Abrede als Bürgschaftserleichterung formlos gültig oder aber etwa als selbständiger Nebenvertrag (pactum de non petendo oder von rechtsähnlicher Art) überhaupt keinem Formzwang unterworfen ist.

Bezüglich der schriftlichen Verbürgung fällt damit zugleich der dem § 139 BGB. entnommene Grund, ihre Wirksamkeit zu verneinen. Aber auch die auf § 117 gestützte Ausführung, die schriftliche Bürgschaftserklärung sei nur zum Schein erfolgt, kann nicht gebilligt werden. Die Bürginnen haben sich ernstlich für ein Guthaben des Klägers an den Hauptschuldner bis zum Betrage von 29000 ℳ verpflichten zu wollen erklärt — vorbehaltlich näherer Betragsermittelung, worüber das mündliche Abkommen getroffen ist. Der Wortlaut der Urkunde weicht von diesem Willensinhalt allerdings ab; diese Abweichung aber, über die unter den Parteien nach der Annahme des Berufungsgerichts Einverständnis bestand, hat den Verpflichtungswillen als solchen im übrigen nicht beeinträchtigt. Die Sache liegt nicht anders, als wenn die Bürginnen haften zu wollen erklärt hätten für die Forderung des Klägers an den Hauptschuldner bis zum Betrag von 29000 ℳ vorbehaltlich der Ermittelung des Betrags, ohne Angabe des Forderungs- (Vertrags-) Grunds überhaupt. Daß dieser im Zusammenhang der abgegebenen rechtsgeschäftlichen Erklärungen Erwähnung fand, ändert nichts am Bestehen noch am Gegenstand des Verbürgungswillens und kann daher bei dieser Sachlage nicht zur rechtlichen Unwirksamkeit der ganzen Verbürgung führen."...

---

5. Liegt eine Schenkung vor, wenn der Erblasser selbst noch vor seinem Tode den Gegenstand eines Vermächtnisses dem Bedachten übereignet? Auch dann, wenn das Vermächtnis in einem Erbvertrage von Eheleuten durch den künftig überlebenden Ehegatten angeordnet ist und dieser nach dem Tode des erstversterbenden Ehegatten die Erbschaft angenommen hat?

BGB. §§ 2100, 1922, 1442, 516, 2176, 2290, 2286, 2288; Reichserbschaftssteuergesetz §§ 10, 55.

VII. Zivilsenat. Urt. v. 4. Februar 1919 i. S. B. (Kl.) w. preuß. Staat (Bekl.). Rep. VII. 315/18.

I. Landgericht Cöln.
II. Oberlandesgericht daselbst.

Die in allgemeiner Gütergemeinschaft lebenden Eheleute August B und Frau Johanne geb. L. schlossen am 3. Februar 1901 einen Erbvertrag miteinander ab. Darin heißt es:

„a) Wir setzen uns gegenseitig und zwar der Erstversterbende den Überlebenden zum Vertragserben ein.

b) Wir bestimmen ferner, daß nach dem Tode des Letztlebenden die uns zugehörigen Immobilien samt Gebäuden und Mobiliar an folgende Personen fallen sollen:

I. an die Ehefrau des Herrn Dr. Karl P.

a) . . .

II. Herr Paul B., Landmesser in E., Brudersohn des Komparenten Herrn August B., soll erhalten folgende Grundstücke:

a) . . ."

Frau Johanne B. war die Tante der Frau Dr. P., mit dem Kläger Paul B. war sie nicht verwandt. Am 7. März 1905 starb August B.

Seine hinterbliebene Witwe trat die Erbschaft aus dem Vertrage an. Am 29. August 1912 schloß sie, damals bereits 84 Jahre alt, mit dem Kläger einen notariellen Vertrag ab, in dem zunächst der Inhalt des Erbvertrags wiedergegeben wird, und in dem es heißt:

„Nachdem Herr August B. am 7. März 1905 gestorben ist, hat seine Witwe und alleinige Erbin Frau Johanne geb. L. sich entschlossen, die dem Herrn Paul B. vermachten Grundstücke bereits jetzt schenkungsweise, jedoch unter Vorbehalt einer den jährlichen Erträgnissen der Grundstücke entsprechenden lebenslänglichen Rente zu überlassen. Sie beabsichtigt sich dadurch bezüglich der Verwaltung ihres großen Grundbesitzes zu entlasten und begegnet sich darin mit dem Wunsche des Herrn Paul B., die ihm zugedachten Grundstücke schon jetzt zu übernehmen und in seinem und seiner Familie Interesse zu verwerten. Demgemäß schenkt Frau Witwe August B. dem Herrn Paul B., welcher dies annimmt, die Grundstücke: . . .

Die gegenwärtige Schenkung geschieht unter der Auflage, daß der Beschenkte der Schenkerin eine dem jährlichen Reinertrage der geschenkten Grundstücke entsprechende lebenslängliche Rente, und zwar die feste Summe von 3788 *M* pro Jahr, entrichtet."

Nach weiteren Abreden werden in dem Vertrage die Auflassungserklärungen abgegeben, und am Schlusse wird dann noch gesagt:

„Insbesondere hat Herr Paul B. auch die ganze zu entrichtende Schenkungssteuer allein zu tragen."

Die Witwe August B. ist am 7. Juli 1913 verstorben. Der Wert der übereigneten Grundstücke und des beweglichen Beilasses abzüglich der Rente, die darauf ruhte, beträgt unstreitig 248435,68 *M*.

Die Steuerbehörde hat in der Behandlung des Vertrags vom 29. August 1912 geschwankt. Nachdem der Kläger bereits 5081,50 *M* Steuer dafür entrichtet hatte, hat sie unter dem 30. September 1915 die nach den §§ 10, 55 des Reichserbschaftssteuergesetzes vom 3. Juni 1906 zu zahlende Steuer auf 42234 *M* berechnet und demgemäß noch 37152,50 *M* nachgefordert. Der Kläger glaubt als Nacherbe seines verstorbenen Onkels August B. nur verpflichtet zu sein, nach dem früheren preußischen Erbschaftssteuergesetz 2 v. H. des Wertes der Grundstücke mit 4968,71 *M* zu zahlen, und hat mit der gegenwärtigen Klage beantragt, den Beklagten zur Zurückzahlung von 112,79 *M* nebst Zinsen zu verurteilen und festzustellen, daß Kläger die weiter geforderte Steuer nicht verschulde.

Die Klage ist abgewiesen, die Berufung und die Revision des Klägers sind zurückgewiesen worden.

Gründe:

„Beizutreten ist dem Berufungsrichter zunächst darin, daß der

Kläger nicht Nacherbe seines Onkels August B. geworden ist. Zwei Gründe sprechen dagegen.

a) Auch der Nacherbe ist Erbe, § 2100 BGB. Erbe ist aber nur derjenige, auf den das Vermögen des Verstorbenen als Ganzes und einschließlich der Schulden übergeht, mag er nun Alleinerbe oder einer von mehreren Miterben sein, § 1922 BGB. Das trifft nicht zu, wenn dem Bedachten, wie hier dem Kläger, nur einzelne bestimmte Sachen zugewiesen sind.

b) Die Eheleute B. lebten in Gütergemeinschaft. Dem Ehemanne gehörten also nicht die Grundstücke, es stand ihm nur sein gütergemeinschaftlicher Anteil daran zu (vgl. § 1442 BGB.). Nur über diesen konnte er für den Fall, daß er vor seiner Frau stürbe, letztwillig verfügen.

Das Oberlandesgericht hat diese beiden Gründe außer acht gelassen Es hat — und das gereicht dem Kläger lediglich zum Vorteil — eine Nacherbschaft an sich für möglich gehalten, ihr Vorliegen aber auf Grund einer von Rechtsirrtum sonst nicht beeinflußten Auslegung des Erbvertrags verneint. Die außerordentlich klaren und einfachen Sätze des Erbvertrags lassen keinen Zweifel darüber, daß von den Eheleuten B. der überlebende Ehegatte, also die Witwe B., es gewesen ist, die dem Kläger die Grundstücke als Vermächtnis zugewendet hat. Die Revision bittet demgegenüber zu prüfen, ob der Kläger nicht schon mit dem Tode des August B. einen Vermächtnisanspruch auf den streitigen Grundbesitz erworben habe. Offenbar will der Kläger damit die Frage anregen, ob ihm das Vermächtnis nicht von August B. zugewendet, mit dessen Tode angefallen, und ob nicht nur die Fälligkeit des Anspruchs bis zum Tode der Witwe B. hinausgeschoben gewesen sei (vgl. Planck, Anm. III 2 zu § 2269 BGB.). Gegen diese Möglichkeit spricht schon der oben angeführte Grund zu b). Er schließt auch von vornherein die Annahme aus, daß es sich um ein von dem Ehemanne B. dem Kläger ausgesetztes Nachvermächtnis (§ 2191 BGB.) handeln könne.

Beizupflichten ist dem Oberlandesgericht aber auch darin, daß die Witwe B. durch den Vertrag vom 29. August 1912 dem Kläger die Grundstücke geschenkt hat. Die Revision zieht in Zweifel, daß die Witwe B. den Kläger um den Wert der Grundstücke habe bereichern wollen und tatsächlich bereichert habe. Zum Begriff der Schenkung, der im Reichserbschaftssteuergesetz derselbe wie im Bürgerlichen Gesetzbuch ist, gehört das Erfordernis der Bereicherungsabsicht nicht (RGZ. Bd. 70 S. 17). Eine Schenkung liegt vor, wenn die Bereicherung gegeben ist und die Beteiligten über die Unentgeltlichkeit der Zuwendung (§ 516 Abs. 1 BGB.) einig sind. Die Bereicherung ist gegeben, denn der Kläger hatte am 29. August 1912 nicht bereits, wie die Revision meint, einen unentziehbaren Vermächtnisanspruch auf die Grundstücke. Dieser Anspruch entsteht nach § 2176 erst mit dem Erbfalle, d. h. mit dem Tode des Erblassers (§ 1922), und als solcher kam vorliegend nur die Witwe B. in Frage. Der § 2290, auf den sich die Revision beruft, besagt nur, daß nach dem Tode einer der Personen, die den Erbvertrag geschlossen haben, die Aufhebung des Erbvertrags oder der einzelnen vertragsmäßigen Verfügung durch einen neuen Vertrag nicht mehr erfolgen könne. Diese Vorschrift sicherte also wohl die Rechtsstellung des Klägers in gewisser Weise, verlieh ihm aber noch keinen Anspruch auf die Grundstücke; sie hinderte vor allem nicht, daß die Witwe B. unter Lebenden frei über die Grundstücke verfügen konnte (§ 2286), vorausgesetzt nur, daß sie dabei nicht in der Absicht handelte, den Kläger zu beeinträchtigen (§ 2288).

Die Revision hat auch versucht, aus den am 29. August 1912 tatsächlich gegebenen Verhältnissen den Vermächtnisanspruch des Klägers herzuleiten. Sie hat dabei auf das hohe Alter der Witwe B. hingewiesen und auf die Unwahrscheinlichkeit, daß sie die kurze Zeit bis zu ihrem Tode noch würde dazu benutzen wollen, die Grundstücke anderweit in einer nicht unter § 2288 fallenden Art zu veräußern. Es ist aber nicht ersichtlich, wie sich aus solchen äußerlichen und zufälligen Begleitumständen ein Rechtsanspruch sollte ergeben können.

Mit seiner Feststellung, daß die Grundstücke schenkungsweise gegeben und genommen sind, bringt das Oberlandesgericht zum Ausdruck, daß die Einigkeit der Beteiligten über die Unentgeltlichkeit der Zuwendung vorgelegen hat. Rechtliche Bedenken sind dagegen nicht zu erheben. Mag auch die Witwe B. dem Kläger die Grundstücke nicht aus völlig freiem Entschluß überlassen, mag das einmal angeordnete Vermächtnis einen wesentlichen Beweggrund für sie gebildet haben; auch die Vermächtnisanordnung war unentgeltlich erfolgt, und die Zuwendung verlor dadurch, daß sie früher als ursprünglich geplant und schon bei Lebzeiten der Erblasserin bewirkt wurde, nicht das Merkmal der Unentgeltlichkeit (vgl. Urt. des RG. vom 2. Dezember 1918, IV. 264/18). Zutreffend weist die Revision darauf hin, daß der Kläger in den Nutzungen der Grundstücke für die Zeit vom 1. September 1912 — dem im Vertrage vereinbarten Tage des Überganges der Nutzungen — bis zum Tode der Witwe B. etwas erhalten habe, was er bei der Überlassung der Grundstücke an ihn erst nach dem Tode der Witwe B. nicht erhalten hätte. Daraus folgt aber nicht, wie die Revision meint, daß nun diese Nutzungen allein geschenkt worden seien. Die gesetzlichen Merkmale der Schenkung sind vom Oberlandesgericht auch in Ansehung der Grundstücke selbst rechtlich einwandfrei festgestellt worden." ...

6. Zum Begriffe der Fahrlässigkeit. Ist auf die Anschauungen Rücksicht zu nehmen, die in dem Personenkreise herrschen, dem der Täter angehört?

BGB. § 276.

I. Zivilsenat. Urt. v. 15. Februar 1919 i. S. Th. (Kl.) w. K. (Bekl.). Rep. I. 207/18.

I. Landgericht I München.
II. Oberlandesgericht daselbst.

Der Kläger hatte sich gegenüber Gr. zur Gewährung eines Darlehens gegen hypothekarische Sicherstellung verpflichtet. Zur Verrechnung auf den Betrag des Darlehens sollten zehn Paketfahrtaktien und drei Hansaaktien gegeben werden. Der Kläger händigte dem Gr. die Mäntel der dreizehn Aktien aus, damit er sie zu dem mit Besorgung der Hypothekenangelegenheit beauftragten Notar bringen sollte, während die Dividendenbogen und Talons vom Kläger zurückbehalten wurden. Gr. übergab aber die Mäntel entgegen dem ihm erteilten Auftrage dem Beklagten als Teil der Anzahlung aus einem Grundstückskaufe, zu der er sich in Höhe von 30000 *M* verpflichtet hatte. Der Kauf des Grundstücks wurde später rückgängig gemacht, auch die Darlehnshypothek für den Kläger ist nicht bestellt worden. Der Kläger verlangte mit der Klage vom Beklagten Herausgabe der Mäntel der dreizehn Aktien unter der Behauptung, daß der Beklagte nicht gutgläubig das Eigentum erworben, jedenfalls aber grob fahrlässig gehandelt habe. Der Beklagte verweigerte die Herausgabe auf Grund von Ansprüchen, die er aus dem streitigen Geschäfte gegen Gr. zu haben behauptete.

Beide Vorinstanzen wiesen die Klage ab. Die Revision des Klägers hatte keinen Erfolg.

Gründe:

„Die Revision rügt, daß das Berufungsgericht bei Annahme der Gutgläubigkeit des Beklagten den Begriff der Fahrlässigkeit verkannt habe. Im Berufungsurteil ist ausgeführt, der Kläger müsse beweisen, daß dem Beklagten nur infolge grober Fahrlässigkeit entgangen sei, daß Gr. nicht Eigentümer der Aktien gewesen sei. Grobe Fahrlässigkeit liege in einer besonders schweren, für jedermann auf den ersten Blick einleuchtenden Verletzung der im Verkehr erforderlichen Sorgfalt; der grobfahrlässig Handelnde müsse sich über Verdachtsgründe leichtfertig hinweggesetzt haben. Dabei komme im Sinne eines objektiven Maßstabes insbesondere auch die Personengruppe in Betracht, der der Erwerber angehöre. Der Beklagte sei ein einfacher Bierbrauer auf dem platten Lande, der keine Geschäftserfahrung im Verkehr mit Wertpapieren habe. Besondere Umstände seien nicht gegeben, die auch diesen an sich einfachen Mann zur Anwendung gesteigerter Sorgfalt hätten anhalten müssen.

Die Revision rügt, daß mit Unrecht an den Begriff der groben Fahrlässigkeit ein relativer Maßstab — an Stelle eines objektiven — angelegt sei. Ein Mindestmaß an Vorsicht sei von jeder geschäftsfähigen Person im Interesse des Verkehrs zu verlangen. Dabei komme es nicht darauf an, ob der Erwerber ein Kaufmann sei oder nicht. Die Rücksicht auf die Sicherheit des Verkehrs und nicht die individuellen Fähigkeiten der einzelnen Persönlichkeit seien zugrunde zu legen. Danach liege in dem Erwerbe der Mäntel ohne die dazu gehörenden Zinsscheine ein grobfahrlässiges Verhalten.

Diese Rüge erscheint nicht begründet.

Über die Begriffsbestimmung der Fahrlässigkeit herrscht in einem wesentlichen Punkte Streit. Nach § 276 BGB. handelt fahrlässig, wer die im Verkehr erforderliche Sorgfalt außer acht läßt. Es ist anerkannt, daß der Grad der danach anzuwendenden Sorgfalt nach objektivem Maßstabe zu bestimmen ist (Planck-Siber, § 276 Erl. 2 b β a a,) nämlich nach demjenigen, was der normale und gesunde Verkehr erfordert. Dabei kommt freilich insofern ein relatives Moment zur Geltung, als der normale Verkehr je nach den begleitenden Umständen größere oder geringere Anforderungen stellen muß, um Verkehrssicherheit zu gewährleisten und die Verletzung der Interessen Dritter nach Möglichkeit auszuschließen. Das wird auch von denjenigen anerkannt, die im übrigen die Anlegung eines objektiven Maßstabes für durchaus geboten erachten (vgl. Staudinger, Vorbem. zu §§ 275 flg. 2 a). Maßgebend sind nämlich die Erfordernisse desjenigen Verkehrs, der bei dem Typus des einzelnen konkreten Rechtsverhältnisses in Betracht kommt. Streit herrscht aber darüber, ob es auf die individuellen Verhältnisse des Täters für die Entscheidung der Frage ankommt, ob ihm die Außerachtlassung der objektiv erforderlichen Sorgfalt zum Verschulden anzurechnen ist. Die herrschende Meinung will auf die individuellen Verhältnisse keine Rücksicht nehmen; sie erachtet vielmehr, daß der Täter dafür einstehen müsse, wenn er nach seiner Persönlichkeit dazu neige, ein geringeres Maß von Sorgfalt anzuwenden. Beachtenswerte Schriftsteller stehen freilich auf dem entgegengesetzten Standpunkte (vgl. Planck-Siber a. a. O. β b b, S. 221). Aber auch die herrschende Meinung gibt zu, daß auf typische Verhältnisse der Beteiligten, auf die Anschauungen der Gruppen oder Kreise von Menschen, zu denen jene gehören, Rücksicht genommen werden muß (vgl. Staudinger, § 276 I 2 b; RGZ. Bd. 68 S. 423; Jur. Wochenschr. 1912 S. 856 Nr. 9). Ohne daß auf die Streitfrage weiter einzugehen ist, ergibt sich demnach für die Entscheidung des vorliegenden Streitfalles das Folgende. Es muß diejenige Sorgfalt ermittelt werden, die im Verkehr mit Wertpapieren erforderlich ist, um

Sicherheit zu gewährleisten und die Verletzung der berechtigten Interessen Dritter nach Möglichkeit zu vermeiden. Dabei ist in objektiver Richtung zu berücksichtigen, daß es sich nicht um den handelsmäßigen Verkehr zwischen Kaufleuten oder Bankiers handelt, der an die Aufmerksamkeit der Beteiligten höhere Anforderungen stellt, sondern um den Verkehr zwischen Privatpersonen, die in einem Einzelfalle zur Deckung oder Sicherstellung einer Kaufpreisforderung Wertpapiere übereignen. Weiter ist zu berücksichtigen, daß der Beklagte dem Kreise kleinerer oder mittlerer Besitzer und Gewerbetreibender auf dem platten Lande angehört. Nach diesen Grundsätzen ist das Maß von Aufmerksamkeit festzustellen, das der Beklagte aufwenden mußte. Hat er dieses Maß in besonders schwerer Weise verletzt, dann liegt grobe Fahrlässigkeit vor.

Nun muß anerkannt werden, daß das Berufungsgericht sich von den vorstehend entwickelten Grundsätzen hat leiten lassen. Es hat nicht auf die individuellen Fähigkeiten und Gewohnheiten des Beklagten Bezug genommen, sondern nur auf die Anschauungen, die in dem Kreise von Gewerbetreibenden herrschend sind, denen der Beklagte angehört. Wenn danach das Berufungsgericht zu dem Ergebnis gelangt ist, daß dem Beklagten eine besonders schwere Verletzung der gebotenen Sorgfalt nicht zur Last gelegt werden kann, so ist das vom Rechtsstandpunkt aus, der hier allein in Betracht kommt, nicht zu beanstanden. Allerdings ist der Revision zuzugeben, daß der Beklagte, solange er seine Bierbrauerei betrieb, formell Kaufmann war. Aber diese formelle Eigenschaft kann, da es sich bei ihm um einen Gewerbetreibenden auf dem Lande handelte, der nicht im eigentlich kaufmännischen Handelsverkehr stand, nicht erheblich ins Gewicht fallen.

Wenn die Revision betont hat, das Berufungsgericht stelle Gutgläubigkeit des Beklagten fest, das sei aber unzureichend, da es sich darum handle, ob die Gutgläubigkeit nicht auf grober Fahrlässigkeit beruhe, so ist dem entgegenzuhalten, daß das Berufungsgericht den Ausdruck Gutgläubigkeit offensichtlich in dem Sinne angewendet hat, in dem er in § 932 Abs. 2 BGB. verstanden ist; nach dieser Bestimmung ist guter Glaube nicht anzunehmen, wenn ihm eine grobe Fahrlässigkeit zugrunde liegt." . . .

---

7. 1. Begriff der Abrechnung nach § 782 BGB.
2. Anerkenntnis auf Grund einer Abrechnung gemäß § 782 BGB. durch Entgegennahme der Abrechnung und Fortsetzung des Geschäftsverkehrs.

VI. Zivilsenat. Urt. v. 17. Februar 1919 i. S. H. (Bekl.) w. M. (Kl.). Rep. VI. 286/18.

I. Landgericht I Berlin.
II. Kammergericht daselbst.

Der Kläger erhebt gegen den Beklagten eine Forderung von 7799,20 *M*, die er aus mehreren dem Beklagten i. J. 1903 gegebenen Darlehen von zusammen 7500 *M* mit Zinsen und Zinseszinsen abzüglich der geleisteten Abzahlungen herleitet. Er verweist auf den der Klage beigefügten Rechnungsauszug, der mit der bezeichneten Summe abschließt, deren Verzinsung seit dem 1. Januar 1917 er wiederum fordert. Der Beklagte hat eine Gegenforderung erhoben, bestreitet auch die Rechtmäßigkeit der Forderung von Zinseszinsen. Das Landgericht hat den Beklagten nach dem Klagantrage verurteilt, das Oberlandesgericht dessen Berufung zurückgewiesen.

Die Revision wurde zurückgewiesen.

Aus den Gründen:

„Die Bestimmung des § 248 BGB. verbietet eine Vereinbarung, daß fällige Zinsen wieder Zinsen tragen sollen; die in Abs. 2 des Paragraphen getroffenen Ausnahmen kommen im gegenwärtigen Falle nicht in Betracht. Ebenso nicht die in § 355 HGB. gesetzte Ausnahme für das Kontokurrentverhältnis, bei welchem die Saldoschuld, auch soweit in der Rechnung Zinsen stecken, als solche von neuem zu verzinsen ist. Ein eigentliches Kontokurrentverhältnis liegt im gegebenen Falle unstreitig nicht vor; es fehlen dazu die gegenseitigen Ansprüche. Gestritten wird zwischen den Parteien darüber, ob ein gewöhnliches laufendes Rechnungsverhältnis anzuerkennen ist; hier ist eine Beiderseitigkeit von Ansprüchen nicht gefordert; wohl aber muß eine Mehrheit von Schuldposten vorhanden sein. Im vorliegenden Falle ist nach dem Klagevortrage und nach dem Tatbestande des Berufungsurteils zwar eine Mehrheit von Forderungen des Klägers aus dem Jahre 1903 („mehrere Darlehen") die Grundlage aller weiteren Rechnungen; im weiteren Zeitverlaufe sind jedoch neue nicht hinzugekommen. Die jährlichen Rechnungsabschlüsse verzeichnen nur Abschlagszahlungen der Jahre 1904, 1905, 1906, 1909 und 1910 und die jedesmal neu berechneten Zinsen vom letzten Saldo. Ob ein solches Rechnungsverhältnis als laufende Rechnung, als sog. uneigentliches Kontokurrent bezeichnet werden kann, darf indessen dahingestellt bleiben. Eine Berechtigung der Forderung von Zinseszinsen ergibt sich aus dem laufenden Rechnungsverhältnis als solchem nicht (vgl. Warneyer 1909 Nr. 163); sie kann nur hergeleitet werden aus einem selbständigen Anerkenntnis im Sinne des § 782 BGB., das, wenn es auf Grund einer Abrechnung, also im gegebenen Falle auf Grund des jährlichen Rechnungsabschlusses abgegeben wird, der Schriftform der §§ 780, 781 BGB. nicht bedarf und auch durch schlüssige Handlungen stillschweigend erklärt werden kann. Liegt aber eine solche Abrechnung und ein daraufhin abgegebenes Anerkenntnis nach § 782 vor, dann bedarf es nicht des ferneren Erfordernisses, daß die Abrechnung in einem laufenden Rechnungsverhältnis stattgefunden habe. Die Abrechnung des § 782, die vertragsmäßigen Charakter haben muß (RGZ. Bd. 49 S. 41), bildet die Grundlage des Anerkenntnisses; dieses selbst wird noch nicht durch die bloße Entgegennahme der Abrechnung und Stillschweigen darauf, wohl aber durch Abzahlungen auf die Schlußsumme der Abrechnung und durch Fortführung des Rechnungsverhältnisses erklärt (vgl. Warneyer 1911 Nr. 76; Jur. Wochenschr. 1908 S. 31 Nr. 6). Eine Abrechnung im Sinne des § 782 ist aber in jeder unter beiderseitiger Mitwirkung getroffenen Berechnung, auch nur durch Zusammenrechnung (vgl. die letztangeführte Entscheidung), zu finden.

Demgemäß ist es nun nicht rechtsirrtümlich, wenn das Berufungsgericht in der regelmäßigen jedesmaligen Fortsetzung des Geschäftsverkehrs zwischen den Parteien auf Grund der Jahresabrechnungen das jedesmalige Anerkenntnis findet, in welchem die berechneten Saldozinsen als geschuldet bestätigt werden. Die Mitteilung des Rechnungsauszuges und das jedesmalige Stillschweigen darauf unter Verhältnissen, die gegenüber dem gleichartigen Geschäftsverkehr in der Vergangenheit den Vertragsgegner nötigten, seinen Widerspruch kundzugeben, wenn er nicht einverstanden war (vgl. RGZ. Bd. 47 S. 30), stellen die Einigung der Parteien über die Abrechnung dar; das damit zugleich in derselben Weise ausgedrückte Einverständnis mit der Fortsetzung des bisherigen Geschäftsverhältnisses ergibt das Anerkenntnis der Schuldsumme und der Schuldverpflichtung des Abrechnungsergebnisses. Da nach dem durch die Eidesweigerung des Beklagten in erster Instanz festgestellten Tatbestand auch die letzte Jahresrechnung in der gleichen Weise dem Beklagten mitgeteilt und von ihm widerspruchslos angenommen worden ist, muß auch der letzte Kontoauszug als anerkannt gelten. Damit ist der Zinsenanspruch von 5 v. H. des letztanerkannten Rechnungsbetrags von 7799,20 ℳ anerkannt. Neu aufgekommene Zinseszinsen für die Jahre 1917 und 1918 und während des Prozesses sind nicht gefordert. Der Angriff der Revision, daß jedenfalls Prozeßzinsen von den Beträgen der Vertragszinsen nicht zuzusprechen seien (§§ 291, 289 BGB.), ist daher gegenstandslos. Es handelt sich nur um die Zinsen des letztanerkannten Jahressaldo."... (Folgt die Darlegung, daß die behauptete Gegenforderung dem Beklagten nicht zusteht.)

---

8. 1. Begründet die Vorschrift einer Kriegsverordnung, die gesamten Vorräte und die gesamte Erzeugung an eine bestimmte Kriegsgesellschaft abzuliefern, Unmöglichkeit der Leistung?

2. Auslegung der Vertragsbestimmung: „Lieferzeit: Oktober bis Mai“ oder „Lieferzeit Oktober/Mai.“ Ist der letztgenannte Monat mit einzurechnen?

3. Zur Surrogation bei beschränkter Gattungsschuld.

BGB. §§ 188, 275, 281.

II. Zivilsenat. Urt. v. 18. Februar 1919 i. S. W. (Kl.) w. Zuckerschnitzel-Zentrale G. m. b. H. in Liqu. (Bekl.). Rep. II. 369/18.

I. Landgericht I Berlin, Kammer für Handelssachen.
II. Kammergericht daselbst.

Die Beklagte hat der Klägerin auf Grund sechs einzelner Verträge „Stephans Original-Zuckerschnitzel“, Fabrikat der Zuckerfabriken Elsdorf / Euskirchen verkauft. Nach dem ersten Vertrage vom 8. April 1914 waren ca. 20000 Zentner zum Preise von 5,45 *M* für 50 Kilo netto frei Waggon Fabrik zu liefern. Der Preis verstand sich brutto für netto einschließlich Sack. Als Lieferungszeit war vereinbart: „Oktober 1914 / Mai 1915 sukzessive Lieferung“. Gemäß Vertrag vom 21. April 1914 waren ca. 5600 Zentner zum Preise von 5,25 *M* für 50 Kilo zu liefern. Lieferungszeit: „Oktober 1914 bis Mai 1915.“ Der Vertrag vom 16. Mai 1914 sah die Lieferung von ca. 5000 Zentnern zum Preise von 5,25 *M* für 50 Kilo vor. Lieferungszeit: „Oktober 1914 / Mai 1915“. Gemäß Vertrag vom 16. November 1914 waren ca. 5000 Zentner zum Preise von 7,25 *M* für 50 Kilo zu liefern. Lieferungszeit: „November 1914 bis inkl. Mai 1915“. Der Vertrag vom 17. Dezember 1914 betraf ca. 4000 Zentner zum Preise von 8,25 *M* für 50 Kilo. Lieferungszeit: „Januar / April 1915“. Nach dem Vertrage vom 22. Dezember 1914 endlich hatte die Beklagte ca. 10000 Zentner zum Preise von 8 *M* für 50 Kilo zu liefern. Lieferungszeit: „Januar / April 1915“.

Die Beklagte hat bis zum 15. März 1915 auf Grund der 6 Verträge Zuckerschnitzel an die Klägerin geliefert, seit diesem Zeitpunkt aber mit Lieferung aufgehört und gemäß Bekanntmachung über zuckerhaltige Futtermittel vom 12. Februar 1915 die restlichen Mengen der Bezugsvereinigung der deutschen Landwirte G. m. b. H. zum festgesetzten Höchstpreise von 16 *M* für 100 Kilo und 2 *M* für zugehörige Säcke überlassen.

Die Klägerin verlangt Schadensersatz wegen Nichtlieferung der rückständigen Zuckerschnitzel, indem sie behauptet, daß die Beklagte mit der Lieferung bereits vor dem Inkrafttreten der Bekanntmachung vom 12. Februar 1915 in Verzug geraten sei. Bei Berechnung der angeblichen Fehlmengen bis zum 15. März 1915 läßt sie den bei Angabe der Lieferungszeit zuletzt genannten Monat unberücksichtigt, so daß sich die auf den einzelnen Monat fallende Vertragsmenge entsprechend erhöht. In zweiter Linie gründet sie ihren Anspruch auf § 281 BGB. und fordert Herauszahlung des von der Beklagten durch Überlassung der Ware an die Bezugsvereinigung erzielten Überschusses.

Das Landgericht wies die Klage ab. Die Berufung der Klägerin blieb erfolglos. Auf die Revision der Klägerin wurde das Berufungsurteil aufgehoben und die Sache zurückverwiesen.

Gründe:

„Das Berufungsgericht hat angenommen, daß es der Beklagten infolge der Bekanntmachung über zuckerhaltige Futtermittel vom 12. Februar 1915 unmöglich geworden sei, über den 15. März 1915 hinaus Zuckerschnitzel zu liefern. Der hiergegen gerichtete Angriff der Revision ist verfehlt. Nach §§ 1, 2 und 9 der angezogenen Bekanntmachung war die Absetzung von Zuckerschnitzeln nur noch durch die Gesellschaft m. b. H. Bezugsvereinigung der deutschen Landwirte erlaubt. Alle Vorräte waren auf Verlangen an diese Gesellschaft abzugeben, und nur solche Mengen durften zurückbehalten werden, welche auf Grund früherer Verträge und vor dem 15. März zu liefern waren. Zuwiderhandlungen waren unter Strafe gestellt. Die Auffassung der Revision, daß die Bezugsvereinigung im Wege einer Zwangsabtretung lediglich anstelle der Klägerin getreten sei, ist haltlos. Von einer solchen Vertretung der Klägerin oder der sonstigen Abnehmer von hier fraglichen Waren durch die Bezugsvereinigung steht in der Bekanntmachung nichts. Der Bezugsvereinigung ist vielmehr ein ausschließliches Absatzrecht (Monopol) verliehen und allen übrigen die Absetzung verboten worden.

Ebenso unbegründet ist der Angriff, welchen die Revision gegen die Feststellung des Berufungsgerichts erhebt, daß die Beklagte, als ihr die weitere Lieferung unmöglich wurde, nicht im Verzuge war. Die Entscheidung dieser Frage hängt nur von der Berechnung der vertraglich vereinbarten Lieferzeit ab. Schließt man den letzten Monat in die Lieferzeit ein, so wird der auf den einzelnen Monat entfallende Teil der zu liefernden Menge kleiner, und die Beklagte hat bis zum 15. März sogar mehr geliefert, als sie nach dem Vertrage zu liefern hatte. Nun hat aber das Berufungsgericht ohne Rechtsirrtum ausgeführt, daß bei Vereinbarung einer Lieferzeit: „Oktober bis Mai" oder „Oktober / Mai" der zuletzt genannte Monat in die Lieferfrist einzubeziehen sei. Diese Auslegung entspricht dem Sprachgebrauche, der Vorschrift des § 188 Abs. 2 BGB. und wird, wie das Berufungsgericht mit Recht hervorhebt, durch die im Vertrage vom 16. November 1914 gebrauchten Worte „bis inklusive" besonders nahegelegt. Mit der Behauptung, daß nach der Auffassung der beteiligten Handelskreise der letzte Monat nicht in der Lieferzeit einbegriffen sei, daß diese Tatsache insbesondere von der Handelskammer Köln bestätigt werden würde, und der Berufungsrichter die Entscheidung in diesem Punkte nicht der eigenen Sachkunde habe überlassen dürfen, ist die Revision nicht zu hören Abgesehen davon, daß nicht der Kölner, sondern der Berliner Handelsbrauch für das Verständnis der streitigen Vertragsbestimmung maßgeblich sein würde, ist von der Klägerin in den Vorinstanzen eine entsprechende Behauptung überhaupt nicht aufgestellt worden. Auch bestand mit Rücksicht auf die Unwahrscheinlichkeit des Bestehens eines derartigen Handelsbrauchs kein Anlaß für das Berufungsgericht, das Fragerecht auszuüben.

Dagegen fühlt sich die Klägerin mit Recht durch die Nichtanwendung des § 281 BGB. beschwert. Nach dieser Gesetzesvorschrift kann der Gläubiger, falls der Schuldner infolge des Umstandes, welcher die Leistung unmöglich macht, für den geschuldeten Gegenstand einen Ersatz erlangt, Herausgabe des als Ersatz Erlangten verlangen. Nun ist allerdings nach feststehender Rechtsprechung des Reichsgerichts der § 281 auf Gattungsschulden nicht anwendbar, weil sich bei einer noch nicht nach § 243 Abs. 2 BGB. festgelegten Gattungsschuld nicht sagen läßt, daß die später ersetzten Sachen geschuldet sind. Allein dieser Gesichtspunkt trifft im vorliegenden, besonders gearteten Falle nicht zu. Die Beklagte hatte sich vertraglich verpflichtet, Fabrikat der Zuckerfabriken Elsdorf / Euskirchen zu liefern. Das ist in den Kaufverträgen unzweideutig vorgeschrieben. Die Vermutung des Berufungsgerichts, daß es hier nicht gerade auf die Erzeugnisse der namentlich aufgeführten Fabrik angekommen sei, sondern nur habe betont werden sollen, daß die Beklagte nicht eigene Erzeugnisse verkaufe, und daß in das Formular der Kaufverträge der Name der Fabrik Elsdorf-Euskirchen eingefügt sein werde, weil diese — insbesondere wohl nach ihrer örtlichen Lage — zur Abwicklung der Geschäfte die geeignetste gewesen sei, entbehrt jeder tatsächlichen Grundlage.

Nun sind die gesamten Bestände und Erzeugung der genannten Fabrik durch die Bekanntmachung vom 12. Februar 1915 der Herstellerin und damit auch der Beklagten gegen Entschädigung entzogen worden. Ab 15. März 1915 spätestens sind alle den Fabriken Elsdorf / Euskirchen gehörenden oder von ihr verarbeiteten Zuckerschnitzel von der Bezugsvereinigung der deutschen Landwirte gegen Zahlung enteignet worden. Es hat sich daher der erlangte Ersatz mit begrifflicher Notwendigkeit von vornherein auch auf die restlichen Mengen erstreckt, welche die Beklagte nach den mit der Klägerin geschlossenen Verträgen dieser noch zu liefern hatte (vgl. RGZ. Bd. 93 S. 142).

Der vom Berufungsgerichte nicht behandelte, aber in der Revisionsinstanz aufrecht erhaltene Einwand der Beklagten, daß sie persönlich den Ersatz von der Bezugsvereinigung überhaupt nicht erhalten habe, dieser vielmehr nur der Fabrik geliefert worden sei, ist unbegründet. Entspräche selbst dieses Vorbringen der Wahrheit, so würde doch die

Beklagte gehalten sein, den der Fabrik zugutegekommenen Ersatz der Klägerin auszukehren. Unstreitig ist die Beklagte nur als Mittelstelle für die verschiedenen Fabriken, wenngleich im eigenen Namen, so doch für deren Rechnung tätig geworden. So wie sie daher in ihrer Person für die ordnungsmäßige Erfüllung der Verträge Sorge zu tragen hatte, so war es auch ihre Sache, bei Unmöglichkeit der Erfüllung den infolge dieser Unmöglichkeit für den geschuldeten Gegenstand eingegangenen Ersatz zur Auskehrung an die Klägerin zu bringen.

Da das Berufungsgericht zu Unrecht den § 281 BGB. nicht angewendet hat, unterlag das angefochtene Urteil der Aufhebung. In der Sache selbst aber konnte noch nicht erkannt werden, weil die Unterlagen für die Berechnung des Ersatzes nicht feststehen. . . . Schließlich wird auch — wie von der Beklagten in der Revisionsinstanz hervorgehoben worden ist — zu prüfen sein, ob die Bestände und Erzeugung der Fabrik Elsdorf-Euskirchen, welche die Bezugsvereinigung zum Preise von 18 M übernommen hat, ausgereicht haben, um sämtliche laufenden Verträge der Beklagten mit ihrer Kundschaft zu erfüllen. Soweit dies nicht der Fall ist, könnte naturgemäß nur ein entsprechender Anteil des Ersatzes der Klägerin zugute kommen." . . .

---

9. Bildet es eine ausreichende Angabe des Grundes für die Entziehung des Pflichtteils, wenn in der letztwilligen Verfügung nur die vom Gesetz in § 2333 Nr. 5 BGB. gebrauchten Worte wiedergegeben werden?

BGB. §§ 2336 Abs. 2, 2333 Nr. 5.

IV. Zivilsenat. Urt. v. 20. Februar 1919 i. S. Wwe. F. (Bekl.) w. F. (Kl.). Rep. IV. 367/18.

I. Landgericht Prenzlau.
II. Kammergericht Berlin.

Der Kläger ist der Sohn des am 15. März 1915 verstorbenen Forstmeisters F. in R. Letzterer hat am 5. September 1914 mit seiner Ehefrau, der Beklagten, ein gemeinschaftliches Testament errichtet, in dem sich beide gegenseitig als Erben eingesetzt und dem Kläger den Pflichtteil entzogen haben. Der Kläger bestreitet, daß die Pflichtteilsentziehung zu Recht erfolgt sei, und verlangt von der Mutter als der Erbin Auskunft über den Bestand des Nachlasses. Das Landgericht hat die Klage abgewiesen, dagegen hat das Kammergericht die Beklagte zur Erteilung der verlangten Auskunft verurteilt. Die von der Beklagten eingelegte Revision hatte Erfolg.

Gründe:

„Im Testamente der Eheleute F. ist mit Bezug auf den Kläger folgendes gesagt: Unser Sohn, der frühere Leutnant H. A. F., soll nicht einmal den Pflichtteil erhalten. Wir entziehen ihm den Pflichtteil, weil er einen ehrlosen und unsittlichen Lebenswandel wider den Willen der Eltern geführt hat.

Das Berufungsgericht ist der Anschauung, daß damit der Vorschrift des § 2336 Abs. 2 BGB. nicht Genüge geschehen sei, wonach der Grund der Entziehung des Pflichtteils in der letztwilligen Verfügung angegeben werden muß. Die bloße Wiederholung der vom Gesetz in § 2333 Nr. 5 gebrauchten Worte sei nicht ausreichend, es müßten vielmehr auch die Tatsachen in der Verfügung angegeben werden, aus denen der ehrlose oder unsittliche Lebenswandel gefolgert werde. Denn beim Widerspruche des von der Entziehung Betroffenen müsse das Vorliegen des Grundes bewiesen werden (§ 2336 Abs. 3), und der Beweis könne sich nur auf Tatsachen erstrecken. Es komme wesentlich darauf an, worin nach der Ansicht des Erblassers der tadelnswerte Lebenswandel zu erblicken sei, und eine Nachprüfung nach dieser Richtung sei nicht möglich, wenn nicht der Erblasser selbst die für ihn bestimmend gewesenen Tatsachen angegeben habe. Zwar habe die Beklagte Beweis dafür angetreten, welche Tatsachen für die Pflichtteilsentziehung maßgebend gewesen seien, allein eine Zeugenvernehmung hierüber sei nicht angängig, da der Grund für die Entziehung nach der zwingenden Vorschrift des Gesetzes in der letztwilligen Verfügung angegeben, also aus ihr ersichtlich sein müsse. Dabei brauchten selbstverständlich die Tatsachen nicht in allen Einzelheiten aufgeführt zu werden, sondern es genüge eine die Nachprüfung ermöglichende Bezeichnung. Das Berufungsgericht hat im Anschluß an diese Erörterungen die im Prozeß dem Kläger entgegengehaltenen Vorwürfe in vier Gruppen von einzelnen Tatsachen eingeteilt und meint, etwa in solcher Weise hätten die Tatsachen auch im Testament angegeben werden müssen.

Mit Recht wendet sich die Revision gegen diese Auslegung der Vorschrift in § 2336 Abs. 2. Daß die Auslegung weder im Wortlaute des Gesetzes noch in dessen Entstehungsgeschichte eine sichere Stütze findet, verkennt das Berufungsgericht selbst nicht. Auch aus den Äußerungen in der Rechtslehre, auf die das Urteil sich beruft, läßt sich nichts Wesentliches für die von ihm vertretene Auffassung herleiten; die Bemerkung im Komm. v. RGR. Anm. 2 zu § 2336, die das Berufungsgericht für sich anführen zu können glaubt, bezeichnet im Gegenteile nur so viel für notwendig, daß erkennbar sei, auf welchen der verschiedenen Entziehungsgründe des § 2333 sich der Erblasser stützen wolle. Ähnlich Dernburg, Bürgerl. Recht Bd. 5 § 121 VI 4.

Aber auch die vorbezeichneten Ausführungen des Berufungsurteils, wonach der Gesichtspunkt der praktischen Durchführbarkeit in den Vordergrund gerückt und von diesem aus als unerläßliche Voraussetzung für die Gültigkeit der Pflichtteilsentziehung die Angabe bestimmter Tatsachen erklärt wird, können nicht als zutreffend anerkannt werden; sie leiden an dem Fehler, daß die beiden in Abs. 2 und 3 des § 2336 behandelten Erfordernisse, die Bezeichnung des Entziehungsgrundes und seine Beweisbarkeit, nicht genügend auseinandergehalten werden. Es mag sein, daß Fälle vorkommen, in denen eine in der Weise wie hier gefaßte letztwillige Anordnung um deswillen wirkungslos bleibt, weil die unterbliebene Angabe von Einzeltatsachen zur Folge hat, daß der Beweis für das Vorliegen des Entziehungsgrundes nicht erbracht werden kann. Daraus darf jedoch nicht rückwärts geschlossen werden, daß schon die Anordnung selbst wegen Mangels jener Angaben nicht dem Gesetz entsprochen hätte.

Bei den Beratungen der Kommission für die zweite Lesung des Entwurfes zum Bürgerlichen Gesetzbuch ist der Gedanke geäußert worden (Prot. Bd. 5 S. 556), eine zu allgemeine Fassung der Pflichtteilsentziehungsgründe führe dazu, daß die Enterbung nicht mehr vom Erblasser, sondern vom Erben und vom Richter abhängig sei. Ein solcher Rechtszustand müßte freilich vermieden werden, aber etwas Derartiges steht hier auch nicht in Frage. Jene Bemerkung richtete sich gegen den Antrag, von der Aufnahme bestimmter Pflichtteilsentziehungsgründe in das Gesetz völlig Umgang zu nehmen und dafür eine allgemein gefaßte Vorschrift etwa in der Art, wie sie für das Ehescheidungsrecht in § 1568 besteht, aufzustellen. Dieser Antrag hat keine Annahme gefunden, und es kann sich jetzt nur darum handeln, ob etwa auch die dann in der Kommission neu aufgenommene Vorschrift in Nr. 5 des § 2333 so allgemein gefaßt ist, daß sie eine Befürchtung der bezeichneten Art rechtfertigt. Das ist aber zu verneinen; der hier gebrauchte Ausdruck „ehrloser oder unsittlicher Lebenswandel wider den Willen des Erblassers“ ist keineswegs so unbestimmt, daß er nicht eine Abgrenzung gestattete, welche Art von Verfehlungen von ihm umfaßt werden sollte und welche nicht. Würden etwa einem Abkömmlinge, dem der Pflichtteil in der angegebenen Weise entzogen werden soll, nur persönliche Mißhelligkeiten zwischen ihm und dem Erblasser vom Erben entgegengehalten, so würde er sich mit Recht darauf berufen können, daß ein solches Verhalten von dem angegebenen Entziehungsgrunde nicht getroffen werde. Auf der andern Seite lassen sich Fälle denken, in denen von vornherein jeder Zweifel ausgeschlossen ist, welche Tatsachen der Erblasser mit dem in Rede stehenden Ausdrucke treffen wollte, so etwa bei einer Tochter, die sich vor den Augen der Eltern der Prostitution ergeben und unter polizeiliche Sittenkontrolle gestellt hat. Es wäre ein nicht zu rechtfertigender Formalismus, wenn man in solchen Fällen die

Gültigkeit der Anordnung von der Angabe bestimmter Einzelheiten, an der niemand ein Interesse haben kann, abhängig machen wollte. Um so mehr als sich oft das persönliche Gefühl des Erblassers dagegen sträuben mag, derartige peinliche Vorkommnisse im einzelnen zu erörtern und zum Gegenstande der künftigen Nachlaßverhandlungen zu machen, während vielleicht damit gerechnet werden kann, daß der Betroffene, dem ja seine Verfehlungen bekannt sind, sich mit einem allgemeinen Hinweise zufrieden gibt. Auch im Streitfalle sind Zweifel nach der Richtung, was der Erblasser bei seiner Verfügung im Auge gehabt habe, vom Kläger gar nicht erhoben worden; er hat weder behauptet, daß durch die fehlende Angabe von Einzelheiten seine Prozeßlage erschwert wäre, noch auch, soweit ersichtlich, seinerseits überhaupt geltend gemacht, daß die Pflichtteilsentziehung aus dem Grunde, auf den das Berufungsgericht seine Entscheidung gestützt hat, ungültig wäre.

Es könnte übrigens auch nicht anerkannt werden, daß auf dem vom Berufungsgerichte für richtig erachteten Wege das Ziel, tunlichste Klarheit über die Gültigkeit derartiger Pflichtteilsentziehungen herbeizuführen, erreicht würde. Die Möglichkeit, daß einem Erblasser, der im allgemeinen über den Lebenswandel seines Abkömmlings ganz zutreffend unterrichtet ist, irgendeine Einzelheit unrichtig oder ungenau mitgeteilt wird, liegt sehr nahe, und die Aufnahme eines derartigen Umstandes in das Testament könnte leicht dazu dienen, eine sachlich durchaus gerechtfertigte Anordnung zu Falle zu bringen. Auch ob eine solche Einteilung in Gruppen, wie sie das Berufungsgericht empfiehlt, der Erreichung des bezeichneten Zweckes förderlich wäre, kann zweifelhaft sein; so ließe sich z. B. die vom Berufungsgericht unter Nr. 2 aufgeführte Gruppe: „daß er seinem Vater Bruch des Ehrenwortes vorgeworfen und eine schlechte Sterbestunde gewünscht habe“, schwerlich unter den Begriff des ehrlosen und unsittlichen Lebenswandels bringen, und derartige Unstimmigkeiten könnten gleichfalls wieder als Handhaben zu Angriffen gegen eine der Sache nach berechtigte Pflichtteilsentziehung benützt werden.

Nach alledem muß die in Rede stehende Angabe des Pflichtteilsentziehungsgrundes im Testament als ausreichend erachtet werden und es wird nun seitens des Berufungsgerichts zu prüfen sein, ob der angegebene Grund zur Zeit der Testamentserrichtung vorhanden war und erweisbar ist.

Inwieweit bei den sonstigen in § 2333 aufgeführten Entziehungsgründen, insbesondere etwa bei dem unter Nr. 3 genannten, oder bei der Pflichtteilsbeschränkung nach § 2338 die Angabe von Einzelheiten erforderlich ist, bedarf hier keiner Erörterung.“

10. 1. Besitzt die Fettstelle Groß-Berlin Parteifähigkeit? 2. Zur Frage der Neuschaffung von juristischen Personen des öffentlichen Rechtes (Kommunalverbänden).

VII. Zivilsenat. Urt. v. 21. Februar 1919 i. S. Fettstelle Groß-Berlin (Bekl.) w. J. M. M., G. m. b. H. (Kl.). Rep. VII. 345/18.

I. Landgericht I Berlin.
II. Kammergericht daselbst.

Die Klägerin verfolgt mit ihrer Klage eine Schadensersatzforderung gegen die Beklagte. Diese hat die Einrede der mangelnden Parteifähigkeit erhoben und die Einlassung zur Hauptsache verweigert. Das Landgericht hat die Einrede für begründet erachtet und deshalb die Klage abgewiesen. Das Kammergericht hat der Berufung der Klägerin stattgegeben und die Einrede verworfen. Die Revision der Beklagten war erfolglos.

Gründe:

„Das Kammergericht hat festgestellt, daß durch die Anordnung der preußischen Landeszentralbehörden vom 26. Oktober 1916, betr. Errichtung eines Kommunalverbandes „Fettstelle Groß-Berlin" (HMinBl. S. 362, bei Güthe-Schlegelberger, Kriegsbuch Bd. 4 S. 369), die Beklagte als juristische Person des öffentlichen Rechtes geschaffen werden sollte und geschaffen worden ist. Soweit das Kammergericht dabei die Anordnung vom 26. Oktober 1916 selbst ausgelegt hat, ist seine Entscheidung vom Revisionsgerichte nicht nachzuprüfen, denn die Anordnung gilt nur innerhalb des Bezirks des Berufungsgerichts, nicht darüber hinaus (§ 549 Abs. 1 ZPO.). Nachzuprüfen bleibt aber, ob die Anordnung so ergehen durfte, wie sie ergangen ist, und ob die Beklagte den Anforderungen genügt, die an eine juristische Person zu stellen sind. Beide Fragen sind zu bejahen.

Beizutreten ist der Revision allerdings darin, daß die Anordnung nicht ergehen konnte und nicht ergangen ist auf Grund des preußischen Zweckverbandgesetzes vom 19. Juli 1911 (GS. S. 115). Nach § 1 das. können zwar Städte, Landgemeinden, Gutsbezirke usw. behufs Erfüllung einzelner kommunaler Aufgaben jeder Art miteinander zu Zweckverbänden verbunden werden; dazu ist aber ein Beschluß des Kreis- oder Bezirksausschusses und bei Beteiligung der Stadt Berlin ein Beschluß der im § 39 des Zweckverbandgesetzes für Groß-Berlin vom 19. Juli 1911 (GS. S. 123) besonders berufenen Beschlußbehörde erforderlich. Derartige Beschlüsse sind nicht ergangen. Die Anordnung beruht aber auf der durch die preußischen Gesetze nicht gebundenen Reichsgesetzgebung, letzten Endes auf dem § 3 des Gesetzes über die Ermächtigung des Bundesrats zu wirtschaftlichen Maßnahmen usw.

vom 4. August 1914 (RGBl. S. 327). Auf Grund dieses Gesetzes erging die Verordnung des Bundesrats über Speisefette vom 20. Juli 1916 (RGBl. S. 755, Kriegsbuch Bd. 4 S. 361). Nach deren § 8 sind die in Molkereien hergestellten Speisefette mit der Erzeugung für den Kommunalverband beschlagnahmt, in dem die Molkerei liegt. Die beschlagnahmten Speisefette sind dem Kommunalverband auf Verlangen käuflich zu überlassen; der Überlassungspflichtige kann verlangen, daß der Kommunalverband die Vorräte übernimmt; das Eigentum an den Speisefetten kann auf Antrag durch die zuständige Behörde auf den Kommunalverband übertragen werden; er hat für die überlassenen Vorräte einen angemessenen Preis zu zahlen (§§ 10, 11). Die Kommunalverbände können die käufliche Überlassung der in ihrem Bezirke vorhandenen, nicht in Molkereien hergestellten Speisefette an die von ihnen bestimmten Stellen oder Personen verlangen; die §§ 10, 11 finden entsprechende Anwendung (§ 13). Die Kommunalverbände haben den Verkehr und den Verbrauch von Speisefetten in ihrem Bezirke zu regeln; sie können dies den Gemeinden für deren Bezirk übertragen; der Reichskanzler, die Landeszentralbehörden oder die von ihnen bestimmten Stellen können die Kommunalverbände und Gemeinden zur Regelung anhalten; sie können sie für die Zwecke der Regelung vereinigen und den Verbänden die Befugnisse aus den §§ 8—17 übertragen (§ 18). Die Kommunalverbände haben Höchstpreise für den Kleinhandel festzusetzen; die Landeszentralbehörden oder die von ihnen bestimmten Behörden können Kommunalverbände und Gemeinden zur gemeinsamen Festsetzung von Höchstpreisen vereinigen (§ 29). Die Landeszentralbehörden erlassen die Ausführungsbestimmungen, sie bestimmen, wer als Kommunalverband uud als Gemeinde anzusehen ist (§ 33). Der Reichskanzler kann die Bewirtschaftung von Milch der Reichsstelle für Speisefette übertragen und den Verkehr mit Milch regeln (§ 41).

Auf Grund dieses § 41 und der Verordnung des Bundesrats über die Errichtung des Kriegsernährungsamts vom 22. Mai 1916 (RGBl. S. 402) hat der Präsident des Kriegsernährungsamts namens des Reichskanzlers die Bekanntmachung über Bewirtschaftung von Milch und den Verkehr mit Milch vom 3. Oktober 1916 (RGBl. S. 1100, Kriegsbuch Bd. 4 S. 379) erlassen. Nach § 6 das. haben die Kommunalverbände die Milchverteilung in ihrem Bezirke zu regeln, sie können die Regelung aber auch den Gemeinden für deren Bezirk übertragen. Die zuständigen Stellen können die Lieferung von Milch an die Kommunalverbände oder Gemeinden anordnen; die belieferte Stelle gilt als Milchaufkäufer (§ 7). Die Kommunalverbände und Gemeinden können Höchstpreise für Milch festsetzen (§ 8). Die Landeszentralbehörden können die Kommunalverbände und Gemeinden für die Zwecke der Regelung vereinigen und den Verbänden die Befugnisse und Pflichten aus den

§§ 6—8 übertragen (§ 9). Die Landeszentralbehörden treffen die Ausführungsbestimmungen; sie bestimmen, wer als Kommunalverband und Gemeinde anzusehen ist (§ 13).

Die preußischen Ausführungsanweisungen sind zur Verordnung über Speisefette am 22. Juli 1916 (HMinBl. S. 273, Kriegsbuch Bd. 4 S. 369), zur Bekanntmachung über die Bewirtschaftung von Milch am 14. Oktober 1916 (HMinBl. S. 359, Kriegsbuch Bd. 4 S. 382) ergangen. Beide stellen den Gemeinden die Gutsbezirke gleich und bezeichnen als Kommunalverband im Sinne der Verordnung die Land- und Stadtkreise. Am 26. Oktober 1916 endlich erließen die preußischen Landeszentralbehörden die Anordnung, durch die sie eine Anzahl von Stadtkreisen Groß-Berlins und einige Gemeinden und Gutsbezirke des Landkreises Teltow zum Zwecke der Regelung des Verkehrs und Verbrauchs von Milch und Speisefetten sowie der Festsetzung von Höchstpreisen für diese Lebensmittel unter dem Namen „Fettstelle Groß-Berlin" zu einem Kommunalverband vereinigten.

Damit haben die Landeszentralbehörden von den ihnen reichsgesetzlich erteilten Ermächtigungen Gebrauch gemacht, sie haben gewisse Kommunalverbände, Gemeinden und gemeindegleiche Gutsbezirke für bestimmte Zwecke vereinigt, haben dem neuen Verbande gewisse Befugnisse übertragen und ihn geradezu als Kommunalverband bezeichnet. In dieser Bezeichnung liegt die Bestimmung, daß die neugeschaffene Stelle als Kommunalverband anzusehen sei. Beide Ausdrücke kommen schließlich auf dasselbe hinaus. In dem einen wie in dem anderen Falle überkommt die Beklagte alle Rechte und Pflichten eines Kommunalverbandes. Die landesgesetzliche Anordnung hält sich also in dem reichsgesetzlich gezogenen Rahmen.

Die Beklagte erfüllt auch die zum Begriff eines Kommunalverbandes notwendigen Erfordernisse. Ihr steht die Gebietshoheit zu, d. h. sie ist eine im Grund und Boden wurzelnde Gebietskörperschaft, und sie hat auch die Befugnis, über die Personen ihres Gebietes in gewisser Weise zu herrschen (vgl. RGZ. Bd. 90 S. 263, Bd. 57 S. 37). Ihr fehlt auch nicht die für jede juristische Person und damit auch für einen Kommunalverband notwendige Organisation. Die Anordnung vom 26. Oktober 1916 enthält in ihren §§ 3 und 4 Vorschriften darüber, wie sich der Wille der Beklagten zu bilden hat (durch Beschlüsse eines Ausschusses von bestimmter Zusammensetzung oder etwa bestellter Unterausschüsse), und von wem der Wille der Beklagten nach außen hin zu erklären ist (von dem Vorsitzenden des Ausschusses). § 5 der Anordnung endlich regelt die Geldwirtschaft der Beklagten und gibt ihr das Recht, die ihr erwachsenden Kosten auf die beteiligten Stadtkreise und den Landkreis Teltow in einem bestimmten Verhältnis umzulegen. Mit Recht hat hiernach das Kammergericht die Beklagte für befähigt erachtet, Träger derjenigen privaten Rechte zu sein, die entstehen müssen, wenn die Beklagte gemäß der Verordnung über Speisefette und der Bekanntmachung über die Bewirtschaftung von Milch die ihr übertragenen Pflichten eines Kommunalverbandes erfüllt. Wer selbständig Träger von Privatrechten sein kann, ist rechtsfähig im Sinne des § 50 ZPO. und damit parteifähig. Daran ändert auch nichts der Umstand, daß die Organe der Beklagten auch behördliche Aufgaben zu erledigen und staatliche Hoheitsrechte auszuüben haben. Das Zusammentreffen der Privatrechte und der öffentlichrechtlichen Befugnisse bildet bei den juristischen Personen des öffentlichen Rechtes die Regel.

Die Revision hat zur Stütze ihrer abweichenden Ansicht einen Bescheid des preußischen Ministers des Innern vom 13. November 1916 herangezogen, in dem es heißt: „daß die nach der preußischen Ausführungsanweisung vom 24. Juli 1916 zu § 1 der Brotgetreideverordnung anerkannten gemeinsamen Versorgungsgebiete nicht ohne weiteres Rechtsfähigkeit besitzen". Das mag zutreffen, beruht aber auf einer andersartigen Regelung. § 61 der Brotgetreideverordnung vom 24. Juli 1916 (RGBl. S. 781, Kriegsbuch S. 102) lautet: „Die Landeszentralbehörden bestimmen, wer als Kommunalverband . . . anzusehen ist." An der oben angeführten Stelle (Kriegsbuch Bd. 4 S. 131) wird gesagt: „Kommunalverbände im Sinne der (Brotgetreide-) Verordnung sind die Stadt- und Landkreise. Für diese erfolgt die Beschlagnahme. Der Minister des Innern kann örtlich zusammenhängende Kommunalverbände, welche sich zu einem gemeinsamen Versorgungsgebiet zusammenschließen . . ., allgemein oder hinsichtlich einzelner Befugnisse als Kommunalverband anerkennen. Die rechtlichen Verhältnisse, welche sich aus der Beschlagnahme für den einzelnen Kreis gegenüber dem Eigentümer der beschlagnahmten Vorräte ergeben, werden durch solche Anerkennungen größerer Kommunalverbände nicht berührt." Hiernach handelt es sich bei der Anerkennung des Ministers lediglich um eine innere Verwaltungsangelegenheit, die nach außen und auf dem Gebiete des Privatrechts nicht zum Vorschein kommt. Berechtigt und verpflichtet gegenüber dem Eigentümer des Brotgetreides ist immer nur der einzelne Stadt- oder Landkreis, für den die Beschlagnahme erfolgt. Der „größere Kommunalverband", von dem es auch nicht heißt, daß er als Kommunalverband im Sinne der Brotgetreideverordnung anzusehen sei, wird nicht zum Träger von Privatrechten gemacht, ihm wird keine Organisation verliehen, seine Geldwirtschaft wird nicht geregelt. Über alles das enthält die Ausführungsanweisung nichts. Diese Beziehungen, soweit erforderlich, zu regeln, bleibt vielmehr offenbar einem vertragsmäßigen Abkommen vorbehalten, das die nach wie vor selbständigen Rechtspersönlichkeiten der sich zusammenschließenden Kommunalverbände miteinander vereinbaren können." . . .

11. Tritt bei der offenen Handelsgesellschaft der für den Fall des Todes eines Gesellschafters bestimmte Übergang des Geschäfts auf den anderen Gesellschafter auch dann ein, wenn ein Gesellschafter gekündigt hat, aber vor Ablauf der Kündigungsfrist stirbt?

HGB. § 131.

II. Zivilsenat. Urt. v. 21. Februar 1919 i. S. Erben P. Kl. (Kl.) w. L. (Bekl.). Rep. II. 310/18.

I. Landgericht Mannheim.
II. Oberlandesgericht Karlsruhe.

Durch privatschriftlichen Vertrag vom 23. März 1916 errichteten P. Kl., der Erblasser der Klägerinnen, und der Beklagte eine offene Handelsgesellschaft auf unbestimmte Dauer mit dem Sitze in Mannheim. Am 12. Juli 1917 kündigte P. Kl. die Gesellschaft auf den 1. März 1918, den Schluß des Geschäftsjahres. Am 28. Februar 1918 starb er. Auf Grund des § 10 des Gesellschaftsvertrags, wonach, wenn ein Gesellschafter „während der Dauer des Vertrags" stirbt, das Geschäft mit Aktiven und Passiven und Firma auf den anderen Teilhaber übergeht, ließ sich der Beklagte als alleiniger Inhaber der Firma in das Handelsregister eintragen.

Die Erben des P. Kl. erhoben Klage mit dem Antrage, den Beklagten zu verurteilen 1. einzuwilligen, daß der von ihm bewirkte Eintrag im Handelsregister, wonach er Alleininhaber der Firma sei, gelöscht werde, 2. bei der Anmeldung der Auflösung der Gesellschaft und der zu ernennenden Liquidatoren zum Handelsregister mitzuwirken. Sie machten geltend, daß die Auflösung der Gesellschaft auf Grund der Kündigung ihres Erblassers zu erfolgen habe und § 10 des Gesellschaftsvertrags, der auch bestimmt, daß beim Übergange des Geschäfts infolge des Todes auf den anderen Teilhaber dieser lediglich das auf Grund des letzten vor dem Todestage vollendeten Geschäftsjahres berechnete Guthaben des verstorbenen Gesellschafters auszuzahlen habe, nicht zur Anwendung komme.

Beide Vorinstanzen haben die Klage abgewiesen. Die Revision der Klägerinnen wurde zurückgewiesen.

Aus den Gründen:

„Mit Recht nimmt das Berufungsgericht an, daß nach der klaren und unzweideutigen Fassung des Vertrags das von der offenen Handelsgesellschaft betriebene Geschäft mit dem am 28. Februar 1918 erfolgten Tode des Kl. auf den Beklagten überging. Der Tod trat ein während des Laufes der Kündigungsfrist; er führte die sofortige Auflösung der Gesellschaft herbei, bevor die Auflösung infolge der Kündigungserklärung des Kl. eintreten konnte. Diese Erklärung verlor damit ihre auflösende Kraft, und eine Liquidation war ausgeschlossen durch die Bestimmung des Gesellschaftsvertrags, wonach das Geschäft infolge des Todesfalles gegen eine näher bezeichnete Abfindung auf den Beklagten überging (RGZ. Bd. 93 S. 54).

Mit Unrecht rügt die Revision Verletzung des § 157 BGB. Richtig ist, daß Bestimmungen des Gesellschaftsvertrags, wonach beim Tode eines Gesellschafters das gemeinschaftliche Geschäft auf den anderen Gesellschafter übergeht, die Erhaltung des Geschäfts begünstigen sollen. Daraus läßt sich zwar herleiten, daß der Übergang des Geschäfts entfallen soll, wenn zu der Zeit, wo er einzutreten hatte, die Gesellschaft schon aus einem anderen Grunde aufgelöst, schon in Liquidation getreten ist, nicht aber, daß der Übergang des Geschäfts auch dann nicht eintreten soll, wenn die Gesellschaft noch besteht und nur, insbesondere infolge einer Kündigung, feststeht, daß die Auflösung der Gesellschaft in einem späteren Zeitpunkt auch ohne den Todesfall erfolgt sein würde. Demgemäß hat auch das von der Revision angeführte Urteil des Reichsgerichts vom 24. Juni 1913 II. 186/13 ausdrücklich ausgesprochen, daß das Übernahmerecht eine noch nicht aufgelöste Gesellschaft voraussetzt. Das Berufungsgericht hatte daher keinen Anlaß, zu erörtern, ob wegen des wirtschaftlichen Zweckes solcher Bestimmungen bereits die frühere Kündigung des Kl., nicht erst die infolge derselben eingetretene Auflösung der Gesellschaft, nach dem Willen der Vertragschließenden die Anwendung des § 10 des Gesellschaftsvertrags ausschließen sollte. Ein solcher Wille der Vertragschließenden hat in dem Vertrage keinen Ausdruck gefunden und auch sonst sind dafür sprechende Tatsachen nach Feststellung des Berufungsgerichts nicht vorgebracht. Daß es ausdrücklich hätte gesagt werden müssen, wenn § 10 des Vertrags sich auf den ungekündigten Vertrag beziehen sollte, hat das Berufungsgericht nicht verlangt. Der § 10 umfaßt auch den Fall der gekündigten, aber noch nicht aufgelösten Gesellschaft. Eine Lücke für diesen Fall besteht nicht. Ob die Vertragsparteien diesen Fall in Betracht gezogen haben, ist unerheblich. Es genügt, daß die vertragliche Regelung ihn mitumfaßt. Für eine Erwägung des Berufungsgerichts, wie die Parteien den Fall behandelt haben würden, wenn sie ihn in Betracht gezogen hätten, war daher kein Raum."...

---

12. Finden die Bekanntmachungen vom 22. Dezember 1914 (RGBl. S. 543), 4. November 1915 (RGBl. S. 732) und 26. Oktober 1916 (RGBl. S. 1198) über die Verjährungsfristen Anwendung auf die in Art. 7 des Internationalen Übereinkommens über den Eisenbahnfrachtverkehr vom 14. Oktober 1890 (RGBl. 1892 S. 793) geregelte Verjährung des Frachtzuschlags?

I. Zivilsenat. Urt. v. 22. Februar 1919 i. S. sächs. Staatsfiskus (Kl.) w. Int. Transp.-Ges. Gebr. G. (Bekl.). Rep. I. 256/18.

I. Landgericht Bautzen.
II. Oberlandesgericht Dresden.

Ende 1913 und Anfang 1914 ließ die Beklagte von italienischen Abgangsstationen an ihre Zweigniederlassung in Ebersbach in Sachsen in Ballen verpackte Ware im Gesamtgewicht von 37720 kg auf Grund internationaler Frachtbriefe durch die Eisenbahn befördern. Die Ware war als „Wergabfälle" deklariert. Nach Ankunft der Ware bezahlte sie die nach der Deklaration „Wergabfälle" berechnete Fracht am 6. April 1914 und erhielt die Ware ausgehändigt. Im März 1917 erhob der Kläger Klage auf Zahlung des Frachtzuschlags gemäß Art. 7 IntFrachtÜb. zu einem Teilbetrage von 5000 ℳ nebst Zinsen mit der Begründung, daß die Deklaration „Wergabfälle" unrichtig gewesen sei. Gegenüber der Einrede der Verjährung behauptete er, durch die in der Überschrift genannten Bundesratsverordnungen sei die Verjährungsfrist des Art. 7 fortlaufend jedesmal bis zum Schluß der Jahre 1915, 1916, 1917 verlängert worden.

Beide Vorinstanzen wiesen die Klage wegen Verjährung ab. Die Revision hatte keinen Erfolg.

Gründe:

„Nach Art. 7 Abs. 6 IntFrachtÜb. verjährt der Anspruch auf Zahlung des Frachtzuschlags in einem Jahre. Die Verjährung beginnt mit dem Tage der Zahlung der Fracht oder der Auslieferung der Güter, würde also, da die Fracht unstreitig bis 6. April 1914 nach Ankunft der Güter in Ebersbach gezahlt ist, am 6. April 1915 eingetreten sein. Die Klage auf Zahlung des Frachtzuschlags wurde erst im März 1917 erhoben. Der Kläger ist indes der Ansicht, daß die Verjährungsfrist durch die im Tatbestande erwähnten Bekanntmachungen bis zum Schluß des Jahres 1917 verlängert worden sei. Diese Auffassung ist vom Oberlandesgericht in Übereinstimmung mit dem Landgericht mit Recht für unzutreffend erachtet worden.

Nach der Bekanntmachung vom 22. Dezember 1914 sollten die in den §§ 196, 197 BGB. bezeichneten Ansprüche, die noch nicht verjährt waren, nicht vor Schluß des Jahres 1915 verjähren. Die Bekanntmachung vom 4. November 1915 bestimmte, daß die in den §§ 196, 197 bezeichneten, am 22. Dezember 1914 noch nicht verjährten Ansprüche nicht vor Schluß des Jahres 1916 verjährten und daß dies auch insoweit gelte, als für die Ansprüche die Verjährungsfrist durch andere reichsgesetzliche Vorschriften als die §§ 196, 197 geregelt sei. Die Bekanntmachung vom 26. Oktober 1916 erstreckte sodann den Ablauf der Verjährungsfrist für diese vorgedachten Ansprüche, soweit sie nicht verjährt waren, auf ein weiteres Jahr bis zum Schluß des Jahres 1917. Wie die Begründung zu der Bekanntmachung vom 22. Dezember 1914 ergibt, war Sinn und Zweck derselben, eine Anhäufung der Klagen zwecks Unterbrechung der Verjährung für den Schluß des in Betracht kommenden Jahres 1914 bei den Ansprüchen der §§ 196, 197 BGB., deren Verjährungsfristen sämtlich am Schluß eines Jahres ablaufen, zu vermeiden. Diesem Sinn und Zweck entspricht auch der Wortlaut der Bekanntmachung insofern, als danach auch wieder die Verjährungsfrist auf den Schluß des folgenden Jahres erstreckt wird. Es kann danach eine dem Wortlaut und Zweck der Bekanntmachung vom 22. Dezember 1914 gerecht werdende, ungezwungene Auslegung nur dahin führen, daß diese Bekanntmachung treffen sollte und traf lediglich Ansprüche der in den §§ 196, 197 BGB. bezeichneten Art, für die der Ablauf der Verjährungsfrist, wie in § 201 BGB., auf den Schluß des Jahres normiert war. Das ist aber bei dem Anspruch auf Frachtzuschlag gemäß Art. 7 IntFrachtÜb. nicht der Fall.

Fiel hiernach der den Gegenstand der Klage bildende Anspruch auf Frachtzuschlag nicht unter die Bekanntmachung vom 22. Dezember 1914, so war er bereits am 6. April 1915 verjährt, und er wurde durch die weiteren Bekanntmachungen vom 4. November 1915 und 26. Oktober 1916 nicht mehr berührt. Der Kläger und Revisionskläger meint aber, daß die Bekanntmachung vom 4. November 1915 authentisch diejenige vom 22. Dezember 1914 dahin interpretiert habe, daß auch der Anspruch auf Frachtzuschlag gemäß Art. 7 IntFrachtÜb. unter die letztere falle. Durch die Bestimmung der Bekanntmachung vom 4. November 1915: „Dies gilt auch insoweit, als für die Ansprüche die Verjährungsfrist durch andere reichsgesetzliche Vorschriften als die §§ 196, 197 BGB. geregelt ist", soll diese authentische Interpretation ihren Ausdruck gefunden haben.

Dem kann nicht zugestimmt werden. Es ist nicht anzunehmen, daß eine solche authentische Interpretation, die mit dem Wesen der Verjährung schwer zu vereinbaren wäre, beabsichtigt war. Diese Absicht erhellt auch nicht aus der Fassung der Bekanntmachung vom 4. November 1915, deren in Betracht kommende Bestimmung sich vielmehr ungezwungen dahin auffassen läßt, daß die Heranziehung anderer reichsgesetzlicher Bestimmungen als die der §§ 196, 197 BGB. erst vom Tage des Inkrafttretens der Bekanntmachung vom 4. November 1915 wirksam sein sollte und wurde. Wollte man aber auch dem Kläger und Revisionskläger eine durch die Bekanntmachung vom 4. November 1915 erfolgte authentische Interpretation der Bekanntmachung vom 22. Dezember 1914 zugeben, so kann ihm keinesfalls darin zugestimmt werden, daß diese die Bedeutung haben sollte und hatte, auch den Anspruch auf Frachtzuschlag gemäß Art. 7 IntFrachtÜb. in die Bekanntmachung vom 22. Dezember 1914 einzubeziehen. Die Begründung zu der Bekanntmachung vom 4. November 1915 ergibt, daß mit der Einbeziehung anderer reichsgesetzlicher Vorschriften als der §§ 196, 197 BGB. auch nur solche Ansprüche der in den letzteren Bestimmungen bezeichneten Art getroffen werden sollten, bei denen die Verjährungsfrist am Schlusse des Jahres ablief. Dies ergeben klar die in der Begründung angeführten Beispiele der §§ 901, 902 HGB. und des § 117 BinnenschG.

Von allem diesem abgesehen kommt aber noch folgendes in Betracht: Durch das Internationale Eisenbahnfrachtübereinkommen ist für die darin geregelten Rechtsverhältnisse materielle Rechtsgleichheit in allen demselben beigetretenen Staaten geschaffen, wenn auch der Inhalt dieser Regelung Gesetzeskraft nur dadurch für jeden Staat erlangte, daß das Übereinkommen formell in den beigetretenen Staaten zum Gesetz erhoben wurde (RGZ. Bd. 57 S. 144, Bd. 67 S. 173). Insbesondere ist durch den Art. 7 die Verjährungsfrist, deren Anfang und Ende, geregelt, und diese Regelung materielles einheitliches Recht aller beigetretenen Staaten geworden. Es würde mit Sinn und Zweck dieser einheitlichen Regelung schwer vereinbar sein, wenn ein Vertragsstaat einseitig die einheitlich getroffene Regelung der Verjährungsfrist für den Anspruch auf Frachtzuschlag durch Gesetz ändern wollte, wobei die Frage der formellen Zulässigkeit einer solchen einseitigen Regelung dahin gestellt bleiben kann. Da zwingende Gründe dafür, daß gleichwohl durch die Bekanntmachung vom 4. November 1915 in Verb. mit derjenigen vom 22. Dezember 1914 auch die Verjährungsfrist für den Anspruch auf Frachtzuschlag gemäß dem Internationalen Übereinkommen anders als in dessen Art. 7 geregelt werden sollte, nicht ersichtlich, auch in keiner Weise zum zweifelsfreien Ausdruck gelangt sind, erscheint es bei einer ungezwungenen Betrachtung von vornherein ausgeschlossen, daß mit den in der Bekanntmachung vom 4. November 1915 erwähnten „anderen reichsgesetzlichen Vorschriften" auch die „formelle" reichsgesetzliche Vorschrift des Art. 7 getroffen sein könnte. Die Erwägung, daß der Frachtzuschlag immerhin nicht aufhört „Fracht" zu sein (vgl. RGZ. Bd. 64 S. 287), und daß daher der Frachtzuschlaganspruch begrifflich unter § 196 Nr. 3 BGB. gebracht werden kann, tritt hiergegen völlig zurück."

---

13. 1. „Übergabe" der Kundschaft seitens eines Geschäftsinhabers an einen anderen gegen das Versprechen des Erwerbers, dem Übertragenden eine Zeitlang einen Bruchteil des Umsatzes mit der Kundschaft zu zahlen. Wie wirkt es auf die Zahlungspflicht, wenn innerhalb der bestimmten Zeit der Erwerber sein Geschäft aufgibt?

2. Zur Zurückverweisung in die erste Instanz nach § 538 Nr. 3 ZPO. Wie ist mit einer Widerklage zu verfahren, deren Erfolg davon abhängt, in welchem Betrage der Klaganspruch für berechtigt erachtet werden wird?

II. Zivilsenat. Urt. v. 25. Februar 1919 i. S. Sch. (Bekl.) w. M. (Kl.). Rep. II. 348/18.

I. Landgericht I Berlin.
II. Kammergericht daselbst.

Sowohl der Kläger wie auch die offene Handelsgesellschaft Sch. & W., deren Inhaber der Beklagte Sch. und die Witwe W. waren, betrieben in Berlin-Steglitz Dampfwäschereien. Im August 1916 überließ der Kläger die Räume, die er hierzu benutzt hatte, einem Dritten. Aus diesem Anlaß schloß er mit der Firma Sch. & W. durch Briefwechsel vom 18. und 21. August einen Vertrag, wonach er ihr seine Kundschaft „übergab". Als Entgelt verpflichtete sich die Gesellschaft, ihm auf die Dauer von fünf Jahren 10 % des Umsatzes mit dieser Kundschaft zu zahlen und ihm ebenso lange seine Leib- und Haushaltwäsche für 2 ₰ das Stück zu waschen.

Im Juli 1917 gaben Sch. & W. ihren Betrieb auf. Seitdem weigerten sie sich, dem Kläger noch etwas zu leisten.

Der Kläger erhob hiergegen Widerspruch. Mit der Begründung, daß die monatlichen Zahlungen im Durchschnitt 400 ℳ betragen hätten, berechnete er seine Gesamteinbuße während fünfjähriger Vertragsdauer auf 24000 ℳ, wovon er mit der Klage einen Teilbetrag von 1200 ℳ nebst Zinsen in Anspruch nahm. Der Beklagte verwies demgegenüber auf den Satz in dem Schreiben der Gesellschaft vom 18. August 1916: „Die Zahlung des Entgeltes von 10 % versteht sich dahin, daß dasselbe nur solange zu zahlen ist, als der betreffende Kunde von uns bedient wird." Hierdurch, führte er aus, habe sich die Firma volle Handlungsfreiheit gewahrt. Jedenfalls sei sie aber zur Schließung des Geschäfts deshalb befugt gewesen, weil sich der Betrieb durch den Mangel an Personal, Waschutensilien, Kohlen und Pferden äußerst ungünstig gestaltet habe. Daher beantragte er widerklagend, festzustellen, daß dem Kläger auf Grund des Abkommens vom 18./21. August 1916 die vorbehaltenen Ansprüche nicht zuständen.

Das Landgericht gab diesem Antrag unter Abweisung der Klage statt. In der Berufungsbegründung vom 7. Februar 1918 behauptete der Kläger noch höhere Ansprüche, worauf der Beklagte die Widerklage dahin erweiterte, festzustellen, daß dem Kläger der von dem Landgericht erwähnte weitere Schadensersatzanspruch von 22800 ℳ sowie die noch darüber hinaus gehenden Ansprüche des Schriftsatzes vom 7. Februar 1918 nicht zustehen. Das Kammergericht erklärte jedoch die Klage dem Grunde nach für gerechtfertigt und wies die Widerklage ab.

Die Revision hatte Erfolg.

Gründe:

„Das Berufungsgericht erachtet den Vertrag der Parteien für einen Kaufvertrag. Die Revision bekämpft diese Ansicht und will das Verhältnis unter dem Gesichtspunkt eines partiarischen Vertrags von gesellschaftsähnlichem Charakter betrachtet wissen. Man könnte auch daran denken, das Wesentliche der Leistung des Klägers in einer Geschäftsvermittlung zu finden, insofern er seiner früheren Kundschaft empfohlen hat, sich in Zukunft an die Firma Sch. & W. zu wenden. Es kommt aber auf die Konstruktionsfrage überhaupt nicht entscheidend an. Keineswegs ist es zulässig, deshalb weil der Vertrag ein Kauf sei, die Klage dem Grunde nach ohne weiteres für berechtigt zu erklären.

Das angefochtene Urteil ist diesem Rechtsirrtum erlegen. Weil der Kläger die ihm obliegende Vertragsleistung — die Übergabe der Kundschaft — sofort bewirkt habe, sollen Sch. & W. durch die Aufgabe des Betriebes nur verhindert sein, den Kaufpreis in der vorgesehenen Art zu entrichten; die Folge soll sein, daß sie ihn nunmehr in anderer Weise entrichten müßten. Allein nach §§ 157, 242 BGB. hätte gefragt werden müssen, ob die Firma, nur um dem Kläger Prozente zahlen zu können, unter allen Umständen gezwungen werden durfte, den Betrieb aufrechtzuerhalten. Dies muß verneint werden. Nicht nur daß für solche ungewöhnlich weitgehende Bindung jeder Anhalt im Vertrage fehlt: der Satz des Briefes vom 18. August 1916, wonach das Entgelt „nur so lange zu zahlen ist, als der betreffende Kunde von uns bedient wird", spricht geradezu für die gegenteilige Auffassung. Allerdings überschritt es nach der anderen Richtung hin das Ziel, wenn der Beklagte in den Vorinstanzen die Meinung vertrat, daß Sch. & W. den Betrieb nach freiem Belieben hätten aufgeben, also den Kläger willkürlich hätten klaglos stellen können. Nach Treu und Glauben waren sie vielmehr genötigt, nach Kräften für einen Weiterbetrieb des Geschäftes tätig zu sein. Haben sich aber, wie der Beklagte behauptet, die Verhältnisse in der Folgezeit so ungünstig entwickelt, daß der Betrieb keinen Gewinn mehr abwarf, sondern Verlust brachte, so waren sie zur Einstellung befugt, und der Kläger kann dann nichts weiter beanspruchen.

Das Berufungsurteil unterliegt hiernach der Aufhebung. Auch die Entscheidung über die Widerklage ist rechtlich nicht haltbar; sie könnte auch dann nicht gebilligt werden, wenn das Berufungsgericht nach erneuter Verhandlung wiederum dazu gelangen sollte, die Klage dem Grunde nach als berechtigt anzuerkennen. Daß der Beklagte kein Interesse an alsbaldiger gerichtlicher Verneinung der vom Kläger behaupteten weiteren Ansprüche hätte, ist weder tatsächlich richtig noch würde es rechtserheblich sein. Wird eine Teilforderung als solche geltend gemacht und Widerklage wegen Nichtbestehens der ganzen Verpflichtung erhoben, so greift die Inzidentfeststellungsklage des § 280 ZPO. platz, so daß es eines besonderen Feststellungsinteresses nicht bedarf (vgl. Warneyer 1918 S. 284 mit Nachw.). Im übrigen hat sich das Berufungsgericht die Schwierigkeiten vor Augen gehalten, die die durch § 538 Nr. 3 ZPO. angeordnete Zuständigkeit der ersten Instanz für das Urteil über den Betrag des Klaganspruchs mit sich bringen müßte, wenn gleichzeitig in zweiter Instanz über die Widerklage zu erkennen wäre. Z. B. das Landgericht ist der Ansicht, daß der Kläger nicht die vollen mit der Klage beanspruchten 1200 *M* zu fordern habe, während der zweite Richter die Forderung auf mehr als 1200 *M* bemißt. Diese Schwierigkeit führt aber nicht, wie das Berufungsgericht meint, zur Abweisung der Widerklage, vielmehr ist in der Weise abzuhelfen, daß auch letztere dem Landgericht zur Entscheidung überlassen wird. In Übereinstimmung hiermit hat der V. Zivilsenat des Reichsgerichts schon in dem Urteile vom 5. Mai 1900 (Jur. Wochenschr. S. 471, auch Gruchot Bd. 44 S. 1210 und Bd. 45 S. 372) ausgesprochen, daß, wenn der Erfolg einer Widerklage davon abhängt, in welchem Betrage der Klaganspruch für berechtigt erachtet werden wird, der Rechtsstreit in vollem Umfange, also auch hinsichtlich der Widerklage, zurückzuverweisen ist. Die sonst noch denkbare Möglichkeit, wird dort ausgeführt, daß die Widerklage bei dem Berufungsrichter anhängig bleibe, um später, nachdem die erste Instanz über die Klage erkannt habe, abgeurteilt zu werden, sei unzweckmäßig und widerstreite der Absicht des Gesetzes, über den ganzen Prozeßstoff zunächst in erster Instanz entscheiden zu lassen. Dieser Rechtsauffassung, die für einen ähnlich liegenden Fall auch in RGZ. Bd. 47 S. 418 flg. und in Jur. Wochenschr. 1902 S. 217 Nr. 18 zum Ausdruck gelangt ist, hat sich die Literatur überwiegend angeschlossen (vgl. die Kommentare zu § 538 ZPO. von Stein II Abs. 2, V 4, Skonietzki Anm. 12, Kann Anm. 2 cc d)."

---

14. Auflösung einer Gesellschaft m. b. H. durch Kündigung.

GmbHG. § 60 Abs. 2; BGB. §§ 723 flg., 729.

II. Zivilsenat. Urt. v. 25. Februar 1919 i. S. K. (Kl.) w. K. (Bekl.). Rep. II. 304/18.

I. Landgericht Mainz.
II. Oberlandesgericht Darmstadt.

Durch notariellen Vertrag vom 9. November 1904 errichteten der Beklagte, der Kläger und der Fabrikant Kr. die Flaschenfabrik K., Gesellschaft m. b. H. Von dem auf 200000 *M* festgesetzten Stammkapital übernahmen der Beklagte 100000 *M*, der Kläger 80000 *M* und Kr. 20000 *M*. In § 16 des Vertrags wurde die Kündigung des Gesellschaftsverhältnisses mit einjähriger Frist zugelassen und unter anderem bestimmt:

„Erfolgt seitens eines oder mehrerer Gesellschafter eine Kündigung, so sind die oder der Gesellschafter, welchen gekündigt wurde, sowie die Gesellschaft selbst berechtigt, die Stammanteile des Kündigenden zu dem Werte zu übernehmen, der sich aus der Bilanz ergibt, die für das Ende desjenigen Geschäftsjahres aufgestellt wird, nach welchem der Austritt des Kündigenden erfolgt."

Der Kläger wurde zum Geschäftsführer bestellt. Im Dezember 1908 erwarb er den Kr.schen Geschäftsanteil, so daß er seitdem, wie der Beklagte, mit 100000 *M* beteiligt war. Am 30. Dezember 1915 kündigten beide Parteien den Gesellschaftsvertrag zum 31. Dezember 1916 auf, sie vereinbarten jedoch vor Ablauf der Kündigungsfrist deren Verlängerung bis zum 31. März 1917. Es fanden dann Verhandlungen darüber statt, ob und in welcher Weise das Geschäft fortgeführt oder aufgelöst werden solle, bis schließlich der Kläger am 4. Dezember 1917 dem Beklagten mitteilte, daß er von dem ihm in § 16 des Vertrags gewährleisteten Rechte Gebrauch machen und den Stammanteil des Beklagten für sich und die Gesellschaft zu dem Wert übernehmen wolle, der sich aus der Bilanz zum 31. Dezember 1916 ergebe. Da der Beklagte dieses Recht bestritt, wurde der Kläger auf Übertragung des Stammanteils klagbar.

Dem Antrage des Beklagten gemäß wies das Landgericht die Klage ab. Die Berufung des Klägers wurde zurückgewiesen, ebenso seine Revision.

Aus den Gründen:

... „Dem Berufungsgerichte fällt jedenfalls insofern keine Gesetzesverletzung zur Last, als es den § 16 des Gesellschaftsvertrags dahin ausgelegt hat, daß die Befugnis, den Stammanteil des kündigenden Gesellschafters zu übernehmen, den nicht kündigenden Gesellschaftern und der Gesellschaft selbst einzig und allein zu dem Zwecke gegeben worden sei, den Eintritt der Wirkung der Kündigung, nämlich den der Auflösung der Gesellschaft beim Ablaufe der Kündigungsfrist (vgl. §§ 723 flg., 729 BGB., § 60 Abs. 2 GmbHG.), zu verhindern. Selbst wenn daher der Kläger, sei es für seine Person, sei es für die Gesellschaft, den Stammanteil des Beklagten zu übernehmen befugt gewesen wäre, hätte er dieses Übernahmerecht vor dem Ende der Kündigungsfrist, also, da nach der einwandfreien Feststellung des Berufungsgerichts die Parteien vor dem 31. Dezember 1916 die Verlängerung der Frist bis zum 31. März 1917 vereinbart hatten, vor dem Ablaufe des letzteren Tages, durch Erklärung gegenüber dem Beklagten, als dem Kündigenden, ausüben müssen. Er hat aber die erforderliche Übernahmeerklärung erst am 4. Dezember 1917 abgegeben. Ob er die (verlängerte) Kündigungsfrist hat verstreichen lassen, weil es ihm zweckmäßig erschien, zunächst die Fertigstellung der für den Übernahmepreis maßgebenden Bilanz abzuwarten und erst noch mit einem Gläubiger und stillen Teilhaber der Gesellschaft zu verhandeln, ist völlig unerheblich. Ebenso ist es ohne Belang, ob nach dem Ablaufe der Frist noch Verhandlungen der Parteien über die Fortsetzung der Gesellschaft stattgefunden haben. Die gegenteilige Auffassung der Revision beruht auf der irrigen Rechtsansicht, daß der Ablauf der (verlängerten) Kündigungsfrist die Auflösung der Gesellschaft nicht zur Folge gehabt habe." ...

---

15. Einfluß der Preissteigerung infolge Krieges auf Lieferungsverträge über Auslandware im Großhandel. Unmöglichkeit der Leistung bei Gattungssachen. Befreiung nach Treu und Glauben im Verkehr? Wer trägt die Kriegsgefahr?

BGB. §§ 279, 242, 157.

II. Zivilsenat. Urt. v. 25. Februar 1919 i. S. B. (Bekl.) w. Berliner Maschinenbau-Aktiengesellschaft vorm. C. Schw. (Kl.). Rep. II. 353/18.

I. Landgericht I Berlin, Kammer für Handelssachen.
II. Kammergericht daselbst.

Die Klägerin kaufte am 10. Juni 1914 durch den Berliner Vertreter der in Wien wohnenden Beklagten 300 Blöcke Bankazinn zum Preise von 299,50 ℳ für 100 kg frei Haus für Anfang November 1914. Auf Anfragen der Klägerin im September 1914, wann sie das Zinn geliefert erhalten werde, verweigerte die Beklagte wiederholt die Erfüllung des Vertrags unter Berufung darauf, daß ihr die Lieferung unmöglich oder zum mindesten so erschwert sei, daß sie ihr nicht zugemutet werden könne. Die Klägerin antwortete, daß sie auf Lieferung bestehe, und drohte am 23. November 1914 an, sich das gekaufte Zinn anderweit zu beschaffen, die Beklagte aber für den entstehenden Schaden verantwortlich zu machen. Da die Beklagte bei ihrer Weigerung verharrte, erhob die Klägerin in verschiedenen, nachmals miteinander verbundenen Klagen Schadensansprüche.

Die Vorinstanzen gaben diesen Ansprüchen im wesentlichen statt. Die Revision der Beklagten wurde zurückgewiesen.

Gründe:

„Das Berufungsgericht hat der Entscheidung des Klaganspruchs deutsches Recht zugrunde gelegt. Dies ist nicht zu beanstanden. Aus der Feststellung des Landgerichts, daß die Parteien darüber einig seien, in Ansehung des zwischen ihnen geschlossenen Vertrags sei deutsches Recht anzuwenden, und aus dem Festhalten dieses Standpunkts in der Berufungsinstanz konnte im Zusammenhalt mit dem Umstand, daß der Vertrag durch einen in Deutschland wohnenden Vertreter der Beklagten abgeschlossen worden war, das Berufungsgericht mit Recht entnehmen, daß sich die Parteien beim Vertragsschluß stillschweigend der Herrschaft des deutschen Rechtes unterworfen haben. Die Befugnis der Beteiligten das für ihr Vertragsverhältnis maßgebende Recht zu bestimmen, findet aber im vorliegenden Falle an entgegenstehenden zwingenden Vorschriften weder des deutschen noch des österreichischen Rechtes eine Grenze.

Das gehandelte, von der in holländischem Besitz befindlichen, im malayischen Archipel gelegenen Insel Banka stammende Zinn, Bankazinn, ist auch zutreffend als ein der Gattung nach bestimmter Gegenstand der Schuldverpflichtung der Beklagten anzusehen. War zwar dieser Gegenstand nach seiner Herkunft innerhalb der Gattung Zinn im allgemeinen bestimmt, so war doch eine nähere Bestimmung auf einen einzelnen Gegenstand aus dem gesamten auf der Insel Banka erbeuteten Zinn nicht getroffen. Solange daher aus dieser begrenzten Gattung die der Klägerin im Vertrage vom 10. Juni 1914 verkaufte Leistung von 300 Blöcken möglich war, hat die Beklagte die Nichtleistung nach § 279 BGB zu vertreten ohne Rücksicht darauf, ob ihr an dem Unvermögen zur Leistung ein Verschulden zur Last fällt. Insbesondere verneint das Berufungsgericht unter einwandfreier Begründung, daß eine weitere Beschränkung des Vertragsgegenstandes auf das in Amsterdam von der holländischen Regierung zur Auktion gestellte Bankazinn eingetreten sei. Die hiergegen vorgebrachten Revisionsangriffe richten sich gegen die Auslegung des Vertrags, die dem Tatrichter zusteht und einen Rechtsirrtum nicht erkennen läßt. Aus dem bloßen Umstand, daß der Großhandel handelsüblich die Zinnverkäufe nur bei den Auktionen in Amsterdam vornimmt und die Klägerin diesen Brauch kannte, folgt noch nicht mit Notwendigkeit, daß auch der Leistungsgegenstand auf das von der Beklagten selbst in Amsterdam ersteigerte Zinn beschränkt sein sollte. Das Berufungsgericht hat nun für erwiesen angenommen, daß die objektive Möglichkeit der Lieferung vorhanden war. Daß die Möglichkeit der Lieferung im physischen Sinne vorlag, wird von der Beklagten selbst nicht bestritten. Bankazinn war in der Welt noch vorhanden, und zwar in Mengen, die nicht nur zur Erfüllung von Verbindlichkeiten gegenüber der Klägerin, sondern auch zu der gegenüber allen anderen Kunden der Beklagten ausreichten. Das Berufungsgericht stellt aber auch fest, daß diese Mengen für die Beklagte greifbar waren. Es führt aus: „Hätte die Beklagte sich bei Zwischenhändlern und auf der Septemberauktion in Holland besser eingedeckt, so würde sie bei Berücksichtigung der noch auf der Auktion erwerbbar gebliebenen großen Zinnmenge von etwa 40000 Blöcken und der anderweit bei Zwischenhändlern greifbar gewesenen, aus den klägerischen Deckungskäufen, den weiteren bei der Klägerin eingegangenen Angeboten und den eigenen späteren Abschlüssen der Beklagten ersichtlichen Zinnmengen sowie unter Heranziehung ihres nach Ansicht des Sachverständigen Z. immerhin nicht unbedeutenden eigenen Lagers zur Lieferung der verhältnismäßig kleinen Zinnmenge an die Klägerin ohne Benachteiligung ihrer weiteren Lieferungspflichten in der Lage gewesen sein." Wenn das Berufungsgericht dann hinzufügt, diese Lieferungsmöglichkeit sei „umsomehr" vorhanden gewesen, als der Beklagten nicht das Recht zuerkannt werden könne, diejenigen Abschlüsse, die sie erst nach dem 10 Juni 1914 getätigt habe, vor der Fälligkeit der klägerischen Ansprüche zu befriedigen, so ist dieser Ausspruch in solcher Allgemeinheit zwar rechtsirrig, vermag aber die bereits ohne Rücksicht auf jene Abschlüsse getroffene Feststellung der Befriedigungsmöglichkeit aller Ansprüche an die Beklagte nicht zu erschüttern. Was die Revision gegen diese Beweisannahmen des Berufungsgerichts einwendet, bewegt sich lediglich auf dem Gebiete der Beweiswürdigung in Angriffen gegen tatsächliche Feststellungen, die ausreichend nach § 286 ZPO. begründet sind. Auf die hilfsweise vom Berufungsgericht herangezogenen Erwägungen, daß die Beklagte an der unterbliebenen Anschaffung des Zinnes ein Verschulden treffe, und die hiergegen gerichteten Angriffe der Revision kommt es überhaupt nicht an, da nicht § 276 BGB., sondern § 279 zur Anwendung steht. Mit dieser Feststellung erledigt sich auch zugleich ein von der Beklagten im Laufe des Rechtsstreits vorgebrachter, vom Berufungsgericht allerdings nicht besonders beschiedener Einwand der Beklagten, sie sei zufolge der Unmöglichkeit, ihre Gesamtverpflichtungen zu erfüllen, mit Rücksicht auf die Interessengemeinschaft aller Gläubiger berechtigt gewesen, der Klägerin die volle Leistung zu verweigern (vgl. RGZ. Bd. 84 S. 128). Übrigens hat sie sich auch zu einer hiernach übrigbleibenden anteiligen Lieferung nicht bereit erklärt und eine gleichmäßige anteilige Verteilung der angeblich nur zur Verfügung stehenden Vorräte gar nicht vorgenommen. Von der Revision ist ein dahin zielender Angriff auch nicht erhoben worden.

Hiernach bleibt als weiterer Einwand lediglich übrig, daß zufolge der eingetretenen Preissteigerung des Bankazinns der Beklagten nicht zugemutet werden könne, den Vertrag mit der Klägerin auszuhalten, §§ 157, 242 BGB. Das Reichsgericht hat jedoch bereits ausgesprochen, daß für das Gebiet des Großhandels bei Gattungsware mit Marktpreisen der Verkäufer schlechthin die Gefahr der Preisschwankungen übernimmt und aus dem Steigen der Preise einen Grund, von der Lieferung frei zu werden, nicht herleiten kann, RGZ. Bd. 88 S. 172, Bd. 92 S. 322. Wenn in letzterer Entscheidung dabei als Grund die Erwägung hervorgehoben wurde, daß der Verkäufer mit diesen Preisschwankungen ebenso rechnet wie der Käufer und danach seine Preise kalkuliert, also bei der Berechnung des Preises die Risikoprämie als preisbestimmenden Faktor einsetzt, so kann dem auch nicht entgegengehalten werden, daß eine solche Berücksichtigung nur für solche Preisschwankungen stattfinde, die durch die üblichen Vorgänge auf dem Warenmarkt, durch die dem Betrieb eigentümlichen Gefahren hervorgerufen würden, nicht aber durch den Krieg, der unvermutet und von außen als ein betriebsfremdes Ereignis eingreife. Denn es kann nicht als richtig anerkannt werden, daß im Großhandel schlechthin niemals mit kriegerischen Ereignissen und den hierdurch hervorgerufenen Preissteigerungen gerechnet werde und gerechnet zu werden brauche. Das Gegenteil beweist die Vereinbarung der sogenannten Kriegsklausel in einzelnen Fällen. Besonders im Auslandhandel, wenn es sich um Einfuhr von Waren aus fremden Staaten handelt, muß der Großhandel auch mit der Möglichkeit kriegerischer Verwicklung rechnen. Es ist dann seine Sache, durch entsprechende Vereinbarungen sich von der ihm sonst nach § 279 BGB. schlechthin auferlegten Vertretungspflicht wegen bloßen Unvermögens zur Leistung, auch wenn dieses unverschuldet eintritt, frei zu machen. Überall und unterschiedslos eine stillschweigende Vereinbarung einer Kriegsklausel anzunehmen, ist nicht angängig. Dem steht die ausdrückliche Vereinbarung in besonderen Fällen, die dann überflüssig wäre, entgegen. Eine der Unmöglichkeit gleich zu achtende Schwierigkeit in der Beschaffung der Ware kommt hier nicht in Frage. Die bloße Preissteigerung aber vermag den Verkäufer, auch wenn sie ihm erheblichen Schaden bringt, von seiner vertragsmäßig übernommenen Verpflichtung nicht zu befreien. Es fehlt jeder Maßstab dafür, bei welcher Höhe des Schadens eine solche Befreiung als gerechtfertigt anzusehen wäre, und dieser Mangel würde eine unerträgliche Rechtsunsicherheit herbeiführen. Die durch die hohen Preise hervorgerufene Schwierigkeit oder Unmöglichkeit, die zu liefernde Ware anzuschaffen, ist niemals eine objektive Unmöglichkeit, sondern immer nur ein subjektives Unvermögen. Der Gesetzgeber hat aber in § 279 BGB. bewußt dieses bloße subjektive Unvermögen unberücksichtigt gelassen. Hiernach ist die Entscheidung des Berufungsgerichts gerechtfertigt."

16. Befreit beim Kauf nach Probe die Probemäßigkeit der Kaufsache den Verkäufer von der Haftung wegen heimlicher Mängel, die an der Probe nicht zu erkennen waren?

BGB. §§ 459, 494.

III. Zivilsenat. Urt. v. 25. Februar 1919 i. S. der Firma Osnabrücker Seifenfabrik F. (Bekl.) w. die Firma F. S. Seifen- u. Glyzerinfabrik (Kl.). Rep. III. 432/18.

I. Landgericht Osnabrück.
II. Oberlandesgericht Celle.

Der Geschäftsvermittler L. hat am 17. Dezember 1915 der Beklagten geschrieben, er habe für ihre Rechnung der Klägerin 70/75 Barrels Tran (es waren 71 Faß hellen Trans) „laut Muster" zu 300 *M* per 100 kg verkauft. Die Beklagte bestätigte der Klägerin an demselben Tage den Abschluß dahin, daß sie „genau nach Muster" verkauft habe. Eine Antwort hat die Klägerin, die von L. vor dem Abschluß ein Muster erhalten hatte, nicht erteilt. Sie hat die Ware am 22. Dezember 1915 in Empfang genommen und den Kaufpreis bezahlt. Am 29. Dezember 1915 bemängelte sie die Lieferung, weil sich beim Spaltungs- und Siedeprozeß herausgestellt habe, daß die Ware $21^1/_2$ % Unverseifbares enthalte; an dem Muster sei dieser Mangel nicht zu erkennen gewesen.

Mit der Klage behauptete die Klägerin einen Minderwert von 6933 *M*; davon rechnete sie eine Gegenforderung von 112,50 *M* ab und klagte 6820,50 *M* nebst 5 % Zinsen seit dem 1. April 1916 als Minderungsanspruch, fürsorglich als Schadensersatz ein. Die Beklagte ihrerseits beantragte Abweisung und erhob Widerklage auf Zahlung der anerkannten Gegenforderung.

Das Landgericht gab dem Antrag der Beklagten statt. Das Oberlandesgericht erklärte unter Abweisung der Widerklage den Klaganspruch dem Grunde nach für berechtigt. Auf Revision der Beklagten wurde das Urteil aufgehoben und die Sache zur weiteren Verhandlung und Entscheidung an das Berufungsgericht zurückverwiesen.

Gründe:

„Der erste Richter stellte fest, es werde von der Klägerin nicht bestritten, daß die der Klägerin vor dem Abschluß ausgehändigte Probe als ordnungsgemäß gezogen anzusehen sei. Damit sollte gesagt sein, daß die gelieferte Ware nicht hinter dem Muster an Güte zurückstehe; denn die Klage wurde abgewiesen, weil nach Muster verkauft sei. In der zweiten Instanz ist nichts anderes vorgetragen worden. Der Berufungsrichter äußert sich allerdings zu diesem Punkte nicht ausdrücklich; er läßt das Beweiserbieten der Beklagten dahingestellt, wonach ausdrücklich beim Abschlusse jede andere Garantie als die für Mustermäßigkeit ausgeschlossen worden wäre, ebenso die Frage nach der Angemessenheit des Kaufpreises, welchen der Sachverständige nicht als unverhältnismäßig hoch erachtet. Seine Entscheidung stützt sich auf arglistiges Verschweigen eines Mangels (§§ 472, 476, 480 BGB.). Er stellt fest, daß die Ware reichlich 36 % Unverseifbares enthielt und deshalb nach dem Gutachten für die Seifenfabrikation nicht zu verwenden sei, weil die Seife keine Festigkeit erlange. Der Mangel sei ein heimlicher, aus dem Aussehen der Probe nicht zu entnehmender gewesen.

Die Beklagte hat selbst vorgetragen, sie sei bei Bearbeitung der Ware zu transparenter Schmierseife auf Schwierigkeiten gestoßen. Der Berufungsrichter läßt dahingestellt, ob die Beklagte die Unbrauchbarkeit der Ware zur Seifenfabrikation erkannt habe oder habe erkennen können, er läßt es auch dahingestellt, ob nicht die Beklagte an die Verwendbarkeit der Ware zu allen Seifen, außer zu transparenter Schmierseife, geglaubt habe. Schon die Unverwendbarkeit des Trans zu transparenter Schmierseife bedeute für einen Seifenfabrikanten eine erhebliche Minderung des Gebrauchswerts. Diesen ihr bekannten Mangel habe die Beklagte der Klägerin nicht verschweigen dürfen, weil diese eine Seifenfabrikantin sei und die Verwendung zur Seifenfabrikation angesichts der verkauften Menge den nach dem Vertrage vorausgesetzten Gebrauch der Ware darstelle (§ 459 BGB.). Der Minderwert des Trans sei nach dem Gutachten bei einem Gesamtpreis von 34000 ℳ jedenfalls höher als die Gegenforderung von 112,50 ℳ.

Das Urteil ist nicht haltbar, soweit es den Entscheidungsgrund des arglistigen Verschweigens angeht . . . (wird ausgeführt).

Ist der Beklagten keine Arglist vorzuwerfen, so ist die angebliche Vereinbarung, wonach für Eigenschaften der Ware nur die Garantie der Probemäßigkeit übernommen worden sein soll, nicht nach § 476 BGB nichtig; sie meint jedoch, sie müsse siegen, ohne daß es noch darauf ankomme, ob diese ihre Haftung beschränkende Vereinbarung bewiesen sei. Denn die Ware sei „genau nach Muster" verkauft; also genüge sie ihrer Pflicht durch mustergemäße Lieferung. Der Berufungsrichter verletze die §§ 459, 494 BGB., indem er noch weiter die Verwendbarkeit der Ware zur Seifenfabrikation als den nach dem Vertrag vorausgesetzten Gebrauch bezeichne und aus diesem Grunde mangelhafte Erfüllung des Kaufvertrags annehme; eine solche Eigenschaft außerhalb der Eigenschaften der Probe bedürfe besonderer Ausbedingung. Die Beklagte hat sich für ihre Ansicht auf eine Reihe von Entscheidungen des Reichsgerichts berufen.

Der Berufungsrichter stellt fest, es sei Parteiwille gewesen, daß die Ware zur Seifenfabrikation verwendbar sein müsse. Das Muster sei behaftet mit dem heimlichen, der Klägerin nicht erkennbaren Mangel der Unverwendbarkeit zur Seifenfabrikation, die Klägerin habe den Mangel auch rechtzeitig gerügt. Diese Erwägungen sind rechtlich schlüssig. Die Beklagte haftet für verborgene Mängel der Probe. Ihre Gewährleistungsansprüche hat die Klägerin sich durch rechtzeitige Mängelanzeige gewahrt. Die Frage, ob der Käufer beim Kaufe nach Probe heimliche Mängel der Probe, d. h. solche Mängel, die bei gehöriger Untersuchung der Probe von ihm, wie dies hier zutrifft, nicht entdeckt werden konnten, nachträglich rügen darf, wird im Schrifttum allgemein bejaht (Staub HGB. Erl. zu § 382 Anm. 6, Abs. 2; Düringer-Hachenburg HGB. Bd. 3 Einl. Anm. 285; Staudinger BGB. § 494 Ziff. 1 b). Dazu ist jedoch berichtigend zu bemerken, daß von den Reichsgerichtsentscheidungen, welche von den Schriftstellern zur Bestätigung ihrer Ansicht angeführt werden, nämlich RGZ. Bd. 27 S. 20, Bd. 20 S. 39; Bolze Bd. 13 Nr. 433, Bd. 5 Nr. 653, nur die Entscheidung RGZ. Bd. 20 S. 39 hierher gehört; aber auch diese spricht sich nicht ganz unzweideutig über die Frage aus. Die Reichsgerichtsentscheidung in RGZ. Bd. 27 S. 20 betrifft nicht heimliche Mängel, sondern das Fehlen zugesicherter oder durch die Bezeichnung „Brotmehl“ vereinbarter Eigenschaften, Bolze Bd. 5 Nr. 653 handelt vom Unterschied zwischen Probe und Ware; Bolze Bd. 13 Nr. 433 betrifft dieselbe Beschaffenheit von Ware und Probe. Die Revision hat zwecks Beantwortung im gegenteiligen Sinne eine Anzahl von Entscheidungen des Reichsgerichts angezogen, die jedoch nichts besagen, was hier in Betracht kommen könnte; insbesondere gilt dies von dem nicht veröffentlichten Urteil vom 5. Februar 1904 II 300/03. Nach dessen Tatbestand hatte der Käufer beim Verkäufer Dosen mit einem bestimmten Metallaufdruck zur Einfüllung von Margarine nach einem Muster bestellt. Muster und Ware hatten den heimlichen Fehler, daß der kupferhaltige Aufdruck die Margarine schädlich beeinflußte; der Käufer wurde zur Zahlung des Kaufpreises verurteilt, weil die Ware dem Muster entsprochen hatte und dem Verkäufer Arglist nicht vorgeworfen werden konnte; die schädliche Wirkung des bronzenen Aufdrucks war den Parteien nicht bekannt und selbst dem Sachverständigen neu. Diese Entscheidung besagt lediglich, daß der Käufer wissen muß, was er bestellt, und ob das Bestellte seinen Zwecken genügt oder nicht.

In dem hier zu entscheidenden Falle ist der nach dem Vertrage vorausgesetzte Gebrauch (§ 459 Abs. 1 BGB.) die Brauchbarkeit zur Seifenfabrikation; diese Brauchbarkeit sollte das Muster zeigen. Das Muster hatte diese Brauchbarkeit nicht, weil es mit dem nicht erkennbaren Mangel zu großen Gehalts von Unverseifbarem behaftet war. Daraus folgt ohne weiteres, da § 494 BGB. unter der Herrschaft des in § 459 ausgesprochenen allgemeinen Grundsatzes der Haftung für die dort umschriebene Vertragsmäßigkeit steht, daß die Beklagte für die

Unbrauchbarkeit der mit dem Muster übereinstimmenden Ware einzustehen hat, wenn sie nicht einen besonderen Befreiungsgrund geltend machen kann. Denn rechtzeitig gerügt worden ist der Mangel, wie erörtert. Einen solchen besonderen Befreiungsgrund hat die Beklagte geltend gemacht; sie hat unter Beweis gestellt, daß nach ausdrücklicher Vereinbarung das Muster schlechthin maßgebend sein und damit das Einstehen für heimliche Fehler ausdrücklich ausgeschlossen sein sollte.

Der Berufungsrichter verkennt nicht, daß diese Behauptung entscheidend ist, sobald der Beklagten Arglist nicht zur Last fällt. Daß ihr Arglist nicht nachzuweisen ist, wurde bereits dargetan. Folglich bedarf es der Aufhebung des Urteils, und zwar auch hinsichtlich der Widerklage, damit sich der Berufungsrichter über die Beweisbarkeit der zuletzt erwähnten Einrede der Beklagten schlüssig mache; dabei wird auch zu erwägen sein, welche Bedeutung dem Umstande zukommt, daß die Beklagte der Klägerin den Abschluß mit der Bemerkung bestätigte, sie habe „nur nach Muster" verkauft."

---

17. Braucht der Empfänger eines Bestätigungsschreibens Widerspruch gegen dessen Inhalt zu erheben, wenn dieser vom Verfasser willkürlich erfunden worden ist?

HGB. § 346.

II. Zivilsenat. Urt. v. 25. Februar 1919 i. S. K. (Bekl.) w. Kl. (Kl.). Rep. II. 254/18.

I. Landgericht I Berlin, Kammer für Handelssachen.
II. Kammergericht daselbst.

Infolge einer am 24. März 1915 an ihn ergangenen Aufforderung suchte der Beklagte den Kläger auf, um mit ihm über den Ankauf von Tornistertragriemen zu verhandeln. Über den Inhalt dieser Verhandlungen besteht zwischen den Parteien Streit. Der Kläger behauptet, dem Beklagten lediglich die Lieferung fertiger Tragriemen und die Anfertigung neuer, soweit sein Ledermaterial reiche, zugesagt zu haben, wobei als Preis 6 *M* für das Paar und Zahlung Zug um Zug vereinbart worden sei. Dagegen macht der Beklagte geltend, daß ihm die Lieferung von 10000 Paar Tornistertragriemen zum Preise von 6 *M* für das Paar bei wöchentlicher Lieferung von 2000 Paar zugesagt worden sei.

Der Kläger lieferte am 26. März 1915 875 Paar, am 30. März 525 Paar. An diesem Tage begab sich der Beklagte in die Geschäftsräume des Klägers und diktierte, während dieser anderweit bei einer

Maschine beschäftigt war, einer Angestellten ein Schreiben, welches an den Kläger gerichtet war und folgenden Inhalt hatte:

„Für die Ihnen bestellten und übernommenen 10000 Paar Tornistertragriemen, vorschriftsmäßig laut übergebenem Muster, zahle ich Ihnen 6 *M* pro Paar. Sie verpflichteten sich, wöchentlich mindestens 2000 Paar auszuliefern, und zwar beginnend mit dem 31. März 1915. Bei prompter Lieferung von mindestens 2000 Paar pro Woche verpflichte ich mich, Ihnen pro Paar 0,20 *M* extra zu zahlen. Diese 0,20 *M* pro Paar werden nach Ablieferung der ersten 5000 Paar verrechnet. Bei der Restlieferung von 5000 Paar werden diese 0,20 *M* pro Paar — 1000 *M* — auch nachgezahlt."

Der Beklagte unterschrieb diesen Brief und ließ ihn im Geschäfte des Klägers zurück, ohne mit diesem persönlich zu verhandeln. Die Angestellte übergab das Schreiben nachher dem Kläger, der es jedoch unterließ, alsbald eine Antwort darauf zu erteilen.

Der Kläger hat dann dem Beklagten am 3. April 682 Paar Tragriemen geliefert, so daß nunmehr für 12492 *M* Ware geliefert war. Auf diesen Betrag zahlte der Beklagte nach und nach bis zum 6. April 10600 *M*. Die Zahlung des Restes verweigerte er, weil sich der Kläger zu weiteren Lieferungen nicht verstehen wollte.

Der Kläger erhob Klage auf Zahlung des Restkaufpreises von 4712 *M*. Der Beklagte bat um Abweisung und machte im Wege der Aufrechnung und Widerklage einen Schadensersatzanspruch in Höhe von 9771,20 *M* geltend. Er führte aus, der Kläger habe ihm mündlich die Lieferung der 10000 Paar in Wochenteilpartien von 2000 Paaren fest zugesagt. Als dessen Angestellte später einen besseren Preis verlangt habe, sei er zum Kläger gegangen und habe dort seiner Angestellten den Brief diktiert, in welchem er für den Fall prompter Wochenlieferung von 2000 Paar einen Zuschlag von 0,20 *M* für das Paar bewilligt habe. Der Kläger habe dieses Bestätigungsschreiben unbeantwortet gelassen und damit seinen Inhalt genehmigt. Seine Weigerung, weitere Lieferungen zu bewerkstelligen, sei daher rechtswidrig gewesen, und der Beklagte habe mit Recht die Restzahlung zurückbehalten. Er habe seinem Abnehmer, dem er zu 6,65 *M* weiterverkauft habe, eine Vertragsstrafe von 5000 *M* zahlen müssen. Sein entgangener Gewinn betrage 4771,20 *M*.

Der Kläger bat um Abweisung der Widerklage und machte unter anderem geltend, daß er über eine bestimmte Menge überhaupt nicht abgeschlossen habe. Der Beklagte habe zwar versucht, den größeren Abschluß zu erreichen. Er habe aber damit keinen Erfolg gehabt. Das Schreiben vom 30. März 1915 sei infolgedessen nicht als richtiges Bestätigungsschreiben anzusehen. Der Kläger habe es unbeantwortet gelassen, weil er angenommen habe, daß der Beklagte den Brief wider besseres Wissen geschrieben habe. Der Ersatzanspruch werde auch der Höhe nach bestritten.

Das Landgericht hat der Klage stattgegeben und die Widerklage abgewiesen. Auf die vom Beklagten eingelegte Berufung hat das Kammergericht zunächst durch Teilversäumnisurteil die Klage abgewiesen und dem Kläger einen Teil der Kosten auferlegt, sodann aber auf den Einspruch des Klägers das Versäumnisurteil sowie das landgerichtliche Urteil gänzlich aufgehoben und die Entscheidnng des Rechtsstreits von einem Eide des Klägers dahin abhängig gemacht, daß er nicht eine dem Inhalte des Schreibens vom 30. März 1915 entsprechende Vereinbarung getroffen und insbesondere niemals sich verpflichtet habe, dem Beklagten 10000 Paar Tornistertragriemen zu liefern. Für den Fall der Eidesleistung soll der Beklagte zur Zahlung der Klagsumme nebst Zinsen an die Firma P. & S., welche den Anspruch gepfändet und zur Einziehung sich hatte überweisen lassen, verurteilt werden. Andernfalls soll die Klage abgewiesen und die Widerklage für dem Grunde nach berechtigt erklärt werden.

Die Revision ist zurückgewiesen worden.

Aus den Gründen:

„Die Parteien hatten unstreitig über die Lieferung von Tornistertragriemen mündlich verhandelt. Der Beklagte hatte vorgeschlagen, ihm 10000 Paar zu liefern, und betont, daß ihm an der Lieferung einer unbedeutenden Menge nicht gelegen sei. Der Kläger will auf den Vorschlag des Beklagten nicht eingegangen sein und sich lediglich verpflichtet haben, vorrätige fertige Tragriemen zu liefern und neue Tragriemen, soweit sein Ledervorrat reiche, für den Beklagten herzustellen. Als Preis sind 6 ℳ für das Paar vereinbart worden. Tatsächlich hat der Kläger, obgleich nach seiner Behauptung ein Abschluß über eine fest bestimmte Menge überhaupt nicht stattgefunden hat, mit der Lieferung begonnen.

Wenn unter solchen Umständen der Beklagte nach Beschaffung zweier Teillieferungen das Schreiben vom 30. März 1915 an den Kläger richtete, in welchem er den Abschluß über 10000 Paar Tragriemen und die übrigen Einzelheiten des Geschäfts in der unter Kaufleuten üblichen Form bestätigte, so war der Kläger, wie das Reichsgericht in ständiger Rechtsprechung angenommen hat, handelsgebräuchlich verpflichtet, Widerspruch gegen den Inhalt des Schreibens zu erheben, wenn er nicht so angesehen werden wollte, als habe er denselben genehmigt. Diese Bedeutung des Bestätigungsschreibens und die rechtlichen Wirkungen seiner Nichtbeantwortung hat das Berufungsgericht keineswegs verkannt. Es kommt aber auf Grund seiner Würdigung des aus der Verhandlung und der Beweisaufnahme festgestellten Sachverhalts zu der Überzeugung, das von dem Beklagten beobachtete Verhalten beute darauf, daß dieser gar nicht gewillt gewesen sei, seine wahre Auffassung der Vertragsverhandlungen darzulegen, sondern den Abschluß über den großen Warenposten rein erfunden und beabsichtigt habe, den Kläger durch das Schreiben zu überrumpeln. Das Berufungsgericht hat entsprechend dieser Beurteilung der Sachlage dem Kläger den richterlichen Eid darüber anvertraut, daß er die Lieferung der 10000 Paar nicht zugesagt habe.

Diese Ausführungen lassen keinen Rechtsirrtum erkennen. Es ist in der Rechtsprechung stets anerkannt worden, daß die Bedeutung des Bestätigungsschreibens gerade darin liege, daß der Verfasser mit demselben eine Darlegung seines Verständnisses der voraufgegangenen Verhandlungen beabsichtige, und daß dieser Gesichtspunkt naturgemäß versage, wenn der Verfasser den Inhalt der Abmachungen arglistig erfindet oder verändert. Im vorliegenden Falle hat das Berufungsgericht aus dem Ergebnis der Beweisaufnahme die Überzeugung gewonnen, daß tatsächlich der Beklagte das Schreiben vom 30. März 1915 der Angestellten des Klägers allem Anscheine nach zu dem Zwecke diktiert habe, um diesen mit dem Inhalte zu überrumpeln. Es ist zu seiner Auffassung durch Würdigung der in Betracht kommenden Tatumstände gelangt, und diese Würdigung ist den Angriffen der Revision entzogen."...

---

18. 1. Zum Unterschied zwischen fehlender Willenseinigung der Vertragschließenden und dem Irrtum einer Partei über den Inhalt ihrer Erklärung.
2. Zum Begriff der Aufwendungen des Beauftragten, insbesondere beim Zahlungsauftrag.

BGB. §§ 155, 119, 670.

VI. Zivilsenat. Urt. v. 1. Juli 1918 i. S. F. u. T. (Bekl.) w. K. (Kl.). Rep. VI. 151/18.

I. Landgericht Hamburg.
II. Oberlandesgericht daselbst.

Der frühere Notar B. hat unter Ausnutzung der Vertrauensseligkeit und Arglosigkeit seines Schwagers Hans F., eines Teilhabers der Beklagten, auf folgende Weise von dem Kläger 40000 ℳ erschwindelt. Für die Geschwister H. waren auf Grundstücken in Volksdorf, die sie verkauft hatten, Restkaufpreishypotheken im Gesamtbetrage von 92000 ℳ eingetragen. B., der das Hypothekengeschäft besorgt hatte, ließ hierfür Hypothekenbriefe ausstellen, die er einbehielt. Auf Grund erschlichener Vollmachten der Geschwister H.

fertigte er Urkunden an, wonach sie von jenen Hypotheken den Teilbetrag von 40000 *M* an die Beklagte abtraten. Ihm selbst standen Hypotheken auf Wilhelmsburger Grundstücken zu, die er im abgelockten Einverständnis des Hans F. auf den Namen der Beklagten umschreiben ließ. Er bestimmte den Hans F., ihm eine Blankettunterschrift zu erteilen, damit er über diese Hypotheken verfügen könne. Das Blankett füllte er aber dahin aus, daß die Beklagte die ihr von den Geschwistern H. abgetretenen Hypotheken weiter auf den Kläger übertrug. Gegen diese Abtretung erwirkte er als angeblicher Vertreter der Beklagten von dem Kläger die Bewilligung eines Darlehens von 40000 *M*. Unterm 12. Oktober 1911 veranlaßte er sodann unter der Vorspiegelung, es handle sich um die Wilhelmsburger Hypotheken, den Hans F., nachstehendes Schreiben an den Kläger zu richten: „Wir ersuchen Sie höflich, die Valuta für die Ihnen am 11. Oktober 1911 abgetretene Hypothek an das Konto des Notars Dr. B. abzuschreiben". Darauf zahlte der Kläger nach Empfang der Hypothekenbriefe 40000 *M* an den Notar B. Die Teilhaber der Beklagten hatten von dem Betrug keinerlei Kenntnis. B. ist flüchtig gegangen und später bestraft worden.

In einem Vorprozesse haben die Geschwister H. gegen den Kläger die Rückgabe der Hypothekenbriefe erstritten. Der Kläger fordert nunmehr von der Beklagten Erstattung der 40000 *M*, sei es aus Darlehen, sei es aus dem durch das Schreiben vom 12. Oktober 1911 ihm erteilten Auftrag.

Beide Vorbergerichte haben die Beklagte klagegemäß verurteilt. Ihre Revision hatte keinen Erfolg.

Aus den Gründen:

(Zunächst wird die Begründetheit der Rüge, daß mit dem Schreiben vom 12. Oktober 1911 ein Darlehensvertrag zwischen den Parteien zustande gekommen sei, in Zweifel gezogen, aber dahingestellt gelassen und fortgefahren:) ... „Denn jedenfalls bildet das Schreiben einen Zahlungsauftrag der Beklagten an den Kläger, aus dem sie erstattungspflichtig geworden ist.

In den Vorinstanzen ist die Frage gar nicht streitig gewesen, ob etwa die Willenseinigung über den Auftrag dadurch gehindert wurde daß der Kläger ihn dahin verstand, er solle gegen Abtretung der Volksdorfer Hypotheken an B. als Empfangsbevollmächtigten der Beklagten zahlen, während die Beklagte meinte. er solle gegen Abtretung der Wilhelmsburger Hypotheken die Valuta an B. als Darlehensnehmer entrichten.

Die Bedenken der Revision zu diesem Punkte greifen nicht durch. Die Parteien waren darüber einig, daß der Kläger die Valuta der von der Beklagten an ihn abgetretenen Hypotheken dem B. auszahlen sollte. Wilhelmsburger Hypotheken waren überhaupt nicht an ihn abgetreten worden, sondern nur die Volksdorfer Hypotheken. Der Auftrag der Beklagten, wie er erklärt wurde, hatte also objektiv keinen andern Inhalt und Gegenstand als die Bezahlung der Valuta der Volksdorfer Hypotheken, und der Kläger konnte ihn nach der Sachlage gar nicht anders verstehen, da ihm andere als die Volksdorfer Hypotheken nicht abgetreten waren. Die Beklagte muß sich daher gefallen lassen und als damit einverstanden erachtet werden, daß der Kläger an B. die Valuta der ihm abgetretenen Hypotheken zahlte. Hat Hans F. andere Hypotheken im Auge gehabt, so hat er sich über den Inhalt seiner Erklärung geirrt, der Vertrag ist jedoch zustande gekommen. Der Vertrag ist auch, da die Beklagte ihn nicht angefochten hat, wirksam geblieben.

Während das Landgericht in der Zahlung der 40 000 ℳ an B. eine Aufwendung im Sinne des § 670 BGB. sieht, die die Beklagte zu erstatten habe, läßt das Berufungsgericht die Zahlung nicht als Aufwendung gelten. Darunter sei eine auf freiem Willen beruhende Auslage und Aufopferung von Vermögenswerten zur Erreichung eines bestimmten Zweckes zu verstehen. Davon könne hier nicht wohl gesprochen verden, da es sich um keine Auslage oder Aufopferung zur Erreichung des Auftragszwecks, sondern um die Erfüllung des Auftrags selbst gehandelt habe. Die Ersatzpflicht der Beklagten gründe sich vielmehr darauf, daß sie schuldhaft bei Erteilung des Auftrags den Schaden des Klägers verursacht habe. Ihr Verschulden bestehe in der unbestimmten Fassung des Zahlungsauftrags in Verbindung mit der sorglosen Abgabe der Blankettunterschrift durch Hans F.

Diese Ausführungen sind in ihrem ersten Teil rechtsirrtümlich; die Unterscheidung zwischen Aufwendungen zur Erreichung des Auftragszwecks und Erfüllung des Auftrags durch Aufwendungen ist verfehlt und widerspricht dem Wesen des Auftrags wie dem § 670 BGB. Im allgemeinen ist jede Leistung von Vermögenswerten zur Ausführung des Auftrags als Aufwendung des Beauftragten anzusehen. Die Vorschrift des § 670 betrifft hauptsächlich den Fall, wo der Beauftragte aus eigener Entschließung solche Aufwendungen macht. Selbstverständlich gilt sie auch dann und vornehmlich dann, wenn die Aufwendungen auf dem ausdrücklichen Geheiß des Auftraggebers beruhen, also die Erfüllung des Auftrags darstellen. Die Pflicht zur Erstattung solcher befohlenen oder gewünschten Aufwendungen folgt schon ohne weiteres aus der Natur des Auftrags. So ist die Aufwendung der bestimmten Geldsumme, die zur Ausführung des Auftrags geschieht, für Rechnung des Auftraggebers an einen Dritten zu zahlen, der Regelfall des Zahlungsauftrags. Nach der Ansicht des Berufungsgerichts würde der Auftraggeber zur Erstattung des ausgelegten Geldes nur im Falle des Verschuldens verpflichtet sein.

An der Erstattungsverbindlichkeit der Beklagten wird auch dadurch nichts geändert, daß der Auftrag sich im Rahmen des vermeintlichen Darlehnsvertrags bewegt hat. Immer muß die Beklagte dafür einstehen, daß der Kläger auf ihre Weisung die Zahlung an B. bewirkt hat. Das Wesentliche des Auftrags war, und darauf ist es dem B., der ihn veranlaßt hat, allein angekommen, daß an ihn gezahlt werden sollte. Daher kommt auch die Täuschung, welcher der Kläger dadurch unterlegen ist, daß B. ihm die erschlichenen Hypothekenbriefe ausgefolgt hat, nicht in Betracht. Denn mag auch der Kläger ohne Einhändigung der Hypothekenbriefe das Geld nicht hergegeben haben, so ist er doch durch den Auftrag bestimmt worden, die Zahlung an B. zu leisten, und nur hierdurch ist der Verlust eingetreten.

Hiernach kommt es auf ein Verschulden der Beklagten bei Erteilung und auf ein mitwirkendes Verschulden des Klägers bei Ausführung des Auftrags nicht an." ...

---

19. Anwendung des § 826 BGB., wenn ein Fabrikant mit einem Angestellten der Heeresverwaltung vereinbart, daß dieser ihm durch seinen Einfluß unter Zurückdrängung möglicher anderer Bewerber eine Heereslieferung verschaffen soll, wogegen er den Angestellten an dem zu erwartenden Gewinne beteiligt.

VI. Zivilsenat. Urt. v. 19. September 1918 i. S. P. u. Cl. (Kl.) w. S. (Bekl.). Rep. VI. 156/18.

I. Landgericht Cöln.
II. Oberlandesgericht daselbst.

Die Klägerin, Inhaberin eines großen Konfektionsgeschäfts mit eigenen Werkstätten, ließ am 8. September 1914 dem 2. Immobilen Kraftwagendepot in Cöln ein Angebot zur Lieferung von Heeresausrüstungsstücken machen. Die mündliche Besprechung, die ihr Vertreter M. mit dem Oberleutnant B., dem das Depot unterstand, hatte, führte zu einem Vertragsabschluß über die Lieferung, der jedoch noch der Bestätigung durch die Intendantur in Coblenz bedurfte. Diese Bestätigung wurde indessen, und zwar, wie die Klägerin vorträgt, auf telegraphischen Widerruf des Kraftwagendepots hin, verweigert, und der Lieferungsauftrag der Beklagten zugewendet. Die Klägerin behauptet, daß sie durch die Beklagte sowie durch den bei dem Depot zur Bearbeitung der Heereslieferungen angestellten Vizewachtmeister L., der in seiner Zivilstellung Geschäftsführer der Firma A. H. in Köln war und der den Lieferungsauftrag oder eine Beteiligung daran für sich erstrebt habe, in unlauterer Weise um die Lieferung gebracht worden sei. Die Beklagte habe den L. durch Beteiligung am Gewinne — er habe 51000 ℳ an dem Geschäfte verdient — bestimmt, sich in seiner amtlichen Stellung für die Begebung der Lieferung an die Beklagte einzusetzen, worauf dann L. den Oberleutnant B. durch die Vorspiegelung, das Angebot der Klägerin enthalte eine große Überteuerung, bewogen habe, den Auftrag an die Klägerin rückgängig zu machen und die Lieferung der Beklagten zuzuwenden. Die Klägerin berechnet den ihr entgangenen Gewinn aus dem Geschäft auf 107350 ℳ, zu deren Zahlung sie auf Grund des § 826 BGB. die Beklagte zu verurteilen beantragt hat.

Das Landgericht hat die Klage abgewiesen, die Berufung der Klägerin ist vom Oberlandesgericht zurückgewiesen worden.

Auf die Revision der Klägerin wurde das Berufungsurteil aufgehoben und die Sache in die Vorinstanz zurückverwiesen aus folgenden

Gründen:

... „Die Begründung, die das Berufungsgericht seiner die Klage abweisenden Entscheidung gegeben hat, reicht nicht aus, die Entscheidung selbst zu tragen. Es legt dieser wesentlich den dem tatsächlichen Vorbringen der Klägerin entsprechenden Sachverhalt zugrunde, den es als richtig unterstellt. Danach hatte der Vorsteher des Kraftwagendepots Oberleutnant B., obwohl er vorher dem unter ihm tätigen Vizewachtmeister L. die Berücksichtigung seiner Firma H. bei der Vergebung der Lieferung in Aussicht gestellt hatte, bei der für die Lieferung gebotenen Eile dem sich am 8. September 1914 bei ihm meldenden Vertreter der Klägerin M., der sich zur Empfehlung seiner Firma auf eine für das Heeresbekleidungsamt in Münster übernommene und ausgeführte Lieferung beziehen konnte, die Lieferung übertragen und mit ihm den darauf bezüglichen Vertrag schriftlich abgeschlossen, der nur noch des Genehmigungsvermerks der Intendantur in Coblenz bedurfte. Diesen erhielt M. aber am folgenden Tage nicht, weil B. inzwischen telegraphisch die Intendantur verständigt hatte, daß das Angebot der Klägerin als zu teuer abgelehnt werde. Die veränderte Stellungnahme des Oberleutnants B. war durch das Dazwischentreten des obengenannten Vizewachtmeisters L. veranlaßt worden. Derselbe hatte danach gestrebt, für die Firma A. H., deren Teilhaber er war, die Lieferung der Mäntel übertragen zu erhalten, die er seinerseits durch die Fabrik R. & S. in Hamburg herstellen lassen wollte. Diese Firma lehnte jedoch die Verbindung mit A. H. ab, da sie mit der Beklagten in Köln in regelmäßiger Geschäftsverbindung stehe und sie nicht umgehen könne. L. trat nun am 9. September an den Mitinhaber der Beklagten, W. S., heran und erreichte, daß die Beklagte ihn zur Hälfte an dem

Gewinne aus dem Geschäfte beteiligte, falls sie die Lieferung zugeteilt erhalte, und ebenso des weiteren aus allen ferneren Lieferungen, die die Beklagte für das Kraftwagendepot machen werde, wogegen L. sich erbot, als Angestellter des Kraftwagendepots zu erwirken, daß die Beklagte den Auftrag erhalte. Nunmehr bearbeitete L. den Oberleutnant B., daß der Lieferungsauftrag der Klägerin wieder entzogen und der Beklagten zugewiesen wurde, indem er ihm vorstellte, daß das Angebot der Klägerin zu teuer sei. L. hatte am Tage vorher dem M., als er von der Verhandlung mit B. kam, mitgeteilt, daß billigere Angebote eingegangen seien, worauf M. erwidert hatte, dabei könne es sich nur um Erzeugnisse der Firma R. & S. handeln, deren Fabrikat aber an Güte demjenigen der Klägerin nicht entspreche, die in der Lage sei, eine Ware wie jenes andere Fabrikat noch billiger als die Wettbewerbsfirma zu liefern. Hiervon machte L. jedoch dem B. nicht Mitteilung; er erreichte die Rückgängigmachung des Vertrags mit der Klägerin sowie den Abschluß mit der Beklagten und damit seine Beteiligung an dem Gewinne aus der Lieferung.

Die Handlungsweise des L. ist als arglistig und als wider die guten Sitten verstoßend anzusehen. Er benutzte seine dienstliche Stellung und seine Kenntnis der bei dem Kraftwagendepot eingegangenen Lieferungsangebote, um den lästigen Wettbewerber aus einem Geschäft, das mit diesem schon fertig vereinbart war und nur noch eines formellen Schlußakts bedurfte, zu verdrängen und sich selbst mit der Beklagten an die Stelle zu setzen. Er erreichte dies, indem er einseitig auf den höheren Preis der Ware der Klägerin hinwies, während es der Heeresverwaltung in erster Linie auf die Güte der Ware ankommen mußte hinsichtlich deren er dem B. die Mitteilungen des M. verschwieg. Damit handelte er vorsätzlich zum Schaden der Klägerin, von der dabei vorauszusetzen ist, daß ohne das Dazwischentreten des L. der Lieferungsauftrag ihr nicht wieder entzogen, die Genehmigung der Intendantur erteilt worden wäre. Es war etwas ganz anderes, wenn sich L. für seine Firma A. H. offen an dem Wettbewerb beteiligt hätte, wozu ihn sein Vorgesetzter B. ja aufgefordert hatte; jetzt hat er diesen unter der Maske eines sachkundigen Beraters getäuscht; er hat verschwiegen, ja sogar auf Befragen verneint, daß er an dem Angebot selbst mit beteiligt war, und hat seine eigene Ware und sein Angebot gepriesen, das der Klägerin aber als Überteuerung der Militärverwaltung hingestellt. Er handelte damit gegen seine dienstlichen Pflichten und schädigte arglistig und vorsätzlich die Klägerin, der die Lieferung bis auf die Formalität des Genehmigungsvermerks der Intendantur schon übertragen war. Daß er dabei vielleicht auch zum Schaden der Armeeverwaltung handelte, der er eine zwar billigere aber auch schlechtere Lieferung vermittelte, nur um sich an die Stelle des Lieferanten zu setzen, und daß er auch hinterlistig gegen den anderen Teilhaber seiner Firma A. H. vorging, indem er nicht der letzteren, sondern nur sich selbst für seine Person die Beteiligung an dem Gewinn aus dem Geschäft versprechen ließ und jenem gar keine Mitteilung von dem geschlossenen Handel machte, mag nur nebenbei erwähnt werden; für den vorliegenden Streitfall kommt es nur auf die Schädigung der Klägerin an.

Das Berufungsgericht läßt dahingestellt, ob den L. der Vorwurf unehrenhafter Handlungsweise und eines Dienstvergehens treffe; der Beklagten sei aber die Überlegung, ob L. gegen seine militärischen Dienstpflichten verstoße, nicht zuzumuten. Dem kann nicht beigetreten werden. Nach den das öffentliche und das Geschäftsleben im deutschen Volke beherrschenden sittlichen Anschauungen ist es selbstverständlich, daß ein Beamter oder eine in dienstlicher Stellung befindliche Militärperson diese Stellung nicht benutzen und mißbrauchen darf, um unter Schädigung anderer sich Vorteile zuzuwenden, auf die er keinen Anspruch hat. Der außenstehende Geschäftsmann, der in Kenntnis des Sachverhalts mit dem Beamten oder der Militärperson zur Erreichung solchen unlauteren Zieles zusammenwirkt, handelt in gleicher Weise unehrenhaft und gegen die guten Sitten. Das Verhalten der Beklagten war Teilnahme an der unehrenhaften und pflichtwidrigen Handlungsweise des L., wenn sie von dessen Stellung bei dem die Lieferung vergebenden Kraftwagendepot Kenntnis hatte. Das Berufungsgericht stellt nicht fest, noch unterstellt es, daß die Beklagte oder ihr Mitinhaber W. S. von den zwischen der Klägerin und dem Vorsteher des Depots gepflogenen Verhandlungen oder auch nur von dem Angebot der Klägerin Kenntnis hatte. Aber es nimmt an oder unterstellt, daß die Beklagte einmal wußte, daß andere Bewerber bei der Lieferung in Frage kamen, deren Wettbewerb eben beseitigt werden sollte, und ferner, daß L. Angestellter des Kraftwagendepots war; sollte er ja durch den ihm in dieser Eigenschaft zustehenden „größeren Einfluß“ auf die Vergebung der Lieferungen die Entscheidung zugunsten der Beklagten herbeiführen und ihr die Lieferung unter Zurückstellung und zum Nachteil anderer Wettbewerber sichern. Ist dem so, dann hatte sie auch die mögliche Schädigung eines dritten Bewerbers durch den in unlauterer Weise geltend gemachten Einfluß des L. in ihren Willen aufgenommen, selbst wenn sie über den besonderen Sachverhalt hinsichtlich der einzelnen Bewerbungen nicht unterrichtet war, und der Tatbestand des § 826 BGB ist gegeben.

Es ist deshalb nicht zu billigen, daß das Berufungsgericht ohne Sonderung der festgestellten Tatsachen von der durch die Klägerin gegebenen Sachdarstellung, deren Wahrheit es unterstellt, schlechthin eine Handlungsweise gegen die guten Sitten auf Seite der

Beklagten verneint. Es kommt vielmehr auf die Feststellungen an, einmal, ob der Klägerin ohne das Dazwischentreten des L. das auf Grund seiner Vereinbarung mit der Beklagten unter Geltendmachung seines Einflusses auf den Oberleutnant B. erfolgte, die Lieferung zugewendet worden wäre, was die Voraussetzung eines Schadensersatzanspruchs der Klägerin bildet, und ferner, ob der Vertreter der Beklagten W. S. diese unlautere Geltendmachung des Einflusses des L. und die damit gegebene Schädigung dritter Bewerber, auch möglicherweise solcher, denen gegenüber die Militärverwaltung nicht mehr in jeder Hinsicht frei war und denen sie bereits, wenngleich ohne bindenden Abschluß, Zusagen für die Lieferung gemacht hatte, billigte und in seinen Willen aufgenommen hatte."

---

20. Haftung wegen Verschuldens beim Vertragsschluß.

VII. Zivilsenat. Urt. v. 24. September 1918 i. S. Bankverein f. Schleswig-Holstein (Kl.) w. Stadtgemeinde Sp. (Bekl.). Rep. VII. 95/18

I. Landgericht III Berlin.
II. Kammergericht daselbst.

Zwischen der Beklagten und dem Unternehmer Tiefbaumeister H. ist unter dem 7./21. September 1907 ein Verdingungsvertrag auf Ausführung einer Regen- und Dampfwasserableitung in der Hamburger Straße zu Sp. zu festen Einheitssätzen abgeschlossen worden. In § 4 der besonderen Bedingungen war vereinbart, daß die Rohre im Trocknen zu verlegen seien, und zwar durch Grundwasserspiegelsenkung. Nach mehrwöchigen vergeblichen Versuchen, das Grundwasser abzusenken, ist der Unternehmer dazu übergegangen, die Rohre zwischen Spundwänden zu verlegen. Auf diese Weise hat er das Werk fertiggestellt und es ist auch von der Beklagten in Gebrauch genommen worden. Laut Urkunde vom 3. Dezember 1908 hat er der Klägerin seine Forderung abgetreten.

Die Klägerin verlangt u. a. Ersatz der Mehrkosten, die dem Unternehmer zu Pos. 26 bis 30 des Verdingungsanschlags (Rohrverlegung) dadurch erwachsen sind, daß er die Rohre in einer größeren Tiefe unter der Erdoberfläche verlegen mußte, als nach den von der Beklagten angegebenen Maßen anzunehmen war.

Das Kammergericht hat der Klägerin zu Pos. 26 bis 30 eine höhere Vergütung zugesprochen, weil der Unternehmer die Rohre infolge der von der Beklagten zu vertretenden unrichtigen Höhenangabe der Straßenoberkante in einer die vereinbarte Fehlergrenze (§ 12 der besonderen Bedingungen) überschreitenden Mehrtiefe habe verlegen müssen.

Da der Vertrag die Verlegung der Rohre bei den einzelnen Ansätzen in einer nach der Zahl der Zentimeter genau bestimmten Tiefe vorgeschrieben und nur für diese Arbeit die Einheitspreise bestimmt habe, so fehle es für die wirklich geleistete Arbeit, nämlich in einer wesentlich größeren Mehrtiefe, an der Vereinbarung eines Einheitspreises. Der Unternehmer sei daher berechtigt, eine angemessene Vergütung der Leistungen zu Pos. 26 bis 30 zu fordern. Dabei sei dann auch zu berücksichtigen, daß die Rohrverlegung nicht im Trocknen nach Grundwasserspiegelsenkung, sondern zwischen Spundwänden im Grundwasser erfolgt sei.

Das Reichsgericht hat diese Ausführungen mißbilligt aus folgenden Gründen:

... „Die Feststellung des Kammergerichts, daß es bei Pos. 26 bis 30 für die wirklich geleistete Arbeit an einer Preisvereinbarung fehle und daß deshalb eine angemessene Vergütung zu zahlen sei, beruht auf falscher Voraussetzung. Der Vorderrichter nimmt nämlich an, der Vertrag habe die Verlegung der Rohre bei den einzelnen Ansätzen in einer nach der Zahl der Zentimeter genau bestimmten Tiefe — also gemessen von der Erdoberfläche ab — vorgeschrieben. Diese Annahme ist tatbestandswidrig. Aus dem landgerichtlichen Tatbestand, auf den das Berufungsurteil Bezug nimmt, ergibt sich als übereinstimmender Vertrag der Parteien, daß in der dem Unternehmer zur Verfügung gestellten Längenprofilzeichnung, nach der zu arbeiten war, feststehende Rohrsohlenhöhenzahlen, gemessen über N N, angegeben waren. In dieser richtig angegebenen Tiefe über N N waren also die Rohre zu verlegen, nicht aber waren für die Tiefe der Rohrverlegung maßgebend die im Kostenanschlage verzeichneten Tiefenziffern, die erst durch eine Berechnung des Abstandes der feststehenden Sohlentiefe über N N von der Straßenoberkante, deren Höhen in der Profilzeichnung auch, aber unrichtig verzeichnet waren, vom Unternehmer H. ermittelt worden sind. Diese Ziffern dienten lediglich dazu, die Berechnung der Einheitssätze also des Preises für die Arbeiten in der feststehenden Tiefe zu begründen. Der Unternehmer hat also keine andere Arbeit geleistet, als vereinbart war, sondern er hat in Wirklichkeit die Rohre in der festbestimmten Tiefe über N N, wie vorgeschrieben war, verlegt. Aber er hat sich bei der Preiskalkulation infolge der unrichtigen Angaben der Beklagten über die Straßenhöhe geirrt, d. h. für die wirkliche Arbeitsleistung fehlt es nicht an einer Preisvereinbarung, diese ist aber durch Irrtum des Unternehmers beeinflußt. Da es sich nach Sachlage um einen wesentlichen Irrtum, nämlich einen solchen über den Inhalt der Willenserklärung des Unternehmers handelt, die dieser bei Kenntnis der Sachlage und bei verständiger Würdigung des Falles nicht abgegeben haben würde, so konnte er den Vertrag wegen Irrtums anfechten. Das hat er nun nicht getan, sondern er hat den Vertrag erfüllt, und es fragt sich, ob er oder die Klägerin jetzt eine Mehrvergütung beanspruchen kann. Die Beklagte hat, wie das Berufungsgericht feststellt, erklärt, daß sie die unrichtigen Angaben über die Straßenhöhe zu vertreten habe, daß sie also ein Verschulden trifft. Es ist daher zu prüfen, ob und aus welchem Rechtsgrunde die Beklagte schadensersatzpflichtig zu machen ist. Auf unerlaubte Handlung läßt ein solcher Anspruch sich nicht gründen. Für Vorsatz sind Anhaltspunkte nicht gegeben, daher scheidet § 826 BGB. aus. Es kann nur Fahrlässigkeit in Frage kommen. Aber auch § 823 BGB. ist nicht anwendbar, weil dessen Voraussetzungen — Verletzung eines absoluten Rechtes oder Verstoß gegen ein Schutzgesetz — nicht gegeben sind. Es kann daher nur geholfen werden durch Anerkennung eines vertraglichen Schadensersatzanspruchs wegen des beim Vertragsschlusse der Beklagten zur Last fallenden Verschuldens. Der erkennende Senat steht nicht an, bei der hier gegebenen Sachlage einen solchen Schadensersatzanspruch anzuerkennen.

Das Bürgerliche Gesetzbuch enthält zwar keine allgemeine Vorschrift, wonach ein Vertragsteil für Verschulden beim Vertragsschluß einzustehen hätte. Es lehnt diese Haftung aber auch nicht grundsätzlich ab. Bei ungültigen Verträgen ist vielmehr in §§ 179, 307, 309 ausdrücklich ein Schadensersatzanspruch für culpa in contrahendo, beschränkt auf das negative Vertragsinteresse bis zur Höhe des Erfüllungsinteresses, gegeben. Aber auch bei gültigen Verträgen hat das Bürgerliche Gesetzbuch in §§ 463 Satz 2, 694 Haftung für Verschulden beim Vertragsschluß anerkannt. Die Haftung für Verschulden beim Vertragsschluß ist daher dem Bürgerlichen Gesetzbuche keineswegs unbekannt. Die Bedürfnisse des redlichen Verkehrs und der das ganze Vertragsrecht beherrschende Grundsatz von Treu und Glauben lassen aber auch die rechtliche Anerkennung der vertraglichen Haftung für Verschulden beim Vertragsschluß als unentbehrlich erscheinen, wenn ein Vertrag gültig geschlossen worden ist und eine Partei beim Vertragsschluß Umstände, von denen sie wußte oder sich sagen mußte, daß sie für den Willensentschluß des anderen Teiles von wesentlicher Bedeutung seien, fahrlässigerweise verschwiegen oder darüber unrichtige Angaben gemacht hat. Es ist kein stichhaltiger Grund erkennbar, weshalb die Vertragsparteien beim Vertragsabschluß einander zu einer geringeren Sorgfalt verpflichtet sein sollten als nach Vertragsabschluß. Der Vertragsabschluß und die Vertragserfüllung bilden ein einheitliches Ganzes. Kommt es zum gültigen Vertragsschluß, so muß jeder Teil darauf vertrauen können, daß seine Vertragsinteressen nicht gegen Treu und Glauben von dem anderen Teile mißachtet worden sind oder demnächst mißachtet werden. Sieht er sich in diesem Vertrauen durch schuldhaftes Verhalten des anderen Teiles getäuscht, so kann ihm ein Anspruch auf Ersatz des dadurch verursachten Schadens nicht versagt werden. In ähnlichem Sinne hat sich auch schon der III. Zivilsenat in dem Urteile vom 26. April 1912 (Jur. Wochenschr. 1912 S. 743) ausgesprochen und Haftung für fahrlässiges Verschweigen von Tatsachen beim Vertragsschluß, die für den Willensentschluß des anderen Vertragsteils bedeutsam sind, anerkannt. Was aber von fahrlässigem Verschweigen solcher Tatsachen gilt, muß gleichmäßig auch von fahrlässig falschen positiven Angaben über solche Umstände gelten.

Hat hiernach die Beklagte dem Unternehmer den Schaden zu ersetzen, der ihm durch die fahrlässig unrichtige Straßenhöhenangabe entstanden ist, so besteht der Schadensersatz in Anwendung des § 249 BGB. darin, daß der Zustand herzustellen ist, der bestanden hätte, wenn der zum Ersatz verpflichtende Umstand — die unrichtige Angabe der Straßenhöhe — nicht eingetreten wäre; m. a. W. der Vergütung für die zu Pos. 26 bis 30 geleisteten Arbeiten sind die Einheitssätze zugrunde zu legen, die der Unternehmer damals veranschlagt hätte, wenn ihm die richtige Entfernung der Straßenoberkante von der feststehenden Rohrsohlentiefe bekannt gewesen wäre. Dabei ist natürlich auch zu berücksichtigen, daß der Unternehmer sich infolge der falschen Höhenangabe der Beklagten auch über die wirkliche Höhe des Grundwasserstandes über der Rohrsohlentiefe geirrt hat. Dagegen darf hier ebensowenig wie bei Pos. 23 und 24 in Rücksicht gezogen werden, daß der Unternehmer infolge der Unmöglichkeit der Grundwasserspiegelsenkung genötigt war, zwischen Spundwänden zu arbeiten und dadurch höhere Kosten aufzuwenden, da die Beklagte, worüber später noch gesprochen wird, die Absenkungsunmöglichkeit nicht zu vertreten hat, die höheren Unkosten des Unternehmers für die Arbeit zwischen Spundwänden aber in keinem ursächlichem Zusammenhange mit der unrichtigen Angabe der Straßenhöhe stehen. Nach diesen Richtlinien wird das Berufungsgericht in der erneuten Verhandlung die der Klägerin zuzuerkennende Vergütung bei Pos. 26 bis 30 festzustellen haben." . .

---

21. Inwiefern hat neben dem Ladeninhaber und Mieter auch der Hauseigentümer für die Verkehrssicherheit der Zugänge zu dem Laden einzustehen?

BGB. § 823 Abs. 1.

VI. Zivilsenat. Urt. v. 4. November 1918 i. S. F. (Kl.) w. B. (Bekl.) Rep. VI. 241/18.

I. Landgericht II Berlin.
II. Kammergericht daselbst.

Die Klägerin ist am 31. Januar 1917 beim Verlassen des im Hause der Beklagten an der Augsburgerstraße zu Berlin befindlichen Ladens des Bäckermeisters H. auf dem vor der Ladentür liegenden Eisenrost infolge von Glatteis zu Fall gekommen und macht für die Folgen des Unfalls für ihre Erwerbsfähigkeit die Beklagte verantwortlich, von der sie auch Ersatz der Kurkosten sowie ein Schmerzensgeld verlangt. Beide Vorinstanzen wiesen die Klage ab.

Auf die Revision der Klägerin wurde das Berufungsurteil aufgehoben und die Sache in die Vorinstanz zurückverwiesen aus folgenden

Gründen:

„Die Urteile beider Vorinstanzen nehmen an, daß für den verkehrssicheren Zustand des Kellerrostes bei Glatteis nicht die Beklagte als Hauseigentümerin, sondern der Mieter und Ladeninhaber Bäckermeister H. zu sorgen habe, der einen Verkehr zu seinem Laden eröffnet habe. Das Berufungsgericht führt aus: ursprünglich habe die Klägerin ein Verschulden der Beklagten darin gesehen, daß nicht mit abstumpfendem Material gestreut worden sei; jetzt finde sie — da auf dem Eisenrost dieses Material nicht haften könne — das Verschulden darin, daß keine Vorrichtung getroffen sei, die ein Ausgleiten hindere. Eine Haftung der Beklagten könne nur aus ihren Pflichten als Hauseigentümerin abgeleitet werden. Ein Verkehrsbedürfnis, derartige schmale Eisenroste unmittelbar an der Hauswand zu sichern, bestehe nicht, da der Verkehr der Passanten dort sich nicht bewege, die den breiten Bürgersteig zur Verfügung hätten. Der hier fragliche Rost liege nun allerdings vor einer in das Haus führenden Tür; es möge deshalb eine Pflicht bestehen, ihn zum Schutze der Ein- und Ausgehenden von Glätte freizuhalten. Sie liege aber nicht dem Besitzer des an der Straße liegenden Hauses als solchem, sondern demjenigen ob, der den Verkehr durch die Tür eröffnet habe. Das sei hier der Mieter, dem der Vermieter nur die Berechtigung gebe, den Verkehr zu eröffnen.

Die Revision will nicht bemängeln, daß in erster Linie der Mieter und Ladeninhaber die Verpflichtung der Sicherung des Rostes habe. Daneben treffe die Pflicht aber auch den Hausbesitzer. Denn es handle sich um eine Verkehrsgefahr, die aus der Anlage des Rostes von vornherein entspringe; es handle sich um eine gefährliche Beschaffenheit des Hauses, zu dem überhaupt und allgemein der Eigentümer für jeden Mieter und jeden Besucher den Verkehr eröffnet habe.

Der Revision war stattzugeben.

Die Vermietung des Ladens und die Sorgfaltspflicht des Mieters hinsichtlich der Verkehrssicherung der Ladenzugänge, im gegebenen Falle der Sicherung des zum Laden verkehrenden Publikums vor den Gefahren, welche durch die Einrichtung des unmittelbar vor der Ladentür befindlichen Eisenrostes für die den Laden besuchenden Personen sich ergeben, schließt die Mitverpflichtung des Hauseigentümers nicht aus, wenn es sich um Gefahren handelt, die durch den vom Eigentümer zu vertretenden baulichen Zustand und die Einrichtungen im und am Hause selbst verursacht sind. Auch wenn der Mieter im Mietvertrag ausdrücklich oder neben diesem stillschweigend die Verkehrssicherungspflichten gegen die Ladenbesucher übernommen hat, und wenn davon abgesehen der Mieter als derjenige, der den Verkehr zu seinem Geschäfte und damit zu dem mit einem Gefahren bietenden Eingang versehenen Ladenraume eröffnet hat, für rechtlich verpflichtet erachtet werden muß, diejenigen Maßregeln zu treffen, die die Sicherheit der Ladenbesucher gewährleisten, bleibt daneben jene Sorgfaltspflicht des Eigentümers bestehen. Auch er handelt schuldhaft und wird verantwortlich für Unfälle, welche den das Geschäft des Mieters besuchenden Personen zustoßen, wenn die Gefahren durch Einrichtungen des Hauses bedingt waren, deren Gefährlichkeit ihm ersichtlich sein mußte, und er es schuldhaft unterlassen hat, sich um die Beseitigung dieser Verkehrsgefahren zu kümmern und eine Aufsicht darüber zu führen, daß der Mieter den von ihm übernommenen oder von selbst ihm obliegenden Verpflichtungen nachkommt. Ein solches Verschulden trifft den Hauseigentümer vor allem dann, wenn die Säumnisse des Mieters unter seinen Augen sich vollziehen, wenn er selbst im Hause wohnt und wahrnimmt oder bei gehöriger Aufmerksamkeit wahrnehmen mußte, daß für die Verkehrssicherheit in Hinsicht auf jene Gefahren nicht gesorgt wird. Der Hauseigentümer hat den Laden vermietet, damit der Ladeninhaber dort sein Geschäft betreibe; er selbst hat dadurch die Räume zu einem Verkehr für das Publikum bestimmt. Gewiß wird in solchen Fällen eine Haftung den Hauseigentümer nicht unter allen Umständen treffen, wohl aber dann, wenn er wahrgenommen hat, daß der Mieter seiner Verkehrssicherungspflicht nicht nachkam, oder wenn ihm dies gar nicht hätte entgehen können. So hat sich das Reichsgericht auch in dem ähnlichen Falle RGZ. Bd. 92 S. 359 ausgesprochen.

Im gegebenen Falle lag nach der Darstellung der Beklagten selbst der etwa 2 Meter lange Rost hart unterhalb der Stufe zum Bäckerladen, mußte also beim Eintreten in diesen und beim Austreten aus ihm passiert werden. Es lag auf der Hand, daß bei eintretender Winterglätte, Eis- oder Schneebildung, der metallene Rost den Ladenbesuchern gefährlich werden konnte. Nach der unwidersprochenen Behauptung der Klägerin, die die Parteienbezeichnung beider Urteile bestätigt, wohnte die Beklagte selbst in dem Hause, kannte also den Zustand des Ladenzugangs. Ein Bestreuen mit abstumpfenden Stoffen kam bei einem Rost als Schutzmittel gegen die Gefahren der Glätte nicht in Betracht. Geeignete Sicherungsmittel waren nur das Umwickeln der Roststäbe mit Werg oder Stroh, wenn die Einrichtung des Rostes ein solches Umwickeln zuläßt, oder das Bedecken des Rostes mit einer Decke oder Matte als Belag, das hier allein als zweckdienlich in Frage zu kommen scheint. Da ein solcher Belag, wenn er nicht von besonderer Schwere oder Stärke ist, sich leicht verschiebt, muß für seine Beseitigung Sorge getragen werden. Daß der Ladeninhaber, dem diese Maßnahmen in erster Reihe obliegen, in der angegebenen Weise zur Beseitigung der Gefahr geeignete Maßregeln trifft, darum hat sich auch der Hauseigentümer zu kümmern, dem der hart am Eingang zum Laden befindliche Eisenrost ebenfalls eine Sorge auferlegt, daß diese Einrichtung des Hauses nicht den nach dem Laden verkehrenden Personen zur Gefahr wird. Die Beklagte hat behauptet, daß der Bäckermeister H. ständig bei Winterglätte durch Auflegen einer dicken Strohdecke in der Breite der Ladeneingangstür und, soweit der Rost noch darüber hinausragte durch Belegen mit dicker Pappe für die Verkehrssicherheit gesorgt habe, und daß der Eisenrost auch am Unfallstage in der geschilderten Weise geschützt gewesen sei. Ob das zutrifft und ob diese Art des Belegens des Rostes zur Herstellung eines sicheren Zustandes genügend war. so daß sich die Beklagte bei der Kenntnis, daß der Bäckermeister H. diese Sicherungsmaßregeln traf, beruhigen konnte, darauf wird es für die Beurteilung, ob der Beklagten eine Schuld an dem Unfalle beigemessen werden kann, ankommen. Die Beklagte hat weiter Selbstverschulden der Klägerin eingewendet, das sie nach § 254 BGB. des Schadensersatzanspruchs beraube, da sie nach dem Laden rückwärts blickend die Türschwelle überschritten habe, ohne auf die Schwelle zu achten, so daß sie nicht durch die gefährliche Glätte des Eisenrostes, die ja durch den Belag einer Strohdecke unschädlich gemacht worden sei, sondern infolge des unachtsamen Passierens der die Türschwelle bildenden Stufe zu Falle gekommen sei.

Auf die Feststellung dieser Tatsachen kommt es an; nicht aber kann von vornherein die Beklagte von jeder Sorgfaltspflicht als Hauseigentümerin aus dem Grunde freigesprochen werden, daß diese Pflicht allein dem Ladeninhaber obliege."...

---

22. Zum Begriffe der höheren Gewalt im Sinne des § 1 des Reichshaftpflichtgesetzes.

VI. Zivilsenat. Urt. v. 4. November 1918 i. S. preuß. Eisenbahnfiskus (Bekl.) w. J. u. Gen. (Kl.). Rep. VI. 149/18.

I. Landgericht Hannover.
II. Oberlandesgericht Celle.

Der Ehemann und Vater der Kläger, der Bergmann J., ist in der Nacht vom 19. auf 20. Oktober 1915 auf der Rückfahrt von Kowno nach Gladbeck aus dem Abteil eines fahrenden D-Zuges des Beklagten, nachdem er die Fensterscheibe eingeschlagen und den Fensterrand erklettert hatte, hinausgesprungen und tot auf der Strecke aufgefunden worden.

Die Schadensklage der Kläger wurde vom Landgericht abgewiesen, vom Oberlandesgericht zugesprochen. Die Revision des Beklagten hatte keinen Erfolg.

Gründe:

„Die von der Revision bekämpfte Annahme des Landgerichts, daß J. beim Betriebe der Eisenbahn getötet worden ist, unterliegt keinem rechtlichen Bedenken. Denn die Geschwindigkeit des fahrenden Zuges, aus dem er hinausgesprungen ist, muß als die Ursache oder als eine der Ursachen, die seinen Tod herbeigeführt haben, betrachtet werden.

Das Berufungsgericht hält für erwiesen, daß J. infolge eines Traums vorübergehend unter der Wahnvorstellung stand, ein Eisenbahnunfall sei eingetreten oder stehe unmittelbar bevor und bringe die im Zuge Bleibenden in höchste Lebensgefahr, aus welcher er sich nur durch einen Sprung aus dem Fenster retten könne. Die hohe Wahrscheinlichkeit spreche dafür, daß die Einbildung des J. durch einen Betriebsunfall in der vorhergegangenen Nacht ausgelöst worden sei. Der Zug, in dem er sich befand, habe einen Achsenbruch erlitten, die Puffer zweier Wagen seien übereinander geschoben und die Reisenden stark durcheinander geschüttelt worden. Höchstwahrscheinlich habe sich im Gehirn des J. unter der Nachwirkung dieses Unfalls und infolge ihrer eine besonders lebhafte und nachhaltige Traumvorstellung der hier fraglichen Art gebildet. Ursächlich könnten auch die sonstigen Ereignisse der Fahrt gewesen sein, namentlich der lange Aufenthalt des J. in dem fahrenden Wagen, die Geräusche des Betriebes und die Bewegungen des Zuges. Jedenfalls habe sich die Einbildung, daß ein Betriebsunfall eingetreten sei oder drohe und daß allein ein schneller Sprung durch das Fenster Rettung bringen könne, überhaupt nur bilden können aus den zu irgend einer Zeit erfolgten Eindrücken des Eisenbahnbetriebs auf J. Die Wahnvorstellung sei dann notwendig eine Folge des Eisenbahnbetriebs gewesen und schließe höhere Gewalt aus, weil das schadenbringende Ereignis durch den Betrieb selbst entstanden sei, so daß es auf seine Unvorhersehbarkeit und Unabwendbarkeit nicht ankomme.

Die Auffassung des Berufungsgerichts, daß höhere Gewalt nicht vorliege, steht mit der Rechtsprechung des Senats in Übereinstimmung. Danach ist als höhere Gewalt ein Ereignis anzusehen, das von außerhalb des Betriebs oder seiner Einrichtungen wirkt, unvorhersehbar, mit wirtschaftlich erträglichen Mitteln nicht abzuwenden, auch nicht wegen seiner Häufigkeit von dem Betriebsunternehmer mit in den Kauf zu nehmen ist. Das Erfordernis, daß das Ereignis von außerhalb des Betriebs wirke, bedeutet nicht, daß es räumlich von außen in den Betrieb greift, sondern nur, daß es außer Zusammenhang mit dem Betriebe stehe, seinen Grund nicht in dem Betrieb oder seinen Einrichtungen selbst habe.

Das Berufungsgericht nimmt nun rein tatsächlich an, daß das Traumgebilde und die verhängnisvolle Wahnvorstellung des J. auf den Eisenbahnbetrieb zurückzuführen seien, und zwar entweder auf den Zusammenstoß der verflossenen Nacht oder auf die sonstigen Ereignisse der ganzen Fahrt, wie es sie näher erwähnt, oder auf beides zusammen. Damit erledigt sich der Einwurf der Revision, daß der Beklagte keinesfalls jenen Zusammenstoß zu vertreten brauche, von dem nicht festgestellt sei, daß er sich innerhalb seines eigenen Betriebs ereignet habe. Denn wenn dies auch nicht der Fall war, so haben sich die übrigen Ereignisse, die nach der Annahme des Berufungsgerichts die Tat des J. hervorgerufen haben können, im Betrieb des Beklagten zugetragen oder fortgesetzt. Den Einwand der höheren Gewalt hat aber der Beklagte zu beweisen, also auch, daß keines der beiden Ereignisse, die allein oder zusammen den Traum und in seinem Gefolge den Todessprung des J. zur Wirkung gehabt haben, in seinem Betriebe wurzele. Mangels dieses Beweises fällt der Tod des J. dem Beklagten zur Last. . . ."

---

23. Umwandlungsklage. Ist der Ersatzpflichtige für die Dauer der Einziehung des Beschädigten zum Heeresdienste schlechthin von der Rentenzahlungspflicht befreit? Zur Beweislast.

ZPO. § 323.

VI. Zivilsenat. Urt. v. 21. November 1918 i. S. K. (Kl.) w. M. (Bekl.). Rep. VI. 253/18.

I. Landgericht II Berlin.
II. Kammergericht daselbst.

Der Kläger ist rechtskräftig verurteilt worden, an den Beklagten wegen eines Unfalls auf Grundlage der Annahme, daß er zu 45% erwerbsbeschränkt geworden sei, eine Rente von März 1908 bis zum 65. Lebensjahre zu bezahlen. Der Beklagte ist gelernter Kaufmann und hat den Beruf als Kunstmaler ausgeübt. Seit Mai 1915 war er im Heeresdienst als dauernd garnisondienstfähig bei der Kriegsrohstoffabteilung in Warschau beschäftigt.

Der Kläger hat auf Feststellung geklagt, daß er für die Dauer der Einziehung des Beklagten zum Heeresdienst zur Zahlung der Rente seit dem Tage der Klage nicht verpflichtet sei.

Während das Landgericht nach diesem Antrage erkannte, wies das Kammergericht die Klage ab. Die Revision des Klägers wurde zurückgewiesen.

Aus den Gründen.

... „Das Berufungsgericht geht zutreffend davon aus, daß, wenn nach dem Unfalle des Beklagten ein davon unabhängiges Ereignis eingetreten wäre, das denselben Schaden ganz oder teilweise verursacht haben würde, die Ersatzpflicht des Klägers insoweit wegfiele. Als solches Ereignis — fährt das Urteil fort — könne an sich auch ein außerhalb der Person des Verletzten liegendes gelten, wie der Krieg und die Einberufung zum Heeresdienst, wenn dadurch für ihn die Verwertung seiner Arbeitskraft ausgeschlossen wurde. Nun falle aber keineswegs für jeden zum Heeresdienst Einberufenen die Möglichkeit zu gewinnbringendem Erwerb weg. Der Inhaber eines kaufmännischen oder gewerblichen Betriebs oder ein Angestellter mit festen Bezügen erziele häufig trotz seiner Einziehung ganz oder teilweise seine bisherigen Einkünfte. Dem Beklagten sei allerdings durch die Einziehung die Möglichkeit eines Erwerbs genommen worden. Daß er sich aber in der vorbezeichneten günstigeren Lage nicht befunden habe, könne die Folge des Unfalls gewesen sein. Der Kläger habe daher darlegen müssen, daß der Beklagte auch ohne den Unfall während seiner Einziehung nicht in der Lage gewesen sein würde, Erwerb zu finden. Die berufliche Ausbildung des Beklagten als gelernten Kaufmanns und Kunstmalers berechtige mehr zu der Annahme, daß er sich ohne den Unfall z. Z. seiner Einziehung bereits in einer günstigeren Lage befunden haben würde. Die Klagebegründung reiche demnach nicht aus.

Mit diesen Erwägungen will das Berufungsgericht sagen, daß die Einziehung zum Heeresdienst dem Betroffenen nicht schlechthin die Möglichkeit entzoge habe, sei es in eigener Person sei es durch Angestellte privaten Verdnienst zu finden, sofern er sich einer gewissen günstigen Erwerbslage erfreute. Diese Betrachtung entspricht der vielfachen Beobachtung, daß Kaufleute als unabkömmlich erklärt oder reklamiert wurden; daß sie in der Garnison in dienstfreien Stunden ihren Geschäften nachgehen konnten; daß sie ihr selbständiges Gewerbe durch Angestellte fortführen ließen oder als Angestellte ihr Gehalt ganz oder zum Teil weiter bezogen u. s. f. Insbesondere vermochten Maler als Kriegsmaler neben dem Dienst, der ihnen erleichtert wurde, Geld zu verdienen. Einwandfrei nimmt das Berufungsgericht auch an, daß der Unfall, der für den Beklagten eine Erwerbsbeschränkung von 45 % im Gefolge gehabt hat und ihn gehindert haben mag, geschäftlich oder künstlerisch in die Höhe zu kommen, die Ursache gewesen sein könne, daß er jener bevorzugten Erwerbslage nicht teilhaftig geworden sei.

Die Auffassung des Berufungsgerichtes ist mithin unbedenklich, daß der Kläger den ihm obliegenden Beweis nicht erbracht habe, daß der Beklagte infolge der Einziehung auch ohne den Unfall die Möglichkeit eines Erwerbs verloren haben würde, also eine wesentliche Änderung der für die Verurteilung des Klägers maßgebenden Verhältnisse im Sinne des § 323 ZPO. eingetreten sei.

Die Revision macht geltend, die Beweislast müsse sich hier umkehren. Der Beklagte behaupte, er würde ohne den Unfall völlig gesund sein. Solchenfalls wäre er als kriegsverwendungsfähiger Landsturmmann trotz seiner 44 Jahre an die Front oder in eine militärische Stellung gekommen, die ihm einen Nebenverdienst mit eigenen Kräften gar nicht gestattet haben würde. Diesen regelmäßigen Verhältnissen gegenüber falle dem Beklagten der Beweis für die Abweichung zu.

Dieser Angriff kann keinen Erfolg haben. Wenn auch in der überwiegenden Mehrzahl der Fälle selbst alte Landsturmleute während des Heeresdienstes keine Gelegenheit zu persönlichem Erwerb gehabt haben, so sind doch anders liegende Fälle in verhältnismäßig großer Zahl vorgekommen. Von einer Umkehrung der Beweislast kann daher keine Rede sein, sondern es handelt sich höchstens darum, ob die tatsächliche Vermutung für die erstere Gestaltung so stark ist, daß der Kläger weiteren Beweises enthoben wird und der Beklagte diese Vermutung zu zerstören hat. Hierüber hatte das Berufungsgericht zu befinden, das aber nicht der Meinung der Revision ist, sondern von einem „häufigen" Privaterwerb eingezogener Kaufleute oder Angestellter spricht." ...

---

24. 1. Tatsächliche Vermutung im Schadensersatzprozeß.
2. Beweislage in dem Entschädigungsstreit des Fußgängers, der auf der Straße durch einen von einem Bau herabfallenden Gegenstand verletzt wurde, wenn der Bau mit dem polizeilich vorgeschriebenen Schutzdach versehen war.

VI. Zivilsenat. Urt. v. 9. Dezember 1918 i. S. Z. (Kl.) w. G. (Bekl.). Rep. VI. 229/18.

I. Landgericht Magdeburg.
II. Oberlandesgericht Naumburg a. S.

Der Kläger ist am 30. Juni 1915 zu Magdeburg auf dem Breiteweg durch einen Stein, der von einem von den Beklagten aufgeführten Neubau herabfiel, am Kopfe verletzt worden. Das Landgericht hat seiner Schadensersatzklage stattgegeben, das Oberlandesgericht hat sie abgewiesen. Die Revision hatte Erfolg.

Gründe:

„Das Berufungsgericht führt aus, daß das an dem Neubau angebrachte Schutzdach die durch die Baupolizeiordnung vorgeschriebene Breite von 2 m hatte. Zwei Tage nach dem Unfalle habe allerdings auf einer Strecke von 4,50 m, d. i. im Drittel der Straßenfrontlänge von den drei Brettern des Daches das obere 30 cm breite Brett gefehlt, und es möge sein, daß hier die Breite des Schutzdachs nicht mehr volle 2 m betragen habe. Der Kläger, der dafür beweispflichtig sei, daß die Beklagten das Schutzgesetz übertreten haben und daß der Verstoß ursächlich für seinen Schaden gewesen sei, habe weder bewiesen, daß das Brett schon am Tage des Unfalls gefehlt habe, noch auch, daß der Stein, der ihn getroffen, gerade an dieser Stelle über das Schutzdach gefallen und daß hieran dessen ungenügende Breite schuld gewesen sei.

Der Revision war, soweit sie diese Erwägungen wegen Verletzung des § 286 ZPO. angreift, stattzugeben. Die Schutzgerüste an Neu- oder Umbauten, insbesondere die Schutzdächer sind bestimmt, die vor dem Bau beschäftigten Arbeiter sowie die auf der Straße Vorübergehenden vor herabfallenden Gegenständen, Steinen, Geräten, Werkzeugen u. dgl. zu schützen. Die polizeilichen Vorschriften, die zur Erreichung dieses Zweckes über die Einrichtungen und Maße der Schutzgerüste, namentlich in großen Städten, erlassen sind, beruhen auf langjähriger vielfältiger Beobachtung, Erfahrung und Berechnung und gewährleisten in der Tat die Sicherung des Publikums in solchem Grade, daß es, obwohl der Straßenverkehr auf die Bauausführungen und ihre Gefahren nicht die mindeste Rücksicht zu nehmen pflegt, zu den größten Seltenheiten gehört, daß jemand auf der Straße durch einen Gegenstand verletzt wird, der von einem mit vorschriftsmäßiger Schutzrüstung versehenen Bau herabfällt. Diese Tatsache gewinnt an Bedeutung, wenn man bedenkt, welch große Zahl von Neu- oder Umbauten vielfach gerade an den belebtesten Geschäftsstraßen einer großen Stadt ausgeführt werden und welche Menschenmenge an ihnen vorüberflutet. Aus solcher Erfahrung ergibt sich eine sehr gewichtige tatsächliche Vermutung dafür, daß, wenn ein Vorübergehender von einem herabfallenden Gegenstande getroffen wird, die Schutzrüstung nicht in Ordnung war. Diese Vermutung hat der Bauausführende zu entkräften. Beweist der Verletzte, daß er von einem herabfallenden Gegenstande getroffen wurde, so wird zunächst anzunehmen sein, daß das Schutzgerüst nicht sachgemäß war und daß die Ordnungswidrigkeit den Schaden verursacht hat. Dem Ersatzpflichtigen bleibt es dann überlassen darzutun, was für ihn regelmäßig keine Schwierigkeit bietet, daß das Schutzgerüst vorschriftsmäßig oder daß der Mangel nicht ursächlich für die Verletzung war.

Das Berufungsurteil, das bei der Würdigung des Verhandlungsergebnisses jene Erfahrungstatsache mit keinem Worte berücksichtigt hat, mußte hiernach aufgehoben werden." ...

---

25. 1. Kann ein Datum ohne Unterschrift eine Urkunde im Sinne des § 592 ZPO. darstellen?

2. Darf das Gericht aus dem Aussehen und der Anordnung einer Urkunde selbständige Schlüsse unabhängig von dem Vorbringen der Parteien ziehen?

3. Genügt es, insoweit die Revision darauf gestützt wird, daß unter Verletzung des Gesetzes Tatsachen übergangen seien, wenn die schriftliche Revisionsbegründung zur Bezeichnung der Tatsachen auf längere Schriftsätze verweist, mit denen sie vorgetragen seien?

ZPO. §§ 592, 286, 554.

VI. Zivilsenat. Urt. v. 12. Dezember 1918 i. S. D. (Bekl.) w. Chr. (Kl.). Rep. VI. 251/18.

I. Landgericht Köln.
II. Oberlandesgericht daselbst.

Laut Schuldscheins vom 15. Mai 1907 haben der damals noch minderjährige Beklagte und seine Mutter bekannt, von der Klägerin ein Darlehen von 12000 *M* erhalten zu haben und solidarisch mit ihrem Vermögen für den Betrag zu haften. Der Beklagte erklärte noch besonders, daß er aus einer ihm etwa zufallenden Erbschaft zunächst für die Tilgung der Summe eintreten werde. Nach erreichter Volljährigkeit hat er unter seine Unterschrift das Datum „Köln 26. November 1907" gesetzt. Nachdem der in dem Schein erwähnte Erbfall eingetreten war, hat die Klägerin im Urkundenprozeß Klage gegen den Beklagten auf Zahlung von 12000 *M* erhoben.

Beide Vorbergerichte haben ihr stattgegeben. Die Revision des Beklagten blieb ohne Erfolg.

Gründe:

„Die Revision beharrt darauf zu bestreiten, daß der Beklagte das unwirksame Rechtsgeschäft genehmigt habe. Das Berufungsgericht stellt jedoch tatsächlich fest, daß der Zusatz des neuen Datums am 26. November 1907 keine andere Bedeutung als die einer Genehmigung haben könne. Der Beklagte habe das neue Datum in Verbindung mit der Unterschrift gebracht und als Laie nicht die Übung der Rechtskundigen befolgt, die Unterschrift den Schluß des Schriftstücks bilden zu lassen. Durch Vorlegung des Schuldscheins habe die Klägerin den Beweis für ihre Klagebehauptungen voll erbracht. Den Gegenbeweis habe der Beklagte nicht einmal versucht. Wenn er erkläre, er habe vorgehabt, außer dem neuen Datum auch noch seine Unterschrift auf den Schein zu setzen, nach der Niederschrift aber Bedenken bekommen und seinen Namen nicht noch einmal geschrieben, sondern den Schein unvollzogen zurückgegeben, so seien diese Behauptungen durch die Urkunde selbst widerlegt. Denn wie der Augenschein ergebe, sei es am 26. November 1907 wegen des engen Raumes unter seiner Unterschrift vom 15. Mai 1907 von vornherein ausgeschlossen gewesen, daß er, wenn er das neue Datum dorthin setzte, noch seinen Namen hätte darunter schreiben können. Darüber habe er bereits, als er mit dem Schreiben des neuen Datums begann, nicht im Zweifel sein können. Aus der Stellung, die der Beklagte dem neuen Datum gegeben, sei daher mit Sicherheit zu folgern, daß er nicht die Absicht hatte, mehr als das Datum zu schreiben, offenbar, weil er die Wiederholung seiner Unterschrift für überflüssig gehalten habe.

Die Revision wendet ein, die Urkunde enthalte kein Wort von einer Genehmigung; mit Unrecht bürde daher das Berufungsgericht dem Beklagten den Gegenbeweis auf. Die Genehmigung könne zwar stillschweigend geschehen, sei aber eine vollbewußte, in sich abgeschlossene Rechtshandlung, kein Bruchstück einer solchen. Über die Frage, ob auf dem Papier genügend Raum war, sei überhaupt nicht verhandelt worden. Das Berufungsgericht verstoße mit seiner bezüglichen Ausführung gegen den Verhandlungsgrundsatz.

Die Rügen sind nicht begründet.

Die Genehmigung im Sinne des § 108 Abs. 3 BGB. bedarf keiner Form. Sie setzt natürlich voraus, daß der Genehmigende die Unwirksamkeit des Rechtsgeschäfts kennt und sie heilen will. Hierüber hat sich das Berufungsgericht nicht ausgelassen, brauchte es auch nicht. Denn der Beklagte hat nicht bestritten, daß er von der Unwirksamkeit des Darlehnsgeschäfts vom 15. Mai 1907 Kenntnis gehabt hat; aus seiner Verteidigung ergibt sich vielmehr, daß er die Absicht hatte, die Unwirksamkeit durch Wiederholung seiner Unterschrift zu beseitigen und das Geschäft zu genehmigen. Er will nur nach dem Zusatz des neuen Datums diese Absicht wieder aufgegeben und das Schriftstück seiner Mutter mit den Worten zurückgegeben haben, er genehmige es nicht. Das Berufungsgericht glaubt ihm jedoch nicht, sondern ist überzeugt, daß er lediglich durch Beifügung des neuen Datums den Darlehnsvertrag genehmigen wollte und genehmigt habe.

Das neue Datum bildet auch ohne Unterschrift eine Urkunde im Sinne des § 592 ZPO., erfüllt daher an sich das Erfordernis des urkundlichen Beweises nach Maßgabe dieser Vorschrift (RGZ. Bd. 2 S. 416). Ob das Gericht aus dem Zusatz des Datums folgern wollte, daß der Beklagte das Rechtsgeschäft genehmigt habe, was wiederum des Beweises durch Urkunde bedarf, unterstand seiner der Nachprüfung verschlossenen freien Beweiswürdigung, die auch den Urkundenprozeß in den Grenzen der §§ 592, 595, 598 ZPO. beherrscht (RGZ. Bd. 2 S. 417, Bd. 8 S. 45, Bd. 49 S. 374; Jur. Wochenschr. 1894 S. 364).

Richtig ist, daß die Klägerin nicht geltend gemacht hat, daß unter dem neuen Datum kein Raum mehr für eine Unterschrift gewesen sei, und daß hierüber nicht verhandelt worden ist. Zu dem Hinweis hatte sie von dem Standpunkt, daß der Beklagte schon mittels des neuen Datums unter der früheren Unterschrift die Genehmigung erteilt habe, auch keine Veranlassung. Deswegen war aber das Gericht nicht gehindert, aus dem Aussehen und der Anordnung der Urkunde, die Gegenstand der Verhandlung war, ebenso wie aus einer Zeugenaussage oder einem sonstigen Beweismittel selbständige Schlüsse unabhängig von der Beurteilung der Parteien zu ziehen. Dies entspricht der richterlichen Freiheit in der Beweiswürdigung und verletzt nicht den Verhandlungsgrundsatz. In ähnlichen Sinne hat der Senat des öfteren erkannt (vgl. RGZ. Bd. 80 S. 363 und die Urteile VI 174/1913, 471/1914, 170/1915) . . .

Der Beklagte hat der Klage den weiteren Einwand entgegengesetzt, daß die Klägerin im Verein mit seiner Mutter seine jugendliche Unerfahrenheit durch Erschleichung der Unterschrift und der Genehmigung ausgebeutet habe. Das Berufungsgericht vermißt einen erheblichen Beweis hierfür. Die Revision verweist auf die in den Schriftsätzen vom 27. Dezember 1917 und 31. Mai 1918 vorgetragenen Tatsachen, die bei Ausübung des Fragerechts zu Beweis gestellt worden wären.

Die Bemängelung ist unzulässig und kann keine Beachtung finden. Der Schriftsatz vom 27. Dezember 1917 umfaßt allein sieben Seiten. Nach der Muß-Vorschrift des § 554 ZPO., die zur Entlastung des Reichsgerichts dienen soll, sind in der schriftlichen Revisionsbegründung die angeblich übergangenen Tatsachen zu bezeichnen. Die Bezugnahme auf lange Schriftsätze, die gerade verhütet werden soll, genügt nicht. Jene Tatsachen können daher nach der ständigen Rechtsprechung des Reichsgerichts in der Revisionsinstanz nicht berücksichtigt werden."

---

26. 1. Erfordernisse des adäquaten Kausalzusammenhanges zwischen zwei zeitlich weit auseinanderliegenden Ereignissen.
2. Unterschied zwischen „schädigender Handlung" und „Schadens-

zufügung". Wann ist ein durch Bergbau (Schürfen) verursachter Schaden als entstanden anzusehen:

a) hinsichtlich der Frage, welcher von mehreren zeitlich aufeinanderfolgenden Eigentümern oder dinglich Berechtigten an einem Grundstücke zur Geltendmachung des Schadensersatzanspruchs befugt ist;

b) hinsichtlich des Beginnes der Verjährung?

Preuß. Allg. Berggesetz §§ 148, 152, 151; preuß. Allg. Landrecht I 6 § 55; BGB. § 852.

V. Zivilsenat. Urt. v. 8. Februar 1919 i. S. preuß. Bergfiskus (Bekl.) w. M. (Kl.). Rep. V. 283/18.

I. Landgericht Halle.
II. Oberlandesgericht Naumburg a. S.

Die Klägerin betreibt bei dem Dorfe Sp. einen Gipsbruch auf Grundstücken, die ihr Eigentum sind, und auf anderen, an denen ihr ein dingliches Recht auf Gipsausbeute zusteht.

Zur Beseitigung des in den Bruch eindringenden Grundwassers hat sie ein durch Elektrizität betriebenes Pumpwerk angelegt. Sie behauptet, daß seit dem Jahre 1908 in den Gipsbruch außer dem normalen Grundwasser erhebliche aus der Tiefe kommende Mengen salzhaltigen Wassers eindringen und daß dieses Eindringen verursacht wird durch ein Bohrloch, welches von dem beklagten Bergfiskus in den Jahren 1867 bis 1871 auf einem der Grundstücke, an denen ihr das Gipsausbeuterecht zusteht und dessen Eigentümer jetzt ein gewisser Sch. ist, zum Zwecke der Auffindung von Salzlagern niedergebracht worden und nach Einstellung der Bohrung nur oberflächlich verschlossen, im übrigen aber unverfüllt gelassen und erst im Jahre 1908, aber nicht in ausreichender Weise abgedichtet und verfüllt worden sei. Hierdurch sei ihr Schaden in mehrfacher Richtung entstanden, unter anderem durch die erhöhten Aufwendungen, die sie zum Zwecke der Entfernung der aus dem Bohrloch eingedrungenen Wasser für elektrischen Strom bei dem Betrieb ihres Bohrlochs habe machen müssen.

Das Oberlandesgericht hat durch Teilurteil den Anspruch auf Ersatz dieses Schadens dem Grunde nach für gerechtfertigt erklärt. Die Revision des beklagten Fiskus ist zurückgewiesen worden.

Aus den Gründen:

... „Der Berufungsrichter sieht als erwiesen an, daß schon vom Jahre 1908, mindestens aber vom Jahre 1912 ab (ob das eine oder andere Jahr als Anfangsjahr anzusehen ist, überläßt er dem Verfahren über den Betrag des Anspruchs) eine „Wasserkalamität" in dem Gipsbruche der Klägerin besteht, die nur durch das Emporbringen von

Wassern aus der Tiefe entstanden sein kann, und daß das in den Jahren 1867/71 niedergebrachte Bohrloch des Beklagten, das weder nach Abschluß der Bohrarbeit noch später in ausreichender Weise abgedichtet oder verfüllt worden und das an sich als wirksame Leitung für den Aufstieg unterirdischer und zwar salzhaltiger Wasser anzusehen sei, das Aufsteigen solcher Wasser ermöglicht hat und demnach die Ursache für das Eindringen dieser Wasser in den Gipsbruch darstellt. Zu dieser Feststellung gelangt der Berufungsrichter auf Grund des von ihm für ausschlaggebend erachteten Gutachtens des Sachverständigen, Professor Dr. R. Nach diesem Gutachten weist das Deckgebirge des Sp.er Salzvorkommens zwei Wassersysteme auf, ein oberes System Süßwasser führender Klüfte, aus dem auch ohne Vermittelung des Bohrlochs infolge der allmählich durch den Gipsabbau der Klägerin stattfindenden Erniedrigung der Bruchsohle Wasser in den Gipsbruch eindringt, und in der Nähe des „Salzspiegels" ein unteres, Salzwasser führendes Kluftsystem. Beide Systeme sind durch komplette Gipsmassen hydrologisch getrennt, aber durch das Abteufen des Bohrlochs sind diese getrennten Systeme miteinander in Verbindung gesetzt, und es trat ein ständiges Ausfließen von salzigem Tiefenwasser aus dem Bohrloche und seiner Umgebung und damit die Wassersnot im Bruche ein, als durch den Gipsabbau die Sohle des Bruches an der Stelle des Bohrloches und in seiner Nachbarschaft unter den Grundwasserspiegel erniedrigt wurde. Die aufsteigenden Salzwasser folgen dem Wege, der durch das nicht völlig abgedichtete, wie ein Saugheber wirkende Bohrloch gegeben ist, und den Klüften, welche mit der Bohrlochwand in Verbindung stehen, und mischen sich mit dem Süßwasser, das dem oberen Kluftsystem entstammt und auch ohne das Bohrloch in den Gipsbruch austreten würde. Der Pumpbetrieb hat die das Wasser durchlassenden Klüfte dann ständig erweitert und damit die dem Bruche zusetzenden Wassermengen in steigendem Maße anschwellen lassen.

Unter Zugrundelegung dieses Herganges nimmt der Berufungsrichter an, daß das Bohrloch ursächlich sei für die Wassersnot, daß aber nicht schon sein bloßes Vorhandensein vermocht hat, die Zuflüsse hervorzurufen, sondern daß dazu andere mitwirkende Umstände erforderlich waren, insbesondere das Anschneiden des unterirdisch stehenden Wassers unter seinem Spiegel zufolge der Erniedrigung der Bruchsohle durch den Gipsabbau der Klägerin, indem der Druckunterschied im Wasser über der Sohle und außerhalb des Gipsbruchs die Gewässer zum Ausfließen gebracht habe, das so lange anhalten müsse, als eine solche Druckdifferenz bestehe; das aber sei der Fall infolge des Pumpbetriebes der Klägerin, der den Stand der Wasser unter der dem normalen Grundwasserniveau im Gipsbruch entsprechenden Höhe halte. Damit sei aber nicht etwa gesagt, daß (wie der Beklagte behaupte) die starken

Zuflüsse ihren Grund nur im Pumpbetriebe und Gipsabbau der Klägerin hätten. Der Berufungsrichter entnimmt vielmehr aus der „Lokalisierung" der Wasserausbrüche an der Mündung des Bohrlochs und seiner nächsten Umgebung, wo 90 % der Zuflüsse ausströmen, daß, wenn man diese vom Bohrloch ausgehenden Zuflüsse ausschiede, trotz Gipsabbau und Pumpenbetrieb von einer Wasserkalamität im Gipsbruch nicht die Rede sein würde. Bei dem Heruntergehen des Gipsabbaues unter den Grundwasserspiegel und dem Pumpbetriebe handle es sich deshalb keinesfalls um die eigentliche und einzige, auch nicht einmal um die Hauptursache der Zuflüsse; diese bleibe das Bohrloch, dessen Vorhandensein die vermehrten und zwar salzhaltigen Zuflüsse, über welche die Klägerin sich beschwere, erst ermöglicht habe. Wohl aber wirkten jene Umstände als Nebenursachen, als äußerer Anlaß und Verstärkung der Wassersnot; sie seien notwendig, um das Bohrloch als Wasserleiter in Tätigkeit zu setzen. Mit Unrecht bestreite der Beklagte das Vorliegen eines sog. adäquaten Kausalzusammenhanges um deswillen, weil es der Betriebshandlung der Klägerin, die in der Erniedrigung der Bruchsohle und dem Pumpbetriebe bestanden, bedurft habe, um den Wasserzufluß zu schaffen. Diese Umstände hätten nur die Wirkung der Hauptursache, des Bohrlochs, ausgelöst und den Kausalzusammenhang nicht unterbrochen, weil es sich nicht um besonders eigenartige und fernliegende Umstände handle, es vielmehr durchaus innerhalb des gewöhnlichen und regelmäßigen Verlaufs der Dinge liege, daß an jener Stelle eines ergiebigen Gipsvorkommens der früher dort schon betriebene Gipsabbau wieder aufgenommen wurde, und zwar unter Anschneidung des Grundwasserspiegels.

Diese Ausführungen lassen einen Rechtsirrtum nicht erkennen, entsprechen vielmehr durchaus den in der Rechtsprechung des Reichsgerichts über die Voraussetzungen und die Grenzen des ursächlichen Zusammenhanges aufgestellten Rechtsgrundsätzen. Von den Einwendungen der Revision gehört hierher wohl nur die Ausführung, deren Sinn dahin geht, man könne, sofern nicht (was von der Revision in erster Linie behauptet und unten noch zu erörtern sein wird) der Schaden schon 1871 entstanden war, nicht annehmen, daß eine Handlung (hier die in den Jahren 1807/71 erfolgte Niederbringung des Bohrlochs) als Ursache eines Schadens angesehen werden könne, der nach einer Reihe von Menschenaltern durch Handlungen und Vorgänge entstehe, die zur Zeit der als Schadensursache in Anspruch genommenen Handlung außer jeder Berechnung lagen. Aber zunächst hat der Berufungsrichter ja festgestellt, daß der Gipsabbau in dem Gipsbruche der Klägerin keineswegs ein außer aller Berechnung liegendes Ereignis war, sondern innerhalb des gewöhnlichen Laufes der Dinge lag. Daß ferner ein Ereignis erst viele Jahre nach einem anderen eintritt, schließt nicht aus, daß jenes durch dieses im Rechtssinne verursacht worden ist, sofern nur die Wirkungsmöglichkeit des letzeren so lange fortgedauert hat. Das aber war hier der Fall, da das Bohrloch ohne ausreichende Verdichtung oder Verfüllung fortbestanden hat, bis durch das Hinzukommen des Gipsabbaues der Klägerin unterhalb des Grundwasserspiegels der Eintritt der Wirkung, nämlich die Wassersnot des Gipsbruches, ausgelöst wurde.

Den auf die Ursächlichkeit des Bohrlochs für die Wassersnot in dem Gipsbruche gestützten Schadensersatzanspruch erachtet der Berufungsrichter zwar nicht aus dem auch geltend gemachten rechtlichen Gesichtspunkte der unerlaubten Handlung, wohl aber aus den §§ 148, 152 preuß. ABG. für begründet, da der Beklagte bei der Niederbringung des Bohrlochs als „Schürfer" gehandelt habe. Er geht davon aus, daß der hier in Frage stehende Schaden — durch Strommehrverbrauch für das Auspumpen des in den Gipsbruch eingedrungenen Wassers — ein Schaden am Grundstück ist und daß die Klägerin Eigentümerin der beschädigten Grundstücke oder dinglich an den Grundstücken Berechtigte ist. Den Einwand des Beklagten, die Klägerin sei zur Geltendmachung des Schadensersatzanspruchs nicht berechtigt (aktiv legitimiert), weil sie die Rechte an den Grundstücken erst nach der den Schaden verursachenden Handlung, als welche die Niederbringung des Bohrlochs angesehen werden müsse, erworben habe, weist der Berufungsrichter zurück mit der Begründung, es müsse zwischen der schädigenden Handlung und dem Eintritte des Schadens (der „Schadenszufügung") unterschieden werden; für die Person des Bergschadengläubigers, ebenso wie für die des Schuldners, sei der Zeitpunkt des Schadenseintritts maßgebend; wann die Ursache der Schadenszufügung (die schädigende Handlung) sich ereignet habe, sei dafür nicht wesentlich. Der hier in Frage stehende Schaden sei aber erst zur Zeit der Berechtigung der Klägerin an den Grundstücken entstanden und nur ihr, hinsichtlich ihres Gipsausbeuterechts, erwachsen. Wolle man mit dem Urteile des Reichsgerichts vom 21 Oktober 1916 V 200/16 annehmen, daß der Schaden in dem Zeitpunkte entstanden sei, in dem die durch den Bergbau geschaffene Gefahr erkennbar geworden, so sei dieser Zeitpunkt im vorliegenden Falle erst dann eingetreten, als diese Gefahr begonnen hatte, sich zu verwirklichen, als also die Wassereinbrüche schon eingetreten waren. Daß vor diesem Zeitpunkte der Schaden nicht erkennbar war, ist vom Berufungsrichter an anderer Stelle des Urteils (bei Erörterung des Klagegrundes aus unerlaubter Handlung) auf Grund tatsächlicher Beweiswürdigung dargelegt worden, worauf er hier Bezug nimmt. Es könne auch keine Rede davon sein, daß hinsichtlich es hier in Frage stehenden Schadens diejenigen Personen klageberechtigt wären, die zur Zeit der Niederbringung des Bohrlochs das Eigentum oder Nutzungsrechte an den Grundstücken hatten. Auch soweit der Klägerin nicht das Eigentum, sondern nur ein Nutzungsrecht, an den Grundstücken zustehe, seien nicht etwa die gegenwärtigen Grundstückseigentümer, sondern sie als Nutzungsberechtigte schadensersatzberechtigt.

Auch bei Würdigung der dem Schadensersatzanspruche entgegengehaltenen Einrede der Verjährung geht der Berufungsrichter davon aus, daß die „schadenzufügende Handlung" die Niederbringung des demnächst nicht verfüllten Bohrlochs ist und daß diese Handlung bereits im Jahre 1871 oder 1872 vollendet war, während die „Schadenszufügung" — der Eintritt des Schadens — frühestens 1908 stattgefunden hat, als dadurch, daß die Klägerin im Betriebe ihres Gipsbruches unter den Grundwasserspiegel herunterging, die in dem Bohrloch aus den Tiefen heraufgestiegenen Wasser zum Ausfließen gebracht, das Bohrloch also „in Tätigkeit gesetzt wurde". Vorher habe die Verjährung aus § 151 ABG. nicht zu laufen beginnen können, da der Schaden erst damals entstanden sei und somit die Klägerin vorher von ihm keine Kenntnis haben konnte. Aber auch die ohne Rücksicht auf die Kenntnis von der Schadenszufügung laufende dreißigjährige Verjährung des nach Ansicht des Berufungsrichters hier anwendbaren § 55 I 6 ALR. stehe dem Anspruche nicht entgegen. Sei nämlich der Ausdruck „Schadenszufügung", den das Allgemeine Landrecht a. a. O. für das die Verjährung in Lauf setzende Ereignis anwende, im Sinne des Eintritts des Schadens zu nehmen, so könne von einer Vollendung der Verjährung keine Rede sein, da der Schaden, wie oben dargelegt, frühestens im Jahre 1908 entstanden sei. Aber auch wenn man annehme, daß darunter die schadenzufügende Handlung verstanden werden müsse, so sei die Verjährung vor dem 1. Januar 1900 nicht vollendet gewesen, da nicht schon durch die vor dem Jahre 1870 liegende Verbindung der beiden Wassersysteme durch das Durchstößen der festen Gipsschichten, sondern erst durch die nach Fertigstellung des Bohrlochs erfolgte Entscheidung über die Einstellung der Bohrarbeiten und das Offenbleiben des Bohrlochs durch die zuständige Behörde die schädigende Handlung als „begangen" angesehen werden könne. Vom 1. Januar 1900 ab aber sei nur noch die dreijährige Verjährung des § 151 ABG. mit ihren besonderen Voraussetzungen gelaufen.

Die Revision erhebt gegen die rechtlichen Ausführungen des Berufungsrichters zur Frage der Klageberechtigung der Klägerin und des Verjährungseinwandes ihre hauptsächlichsten Angriffe. Sie bezeichnet die Auffassung des Berufungsrichters, daß die „Schadenszufügung" in einen anderen Zeitpunkt falle, als der dem Grundstücke „zugefügte Schaden" als verfehlt. Indessen das ist nicht der Gegensatz, den der Berufungsrichter aufstellt. Dieser unterscheidet vielmehr zwischen der schädigenden Handlung, d. h. der Handlung, die sich im weiteren Verlaufe der Dinge als Ursache des Schadens (als „schadenzufügend") erwiesen hat, und der Wirkung dieser früher gesetzten Ursache, nämlich dem Eintritte des Schadens (der „Schadenszufügung"). Diese beiden Ereignisse können sehr wohl durch erhebliche Zeiträume, ja durch Menschenalter getrennt sein. Daß der Schaden schon zu der Zeit entstanden wäre, als durch das Niederbringen des Bohrlochs die beiden Wassersysteme verbunden wurden, kann der Revision nicht zugegeben werden. Dadurch war erst eine der mehreren Bedingungen geschaffen, deren Zusammenwirken schließlich den Schaden zur Entstehung gebracht hat; hinzukommen mußte aber noch der Betrieb des Gipsbruchs durch die Klägerin bis zu einer Tiefe, die unter den Grundwasserspiegel herunterging, in Verbindung mit dem Pumpbetriebe. Wenn die Revision darauf hinweist, daß auch bei der Schädigung eines Baugrundstückes durch den Bergbau die Schadenszufügung (Entstehung des Schadens) schon in dem Augenblick eintrete, wo unter einem als Bauplatz benutzbaren Gelände der Bergbau umgehe, nicht erst in dem Augenblick, in dem der Grundstücksbesitzer auf diesem Gelände ein Haus erbaue, so ist dagegen zu bemerken, daß es sich dabei um einen Schaden ganz anderer Art handelt, dessen Voraussetzungen hier nicht vorliegen. Es ist nämlich allerdings in der Rechtsprechung des Reichsgerichts und überwiegend auch in der Lehre des Bergrechts (vgl. Westhoff, Bergbau und Grundbesitz Bd. 1 S. 96 flg. und die dort angeführten Entscheidungen) anerkannt, daß ein nach § 148 ABG. zum Ersatze verpflichtender Schaden nicht nur dann eingetreten ist, wenn die körperliche Unversehrtheit des Grundstücks durch den Bergbau bereits verletzt worden ist, sondern schon dann, wenn infolge des umgehenden Bergbaues und der von ihm dem Grundstücke drohenden Gefahr der Verkehrswert des Grundstücks, d. h. der ihm in der allgemeinen Wertschätzung beigelegte Vermögenswert, herabgesetzt ist, insbesondere auch in dem Falle, wo das Grundstück, das sonst als Bauland in Betracht gekommen wäre, die Bauplatzeigenschaft verloren hat. In diesem Sinne spricht das vom Berufungsrichter angeführte Urteil des Reichsgerichts vom 21. Oktober 1916 V 200/1916 davon, daß der Schaden spätestens in dem Zeitpunkt entstanden sei, wo die durch die Hohlräume entstandene Gefahr „erkennbar" geworden ist, d. h. sich derart bemerkbar gemacht hat, daß darunter die Wertschätzung des Grundstücks im Verkehr gelitten hat.

Daß im vorliegenden Falle die durch das Vorhandensein des Bohrlochs für die jetzt als beschädigt in Betracht kommenden Grundstücke geschaffene Gefahr schon bei der Niederbringung des Bohrlochs in den Jahren 1868/71 oder auch später vor der Besitzzeit der Klägerin erkennbar gewesen wäre, verneint der Berufungsrichter in bedenkenfreier Weise, indem er namentlich darauf hinweist, daß der Zusammenhang zwischen dem Bohrloch und der in dem Gipsbruch eingetretenen Wassersnot erst nachträglich nach dem Eintritt auf Grund der dadurch hervorgetretenen Wirkungen durch schwierige Untersuchungen und gegen die abweichende Meinung wissenschaftlicher Autoritäten festgestellt werden konnte. Dadurch erscheint es ausgeschlossen, daß bereits vorher das Vorhandensein des Bohrlochs zu einer geringeren Wertschätzung der in Betracht kommenden Grundstücke in ihrer Eigenschaft als zur Gipsausbeute geeignetes Land Veranlassung gegeben hat. Demgemäß stellt sich die Annahme des Berufungsrichters, daß die Klägerin und nicht etwa ihre Rechtsvorgänger in dem Eigentum an den Grundstücken berechtigt ist, den hier in Rede stehenden Schadensersatzanspruch geltend zu machen, als frei von Rechtsirrtum dar. Daran ändert auch der von der Revision hervorgehobene Umstand nichts, daß die Klägerin, wie feststeht, bei dem Erwerbe der Rechte an den Grundstücken das Bestehen des Bohrlochs kannte, da dieses Bestehen sich damals nicht als ein den Verkehrswert der Grundstücke beeinträchtigender Mangel darstellte.

Gleiches gilt von der Annahme, daß weder die dreijährige Verjährung des § 151 ABG. noch die dreißigjährige des preußischen Allgemeinen Landrechts abgelaufen ist. Dahingestellt kann bleiben, ob der dafür angeführte Grund, daß die „schädigende Handlung" — das Niederbringen und Nichtverfüllen des Bohrlochs — nicht vor 1870 begangen worden und daß seit dem 1. Januar 1900 nur noch die im § 151 ABG. vorgesehene dreijährige Verjährung mit ihren besonderen Voraussetzungen gelaufen sei, rechtlich unbedenklich ist. Denn es ist nicht zu bezweifeln, daß auch das Allgemeine Landrecht in § 55 I 6 unter „Schadenszufügung" nicht die Begehung der schädigenden Handlung für sich allein schon, sondern den Eintritt ihrer schädigenden Wirkung, also die Entstehung des Schadens, versteht (im Gegensatze zu § 852 BGB., wo für die dreißigjährige Verjährung des Schadensersatzanspruchs aus unerlaubten Handlungen die Begehung der Handlung für maßgebend erklärt ist), und daß deshalb auch, sofern (was dahingestellt bleiben kann) die erwähnte Gesetzesbestimmung auf den bergrechtlichen Schadensersatzanspruch aus §§ 148, 151 ABG. Anwendung finden könnte, die darin angeordnete Verjährung nicht schon mit der Handlung des Niederbringens des Bohrlochs zu laufen begonnen hat und so lange nicht lief, als nicht durch diese Handlung ein Schaden entstanden war." . . .

---

27. 1. Zum Begriffe der Kriegsgefahr bei Wassertransportversicherungen.

2. Heranziehung des Seeversicherungsrechts zur Auslegung des Gesetzes über den Versicherungsvertrag vom 30. Mai 1908

3. Beweislast für die Entstehung des Schadens durch die gewöhnliche Transportgefahr oder durch Kriegsgefahr.

HGB. § 849; Allg. SVB. § 101.

I. Zivilsenat. Urt. v. 15. Februar 1919 i. S. R. v. S. (Kl.) w. Deutsche Vers.-Ges. (Bekl). Rep. I. 230/18.

I. Landgericht Hamburg, Kammer für Handelssachen.
II. Oberlandesgericht daselbst.

Die Klägerin hat bei der Beklagten Versicherung genommen auf einen Wagen Haselnußkerne für die Reise mit der Eisenbahn von Konstantinopel nach Hamburg in durchstehendem Risiko über beliebige Donauplätze mit Wasserreise von einem Donauplatze nach dem anderen. Nach handschriftlichem Vermerk in der Police war „jegliche Umladung, Transport zu Wasser und/oder zu Land und Aufenthaltsgefahr einbegriffen". Die gedruckten Bedingungen der Police enthielten folgende Kriegsklausel:

„§ 2. Die Versicherungsgesellschaft haftet ferner für die Folgen der unmittelbaren Kriegsgefahr, bestehend in Wegnahme, Beschädigung oder Zerstörung der versicherten Ware durch feindliche Mächte ...

Ausgeschlossen bleiben indirekte, nur mittelbare Schäden und Nachteile aus der Kriegsgefahr, wie insbesondere Schäden und Minderung infolge Reiseverzögerung, alle Kosten und Verluste, die durch freiwilligen oder gezwungenen Aufenthalt der Ware oder durch Zurückhaltung der Eisenbahnzüge, durch Blockierung von Plätzen, durch Einlagerung des Gutes oder anderweitige Dispositionen über dieses wegen der Kriegsgefahr, ferner durch Extrazölle, Extrafrachten usw. entstehen können."

Die Ware wurde gesund auf den Weg gebracht, kam aber mit Beschädigung und großer Verspätung an. Nach Annahme der Vorinstanzen liegt Beschädigung durch Wasser vor, das in den leck gewordenen Kahn auf dem Donautransport oder im Zufluchthafen eingedrungen ist. Die Verspätung beruht auf dem Ausbruche des Rumänischen Krieges, der den auf der Reise von Rustschuk nach Orsowa begriffenen Kahn zwang, unterwegs Zuflucht zu suchen, bis durch die Eroberung der Walachei der Donauweg wieder frei wurde. Die Klägerin nahm die Beklagte auf Grund der Versicherung für den Schaden in Anspruch.

Das Landgericht verurteilte die Beklagte, das Oberlandesgericht wies die Klage ab. Die Revision der Klägerin führte zur Wiederherstellung des ersten Urteils.

Gründe:

„Zutreffend ist allerdings die Annahme des Oberlandesgerichts, daß es auf die handschriftliche Klausel betreffend die Aufenthaltsgefahr nicht ankommt. Ein Widerspruch mit § 2 Abs. 2 der Police, welche sich im § 2 mit der Kriegsgefahr befaßt, ist nicht anzuerkennen, wenigstens nicht in dem Sinne, daß etwaige Einschränkungen der übernommenen Gefahr, die in der Kriegsklausel enthalten sind, im ganzen Bereiche der handschriftlichen Klausel hinfällig wären. Beide Bestimmungen sind vielmehr nebeneinander zu beachten, nämlich der handschriftliche Vermerk als Ergänzung der allgemeinen Bestimmungen, der § 2 als besondere Regelung der Kriegsgefahr. Nach ersterem ist die Aufenthaltsgefahr, insbesondere also das Hafenrisiko, im allgemeinen in die Versicherung eingeschlossen, nach § 2 Abs. 2 hat sich indessen der Versicherer von dem auf Kriegsgefahr beruhenden Verzögerungsschaden freigezeichnet. Letzteres entspricht einer schon längere Zeit herrschenden Neigung der Gesellschaften, wie sie besonders im Seeversicherungsrecht in der Hamburger und verwandten Kriegsklauseln zum Ausdruck kommt und sich in den Allg. Deutschen Seeversicherungsbedingungen (Entwurf 1914) zur Ablehnung des Verzögerungsschadens überhaupt gesteigert hat (§ 28 daselbst). Nicht zutreffend freilich ist die Bemerkung des Berufungsgerichts, der § 2 Abs. 2 stehe im unmittelbaren Gegensatze zu § 101 AllgSVB. von 1867. Vielmehr regelt dieser nur die Klausel „nur für Seegefahr", und nur mittelbar läßt sich ihm entnehmen, was in Ermanglung anderweiter Regelung — übrigens mit der sich aus § 70 Nr. 3 ergebenden Einschränkung — unter die Kriegsgefahr fallen würde. Die Anwendung beider Bestimmungen der Police führt im vorliegenden Falle zu dem Ergebnis, daß auch im Kriege das gewöhnliche Aufenthaltsrisiko, d. h. die Transportgefahr während eines auf Kriegsgefahr beruhenden Aufenthalts, zu Lasten des Versicherers ist, während er sich von den Schäden und Kosten, die unmittelbar und ausschließlich auf dem durch Krieg verursachten Aufenthalte, d. h. auf der dadurch bewirkten Verlängerung der Reise beruhen, freigezeichnet hat.

Mit Recht nimmt daher der Vorderrichter an, daß es darauf ankomme, ob die Voraussetzungen des § 2 Abs. 2, welche im wesentlichen den durch Kriegsgefahr verursachten Verzögerungsschaden betreffen, bei dem Schaden, den die Klägerin ersetzt verlangt, gegeben sind. Mit Unrecht aber erklärt er weiter, daß die Ungewißheit darüber, wo und wie der Schaden entstanden sei, zu Lasten der Klägerin sei. Auf den Ort der Schadensentstehung kommt es überhaupt nicht an. Ein gewöhnlicher Transportschaden würde auch dann unter die Versicherung fallen, wenn er in dem Zufluchtshafen entstanden wäre, den der Kahn bei Ausbruch des Rumänischen Krieges aufgesucht hat. Zur Anwendung der Kriegsklausel genügt keineswegs das rein zufällige Zusammentreffen des durch den Krieg verursachten Aufenthaltes mit dem Unfalle, sondern es muß dieser unmittelbar auf dem Aufenthalte, d. h. der durch den Krieg verursachten Verzögerung und Verlängerung der Reise, beruhen. Dieser im Seeversicherungsrecht (§ 849 Abs. 1 HGB.) geltende Grundsatz, der übrigens mit dem Wortlaut der Kriegsklausel § 2 Abs. 2 der Police durchaus im Einklang steht, ist unbedenklich auch auf die vorliegende Transportversicherung anzuwenden. Das Gesetz über den Versicherungsvertrag schließt sich in dieser Materie nach Möglichkeit dem bereits in reicher Entwicklung vorgefundenen Seeversicherungsrecht mit seinen viel ausführlicheren Bestimmungen an. Daher ist es geboten, letztere, wenn angängig, zu entsprechender Ergänzung heranzuziehen (so auch Hager-Bruck VersVG. Vorbem. 1 zu § 129). Ferner ist der im Seeversicherungsrecht geltende Grundsatz anzuwenden, daß im Zweifel nicht anzunehmen ist, ein eingetretener Schaden sei durch Kriegsgefahr verursacht worden (§ 849 Abs. 2 HGB.). Auch dies ist nach der vorliegenden Versicherungspolice schon deswegen gerechtfertigt, weil sich der § 2 Abs. 2 als Ausnahmebestimmung kennzeichnet, deren Voraussetzungen von demjenigen bewiesen werden müssen, der sich darauf beruft. Der gegenwärtige Schaden aber stellt sich auf den ersten Blick als ein gewöhnlicher Transportschaden dar. Das Eindringen von Wasser in den Kahn beruht regelmäßig auf einem mangelhaften Zustande des Schiffes oder auf Unachtsamkeit der Schiffsbesatzung. Beides hat an sich nichts mit dem Kriege zu tun. Nach den vorliegenden Bedingungen würde die Beklagte an sich dafür haften, auch wenn der darauf beruhende Unfall sich im Zufluchtshafen ereignet hätte. Nur wenn bewiesen wäre, daß der vermutete Leck in dem Kahn und das Eindringen des Wassers nur auf der übermäßigen Verzögerung der Reise beruhte, wäre der § 2 Abs. 2 anzuwenden. Dies ist aber weder bewiesen noch vom Berufungsgericht festgestellt. Es kann davon auch bei der vorliegenden Verzögerung von nur wenigen Monaten keine Rede sein. Daß das Leckspringen eines beladenen Kahnes während eines Aufenthalts von mehreren Monaten im Hafen ein gewöhnlicher Unfall sei, mit dem normaler Weise gerechnet werden müßte, kann nicht behauptet werden. Das Gegenteil ergibt sich daraus, daß z. B. Zuckerladungen überaus häufig im Herbst zur Beförderung übernommen werden mit der Bedingung, daß sie über Winter im Kahne lagern und erst im Frühjahr abgeliefert werden. Die Klägerin hat ihrer Darlegungs- und Beweispflicht dadurch genügt, daß festgestelltermaßen die Ladung gesund auf den Weg gebracht und mit Wasserschaden am Bestimmungsort angekommen ist. Die Beklagte hat demgegenüber lediglich behauptet und dargetan, daß die Reise durch den Rumänischen Krieg um mehrere Monate verzögert worden ist. Dies genügt aber zur Anwendung des § 2 Abs. 2 und zu der Annahme, daß ein durch die Verzögerung unmittelbar verursachter Schaden vorliege, keineswegs. Die Haftung der Beklagten für den Transportschaden ist hiernach gegeben." . . .

---

28. 1. Erfordernisse der Schriftform bei Aufnahme mehrerer Urkunden über einen Vertrag.

2. Unter welchen Voraussetzungen kann eine Verletzung der Vorschrift über das Recht des Gerichts, einen richterlichen Eid aufzuerlegen, angenommen werden?

BGB. § 126 Abs. 2 Satz 2; ZPO. § 475.

III. Zivilsenat. Urt. v. 25. Februar 1919 i. S. W. (Kl.) w. S. Söhne (Bekl.). Rep. III. 430/18.

I. Landgericht Hannover.
II. Oberlandesgericht Celle.

Der Kläger fordert die Feststellung, daß zwischen ihm und der Beklagten ein Mietvertrag über Geschäftsräume in seinem Hause auf die Dauer von fünf Jahren, eventuell doch von einem Jahr zustandegekommen sei. Er behauptet, daß ein solcher Vertrag durch mündliche Vereinbarung anfangs April 1917 geschlossen und durch die zwischen den Parteien gewechselten Schreiben vom 10. und 15. April 1917 zu einem schriftlichen geworden sei. In dem Briefe vom 10. April 1917 schreibt der Kläger an die Beklagte: „Wir bestätigen die telephonische Unterhaltung mit Ihrem Herrn S. und vermieten Ihnen das in unserem Hause gelegene Parterre-Lokal auf 5 Jahre zu der festgesetzten Miete von 1700 *M* per anno, zahlbar quartaliter." Unter dem 15. April erwidert die Beklagte: „Wir bestätigen hiermit, bei Ihnen die Parterre-Lokale auf 5 Jahre vom 1. Oktober 1917 ab zu dem Preise von 1700 *M* pro Jahr unter der Bedingung von Ihnen gemietet zu haben, daß wir ein im Giebel anzulegendes Fenster für besseres Licht einrichten können."

Das Landgericht entsprach dem in erster Reihe gestellten Klagantrage. Das Oberlandesgericht wies diesen Antrag unbedingt ab und machte die Entscheidung über den zweiten von der Leistung zugeschobener Eide abhängig. Die Revision des Klägers wurde zurückgewiesen.

Gründe:

„Land- und Berufungsgericht erachten die für einen Mietvertrag von mehr als einjähriger Dauer in § 566 BGB. erforderte Schriftform durch den Briefwechsel der Parteien vom 10./15. April 1917 für gewahrt. Das Berufungsgericht führt aus, daß es zur Wahrung der Schriftform nach § 126 Abs. 2 BGB. genüge, daß Urkunden ausgetauscht seien, die insoweit gleichlauten, als die Punkte in Betracht kommen, die nach dem Willen der Parteien das Wesen des Vertrags ausmachen, mag der Inhalt der Urkunden im übrigen auch nicht gleichlauten.

Dies ist rechtsirrig.

§ 126, der die durch Gesetz vorgeschriebene Schriftform regelt, fordert bei Verträgen grundsätzlich die Unterzeichung der Parteien auf derselben Urkunde. Doch genügt, wenn über den Vertrag mehrere gleichlautende Urkunden aufgenommen sind, daß jede Partei die für die andere bestimmte Urkunde unterzeichnet (§ 126 Abs. 2 Satz 2). Voraussetzung dieser, die grundsätzliche Vorschrift mildernden Bestimmung ist danach, daß in mehreren gleichlautenden Urkunden der Vertrag in seinem Gesamtinhalte niedergelegt ist. Es genügt, wie das Reichsgericht bereits in seiner Entscheidung Bd. 59 S. 245 — vgl. auch Bd. 68 S. 186 (Bd. 67 S. 214 und Bd. 80 S. 400 stehen nicht entgegen) — ausgesprochen hat, nicht, daß in jeder der Urkunden nur die einseitige Willenserklärung einer Partei enthalten ist, so daß erst aus der Zusammenfassung beider Urkunden die für das Zustandekommen des Vertrags notwendige Willensübereinstimmung entnommen werden könnte. In jeder der Urkunden muß vielmehr der Wille aller Vertragschließenden ausgesprochen sein, aus jeder muß sich der für das Rechtsgeschäft wesentliche Inhalt vollständig und unmittelbar ergeben. Diesen Erfordernissen entspricht der Briefwechsel vom 10./15. April 1917 in keiner Weise. Jeder der beiden Briefe enthält nur die Willenserklärung je einer der Parteien. Ein Briefwechsel genügt überhaupt nicht zur Wahrung der gesetzlichen Schriftform, die die Aufnahme einer Urkunde voraussetzt, sondern nur zur Wahrung der durch Rechtsgeschäft vereinbarten Schriftform, und auch dies nur, wenn nicht ein anderer Wille der Parteien anzunehmen ist (§ 127).

Das Berufungsgericht verkennt überdies völlig die Bedeutung der Vorschrift des § 126 Abs. 2, wenn es die Briefe vom 10. und 15. April für „gleichlautende Urkunden" erklärt, obwohl sie sich, wie das Berufungsgericht selbst sagt, auch inhaltlich „nicht decken". Der Zweck der Vorschrift ging gerade dahin, klar festzustellen, was die Parteien wollen, und Streitigkeiten über den Vertragsinhalt, die sich bei Zulassung des Vertragsschlusses durch Briefwechsel leicht ergeben könnten, zu vermeiden. Vgl. die Begründung zu § 54 Entwurf I BGB., Bd. 1 S. 189 und die Denkschrift Buch I, V, 2 (Heymannsche Ausgabe S. 38). Diesem Zwecke der Vorschrift widerspricht es, Urkunden als gleichlautend anzusehen, wenn sie derart voneinander abweichen, daß gerade zweifelhaft bleibt, was nach dem Willen der Parteien das Wesen des Vertrags ausmachen soll.

Hiernach scheitert der erste, auf Feststellung des Bestehens eines fünfjährigen Mietvertrags gerichtete Klagantrag schon an dem Mangel der gesetzlichen Schriftform, so daß es eines Eingehens auf die Begründung des Berufungsgerichtes, mit der dieses den ersten Klagantrag abweist, nicht bedarf.

Auch soweit sich die Revision gegen die Abweisung des auf Feststellung des Bestehens eines Mietvertrags von einjähriger Dauer gerichteten Hilfsantrags des Klägers wendet, entbehrt sie der Begründung.

Der Briefwechsel zwischen den Parteien ist hinsichtlich der Frage, ob ein mündlicher Vertrag zwischen den Parteien zustande gekommen ist, vollständig und ohne Rechtsirrtum gewürdigt. Der Vorwurf aber, das Berufungsgericht habe die Prüfung unterlassen, ob auf einen richterlichen Eid zu erkennen sei, ist haltlos. § 475 ZPO. gibt dem Gericht eine Befugnis, von der es nach freiem Ermessen Gebrauch machen kann. Eine Verpflichtung, sich darüber auszusprechen, daß und weshalb es von dieser Befugnis keinen Gebrauch mache, besteht für das Gericht im allgemeinen nicht. Das Schweigen der Gründe des Urteils gewährt daher keinen Anhalt für die Annahme, das Gericht sei sich seiner Befugnis, die ihm durch § 475 gegeben, nicht bewußt gewesen oder es habe sonst die Prüfung der Anwendbarkeit des § 475 prozeßwidrig verabsäumt. Eine solche Annahme ist gegenüber Urteilen deutscher Oberlandesgerichte nach Ansicht des erkennenden Senats grundsätzlich ausgeschlossen; es bedürfte einer ganz besonderen Sachlage und ganz besonderer Anhaltspunkte, wie sie hier durchaus nicht gegeben sind, um in seltenen Ausnahmefällen einen derartigen Vorwurf zu begründen."

---

29. Beamtenunfallfürsorge. Können die Kosten des Heilverfahrens auch in der Form einer Rente zugebilligt werden?

RBeamtUFürsG. § 1 Abs. 6.

III. Zivilsenat. Urt. v. 25. Februar 1919 i. S. Deutsches Reich (Bekl.) w. Sch. (Kl.). Rep. III. 504/18.

I. Landgericht I Berlin.
II. Kammergericht daselbst.

Der Kläger, der im Jahre 1903 einen Betriebsunfall im Postdienst mit der Folge einer schweren Nervenerkrankung erlitten hat und darauf unter Bewilligung der Unfallpension in den Ruhestand versetzt worden ist, beanspruchte mit der nunmehrigen Klage als Ersatz der Kosten seines Heilverfahrens eine feste Jahresrente in bestimmter Höhe. Der Anspruch wurde in beiden Rechtszügen zugebilligt. Die Revision des Beklagten blieb erfolglos aus folgenden

Gründen:

„Gegenüber der dem Kläger gewährten Rente erhebt der Beklagte das grundsätzliche Bedenken, daß die dem Beamten nach § 1 Abs. 6 RBeamtUFürsG. zu ersetzenden Kosten des Heilverfahrens nicht in der

Form einer festen, dauernden Rente zuerkannt werden dürften. Dieses Bedenken ist nicht gerechtfertigt. Der erkennende Senat hat bereits in der Entscheidung vom 26. April 1907 (Jur. Wochenschr. S. 373) und in der weiteren, nicht veröffentlichten Entscheidung vom 28. November 1913 III 279/13 sich dahin ausgesprochen, daß die Kosten des Heilverfahrens dann in der Form einer Rente zugesprochen werden könnten, wenn die zur Heilung des Leidens erforderlichen Aufwendungen nicht lediglich zeitweilig und vorübergehend notwendig seien. An dieser Rechtsauffassung ist auch bei erneuter Prüfung der Frage festzuhalten. Die Zuerkennung einer Rente steht nicht, wie die Revision meint, im Widerspruche mit dem Gesetze. § 1 Abs. 6 desselben trifft keine näheren Bestimmungen über die Form, in der die Kosten des Heilverfahrens ersetzt werden sollen. Aus der Entstehungsgeschichte des Gesetzes läßt sich das Verbot der Rente nicht ableiten. Auch der Sinn und Zweck des dem Beamten gewährten Heilkostenanspruchs widerstreitet nicht der Zuerkennung der Heilkosten in der Form einer Rente. Die Gewährung der Rente gibt dem Beamten keinen vom Gesetz abweichenden Anspruch. Der Ausdruck: „Rente" darf nicht mißverstanden werden; er hat lediglich die Bedeutung, daß die Heilkosten nicht durch Entrichtung einzelner Beträge, sondern in dauernden, im voraus fest bestimmten Raten gewährt werden, weil nach der Natur des Leidens des Beamten und dem voraussichtlichen Lauf der Dinge die Kosten der aufzuwendenden Heilmittel sich gleichbleiben. Der Beklagte hat die Befürchtung ausgesprochen, daß im Falle der Rentengewährung die ihm zukommende Überwachung des kranken Beamten vereitelt werde und daß insbesondere der Beamte die Rentenbeträge nicht bestimmungsgemäß zur Linderung seines Leidens, sondern zu anderen, seiner Heilung nicht dienlichen Zwecken verwenden könne. Dem ist aber entgegenzuhalten, daß die Förderung der Gesundheit im eigensten Interesse des Beamten liegt und daß eine fortgesetzte bestimmungswidrige Verwendung der bewilligten Heilkostenbeträge eine wesentliche Veränderung der Verhältnisse in sich schließen würde, die für die Verurteilung zur Entrichtung der Rente maßgebend waren, so daß dem Beklagten die Berufung auf § 323 ZPO. zustünde. Dem Umstand, daß in solchem Falle den Beklagten die Darlegungspflicht träfe, kann ein entscheidendes Gewicht nicht beigemessen werden. Unzutreffend ist die Behauptung des Beklagten, daß ihm durch die Zuerkennung einer im voraus zu entrichtenden Rente eine im Gesetze nicht begründete Leistungspflicht auferlegt werde, da er erst nachträglich die Heilkostenbeträge zu ersetzen habe. Dem Sinne und Zwecke der Heilkostenforderung entspricht es, daß der Ersatz vor der Anwendung der Heilmittel gewährt werde; denn sonst wäre es dem vermögenslosen Beamten geradezu unmöglich, sich die notwendigen Heilmittel zu verschaffen. Auf die Vorschriften des § 843 BGB. und des Reichshaftpflichtgesetzes ist allerdings die Zulässigkeit der Rente nicht zu stützen, wie dies die oben angeführte Entscheidung (Jur. Wochenschr. 1907 S. 373) zu tun scheint. Anzuerkennen ist aber, daß der Heilkostenanspruch Elemente eines Schadenersatzanspruchs in sich hat. Nach § 12 RBeamtUFürsG. werden durch die Unfallfürsorgeansprüche weitere Ansprüche des Beamten gegen das Reich aus dem Unfall ausgeschlossen, diese also durch jene ersetzt. Bei Schadensersatzverpflichtungen, sei es aus Vertrag oder unerlaubter Handlung, ist aber die Rentenbewilligung zulässig, wenn die Rente als angemessene Ausgleichung zu erachten ist." ...

---

30. Kann eine Unfallrente, die zur Entschädigung des Verletzten für Erwerbsverlust dienen soll, deswegen herabgesetzt werden, weil der Unfall den Verletzten kriegsdienstunfähig gemacht und von der Kriegsgefahr befreit hat?

BGB. § 249; ZPO. § 287.

VI. Zivilsenat. Urt. v. 27. Februar 1919 i. S. Sch. (Bekl.) w. M. (Kl.). Rep. VI. 344/18.

I. Landgericht Karlsruhe.
II. Oberlandesgericht daselbst.

Der Beklagte ist in den Vorinstanzen zur Zahlung von 1500 M nebst Zinsen sowie einer Jahresrente von 600 M an den Kläger verurteilt worden. Die Rente soll nach dem Urteile zweiter Instanz mit der Demobilmachung des Deutschen Heeres beginnen und bis zum vollendeten 70. Lebensjahre des Klägers dauern. Die von dem Beklagten gegen diese Entscheidung eingelegte Revision wurde zurückgewiesen aus folgenden

Gründen:

„Der Kläger ist Revierjäger im mecklenburgischen Staatsdienste. Im Jahre 1914 wurde er im Kriege verwundet und nach längerer Lazarettpflege dem Genesungsheim in G. überwiesen. Hier nahm er am 19. Januar 1915 an einer Treibjagd teil und wurde dabei durch einen von dem Beklagten abgegebenen Schuß am rechten Auge verletzt, was den Verlust des Auges zur Folge hatte. In einem Vorprozesse ist festgestellt worden, daß der Beklagte dem Kläger den vollen Schaden zu ersetzen hat, der ihm aus dem Unfall entstanden ist. Mit der vorliegenden Klage fordert er diesen Schaden. Außer einem Schmerzensgeld verlangt er eine Rente, weil er zwar wieder in den mecklenburgischen Staatsdienst aufgenommen, aber durch den Verlust des Auges in seinen Nebeneinnahmen um mindestens 600 M jährlich geschädigt sei. Das Berufungsgericht hat diesen Anspruch mit der Einschränkung anerkannt, daß der Kläger die Rente erst von der Demobilmachung an fordern könne, weil er bis dahin Soldat gewesen wäre, wenn er den Unfall nicht erlitten hätte, als Soldat aber ein geringeres Einkommen gehabt hätte, als er in seiner Zivilstellung bezogen hat. Die Revision vertritt die Ansicht, daß dem Kläger ein erheblicher Teil der zugesprochenen Rente deswegen hätte aberkannt werden müssen, weil durch seine Verletzung bei der Treibjagd für ihn die Kriegsgefahr beseitigt worden sei. Im Kriege hätte er fallen oder schwer verwundet werden können. Der Eintritt dieser Möglichkeit lasse sich zwar nicht genau berechnen, müsse aber im Rahmen des § 287 ZPO. berücksichtigt werden. Von dem Beklagten war in der vorigen Instanz behauptet worden, daß die Wahrscheinlichkeit, im Kriege zu fallen, für den Kläger auf mindestens 20 % zu veranschlagen sei, wenn er den Unfall nicht erlitten hätte; es sei daher auch von der Rente ein Abzug von mindestens 20 % zu machen.

Der Angriff ist nicht begründet. Durch die Rente soll der Kläger für den Einnahmeausfall entschädigt werden, den er nach den Feststellungen des Berufungsgerichts infolge der ihm von dem Beklagten zugefügten Verletzung erleidet. Wäre nun mit Sicherheit erweislich, daß der Kläger, wenn er nicht das Auge verloren hätte, durch ein anderweites, mit der Körperverletzung nicht im Zusammenhange stehendes Ereignis sein Leben eingebüßt haben würde, so ließe sich vielleicht die Frage aufwerfen, ob der Beklagte für die nach jenem Ereignis liegende Zeit noch Schadensersatz wegen Erwerbsausfalls zu leisten habe oder ob insoweit der ursächliche Zusammenhang zwischen der Körperverletzung und dem Schaden unterbrochen sei. Dieser Fall ist aber nicht gegeben, vielmehr will der Beklagte deshalb einen Abzug von der Rente machen, weil die Körperverletzung den Kläger von der ferneren Kriegsgefahr befreit habe. Er behauptet nicht eine Unterbrechung des Kausalzusammenhanges, die auch durch die bloße Möglichkeit, daß der Kläger im Kriege sein Leben verlieren könnte, nicht herbeigeführt werden würde, sondern will die Regeln von der Vorteilsausgleichung angewendet wissen. Diese setzen indessen voraus, daß ein Ereignis dem Verletzten Schaden und Vorteil in bezug auf sein Vermögen gebracht hat (vgl. RGZ. Bd. 54 S. 140, Komm. v. RGR. Vorbem. vor § 249 Anm. 13a zu § 823). Schaden und Vorteil müssen sich, wenn sie nicht unmittelbar in Zugang und Abgang von Vermögen bestanden haben, jedenfalls in Vermögenswerten darstellen lassen. Das trifft zu, insoweit der Kläger infolge der Verletzung in seiner Zivilstellung verblieben ist und aus dieser Tätigkeit Einkommen bezogen hat, ist aber auch in diesem Umfange vom Berufungsgerichte berücksichtigt worden. Dagegen ist es nicht angängig, die Möglichkeit, daß der Kläger im Kriege fallen oder verwundet werden könnte, in Geld abzuschätzen und demgemäß die ihm an sich zustehende Entschädigung herabzumindern. Auch § 287 ZPO. bietet für ein solches Verfahren keine Grundlage."...

---

31. Haben pensionierte, anläßlich einer Mobilmachung zum aktiven Dienst wiederherangezogene Offiziere im Falle der Beförderung zu einem höheren Dienstgrad Anspruch auf Neufestsetzung ihrer Pension gemäß § 10 des Offizierpensionsgesetzes vom 31. Mai 1906?

III. Zivilsenat. Urt. v. 28. Februar 1919 i. S. A. (Kl.) w. Deutsches Reich (Bekl.). Rep. III. 467/18.

I. Landgericht I Berlin.
II. Kammergericht daselbst.

Der Kläger stand früher als Leutnant im aktiven preußischen Militärdienst. Im Jahre 1898 wurde er mit der gesetzlichen Pension verabschiedet, im Jahre 1900 zur Disposition gestellt und zum Bezirksoffizier ernannt. Aus dieser Stellung schied er 1906 aus; es wurde ihm als Oberleutnant z. D. der Abschied mit seiner Pension bewilligt, die kurz vorher anläßlich des Inkrafttretens des Offizierpensionsgesetzes vom 31. Mai 1906 neu geregelt worden war. Nach der Mobilmachung im August 1914 wurde der Kläger, der inzwischen den Charakter als Hauptmann erhalten hatte, zum aktiven Militärdienst herangezogen. Im November 1914 erhielt er das Patent als Hauptmann. Wegen eines Leidens, das er sich 1915 im Dienst als Führer eines Rekrutendepots zuzog, erfolgte im August 1916 die Wiederaufhebung seiner Mobilmachungsbestimmung. Die Pension wurde gemäß § 8 Abs. 2, §§ 16, 17 OPG. um $^{4}/_{60}$ des bisherigen pensionsfähigen Diensteinkommens erhöht. Sein Antrag auf Zubilligung der Pension eines Hauptmanns wurde abgelehnt. Er erhob deshalb Klage auf Gewährung dieser Pension. Im Verfahren über die Berufung des Beklagten gegen das der Klage stattgebende Urteil des Landgerichts beantragte er in erster Linie die Zurückweisung des Rechtsmittels, in zweiter Linie die Feststellung der Verpflichtung des Beklagten zur Umpensionierung nach dem höheren Dienstgrad gemäß § 1 Abs. 1, §§ 2, 6, 8, 10, in dritter Linie die Feststellung der Verpflichtung zur Neu- oder Ergänzungspensionierung nach § 1 Abs. 2, §§ 6, 8, 10 OPG. unter Zugrundelegung der Gebührnisse der der Kriegsstelle entsprechenden Friedensstelle.

Das Oberlandesgericht wies die Klage ab. Die Revision des Klägers blieb erfolglos.

Gründe:

„Als Grundlage des mit dem Hauptantrag verfolgten Klaganspruchs kommt nur der § 10 Abs. 1 Satz 1 des Offizierpensionsgesetzes vom 31. Mai 1906 in Betracht, der bestimmt, daß während der Dauer eines Krieges als pensionsfähiges Diensteinkommen die Gebührnisse derjenigen Friedensstelle anzurechnen sind, welche der Kriegsstelle entspricht, deren Inhaber der Offizier zuletzt war. Dem vor dem bezeichneten Gesetze in Geltung gewesenen Recht war eine Bestimmung gleichen Inhalts fremd. Hätte daher die anderweite Regelung der Pension des Klägers, welche anläßlich seiner Wiederverwendung während des Krieges notwendig geworden ist, gemäß der Eingangsvorschrift in § 41 OPG. nach dem früheren Recht zu erfolgen, so wäre schon damit das Schicksal des Klaganspruchs zu Ungunsten des Klägers entschieden. Das Gleiche würde gelten, wenn eine der hier in Betracht zu ziehenden Ausnahmebestimmungen in § 41 Nr. 2 und 4 Platz griffe, die beide die Zugrundelegung des von dem Offizier vor seinem Ausscheiden bezogenen und nach den bisherigen Gesetzen anzurechnenden pensionsfähigen Diensteinkommens anordnen. Gegen die Heranziehung dieser Übergangsvorschriften walten jedoch mancherlei Bedenken ob, die auf sich beruhen können, weil der § 10, wie schon das Berufungsgericht zutreffend angenommen hat, den pensionierten, anläßlich einer Mobilmachung zum aktiven Dienst wieder herangezogenen Offizieren überhaupt nicht zustatten kommt. Sie haben gemäß § 8 Abs. 2 lediglich Anspruch auf eine Erhöhung ihrer Pension, die nach Maßgabe des § 6 Abs. 1 für jedes weitere Dienstjahr $^{1}/_{60}$ oder $^{1}/_{120}$ bis $^{45}/_{60}$ des der Pensionsberechnung zugrundeliegenden Diensteinkommens betragen soll. Damit ist klar und unzweideutig zum Ausdruck gebracht, daß die Berechnungsgrundlage der Pension eines im Kriege wiederverwendeten Offiziers unverändert bleiben soll und daß ein höheres Diensteinkommen als das der bereits festgesetzten Pension zugrunde liegende insbesondere auch dann nicht Berücksichtigung finden darf, wenn der Offizier zu einem höheren Dienstgrad unter Gewährung der entsprechenden Bezüge befördert worden ist.

Die Absicht des Gesetzgebers, die Pensionsgebührnisse der in Frage stehenden Klasse von Offizieren in diesem Sinne zu regeln, ergibt sich auch aus der Überschrift des § 8, welche ganz allgemein dahin lautet: „Steigen der Pension der wiederverwendeten Offiziere". Unterstützend kommt hinzu, daß nach der Begründung zu dem Entwurf des § 8, der bis auf eine hier nicht erhebliche Abweichung Gesetz geworden ist, in der Vorschrift die einschlagenden Bestimmungen des früheren Rechts wiederholt werden sollen. Sie soll sich also inhaltlich mit dem § 21 des Militärpensionsgesetzes vom 27. Juni 1871 in der Fassung des Gesetzes vom 22. Mai 1893 decken. Dort wurde aber den wiederverwendeten Offizieren ebenfalls ohne Rücksicht auf ihre inzwischen erfolgte Beförderung und den damit verknüpften Bezug eines höheren Diensteinkommens nur eine „Erhöhung der bisher bezogenen Pension“ bewilligt, und diese war für jedes weitere Dienstjahr auf $^{1}/_{60}$ „des derselben zugrunde liegenden pensionsfähigen Diensteinkommens“ bemessen. Ist hiernach die Frage, welches Diensteinkommen bei der Feststellung der Pensionsgebührnisse der in § 8 Abs. 2 bezeichneten Gattung von Offizieren maßgebend ist, dort erschöpfend geregelt, so bleibt für eine unmittelbare oder auch nur für eine entsprechende Anwendung des § 10 kein Raum. Eine solche würde auch nicht mit § 24 Abs. 1 Nr. 2 vereinbar sein, wonach bei vorübergehender Heranziehung zum aktiven Dienst in Stellen, mit welchen der Bezug von Gehalt verbunden ist, das Recht auf Gewährung der Pension in Höhe des zustehenden Diensteinkommens ruht, also beim Aufhören der Verwendung wieder auflebt (§ 25 Abs. 3). Hätte der Gesetzgeber gewollt, daß Offiziere in der Lage des Klägers an den Wohltaten des § 10 teilnehmen, so wäre eine Ausnahme von § 24 Nr. 2 dahin vorzusehen gewesen, daß im Falle der Beleihung des Offiziers mit einer Kriegsstelle, die höher ist als die von ihm vormals bekleidete Friedensstelle, das Recht auf die Pension erlöschen solle. Das Fehlen einer solchen Bestimmung, die inbezug auf wiederangestellte (reaktivierte) Offiziere in § 22 Nr. 1 ausdrücklich getroffen ist, beweist ebenfalls, daß eine Neufestsetzung der Pension im Kriege wiederverwendeter Offiziere nach Maßgabe des § 10 ausgeschlossen sein soll.

Damit erweist sich zugleich der erste Hilfsantrag des Klägers als hinfällig.

Dem zweiten Hilfsantrag steht entgegen, daß bei der oben festgestellten Tragweite des § 8 Abs. 2 auch die angebliche Dienstbeschädigung des Klägers die Anwendung des § 10 nicht zu rechtfertigen vermag. Der Umstand, daß in dieser Hinsicht die Offiziere des Beurlaubtenstandes und die ohne Pension ausgeschiedenen, vorübergehend wieder verwendeten Offiziere günstiger behandelt werden (§ 28), kann hieran nichts ändern, wie denn überhaupt dem klar erkennbaren Willen des Gesetzes gegenüber das Reichsgericht außerstande ist, den von der Revision geltend gemachten Billigkeitserwägungen Rechnung zu tragen. Im übrigen hat auch der Kläger den Nachweis der Dienstbeschädigung, der nur durch Vorlegung einer Entscheidung im Sinne des § 40 erbracht werden konnte, nicht geführt.“

---

32. 1. Kartelle. Kann das von einem Mitgliede des einen Verbandes einem Mitgliede des andern gemachte Vertragsangebot als stillschweigend angenommen auch dann gelten, wenn es mit einer

zwischen den Verbänden getroffenen Vereinbarung in Widerspruch steht?
2. Unterschied zwischen Vertragsangebot und Bestätigungsschreiben.

II. Zivilsenat. Urt. v. 28. Februar 1919 i. S. der Firma H. T. (Bekl.) w. H. K. & Co. (Kl.). Rep II. 343/19.

I. Landgericht Elberfeld, Kammer für Handelssachen.
II. Oberlandesgericht Düsseldorf.

Auf Grund des Bestellscheins der Beklagten vom 8. Januar 1916 hat die Klägerin der Beklagten die dort verzeichnete Einfaßborde geliefert. Der Bestellschein trägt am Fuße in formularmäßigem, zum Teil handschriftlich ausgefülltem Vordruck eine Reihe dem Gegner in den Mund gelegter Vertragsbedingungen, darunter die folgende:

„Ich verpflichte mich, für die nächsten 5 Jahre die von mir vertriebenen Artikel der Firma H. T. auf ihr Verlangen sogleich nach Fertigstellung der Kollektion zu bemustern und die Bestellung derselben innerhalb der meinen anderen Kunden bewilligten kürzesten Lieferungstermine und zu den meinen bevorzugten Abnehmern, insbesondere den Grossisten, berechneten billigsten Preisen und Konditionen auszuführen, und zwar unter den mir bekannten Geschäftsbedingungen der Firma H. T. Dagegen verpflichtet sich die Firma H. T., soweit dies ihre geschäftlichen Dispositionen zulassen, die Kollektionen obiger Firma zu besichtigen und einer Prüfung in dem ihr geeignet erscheinenden Umfange zu unterziehen.

Falls dieses Abkommen nicht 6 Monate vor Ablauf gekündigt wird, verlängert es sich um weitere 3 Jahre."

Die Klägerin ist Mitglied des Bergischen Fabrikanten-Verbandes in Barmen. Zwischen diesem und dem Verband Deutscher Waren- und Kaufhäuser in Berlin, dem die verklagte Firma angehört, ist eine Vereinbarung über einzuhaltende Verkaufsbedingungen getroffen worden, welche teilweise von den oben erwähnten Bedingungen der Firma H. T. abweichen. Die Klägerin bestreitet, daß sie durch Annahme und Ausführung obiger Bestellung die Bedingungen der Beklagten angenommen habe, und behauptet, daß vielmehr in ihrem Verhältnis zur Beklagten die Barmer Bedingungen maßgeblich seien. Die Beklagte steht auf dem entgegengesetzten Standpunkt. Sie hat das der Klägerin erklärt, was dieser Veranlassung gegeben hat, Feststellungsklage mit dem Antrage zu erheben: festzustellen, daß der in Verfolg der Bestellung der Beklagten vom 8. Januar 1916 zwischen den Parteien abgeschlossene Kaufvertrag über Einfaßborde nur auf der Grundlage der allgemeinen Verkaufsbedingungen des Bergischen Fabrikanten-Verbandes abgeschlossen ist, und daß die Geschäftsbedingungen der Beklagten, welche den die erwähnte Bestellung enthaltenden Auftragszetteln der Beklagten aufgedruckt sind, nicht zum Inhalt der Vereinbarung der Parteien gemacht worden sind.

Das Landgericht erkannte im wesentlichen im Sinne des Klagantrages. Die Berufung der Beklagten wurde vom Oberlandesgericht zurückgewiesen. Die Revision führte zur Aufhebung des Berufungsurteils und zur Zurückverweisung der Sache in die Instanz.

Gründe:

„Rechtlich nicht zu beanstanden ist die Feststellung des Vorderrichters, daß das im Jahre 1908 zwischen den beiden Verbänden verhandelte Abkommen, das nach der Behauptung der Klägerin mit den „allgemeinen Bedingungen" der Firma H. T. in unlöslichem Widerspruch stehen soll, tatsächlich zum Abschluß gediehen und rechtswirksam geworden ist. Was die Revision hiergegen einwendet, schlägt nicht durch. Es ist zwar bedenklich, wenn der Berufungsrichter ausspricht, daß die beiden Vorstände das Abkommen zugleich auch im Namen der einzelnen Verbandsmitglieder geschlossen hätten. Es sind zwei eingetragene Vereine, zwischen denen der Vertrag verhandelt worden ist. Gehandelt haben hierbei die beiderseitigen Vorstände im Namen ihres Vereins. Worauf es beruhen sollte, daß sie gleichzeitig als Vertreter der einzelnen Mitglieder auftreten konnten und aufgetreten wären, ist nicht ersichtlich. Aber es ist das tatsächlich ohne Bedeutung. Der Vorderrichter erkennt an, daß ein schuldrechtliches Verhältnis der einzelnen Mitglieder des einen Vereins zu denen des anderen nicht zustande gekommen ist. Daran kann kein Zweifel bestehen, daß, wofern nur der Vorstand im Rahmen seiner Befugnisse handelte, die einzelnen Mitglieder ihrem Verein gegenüber verpflichtet waren, sich nach dem Vereinbarten zu richten, und daher verlieren die in diesem Punkte entscheidenden Erwägungen des Vorderrichters, die einzelnen Mitglieder hätten nur unter Verletzung der durch das Abkommen begründeten Verbindlichkeit Abweichendes bedingen können und ein jedes Mitglied des einen Vereins habe darauf vertrauen dürfen, daß jedes Mitglied auch des anderen Vereins seine Verpflichtungen einhalten werde, nichts an ihrer Bedeutung.

Es kann auch keine Rede davon sein, daß das Abkommen aus dem Rahmen des dem einen oder dem anderen Verein gestellten Zweckes fiele und darum nichtig wäre. Die Satzung des Fabrikanten-Verbandes nennt in § 1 unter Nr. 2 geradezu Verträge der in Rede stehenden Art als Gegenstand seiner Aufgabe, und was den Warenhausverband angeht, der u. a. die Wahrnehmung der gemeinsamen Interessen, insbesondere der Waren- und Kaufhäuser den Konventionen gegenüber zum Zweck hat, so kann nicht in Zweifel gezogen werden, daß gerade Abkommen von der Art des vorliegenden der Gedanke eines mit vereinten Kräften durchzusetzenden Schutzes der gewerblichen Interessen aller Beteiligten zugrunde liegt. Es ist auch nicht richtig, daß der Verein, weil das im Rahmen seines satzungsmäßigen Zweckes liegt, nicht habe eingetragen werden dürfen. Mit dem wirtschaftlichen Geschäftsbetriebe der einzelnen Mitglieder stehen derartige Preiskonventionen mehr oder weniger in Verbindung und Beziehung. Aber das ist nicht das Entscheidende. Es kommt darauf an, ob der Verein es auf einen wirtschaftlichen Geschäftsbetrieb abgesehen hat, und das liegt hier nicht vor. Übrigens aber würde auch, wenn man die Satzung des Verbandes enger auslegen und annehmen wollte, daß das gegenwärtige Abkommen außerhalb des statutenmäßigen Zweckes des Verbandes fiel, damit der Vertrag selbst noch nicht hinfällig sein. Und schließlich käme es nicht einmal hierauf an. Für die Erwägungen, welche der Vorderrichter an dieses Abkommen anknüpft, würde es vollkommen ausreichen, daß beide Parteien an der Gültigkeit des Abkommens nicht gezweifelt haben, wie es auch ohne Bedeutung wäre, ob sie sich über die juristische Struktur des Verhältnisses gar keine oder unrichtige Gedanken gemacht haben.

Dagegen beanstandet die Revision mit Recht die für die weitere Begründung entscheidende Annahme des Vorderrichters, daß es sich bei den einander gegenübergestellten Vereinbarungen — dem Abkommen der Verbände und den Geschäftsbedingungen des Beklagten — um ein Ganzes handle, das bei der Prüfung, ob sie miteinander in Einklang zu bringen sind, nicht in die Einzelheiten aufgelöst werden dürfe. Der Vorderrichter führt aus, daß die Klägerin sich durch Annahme der T.schen Bedingungen von dem Abkommen ihres Verbandes losgesagt habe, und fährt fort, es treffe das auf die vorgedruckten Vertragsbestimmungen in ihrem ganzen Umfange zu, also einschließlich solcher Bestimmungen, die nicht dem Abkommen ausdrücklich widersprechen sondern neben diesem vereinbart werden könnten, wie die hier streitigen über die „Bemusterung“ und die „Meistbegünstigung“ „Denn“ — so lautet es — „sowohl der Vordruck der Beklagten als auch das Verbandsabkommen sollen nach ihrem Inhalte die Vertragsbestimmungen umfassend regeln, die Verbandsbestimmungen sollen ausschließlich gelten und keine Umgehung durch besondere Begünstigung zulassen.“ Das allerletzte mag richtig sein, ist aber für den vorliegenden Fall belanglos. Im übrigen steht das Gesagte mit den gegebenen Tatsachen im offenen Widerspruch. Weder von den T.schen Bedingungen noch von den Verbandsbestimmungen läßt sich sagen, daß sie die Vertragsbestimmungen umfassend regeln oder daß sie ausschließlich gelten sollen. Im Gegenteil sind es „allgemeine“ Bedingungen, die für jeden einzelnen Fall gelten sollen, mithin für jeden einzelnen Fall noch wesentlicher Ergänzung bedürfen. Dabei stehen, was namentlich die T.schen Bedingungen angeht, die einzelnen Bestimmungen unter einander in keinem inneren oder gar notwendigen Zusammenhang. Überhaupt ergibt sich bei näherem Zusehen, daß der von der Beklagten so lebhaft betonte Widerspruch zwischen den beiderseitigen Bedingungen, wenn auch nicht völlig verschwindet, so doch an Bedeutung verliert. Offenbar handelt es sich bei dem Fabrikanten-Verband nicht um ein eigentliches Preiskartell. Jedenfalls haben, nach den allgemeinen Bedingungen zu schließen, die Einzelnen in der Preisstellung ganz freie Hand. Nur für die Nebenbedingungen sind bestimmte Normen gesetzt, unverkennbar in der Tendenz, den vielfach üblich gewordenen Verschleierungen des wahren Preissatzes vorzubeugen. Daher hat es denn, wenn auch formell der Gegensatz besteht, sachlich wenig Bedeutung, wenn die Firma H. T. sich frachtfreie Zusendung usw. bedingt, während der Fabrikanten-Verband vorschreibt, daß die Preise frei Abgangsstation zu stellen sind. Der Widerspruch ließe sich durch eine geringfügige Änderung des Preises, worin die Parteien ja freie Hand haben, zum Ausgleich bringen. Und wenn T. sich neben dem Kassieskonto von 2 % ein Warenskonto von 3 % bedingt, während die Fabrikanten neben ersterem das Warenskonto nur in Höhe von 2 % zubilligen sollen, so fällt auf, daß in den T.schen Bedingungen die ausdrückliche Einschränkung gemacht wird: oder nach Konventionszahlungsbedingungen. Es läßt das sehr wohl die Deutung zu, als habe man gerade eine Sachlage wie die gegenwärtige im Auge gehabt und für sie den Vorbehalt gemacht, um den Konflikt zu vermeiden. Die Beklagte will freilich den Zusatz so verstehen, daß es in ihre Wahl gestellt sei, nach welchen Bedingungen sie sich richten wolle. Es kann hier und braucht darüber nicht entschieden zu werden. Selbst wenn in diesen Punkten ein gewisser Widerspruch bestehen bleibt, so berührt doch jedenfalls die hier streitige Verpflichtung zum Angebot der Ware nach Fertigstellung der Kollektion und zur Meistbegünstigung nicht im geringsten das, was man mit den Verbandsbedingungen hat erreichen wollen und erreicht hat.

Daher hätte von seinem Standpunkt aus der Vorderrichter sich der Prüfung der Frage nicht entschlagen dürfen, ob die Beklagte nicht wenigstens hinsichtlich derjenigen ihrer Bedingungen, die mit den Verbandsbedingungen vereinbar sind, aus dem Stillschweigen der Klägerin auf deren Zustimmung hätte schließen können und schließen müssen. Aber aus einem anderen Grund liegt es hier allerdings so, daß die Klägerin dem Schreiben vom 8. Januar 1916 gegenüber keine andere Wahl hatte, als die Bedingungen der Beklagten als Ganzes entweder anzunehmen oder abzulehnen. Hier tritt ein weiterer Rechtsirrtum in der Begründung des angefochtenen Urteils hervor. Der Vorderrichter führt aus, der unterlassene Widerspruch gegen den Inhalt des Vordrucks berechtige nach der Verkehrsübung dann nicht zu dem Schlusse auf die Zustimmung, wenn nach ausdrücklicher Abrede andere Vertragsbestimmungen gelten sollten: Stillschweigen gelte auch nach Handelsrecht nicht allgemein als Genehmigung. Unverkennbar tritt hier der Vorderrichter an die Prüfung der zu entscheidenden Frage mit den Rechtsgrundsätzen heran, welche Anwendung zu finden haben gegenüber Bestätigungen, Schlußscheinen, kurz Urkunden, wie sie im Anschluß an mündlichen Vertragschluß gewechselt werden, um den Inhalt des Vereinbarten objektiv festzulegen. Darum handelt es sich hier nicht. Die Parteien standen außer aller schuldrechtlichen Beziehung zueinander, als die Beklagte das Schreiben vom 8. Januar 1916 an die Klägerin richtete, und dieses Schreiben kennzeichnet sich als ein Vertragsangebot, das die Klägerin, wie gesagt, nur entweder annehmen oder ablehnen konnte so, wie es lautete. Und die Klägerin hat es angenommen. Nicht freilich durch ausdrückliche Erklärung, aber ebensowenig lediglich durch Stillschweigen. Die Offerte ging auf Lieferung der verzeichneten Ware unter den angegebenen Bedingungen und die Annahme erfolgte durch diese Lieferung (konkludente Handlung, vgl. auch § 151 BGB.). Der Vorderrichter unterstellt der Klägerin verschiedene Erwägungen, aus denen sie von einem Widerspruch gegen die ihr angesonnenen Bedingungen habe Abstand nehmen können, ohne befürchten zu müssen, als zustimmend angesehen zu werden. Das ist schon insofern gegenstandslos, als die Klägerin selbst nicht behauptet, daß sie sich bei ihrem Verhalten durch Erwägungen dieser Art habe leiten lassen, vielmehr darauf sich beruft, daß sie die formularmäßig vorgedruckten Bedingungen überhaupt nicht beachtet und daher mit ihrer Annahme eine Erklärung abgegeben habe, die sie in Wahrheit nicht habe abgeben wollen (§ 119 BGB). Anderseits kann hier, wo kein nach Abschluß des Vertrags gesandtes Bestätigungsschreiben in Frage steht, darauf nichts ankommen, daß es sich bei den streitigen Bedingungen um solche handelt, welche mit dem angebotenen Rechtsgeschäfte, dem Ankauf einer verhältnismäßig geringen Menge von Ware, in keinem inneren Zusammenhang und an Bedeutung und Tragweite außer Verhältnis zu ihm standen. Auch daraus läßt sich in diesem Zusammenhange für den Standpunkt der Klägerin nichts herleiten, daß es nicht nur zu diesem einen Fall gekommen ist, vielmehr eine ganze Anzahl regelmäßig wiederkehrender Fälle ganz gleicher oder annähernd gleicher Art vorausgegangen waren. Nur um so unverständlicher wird dadurch, daß man dem Schreiben der Gegenseite — abgesehen von der eigentlichen Warenbestellung — so beharrlich mit Nichtachtung begegnet sein sollte. Daran ist einfach nicht zu rütteln, daß die Klägerin durch ihr Verhalten die ihr angebotenen hier in Rede stehenden Bedingungen angenommen hat. Damit ist der Tatbestand des entsprechenden Vertragsschlusses gegeben. Ob damit der Vertrag auch mangelfrei zustande gekommen ist, oder ob nicht vielmehr die Klägerin ihn wegen Irrtums oder wegen arglistiger Täuschung anfechten kann, ob er wegen übermäßiger Fesselung der Klägerin als gegen die guten Sitten verstoßend nichtig ist, das sind Fragen, über die der Vorderrichter von seinem Standpunkt aus nicht zu entscheiden brauchte und nicht entschieden hat, die aber nicht entschieden werden können ohne weitere Verhandlung."

---

33. 1. Muß die Erbschaftsklage gegen sämtliche Miterben erhoben werden?

2. Wird die Vererblichkeit des Anwartschaftsrechts des Nacherben allgemein durch Einsetzung eines Ersatzerben ausgeschlossen?

ZPO. § 62; BGB. § 2108 Abs. 2.

IV. Zivilsenat. Urt. v. 3. März 1919 i. S. G. M. (Kl.) w. O. M. u. Gen. (Bekl.). Rep. IV. 422/18.

I. Landgericht III Berlin.
II. Kammergericht daselbst.

Der am 19. Januar 1907 verstorbene Rentier C. M. und seine am 26. Oktober 1916 verstorbene Ehefrau haben am 18. September 1902 ein gemeinschaftliches Testament errichtet, in welchem sie sich gegenseitig als Vorerben und ihre fünf Kinder zu gleichen Teilen als Nacherben auf den Überrest eingesetzt haben. Bezüglich der Kinder ist bestimmt, daß jedem von ihnen als Ersatzerben die ehelichen Deszendenten substituiert werden. Von den Kindern ist der älteste Sohn, der Ehemann der Klägerin, der diese in seinem Testamente vom 29. April 1904 als Alleinerbin eingesetzt hat, am 30. August 1911 ohne Hinterlassung von Nachkommen verstorben, während zwei Söhne, die ebenfalls in der Zwischenzeit vor dem Tode der Mutter verstorben sind, eheliche Nachkommen hinterlassen haben. Gegen die beiden noch am Leben befindlichen anderen Söhne hat die Klägerin Klage auf Feststellung ihres Erbrechts zu $^1/_5$ an dem Nachlaß des C. M., auf Auskunftserteilung und Vorlegung eines Nachlaßverzeichnisses erhoben. Die Beklagten bestreiten jedes Erbrecht der Klägerin, weil nach dem aus dem Testament ersichtlichen Willen des Erblassers das Nacherbenrecht des nach dem Erbfall und vor dem Nacherbfalle verstorbenen Erben sich nicht vererben, an seine Stelle vielmehr nur die eheliche Deszendenz treten solle.

In den beiden Vorinstanzen wurde die Klage abgewiesen. Die Revision blieb ohne Erfolg.

Aus den Gründen:

... „Zutreffend hat das Berufungsgericht den Einwand der Beklagten, daß sie nicht allein sondern nur in Gemeinschaft mit den anderen Miterben (den ehelichen Nachkommen der bereits verstorbenen beiden Brüder) verklagt werden könnten, für unbegründet erklärt. Es besteht keine Notwendigkeit, daß über den Erbschaftsanspruch des Miterben gegenüber sämtlichen Miterben eine einheitliche Entscheidung ergehen müßte. Fällt die Entscheidung gegenüber den einzelnen Miterben verschieden aus, so hat das zwar gewisse Schwierigkeiten zur Folge, indem der Erbteil des Klägers im Verhältnis zu den einzelnen Miterben verschieden berechnet werden muß. Diese Schwierigkeiten sind aber keineswegs unlösbar und berechtigen nicht, eine notwendige Streitgenossenschaft zwischen den Miterben anzunehmen. Der als Miterbe auftretende Kläger ist nach der ständigen Rechtsprechung des Reichsgerichts nicht gehindert, sein Erbrecht gegen einzelne Miterben zu verfolgen. In dieser Richtung sind denn auch Revisionsangriffe nicht erhoben.

Angegriffen wird dagegen die sachliche Entscheidung, die sich darauf stützt, daß das Nacherbenrecht (die Erbanwartschaft) des zwischen dem Erbfall und dem Nacherbfalle verstorbenen Ehemanns der Klägerin nach § 2108 Abs. 2 BGB. auf die Erben des Ehemanns nicht übergegangen sei, weil ein anderer Wille des Erblassers anzunehmen sei. In erster Linie vertritt das Berufungsgericht den Rechtsstandpunkt, daß ein solcher Wille in der von dem Erblasser angeordneten Ersatzberufung zu finden sei. Es schließt sich hierbei an die in dem Kommentare von RGR. (Anm. 2 zu § 2108) und in dem von Staudinger (Anm. 2a das.) geäußerte Ansicht an, daß die Vererblichkeit regelmäßig nicht gewollt sei, wenn der Erblasser für den Nacherben einen Ersatzerben ernannt habe.

Über die Ersatzberufung trifft § 2096 die Vorschrift: „Der Erblasser kann für den Fall, daß ein Erbe vor oder nach dem Eintritte des Erbfalls wegfällt, einen anderen als Erben einsetzen (Ersatzerbe)". In diesem der gesetzlichen Begriffsbestimmung entsprechenden Sinne ist daher, falls nicht ein anderer Wille des Erblassers erhellt, die von diesem angeordnete Ersatzberufung zu verstehen. Der Ersatzerbe ist nur für den Fall berufen, daß der erstberufene Erbe vor oder nach dem Eintritte des Erbfalls wegfällt. Unter Wegfall nach Eintritt des Erbfalls ist aber nach der gleichmäßigen Ausdrucksweise des Bürgerlichen Gesetzbuchs, worüber in der Rechtslehre kein Streit ist, immer nur der Fall zu verstehen, daß der Verlust des Erbrechts auf den Zeitpunkt des Erbfalls zurückbezogen wird, wie dies der Fall ist bei der Ausschlagung der Erbschaft (§ 1953 Abs. 1 und 2), bei der Erbunwürdigkeitserklärung (§ 2344), bei dem Tode des Erben vor Eintritt der (mit der Wirkung der Unvererblichkeit des Erbrechts gesetzten) Bedingung (§ 2074), und bei der Nichtigkeit der Erbeinsetzung infolge späterer Anfechtung wegen Willensmängel oder Nichterteilung der nach Art. 86, 87 EG. erforderlichen staatlichen Genehmigung. In allen diesen Fällen wird es so angesehen, als wenn der Erbanfall an den berufenen

Erben überhaupt nicht erfolgt, dieser vielmehr bereits vor dem Erbfalle gestorben wäre (vgl. § 1972 des I. Entwurfs des BGB.). In dem gleichen Sinne ist von Wegfall des Erben auch in den sonstigen Vorschriften des Bürgerlichen Gesetzbuchs, wie §§ 2069 (stillschweigende Ersatzberufung), 2094 (Anwachsungsrecht), 2110 Abs. 1 usw. die Rede.

Die Anwendung dieser für die Ersatzberufung geltenden Grundsätze auf den Ersatznacherben ergibt folgerichtig, daß für den Eintritt des Ersatzerben kein Raum ist, wenn der Nacherbe in der Zwischenzeit zwischen dem Erbfall und dem Nacherbfalle verstorben ist. Denn in diesem Falle hat der Nacherbe die Erbanwartschaft, die ein mangels eines anderen Willens des Erblassers vererbliches und übertragbares Recht begründet, endgültig erworben, nicht bloß vorläufig in dem Sinne, daß die von ihm erworbene Rechtsstellung durch sein späteres Ableben vor dem Nacherbfalle mit rückwirkender Kraft wieder verloren gehen könnte. Die Regel des § 2108 Abs. 2 über die Vererblichkeit wird deshalb, wie mit Planck (Anm. 3 zu § 2108), Strohal (Das Deutsche Erbrecht § 27 Anm. 21) und Leonhard (Anm. III D zu § 2108) anzunehmen ist, nicht ohne weiteres dadurch ausgeschlossen, daß ein Ersatznacherbe bestimmt ist. Es bleibt vielmehr im einzelnen Falle nach dem sonstigen Inhalte der Verfügung von Todes wegen oder auf Grund besonderer Umstände außerhalb dieser Verfügung zu prüfen, ob der Erblasser durch Anordnung der Ersatzberufung hat zum Ausdrucke bringen wollen, daß die Erbanwartschaft nicht auf die Erben, sondern allein auf den Ersatzerben übergehen soll, ohne daß das Vorhandensein eines solchen Willens als das Regelmäßige hingestellt werden darf.“... (Folgt die Darlegung, daß sich die Unvererblichkeit aus den weiteren Bestimmungen des Testamentes ergibt.)

---

34. 1. Kann das Gericht auf Grund des beiderseitigen Vorbringens der Parteien ihre Nichteinigung feststellen, ohne selbst zu den einander widerstreitenden Behauptungen Stellung zu nehmen?
2. Zur Auslegung der Vertragsbestimmung: „der Verkäufer liefert nur, wenn ihm diese Ware selbst geliefert wird.“

II. Zivilsenat. Urt. v. 4. März 1919 i. S. Sch. & G. (Kl.) w. Norddeutsche Nährmittelwerke G. m. b. H. (Bekl.). Rep. II. 257/18.

I. Landgericht Hamburg, Kammer für Handelssachen.
II. Oberlandesgericht daselbst.

Die Beklagte hatte dem Kaufmann H. 5000 Kilo weiße, durchsichtige Speiseblatt-Gelatine zum Preise von 21 ℳ netto einschließlich

Verpackung angestellt. Da dieser das Geschäft nicht selbst machen, sondern nur als Vermittler tätig sein wollte, gab er das Gebot dem Kaufmanne R., welcher als Vertrauensmann der Klägerin für diese Einkäufe besorgte, weiter. Nach Beendigung der Verhandlungen übersandte die Beklagte der Klägerin (oder R.) das Bestätigungsschreiben vom 16. Juni 1917, in welchem sich folgende hier in Betracht kommenden Bestimmungen finden: „franko Waggon bezw. Lager Hamburg" und „die Verkäufer liefern nur, wenn ihnen diese Ware selbst geliefert wird".

R. beanstandete sofort durch Fernsprecher die Aufnahme dieser Bestimmungen. Er habe ab Lager Hamburg gekauft, werde sich aber zufrieden geben, wenn die Ware auf Hamburg rolle. Die Beklagte erkundigte sich bei ihrem Lieferanten und teilte darauf der Klägerin (oder R.) mit, daß die Ware auf Hamburg rolle. Die Klägerin ersuchte dann noch am selben Tage die Beklagte um Übersendung eines berichtigten Schlußscheins. Die Beklagte antwortete umgehend, daß sich die Klägerin ja zufrieden gegeben habe, nachdem sie, die Beklagte, ihr mitgeteilt habe, daß die Ware auf Hamburg rolle. Die Klägerin erwiderte am 18. Juni, daß sie sich keineswegs zufrieden gegeben habe. Sie müsse auf Lieferung ab Hamburg bestehen und bitte um Zusendung des richtiggestellten Schlußscheins.

Die Beklagte hat sodann der Klägerin die 5000 Kilo in Hamburg angedient. Letztere hat die Annahme und Zahlung geweigert. Auf ein Schreiben der Beklagten vom 20. Juni 1917, worin diese ihr zur Zahlung eine Nachfrist bis zum 21. Juni 10 Uhr bestimmte, antwortete die Klägerin am folgenden Tage, daß sie den Empfang der Ware ablehne, weil sie unvertraglich und zwar statt Speiseblattgelatine Gelatinepapier sei. Gleichzeitig verlangte sie die Lieferung vertraglicher Ware bis zum 28. Juni. Die Beklagte erhob umgehend Einspruch gegen die Bemängelung und bemerkte, daß sie sich gegenüber der Nachfristsetzung auf die Vertragsbestimmung, daß die Verkäufer nur lieferten, wenn ihnen diese Ware selbst geliefert werde, berufe.

Die Klägerin hat nunmehr Klage auf Verurteilung zum Schadensersatz wegen Nichterfüllung erhoben. Die angediente Ware sei unvertraglich gewesen. Auf die Bestimmung: „die Verkäufer liefern nur, wenn ihnen diese Ware selbst geliefert wird", könne sich die Beklagte nicht berufen, da sie am Fernsprecher dem R. auf dessen Einspruch erklärt habe, die Ware rolle auf Hamburg; damit sei der Vorbehalt erledigt.

Die Beklagte hat um Abweisung der Klage gebeten. Sie habe keineswegs auf die Geltendmachung der streitigen Vertragsbestimmung verzichtet. Im Gegenteil, sie habe ausdrücklich erklärt, daß die Bestimmung beibehalten werden müsse, weil sie gleichfalls in ihrem eigenen Vertrage mit ihren Lieferanten vorgesehen worden sei. Die

Klägerin oder R. habe, nachdem ihr der Bescheid geworden sei, daß die Ware auf Hamburg rolle, erklärt, dann sei der Schlußschein in Ordnung. Übrigens sei die Bemängelung der angedienten Ware unbegründet.

Das Landgericht hat nach Vernehmung der Zeugen H., R. und einer Angestellten der Beklagten die Klage abgewiesen, weil mangels Einigung der Parteien über die mehrerwähnte Bestimmung ein Vertrag überhaupt nicht zustande gekommen sei. Das Oberlandesgericht hat die Berufung aus dem nämlichen Grunde zurückgewiesen. Auf die Revision der Klägerin wurde dieses Urteil aufgehoben und die Sache an das Berufungsgericht zurückverwiesen.

Gründe:

„Das Berufungsgericht hat eine Einigung der Parteien zum Vertragsschluß aus folgenden Erwägungen verneint. Der Klägerin (oder ihrem Bevollmächtigten R.) sei Lokoware angestellt worden. Demgegenüber habe die Beklagte — ihrer dem Zeugen H. erteilten Anweisung entsprechend — einen Abschluß mit der Bestimmung: „die Verkäufer liefern nur, wenn ihnen diese Ware selbst geliefert wird" bestätigt. Die Klägerin habe sofort Einspruch erhoben. Es sei aber weder durch die Ferngespräche noch durch den Briefwechsel Einigung erzielt worden. Auch die Andienung der Ware seitens der Beklagten zeuge nicht für das Zustandekommen eines wirksamen Vertrags.

Die Revision rügt Verletzung der §§ 133, 157, 242 BGB., § 286 ZPO. Die streitige Vertragsbestimmung habe sich nur auf Lieferung der Ware überhaupt, nicht aber auf die Lieferung vertraglicher Ware bezogen. Die Meinungsverschiedenheit der Parteien habe daher auch nur die Frage betroffen, ob ab Hamburg geliefert werde oder ob doch wenigstens die Ware auf Hamburg rolle. Nachdem dieser Punkt zur Zufriedenheit der Klägerin erledigt sei, habe man auf die streitige Bestimmung keinen Wert mehr gelegt. So habe denn auch die Beklagte ihre Ware angedient und die Klägerin nur wegen ihrer vertragswidrigen Beschaffenheit Verwahrung eingelegt.

Die Rüge der Revision muß als berechtigt anerkannt werden. Zutreffend geht das Berufungsgericht davon aus, daß durch die zwischen H. und R. gepflogenen Verhandlungen ein gültiger Kaufvertrag zwischen den Parteien nicht zustande gekommen sei. H. hatte offenbar auftragswidrig die Speiseblatt-Gelatine ab Lager Hamburg und ohne die besondere Bestimmung: „die Verkäufer liefern nur, wenn ihnen diese Ware selbst geliefert wird" angestellt. Da er keine Abschlußvollmacht besaß, brauchte die Beklagte die von ihm getroffenen Abmachungen nicht anzuerkennen.

Dagegen beruht die Feststellung des Berufungsgerichts, daß auch fernerhin, insbesondere durch Ferngespräch vom 16. Juni 1917 eine Einigung der Parteien nicht erzielt worden sei, auf unzureichender

Würdigung des vorgetragenen oder ermittelten Sachverhalts. Um feststellen zu können, daß keine Einigung der Parteien über die Geltung der streitigen Vertragsbestimmung: „die Verkäufer liefern nur, wenn ihnen diese Ware selbst geliefert wird“ zustande gekommen sei, hätte das Berufungsgericht zu den beiderseitigen Parteivorträgen und dem Ergebnis der Beweisaufnahme selbst Stellung nehmen müssen. Es kann nicht darauf ankommen, ob aus der Gegenüberstellung der Parteibehauptungen eine Einigung der Parteien nicht herzuleiten ist, sondern ob die Besprechungen der Parteien, wie sie vom Berufungsgerichte nach dem Ergebnis der Verhandlung und Beweisaufnahme zu werten waren, eine Einigung ausgeschlossen haben. Eine solche Stellungnahme war um so nötiger, als auch die Beklagte bis zum Erlasse des landgerichtlichen Urteils nicht auf den Gedanken verfallen war, daß ein gültiger Vertrag überhaupt nicht zustande gekommen sei, vielmehr jedenfalls äußerlich die entgegengesetzte Anschauung dadurch kundgegeben hatte, daß sie auf den Vertrag die Ware andiente.

Die Erörterungen des Berufungsgerichts sind aber auch deshalb lückenhaft, weil sie die Bedeutung der umstrittenen Vertragsbestimmung selbst gänzlich außer Betracht lassen. Nur dann aber, wenn über Sinn und Zweck der Bestimmung Klarheit herrscht, ist eine sachgemäße Würdigung der Parteiverhandlungen, welche doch gerade sie betrafen, möglich. Das Berufungsgericht unterstellt offenbar als selbstverständlich, daß durch die mehrerwähnte Bestimmung die Verkäuferin schon dann frei wurde, wenn sie ihrerseits unvertragliche Ware geliefert erhalten hatte. Eine solche Auslegung versteht sich aber keineswegs von selbst. Es mag dahingestellt bleiben, ob ein dahin gehendes Verständnis der Bestimmung auch nur dem Sprachgebrauch oder kaufmännischen Empfinden am nächsten liegt. Jedenfalls läßt dieselbe mindestens drei verschiedene Auslegungsmöglichkeiten zu. Es kann die Bestimmung einmal in dem von der Beklagten vertretenen Sinne gemeint sein, daß die Verkäuferin nicht nur haftungsfrei sein sollte, wenn ihr eigener Verkäufer nicht lieferte, sondern auch schon dann, wenn er unvertragliche Ware lieferte. In zweiter Linie konnte lediglich die Befreiung der Verkäuferin für den Fall beabsichtigt sein, daß diese von ihrem Lieferanten völlig im Stiche gelassen wurde. Endlich erscheint aber noch eine dritte Deutung denkbar. Es mochte der Verkäuferin freistehen, ihrerseits die Lieferung abzulehnen, wenn ihr selbst auch nur unvertraglich geliefert wurde. Wenn sie sich aber einmal entschlossen hatte, die ihr gelieferte Ware als vertraglich weiter anzudienen, so kann möglicherweise mit solcher Andienung der Befreiungsfall fortgefallen und diese Tatsache stillschweigend anerkannt sein.

Welche der drei Auslegungsmöglichkeiten zutrifft, wird das Berufungsgericht erforderlichenfalls mit Hilfe von Sachverständigen zu ermitteln haben. Seine fernere Aufgabe wird es dann — wie bereits oben dargelegt — sein, an der Hand des Beweisergebnisses das Parteivorbringen behufs Feststellung, ob eine Einigung zustande gekommen ist, zu würdigen."

---

35. 1. Zur Anwendung der §§ 149 flg. des Reichsbeamtengesetzes. 2. Darlegungs- und Beweispflicht bezüglich des ursächlichen Zusammenhanges bei Schadensersatzansprüchen.

III. Zivilsenat. Urt. v. 4. März 1919 i. S. M. (Kl.) w. Deutsches Reich (Bekl.). Rep. III. 338/18.

I. Landgericht Danzig.
II. Oberlandesgericht Marienwerder.

Der Kläger, der als Postverwalter im Dienste des beklagten Deutschen Reichs vom 1. Dezember 1902 bis zum 30. September 1905 eine Dienstwohnung in A., Kreis M., inne hatte, machte mit der Klage geltend, daß diese Wohnung, weil falsch und zu schnell gebaut, auch zu früh bezogen, feucht und kalt gewesen sei, und daß infolge dieser vom Beklagten zu vertretenden Mängel er selbst einen Gelenkrheumatismus und ein Herzleiden sich zugezogen habe, während seine Frau — die im Laufe des Rechtsstreites gestorben ist — lungenleidend geworden sei. Er verlangte die Erstattung von Aufwendungen in der Höhe von 7412 ℳ nebst Prozeßzinsen und die Feststellung der Ersatzpflicht des Beklagten für den weiteren Schaden. Die Klage wurde abgewiesen, die Berufung des Klägers zurückgewiesen. Auf die Revision des Klägers wurde das Berufungsurteil aufgehoben und die Sache an das Berufungsgericht zurückverwiesen.

Gründe:

„Das Berufungsgericht läßt dahingestellt, ob der Kläger nach §§ 149 flg. RBG. innerhalb sechs Monaten vor der Erhebung der Klage die Entscheidung der obersten Reichsbehörde nachgesucht habe, indem es davon ausgeht, daß jene Vorschriften auf Diensteinkünfte zu beschränken seien. Diese Auffassung ist nicht zu billigen. Wie der erkennende Senat wiederholt ausgesprochen hat, finden die Vorschriften auf alle Ansprüche aus dem Dienstverhältnis, also auch auf Schadensersatzansprüche Anwendung, die, wie im vorliegenden Falle, aus einem dem § 618 BGB. entsprechenden Grundsatze abgeleitet werden. Es kann in diesem Punkte auf RGZ. Bd. 92 S. 178 (vgl. auch ebenda S 308) verwiesen werden. Der unrichtige Ausgangspunkt des Berufungsgerichts ist aber für die Entscheidung belanglos. Nach den in der Revisionsinstanz vorgelegten Schriftstücken hat das Reichspostamt auf die Eingaben des Klägers in einem Bescheide vom 8. Dezember 1912 ausdrücklich abgelehnt anzuerkennen, daß die Krankheiten des Klägers und seiner Frau auf Mängel der fraglichen Dienstwohnung zurückzuführen seien. Die Klage ist im April 1913, also innerhalb der gesetzlichen Frist erhoben. Der Rechtsweg ist demnach zulässig.

In der Sache selbst stellt das Berufungsgericht fest, daß die Dienstwohnung kalt, nicht gehörig heizbar, feucht und infolgedessen gesundheitsschädlich gewesen sei, und nimmt auch an, daß diese Mängel wenigstens teilweise auf Umstände zurückzuführen seien, die der Beklagte vertreten müsse, billigt aber gleichwohl die Abweisung der Klage, weil ein ursächlicher Zusammenhang zwischen den Krankheiten des Klägers und seiner Frau und jenen Mängeln nicht angenommen werden könne. Daß es sich bezüglich der letzteren Frage auf § 287 ZPO. beruft, ist nicht zu beanstanden. Nach § 286 ZPO. ist nur zu würdigen, ob ein die Schadensersatzpflicht an sich begründendes Ereignis, ein vom Beklagten zu vertretendes Verschulden vorliegt. Die Begründung des Berufungsurteils kann auch insoweit nicht nachgeprüft werden, als sie sich auf tatsächlichem Gebiete bewegt. Sie ist aber, auch im Rahmen des § 287, rechtlich nicht haltbar, weil sie erkennen läßt, daß das Berufungsgericht die Darlegungs- und Beweispflicht des Klägers bezüglich des ursächlichen Zusammenhangs überspannt hat. Wenn, wie nach den Feststellungen des Berufungsgerichts hier der Fall ist, Mängel vorlagen, die nach dem natürlichen Verlaufe der Dinge geeignet sind, Krankheiten der fraglichen Art hervorzurufen oder in ihrer Entwickelung zu fördern, dann bedarf es, wenn der ursächliche Zusammenhang verneint werden soll, der Feststellung besonderer durch den Ersatzpflichtigen nachzuweisender Umstände, die nicht nur selbst Krankheitsursache sein können, sondern auch jene Mängel als Ursache oder Mitursache ausschließen. Mit diesem Grundsatze stehen jedenfalls die Ausführungen über die Krankheit der Frau des Klägers nicht im Einklange. Selbst der Sachverständige H., dem das Berufungsgericht im wesentlichen folgt, hat sich dahin ausgesprochen, daß der dauernde Aufenthalt in der feuchten und kalten Wohnung als mitwirkende Ursache für das Leiden der Frau angesehen werden könne. Wenn nun auch das Berufungsgericht an das Gutachten des Sachverständigen nicht gebunden war, so beruht es doch ersichtlich auf einer Verkennung des erwähnten Grundsatzes, wenn das Berufungsgericht auf die bloße Erwägung anderer Möglichkeiten hin sich mit der Feststellung begnügt, es habe nicht die Überzeugung erlangt, daß das Lungenleiden der Frau auch auf den mangelhaften Zustand der Dienstwohnung zurückzuführen sei. Ist aber das Berufungsgericht bei dieser Frage nicht von dem richtigen Grundsatz ausgegangen, dann muß damit gerechnet werden, daß seine unrichtige Auffassung auch die Würdigung des ursächlichen Zusammenhanges bezüglich der Erkrankung des Klägers beeinflußt hat. Die Revision weist zutreffend darauf hin, daß nach dem gewöhnlichen Laufe der Dinge jeder Kranke, der in einer solchen Wohnung lebe, einer Verschlimmerung seines Leidens ausgesetzt sei, und daß der Sachverständige H., der die Ursächlichkeit sowohl für die Entstehung als für eine Verschlimmerung der Leiden des Klägers verneint, für die Verneinung im letzteren Punkte keine besonderen Gründe angibt. In keinem Falle darf eine ungünstige Einwirkung nur mit der Begründung abgelehnt werden, daß dafür kein Anhaltspunkt vorhanden sei, und auch andere Umstände die ungünstige Entwickelung des Gesundheitszustandes erklären könnten, und noch weniger kann entscheiden, ob der Kläger selbst früher an einen Zusammenhang seiner Leiden mit den Mängeln der Dienstwohnung gedacht hat oder nicht. Das Berufungsurteil muß daher aufgehoben werden." ...

---

36. Zur Übergabe- und Übereignungspflicht des Verkäufers, insbesondere bei Verkäufen unter Vorbehalt des Eigentums. Ist nach erfolgter Übergabe der Anspruch auf Übereignung selbständig abtretbar? Kann der neue Gläubiger das Eigentum unmittelbar von dem Verkäufer erwerben?

BGB. §§ 433, 455, 933, 185.

VII. Zivilsenat. Urt. v. 4. März 1919 i. S. G. (Kl.) w. K. (Bekl.). Rep. VII. 396/18.

I. Landgericht III Berlin.
II. Kammergericht daselbst.

Der Tiefbauunternehmer W. kaufte im Jahre 1912 von der Aktiengesellschaft O. & K. einen Dampfbagger. Er versprach, den Kaufpreis in Raten zu tilgen, und erhielt den Bagger übergeben, O. & K. behielten sich jedoch das Eigentum bis zur vollständigen Tilgung des Kaufpreises vor. Noch bevor diese Tilgung geschehen war, verkaufte am 13. Dezember 1912 W. den „ihm gehörigen Bagger" durch notariellen Vertrag an den Beklagten. Eine Übergabe erfolgte nicht, dagegen wurde der Bagger vom Beklagten an W. vermietet. Am 13. Oktober 1913 schloß W. mit dem Kläger einen Vertrag, in dem sich zunächst der Kläger verpflichtete, die noch auf 3711 ℳ bezifferte Restschuld für den Bagger an O. & K. abzutragen und dem W. 289 ℳ bar darzuleihen, sodann W. anerkannte, dem Kläger weitere 7000 ℳ zu verschulden, und in dem endlich gesagt war: „Zur Sicherheit tritt Herr W. an Herrn G. (Kläger) den Anspruch ab, den er an die Firma O. & K. auf Übertragung des Eigentums an dem Bagger gegen

Zahlung der Restkaufsumme hat. Hiernach sind die Parteien darüber einig, daß der Bagger mit dieser Zahlung Eigentum des Herrn G. wird; und zwar soll er dies so lange bleiben, bis nicht nur die hier erwähnten 4000 *M*, sondern auch die 7000 *M* aus dem Vertrage vom 15. Februar 1913 nebst den Zinsen an Herrn G. zurückgezahlt sind. Herr G. überläßt Herrn W. den Bagger bis auf weiteres zur leihweisen Benutzung."

Der Kläger hat, wie er behauptet, im Februar und März 1914 das Restkaufgeld an O. & K. gezahlt, er ist später auch in den Besitz des Baggers gelangt. Die Parteien streiten über das Eigentum an dem Bagger. Auf Grund eines von ihnen geschlossenen Vergleichs befindet sich der Kläger im Besitze des Baggers, er hat aber zur Sicherheit des Beklagten 6000 *M* in Kriegsanleihe bei dem Geheimen Justizrat Dr. H. hinterlegen müssen. Mit der Klage bittet der Kläger, sein Eigentum an dem Bagger festzustellen und den Beklagten zu verurteilen, in die Aushändigung der Kriegsanleihe zu willigen.

Während das Landgericht der Klage stattgab, wies das Kammergericht sie ab und verurteilte den Kläger auf erhobene Widerklage, den Bagger an den Beklagten herauszugeben. Auf die Revision des Klägers wurde das Berufungsurteil aufgehoben und die Sache in die Berufungsinstanz zurückverwiesen.

Gründe:

„Das Kammergericht verkennt den Inhalt und die Bedeutung des von W. mit dem Kläger geschlossenen Vertrags. Den Gegenstand des Vertrags bildet nicht sowohl der Bagger als der Anspruch auf Verschaffung des Eigentums an dem Bagger. Zu Unrecht bezweifelt das Kammergericht, daß W. noch einen solchen Anspruch gegen O. & K. hatte. Seine Meinung, daß O. & K. durch die Übergabe des Baggers an W. ihre sämtlichen Verpflichtungen aus dem Kaufvertrag erfüllt hatten, ist rechtsirrig. In § 433 BGB. werden dem Verkäufer die Pflichten, dem Käufer die Sache zu übergeben und ihm das Eigentum daran zu verschaffen, zwar nebeneinander, aber getrennt voneinander auferlegt (vgl. RGZ. Bd. 85 S. 322). Der Verkäufer, der dem Käufer die Sache zwar übergeben, aber noch nicht übereignet hat, ist also mit einem Teile der ihm obliegenden Gesamtleistung noch im Rückstande.

So liegt die Sache auch, wenn der Verkäufer sich bei der Übergabe das Eigentum an der Sache bis zur Zahlung des Kaufpreises vorbehalten hat. Im Zweifel ist dann das Eigentum unter der aufschiebenden Bedingung der vollständigen Bezahlung des Kaufpreises übertragen, § 455 BGB. Die restliche Erfüllung von seiten des Verkäufers ist damit vertragsmäßig auf einen späteren Zeitpunkt hinausgeschoben. Die Übergabe der Sache unter Eigentumsvorbehalt soll den Kaufvertrag nicht schon in der Gegenwart, sondern erst in der Zukunft erfüllen, sie gewährt dem Käufer nicht die volle rechtliche Herrschaft über die Sache, sie macht ihn nicht zum Eigenbesitzer, sondern nur zum Verwahrer und Verwalter, und das selbst dann, wenn ihm die Sache nur auf Grund des Kaufvertrags übergeben wird (vgl. RGZ. Bd. 64 S. 334). Der Verkäufer bleibt dementsprechend nach der Übergabe unter Eigentumsvorbehalt noch verpflichtet, dem Käufer das Eigentum an der Sache zu verschaffen und ihn dadurch auch zum Eigenbesitzer zu machen. Der Wille des Verkäufers, das Eigentum an der Sache auf den Käufer zu übertragen, muß also noch in dem Augenblicke vorhanden sein, wenn der letzte Kaufgelderrest bezahlt wird und damit die Bedingung eintritt (vgl. RGZ. Bd. 64 S. 204, Bd. 66 S. 345; Urt. des Reichsgerichts vom 11. Januar 1907, II 313/06). Dieser Pflicht des Verkäufers entspricht das Recht des Käufers. Deshalb konnte W am 13. Oktober 1913 seinen ihm gegen O. & K. noch zustehenden Anspruch auf Übertragung des Eigentums an dem Bagger an den Kläger abtreten. Wenn in dem Vertrage vom 13. Oktober 1913 die Bemerkung angefügt wird, daß die Beteiligten darüber einig seien, mit der Bezahlung der Restkaufsumme werde der Bagger Eigentum des Klägers, so bedeutet das nicht eine aufschiebend bedingte Übertragung des Eigentums an dem Bagger von W. auf den Kläger, es wird damit vielmehr nur die mit der Abtretung gewollte Rechtsfolge noch einmal klar ausgesprochen. Durch die Zahlung der Restkaufsumme sollte der Kläger das Eigentum an dem Bagger unmittelbar von O. & K. erlangen, und W. erklärte, daß er dieses Ergebnis seiner Abtretung anerkenne. Der am 13. Oktober 1913 endlich noch vereinbarte Leihvertrag sollte nicht einen Ersatz der Übergabe nach § 930 BGB. bilden, sondern das Recht des W. zum Besitz des Baggers auch für die Zeit sicherstellen, während welcher er dem Kläger gehören würde. Ohne den Leihvertrag hätte Kläger nach Erlangung des Eigentums die Herausgabe des Baggers von W. fordern können. Ein Übergabeersatz war nicht notwendig, da W. ja selbst Eigentum nicht übertragen wollte.

So betrachtet stehen die Verträge vom 13. Dezember 1912 und 13. Oktober 1913 nicht in dem Verhältnis nebeneinander, wie es das Kammergericht angenommen hat. Nur der Vertrag vom 13. Dezember 1912 enthielt die Verfügung eines Nichtberechtigten über den Bagger. Sie konnte wirksam werden, wenn der Bagger von W., ohne daß dieser selbst inzwischen das Eigentum daran erworben zu haben brauchte, dem Beklagten körperlich übergeben wurde (§ 933 BGB.) und außerdem dann, wenn W. das Eigentum an dem Bagger erlangte (§ 185 BGB.). Die Voraussetzungen des § 933 sind unstreitig nicht gegeben; der Möglichkeit, selbst Eigentümer des Baggers zu werden, wollte sich W. durch den Vertrag vom 13. Oktober 1913 entäußern. Durch den Abschluß dieses Vertrags handelte er, wie der Revisionsbeklagte zutreffend hervorhebt, seiner im Vertrage vom 13. Dezember 1912 übernommenen Pflicht zuwider; dieser Umstand vermag aber die dingliche Wirkung der am 13. Oktober 1913 erklärten Abtretung nicht zu beeinträchtigen.

Wenn der Vertrag vom 13. Oktober 1913 also — was der Beklagte bestreitet und was noch zu prüfen sein wird — ernstlich gemeint war, dann erlangte der Kläger den Anspruch, daß O. & K. bei Empfang des Restkaufgeldes das Eigentum an dem Bagger ihm übertrugen. Dazu gehörte, daß O. & K. in dem entscheidenden Zeitpunkte den entsprechenden Willen hatten. Der Kläger behauptet, daß das der Fall gewesen sei, weil er alsbald nach Abschluß des Vertrags O. & K. von der geschehenen Abtretung benachrichtigt habe. Trifft auch das zu — was ebenfalls noch zu prüfen sein wird —, dann hat der Kläger das Eigentum an dem Bagger erworben, nicht W., und nicht von W. gemäß § 185 der Beklagte."

---

37. 1. Zur Frage der Zulässigkeit einer Feststellungsklage.
2. Bestimmt sich ein am 1. Januar 1900 bestehendes Pachtverhältnis, das auf bestimmte Zeit mit dem Rechte des Pächters, die Verlängerung zu fordern, vereinbart ist, von der Verlängerung ab nach dem früheren Rechte oder nach den Vorschriften des Bürgerlichen Gesetzbuchs?
3. Hat § 567 BGB. rückwirkende Kraft?
4. Zur Anwendung des Art. 172 EG. z. BGB.
5. Ist nach dem gemeinen Lehnrecht ein Lehnsfolger verpflichtet, einen von einem Lehnsvorgänger geschlossenen Pachtvertrag über das Lehngut auszuhalten?

ZPO. § 256; EG. z. BGB. Art. 171, 172; BGB. § 567.

III. Zivilsenat. Urt. v. 4. März 1919 i. S. v. H. u. Gen. (Bekl.) w. Stadtgemeinde Frankfurt a. M. (Kl.). Rep. III. 334/18.

I. Landgericht Frankfurt a. M.
II. Oberlandesgericht daselbst.

Durch Vertrag vom 29. Juni/28. Juli 1893 pachtete die klagende Stadtgemeinde von den „nutzungsberechtigten Interessenten des Münzenbergischen sog. Alt-Strahlenberger Erb- und Frauenlehens", vertreten durch den damaligen Lehnsadministrator Dr. H. als „Bevollmächtigten der sämtlichen nutzungsberechtigten Interessenten", die gesamten Lehnsgrundstücke für einen jährlichen Pachtzins von 20000 ℳ und gegen Übernahme aller das Pachtgut betreffenden Steuern und Lasten zur beliebigen Benutzung, insbesondere auch mit dem Rechte zur Herstellung baulicher Anlagen aller Art, auf die Dauer von zunächst 20 Jahren vom 22. Februar 1898 ab, jedoch mit dem Rechte der Pächterin, durch eine zwei Jahre vor dem Ablaufe der Pachtzeit abgegebene Erklärung die wiederholte Verlängerung des Pachtvertrags, und zwar viermal um je 15 Jahre bis zum 21. Februar 1933, 1948, 1963 und 1978, und zuletzt um 20 Jahre bis zum 21. Februar 1998 zu verlangen. Für den Fall des Verkaufs des Pachtgegenstandes wurde der Klägerin ein Vorkaufsrecht eingeräumt. Ferner wurde in dem Vertrag ausdrücklich anerkannt, daß durch ihn das lehnsrechtliche Verhältnis zwischen der Pächterin als Lehnsherrin und den Verpächtern und die aus der obrigkeitlichen Stellung der Pächterin abzuleitenden Rechte gegen das Lehen, sowie auch deren Befugnis, das Enteignungsrecht bezüglich des Pachtgeländes in Anspruch zu nehmen und auf dieses in Anwendung zu bringen, nicht berührt werden. Der Pachtzins wurde 1904 mit Rücksicht auf die Enteignung eines Teiles des Pachtlandes auf 19800 *M* ermäßigt. Nachdem die Klägerin schon 1907 und 1911 erklärt hatte, daß sie das Vertragsverhältnis bis 1933 fortsetzen wolle, wiederholte sie diese Erklärung nochmals am 14. Februar 1916 gegenüber dem jetzigen Lehnsadministrator.

Anläßlich eines einen Teil des Pachtgeländes berührenden Enteignungsverfahrens, das zwecks Anlage des Main-Osthafens durch die Klägerin 1907 eingeleitet wurde, entstand Streit darüber, ob der Klägerin das Recht zur weiteren Verlängerung des Pachtvertrags über den 21. Februar 1933 hinaus zustehe. Die Klägerin erhob darauf Klage auf Feststellung der Verpflichtung der Beklagten, das Pachtverhältnis jeweils vom 21. Februar 1933, 1948, 1963 ab je weitere 15 Jahre, vom 21. Februar 1978 ab 20 Jahre, nämlich bis zum 21. Februar 1998 auszuhalten, falls die Klägerin mindestens jeweils 2 Jahre vor dem 21. Februar 1933, 1948, 1963 und 1978 erkläre, daß sie die Verlängerung des Pachtvertrags verlange. Die Beklagten begehrten widerklagend die Feststellung, daß sie jedenfalls nicht verpflichtet seien, das Pachtverhältnis auszuhalten, wenn die Lehnsgrundstücke veräußert oder enteignet werden sollten.

Das Landgericht hat die Klage und die Widerklage abgewiesen. Das Oberlandesgericht hat die Berufung der Beklagten zurückgewiesen und auf die der Klägerin deren Klagantrage gemäß erkannt. Auf die Revision der Beklagten wurde das Berufungsurteil aufgehoben.

Gründe:

„1. Die Zulässigkeit der Feststellungsklage wird von den Beklagten zu Unrecht angezweifelt. Die von dem Berufungsrichter einwandfrei festgestellte Bedeutung der Dauer des Pachtverhältnisses für die Verwertungsmöglichkeit des Pachtgeländes rechtfertigt die Annahme des rechtlichen Interesses der Klägerin an der alsbaldigen Feststellung des streitigen Rechtsverhältnisses, und zwar selbst dann, wenn die Beklagten vor dem Rechtsstreite nur bezüglich des der Enteignung unterliegenden Teiles des Pachtgeländes das Verlängerungsrecht der Klägerin bestritten haben sollten, da darin nach Lage der Sache zugleich ein Bestreiten dieses Rechtes bezüglich des ganzen Pachtgegenstandes liegt. Das Berufungsgericht verwertet aber auch mit Recht die Fassung des Klag- und des Widerklagantrags und die Stellungnahme der Streitteile in dem Rechtsstreite für die Annahme, daß diese jetzt hinsichtlich des gesamten Pachtverhältnisses über das Verlängerungsrecht streiten.

2. Ebenso einwandfrei ist die Ansicht des Berufungsrichters, daß das Pachtverhältnis grundsätzlich nach dem gemeinen Rechte und nicht etwa gemäß Art. 171 EG. z. BGB. für die Zeit nach dem 22. Februar 1918 nach dem Bürgerlichen Gesetzbuche zu beurteilen ist. Daß, wie die Revision hervorhebt, die Dauer des Pachtverhältnisses nicht von einer Kündigung abhängig, der Vertrag vielmehr auf 20 Jahre abgeschlossen ist und am 21. Februar 1918 beendigt gewesen wäre, wenn die Klägerin nicht vor dem 21. Februar 1916 die Verlängerung erklärt hätte, ist für die Frage der Anwendbarkeit des Art. 171 ohne Bedeutung. Entscheidend ist, daß die Beklagten bis 1998 an den Vertrag gebunden waren, ihrerseits ein früheres Ende des Pachtverhältnisses wider Willen der Klägerin nicht herbeiführen konnten. Denn die Bestimmung des Art. 171 geht, wie in RGZ. Bd. 53 S. 170 ausgeführt ist, von der Anschauung aus, daß die Vertragsteile, wenn sie unter der Herrschaft des neuen Rechtes ihr Pachtverhältnis fortsetzen, obwohl sie Gelegenheit hatten, es aufzulösen, es stillschweigend dem neuen Rechte unterwerfen, so daß dieses nur von dem Termin ab zur Anwendung kommen kann, zu dem beiden Teilen die Auflösung möglich war. Hier haben die Beklagten keine Möglichkeit der Lösung des Pachtverhältnisses vor 1998. Daher kann aus dessen Fortsetzung über den 21. Februar 1918 hinaus nicht auf ihren Willen geschlossen werden, das Pachtverhältnis dem neuen Rechte zu unterstellen. Dafür, daß zwischen dem hier vorliegenden Falle und dem der Entscheidung RGZ. Bd. 53 S. 170 zugrunde liegenden, in dem der eine Teil unkündbar auf bestimmte Zeit gebunden war, während dem anderen ein Kündigungsrecht zustand, nicht unterschieden werden darf, sprechen auch die den Art. 171 betreffenden Verhandlungen der Kommission für die zweite Lesung des Entwurfs des BGB. (Prot. Bd. 6 S. 499 flg.). Für die Frage, heißt es dort, ob das alte oder das neue Recht Anwendung finde, sei es nicht von Bedeutung, ob der Vertrag auf unbestimmte Zeit mit Kündigungsrecht der Vertragsteile abgeschlossen sei oder auf bestimmte Zeit mit der Abrede, daß, wenn er für einen bestimmten Termin nicht gekündigt werde, stillschweigend ein neuer Vertrag abgeschlossen sein solle; vielmehr müsse eine einfache klare Regel gegeben

werden, um Streitigkeiten und Zweifel, ob ein Vertrag auf unbestimmte Zeit mit Kündigungsrecht oder auf bestimmte Zeit mit relocatio tacita anzunehmen sei, von vornherein abzuschneiden. Danach liegt es auch nicht im Sinne der Vorschrift, zwischen Pachtverhältnissen, die sich im Falle der Nichtkündigung seitens des einen, allein kündigungsberechtigten Teiles auf bestimmte Zeit verlängern, und denen, die durch einseitige Erklärung einer Partei auf einen neuen Zeitraum erstreckt werden, zu unterscheiden.

3. Unterliegt aber das Pachtverhältnis den Vorschriften des gemeinen Rechtes, so ist für die Anwendung des § 567 kein Raum. Von der Entscheidung RGZ. Bd. 66 S. 216, nach der dem § 567 keine rückwirkende Kraft beizulegen ist, abzugehen, liegt kein Anlaß vor. Da es sich aber bei dieser Streitfrage um die Auslegung des Bürgerlichen Gesetzbuchs handelt, kann es auch keinen Unterschied begründen, ob das Pachtverhältnis unter der Herrschaft des preußischen Allgemeinen Landrechts oder des gemeinen Rechtes begründet und nach dessen Vorschriften zu beurteilen ist.

Ebensowenig kann, wenn das Bürgerliche Gesetzbuch überhaupt unanwendbar ist, von einer „rechtsähnlichen" Anwendung seines § 567 oder von einer Umgehung dieser Vorschrift die Rede sein.

4. Das Einführungsgesetz zum Bürgerlichen Gesetzbuch ändert nun aber in Art. 172 die Rechte eines Pächters aus einem vor dem 1. Januar 1900 geschlossenen Pachtvertrage gegenüber dem gemeinen Rechte insofern ab, als es ihm in Abweichung von dem gemeinrechtlichen Satze „Kauf bricht Miete" im Falle einer nach dem 1. Januar 1900 erfolgten Veräußerung oder Belastung der Pachtsache die in den §§ 571 flg. BGB. bestimmten Rechte gegen den Erwerber gewährt. Die Beklagten meinen nun, daß, wenn im übrigen das gemeine Recht auf das Pachtverhältnis Anwendung behalte, auch der Satz „Kauf bricht Miete" trotz des Art. 172 in dem gegebenen Falle anwendbar bleiben müsse. Mit Recht wird dieser Standpunkt aber von dem Berufungsrichter abgelehnt, wenn dessen Kritik des Satzes „Kauf bricht Miete" auch nicht zuzustimmen ist. Es fehlt in der Tat an jeder tatsächlichen Unterlage für die Annahme einer stillschweigenden Vereinbarung der Streitteile, daß der Art. 172 keine Anwendung finden und die Klägerin im Falle einer Veräußerung nach dem 1. Januar 1900 kein Recht auf Aushaltung des Pachtverhältnisses gegenüber dem Erwerber haben solle. Aus der Einräumung eines Vorkaufsrechts ist eine solche Vereinbarung nicht zu entnehmen.

5. Begründet ist dagegen der letzte Revisionsangriff, mit dem eine Verletzung der Vorschriften des gemeinen Lehnrechts gerügt wird. Die Beklagten hatten im Vorprozeß geltend gemacht, die Bindung an den Pachtvertrag bis zum Jahre 1998 bedeute eine so wesentliche Beein-

trächtigung der Substanz der Lehnsgrundstücke, daß sie einer Lehnsverschlechterung gleichkomme, zu der die im Jahre 1893 beteiligten Nutzungsberechtigten nicht befugt gewesen seien. Nach Lehnrecht hätten sie nur auf übliche Zeit nutzen und verpachten dürfen; nur dazu, nur zu Verwaltungshandlungen habe auch der für sie handelnde Lehnsadministrator Vollmacht gehabt, zu weitergehenden Verfügungen sei er nicht ermächtigt gewesen. Daraus ergebe sich, daß mindestens den seit dem Vertragsschluß eingetretenen Nutzungsberechtigten — und das sei der größte Teil der Beklagten — die Ausübung des Lehnsretrakts zustehe, d. h. sie könnten das Lehen ohne die eingegangene Beschwerung an sich ziehen. Diesem von der Klägerin in rechtlicher und tatsächlicher Hinsicht bekämpften Vorbringen wird der Berufungsrichter nicht gerecht.

Nach dem gemeinen Rechte hat ein Pachtvertrag nur schuldrechtliche Wirkung und bindet daher nur die Vertragsteile und deren Gesamtnachfolger sowie etwaige Schuldübernehmer. Der Lehnsfolger als solcher ist nun aber kein Gesamtnachfolger des früheren Lehnsinhabers; er rückt vielmehr in das Lehen kraft eigenen Rechtes und grundsätzlich völlig unabhängig von dem Willen des Lehnsvorgängers ein und ist an dessen schuldrechtliche Verträge nicht gebunden. Deshalb braucht er auch einen von diesem abgeschlossenen Pachtvertrag nicht auszuhalten. Nur diejenigen Lehnsinhaber, die den Pachtvertrag, sei es persönlich oder durch einen zu dessen Abschluß ermächtigten Vertreter, abgeschlossen oder ihm zugestimmt haben, und deren Gesamtnachfolger, also ihre Lehnsfolger, die zugleich ihre Allodialerben geworden sind, sind an den Vertrag gebunden. Es bedarf daher vorliegendenfalls der von dem Berufungsrichter noch nicht angestellten Prüfung, ob die einzelnen Beklagten den Dr. H. zu dem Abschlusse des Vertrags von 1893 ermächtigt oder — mögen sie 1893 bereits nutzungsberechtigt gewesen sein oder nicht — den Vertrag ausdrücklich oder auch nur stillschweigend genehmigt haben oder Gesamtnachfolger eines Vollmachtgebers oder Genehmigenden geworden sind. Deshalb ist das angefochtene Urteil aufzuheben und die Sache an das Berufungsgericht zurückzuverweisen."

---

38. Kann der auf Übertragung eines Rechtes gerichtete Vertrag von dem Erwerber des Rechtes wegen Irrtums über dessen Beschaffenheit angefochten werden?

BGB. § 119.

II. Zivilsenat. Urt. v. 7. März 1919 i. S. R. (Bekl.) w. Brauerei B. (Kl.). Rep. II. 382/18.

I. Landgericht Frankfurt a. O.
II. Kammergericht Berlin.

Der Klägerin war von der Gerste-Verwertungs-Gesellschaft m. b. H. (GVG.), der die öffentliche Bewirtschaftung der Gerstenbestände und die Zuweisung der Gerste an die einzelnen Bezugsberechtigten oblag, ein Recht auf den Bezug von 4740 Ztr. Gerste gewährt worden. Nachdem sie schon 942 Ztr. bezogen hatte, war sie mit der Beklagten wegen der Übertragung ihres Bezugsrechts in Vertragsverhandlungen getreten. Diese Verhandlungen, in deren Verlaufe sie weitere 450 Ztr. bezog, führten zu einem Abkommen, das die Beklagte durch Schreiben vom 9. Dezember 1915, wie folgt, bestätigte:

... „Sie übertragen mir ein Gerstenbezugsrecht von 3250 Ztr. Gerste. Ich liefere Ihnen dagegen 75 % gutes Braumalz mit 5 % Wassergrenze. Sie vergüten mir für 100 kg Malz 70 ℳ netto Kasse bei Anlieferung des Malzes bahnfrei Sagan. Der § 7 der Ihnen eingesandten Malzlieferungsbedingungen erfährt zwischen uns insofern eine Sondervereinbarung, als für den Fall, daß die GVG. nur 80 % Gerste zur Verteilung bringen sollte, ich Ihnen die differierenden 20 % resp. das entfallende Malz aus eigenen Beständen liefere zu dem vereinbarten Preise, so daß Sie in diesem Falle doch auf 100 % kommen. Sollte jedoch weniger als 80 % des Gerstenkontingents erhältlich sein, so mindert sich meine Verpflichtung zur Lieferung um den entsprechenden Teil. Wenn also zum Beispiel nur 70 % Gerste geliefert werden, hätte ich Ihnen 2193,75 Ztr. Malz zu liefern.“...

Die Beklagte erhielt auf Grund des ihr übertragenen Bezugsrechts von der GVG. nur noch 1050 Ztr. Gerste zugewiesen und lieferte der Klägerin 800 Ztr. Malz. Erst später, durch einen Brief der Klägerin vom 1. Februar 1916, erfuhr sie, daß die Klägerin ursprünglich zum Bezuge von 4740 Ztr. Gerste berechtigt gewesen war und bis zum Vertragschlusse schon 1392 Ztr. erhalten hatte, während sie angeblich geglaubt hatte, daß die Klägerin erst 450 Ztr. bezogen und noch 3250 Ztr. zu beziehen habe. Sie schrieb deshalb der Klägerin am 2. Februar 1916, daß sie den Vertrag vom 9. Dezember 1915 als nichtig betrachte. Daraufhin wurde die Klägerin auf Verurteilung der Beklagten zur Lieferung von noch 347,35 Ztr. Malz gegen Zahlung von 70 ℳ für 100 kg klagbar.

Die Beklagte beantragte die Abweisung der Klage. Sie wandte ein, daß sie von der Klägerin in den Irrtum versetzt worden sei, das Bezugsrecht habe sich ursprünglich auf nur 3700 Ztr. Gerste belaufen und die Klägerin habe darauf selbst nur 450 Ztr. erhalten, daß sie wegen dieses Irrtums den Vertrag durch ihr Schreiben vom 2. Februar 1916 rechtmäßig angefochten habe und daß sie deshalb zu der mit der

Klage geforderten Malzlieferung nicht verpflichtet sei, daß ihr aber auch jede weitere Lieferung unmöglich sei, weil ihr die GVG. nur 1050 Ztr. Gerste überwiesen habe und sie sich anderswoher Gerste nicht beschaffen könne.

Die Klägerin leugnete die Rechtmäßigkeit der Irrtumsanfechtung und die angebliche Unmöglichkeit der Vertragserfüllung, stellte aber hilfsweise den Antrag auf Verurteilung der Beklagten zur Zahlung von 31261,50 *M* Schadensersatz.

Das Landgericht hielt den Irrtumseinwand für durchgreifend und wies die Klage ab. Dagegen gab das Kammergericht der von der Klägerin eingelegten Berufung insofern statt, als es unter Abweisung des Hauptanspruchs den auf Zahlung von 31261,50 *M* gerichteten Schadensersatzanspruch dem Grunde nach für gerechtfertigt erklärte. Es führte aus:

Die Voraussetzungen für die Anfechtung wegen Irrtums seien nicht gegeben. Es handle sich hier nicht um Eigenschaften einer Sache im Sinne des § 119 Abs. 2 BGB., über die sich die Beklagte geirrt haben wolle. Zweifelhaft sei schon, ob von einer Eigenschaft des Bezugsrechts die Rede sein könne. Der Beklagten sei das Gerstenbezugsrecht über 3250 Ztr. übertragen, sie habe gewußt, daß sie nicht das volle — ungeschmälerte, unausgenutzte — Bezugsrecht erhalte, denn es sei ihr bekannt gewesen, daß die Klägerin schon 450 Ztr. bezogen habe. Der Umstand aber, daß das Bezugsrecht schon in höherem Maße, d. h. in Höhe von 1392 Ztr. ausgenutzt gewesen sei, könne nicht ohne weiteres als eine Eigenschaft des in ganz bestimmter Höhe der Beklagten überlassenen Rechtes bezeichnet werden. Doch könne diese Frage dahingestellt bleiben. Denn die Beklagte habe keine Gerste, also keine Sache, keinen körperlichen Gegenstand, von der Klägerin erworben, sondern ein Bezugsrecht auf Gerste, also eine Forderung, und die weit überwiegende Rechtsprechung stehe auf dem Standpunkte, daß unter Sachen im Sinne des § 119 Abs. 2 BGB. nur körperliche Gegenstände und nicht der sogenannte „Erklärungsgegenstand", also auch Rechte und Forderungen, zu verstehen seien, und daß die erwähnte Gesetzesvorschrift auch keine entsprechende Anwendung auf Rechte zu finden habe. Dieser Standpunkt, den namentlich das Reichsgericht ständig vertreten habe, werde zwar in der Literatur mehrfach bekämpft, sei aber zu billigen. Liege danach keine Eigenschaft einer Sache vor, so handle es sich nur um einen Irrtum im Beweggrunde. Dieser stelle sich hier nicht zugleich als ein solcher über den Inhalt der Erklärung dar. Der Inhalt der Abmachung vom Dezember 1915 sei der, daß der Beklagten ein Gerstenbezugsrecht von 3250 Ztr. übertragen worden sei. Darüber habe sich die Beklagte nicht geirrt, ebensowenig, wie gezeigt, darüber, daß sie kein volles Bezugsrecht, sondern ein schon geschmälertes, von der Klägerin schon zum Teil ausgenutztes, erhalten habe. Ob das Recht früher mehr oder weniger ausgenutzt war, habe vielleicht auf ihren Entschluß, es zu erwerben, von Einfluß sein können, dann aber nur einen Beweggrund gebildet. Die Klägerin könne daher Ansprüche aus dem Vertrag erheben. Da die Beklagte jedoch geltend gemacht habe, daß ihr die Lieferung jetzt unmöglich sei, und da dies nach Auskunft der Handelskammer als dargetan gelten müsse, aber niemand zu einer unmöglichen Leistung verurteilt werden könne, so unterliege der Hauptklagantrag der Abweisung. Dagegen sei die Beklagte nicht damit zu hören, daß ihr die Lieferung schon im Februar 1916 unmöglich gewesen sei. Auch sei schon jetzt festzustellen, daß der Klägerin infolge der Nichtlieferung irgendein Schaden entstanden sei. Demgemäß sei der Hilfsantrag dem Grunde nach für gerechtfertigt zu erklären.

Die Abweisung des Hauptanspruchs wurde von keiner Seite beanstandet. Dagegen wurde die Entscheidung über den Schadensersatzanspruch von der Beklagten mit Erfolg angegriffen und die Sache insoweit in die Berufungsinstanz zurückverwiesen.

Aus den Gründen:

... „Die Rüge der Verletzung des § 119 Abs. 1 BGB. ist gerechtfertigt. Hat die Beklagte, wie das Berufungsgericht unterstellt, bei Abschluß des Vertrags mit der Klägerin geglaubt, das ihr von dieser übertragene Recht auf den Bezug von 3250 Ztr. Gerste sei ursprünglich auf 3700 Ztr. gerichtet und von der Klägerin erst in Höhe von 450 Ztr. ausgeübt gewesen, während das Recht in Wirklichkeit anfänglich auf 4740 Ztr. gegangen und schon in Höhe von 1392 Ztr. ausgenutzt war, und ist die Beklagte durch diesen Irrtum bestimmt worden, den Vertrag so, wie geschehen, abzuschließen, so hat sie nicht lediglich im Beweggrunde, sondern auch über den Inhalt ihrer Vertragserklärung geirrt. Die Parteien haben von vornherein angenommen, daß der GVG. nicht genug Gerste zur Verfügung stehe, um den Bezugsberechtigten die ihnen zunächst in Aussicht gestellten Mengen voll zuweisen zu können. Auch stand ohne weiteres fest, daß kein Bezugsberechtigter vor dem anderen bevorzugt werden durfte, daß vielmehr sämtliche Bezugsberechtigte sich die Ermäßigung der ihnen in Aussicht gestellten Mengen auf den gleichen Bruchteil gefallen lassen mußten, und daß der einzelne sich auf seine so ermäßigte Menge alles anrechnen zu lassen hatte, was ihm etwa schon geliefert worden war. Für den Umfang des den Gegenstand des Vertrags bildenden Bezugsrechts war daher nicht der in dem Bestätigungsschreiben der Beklagten vom 9. Dezember 1915 angegebene Restbetrag von 3250 Ztr. maßgebend, dessen volle Lieferung von keiner Seite erwartet wurde, sondern es waren die Mengen bestimmend, als deren Unterschied sich der Restbetrag darstellte, nämlich die der Klägerin von der GVG. ursprünglich

8*

in Aussicht gestellte Zentnerzahl und die Zahl der Zentner, die der Klägerin bereits geliefert worden waren. Aus diesen beiden bei Abschluß des Vertrags feststehenden Faktoren und aus dem damals noch ungewissen Bruchteile, bis zu dem die GBG. die einzelnen Bezugsberechtigten zu befriedigen vermochte, ergab sich die Höhe des der Beklagten übertragenen Bezugsrechts. Wenn es also richtig ist, daß die Beklagte in dem Bezugsrecht über 3250 Ztr., das tatsächlich ein schon in Höhe von 1392 Ztr. verbrauchtes Bezugsrecht über 4740 Ztr. war, ein Recht zu erwerben glaubte, das die Klägerin erst in Höhe von 450 Ztr. ausgenutzt hatte, so befand sie sich in einem Irrtum über den Inhalt ihrer Vertragserklärung. Daß ihre vertragliche Gegenleistung nach Prozenten von 3250 Ztr. bestimmt war, ändert hieran nichts. Ihr Irrtum war zwar bedeutungslos, falls die der GBG. zwecks Verteilung an die Bezugsberechtigten zur Verfügung stehende Gesamtmenge hinter der Summe der den Berechtigten in Aussicht gestellten einzelnen Mengen nur wenig zurückblieb. Denn die Beklagte würde, wenn etwa der GBG. im ganzen 91 % dieser Summe zur Verfügung gestanden hätten, auf das in Höhe von 1392 Ztr. schon ausgeübte Recht zum Bezuge von 4740 Ztr. Gerste immer noch $\left(\frac{4740 . 91}{100} - 1392 =\right)$ 2921,4 Ztr., also noch etwas mehr erhalten haben als auf ein in Höhe von 450 Ztr. ausgeübtes Recht zum Bezuge von 3700 Ztr. $\left(\text{nämlich } \frac{3700 . 91}{100} - 450 = 2917 \text{ Ztr.}\right)$. Der Irrtum würde sich aber schon bei Ermäßigung der zur Verteilung verfügbaren Gesamtmenge auf 90 % zuungunsten der Beklagten bemerklich gemacht haben, da die Beklagte alsdann nicht noch $\left(\frac{3700.90}{100} - 450 =\right)$ 2880 Ztr., sondern nur mehr $\left(\frac{4740.90}{100} - 1392 =\right)$ 2874 Ztr. erhalten hätte, und er mußte immer fühlbarer werden, je mehr der zur Verfügung stehende Prozentsatz sank. Tatsächlich sind auf die 4740 Ztr., die der Klägerin in Aussicht gestellt waren, schließlich nur im ganzen (1392 + 1050 =) 2442 Ztr. oder nicht ganz 52 % zur Verteilung gelangt; die Beklagte hätte sonach bei einem nur in Höhe von 450 Ztr. verbrauchten Recht auf 3700 Ztr. noch fast $\left(\frac{3700 . 52}{100} - 450 =\right)$ 1474 Ztr. zu beanspruchen gehabt, während sie nur 1050 Ztr. erhalten hat. Es läßt sich deshalb nicht ohne weiteres annehmen, daß sie bei Kenntnis der Sachlage und bei verständiger Würdigung des Falles ihre Vertragserklärung gleichfalls abgegeben haben würde."...

---

39. 1. Ist der beim Gläubigerverzug dem Schuldner nach § 383 BGB. gestattete Verkauf der geschuldeten Sache wirkungslos, wenn er am unrechten Orte erfolgt?

2. Wer hat beim Gattungskaufe den Beweis der Beschaffenheit der Ware zu führen, wenn der Käufer dem Verkäufer gegenüber das Recht der Wandlung geltend macht?
3. Zur Beweiskraft des Bestätigungsschreibens.

BGB. §§ 383, 462.

II. Zivilsenat. Urt. v. 18. Februar 1919 i. S. B. (Kl.) w. H. u. A. (Bekl.). Rep. II. 355/18.

I. Landgericht Hamburg, Kammer für Handelssachen.
II. Oberlandesgericht daselbst.

Der Kläger in Hamburg hat von den Beklagten daselbst Dörrgemüse gekauft, das er als mit Mängeln behaftet beanstandet hat. Er hat die Ware, die in Berlin lagerte, den Beklagten zur Verfügung gestellt und sie, nachdem er vergeblich zur Abnahme gemahnt hatte, in Hamburg öffentlich versteigern lassen. Mit der Klage fordert er Rückzahlung des im voraus gezahlten Preises, indem er in erster Linie den Kauf wandelt, hilfsweise das Recht auf Minderung des Preises geltend macht.

Das Berufungsgericht wies die Klage ab, weil die nach § 383 BGB. zu beurteilende Versteigerung der Ware nicht rechtmäßig, nämlich nicht am vorgeschriebenen Orte erfolgt sei und der Kläger den Beweis der Mangelhaftigkeit der Ware nicht geführt habe. Auf die Revision wurde das Urteil aufgehoben aus folgenden

Gründen:

... „Das vom Kläger in erster Linie geltend gemachte Recht, den Kauf zu wandeln, hat ihm der Vorderrichter deshalb versagt, weil er sich durch den Verkauf der Ware außer Stand gesetzt habe, sie den Beklagten zurückzugeben. Mit Recht geht hierbei der Vorderrichter davon aus, daß der Kläger sich wegen dieses Verkaufs nur auf § 383 BGB. berufen kann. Der § 373 HGB. handelt von dem Verkäufer und dessen Recht zum Selbsthilfeverkauf, der § 379 HGB. vom Distanzgeschäft, das hier überhaupt nicht in Frage steht, so daß auf die weitere dort aufgestellte Voraussetzung, daß die Ware dem Verderben ausgesetzt ist, nicht weiter eingegangen zu werden brauchte. Was den § 383 BGB. angeht, so ist ferner die Annahme des Vorderrichters nicht zu beanstanden, daß Berlin Leistungsort gewesen ist und somit die öffentliche Versteigerung dort hätte erfolgen müssen. Es kann ihm aber darin nicht beigetreten werden, daß deshalb, weil dieser Verkauf nicht in Berlin, sondern in Hamburg vorgenommen worden ist, die Beklagten ihn nicht als für ihre Rechnung erfolgt anzuerkennen brauchten. Allerdings befindet sich der Vorderrichter hier in Übereinstimmung mit der herrschenden Lehre, in deren Sinn sich auch das Reichsgericht in dem Urteil Holdheims Monatsschr. 1906 S. 166 ausgesprochen hat. Es ist das eine Entscheidung des erkennenden Senats, an der indessen bei wiederholter Prüfung der Frage nicht festgehalten werden kann. Den entscheidenden Grund erblickt die herrschende Lehre darin, daß in § 384 Abs. 2 BGB. sowie in § 374 Abs. 1 (vgl. auch § 391 Abs. 1, § 1220 Abs. 2) ausdrücklich bestimmt wird, daß Verstöße gegen die dort gegebenen Vorschriften nur die Verpflichtung zum Schadensersatz und somit nicht die Unwirksamkeit des Verkaufs zur Folge haben sollen, während der § 383 eine solche einschränkende Bestimmung nicht enthält. Es ist zuzugeben, daß darin ein bedeutsames argumentum e contrario liegen könnte. Immerhin würde es, um zwingend zu sein, eine Gleichmäßigkeit und Geschlossenheit im Aufbau der Fassung des Gesetzes voraussetzen, die diesem nicht durchweg nachgerühmt werden kann, zumal anzunehmen wäre, daß es bei der Abfassung des Gesetzes zur Sprache hätte kommen müssen, wenn man beabsichtigt hätte, hier durch das Stillschweigen etwas positiv zu bestimmen. Davon findet sich aber nichts in den Materialien zum Gesetz. Mehr als dieses rein formale Argument für die herrschende Lehre fällt für die entgegengesetzte Meinung in das Gewicht das sachliche Argument, das in der Analogie mit dem Pfandverkauf einer beweglichen Sache liegt. Dort handelt es sich, wie hier, um den Verkauf einer fremden Sache für fremde Rechnung, bei dem es gilt, tunlichst auch das Interesse des Eigentümers zu wahren. Dort ist diese Materie in sorgfältiger Erwägung bis in das einzelne hinein geregelt worden. Es ist scharf unterschieden zwischen den Verstößen, welche die Rechtmäßigkeit des Verkaufs berühren, und welche nicht, und der Verkauf am unrechten Ort ist dort zu den letzteren gestellt und nicht zu den ersteren (§§ 1243, 1236 BGB.). Es wäre unerfindlich, weshalb dieser Verstoß beim Selbsthilfeverkauf nach § 383 einer anderen und strengeren Beurteilung unterliegen sollte. Man hat einen Unterschied darin zu finden geglaubt, daß den Pfandschuldner und Eigentümer das eigene Interesse des Gläubigers an der Erzielung des bestmöglichen Erlöses schütze. Das ist aber in dieser Allgemeinheit gar nicht richtig. Es trifft nur in den gewiß nicht die Mehrzahl bildenden Fällen zu, wo der Wert des Pfandes den Betrag der gesicherten Forderung nicht oder nicht wesentlich übersteigt. Dazu kommt vor allem, daß, wenn die herrschende Ansicht die richtige wäre, sie in gleicher Weise wie in Abs. 1 des § 383 auch in Abs. 2 gelten müßte, und es wäre die Frage, ob der Verkauf dem Gegner gegenüber überhaupt gilt, abhängig gemacht von einer nach dem Ermessen des Schuldners zu fassenden und daher im einzelnen Falle immer mehr oder weniger unsicheren Entschließung desselben. Vgl. Planck BGB. 4. Aufl. (im Gegensatze zu den früheren Auflagen) § 383 Anm. 3, Komm. v. RGR. § 383 Anm. 3.

Daher kann dem Verkauf am unrechten Orte eine weitere Folge

nicht beigelegt werden, als daß der Schuldner dafür einzustehen hat, wenn dadurch das Ergebnis der Versteigerung beeinflußt wird. Nur ist der Schuldner beweispflichtig. wenn der Gläubiger behauptet, daß beim Verkauf am rechten Orte ein höherer Erlös erzielt worden wäre (§ 282 BGB.). Die Frage liegt hier nicht anders, wie im Falle eines Auftrags zum Verkauf. War, wie dort das Gesetz es vorschreibt, hier der Auftrag dahin gegangen, den Verkauf an einem bestimmten Orte vorzunehmen, so hat nach allgemeinen Grundsätzen der Beauftragte, der hiergegen verstößt, den Beweis zu führen, daß dadurch kein Schaden entstanden ist, und der Gegner dringt mit dem, was er in dieser Richtung seinerseits behauptet, so lange durch, als jener Beweis nicht geführt ist. Das gleiche muß denn auch beim Selbsthilfeverkauf gelten.

Ist somit der Grund, aus welchem der Vorderrichter dem Kläger das Recht zur Wandlung des Kaufes abgesprochen hat, hinfällig, so ist damit allein der Revision noch nicht geholfen. Denn der Vorderrichter hat, wenn auch in einem anderen Zusammenhang, ausdrücklich festgestellt, daß der Kläger den Beweis, daß die Ware vertragswidrig beschaffen gewesen sei, nicht geführt habe. Der Vorderrichter ist von seinem Standpunkt aus auf diese Frage nur gegenüber der eventuellen Klagebegründung (Anspruch auf Minderung und Schadensersatz wegen ungenügender Erfüllung) eingegangen, wobei er mit Recht den Kläger für den beweispflichtigen Teil erklärt. Bei dem Minderungsanspruch ist die Frage der Beweislast unbestritten. Aber auch bei der Wandlung trifft den Käufer die Beweislast. Zwar ist beim Gattungskaufe der Verkäufer verpflichtet, eine dem Vertrag oder dem Gesetz entsprechende Sache zu liefern, und beschränkt der Käufer sich darauf, daß er dem Anspruch auf den Kaufpreis die Einrede des nicht erfüllten Vertrags entgegenstellt, dann wird der Verkäufer die Fehlerfreiheit der angebotenen Ware zu beweisen haben. Dagegen ist in § 462 BGB. dem Käufer in gleicher Weise, wie mit dem Rechte auf Minderung des Preises, mit dem Rechte den Kauf rückgängig zu machen ein besonderes Recht verliehen worden, das seine Grundlage in der Fehlerhaftigkeit der Kaufsache hat. Den Beweis dieses Rechtsgrundes gilt es, und er liegt, wie allemal, so auch hier demjenigen ob, der das Recht für sich in Anspruch nimmt.

Würde also insofern die Beweiswürdigung des Vorderrichters ohne weiteres auch gegenüber der Wandlung maßgeblich sein, so ist sie gleichwohl nicht geeignet, die Sache zu erledigen, weil sie ganz und gar von einem unrichtigen, auf Rechtsirrtum beruhenden Standpunkt aus angestellt worden ist. Zu Unrecht nimmt der Vorderrichter an, daß Zusicherungen wegen der Beschaffenheit der Ware, außer daß sie „gesund", nicht gemacht worden seien. Es wird in dieser Richtung ausgeführt, nach dem Wortlaute des Bestätigungsschreibens, das unwidersprochen geblieben sei, hätten die Beklagten lediglich „Dörrgemüse mit ca 56 % Kartoffeln“ verkauft, der Käufer habe also nur Anspruch auf Handelsgut mittlerer Art und Güte gehabt. In eine Beweisaufnahme darüber, ob bei den Verhandlungen über eine Ware von guter, gesunder und trockener Qualität die Rede gewesen sei, brauche nicht eingegangen zu werden, weil gegenüber dem unwidersprochen gebliebenen Bestätigungsschreiben die Annahme gerechtfertigt wäre, daß man unabhängig von vorausgegangenen Besprechungen schließlich den Inhalt der Bestätigung habe gelten lassen wollen. Die Notiz der Faktura, „die Ware ist gut, gesund und trocken“, biete keinen genügenden Beweis dafür, daß dies garantiert worden sei. Der Käufer habe also nur Anspruch auf mittlere Art und Güte und ferner — weil die Beklagten das zugeben — auf Gesundheit der Ware, nicht dagegen auf gute Beschaffenheit gehabt.

Das wäre nicht zu beanstanden, wenn nur Beredungen in Frage ständen, welche dem Vertragsschluß voraufgegangen sind. Es wird aber übersehen, daß der im Bestätigungsschreiben niedergelegte Inhalt des Vertrags sehr wohl durch nachfolgende Zusicherungen noch eine Änderung hat erfahren können. Es war unter Beweis gestellt, daß eine der Beklagten unmittelbar nach Abschluß des Vertrags, als der Preis gezahlt werden sollte und der Kläger durch den vermittelnden Makler Bedenken äußerte, das zu tun, ohne die Ware auch nur zu Gesicht bekommen zu haben, mündlich versichert habe, die Ware sei gut, gesund und trocken. Auf diesen Beweis ist der Vorderrichter nicht eingegangen, obwohl es sich unverkennbar um eine rechtsgeschäftliche Erklärung gehandelt hätte und der ganze Vorgang sehr wohl die Deutung zuläßt, wenn nicht gar fordert, daß damit die erwähnten Eigenschaften im Sinne des § 459 Abs. 2 BGB. haben zugesichert werden sollen. Aber mehr als das. Es war nicht nur behauptet, sondern steht tatsächlich fest, daß die Beklagten eine Zusicherung dieses Inhalts dadurch erteilt haben, daß sie sie in die in unmittelbarem Anschluß an den Vertragsschluß übersandte Faktura aufnahmen. Es ist nicht deutlich, wie es gemeint ist, wenn hierzu der Vorderrichter sagt, daß die Notiz auf der Faktura keinen genügenden Beweis dafür biete, daß die genannten Eigenschaften „garantiert“ worden seien. Von einer besonderen, über rechtsgeschäftliche Zusicherung hinausgehenden Garantie ist nicht die Rede und es handelt sich nicht darum, daß mit der Faktura der Beweis vorausgegangener Dinge erbracht werden soll. In der Faktura selbst liegt die mit ihrer Übersendung abgegebene rechtsgeschäftliche Erklärung vor, auf welche nicht einzugehen der Kläger gar keine Veranlassung hatte, die er vielmehr als eine ihm nur willkommene Ergänzung der bisher gemachten Zusicherungen auffassen durfte, und an welche die Beklagten gebunden sind, selbst wenn sie sich beim Abschluß des Vertrags nicht so weitgehend verpflichtet haben sollten. Es wird daher Aufgabe des Vorderrichters sein, die erhobenen und etwa noch zu ergänzenden Beweise auf die Frage zu würdigen, ob die Ware nicht nur „gesund", sondern auch „gut" und „trocken" gewesen ist."

---

40. Hat, wenn die Revision wegen Nichtleistung des Gebührenvorschusses als unzulässig verworfen wird, der Revisionskläger die Kosten der nach Ablauf der Revisionsfrist eingelegten Anschlußrevision zu tragen?

III. Zivilsenat. Beschl. v. 7. März 1919 i. S. P. (Kl.) w. C. H. (Bekl.). Rep. III. 534/18.

I. Landgericht Hildesheim.
II. Oberlandesgericht Celle.

Die Frage ist bejaht worden aus folgenden

Gründen:

„Der Revisionskläger hat den ihm auferlegten Gerichtsgebührenvorschuß innerhalb der gesetzten Frist nicht geleistet und dazu erklärt, er sehe davon ab, die Revision förmlich zurückzunehmen, um die nutzlosen Mehrkosten eines Verlustigkeitsurteils zu vermeiden. Er lasse die Revision vielmehr durch Nichtzahlung des Vorschusses einfach verfallen und gewärtige den sie als unzulässig verwerfenden Beschluß; die Kosten der Revisionsinstanz dürften gegeneinander aufzuheben sein, da die von der Beklagten nach Ablauf der Revisionsfrist erhobene Anschlußrevision ein ohne Erfolg eingelegtes Rechtsmittel darstelle (vgl. RGZ. Bd. 44 S. 377).

In diesem Sinne kann jedoch die Lösung der Kostenfrage nicht erfolgen, es sind vielmehr dem Revisionskläger die sämtlichen Kosten der Revisionsinstanz aufzuerlegen.

Die von der Beklagten nach Ablauf der Revisionsfrist eingelegte und in der Anschlußschrift begründete Anschlußrevision verliert ihre Wirkung dadurch, daß im gegenwärtigen Beschluß die Revision wegen Nichtleistung des Gebührenvorschusses (§ 554 Abs. 7 ZPO.) als unzulässig verworfen wird (§ 522 Abs. 1, § 556 Abs. 2 ZPO). In dem RGZ. Bd. 44 S. 377 behandelten Falle aber hatte die Anschlußrevision ihre Wirkung behalten und es war, wie über die Revision, so auch über sie sachlich und zwar gleichfalls auf Zurückweisung entschieden worden; die Sachlage war also eine völlig andere. Bei formeller Hinfälligkeit der Anschlußrevision kann die Kostenfrage verschiedene Erledigung finden. War z. B. schon die Revision wegen Mangels der Revisionssumme unzulässig, so war auch die nach Ablauf der Revisionsfrist eingelegte Anschlußrevision schon von vornherein unzulässig, sie war bei genauem Betracht nicht erst gemäß § 522 Abs. 1, § 556 Abs. 2 wirkungslos geworden; darum hat der Anschlußrevisionskläger einen entsprechenden Teil der Revisionskosten selbst zu tragen (vgl. die Entscheidungen VI 133/07 v. 9. Januar 1908, V 299/08 v. 19. September 1908 und V 80/14 v. 12. März 1914). Wird aber die von vornherein und an sich zulässig erhobene Anschlußrevision wirkungslos erst durch Zurücknahme der Revision vor Beginn der mündlichen Verhandlung, so sind dem Revisionskläger die Kosten auch der Anschlußrevision aufzuerlegen (RGZ. Bd. 7 S. 345, Warneyer 1914 Nr. 97). Dem steht gleich, wenn, wie hier, der Revisionskläger die Revision durch Nichtleistung des Gebührenvorschusses verfallen läßt. In beiden Fällen ist es eine willkürliche Prozeßmaßnahme des Revisionsklägers, welche die Revisionsinstanz abschließt und damit der Anschlußrevision jede Wirksamkeit und jeden Erfolg entzieht."

---

41. Unter welchen Voraussetzungen haftet der Empfänger von Frachtgut für Fracht und Nachnahme, auch wenn die Voraussetzungen des § 436 HGB. nicht vorliegen?

HGB. §§ 436, 346; BGB. § 157.

I. Zivilsenat. Urt. v. 8. März 1919 i. S. J. H. (Kl.) w. K. (Bekl.). Rep. I. 231/18.

I. Landgericht Hildesheim.
II. Oberlandesgericht Celle.

Die Klägerin betreibt die Kleinbahn von P. nach Gr. J. Der Beklagte war von S., dem Vertreter einer Bohrgesellschaft, beauftragt worden, von der Station Gr. J. Bohrgerät abzufahren, welches dort in zwei Eisenbahnwagen aus Köslin und Aschersleben eintraf. Der Wagen aus Köslin war mit einer Nachnahme von 6966,35 ℳ beschwert. Die Bezahlung der Nachnahme wurde vom Beklagten, an den die Sendung adressiert war, verweigert. Als etwas später auch der Wagen aus Aschersleben in Gr. J. eingetroffen war und die Bahn ihm sowohl diesen als auch nochmals den Wagen aus Köslin angedient hatte, fuhr er das Bohrgerät des letzteren ab, ohne die Nachnahme einzulösen. Die Klägerin erhob gegen ihn Klage auf Zahlung des Nachnahmebetrags.

Das Landgericht gab der Klage statt. Das Oberlandesgericht wies die Klage ab. Auf die Revision wurde das landgerichtliche Urteil wieder hergestellt.

Gründe:

„Das Berufungsgericht hat die Klage, soweit sie sich auf § 436 HGB. stützt, abgewiesen, weil der Empfänger nur dann zur Zahlung von Fracht und Nachnahme verpflichtet sei, wenn er das Frachtgut und den Frachtbrief angenommen habe; vorliegendenfalls stehe fest, daß der Frachtbrief nicht angenommen worden sei. Gegen diese Schlußfolgerung sind von der Revision Angriffe nicht erhoben; sie ist auch nach dem Gesetze nicht zu beanstanden.

Die Revision rügt aber, das Berufungsgericht habe verkannt, daß der Beklagte dem Frachtvertrage beigetreten sei, woraus seine vertragliche Haftung folge; eventuell sei übersehen, daß er aus unerlaubter Handlung hafte. Was den ersten Punkt angeht, so ist in der Rechtsprechung und im Schrifttum anerkannt, daß der Empfänger in vielfacher Weise anders als durch Annahme von Frachtgut und Frachtbrief in die Schuldnerstellung eintreten kann (vgl. Rundnagel in Ehrenbergs Handbuch, Bd. 5, 2, § 44 S. 158 flg.; Staub, § 436 Anm. 1). Das Berufungsgericht verneint jedoch, daß hier schlüssige Handlungen vorlägen, aus denen derartiges zu folgern sei; es begründet das damit, daß die Sendung nicht den Zwecken des Beklagten, sondern des Bohringenieurs S. gedient, daß Beklagter zweimal die Annahme verweigert, daß er nur infolge einer Verwechslung der beiden für S. angekommenen Sendungen die Entladung des Wagens aus Köslin in Angriff genommen habe, daß ihm sodann die weitere Fortsetzung der Entladung nicht verboten worden sei und er infolgedessen auch noch den Rest der Sendung aus dem Wagen herausgenommen habe. Diese Ausführungen werden von der Revision mit Recht angegriffen; sie werden dem Sachverhalte nicht gerecht.

Zunächst ist darauf hinzuweisen, daß es sich im Falle des § 436 HGB. auf seiten des Empfängers nicht um einen Eintritt in den Frachtvertrag handelt (so RGZ. Bd. 71 S. 345 und die herrschende Meinung mit Ausnahme von Eger, Eisenbahnverkehrsordnung, § 76 Anm. 387). Weder der Form nach handelt es sich um einen Eintritt in den Frachtvertrag (denn der Empfänger haftet nach § 436 nicht vertraglich, sondern kraft Gesetzes), noch der Sache nach (denn der Empfänger haftet nicht nach den Bestimmungen des Frachtvertrags, sondern nach den Bestimmungen des Frachtbriefs). Da nun aber § 436 auf den vorliegenden Streitfall keine unmittelbare Anwendung findet, weil der Empfänger nur das Gut, nicht auch den Frachtbrief angenommen hat, da jedoch anderseits, wie bereits erwähnt, einhellig angenommen wird, daß auch in anderen Fällen als dem des § 436 der Empfänger, der das Gut angenommen hat, zur Frachtzahlung verpflichtet sein kann, so fragt sich zunächst, auf welchem Rechtsgrunde in jenen anderen Fällen die Verpflichtung des Empfängers beruht. Als Rechtsgrund kann in erster Linie eine vertragliche Bindung in Betracht kommen. Das Berufungsgericht hat eine solche im vorliegenden Falle abgelehnt und zwar in der Erwägung, daß der Beklagte keineswegs den Willen gehabt oder geäußert habe, sich zur Frachtzahlung zu verpflichten. Hierdurch wird aber auf einen Umstand Gewicht gelegt. der nicht entscheidend ist. Es ist im heutigen Rechte anerkannt, daß jedermann seine Handlungen gegen sich gelten zu lassen hat, nicht nur so, wie er sie nach seinem inneren, nicht geäußerten Willen gemeint hat, sondern so, wie sie von der Verkehrssitte d. i. von den Verkehrsanschauungen aufgefaßt werden. Dieser Grundsatz hat für den Verkehr zwischen Kaufleuten seinen Niederschlag in § 346 HGB. gefunden; seine Anwendung ist aber nicht auf das Handelsrecht beschränkt, er gilt vielmehr zufolge § 157 BGB. allgemein für das bürgerliche Recht. Er führt in Anwendung auf den vorliegenden Streitfall zu folgenden Erwägungen. Der Beklagte hat nach den Feststellungen des Berufungsgerichts nicht den Willen gehabt, die Nachnahme zu bezahlen; er hat auch nur aus Irrtum mit der Entladung des falschen Wagens begonnen. Dann aber ist er auf seinen Irrtum aufmerksam gemacht worden und hat eingesehen, daß der Wagen, den er entlud, der aus Köslin gekommene, mit der Nachnahme belastete war. Trotz seiner Aufklärung hat er die Entladung fortgesetzt, hat die Bohrgeräte auf seinen Hof gefahren und dort gelagert. Bei den Verhandlungen, die sodann zwischen ihm und S. einerseits, der Klägerin anderseits über die Rücklieferung stattfanden, hat er sich niemals erboten, die Geräte zurückzugeben. Das ist vielmehr erst im Laufe des Rechtsstreits geschehen. Das angefochtene Urteil entschuldigt das Verhalten des Klägers damit, daß die Bahnbeamten ihn an der Fortsetzung der Entladung nicht verhindert hätten und daß er geglaubt habe, es werde mit der sofortigen Bezahlung der Nachnahme nicht so genau genommen; es sei deshalb nicht festzustellen, daß der Beklagte den Willen gehabt habe, in den Frachtvertrag einzutreten. Auf letzteres kommt es, wie dargelegt, nicht an. Entscheidend ist vielmehr, wie sein Verhalten von der Verkehrssitte und den Verkehrsanschauungen gewürdigt wird. In dieser Hinsicht kann es nun aber einem Zweifel nicht unterliegen, daß derjenige, der Frachtgut an sich nimmt, wissend, daß es mit einer Nachnahme belastet ist, zu deren Bezahlung er vorher aufgefordert war, und der dann trotz Aufforderung keine Anstalten macht, es herauszugeben, so anzusehen ist, wie einer, der sich zur Bezahlung der Nachnahme und der Fracht verpflichtet hat. Daran wird nichts durch den Umstand geändert, daß sich der Beklagte drei Monate später im Laufe des Rechtsstreits zur Herausgabe erboten hat, denn damals war seine Verpflichtung zur Zahlung schon eingetreten. Aus diesen Gründen konnte das die Klage abweisende Berufungsurteil nicht aufrecht erhalten werden, vielmehr war das erstinstanzliche Urteil wiederherzustellen."

42. Zur Auslegung von Bürgschaftsurkunden entgegen ihrem Wortlaute.

BGB. §§ 133, 766.

VI. Zivilsenat. Urt. v. 10. März 1919 i. S. R. (Bekl.) w. S. (Kl.). Rep. VI. 331/18.

I. Landgericht Halle a. S.
II. Oberlandesgericht Naumburg a. S.

Der Kläger verlangt von der Beklagten zu 1 die Zahlung von 5000 *M* nebst 5% Zinsen seit der Klagezustellung und erhebt gegen den Beklagten zu 2 den Anspruch, daß er die Zwangsvollstreckung in das Vermögen seiner Ehefrau, der ersten Beklagten, dulde. Vom Landgericht ist die Beklagte zu 1 antragsgemäß verurteilt worden, ihre Berufung hat das Oberlandesgericht zurückgewiesen. Ihre Revision führte zur Aufhebung des Berufungsurteils aus folgenden

Gründen:

„Die Beklagte zu 1 hat ihrem Ehemann im Jahre 1902 in einer notariellen Urkunde Generalvollmacht erteilt. Am 3. Mai 1913 wurde eine weitere notarielle Urkunde errichtet, in der der Beklagte zu 2 zunächst anerkennt, daß er dem Kläger ein am 1. Mai 1913 fällig gewesenes Darlehen von 100000 *M* schulde und ferner noch „aus Darlehen und als Kaufpreis für verkauftes Holz" die Summe von ca. 70000 *M* schuldig sei. Dann erklärt er: „Zur Sicherheit für die Zahlung beider Forderungen von 100000 *M* und von ca. 70000 *M*, zusammen also ca. 170000 *M* nebst Zinsen übernehme ich als Generalbevollmächtigter meiner Ehefrau ..., handelnd auf Grund der notariellen Generalvollmacht meiner Ehefrau ... für diese die selbstschuldnerische Bürgschaft ...". Diese Erklärungen des Beklagten zu 2, „insbesondere auch die Bürgschaftsübernahme", hat der Kläger angenommen. Auf Grund der getroffenen Abmachung fordert er jetzt die eingeklagten 5000 *M* als Teilbetrag der erwähnten 70000 *M*. ...

Die Revision richtet sich gegen die Auslegung der Bürgschaftserklärung durch das Berufungsgericht, in der sie einen Verstoß gegen §§ 133, 766 BGB. finden will. Von der Beklagten zu 1 war geltend gemacht, daß es sich bei dem Holzkauf um ein wucherisches Geschäft handle, das nichtig sei; ob aber der Kläger ihrem Manne noch Darlehen in Höhe der Klageforderung über die 100000 *M* hinaus gewährt habe, stehe nicht fest. Diesen Einwand hält das Berufungsgericht deshalb für unerheblich, weil die Beklagte zu 1 zugebe, daß ihr Mann aus dem Holze 35000 *M* erlöst habe; er sei daher um diesen Betrag bereichert, wenn der Holzkauf nichtig sein sollte. Die Beklagte zu 1 hafte aber auch für den Bereicherungsanspruch als Bürgin, denn wenn auch nur die Kaufpreisforderung in der Urkunde erwähnt sei, so habe doch der Kläger für seine Forderungen aus der Holzlieferung eine Sicherheit erhalten sollen; die Bürgschaft erstrecke sich daher auch auf die Ansprüche des Klägers, die im Falle der Nichtigkeit des Holzkaufs an die Stelle der Vertragsforderungen treten würden.

Mit dieser Auslegung setzt sich das Berufungsgericht in Widerspruch zu dem deutlichen Wortlaute der Bürgschaftserklärung. Die Bürgschaft wurde übernommen für eine Forderung von 100000 ℳ und eine solche von ca. 70000 ℳ; von der letzteren, hier allein in Betracht kommenden aber heißt es, daß sie aus Darlehen und als Kaufpreis für verkauftes Holz geschuldet werde. Die Hauptforderung ist sonach in bezug auf den Schuldgrund genau bezeichnet; insoweit es sich aber um die Verpflichtungen des Bürgen handelt, hat die Urkunde die Vermutung der Vollständigkeit für sich (vgl. Jur. Wochenschr. 1911 S. 540 Nr. 15). Daß die Bürgin dem Kläger auch für etwaige Ansprüche anderer Art haften solle, ist nirgend gesagt. Nun darf freilich die Auslegung einer Urkunde nicht an dem Wortlaute haften bleiben, sondern soll nach § 133 BGB. den wirklichen Willen erforschen. Diese Willenserforschung findet aber ihre Schranke in der tatsächlich vorliegenden Erklärung, und im vorliegenden Falle ist nur von einer Forderung aus Kaufpreis und Darlehen die Rede. Wäre die von dem Berufungsgericht angenommene Ausdehnung der Bürgschaft gewollt gewesen, so hätte es nahe gelegen, nicht von dem „Kaufpreis für verkauftes Holz", sondern von den Ansprüchen des Klägers aus Holzlieferung zu sprechen oder einen ähnlichen umfassenden Ausdruck zu wählen, wobei es dahingestellt bleiben möge, ob eine solche Fassung den gegebenen Fall einschließen könnte, in dem der etwaige Anspruch des Klägers auf 35000 ℳ auf der Nichtigkeit des Kaufes wegen Wuchers beruhen würde.

Die von dem Berufungsgericht angenommene Auslegung der Bürgschaftserklärung läßt sich somit nicht aufrecht erhalten. Darüber aber, inwieweit in den 70000 ℳ vom Kläger gegebene Darlehen enthalten sind, hat das Berufungsgericht keine Feststellungen getroffen." ...

---

43. 1. Ausschluß der Rückforderung des Geleisteten nach § 814 BGB. Auf wessen Kenntnis kommt es an, wenn bei der Zahlung einer Nichtschuld mehrere Personen zusammengewirkt haben?
2. Zur Anwendung des § 817 BGB.

II. Zivilsenat. Urt. v. 11. März 1919 i. S. B. & Co. (Bekl.) w. Kommanditgesellschaft auf Aktien B. & Co. (Kl.). Rep. II. 278/18.

I. Landgericht Hamburg, Kammer für Handelssachen.
II. Oberlandesgericht daselbst.

Am 24. März und 4. April 1916 kaufte die Klägerin von der Beklagten je ca. 5 Tonnen Schmierseife, lieferbar im April dess. Js. Der Kaufpreis sollte netto Kasse „gegen Liefer- bzw. Verfügungsschein" gezahlt werden. Die Beklagte behändigte der Klägerin am 25. April 1916 zwei Lieferscheine über zusammen 8090 kg, worauf ihr die Klägerin an demselben Tage durch Banküberweisung den Kaufpreisbetrag von 28993,60 ℳ zahlte. Die Scheine lauteten auf die Seifenfabrik K. in M. als die Leistungspflichtige. Am 1. Mai 1916 stellte die Klägerin die Ware wegen vertragswidriger Beschaffenheit der Beklagten zur Verfügung, indem sie ihr gleichzeitig die Lieferscheine zurückschickte. Sie behauptete, sie habe nach der Behändigung der Scheine eine Probe der Ware durch die Beklagte erhalten, an dieser Probe sei der Mangel festgestellt worden.

In der Zeit zwischen dem Abschlusse der Verträge der Parteien und der Behändigung der Lieferscheine erging die am 19. April 1916 in Kraft getretene Bundesratsverordnung vom 18. dess. Mts. über den Verkehr mit Seife, Seifenpulver und anderen fetthaltigen Waschmitteln (RGBl. S. 307) nebst den gleichzeitig in Kraft getretenen Ausführungsbestimmungen (Bekanntmachung des Reichskanzlers vom 18. April 1916, RGBl. S. 308).

Mit der Klage forderte die Klägerin die Rückzahlung des von ihr überwiesenen Kaufpreises. Im Laufe der ersten Instanz wurde die angediente Ware für Rechnung dessen, den es angeht, verkauft. Nachdem die Klägerin den Erlös von 22425,13 ℳ erhalten hatte, ermäßigte sie den Klaganspruch auf 6568,47 ℳ.

Die Vorinstanzen gaben der Klage statt. Die Revision der Beklagten wurde zurückgewiesen aus folgenden

Gründen:

„Die Klägerin hat geltend gemacht, daß sie wegen des zu geringen Fettgehalts der Ware wandlungsberechtigt sei und daß der Anspruch auf Rückzahlung des Kaufpreises auch aus der Bundesratsverordnung vom 18. April 1916 folge. Die Ausführungsbestimmungen zu dieser Verordnung besagen in § 4:

„An Wiederverkäufer dürfen Seife, Seifenpulver und andere fetthaltige Waschmittel nur insoweit abgegeben werden, als bereits vorher eine dauernde Geschäftsverbindung zwischen den Vertragsteilen bestanden hat. Die in einem Kalendervierteljahr abgegebene Menge darf dreißig vom hundert der im gleichen Kalendervierteljahre des Jahres 1915 an denselben Wiederverkäufer abgegebenen Menge nicht übersteigen.

Abweichungen von diesen Bestimmungen sind nur mit Zustimmung des Kriegsausschusses für pflanzliche und tierische Öle und Fette, G. m. b. H. in Berlin, zulässig."

In § 9 sind Zuwiderhandlungen gegen dieses Verbot unter Strafe gestellt. Die Klägerin war unbestrittenermaßen Wiederverkäuferin, ohne zuvor eine dauernde Geschäftsverbindung mit der Beklagten unterhalten zu haben.

Das Landgericht hat die Klage unter dem Gesichtspunkte der Wandlung zugesprochen. Den weiteren Klaggrund erachtet es für hinfällig, indem es erwägt, daß § 817 BGB. der Rückforderung des Kaufpreises entgegenstehe; es sei anzunehmen, daß die Klägerin, die mit erheblichen Vermögenswerten am Seifenhandel beteiligt sei, das Verbot gekannt und ihm bewußt zuwidergehandelt habe.

Das Berufungsgericht ist der Ansicht, für eine Wandlung sei kein Raum mehr gewesen, die beiderseitigen Verpflichtungen seien dadurch erloschen gewesen, daß die Beklagte zufolge der Bundesratsverordnung die Seife nicht mehr habe liefern dürfen, und daß die Klägerin demnach zur Zahlung des Kaufpreises nicht mehr verpflichtet gewesen sei. Dagegen erachtet es den weiteren Klaggrund für gerechtfertigt, weil die Klägerin eine Nichtschuld bezahlt habe und deshalb nach §§ 812, 813 BGB. das Geleistete zurückfordern könne. Die Anwendbarkeit der die Rückforderung ausschließenden Vorschriften der §§ 814 und 817 verneint es im Hinblick darauf, daß derjenigen Person, die für die Klägerin die Zahlung geleistet habe, die Bundesratsverordnung nicht genügend bekannt gewesen sei. Der die Zahlung Leistende sei der Zeuge Sch. gewesen. Zwar habe er nicht selbst die Banküberweisung unterschrieben, aber er habe in seiner Eigenschaft als Abteilungsleiter der Klägerin auf die Rechnung der Beklagten die Zahlungsanweisung gesetzt. Diese Anordnung des Zeugen, der das hier in Rede stehende Geschäft auch abgeschlossen und unter eigener Verantwortung zu erledigen gehabt habe, werde regelmäßig befolgt, indem ein mit Bankvollmacht ausgestatteter Direktor der Klägerin oder der persönlich haftende Gesellschafter B. selbst die Überweisung unterschreibe. Der Zeuge habe bei der Anordnung der Zahlung zwar von der Bundesratsverordnung gewußt, aber nicht angenommen, daß sie sich auch auf früher geschlossene Verträge beziehen könne. Er habe daher weder bewußt eine Nichtschuld bezahlt (§ 814) noch bewußt gegen die Verordnung verstoßen (§ 817). Auf den Eid, der dem persönlich haftenden Gesellschafter B. darüber zugeschoben war, daß er in Kenntnis der hier fraglichen Kaufabschlüsse und in Kenntnis der Bundesratsverordnung die Zahlung angeordnet oder bewirkt habe, komme es nicht an, weil B., wie die Aussage des Zeugen Sch. ergebe, am Zahlungstage von dem Abschlusse der beiden Geschäfte überhaupt keine Kenntnis gehabt habe und weil es danach unerheblich sei, wenn er damals die Bundesratsverordnung gekannt haben sollte und wenn vielleicht gerade er den Banküberweisungszettel unterschrieben haben sollte, was übrigens beides nach der Aussage des Sch. nicht wohl anzunehmen sei. Das Berufungsgericht geht bei diesen Erwägungen, soweit sie sich auf die Vorschrift des § 817 beziehen, davon aus, daß ein Verstoß gegen ein gesetzliches Verbot, der die Rückforderung ausschließen würde, nur angenommen werden könnte, wenn der Zahlende die Bundesratsverordnung und deren Tragweite gekannt habe; es handle sich hier nicht um allgemein gültige Gesetze, für die das Reichsgericht in dem Urteile RGZ. Bd. 72 S. 76 ausgesprochen habe, daß das Bewußtsein, gegen das Gesetz zu verstoßen, nicht erforderlich sei, sondern um eine wirtschaftliche Maßnahme, und es sei selbstverständlich, daß man nicht gegen eine wirtschaftliche Maßnahme im Sinne des § 817 verstoßen könne, ohne sie zu kennen.

Den gegen diese Beurteilung erhobenen Angriffen war der Erfolg zu versagen.

Die Revision gibt zur Erwägung, ob die Beklagte nicht durch die Hingabe der Lieferscheine die streitigen Verträge erfüllt habe und ob danach die Grundsätze über die ungerechtfertigte Bereicherung nicht überhaupt auszuscheiden hätten. Dem steht — abgesehen von den Bedenken, die der Vorschrift des § 788 BGB entnommen werden könnten — entgegen, daß nach den Ausführungsbestimmungen zu der Bundesratsverordnung die Ware ohne Zustimmung des in § 4 Abs. 2 bezeichneten Kriegsausschusses nicht mehr „abgegeben" werden durfte, und zwar gilt dies, obwohl die Verträge vor der Verkündung der Verordnung geschlossen sind. Der wegen des letzteren Umstandes von der Revision angeregte Zweifel ist grundlos, weil das Verbot allgemein und ohne einen solchen Vorbehalt erlassen ist. Die Hingabe der Scheine konnte daher insolange der Klägerin einen Anspruch auf die Aushändigung der Ware nicht verschaffen und darum insolange nicht als Erfüllung wirken, als nicht der Kriegsausschuß der Lieferung zustimmte. Dazu ist es aber nicht gekommen. Die Parteien haben sich auch, soweit ersichtlich, nicht darum bemüht, vielmehr wurde die Ware, ohne daß die Klägerin sie erhalten hätte, nach der Rücksendung der Scheine für Rechnung dessen, den es anging, anderweit verkauft. Der Bereicherungsanspruch ist deshalb an sich in § 812 begründet.

Daß der Anspruch nicht durch § 814 ausgeschlossen ist, hat das Berufungsgericht ohne Rechtsirrtum angenommen. Der Revision ist nicht zu folgen, wenn sie die Ansicht vertritt, daß es bei der Frage, ob die Klägerin wissentlich eine Nichtschuld bezahlt habe, nicht auf die Kenntnis des Zeugen Sch., sondern ausschließlich auf die Kenntnis desjenigen ankommen könne, der namens der Klägerin die Banküberweisung unterschrieben hat. Nach außen ist bei der Überweisung allerdings nur der Unterzeichner der Urkunde als Willensorgan der Klägerin hervorgetreten. Das allein kann jedoch hier, trotz der Vorschrift des § 166, nicht entscheidend sein. Nach den tatsächlichen Feststellungen, die das Berufungsgericht über den Geschäftsbetrieb der Klägerin und über den Hergang bei der in Rede stehenden Zahlung getroffen hat, ist davon auszugehen, daß Sch. selbständig darüber zu befinden hatte, ob die Zahlung zu leisten sei, und daß der Unterzeichner der Urkunde (entweder der persönlich haftende Gesellschafter B. selbst oder einer der Direktoren) ohne eigene Prüfung der Angelegenheit seine Unterschrift gegeben hat. War das aber der Fall, dann ist der Wille, die Zahlung zu leisten, auf das Zusammenwirken von zwei Personen, des Sch. und des Unterzeichners der Urkunde, zurückzuführen. Der Unterzeichnende hat dann zwar die letzte und maßgebende Entschließung getroffen, dies aber nur in dem Sinne getan, daß er das Ergebnis der von Sch. vorgenommenen Prüfung und dessen Entschließung sich zu eigen machte. Das Berufungsgericht hat daher vom Standpunkte seiner tatsächlichen Beurteilung aus mit Recht die Auffassung des Sch. als ausschlaggebend angesehen. Anders würde die Sache liegen, wenn der Unterzeichner der Urkunde auf Grund eigener sachlicher Entschließung oder sonstwie unabhängig von der Auffassung des Sch. gehandelt hätte. In dieser Beziehung hat die Beklagte Behauptungen aufgestellt, indem sie dem Gesellschafter B. den erwähnten Eid zuschob. Das Berufungsgericht hat zutreffend von der Auferlegung des Eides abgesehen. Wenn B., wie es tatsächlich feststellt, am Zahlungstage von den beiden Abschlüssen überhaupt nichts wußte, entfällt die Möglichkeit, daß er auf Grund eigener Prüfung der Angelegenheit die Urkunde unterschrieben hat oder daß die Unterzeichnung, sofern sie durch einen der Direktoren erfolgt ist, auf seiner Anordnung beruht hat. Der Angriff aus § 139 ZPO., den die Revision zu dem vorliegenden Punkt erhebt, ist ungerechtfertigt. Darlegungs- und beweispflichtig für den Ausschluß des an sich gegebenen Bereicherungsanspruchs war die Beklagte. Nachdem sie in dieser Richtung Behauptungen aufgestellt und Beweis angetreten hatte, hätte es sich für das Berufungsgericht nur noch darum handeln können, sie zu neuen Behauptungen und Beweiserbieten zu veranlassen. Hierauf erstreckt sich aber die richterliche Fragepflicht nicht.

Auch auf die Vorschrift des § 817 Satz 2 BGB. kann sich die Beklagte nicht berufen. Das in Rede stehende Verbot und die Strafandrohung beziehen sich nicht etwa überhaupt auf den Verkehr mit den dort genannten Waren, sondern nur auf deren Abgabe. Die Vertreter der Klägerin hätten deshalb nur dann gegen das Verbot verstoßen und sich strafbar machen können, wenn sie etwa darauf ausgegangen wären, die Beklagte zu einer verbotswidrigen Abgabe zu bestimmen, und sich so der Anstiftung schuldig gemacht hätten. Dafür fehlt aber jeder Anhalt. Ebensowenig liegt etwas vor, was der Klägerin als ein die Rückforderung ausschließender Verstoß gegen die guten Sitten zuzurechnen wäre. Bei dieser Sachlage braucht nicht geprüft zu werden, ob die Unterscheidung, die das Berufungsgericht hinsichtlich der Anwendbarkeit des § 817 zwischen allgemein gültigen Gesetzen und wirtschaftlichen Maßnahmen treffen will, gebilligt werden könnte."

---

44. Gehört ein in der Rechnungsstelle eines Postscheckamtes tätiger Postbeamter zu den Beamten, die in einem reichsgesetzlich der Unfallversicherung unterliegenden Betriebe beschäftigt sind?

Reichsbeamtenfürsorgegesetz vom 18. Juni 1901 § 1; Gewerbeunfallversicherungsgesetz vom 5. Juli 1900 § 1 Abs. 1 Nr. 3.

III. Zivilsenat. Urt. v. 11. März 1919 i. S. F. (Kl.) w. Deutsches Reich (Bekl.). Rep. III. 408/18.

I. Landgericht Hamburg.
II. Oberlandesgericht daselbst.

Die Klägerin, die als Angestellte des Postscheckamts in Hamburg im Reichspostdienste stand, fiel am 26. Oktober 1912 im Dienstsaal, als sie zu einer Wendeltreppe ging, um die Garderobe aufzusuchen, und verletzte sich erheblich. Sie führte den Unfall auf die Glätte des Bodens zurück und verlangte unter Berufung auf den Grundsatz des § 618 BGB. Schadensersatz. Ihre Klage ging auf Erstattung der bisherigen Kosten von 436,50 ℳ und auf Feststellung der Ersatzpflicht im übrigen.

Die erste Instanz gab durch Teilurteil dem Feststellungsantrag statt. Nachdem ein die Klage abweisendes Berufungsurteil durch Urteil des erkennenden Senats vom 27. Februar 1917 aufgehoben worden war, wies das Berufungsgericht in dem jetzt angefochtenen Urteil einem neuen Einwande des Beklagten entsprechend den Feststellungsanspruch aus dem Grunde ab, weil die Klägerin infolge ihrer Beschäftigung im Postscheckamt im Sinne des Unfallfürsorgegesetzes vom 18. Juni 1901 zu den Beamten gehört habe, die in reichsgesetzlich der Unfallversicherung unterliegenden Betrieben beschäftigt sind, daher andere als die in diesem Gesetze (vgl. §§ 10, 12) zugelassenen Ansprüche gegen das Reich nicht geltend machen könne.

Auf die Revision der Klägerin wurde das Berufungsurteil aufgehoben und die Sache an das Berufungsgericht zurückverwiesen.

Aus den Gründen:

... „Nicht beizutreten ist dem Berufungsgericht in der Annahme, daß die Klägerin unter das Unfallfürsorgegesetz falle, d. h. in einem reichsgesetzlich der Unfallversicherung unterliegenden Betriebe beschäftigt gewesen sei. Nach den Feststellungen des Berufungsgerichts war die Klägerin in der sogenannten Rechnungsstelle des Postscheckamts tätig, die mit dem Schalterverkehr nichts zu tun hat, vielmehr nur der Bearbeitung der eingegangenen Zahlkarten und Scheckaufträge dient und im wesentlichen die Schlußprüfung und Schlußarbeit an sämtlichen aus dem Postscheckverkehr herrührenden Zahlkarten, Zahlanweisungen, Schecken und Überweisungen besorgt. Nun unterliegt allerdings nach § 1 Abs. 1 Nr. 3 GewUVG. (ebenso § 537 RVO.) der gesamte Betrieb der Post-, Telegraphen- und Eisenbahnverwaltungen der Unfallversicherung. Damit ist ausgedrückt, daß alle Ausflüsse des Betriebs der Versicherung unterliegen sollen, und es ist auch gerechtfertigt, zugunsten der in Frage kommenden Arbeiter- und Betriebsbeamten eine möglichst weite Auslegung des Begriffs Platz greifen zu lassen. Immerhin aber muß es sich auch hier um den technischen Betrieb handeln. Der kaufmännische Teil, der vielfach, wenn auch nicht immer, mit dem Bureaubetrieb zusammenfällt, unterliegt nicht der Versicherung. Danach muß schon als fraglich bezeichnet werden, ob der Schalterdienst der Postbeamten in den Bereich der Unfallversicherung fällt. Zuweilen (vgl. Reindl, Bayer. Beamtengesetz Art. 89 Anm. 3a) wird der Schalterdienst allgemein zum Betriebe gerechnet. Das Reichsversicherungsamt (vgl. Handbuch d. Unf.-Vers. Bd. 1 Anm. 95 zu § 1 GewUVG.; ebenso zu § 537 RVO. Stier-Somlo Anm. 31, Düttmann Anm. 28, Moesle-Rabeling Anm. 35) steht nicht auf diesem Standpunkt. Es zählt, wie das Bureaupersonal überhaupt, so auch die Angestellten am Schalter nicht zu den unter das Gesetz fallenden Personen und hat sogar den Fahrkartenverkauf bei der Eisenbahn nur ausnahmsweise da zum technischen Betriebe gerechnet, wo besondere örtliche Verhältnisse einen engeren Zusammenhang mit den der Personenbeförderung dienenden Verkehrseinrichtungen begründeten (Amtl. Nachr. 1906 S. 635 Nr. 2171). Der erkennende Senat hat weitergehend in RGZ. Bd. 63 S. 124 den Schalterdienst bei der Fahrkartenausgabe zum Betriebe der Eisenbahnverwaltung gerechnet, dabei aber darauf hingewiesen, daß bei der Eisenbahn vermöge der Eile, mit der die Fahrkartenausgabe geschehen müsse, und vermöge der Unruhe und Aufregung, die sich leicht vom Publikum auf den Schalterbeamten übertrage, der Dienst des Schalterbeamten besonderen Gefahren ausgesetzt sei, und anerkannt, daß die Verhältnisse bei der Post nicht gleichliegen.

Es bedarf indessen nicht der Entscheidung, ob der Schalterdienst der Post in den Bereich der Unfallversicherung fällt. Denn jedenfalls muß der Betrieb der Rechnungsstelle, in der die Klägerin, vom Schalterdienst völlig getrennt, in rein kaufmännischer, bureaumäßiger Art sich zu betätigen hatte, ausscheiden. Die Tätigkeit der Klägerin unterschied sich nicht von der eines Bankangestellten, und einen Betrieb dieser Art der Unfallversicherung zu unterstellen, liegt nicht im Sinne des Gewerbeunfallversicherungsgesetzes. Setzt die Anwendbarkeit dieses Gesetzes auch nicht voraus, daß der Arbeiter oder Betriebsbeamte besonderen, dem Betriebe eigentümlichen Gefahren ausgesetzt ist, so beruht doch die Einbeziehung der im Gesetz erwähnten Betriebe auf dem Gedanken, daß bei ihnen mit solchen Gefahren regelmäßig zu rechnen sei. Davon kann unter Umständen beim Schalterbetriebe, nicht dagegen bei dem bureaumäßig-kaufmännischen Betriebe der Rechnungsstelle eines Postscheckamts die Rede sein. Der Einbeziehung dieses Betriebes unter die Unfallversicherung fehlt daher auch jede innere Berechtigung. Wenn das Berufungsgericht es für zweifellos erklärt, daß zu dem Betriebe der Postverwaltung auch der Betrieb der Postscheckämter gehöre, so übersieht es, daß Betrieb im Sinne des Gewerbeunfallversicherungsgesetzes nur der technische Betrieb ist, und daß demgemäß nicht jeder im Dienste der Post tätige Arbeiter oder Beamte, sondern nur der im technischen Betriebe beschäftigte der Versicherung unterliegt. Der Betrieb der Postscheckämter aber ist wesentlich kaufmännischer, nicht technischer Art. Aus diesem Grunde kann auch die Erwägung des Berufungsgerichts, man könne doch nicht zwischen Unfällen eines an der Schalterstelle des Postscheckamts und solchen eines an der Rechnungsstelle tätigen Beamten unterscheiden, nicht zu einem abweichenden Ergebnis führen. Bei der vorwiegend kaufmännischen Art des Betriebes ließe sich damit eher die Annahme begründen, daß der ganze Postscheckdienst, einschließlich des Schalterdienstes, von der Versicherung auszuschließen sei. Für die Auffassung des Berufungsgerichts läßt sich endlich auch nicht die Entscheidung des erkennenden Senats in RGZ. Bd. 81 S. 55 heranziehen. Es handelte sich dort um den Bureaudiener einer Eisenbahnbetriebsinspektion, und die Erstreckung der Unfallfürsorge nach dem preußischen Gesetze vom 2. Juni 1902 auf ihn war daraus abgeleitet worden, daß die Betriebsinspektion dem technischen Bereiche der Eisenbahnverwaltung zuzurechnen sei, der Diener einer Betriebsinspektion also dem nämlichen Bereiche angehöre. Hier aber liegt weder eine unmittelbare noch eine mittelbare Zugehörigkeit zum technischen Betriebe der Postverwaltung vor.

Es muß also grundsätzlich davon ausgegangen werden, daß ein in der Rechnungsstelle eines Postscheckamts tätiger Postbeamter nicht zu den Beamten gehört, die in einem reichsgesetzlich der Unfallversicherung unterliegenden Betriebe beschäftigt sind. Mit dieser Auffassung stimmt auch der Standpunkt überein, den die Postverwaltung selbst in Abschnitt X 2 § 41 der Allgemeinen Dienstanweisung dahin eingenommen hat, daß auf Personen, die nur mit Bureauarbeiten beschäftigt werden, das Unfallfürsorgegesetz nicht anwendbar sei. Damit entfällt im vorliegenden Falle die Anwendbarkeit des Unfallfürsorgegesetzes. Der von der Klägerin erhobene Schadensersatzanspruch wird daher durch dieses Gesetz nicht ausgeschlossen."

---

45. 1. Rechtliche Natur des Handlungsagenturvertrags im Unterschiede vom Mäklervertrage.

2. Kann der Mäkler, dessen Provisionsanspruch zufolge besonderer Vereinbarung von der Ausführung des Geschäfts abhängt, die Provision verlangen, wenn das Unterbleiben der Ausführung auf das Verhalten des Geschäftsherrn zurückzuführen ist, ohne daß wichtige Gründe in der Person des Geschäftsgegners vorliegen?

HGB. § 84, § 88 Abs. 2; BGB. § 652.

V. Zivilsenat. Urt. v. 12. März 1919 i. S. T. & Co. (Kl.) w. R. Aktienges. (Bekl.). Rep. V. 363/18.

I. Landgericht III Berlin, Kammer für Handelssachen.
II. Kammergericht daselbst.

Die Beklagte suchte im August 1917 Heeresaufträge für ihren Fabrikationsbetrieb zu erlangen. Die Klägerin erklärte ihr in einem Schreiben vom 7. August 1917, daß ein Herr Gr. ihr größere, in ihren Fabrikrahmen passende Heeresaufträge beschaffen bzw. dafür sorgen könne, daß ihr die Aufträge durch seine oder der Klägerin Vermittelung zugingen. Es heißt in diesem Schreiben weiter:

„Herr Gr. beansprucht dafür natürlich eine Provision, und wäre es der Einfachheit wegen am zweckmäßigsten, wenn Sie uns eine schriftliche Provisionszusicherung — wir denken etwa 5 % — für alle perfekt gewordenen Geschäfte von der Bruttokalkulation zusenden würden, und zwar für solche Geschäfte, die durch unser bzw. sein Zutun zustande kommen. Wir würden dann mit ihm auf dieser Basis ein gesondertes Abkommen treffen."

Die Beklagte entgegnete in ihrem Schreiben vom 13. August 1917, sie erteile die Provisionszusage von 5 %, und dies sei so zu verstehen, „daß sie durch Herrn Gr. Aufträge erhalte und auch weiter darauf reflektiere." Zum Schluß heißt es dann: „die 5 % Provision wird von uns an Sie ausbezahlt, sobald wir den Betrag von den M.-R.-Werken erhalten haben."

Die M.-R.-Werke haben der Beklagten einen Auftrag zum Gesamtpreise von 96000 ℳ erteilt. Die Beklagte hat aber nur einen geringen Teil der Bestellung ausgeführt. Die hierauf entfallende Provision hat sie der Klägerin bezahlt. Die Klägerin verlangt den Restbetrag berechnet auf Grund des Gesamtpreises.

Das Landgericht gab dem Klagantrag statt. Dagegen erkannte das Kammergericht auf Abweisung der Klage.

Die Revision der Klägerin ist zurückgewiesen worden.

Gründe:

„Der Berufungsrichter erachtet die Annahme des ersten Richters, daß die Klägerin Handlungsagentin der Beklagten im Sinne des § 84 HGB. gewesen sei und deshalb § 88 das. zur Anwendung zu kommen habe, für rechtsirrig, da die Klägerin nicht ständig damit betraut gewesen sei, für die Beklagte Geschäfte zu vermitteln. Es liegt nach Ansicht des Berufungsrichters vielmehr ein Mäklervertrag im Sinne des § 652 BGB. vor. Die Klägerin habe sich bereit erklärt, der Beklagten Aufträge auf Heereslieferungen durch einen gewissen Gr., der anscheinend Einfluß auf die Vergebung dieser Lieferungen hatte, zukommen zu lassen; eine ständige Vereinbarung sei insbesondere auch nicht daraus zu folgern, daß die Beklagte in ihrem Schreiben vom 11. August 1917 um Überweisung weiterer Aufträge gebeten habe.

Diese Ausführungen lassen einen Rechtsirrtum, insbesondere eine Verletzung des Rechtsbegriffs des „ständigen Betrautseins" in § 84 HGB. nicht erkennen. Dazu genügt nicht, daß die Vermittelung einer Mehrzahl von Verträgen innerhalb einer nicht fest bestimmten Frist in Aussicht genommen ist. Vielmehr ist erforderlich ein auf die Dauer berechnetes Verhältnis zu dem Geschäftsherrn, auf Grund dessen der Agent verpflichtet ist, in dessen Interesse für den Abschluß von Geschäften als Vermittler tätig zu sein (vgl. Denkschrift zum Entwurf des HGB. S. 73). Der Agent steht zu dem Geschäftsherrn im Verhältnis des Dienstverpflichteten zu dem Dienstberechtigten, obwohl er nicht als Handlungsgehilfe angestellt ist, sondern als selbständiger Gewerbetreibender tätig wird (vgl. Staub zu § 84 Anm. 3, 4 und 5; Wüstendörfer in Zeitschr. f. Handelsrecht Bd. 58 S. 123, OLG. Karlsruhe in Rechtspr. d. OLG. Bd. 12 S. 423, RGZ. Bd. 31 S. 60). Ein solcher Dienstvertrag (Agenturvertrag) ist hier nicht festgestellt; es liegt vielmehr nur das einseitige Provisionsversprechen der Beklagten vor, das abgegeben ist auf Grund der bloßen Mitteilung der Klägerin, daß sie oder Gr. ihr Heeresaufträge verschaffen könne. . .

Sonach ist die Annahme des Berufungsrichters, daß nicht ein Handlungsagenturvertrag, sondern ein Mäklervertrag im Sinne des § 652 BGB. vorliege, rechtlich nicht zu beanstanden. Durch diese Annahme wird übrigens die Klägerin an sich günstiger gestellt, als sie bei Annahme eines Handlungsagenturvertrags stehen würde, da nach § 652 BGB. die Mäklergebühr schon verdient ist, wenn das Geschäft zustandegekommen ist, während nach § 88 HGB. der Handlungsagent im Zweifel bei Verkäufen den Anspruch auf Provision erst nach der Ausführung des Geschäfts und dem Eingange der Zahlung und nur nach dem Verhältnis des eingegangenen Betrags erwirbt. Der Berufungsrichter ist aber durch Auslegung des unter den Parteien abgeschlossenen Vertrags dazu gelangt, anzunehmen, daß eine dieser Bestimmung entsprechende Vereinbarung unter den Parteien getroffen worden ist. Diese Vereinbarung findet er in dem Satze, der besagt, daß die Provision ausgezahlt werde, sobald die Beklagte den Betrag von den M.-R.-Werken erhalten habe. Der Berufungsrichter entnimmt hieraus, daß — wie es bei Kriegslieferungen die Regel geworden sei — die Provision erst mit der Durchführung des Geschäfts, insbesondere der Zahlung des Kaufpreises durch die M.-R.-Werke, verdient sein sollte. „Zur Vollendung geführte" Geschäfte seien solche gewesen, welche durch gegenseitige Vertragserfüllung erledigt waren. Die Provision habe nicht etwa bis zur Zahlung gestundet, sondern erst mit der Zahlung verdient sein sollen; in diesem Sinne habe das Berufungsgericht Provisionen ähnlichen Inhalts stets dann ausgelegt, wenn es sich um Vermittelung von Kriegslieferungen und um Provisionen von so erheblicher Höhe wie vorliegend gehandelt habe. Hiervon ausgehend gelangt der Berufungsrichter dazu, daß die Beklagte nicht verpflichtet sei, für den nicht ausgeführten Teil der Bestellung Provision zu zahlen. Es komme nicht darauf an, ob die Beklagte der Bestellerin gegenüber die Nichtlieferung zu vertreten habe; der Klägerin gegenüber sei sie Herrin des Geschäfts geblieben. Nur dann würde sie der Klägerin gegenüber sich nicht auf die Nichtausführung des Geschäfts berufen können, wenn sie dabei die Absicht verfolgt hätte, den Provisionsanspruch der Klägerin zu vereiteln. Das behaupte aber die Klägerin selbst nicht; sie trage lediglich vor, daß die Beklagte die Lieferung an die M.-R.-Werke schuldhaft verzögert und die Bestellerin darauf hin den Vertrag für aufgehoben erklärt habe.

Auch diese Ausführungen lassen einen Rechtsirrtum nicht erkennen. Der zweite Absatz des § 88 HGB., dessen Nichtanwendung die Revision rügt, kann zunächst keinesfalls unmittelbare Anwendung finden, da ein Fall des Handlungsagenturvertrags, für welchen die Vorschrift gegeben ist, nicht vorliegt. Es könnte nur in Frage kommen, ob etwa diese Vorschrift einen allgemeinen Rechtssatz, der auch auf den Provisionsanspruch des Mäklers entsprechende Anwendung finden dürfte, zum Ausdrucke bringt des Inhalts, daß, wenn der Provisionsanspruch, sei es auf Grund Gesetzes (wie nach § 88 Abs. 1 beim Handlungsagenten) oder auf Grund besonderer Vereinbarung (wie im vorliegenden Falle), davon abhängig ist, daß das vermittelte Geschäft zur Ausführung gelangt, ein gänzliches oder teilweises Unterbleiben der Ausführung, das auf das Verhalten des Geschäftsherrn zurückzuführen ist, ohne daß hierfür wichtige Gründe in der Person des Geschäftsgegners vorliegen, die Entstehung des Provisionsanspruchs in voller Höhe nicht ausschließt.

Der Senat nimmt aber, wie schon in seinem kürzlich ergangenen Urteile V 312/1918 vom 18. Januar 1919, in Übereinstimmung mit der bisherigen Rechtsprechung des Reichsgerichts (vgl. Bolze, Praxis Bd. 6 Nr. 491; Jur. Wochenschr. 1916 S. 1585 Nr. 4) an, daß bei dem Mäklervertrage, wenn durch besondere Vereinbarung der Anspruch auf Provision von der Ausführung des Geschäfts abhängig gemacht worden ist, der Geschäftsherr gegenüber dem Mäkler keine Verpflichtung hat, das Seinige zur Ausführung des Geschäfts zu tun, daß er vielmehr in dieser Beziehung freie Hand hat und daß der Provisionsanspruch nicht entsteht, wenn aus irgendeinem Grunde, sei es auch durch ein gegenüber dem Geschäftsgegner schuldhaftes Verhalten des Geschäftsherrn, das Geschäft nicht zur Ausführung gelangt, mit der einzigen schon aus § 162 BGB. sich ergebenden Einschränkung, daß der Geschäftsherr die Ausführung des Geschäfts nicht in einer gegenüber dem Mäkler wider Treu und Glauben verstoßenden Weise, also insbesondere nicht in der Absicht, diesem den Provisionsanspruch zu entziehen, vereiteln darf. Die Vorschrift des § 88 Abs. 2 beruht auf den besonderen, zwischen dem Geschäftsherrn und dem Handlungsagenten bestehenden gegenseitige Verpflichtungen erzeugenden Vertrauensverhältnissen und kann deshalb auf das nicht wesensgleiche oder rechtsähnliche Verhältnis zwischen dem Geschäftsherrn und dem Mäkler nicht entsprechend angewendet werden."

---

46. 1. Findet § 653 BGB. Anwendung, wenn dem Mäkler ausdrücklich die Leistung eines Mäklerlohns versprochen und dabei auch dessen Höhe bestimmt worden ist? Kann der Mäkler, wenn ihm ein Mäklerlohn in bestimmter Höhe, aber nur unter einer Bedingung versprochen wurde und die Bedingung nicht eintrat, eine angemessene Provision für seine Vermittlertätigkeit verlangen?

2. Wie ist im Versäumnisverfahren gegen den Berufungsbeklagten der Inhalt eines der Berufungsrechtfertigungsschrift in Abschrift beigefügten Briefes zu beurteilen?

BGB. § 653; ZPO. § 542.

V. Zivilsenat. Urt. v. 12. März 1919 i. S. L. (Kl.) w. D. (Bekl.). Rep. V. 355/18.

I. Landgericht Detmold.
II. Oberlandesgericht Celle.

Der Beklagte besaß früher die meisten Geschäftsanteile der Gesellschaft m. b. H. D. Papierfabrik. Zugleich war er Vertreter der übrigen Gesellschafter und Vorsitzender des Aufsichtsrats der Gesellschaft. Der Kläger war Geschäftsführer dieser Gesellschaft. Am 1. Mai 1917 war ihm vom Beklagten zum 1. August 1917 gekündigt worden. Durch notariellen Vertrag vom 2. August verkaufte der Beklagte seine Geschäftsanteile an einen Dritten für 800000 ℳ, die in Raten bis zum 15. Dezember 1917 gezahlt werden sollten, ferner gegen Übernahme einer Hypothek von 100000 ℳ durch den Käufer und weiter gegen Zuweisung des Geschäftsgewinnes der Gesellschaft im letzten Jahre.

Der Kläger verlangt Verurteilung des Beklagten zur Zahlung von 5000 ℳ mit der Behauptung, der Beklagte habe sich im Juni 1917 verpflichtet, ihm für den Fall, daß durch seine Bemühungen der Verkauf der Papierfabrik zustande komme, eine Vermittlerprovision von 5000 ℳ zu zahlen. Der Kaufvertrag vom 2. August 1917 sei durch seine Bemühungen zustandegekommen. Danach sei der Beklagte zur Zahlung der 5000 ℳ verpflichtet. Aber auch abgesehen von dem Versprechen der 5000 ℳ sei der Beklagte nach gesetzlicher Vorschrift zur Zahlung der Vermittlergebühr, deren Erhöhung vorbehalten werde, verbunden.

Der Beklagte bestritt, daß der Kaufvertrag durch Vermittelung des Klägers zustande gekommen sei, und machte geltend, er habe dem Kläger am 26. Juni 1917, als er sein Angebot an den Käufer gemacht habe, 5000 ℳ nur für den Fall versprochen, daß durch den Kläger der Verkauf der Fabrik „jetzt gegen Barzahlung von 1 Million Mark" zustande komme.

Der erste Richter erkannte auf einen vom Kläger hilfsweise zugeschobenen Eid, betreffend die vom Beklagten behauptete Bedingung.

Der Kläger legte Berufung ein. In der mündlichen Verhandlung vor dem Berufungsgerichte war der Beklagte nicht vertreten. Der Kläger trug den Inhalt des erstinstanzlichen Urteils mit den darin in Bezug genommenen Schriftsätzen, die Aussagen der in erster Instanz vernommenen Zeugen und die Berufungsrechtfertigungsschrift vom 23. September 1918 nebst den ihr als Anlagen beigefügten Abschriften zweier Briefe des Beklagten vom 19. August und 18. Dezember 1917 vor, wies die Zustellung dieses Schriftsatzes an den Beklagten nach und beantragte, Versäumnisurteil gegen den Beklagten zu erlassen. Der Berufungsrichter aber wies die Berufung des Klägers zurück.

Die Revision des Klägers wurde zurückgewiesen aus folgenden

Gründen:

„Der Berufungsrichter stellt auf Grund des Ergebnisses der erstinstanzlichen Beweisaufnahme in Übereinstimmung mit dem ersten Richter fest, daß der vom Beklagten über den Verkauf seiner Geschäftsanteile an der Gesellschaft m. b. H., D. Papierfabrik, geschlossene Vertrag vom 2. August 1917 lediglich durch die Tätigkeit des Klägers als Vermittlers zustandegekommen sei. Er erklärt es aber für verfehlt, wenn der Kläger seinen Klaganspruch aus der Vorschrift des § 653 BGB. ohne Rücksicht auf das glaube herleiten zu können, was er mit dem Beklagten über seine Vergütung vereinbart habe. Unter den Parteien stehe fest, daß sie über die Vergütung für die Vermittlertätigkeit des Klägers gerade eine bestimmte Vereinbarung getroffen hätten; sie stritten nur darüber, welchen Inhalt diese Vereinbarung gehabt habe. Durch diese Vereinbarung sei aber dem Kläger die Möglichkeit genommen, für den Fall, daß eine in der Vereinbarung vorgesehene Bedingung nicht eingetreten sei, seinen Klaganspruch aus § 653 herzuleiten und lediglich auf die Behauptung zu gründen, daß seine Tätigkeit den Umständen nach nur gegen eine Vergütung zu erwarten gewesen sei.

Die Revision macht hiergegen geltend, die Klage sei ausdrücklich auch darauf gestützt, daß der Beklagte auch außerhalb des Vertrags lediglich mit Rücksicht auf die von ihm angenommene Vermittelung des Klägers provisionspflichtig sei, und daß die verlangte Summe weniger betrage als die angemessene Provision. § 653 Abs. 1 wolle aber nur die allgemeine Bestimmung festsetzen, daß ein Mäklerlohn immer dann zu verlangen sei, wenn nach den Umständen ein solcher zu erwarten sei. Es sei deshalb ganz gleichgültig, ob die Parteien auch über den Mäklerlohn gesprochen hätten. Entscheidend sei allein die Frage, ob nach den Umständen des Falles der Beklagte habe annehmen dürfen, daß der Kläger seine Tätigkeit nur gegen Entgelt entwickeln würde; das nehme aber der Berufungsrichter selbst an.

Es ist jedoch dem Berufungsrichter beizutreten. Ob dem Mäkler eine Vergütung für seine Vermittlertätigkeit zu leisten ist, bestimmt sich nach dem mit ihm geschlossenen Vertrage. Die Vereinbarung eines Mäklerlohns kann ausdrücklich oder stillschweigend erfolgen. In letzterer Hinsicht gibt § 653 Abs. 1, entsprechend den für den Dienst- und Werkvertrag geltenden §§ 612 Abs. 1, 632 Abs. 1, die Vorschrift, daß ein Mäklerlohn als stillschweigend vereinbart gelte, wenn die dem Mäkler übertragene Leistung den Umständen nach nur gegen eine Vergütung zu erwarten sei. Der erste Entwurf zum BGB. (§ 580) enthielt eine solche Vorschrift nicht. Nach den Motiven Bd. 2 S. 514 wurde angenommen, es bedürfe hinsichtlich des Betrags der Mäklergebühr, wenn diese von den Parteien nicht näher bestimmt worden sei keiner besonderen Bestimmungen, vielmehr reichten in dieser Beziehung die allgemeinen Grundsätze aus. Die II. Kommission aber, auf deren Beschluß der § 653 Abs. 1, ebenso wie die entsprechenden §§ 612 Abs. 1, 632 Abs. 1, in das Gesetzbuch aufgenommen worden ist, erachtete die Vorschrift für nicht entbehrlich, weil andernfalls das Mißverständnis nahe liege, daß der Mäkler einen Lohn nur fordern könne, wenn ihm ein bestimmter Betrag versprochen worden sei, sowie aus der Erwägung, daß damit nicht nur der allerdings selbstverständliche Satz, ein Mäklerlohn könne auch stillschweigend versprochen werden, sondern daneben der Grundsatz ausgesprochen werde, daß derjenige, der die Dienste eines Mäklers in Anspruch nehme, zur Zahlung eines Mäklerlohns auch dann verpflichtet sei, wenn er irrig angenommen habe, es werde ein Lohn von ihm nicht gefordert werden (Protokolle Bd. 2 S. 345, 346). § 653 Abs. 1 stellt also hinsichtlich der Frage, ob dem Mäkler für die ihm übertragene Leistung eine Vergütung zu gewähren ist, eine Vermutung nach der Richtung stillschweigender Vereinbarung eines Mäklerlohns für den Fall auf, daß darüber, ob der Mäkler für seine Vermittlertätigkeit einen Mäklerlohn erhalten solle oder nicht, eine ausdrückliche Vereinbarung nicht getroffen worden ist. Ist stillschweigend vereinbart oder hat unter den Voraussetzungen des § 653 Abs. 1 als stillschweigend vereinbart zu gelten oder ist ausdrücklich vereinbart worden, daß dem Mäkler für die ihm übertragene Leistung ein Mäklerlohn zu gewähren sei, so richtet sich die Höhe des Mäklerlohnes nach dem Inhalte der Vereinbarung. Für den Fall, daß diese Höhe nicht bestimmt ist, gibt § 653 Abs. 2 die weitere Vorschrift, daß bei dem Bestehen einer Taxe der taxmäßige Lohn, in Ermangelung einer Taxe der übliche Lohn als vereinbart anzusehen sei. Daraus folgt, daß, wenn eine ausdrückliche Vereinbarung getroffen worden ist, aus der sich ergibt, daß dem Mäkler für die ihm übertragene Vermittlertätigkeit ein Mäklerlohn zu leisten und daß ferner auch die Höhe des Mäklerlohnes bestimmt ist, § 653 überhaupt keine Anwendung findet. Es ist dann sowohl hinsichtlich der Höhe des Mäklerlohnes als auch für die Frage, unter welchen Voraussetzungen der Mäklerlohn vom Mäkler gefordert werden kann, lediglich der Inhalt der ausdrücklichen Vereinbarung maßgebend. Vorliegend ist unstreitig, daß der Beklagte dem Kläger für den Fall, daß durch dessen Vermittelung der Kaufvertrag über die fraglichen Geschäftsanteile zustande komme, den Betrag von 5000 *M* zu zahlen versprochen hat. Nur darüber streiten die Parteien, ob der Beklagte bei Abgabe des Versprechens die in Rede stehende Bedingung für die Zahlung der 5000 *M* gesetzt hat. Wäre diese Bedingung gesetzt worden, so könnte der Kläger für das nach der Feststellung des Berufungsrichters von ihm bewirkte Zustandekommen des Kaufvertrags 5000 *M*, und zwar lediglich diesen Betrag, nur dann verlangen, wenn die Bedingung eingetreten wäre. Für einen Anspruch auf Zahlung einer angemessenen Provision außerhalb des zwischen den Parteien geschlossenen Vertrags ist in keinem Falle Raum, insbesondere läßt sich der Klaganspruch für den Fall, daß die etwa gesetzte Bedingung nicht eingetreten ist, nicht damit rechtfertigen, daß der Kläger für seine Vermittlertätigkeit eine angemessene Provision verlangen könne.

Der Berufungsrichter führt sodann aus, der Kläger habe für seine Behauptung, daß der Beklagte ihm ohne jede weitere Einschränkung erklärt habe, ihm 5000 *M* zu zahlen, wenn der Verkauf der Fabrik zustande kommen würde, nach dem Ergebnis der Beweisaufnahme in erster Instanz keinen Beweis erbracht. Die durchaus glaubwürdig erscheinenden Bekundungen der Zeugin S. sprächen nur zugunsten des Beklagten, wenn sie auch zur völligen Widerlegung der Angaben des Klägers nicht ausreichten, weil sie sich nicht auf die maßgebende Unterredung der Parteien im Juni 1917, sondern auf ein Gespräch bezögen, das die Zeugin allerdings über die streitige Angelegenheit, aber erst am 2. August 1917 und allein mit dem Beklagten gehabt habe. Die Bekundungen ließen aber doch deutlich erkennen, daß der Beklagte über die streitige Angelegenheit schon damals dieselben Angaben gemacht habe wie im vorliegenden Rechtsstreite, nämlich, daß er dem Kläger die 5000 *M* allein unter der Bedingung versprochen habe, wenn der Verkauf zustande komme gegen bare Zahlung von 1 Million Mark bei Abschluß des Kaufvertrags. In der Berufungsinstanz habe der Kläger zwar seine Behauptung ausdrücklich wiederholt, jedoch keine weiteren Beweise dafür angetreten als den Brief des Beklagten an ihn vom 19. August 1917. Dieser in Abschrift als Anlage der Berufungsrechtfertigungsschrift mitgeteilte Brief habe zwar nach §§ 542 Abs. 2, 439 ZPO. als echt angesehen werden müssen. Jedoch bestätige er keineswegs, wie der Kläger darzulegen suche, dessen Behauptung. Vielmehr folge auch aus diesem Briefe dasselbe, was schon die Zeugin S., allerdings ohne die in dem Briefe erwähnten Einzelheiten, mitgeteilt habe: daß der Beklagte sich im August 1917 nicht für verpflichtet gehalten habe, dem Kläger für die Vermittelung des Verkaufes der Fabrik eine besondere Vergütung zu zahlen, weil der Kaufvertrag — wie er angenommen habe, infolge des Verhaltens des Klägers — nicht zu den Bedingungen abgeschlossen gewesen sei, von deren Erfüllung er die Zahlung der Vergütung abhängig gemacht haben wollte, als er sie versprochen gehabt habe. Danach habe der Kläger bisher den Beweis für seine Behauptung nicht zu erbringen vermocht.

Die Revision macht hiergegen geltend, der Kläger habe sich für seine Behauptung, der Beklagte habe die Provision nicht von der Barzahlung der Million abhängig gemacht, sondern das dem Kläger Versprochene zu Weihnachten gleichzeitig als Abschiedsgeschenk zugesichert, auf das Schreiben vom 19. August 1917 in der Berufungsinstanz neu berufen. Gemäß § 542 Abs. 2 ZPO. müsse danach angenommen werden, der Brief ergebe dies. Eine Würdigung desselben sei ausgeschlossen. Sie aber nehme der Berufungsrichter in eingehender Weise vor.

Auch dieser Angriff der Revision ist unbegründet. Nach § 542 Abs. 2 ZPO. ist, wenn der Berufungskläger gegen den im Termine zur mündlichen Verhandlung nicht erschienenen Berufungsbeklagten das Versäumnisurteil beantragt, soweit das festgestellte Sachverhältnis nicht entgegensteht, das tatsächliche mündliche Vorbringen des Berufungsklägers für zugestanden zu erachten und in Ansehung einer zulässigerweise beantragten Beweisaufnahme anzunehmen, daß sie das in Aussicht gestellte Ergebnis gehabt habe. Das festgestellte Sachverhältnis im Sinne dieser Vorschrift ist der durch den mündlichen Vortrag des Berufungsklägers zur Kenntnis des Berufungsgerichts gebrachte Tatbestand des erstinstanzlichen Urteils. Ist in diesem Tatbestand eine Behauptung als bestritten festgestellt, so hat sie auch der Berufungsrichter als bestritten zu behandeln (RGZ. Bd. 36 S. 427). Ist die bestrittene Behauptung vom Berufungskläger in erster Instanz aufgestellt worden, so kommt es darauf an, ob der Berufungskläger in der Berufungsinstanz hinsichtlich der Behauptung in zulässiger Weise eine Beweisaufnahme beantragt hat. Ist dies der Fall, so tritt die zweite Fiktion des § 542 Abs. 2 ein, wonach anzunehmen ist, daß die beantragte Beweisaufnahme das in Aussicht gestellte Ergebnis gehabt habe Anders verhält es sich mit neuen Behauptungen, die in einem dem Berufungsbeklagten vor dem Verhandlungstermine rechtzeitig (§§ 132 Abs. 1, 335 Abs. 1 Nr. 3, 542 Abs. 1 ZPO.) zugestellten Schriftsatz aufgestellt und vom Berufungskläger in der mündlichen Verhandlung vorgetragen worden sind. Solche Behauptungen sind nach der ersten Fiktion des § 542 Abs. 2 als zugestanden zu erachten, da beim Mangel ihrer Bestreitung in erster Instanz das „festgestellte Sachverhältnis" nicht entgegensteht; dabei ist nicht erforderlich, daß für solche Behauptungen vom Berufungskläger in zulässiger Weise eine Beweisaufnahme beantragt oder auch nur überhaupt ein Beweis angetreten ist (vgl. RG. in Gruchot Bd. 47 S. 1179).

Vorliegend hat der Kläger und Berufungskläger in der dem Berufungsbeklagten vor dem Verhandlungstermine vom 12. Oktober 1918 am 24. September 1918, also rechtzeitig, zugestellten und in der mündlichen Verhandlung vorgetragenen Berufungsrechtfertigung behauptet: der Beklagte habe den notariellen Vertrag am 2. August vollzogen und dann noch am 19. August, wie sich aus der Anlage A ergebe, dem Kläger mitgeteilt, daß er das ihm Versprochene zu Weihnachten gleichzeitig als Abschiedsgeschenk überweisen werde, die Idee, er brauche die 5000 ℳ nicht zu bezahlen, weil nicht seine volle Forderung herausgekommen sei, sei dem Beklagten offenbar erst sehr viel später gekommen, im Schreiben vom 19. August stehe noch kein Wort davon; und ferner: der Beklagte habe mit Schreiben vom 19. August die Zahlung der versprochenen Leistung zu Weihnachten in Aussicht gestellt, ohne auch jetzt irgendeine Einschränkung zu machen. Der Revision ist zuzugeben, daß hierin Behauptungen zu erblicken sind, die vom Kläger, der in erster Instanz Derartiges nicht behauptet hatte, in der Berufungsinstanz neu aufgestellt worden sind. Zwar soll das Vorgebrachte ein Beweismoment insofern abgeben, als daraus auf die Richtigkeit der erstinstanzlichen klagebegründenden Behauptung, daß der Beklagte dem Kläger die 5000 ℳ für den Fall des Zustandebringens des Kaufvertrags ohne jede Einschränkung versprochen habe, geschlossen werden soll. Dennoch handelt es sich um selbständige neue tatsächliche Behauptungen. Es ist daher allerdings nicht zutreffend, wenn der Berufungsrichter die Sachlage hinsichtlich des genannten Vorbringens des Klägers von dem Gesichtspunkte beurteilen zu müssen meint, daß der Kläger für seine in der Berufungsinstanz wiederholte klagebegründende Behauptung sich auf den in Abschrift als Anlage seiner Berufungsrechtfertigungsschrift mitgeteilten Brief des Beklagten vom 19. August 1917 als neues Beweismittel bezogen habe und daß dieser Brief gemäß §§ 542 Abs. 2, 439 ZPO. als echt anzusehen sei. Tatsächlich ist auch eine gehörige Antretung eines Urkundenbeweises bezüglich des Briefes nicht erfolgt. Nach § 420 ZPO. ist die Antretung solchen Beweises, wenn es sich um eine in den Händen des Beweisführers befindliche Urkunde handelt, durch Vorlegung der Urkunde in der mündlichen Verhandlung zu bewirken. Nach dem Tatbestande des Berufungsurteils ist aber der Brief vom 19. August 1917 in der mündlichen Verhandlung in Urschrift nicht vorgelegt worden.

Jedoch ist nach der Sachlage jene unzutreffende Auffassung des Berufungsrichters seiner Entscheidung unschädlich. Der Kläger hat bei seinem vorbezeichneten Vorbringen in der Berufungsrechtfertigungsschrift, wie aus den Worten „wie sich aus der Anlage A ergibt" entnommen werden muß, auf den Inhalt der Anlage A, d. i. der beigefügten Abschrift des Briefes vom 19. August 1917, Bezug genommen. Deshalb ist der Inhalt dieser Abschrift als Bestandteil des Vorbringens anzusehen. In tatsächlicher Hinsicht ist er sogar als der wesentliche Teil des Vorgebrachten zu erachten. Denn das als „aus der Anlage A sich ergebend" Angeführte ist im wesentlichen nur eine Darlegung der Auffassung über die Bedeutung des durch Beifügung der Anlage und Bezugnahme auf sie mitgeteilten Briefinhalts. Es hatte daher als vom Kläger behauptet zu gelten, daß der Beklagte an ihn am 19. August 1917 einen Brief mit dem in der Anlage A der Berufungsrechtfertigungsschrift dargestellten Inhalte geschrieben habe. Diese Behauptung, die nebst der genannten Anlage nach dem Tatbestande des Berufungsurteils auch in der mündlichen Verhandlung vom Kläger vorgetragen worden ist, war nach dem vorstehend Erörterten als neue Behauptung für zugestanden zu erachten. Danach war vom Berufungsrichter zu prüfen, ob, wenn davon ausgegangen werde, daß der Beklagte am 19. August 1917 einen Brief des fraglichen Inhalts an den Kläger geschrieben habe, daraus sich ein Schluß auf die Richtigkeit der klagebegründenden Behauptung des Klägers rechtfertige, und ob und inwieweit daraufhin und nach dem Ergebnis der erstinstanzlichen Beweisaufnahme der Beweis für die klagebegründende Behauptung als erbracht anzunehmen sei. So ist aber der Berufungsrichter auch in Wirklichkeit verfahren. Er durfte und mußte den vom Kläger behaupteten Briefinhalt nach der bezeichneten Richtung würdigen und hat sich dieser Würdigung auch unterzogen. ... Danach kann die von der Revision gerügte Verletzung des § 542 Abs. 2 durch den Berufungsrichter nicht für gegeben erachtet werden." ...

---

47. 1. Öffentlichrechtliche Natur des Beamtenverhältnisses. 2. Kann die Revision auf Gesetzesverletzung bei Auslegung des Anstellungsvertrags eines badischen Gemeindebeamten gestützt werden?

ZPO. §§ 549, 562.

III. Zivilsenat. Urt. 14. März 1919 i. S. der Stadtgemeinde H. (Bekl.) w. S. (Kl.). Rep. III. 437/18.

I. Landgericht Heidelberg.
II. Oberlandesgericht Karlsruhe.

Im Jahre 1893 wurde der Kläger als Gehilfe der Stadtkasse von der Beklagten angestellt und eidlich verpflichtet. Unter dem 18. September/4. Oktober 1899 wurde mit ihm von dem Stadtrate der Beklagten nach Zustimmung des Bürgerausschusses ein schriftlicher Dienstvertrag abgeschlossen, in dessen Eingang erwähnt wird, daß der Kläger als Beamter der Stadtverwaltung die etatsmäßige Amtsstelle eines Kassengehilfen bekleide; durch ihn wurden dem Kläger die Rechte der Dienst- und Gehaltsordnung für die Beamten der Beklagten gemäß deren § 3 verliehen und damit gleichzeitig deren Verpflichtungen für ihn als verbindlich erklärt, auch ausgesprochen, daß die Dienst- und Gehaltsordnung einen Bestandteil dieses Dienstvertrags bilde. Am 10. März 1916 beschloß der Stadtrat, den Kläger in Anwendung der Bestimmung in § 28 der Dienst- und Gehaltsordnung auf den 1. Juli 1916 in den Ruhestand zu versetzen, nachdem die durch den Bezirksarzt vorgenommene ärztliche Untersuchung ergeben habe, daß er infolge der bei ihm bestehenden Erkrankung als dauernd dienstunfähig anzusehen sei. Nach erfolglosem Widerspruche gegen diesen Beschluß erhob der Kläger im Mai 1916 Klage auf Feststellung der Unwirksamkeit der von der Beklagten ausgesprochenen Versetzung in den Ruhestand.

Von dem Landgericht abgewiesen, weil ihm ein Klagrecht auf eine solche Feststellung nicht zustehe, legte der Kläger Berufung ein und beantragte nunmehr die Verurteilung der Beklagten zur Zahlung des Gehalts anstelle des ihm bewilligten Ruhegehalts. Diesem Antrage wurde, von Einschränkungen abgesehen, von dem Oberlandesgericht entsprochen. Die Revision der Beklagten hatte keinen Erfolg.

Gründe:

„Die Beklagte geht bei der Begründung ihrer Revision von der Annahme aus, der Berufungsrichter habe dahingestellt gelassen, ob der Kläger Beamter der Beklagten gewesen sei oder nur in einem bürgerlichrechtlichen Dienstverhältnisse zu ihr gestanden habe. Das beruht auf einem Mißverständnis. In dem Dienstvertrage von 1899 ist ausdrücklich gesagt, daß der Kläger als Beamter der Stadtverwaltung die etatsmäßige Amtsstelle eines Kassengehilfen bekleide, und durch den Vertrag sind ihm die Rechte der nur für die Beamten geltenden Dienst- und Gehaltsordnung verliehen und deren Verpflichtungen für ihn als verbindlich erklärt. Danach kann seine Beamteneigenschaft nicht in Zweifel gezogen werden; sie ist auch bereits in der Klagschrift behauptet und in der Klagbeantwortung zugegeben worden. Wenn das Berufungsgericht bei der Prüfung der Zulässigkeit des Rechtswegs die Frage unentschieden läßt, ob die Dienst- und Gehaltsordnung nur als „ein privatrechtlicher Bestandteil des Dienstvertrags" anzusehen sei oder durch die nach der Entlassung des Klägers erfolgte Aufnahme in das Ortsstatut „die Eigenschaft einer öffentlichrechtlichen Bestimmung" auch in dem Verhältnis der Beklagten zu dem Kläger erlangt habe, so ist dies nicht dahin zu verstehen, daß die Beamteneigenschaft des Klägers dahingestellt bleiben solle, sondern der Berufungsrichter will damit nur den Unterschied zwischen einer ortsstatutarischen Bestimmung als einer objektiven Rechtsnorm und einer keine solche Norm darstellenden städtischen Dienstordnung, die nur auf Grund eines Vertrags als dessen Bestandteil Wirksamkeit erlange, zum Ausdruck bringen. Das Gegenteil ist auch nicht aus den Worten privatrechtlich und öffentlichrechtlich zu entnehmen. Die Bezeichnung des Dienstvertrags als eines privatrechtlichen Vertrags in den Urteilen der Vorinstanzen beruht vielmehr auf der früher vielfach, auch in Baden (vgl. Wielandt, Handbuch des Bad. Gemeinderechts Bd. 1, 3. Aufl. 1893 S. 151; Wielandt, Staatsrecht des Großherzogtums Baden 1895, Bd. 3, 1 Abt 3 von Marquardsens und Seydels Handbuch des öffentlichen Rechtes, S. 119, 150) vertretenen, neuerdings aber vorwiegend (vgl. für Baden: Walz, Das badische Gemeinderecht 1914 S. 50, 111, 113, 627; Lederle, Das Recht der Gemeindebeamten in Baden 1909 S. 12 flg.) und namentlich auch von dem Reichsgericht (vgl. z. B. RGZ. Bd. 53 S. 427 flg.) abgelehnten Ansicht, daß ein Beamtenanstellungsvertrag ein privatrechtlicher Vertrag sei. Dies ergibt sich unzweideutig aus der von dem Landgericht als Beleg angeführten Entscheidung des badischen Verwaltungsgerichtshofs vom 23. November 1912 (Zeitschr. f. bad. Verwaltung u. Verwaltungsrechtspflege 45. Jahrg. 1913 S. 46), in der die Ansicht vertreten wird, daß das Dienstverhältnis der Gemeindebediensteten zwar auch da, wo kein Beamtenstatut gemäß § 31 der Städteordnung bestehe, nicht nur ein bürgerlichrechtliches sei, daß es aber im letzten Grunde auf privatrechtlichem Dienstvertrage beruhe und der öffentlichen Rechtsordnung nur insoweit unterstehe, als besondere Gesetze dies ausdrücklich vorsehen.

War der Kläger aber städtischer Beamter, so ist, da das Beamtenverhältnis in allen seinen Beziehungen, auch soweit sie die vermögensrechtliche Seite betreffen, ein öffentlichrechtliches Verhältnis bildet, das Rechtsverhältnis zwischen den Streitteilen nur nach dem in Baden geltenden öffentlichen Rechte zu beurteilen, auf dessen Verletzung mit Rücksicht auf seinen beschränkten Geltungsbereich nach § 549 ZPO. die Revision nicht gestützt werden kann. Auch soweit zur Ausfüllung der Lücken im Beamtenrecht an sich revisibele Bestimmungen des bürgerlichen Rechtes herangezogen werden, kommen diese nur als Teil des nicht revisibelen öffentlichen Rechtes zur Anwendung; nur der in ihnen zum Ausdruck gelangte allgemeine Rechtsgedanke hat Geltung für das Beamtenverhältnis als ein auch diesem angehöriger Grundsatz, wie der erkennende Senat wiederholt ausgesprochen hat (z. B. in den Urteilen vom 15. Dezember 1916, Warneyer 1917 S. 73, und vom 24. April 1917, Leipz. Zeitschr. 1917 Sp. 928). Dies gilt insbesondere auch für die Auslegung des Beamtenanstellungsvertrags, der, wie erwähnt, richtiger Ansicht nach öffentlichrechtlicher Natur ist; der gegenteiligen Annahme der Vorinstanzen ist irgendeine badische Bestimmung, deren Auslegung nach § 562 ZPO. für das Revisionsgericht bindend wäre, weder in den beiden Urteilen noch auch in der angezogenen Entscheidung des Verwaltungsgerichtshofs zugrunde gelegt.

Demnach ist das Revisionsgericht durch die Schranken des Rechtsmittels gehindert, die von der Revision angefochtene Richtigkeit der Auslegung der einen Bestandteil des Anstellungsvertrags bildenden Dienst- und Gehaltsordnung nachzuprüfen. Um deren Auslegung handelt es sich aber bei allen Revisionsangriffen, nicht nur soweit diese sich gegen die Annahmen des Berufungsgerichts richten, daß der Kläger zwar nicht Erfüllung, wohl aber Schadensersatz wegen Nichterfüllung fordern könne und daß die Beklagte verpflichtet sei, den Kläger in einer untergeordneten Stellung seinen Fähigkeiten und seinem Bildungsgrad entsprechend zu verwenden, sondern auch wenn die Revision geltend macht, es komme nicht darauf an, ob der Kläger im medizinischen Sinne geistig erkrankt und deshalb dienstunfähig geworden sei, sowie ob sich sein geistiger Zustand gegen früher verändert habe, sondern darauf, ob seine geistigen Kräfte jetzt noch ausreichen, um seinen Dienst ordnungsmäßig zu versehen. Aber auch die Rüge der Verletzung des § 286

ZPO. ist unzulässig, weil das Streitverhältnis nach nicht revisibelem Rechte zu beurteilen ist (vgl. RGZ. Bd. 78 S. 156; Jur. Wochenschr. 1918 S. 94; Recht 1918 Beil. Nr. 409; Leipz. Zeitschr. 1918 Sp. 923); sie ist übrigens auch nicht begründet."

---

48. 1. Was gehört zu der Feststellung, daß ein Gesellschaftsvertrag abgeschlossen sei?

2. Unzulässigkeit der Kündigung innerhalb gewisser Zeit nach Treu und Glauben auch bei einem auf unbestimmte Dauer geschlossenen Gesellschaftsvertrag?

3. Kann in der Vereinbarung eines Gewinnanteils aus jedem einzelnen Geschäft eine Abweichung von der Regel des § 721 Abs. 2 BGB. gefunden werden?

BGB. §§ 705, 721 Abs. 2, 723 Abs. 3.

II. Zivilsenat. Urt. v. 14. März 1919 i. S. Sch. (Kl.) w. W. (Bekl.). Rep. II. 393/18.

I. Landgericht Guben.
II. Kammergericht Berlin.

Der Kläger behauptet, er habe von dem Kaufmanne Max S. erfahren gehabt, daß Arno S. von Zeit zu Zeit erhebliche Mengen Baumwollmaterialien zum Verkauf stelle. Er habe deshalb mit dem Beklagten im August 1916 eine Vereinbarung dahin getroffen, daß er, Kläger, Baumwollmaterialien, die er von den dem Beklagten nicht bekannten Lieferern — den Brüdern Arno und Max S. — kaufen werde, auf gemeinsame Rechnung für sich und den Beklagten kaufe, sie ebenso auf gemeinsame Rechnung verkaufe, und daß der von ihm dabei erzielte Gewinn geteilt werde. Der Beklagte sei hiermit einverstanden gewesen und es sei demgemäß verfahren worden. Da er am 8. September 1916 zum Heere einberufen worden sei, habe er Tags vorher bei Max S. und bei dem Beklagten angefragt, ob auch in seiner Abwesenheit die Geschäfte in gleicher Weise fortgeführt werden könnten, solchenfalls wolle er beide zur Fortsetzung der bisherigen Geschäftsverbindung zusammenführen. In einer gemeinschaftlichen Verhandlung sei dieses Einverständnis erzielt worden, wobei sich Max S. — zugleich für seinen Bruder Arno S. — noch besonders verpflichtet habe, die Geschäfte mit dem Beklagten nur unter der Bedingung fortzuführen, daß der Kläger weiter die Hälfte vom Gewinn erhalte. Seitdem seien die Geschäfte zwischen den Brüdern S. und dem Beklagten ebenso abgewickelt worden, wie vordem zwischen dem Kläger und S. Mit Brief vom 24. September 1916, den er, Kläger, jedoch erst Ende Oktober oder Anfang November 1916 erhalten habe, habe aber bereits der Beklagte die Geschäftsverbindung ohne gerechtfertigten Grund und unter Berufung auf nichtige Vorwände gekündigt. Das Vertragsverhältnis bestehe sonach noch, da diese Kündigung unwirksam sei. Der Beklagte habe auch in Widerspruch mit seiner Kündigung die Geschäftsverbindung mit S. fortgesetzt; es sei aber nicht angängig, dann den Kläger auszuschalten und unter seiner Umgehung den ganzen Geschäftsgewinn für sich zu behalten. Auch widerspreche es Treu und Glauben im Verkehr, wenn der Beklagte, nachdem ihm zufolge der Vereinbarung mit dem Kläger der Name der Lieferer bekannt geworden sei, aus nichtigen Gründen die gesamten Vorteile aus den Geschäften für sich einheimsen wolle. Der Beklagte sei seit der Einziehung des Klägers nur dessen Vertreter bei der Fortsetzung der zwischen dem Kläger und S. bestehenden Geschäftsverbindung gewesen. Der Kläger hat demgemäß beantragt, den Beklagten zur Auskunftserteilung über die seit dem 5. Dezember 1916 mit Arno S. gemachten Geschäfte, zur Zahlung der Hälfte des aus der Auskunft sich ergebenden Gewinns sowie ferner zur Zahlung von 4400 ℳ nebst Zinsen zu verurteilen.

Der Beklagte hat um Klagabweisung gebeten und stellt die Vereinbarung mit dem Kläger dahin dar, daß er, Beklagter, die vom Kläger einzukaufenden Abfälle weiterverkaufen und daß der erzielte Gewinn geteilt werden solle, und behauptet, die Person der Lieferer sei ihm nur bei den drei ersten Geschäften noch unbekannt gewesen; schon seit Mitte August 1916 habe er diese durch den Kläger selbst erfahren gehabt. Nach seiner Einberufung sei dann der Kläger an ihn mit der Bitte herangetreten, ihn auch weiter an den mit Max S. abzuschließenden Geschäften zu beteiligen. Am 21. September 1916 habe daraufhin bei einer Zusammenkunft in G., bei der der Kläger ihm auch Max S. vorgestellt habe, eine Vereinbarung dahin stattgefunden, daß der Kläger $^{2}/_{5}$ des Gewinns erhalte, aber künftighin mit einer Geldeinlage sich beteiligen und das Risiko sowohl für die bisher abgeschlossenen als die künftigen Geschäfte mittragen wolle, auch die Hälfte der allgemeinen Geschäftskosten übernehme. Diese Vereinbarung habe der Kläger nicht eingehalten. Da der Beklagte außerdem bei Einsichtnahme in die Geschäftsbücher entdeckt habe, daß er vom Kläger bisher fortlaufend mittels Anrechnung höherer Einkaufspreise, als tatsächlich an S. bezahlt wurden, betrogen worden sei, habe er am 24. September 1916 mit gerechtfertigtem Grunde gekündigt. Den Brief habe der Kläger spätestens am 8. Oktober 1916 erhalten.

Das Landgericht gab den Klagansprüchen im wesentlichen statt. Es sah das Rechtsverhältnis der Parteien als ein Gesellschaftsverhältnis an, das auf eine bestimmte Dauer abgeschlossen gewesen sei, nämlich solange die Baumwollabfälle der Firma S., die auf gemeinschaftliche Rechnung weiter verkauft werden sollten, vorhanden waren. Einen gerechtfertigten Grund zur Kündigung hielt es nicht für gegeben. Dagegen erkannte das Kammergericht auf Abweisung der Klage. Die Revision führte zur Aufhebung des Urteils und zur Zurückverweisung in die Instanz.

Gründe:

... „Ist auch dagegen nichts zu erinnern, daß die im August 1916 zwischen den Parteien getroffene Vereinbarung eine Gesellschaft im Sinne von § 705 BGB. begründete, so genügt die bloße Verweisung auf die Parteierklärungen und die Aussagen der Zeugen doch nicht für die Feststellung, das Verhältnis sei nach Einberufung des Klägers zum Heere im September 1916 als Gesellschaft weiter fortgesetzt worden. Denn die tatsächlichen Behauptungen der Parteien widersprechen sich, werden gegenseitig bestritten und es fehlt jede Feststellung darüber, welches Vorbringen vom Gerichte für erwiesen erachtet worden ist. Es reicht aber einmal zum Nachweis für den Abschluß eines Gesellschaftsvertrags nicht aus, daß die Parteien ihrerseits das Verhältnis rechtlich als Gesellschaft angesehen haben, denn ihre rechtliche Beurteilung ist für die dem Vertrag in Wahrheit zukommende rechtliche Bedeutung ohne Belang. Und es genügt ferner nicht, daß eine jede Partei Vereinbarungen behauptet, die, sofern sie getroffen worden wären, rechtlich in der Tat einen Gesellschaftsvertrag darstellten, wenn eben diese Vereinbarungen ihrem Inhalte nach von der Gegenseite bestritten und vom Richter weder die eine noch die andere Behauptung für erwiesen angenommen worden ist. Ein Gesellschaftsvertrag kann immer nur mit einem bestimmten Inhalte, nicht als abstrakter Begriff bestehen. Das Vorliegen eines Gesellschaftsvertrags anzunehmen und seinen Inhalt dahingestellt zu lassen, ist daher rechtlich verfehlt. Im vorliegenden Falle steht aber von allen rechtlichen Erfordernissen des § 705 nur fest, daß der Kläger zu einem — seiner Höhe nach bestrittenen — Teile an dem Gewinne der vom Beklagten vorgenommenen Verkäufe der Baumwollabfälle beteiligt sein sollte. Dies kann die Anteilnahme an einem zu erzielenden Gewinn als einem gemeinsamen Zwecke bedeuten, es kann aber ebensogut lediglich die Bestimmung der Provision für Mäklerdienste sein, die in der Vermittelung des Beklagten als Abkäufer mit den Brüdern S. als Verkäufer bestanden, oder die Vergütung für Kundgabe der Bezugsquelle. Zum Gesellschaftsvertrage gehört vor allem, daß der Beklagte die Verkäufe nicht allein als seine Geschäfte, sondern als gemeinschaftliche Geschäfte der Gesellschaft vornahm, der Gewinn hieraus ein gemeinschaftlicher wurde und auch der Kläger in irgendeiner Weise die Erreichung des gemeinschaftlichen Zweckes durch

Beiträge förderte. Inwiefern und wodurch dies nach seiner Einberufung zum Heere geschehen ist, darüber fehlt im Urteile jeder Ausspruch.

Liegt kein Gesellschaftsvertrag vor, so entfällt die vom Beklagten beanspruchte Befugnis jederzeitiger Kündigung nach § 723 BGB. und es ist zu prüfen, ob der Klaganspruch begründet ist vom Gesichtspunkte der Provisionsforderung oder der Entschädigung für sonstige Leistungen und ob sich der Beklagte der Erfüllung der von ihm zugesicherten Gegenleistung mit Grund entziehen kann. Schon diese Erwägungen führen zur Aufhebung des Urteils....

Aber auch wenn sich ergeben wird, daß in der Tat die Geschäftsverbindung der Parteien als Gesellschaftsvertrag fortbestanden hat, wie das Berufungsgericht bereits jetzt annimmt, so ist das Vorbringen des Klägers für die Frage, ob der Gesellschaftsvertrag auf unbestimmte oder bestimmte Zeit abgeschlossen wurde und ob die Kündigung des Beklagten mit Recht erfolgt ist, nicht ausreichend gewürdigt worden. Von Bedeutung ist dann zunächst, daß die Fortsetzung des Gesellschaftsvertrags vereinbart wurde mit Rücksicht auf die Einziehung des Klägers zum Heere, und es war jedenfalls zu prüfen, ob nach dem Willen der Parteien der dieser Einziehung Rechnung tragende abgeänderte Gesellschaftsvertrag nicht auch für die Dauer der Einziehung fortbestehen sollte (vgl. Jur. Wochenschr. 1906 S. 741 Nr. 11). Dieser Wille konnte namentlich dann vorliegen, wenn es richtig ist, wie der Kläger behauptet, daß er nach dem bisherigen Vertrage nicht nur den Einkauf, sondern auch den Verkauf der von S. bezogenen Waren als Geschäftsführer der Gesellschaft besorgte und die aus Anlaß seiner Einziehung mit dem Beklagten getroffene Vereinbarung sonach lediglich den Zweck haben sollte, dem Beklagten nunmehr diese gesamte Geschäftsführung für die Dauer der Einziehung des Klägers zu übertragen. Jedenfalls lag erkennbar dem Kläger daran, auch für die Dauer seiner Einziehung die alten Verhältnisse aufrecht zu erhalten und sich die Gewinnbeteiligung weiter zu sichern, und es kann daher recht wohl stillschweigend für eben diese Dauer die Fortsetzung des Vertrags gewollt sein. Dann läge aber kein für eine unbestimmte Zeit eingegangener Gesellschaftsvertrag vor. Sodann muß auf die vom Kläger behauptete Tatsache Gewicht gelegt werden, daß der Beklagte seine Bezugsquelle noch nicht gekannt und von ihm erst bei der Vereinbarung über die Fortsetzung des Gesellschaftsvertrags mitgeteilt erhalten habe. Teilte der Kläger dem Beklagten diese Bezugsquelle gerade zum Zwecke der Aufrechterhaltung und Fortsetzung des Gesellschaftsverhältnisses mit, so brachte er diese Kenntnis als Einlage in die Gesellschaft, und der Beklagte kann dann nicht einseitig diese für eigene Erwerbszwecke ausnutzen. Solange er sich die Vorteile dieser Geschäftseinlage zunutze macht und damit die ihm zustehenden Rechte eines Gesellschafters ausübt, muß er vielmehr auch die als Gesellschafter übernommenen Pflichten erfüllen. Ferner schließt der Umstand, daß die Gesellschaft nicht für eine bestimmte Zeit eingegangen ist, nicht aus, daß nach dem übereinstimmenden ausdrücklichen oder stillschweigenden Willen der Parteien oder dem nach Treu und Glauben gemäß § 157 anzunehmenden Willen innerhalb einer bestimmten Zeit der Gesellschaftsvertrag nicht gekündigt werden sollte. Dem steht die Vorschrift des § 723 Abs. 3 nicht entgegen. Das ergibt die Bestimmung des Abs. 1, wonach auch bei Gesellschaften, die nicht für eine bestimmte Zeit eingegangen sind, eine Kündigungsfrist bestimmt werden kann. Ebenso muß auch vereinbart werden können, daß die Kündigung während einer bestimmten Frist nicht oder erst von bestimmter Frist ab zulässig sein soll, und diese Zeit kann auch nach § 157 gefunden werden, der alle Verträge, auch die Gesellschaften, die für keine bestimmte Zeit eingegangen sind, beherrscht. Sollte aber der anteilige Gesellschaftsgewinn dem Kläger als Gegenleistung für den der Gesellschaft gemachten Beitrag dienen, der in der Kundmachung der vorteilhaften Bezugsquelle bestand, so war nach Treu und Glauben im Verkehr der Vertrag wenigstens so lange auszuhalten, bis der Kläger aus den Gewinnen eine angemessene Entschädigung erhalten hatte, und es durfte ihm diese Entschädigung hierfür nicht sofort dadurch entzogen werden, daß der andere Gesellschafter die Gesellschaft kündigte, während er notwendig die Kenntnis der Bezugsquelle auch nach der Auflösung der Gesellschaft behielt, obwohl ihm diese lediglich als Gesellschafter und zum Erwerb für Gesellschaftszwecke mitgeteilt worden war. Inwieweit diese Kündigung überdies nach § 226 als unzulässig anzusehen wäre, hätte gleichfalls der Prüfung bedurft. Künftighin wird übrigens auch noch klarzustellen sein, aus welchen Gründen der Kläger Rechnungslegung über die Geschäfte verlangt, die der Beklagte mit dem Kaufmann Arno S. betätigt hat, während nach seinem Klagevorbringen die Lieferer der Baumwollabfälle die Brüder Max und Arno S. waren.

Wenn endlich das Berufungsgericht auch den Klaganspruch auf Zahlung von 4400 *M* nebst Zinsen als Gewinnanteil aus den vom 4. September bis 5. Dezember 1916 gemachten Geschäften deshalb abweist, weil der Kläger nicht einzelne Geschäfte herausgreifen und nur den Gewinn fordern dürfe, der sich am Schlusse der Verbindung unter Berücksichtigung etwaiger Verluste ergebe, so fällt dieser Erwägungsgrund ohne weiteres mit der Grundlage, daß der Gesellschaftsvertrag auch nach der Einziehung des Klägers zum Heere fortgesetzt worden sei. Kämen z. B. lediglich Vereinbarungen über zu zahlende Provisionen in Frage, so sind diese von einem jeden Verkauf fällig, den der Beklagte über die von S. bezogene Ware zufolge der Vermittelung des Klägers abgeschlossen hat. Aber auch wenn ein Gesellschaftsvertrag anzunehmen ist, trifft die Erwägung des Berufungsgerichts nicht ohne weiteres zu.

Denn nach den Behauptungen des Klägers ist im vorliegenden Falle nicht ein Anteil am Gesamtgewinn aus einer bestimmten Rechnungsperiode vereinbart gewesen, der sich erst nach Berücksichtigung aller Gewinne und Verluste während dieser Zeit ergibt, sondern es soll dem Kläger die Hälfte des Gewinns aus jedem einzelnen Weiterverkaufe der auf gemeinsame Rechnung bezogenen Ware zugesichert worden sein. Dann aber wäre zu prüfen gewesen, ob nach dem Willen der Parteien nicht abweichend von der Regel des § 721 Abs. 2 der Gewinnanteil dem Kläger auch jeweilig nach Abschluß des einzelnen Geschäfts auszuzahlen war, nicht erst am Schluß eines Geschäftsjahrs, so daß die geltend gemachte Forderung des Klägers aus den behaupteten abgeschlossenen Geschäften fällig war und es dem Beklagten vorbehalten bleiben mußte, etwaige Ansprüche an den Kläger, Verluste aus anderen Geschäften mitzutragen, aufrechnungsweise geltend zu machen."...

---

49. Ist dem Anfechtungsbeklagten die Zahlungseinstellung des Gemeinschuldners bekannt, wenn er sie als Folge einer Pfändung voraussieht?

KO. § 30 Nr. 2.

VII. Zivilsenat. Urt. v. 14. März 1919 i. S. M. (Bekl.) w. A. (Kl.). Rep. VII. 377/18.

I. Landgericht Köln.
II. Oberlandesgericht daselbst.

Die Beklagte ließ am 27. Februar 1917 wegen einer vollstreckbaren Forderung Warenbestände des Kaufmanns A. pfänden; am 29. März 1917 wurde über dessen Vermögen der Konkurs eröffnet. Der Konkursverwalter erhob die Anfechtungsklage mit dem Antrage, die Pfändung für unwirksam zu erklären. Nach diesem Antrage wurde in den Vorinstanzen erkannt. Die Revision der Beklagten hatte Erfolg.

Gründe:

„Die Anfechtung ist auf § 30 Nr. 2 KO. gestützt. Aus dieser Gesetzesvorschrift kommt im vorliegenden Falle für die Prüfung der Anfechtungsberechtigung nur in Betracht, ob die Pfändung nach der Zahlungseinstellung erfolgt ist und ob, wenn das zu bejahen ist, der Beklagten zur Zeit der Pfändung die Zahlungseinstellung des Schuldners bekannt war. Daß die Zahlungseinstellung der Pfändung vorangegangen ist, muß der Kläger beweisen. Der Beklagten als Anfechtungsgegnerin liegt der Beweis ob, daß sie bei der Vornahme der Pfändung, welche ihr als Konkursgläubigerin eine von ihr nicht zu beanspruchende

Sicherung gewährt, die Zahlungseinstellung des Gemeinschuldners nicht gekannt hat.

Das Berufungsgericht hat den vom Kläger zu führenden Beweis für erbracht angesehen. Der Gemeinschuldner habe vor der Pfändung, welche wegen des hohen Betrags der beizutreibenden Forderung fast seinem ganzen Warenlager drohte und deshalb zur Lahmlegung des Geschäfts führte, dem ihn zur Zahlung auffordernden Gerichtsvollzieher sein Unvermögen zur Zahlung erklärt und damit die Zahlungseinstellung kundgegeben.

Weiter ist auch entgegen den Ausführungen der Beklagten deren Kenntnis von der Zahlungseinstellung zur Zeit der Vornahme der Pfändung bejaht. Die Angestellten der Beklagten S. und K. — so führt das angefochtene Urteil aus — hätten allerdings bekundet, daß ihnen von einer Zahlungseinstellung des Gemeinschuldners nichts bekannt gewesen sei. Von der vorerwähnten Erklärung des Gemeinschuldners habe die Beklagte vor der Pfändung, da keiner ihrer Vertreter dabei zugegen gewesen sei, auch keine Kenntnis haben können. Die Beklagte habe sich aber, nachdem der Gemeinschuldner die verlangte und zugesagte Teilzahlung von 2757,55 *M* nicht zu leisten vermocht habe, der Überzeugung nicht verschließen können, demgemäß als sicher vorausgesehen und sonach gewußt, daß der Schuldner, wenn sie ihn wenige Tage darauf unter Androhung der Pfändung fast seines ganzen Warenlagers zur Zahlung eines so hohen Betrags auffordern werde und wenn sie im Anschluß daran die Vollstreckung wegen des ganzen Betrags von annähernd 6000 *M* in sein Warenlager einleite, sein Geschäft nicht mehr fortführen könne, daß er also infolge Lahmlegung des Geschäftsbetriebes seine Zahlungen einstellen müsse.

Gegen diese letztere Beurteilung, die Annahme, der Beweis der Nichtkenntnis sei nicht erbracht, vielmehr die Kenntnis der Beklagten von der Zahlungseinstellung dargetan, richtet sich der von der Revision erhobene Angriff. Der Rüge, § 30 Nr. 2 KO. sei in der vorstehend wiedergegebenen Begründung verletzt, war der Erfolg nicht zu versagen.

In den Fällen des § 30 Nr. 1 KO. wird Kenntnis des Anfechtungsgegners von der Zahlungseinstellung oder dem Eröffnungsantrage im Gesetze gefordert. In den Fällen des § 30 Nr. 2 hat zwar der Beklagte die Unkenntnis dieser Umstände darzulegen. In beiden Gesetzesbestimmungen bedeutet Kenntnis aber, wie das Reichsgericht in ständiger Rechtsprechung ausgeführt hat, das positive Kennen. Das Kennenmüssen (fahrlässige Nichtkenntnis) ist der Kenntnis nicht gleichgestellt; ebensowenig genügen ein bloßes Vermuten oder die Überzeugung von einer bevorstehenden Zahlungseinstellung. Gegen diesen Rechtssatz verstößt das Berufungsgericht, indem es die von der Beklagten behauptete Nichtkenntnis von der Zahlungseinstellung des Gemeinschuldners schon dadurch für widerlegt erachtet, daß die Beklagte bei ihrem Vorgehen gegen den Schuldner dessen Zahlungseinstellung vorausgesehen und damit gekannt habe. Ein Rechnen mit Wahrscheinlichkeiten, selbst wenn sie nahe liegen, kennt das Gesetz nicht. Die Beklagte konnte aber, auch wenn sie die Vermögenslage des Schuldners für eine bedenkliche zu halten Grund hatte, noch gar nicht wissen, ob es dem Schuldner nicht doch noch gelingen werde, den vermögensrechtlichen Zusammenbruch aufzuhalten. Noch bei der bevorstehenden Pfändung konnte ein die Zahlungseinstellung abwendendes Ereignis eintreten, dem Schuldner Hilfe gewährt werden, deren Gewährung die Beklagte nicht voraussehen konnte.

Danach ist die die Kenntnis der Beklagten bejahende Begründung des Urteils keine dem Gesetz entsprechende und keine schlüssige. Bekannt im Sinne des Gesetzes muß der Beklagten die zur Zeit der Pfändung schon eingetretene Zahlungseinstellung gewesen sein. Denn Kenntnis haben kann man nur von einem schon eingetretenen Ereignis. Das Berufungsgericht begründet seine Auffassung aber nur mit dem Voraussehen des, wie ausgeführt, immerhin noch abwendbaren Ereignisses und beschwert damit die Beklagte. Die festgestellte Kundgebung des Gemeinschuldners dem mit der Zwangsvollstreckung beauftragten Gerichtsvollzieher gegenüber kommt als Kenntnis der Beklagten nicht in Betracht, da der Gerichtsvollzieher nicht rechtsgeschäftlicher Vertreter des Gläubigers bei der Pfändung ist." ...

---

50. Ist der Fußgänger auf der Straße verpflichtet, sein Augenmerk auch auf Hindernisse und Gefahren zu richten, die seinen eigenen Weg nicht bedrohen?

BGB. § 823.

VI. Zivilsenat. Urt. v. 17. März 1919 i. S. H. (Kl.) w. Stadtgemeinde L. (Bekl.). Rep. VI. 362/18.

I. Landgericht Paderborn.
II. Oberlandesgericht Hamm.

Der Kläger ist am Abend des 26. Januar 1917 auf dem Bürgersteige vor dem Schulgebäude der Beklagten, als er einen Brief zu dem dort angebrachten Briefkasten tragen wollte, infolge von Eisglätte gefallen und hat einen Oberschenkelbruch erlitten. Seine Schadensersatzklage ist von beiden Vorderrichten zu $^2/_3$ zugesprochen, zu $^1/_3$ abgewiesen worden. Die Revision des Klägers hatte Erfolg.

Gründe:

„Streitig ist nur, ob den Kläger ein Mitverschulden an dem Unfalle trifft. Das Berufungsgericht stellt fest, daß an der Unfallstelle seit längerer Zeit eine große Eisfläche vorhanden und nicht bestreut worden war. Es erwägt, der Kläger habe täglich in der Frühe auf dem Wege zur Kirche die Klosterstraße — in der die Schule liegt — passiert, und es sei, als er mit seinen Schülern zurückging, schon hell gewesen. Er habe daher die Eisfläche bei einiger Aufmerksamkeit wahrnehmen müssen. Zwar sei er auf der eisfreien Seite der Straße gegangen und behaupte, daß ihm durch die Reihen seiner Schüler, die den Fahrdamm eingenommen hätten, der Blick auf die Eisfläche versperrt worden sei. Dies erscheine jedoch nicht wahrscheinlich. Derartige Schülerreihen seien nicht so dicht, daß man nicht hindurchsehen könne, zumal die Straße nicht so breit sei, daß man eine derartig große Eisfläche übersehen könnte. Es müsse daher angenommen werden, daß der Kläger die Eisfläche gekannt habe, oder daß er sie, da er nur 50 m entfernt wohnte, bei einiger Aufmerksamkeit kennen mußte. Bei dieser Sachlage sei er verpflichtet gewesen, wenn er am Abend die Klosterstraße passierte, den andern eisfreien Bürgersteig zu benützen und, um zum Briefkasten zu gelangen, die Straße an der Stelle zu überschreiten, wo der Übergang gefahrlos war.

Diese Ausführungen werden von der Revision mit Recht beanstandet.

Ein Verschulden würde dem Kläger nur dann zur Last fallen, wenn er die gefährliche Stelle als solche gekannt oder erkannt und sie, obwohl er sie vermeiden konnte, ohne die gebotene Vorsicht betreten hätte, oder wenn ihm seine Unkenntnis zur Fahrlässigkeit gereichte. Darüber, daß die Eisfläche ohne Beleuchtung war, für die die Beklagte nach ihrer Behauptung aus Kohlenmangel nicht sorgen konnte, besteht kein Streit. Das Berufungsgericht stellt nun nicht fest, daß die Eisfläche dem Kläger bekannt war. Es kommt auf Grund der Beweiswürdigung nur zu dem Schluß, daß er sie gekannt habe oder bei einiger Aufmerksamkeit habe kennen müssen. Für die Revisionsinstanz ist von den beiden Möglichkeiten, die das Berufungsgericht offen läßt, die dem Kläger günstigere maßgebend. Wird diese der Beurteilung zugrunde gelegt, so verkennt das Gericht den Begriff der im Verkehr erforderlichen Sorgfalt. Der Kläger hatte keine Pflicht, die Aufmerksamkeit anzuwenden, deren Versäumnis das Berufungsgericht ihm zum Vorwurf macht. Er brauchte sich nicht darum zu kümmern, ob irgendwo in der Nähe seiner Wohnung oder seines Weges zur Kirche sich eine Eisfläche befand, sondern er war wie jeder Fußgänger nur gehalten, um sich vor Schaden zu bewahren, auf seinen Weg zu achten und, soweit dort auffällige Hindernisse oder Fährlichkeiten sich zeigten, sie zu vermeiden. Auf Gefahren, die seinen Weg nicht bedrohten, brauchte er kein Augenmerk zu richten. Hatte sich auf der Straßenseite, die er nicht beging, Eis gebildet, so berührte ihn das weder in seiner Wohnung noch bei dem Gange zur Kirche. Wenn er im Gegensatze zu andern Personen, die dort wohnten oder vorüber gingen, von der Eisfläche nichts gemerkt hat, so mag das einem Mangel an Beweglichkeit des Auges oder Geistes, einer Verträumtheit oder Zerstreutheit zuzuschreiben sein. Die pflichtmäßige Achtsamkeit und Vorsicht hat der Kläger damit nicht versäumt. Die Auffassung des Berufungsgerichts mit ihren Folgerungen würde für den Regelfall die Anforderungen an die Aufmerksamkeit des Fußgängers auf der Straße über Gebühr und Bedürfnis steigern. Ganz besonders gelagerte Verhältnisse, die eine andere Beurteilung rechtfertigen könnten, sind hier nicht festgestellt.

Die Beklagte hatte das Mitverschulden des Klägers zu beweisen. Diesen Beweis hat sie nach dem, was das Berufungsgericht feststellt, nicht erbracht, weiteren Beweis auch nicht angetreten. Die Klage ist daher in vollem Umfange begründet, und es kommt auf die weiteren Bedenken der Revision, die gleichfalls zu Zweifeln Anlaß geben, nicht mehr an: ob der Kläger, wenn er in der Frühe die Eisfläche gesehen hat, die erforderliche Sorgfalt verletzte, weil er abends nicht mehr daran dachte; oder wenn er daran dachte, ob er nicht darauf vertrauen durfte, daß die Beklagte, die gleichen Tages durch die Polizei eine öffentliche Aufforderung zum Bestreuen der Eisglätte erlassen hatte, selbst dieser Auflage nachgekommen sein werde." ...

---

51. 1. Zu § 108 Abs. 2 und § 92 des Ges. über die privaten Versicherungsunternehmungen vom 12. Mai 1901 (RGBl. S. 139). 2. Zur Bindung des Gerichts durch ein von ihm erlassenes Zwischenurteil (§§ 303, 318 ZPO.).

VI. Zivilsenat. Urt. v. 17. März 1919 i. S. Schmi. (Kl.) w. Schma. (Bekl.). Rep. VI. 297/18.

I. Landgericht Hamburg.
II. Oberlandesgericht daselbst.

Der Kläger ist Eigentümer eines Kraftwagens und hat daran im Dezember 1914 Feuerschaden erlitten. Nach Inhalt des Versicherungsscheines vom 7. Juli 1914 war der Wagen gegen Schaden infolge von Feuer, Blitz oder Explosion bei Lloyds London (Lloyds Association of Underwriters in London) versichert. Nach Vortrag der Klage war aber bei diesem Versicherer bisher keine Entschädigung zu erlangen. Auf die Schadenssumme und Nebenkosten sowie entgangenen Gewinn nimmt der Kläger hier den Beklagten in Anspruch, und zwar deshalb, weil dieser seiner Zeit die Versicherung bei Lloyds London vermittelt hat. Der Kläger macht geltend, er sei durch den Beklagten veranlaßt worden, diese Versicherung bei dem englischen Unternehmen abzuschließen, während er sonst die Versicherung anderwärts, insbesondere bei einer deutschen Versicherungsunternehmung genommen und bei dieser den erlittenen Schaden trotz der Kriegsverhältnisse längst erstattet erhalten hätte. Rechtlich stützt sich die Klage hierbei auf § 823 Abs. 2 BGB. in Verb. mit dem Versicherungsaufsichtsgesetze vom 12. Mai 1901; nach dessen § 85 habe Lloyds London als ausländische Versicherungsunternehmung zum Betriebe des Versicherungsgeschäfts in Deutschland durch Vertreter, Bevollmächtigte, Agenten oder sonstige Vermittler der behördlichen Erlaubnis bedurft, solche aber nicht besessen. Durch die Vermittelung des vorliegenden Vertragsabschlusses habe der Beklagte die Strafvorschrift des § 108 Abs. 2 übertreten, wonach mit Geldstrafe bis zu eintausend Mark oder mit Haft oder mit Gefängnis bis zu drei Monaten bestraft wird, wer im Inlande für eine daselbst zum Geschäftsbetriebe nicht befugte Unternehmung einen Versicherungsvertrag als Vertreter oder Bevollmächtigter abschließt oder den Abschluß von Versicherungsverträgen geschäftsmäßig vermittelt.

Der erste Richter hat den Klaganspruch dem Grunde nach zugesprochen. Das Berufungsgericht ist zur Klagabweisung gelangt, in erster Reihe deshalb, weil die Vorschrift des § 85 gemäß § 92 das. auf den vorliegenden Fall nicht anzuwenden sei. Die Revision des Klägers wurde zurückgewiesen.

Gründe:

„Die Annahme, daß die Vorschrift des § 108 Abs. 2 verb. mit § 85 VAG. ein Schutzgesetz im Sinne des § 823 Abs. 2 BGB darstelle, war nicht zu beanstanden, ist auch von den Revisionsbeklagten nicht in Zweifel gezogen worden. Das Versicherungsaufsichtsgesetz dient insbesondere in dem Erfordernis der behördlichen Erlaubniserteilung zum Geschäftsbetrieb dem Schutze der Versicherungsnehmer und der reellen Versicherungsunternehmungen, indem jene vor Schädigungen durch unreelle, zahlungsunfähige Versicherer, diese vor unlauterem Wettbewerbe solcher geschützt werden sollen. Dieser Schutz ist die Zweckbestimmung des Gesetzes (vgl. Komm. v. RGR. § 823 Anm. 14).

Gegen die Anwendung des § 85 VAG. auf den vorliegenden Fall war beklagterseits zunächst unter Berufung auf § 116 eingewendet worden, es liege eine Transportversicherung vor; Lloyds London bedürfe nach dieser Vorschrift als Unternehmung, welche die Transportversicherung zum Gegenstand habe, keiner Zulassung. Demgegenüber hat das Berufungsgericht die vorliegende Versicherungsurkunde dahin ausgelegt, daß es sich um eine Feuerversicherung handle, und auf Grund dessen durch Zwischenurteil ausgesprochen, die Einrede des Beklagten, daß die englische Versicherungsgesellschaft Lloyds London zum Abschlusse derartiger Versicherungsverträge, wie hier einer vorliegt, nicht der behördlichen Zulassung im Deutschen Reiche bedurfte, sei unbegründet.

Jene Auslegung läßt keinen Rechtsirrtum erkennen (vgl. insbes. über die Verschiedenheit des versicherten Risikos das Ges. über den Versicherungsvertrag vom 30. Mai 1908, einerseits § 82 anderseits §§ 129 flg.), ist auch in dieser Instanz von keiner Seite in Zweifel gezogen worden. Mit Recht hat das Berufungsgericht insbesondere auch angenommen, daß seine Beurteilung mit der in RGZ. Bd. 72 S. 418 ausgeführten nicht in Widerspruch stehe; dafür genügt es, darauf hinzuweisen, daß in jenem Falle (nach ausdrücklicher Erwähnung zu Eingang des Tatbestandes) der Kraftwagen unter Ausschluß des Feuer-, Explosions- und Kurzschlußrisikos versichert war, wogegen hier die Versicherungsurkunde gerade nur den durch Brand, Explosion, Blitzschlag und Selbstentzündung entstehenden Schaden als den Gegenstand der Versicherung bezeichnet.

Zu der im Endurteil ausgeführten gegenteiligen Annahme, daß die Vorschrift des § 85 VAG. im vorliegenden Falle nicht eingreife, ist das Berufungsgericht auf Grund des § 92 das. gelangt, wonach die beim Inkrafttreten des Gesetzes (d. i. am 1. Januar 1902, vgl. § 125 VAG. und Kais. VO. vom 24. November 1901, RGBl. S. 489) in einem oder in mehreren Bundesstaaten landesgesetzlich zum Geschäftsbetrieb befugten Versicherungsunternehmungen keiner Erlaubnis nach Maßgabe dieses Gesetzes bedürfen zur Fortsetzung ihres Geschäftsbetriebs in den von ihnen bisher eingehaltenen oder, sofern ihre Befugnis zum Geschäftsbetrieb auf besonderer Zulassung beruht, in den bisher durch die Zulassung gestatteten Grenzen — während es zu jeder demgegenüber erweiterten Geschäftsbetätigung einer Erlaubnis nach Maßgabe des Versicherungsaufsichtsgesetzes bedarf (vgl. auch § 96 das.). Das Berufungsgericht hebt hervor, daß im Staate Hamburg vor dem Inkrafttreten jenes Gesetzes inländische wie ausländische Versicherungsunternehmungen keiner besonderen Zulassung bedurften, und stellt auf Grund des Gutachtens des Sachverständigen H. fest, daß Lloyds London schon vor dem 1. Januar 1902 das Geschäft der Feuerversicherung in demselben Umfange betrieben habe, wie zur Zeit des Abschlusses des hier in Betracht kommenden Vertrags; danach und gemäß § 92 VAG. bedürfe Lloyds London nach dem Inkrafttreten des Gesetzes keiner besonderen Zulassung hinsichtlich der in Hamburg für ihn abgeschlossenen und abzuschließenden Feuerversicherungsverträge, womit die Grundlage der Klage entfalle.

Gegen diese Anwendung des § 92 hat die Revision Einwendungen in verschiedenen Richtungen erhoben.

Angesichts des umfassenden Wortlautes der bereits angeführten Formel des Zwischenurteils und der Vorschrift des § 318 ZPO., meint sie, habe die Frage der Zulassungsbedürftigkeit überhaupt nicht mehr verneint werden dürfen. Zutreffend hat indessen das Berufungsgericht bereits im Endurteile darauf hingewiesen, daß es sich bei dem Zwischenurteile nur um die Frage der Anwendbarkeit des § 116 VAG. gehandelt hat, während die Vorschrift des § 92 das. damals anscheinend noch gar nicht in die Erörterung einbezogen worden war. Allerdings ist das Zwischenurteil als solches nach § 318 ZPO. für das Prozeßgericht bindend; aber der Inhalt seiner wie immer gefaßten Formel ist nach allgemeinen Grundsätzen regelmäßig der Auslegung aus den Entscheidungsgründen fähig und bedürftig. Nach § 303 ZPO. soll ein Zwischenurteil, wie es hier in Frage steht, ein selbständiges Angriffs- oder Verteidigungsmittel vorab erledigen, d. h. so erledigen, wie es gebraucht ist. In dem Ausspruche des Zwischenurteils, die Einrede des Beklagten, daß Lloyds London für Versicherungsverträge der vorliegenden Art nicht der behördlichen Zulassung im Deutschen Reiche bedürfe, sei unbegründet, liegt naturgemäß ausgesprochen, daß dieser Einwand in dem Sinne beurteilt wurde, wie er erhoben war, — also auf seine Berechtigung geprüft ist nur auf der Grundlage, die seine von der Partei, die ihn erhoben hat, gegebene Begründung ergibt. Dagegen kann es nicht die Aufgabe des Zwischenurteils solcher Art sein, ein Vorbringen abzuschneiden oder zu erledigen, das zur Zeit der Erlassung jenes noch gar nicht verlautet war. . . .

Aber auch im Hinblick auf den vormaligen Rechtsstand im Hamburger Staatsgebiete, wo vor dem Inkrafttreten des Versicherungsaufsichtsgesetzes für in- und ausländische Versicherungsunternehmungen eine besondere behördliche Erlaubnis zum Geschäftsbetriebe nicht vorgeschrieben war, hält die Revision die Anwendung des § 92 VAG. für fehlsam, weil darin gesprochen wird von „landesgesetzlich" zum Geschäftsbetriebe befugten Versicherungsunternehmungen. Danach setze die Vorschrift des § 92 das Bestehen irgendeines Landesgesetzes für die einschlägigen Verhältnisse voraus; auf einen der gesetzlichen Regelung überhaupt entbehrenden Zustand der Dinge könne jene Vorschrift nicht angewendet werden. Dies ist rechtsirrig. Das von der Revision hervorgehobene Wort landesgesetzlich bedeutet nichts anderes als „nach Maßgabe des landesrechtlichen Rechtsstandes", im Gegensatz zu einem Reichsgesetze. Sehen Landesgesetze eine besondere Zulassung vor, so ist im § 92 an eine solche landesgesetzliche Zulassung gedacht; wird einer solchen nach dem Stande der Landesgesetzgebung überhaupt nicht gedacht, so war die Versicherungsunternehmung eben ohne solche Zulassung zum Geschäftsbetriebe befugt. Warum letztenfalls die Vorschrift des § 92 nicht eingreifen sollte, dafür ist kein sachlicher Grund zu ersehen. Daß sie übrigens gleichermaßen für in- wie für ausländische Versicherungsunternehmungen gilt, hat das Berufungsgericht bereits mit Recht angenommen und wird auch in der Revisionsinstanz von keiner Seite in Zweifel gezogen." ...

---

52. Inwiefern kann auf Erfüllung der von einem Hypothekengläubiger dem Eigentümer gegenüber übernommenen Verpflichtung, einer erst zu bestellenden Baugeldhypothek den Vorrang einzuräumen, auch derjenige in Anspruch genommen werden, auf welchen der verpflichtete Hypothekengläubiger seine Hypothek durch Scheingeschäft verschoben hat?

BGB. §§ 117, 249.

V. Zivilsenat. Urt. v. 8. März 1919 i. S. Th. (Bekl.) w. L. (Kl.). Rep. V. 268/18.

I. Landgericht II Berlin.
II. Kammergericht daselbst.

Die Klägerin bestellte auf ihrem Grundstücke dem Ehemanne der Beklagten eine Hypothek von 23500 *M*, wobei sich dieser verpflichtete, einer von der Klägerin erst zu beschaffenden Baugeldhypothek vor seiner Hypothek den Vorrang einzuräumen. Um sich der Verpflichtung zu entziehen, schob er jedoch die Hypothek alsbald durch ein Scheingeschäft auf seine Frau ab. Die Klägerin hat darauf gegen die Frau Klage erhoben mit dem Anspruche, daß sie der inzwischen eingetragenen Baugeldhypothek den Vorrang vor der Hypothek von 23500 *M* einräume.

Das Landgericht wies die Klage ab, weil eine persönliche Verpflichtung der Beklagten nicht bestehe. Das Kammergericht gab der Klage statt. Die Revision blieb erfolglos.

Aus den Gründen:

„Im Vordergrunde steht die Frage, ob die Beklagte auf Bewilligung des Vorrangs zugunsten der nachmals eingetragenen Baugeldhypothek für ihre Person überhaupt in Anspruch genommen werden konnte. Die Klage ist rein schuldrechtlicher Art, und die Verpflichtung zur Bewilligung des begehrten Vorranges hat in dem Vertrage vom 18. Januar 1915 nur der Ehemann der Beklagten übernommen. Auch fehlt es an jeder Behauptung dafür, daß die Beklagte die Verpflichtung ihres Ehemanns in Gemäßheit der §§ 414, 415 BGB. nachträglich auf sich genommen hätte. Das Berufungsgericht hat gleichwohl die vorliegende Frage bejaht. Hiergegen wendet sich die Revision in erster Linie. Das Berufungsgericht hat nämlich festgestellt, daß die für den

Ehemann der Beklagten auf Grund des Vertrags vom 18. Januar 1913 eingetragene Hypothek von noch 23000 *M*, die jetzt im Range zurücktreten soll, im Einverständnis zwischen der Beklagten und ihrem Ehemann auf jene nur zum Schein übertragen worden ist; die Revision meint, daß gerade dieser Umstand die Beklagbarkeit der Beklagten schlechthin ausschließe. Das Berufungsgericht hat seinerseits allerdings gerade den Umstand als entscheidend angesehen, daß es sich bei der Übertragung des Hypothekenrechts um ein Scheingeschäft gehandelt hat. Zwar erwog es auch, daß die Möglichkeit, die Beklagte in Anspruch zu nehmen, auch für den Fall der Ernstlichkeit des Übertragungsgeschäfts anzunehmen sein würde. Aber dieser Gesichtspunkt (den es übrigens lediglich auf den hier überhaupt nicht anwendbaren § 1157 BGB. gestützt hat, vgl. RGZ. Bd. 81 S. 85, und auch ohne aus ihm irgendwelche Folgerung auf den Fall des Scheingeschäfts zu ziehen) muß hier völlig ausscheiden, da jetzt mit der unbedingt getroffenen Feststellung, an der auch die Revision nicht gerüttelt haben will, zu rechnen ist, daß nur ein Scheingeschäft vorliegt.

Aus welchem Grunde das Berufungsgericht die persönliche Verpflichtung der Beklagten gerade um deswillen als gegeben erachtet hat, weil die Hypothek von noch 23000 *M* auf die Beklagte lediglich des Scheines halber übertragen worden ist, lassen seine Ausführungen nicht erkennen. Freilich hat das Berufungsgericht in diesem Abschnitte seines Urteils auch auf den § 19 GrBO. Bezug genommen. Aber damit sollte offenbar nur gesagt sein, daß die Beklagte als die zurzeit eingetragene Hypothekengläubigerin auch befugt und daher auch imstande sei, dem Klagebegehren zu genügen. Eine Verpflichtung hierzu könnte aus der angeführten Vorschrift, worin der Revision recht zu geben, keinesfalls hergeleitet werden.

Für die Richtigkeit der Auffassung des Berufungsgerichts, daß sich die Passivlegitimation der Beklagten gerade aus dem Vorhandensein des Scheingeschäfts ergebe, könnten an und für sich freilich unter den besonderen Umständen des Falles bedeutsame Gesichtspunkte sprechen. Die Beklagte und ihr Ehemann haben geflissentlich die Rechtslage geschaffen, daß nach dem Inhalte des Grundbuchs nicht mehr der Ehemann der Beklagten, sondern nur noch diese selbst zur Verfügung über die Hypothek (von 23000 *M*) als befugt erscheinen kann (§ 891 BGB.). Diese Rechtslage beeinflußt die Lage der Klägerin insofern nachteilig, als sie jetzt nicht mehr den ihr vertragsmäßig verpflichteten Ehemann der Beklagten wirksam und ohne weiteres wegen Begründung eines Rangvorrechts für die Baugeldhypothek in Anspruch nehmen kann, vielmehr hierzu erst einen weiten und nicht einmal gewissen Umweg einschlagen müßte, indem sie den allenfallsigen Berichtigungsanspruch des Ehemanns an die Beklagte pfänden und sich überweisen ließe und demnach die Wiedereintragung des Genannten als Hypothekengläubigers erwirkte. Wollte man es unter diesen Umständen der Klägerin gestatten, von jenem Umweg absehend, nunmehr die Beklagte auf Erfüllung der Verpflichtung ihres Ehemanns in Anspruch zu nehmen, so bedeutete das einerseits eine Maßnahme, die zugunsten der Klägerin nur zur Abwendung der ihr nachteiligen Folgen des Scheingeschäfts diente, und anderseits eine Maßnahme, die sich die Beklagte und ihr Ehemann gerade deswegen gefallen lassen müßten, weil sie durch das Scheingeschäft geflissentlich die Lage herbeigeführt haben, daß jetzt grundbuchlich nur die Beklagte dem an sich begründeten Begehren der Klägerin (letzteres einstweilen vorausgesetzt) zu genügen imstande ist. Da insbesondere die Beklagte trotz ihrer als erwiesen angenommenen Absicht, daß ihr Ehemann der Berechtigte sein solle, die Hypothek auf sich selbst umschreiben ließ, dürfte sie sich dem nicht entziehen, daß sie nunmehr auch die Verpflichtung ihres Ehemanns an dessen Statt erfüllte. Die Beklagte sowohl wie ihr Ehemann hätten somit nur die Folgen ihrer Handlungsweise zu tragen (RGZ. Bd. 90 S. 277). Daß bei Befolgung solcher Grundsätze dem Rechtsverkehr und der Rechtssicherheit gegenüber dem üblen Scheingeschäft und dessen nachteiligen Einwirkungen auf die Rechtslage Dritter nur gedient sein würde, ist augenscheinlich. Es kann nicht angehen, Dritte unter einem Scheingeschäfte leiden zu lassen. . . . Zwar wird dem Dritten oftmals ein Anspruch auf Schadensersatz zur Seite stehen (Gruchot Bd. 49 S. 345). Aber es brauchen die Voraussetzungen eines derartigen Anspruchs nicht immer erfüllt zu sein, da es nicht zum Begriff eines Scheingeschäfts gehört, daß es zur Täuschung Dritter vorgenommen wird (RGZ. Bd. 90 S. 277; Warneyer 1914 Nr. 245), und es somit auch Fälle geben kann, in denen ein solches nicht in betrügerischer Absicht (§ 823 Abs. 2) und auch nicht mit dem Vorsatze der Schädigung eines anderen (§ 826) vorgenommen ist, die Rechtslage eines Dritten aber denkbar gleichwohl durch das Scheingeschäft nachteilig beeinflußt wird.

Indessen auf die vorstehenden Erwägungen die Entscheidung im gegebenen Falle wirklich abzustellen, liegt kein zwingender Grund vor. Denn hier ergibt sich aus den tatsächlichen Feststellungen des Berufungsurteils, daß die Klägerin unbedenklich schon mit der Schadensersatzklage zum Ziele gelangen kann; daß sie nämlich ihr Klagebegehren, wie es vorliegt, schon aus jenem Gesichtspunkte durchzusetzen vermag, und zwar auch der Beklagten gegenüber, so daß auch deren Einwand mangelnder Beklagbarkeit schon hieran scheitert.

Gegenüber dem Ehemanne der Beklagten ist ausdrücklich festgestellt worden, daß er bei Vornahme des Scheingeschäfts in der unredlichen Absicht gehandelt hat, die Hypothek zu verschieben, um auf diese Weise seiner Verpflichtung aus dem Vertrage vom 18. Januar 1915 (betreffs der Vorrangseinräumung) zu entgehen. Gegenüber der Beklagten selbst ist festgestellt, daß sie bei der Abtretung um die Absicht ihres Ehemanns, der Berechtigte bleiben zu wollen, gewußt und seine Verpflichtung zur Bewilligung des Rangvorrechts für die Baugeldhypothek gekannt hat. Unter diesen Umständen kann kein Zweifel darüber bestehen, daß die Beklagte zum mindesten mit der Möglichkeit gerechnet hat, daß die Verschiebung der Hypothek zum Schaden der Klägerin erfolge, um ihr nämlich die Geltendmachung des Anspruchs auf die Vorrechtseinräumung möglichst zu vereiteln oder wenigstens zu erschweren. Eine andere Aufklärung hat die Beklagte selbst zwar mit dem Einwande zu geben versucht, sie habe ihrem Ehemann erhebliche Beträge in die Ehe eingebracht. Aber es steht ihr die Feststellung des Berufungsgerichts entgegen, daß die Übertragung der Hypothek auf sie in ihrem Einverständnis nur zum Scheine vorgenommen worden ist. Daß nun dieses Scheingeschäft unter den obwaltenden Umständen ein wider die guten Sitten verstoßendes Geschäft bedeutet hat (§ 826), kann ebenfalls keinem Bedenken unterliegen, und zur Erfüllung des subjektiven Tatbestandes jener Vorschrift der Beklagten gegenüber reicht es aus, daß sie, wie dargelegt worden, jedenfalls mit der Möglichkeit gerechnet hat, daß das Geschäft die Klägerin benachteiligen werde, während eine darauf gerichtete Absicht nicht erforderlich war (RGZ. Bd. 56 S. 73, Bd. 76 S. 313, Bd. 79 S. 55). Hat sich mithin die Beklagte ebenfalls gemäß § 826 ersatzpflichtig gemacht, so ist sie nach § 249 gehalten, den Zustand herzustellen, der bestände, wenn die unerlaubte Handlung unterblieben wäre. Der Nachteil endlich, den die Klägerin durch jene Handlung erlitten hat, spricht sich darin aus, daß die Klägerin, wie bereits erwogen worden, ihren Anspruch auf Bewilligung des Vorrangs für die Baugeldhypothek auf Grund des Vertrags nicht mehr sogleich gegen den eingetragenen Hypothekengläubiger richten kann, daß sie dazu vielmehr erst den zweifelhaften und an sich weiten Umweg mittels Pfändung des Berichtigungsanspruchs einschlagen müßte, um zuvörderst die Wiedereintragung des wirklich Verpflichteten zu erlangen. Wenn nun die Beklagte und ihr Ehemann es sich gefallen lassen müssen, daß die Klägerin jetzt die Beklagte als die zurzeit eingetragene Hypothekengläubigerin in Anspruch nimmt und daß durch die Genannte dieser Anspruch erfüllt wird, dann bedeutet das in diesem Sinne nichts anderes, als daß die Klägerin damit in diejenige Lage versetzt wird, in der sie sich, wie angegeben, dann befände, wenn die unerlaubte Handlung der Beklagten und ihres Ehemanns unterblieben und sie sonach imstande geblieben wäre, sich ohne weiteres an den eingetragenen Hypothekengläubiger zu halten. Daß genau der nämliche Zustand hergestellt wird, der zuvor bestanden hatte, verlangt das Gesetz nicht. Unter Umständen kann vielmehr der Geschädigte auch etwas fordern, was nicht die Wiederherstellung des ehemaligen Zustandes darstellen würde, da es genügt, daß der Geschädigte wirtschaftlich so gestellt wird, wie er ohne die unerlaubte Handlung gestellt gewesen wäre (RGZ. Bd. 76 S. 147, Bd. 77 S. 101, Bd. 89 S. 99, Bd. 91 S. 213).

In Frage könnte nur noch kommen, ob die Beklagte überhaupt in der Lage ist, dem Klagebegehren zu genügen, da sie, wovon auszugehen, nicht die wirkliche Hypothekengläubigerin ist. Aber auch diese Frage ist unbedenklich zu bejahen. Die Beklagte ist als die eingetragene Hypothekengläubigerin grundbuchlich zur Verfügung über die Hypothek gerade die Befugte; die Vermutung des § 891 besteht auch gegen sie, und wird sie zur Bewilligung des Rangvorrechts rechtskräftig verurteilt, dann besteht für den Grundbuchrichter um so weniger ein Anlaß, die Verfügungsbefugnis der Beklagten zu beanstanden. Es kommt dazu, daß der Ehemann der Beklagten als der wirklich Berechtigte die Verfügung der Beklagten seinesteils auch als wirksam gelten lassen muß, weil durch sie nur seine eigene vertragsmäßige Verpflichtung erfüllt wird." . . .

---

53. Welches örtliche Recht findet Anwendung, wenn sich der Käufer gegenüber dem Anspruch auf den Kaufpreis darauf beruft, daß er den Vertrag wegen Irrtums angefochten habe?

II. Zivilsenat. Urt. v. 11. März 1919 i. S. F. K. (Bekl.) w. E. L. (Kl.). Rep. II. 392/18.

I. Landgericht Hamburg, Kammer für Handelssachen.
II. Oberlandesgericht daselbst.

Der Kläger hat seine Handelsniederlassung in Wien, der Beklagte in Hamburg. Unter Vermittlung einer Hamburger Firma kaufte dieser von jenem einen Waggon Haselnußkerne ab Budapest, „zahlbar netto Kasse in Wien gegen Frachtbrief-Duplikat bei der Anglo-Österreichischen Bank in Wien, Ausfuhrgarantie nach Deutschland. Der Beklagte hat Abnahme und Zahlung der Ware verweigert. Er behauptet, nach dem Abschluß des Verkaufs am gleichen Tage sei ihm zu Ohren gekommen, daß die obrigkeitliche Beschlagnahme von Haselnußkernen in Aussicht stehe, was ihn veranlaßt habe, dem Kläger noch an demselben Tage zu telegraphieren, er widerrufe seinen Auftrag wegen Regierungsmaßnahmen. Daher sei er berechtigt gewesen, das Rechtsgeschäft nach § 119 BGB. anzufechten.

Beide Instanzen haben den Beklagten nach dem Klagantrage verurteilt. Die Revision ist zurückgewiesen worden.

Aus den Gründen:

„Der schlüssig begründeten Klage gegenüber hat der Beklagte sich in der Berufungsinstanz auf die Verteidigung beschränkt, daß er das Rechtsgeschäft wegen Irrtums nach § 119 Abs. 2 BGB. anfechte. Der Vorderrichter hat darüber nach österreichischem Rechte entschieden. Er hat ausgeführt, daß der Verkäufer seine gewerbliche Niederlassung in Wien habe, daß das Geschäft den Usancen der Wiener Warenbörse unterstellt worden, die Ware in Wien gegen Frachtbrief-Duplikat bei einer Wiener Bank zu zahlen gewesen sei; daß somit nach deutschem wie nach österreichischem Rechte der Beklagte als Käufer in Wien hätte erfüllen müssen.

Das ist rechtlich nicht zu beanstanden. ... Ist aber Wien der Erfüllungsort und danach für die Verbindlichkeiten des Käufers das dort geltende Recht maßgeblich, so ist auch die Frage, ob seine Willenserklärung der Anfechtung unterliegt, nach österreichischem Rechte zu entscheiden (RGZ. Bd. 78 S. 59).

Die Revision stellt die Frage, ob in schuldrechtlichen Verhältnissen das Recht des Erfüllungsorts anzuwenden ist und nicht vielmehr das Personalstatut des Schuldners, zur Nachprüfung und beruft sich für die letztere Meinung auf Zitelmann, Intern. Privatrecht Bd. 2 S. 373. Die Frage ist in der Literatur bestritten. Die Rechtsprechung hat überwiegend an der von Savigny begründeten Lehre festgehalten, daß das Recht des Erfüllungsortes maßgeblich sei, und namentlich hat das Reichsgericht sich ganz ständig auf diesen Boden gestellt. Wenn der VI. Senat sich in den Urteilen RGZ. Bd. 61 S. 343, Bd. 62 S. 379 für die Anwendbarkeit des Personalstatuts ausgesprochen hat, so ist doch der erkennende Senat bereits in RGZ. Bd. 73 S. 379 flg. bes. S. 387, bei der bisherigen Rechtsprechung verblieben, indem er zutreffend zugleich darauf hinwies, daß die Entscheidungen des VI. Senats in der Sache nicht auf der dort ausgesprochenen Rechtsauffassung beruhen, so daß es einer Anrufung der Vereinigten Zivilsenate nicht bedürfe.

An dieser Rechtsprechung ist festzuhalten. Am wenigsten vermag die Berufung auf Zitelmann eine selbständige Begründung der gegenteiligen Meinung zu ersetzen. Der Verfasser erhebt gar nicht den Anspruch, das internationale Privatrecht so darzustellen, wie es tatsächlich in Geltung ist. Er will zu wissenschaftlich unanfechtbaren Rechtssätzen dadurch gelangen, daß er, von unmittelbar einleuchtenden Postulaten ausgehend, auf deduktivem Wege das System aufbaut. Dabei geht er von Voraussetzungen aus, die, wie er selbst nicht verkennt, mit dem tatsächlich herrschenden Zustande nicht gegeben sind. Er unterstellt eine völkerrechtlich sichere Abgrenzung des Machtbereichs der Staaten in der vielfachen Verschlungenheit von Personal- und Gebietshoheit gegeneinander, von der das heutige Völkerrecht noch weit entfernt ist. Dazu kommt, daß Zitelmanns wichtigster Beweisgrund, daß man sich mit der Anwendung des Rechtes des Erfüllungsorts im Zirkel bewege, weil gerade auch die Frage nach dem Erfüllungsort eine Rechtsfrage sei, im gleichen, wenn nicht in noch höherem Maße die eigene Meinung trifft, die schon bei dem ersten Schritt, ob denn als Personalstatut das Recht des Wohnsitzes oder das Recht des Staates gilt, dem der Schuldner angehört, aber auch darüber hinaus vor Rechtsfragen gestellt wird. Für die herrschende Lehre bedarf es dagegen jedenfalls in den zahlreichen Fällen keiner Vorwegnahme, wo, wie hier, eine Reihe rein tatsächlicher Momente örtlicher Beziehung die sichere Entscheidung darüber an die Hand geben, wo die Leistung nach Absicht des Vertrags erfolgen soll. Und überhaupt besteht das Dilemma nicht für denjenigen, welcher annimmt, daß der Richter stets in Anwendung des eigenen Rechtes entscheidet, daß er sich in letzter Linie auch da, wo er fremdes Recht anwendet, in Anwendung des eigenen Rechtes insofern bewegt, als er damit die ausdrückliche oder immanente Kollisionsnorm, die Anweisung oder Ermächtigung seines Rechtes befolgt. Es erscheint dann die Frage nach dem Erfüllungsorte, sofern sie als Rechtsfrage auftritt, als eine nach der lex fori zu entscheidende Vorfrage. Dem entspricht im vorliegenden Falle, daß der Vorderrichter die Frage auch vom Standpunkte des deutschen Rechtes (§ 269 BGB.) aus geprüft und einwandfrei entschieden hat." ...

---

54. Alleinverkaufsrecht, eingeräumt für die Dauer ausreichender Geschäftsverbindung. Zulässigkeit und Wirkung der Kündigung durch den Geschäftsherrn.

II. Zivilsenat. Urt. v. 18. März 1919 i. S. S. (Kl.) w. Dürkoppwerke Aktienges. (Bekl.). Rep. II. 395/18.

I. Landgericht I Berlin.
II. Kammergericht daselbst.

Der Kläger, ein Berliner Nähmaschinenhändler, behauptete, die Beklagte habe ihm im Jahre 1912 für die Dauer der Geschäftsverbindung der Parteien das Recht eingeräumt, ihre Dürkoppnähmaschinen im Stadtteil Berlin-Moabit allein zu verkaufen, und demgemäß versprochen, ihm sämtliche Anfragen aus diesem Stadtteile zu überweisen. Diesem Versprechen habe sie verschiedentlich zuwidergehandelt. Als er ihr darüber Vorhalt gemacht, habe sie die Verpflichtung durch Schreiben vom 15. September 1916 in Abrede genommen oder für aufgehoben erklärt. Auf diese Behauptungen stützte sich die im Oktober 1917 erhobene Klage, deren Anträge dahin gingen, das Alleinverkaufsrecht festzustellen und der Beklagten den direkten Verkauf im Stadtteile Moabit bei Meidung von Strafe zu verbieten.

Der Beklagten zufolge sollte ein Vertrag über ein Alleinverkaufsrecht überhaupt nicht zustande gekommen sein. Eventuell habe sie ihn am 15. September 1916 gekündigt. Ein wichtiger Grund für die Kündigung liege darin, daß die Ehefrau des Klägers der Kundschaft Pfaffsche Nähmaschinen als besser empfohlen habe. Vom Kläger wurden die Kündigung und der dafür angegebene Grund bestritten.

Beide Vorinstanzen wiesen die Klage ohne Beweisaufnahme ab. Die Revision des Klägers blieb erfolglos.

Gründe:

„Nach der Feststellung des Berufungsgerichts hat die Beklagte dem Kläger am 15. März 1912 in der Tat ein Alleinverkaufsrecht „für die Dauer ausreichender Geschäftsverbindung" eingeräumt. Das Berufungsgericht nimmt aber weiter an, daß das Recht durch den Brief vom 15. September 1916 beendet worden sei. Die Beklagte hatte damals geschrieben, Voraussetzung sei gewesen, „daß Sie die Interessenten unparteiisch bedienen und nicht, wie dies nachweislich seitens Ihrer Frau geschieht, auf das Pfaffsche Fabrikat verschieben, indem dieses als empfehlenswert hingestellt wird. Unter diesen Umständen ist die Verpflichtung des Alleinverkaufs nicht aufrecht zu erhalten." Die angeführten Worte, erwägt das Berufungsgericht, seien als Kündigung zu betrachten; die Rechtswirkung der Kündigung habe nicht von dem Vorhandensein eines wichtigen Grundes, sondern nur von dem Ablauf einer angemessenen Kündigungsfrist abgehangen. Berücksichtige man, daß dem Kläger der Absatz der noch in seinem Besitze befindlichen oder von ihm schon bestellten Maschinen durch das Alleinverkaufsrecht erleichtert werden mußte und daß es dazu etwa eines Jahres bedurft habe, so sei das Recht noch vor der Erhebung der Klage erloschen.

Die Revision bemängelt, daß der Streit der Parteien über das Vorliegen eines wichtigen Grundes unentschieden geblieben ist, und hält eine willkürliche Kündigung für unstatthaft. Dem angefochtenen Urteile muß indes im Ergebnis beigetreten werden. In der Begründung kommt das Berufungsgericht dem Kläger sogar noch zu weit entgegen, indem es der im Briefe vom 15. September 1916 zweifellos enthaltenen Kündigung erst nach Ablauf einer Frist Wirksamkeit zuerkennt. Das Alleinverkaufsrecht war dem Kläger eingeräumt für die Zeit, während der er mit der Beklagten in Geschäftsverbindung und zwar, wie ausdrücklich hinzugefügt war, in „ausreichender" Geschäftsverbindung stehen würde. Es handelte sich somit um ein Recht von loser Beschaffenheit, wie das auch nur natürlich war angesichts der Tatsache, daß der Kläger irgendein Entgelt dafür nicht gewährt hatte. Die Beklagte hatte es in der Hand, dadurch, daß sie die Geschäftsverbindung abbrach oder für nicht mehr ausreichend erklärte, die Voraussetzung des Rechtes hinfällig zu machen. Dann muß ihr aber auch die Befugnis zugestanden werden, das Recht unmittelbar durch fristlose willkürliche Kündigung zu beenden. Ob das Verhältnis der Parteien im übrigen mehr Verwandtschaft mit einer Gesellschaft bürgerlichen Rechtes oder mit einem Agenturvertrag aufwies, mag dahingestellt bleiben. Jedenfalls darin stand es einer auf unbestimmte Zeit eingegangenen Gesellschaft gleich, daß es wie diese — vgl. § 723 Abs. 1 Satz 1 BGB. — jederzeit fristlos gekündigt werden konnte. Allerdings mußte dem Kläger, wie das Berufungsgericht zutreffend bemerkt, Zeit gelassen werden, die bei ihm noch lagernden sowie die schon bestellten Maschinen ungestört durch direkte Verkäufe der Beklagten abzusetzen. Diesem Bedürfnis wurde aber genügend Rechnung getragen, wenn sie sich eine mäßige Zeit nach Beendigung des Verhältnisses des eigenen Absatzes in dem früheren Bezirke des Klägers enthielt. Eine solche Unterlassungspflicht, geboten durch die Grundsätze von Treu und Glauben, erscheint auch in anderen Anwendungen als Nachwirkung eines Vertrags. Im vorliegenden Falle hat die Beklagte unstreitig noch ein Jahr lang nach der Kündigung auf den Kläger Rücksicht genommen, so daß auch nach dieser Richtung hin Bedenken gegen die Abweisung der Klage nicht obwalten."

---

55. Begründet die Feststellung des Voranschlags ein Recht der Gemeindebeamten auf die Bezahlung darin vorgesehener Alterszulagen?

III. Zivilsenat. Urt. v. 18. März 1919 i. S. N. (Kl.) w. Gemeinde B.-M. (Bekl.). Rep. III. 477/18.

I. Landgericht II Berlin.
II. Kammergericht daselbst.

Der Kläger, seit 1907 Kassenrendant der Beklagten, sollte nach dem Normalbesoldungsetat am 1. April 1913 eine Alterszulage von 300 *M* jährlich erhalten. Nachdem der Voranschlag für das Rechnungsjahr 1913, der auch diese Gehaltserhöhung berücksichtigte, von der Gemeindevertretung festgestellt worden war, versagte der Gemeindevorsteher durch schriftliche Verfügung vom 25. März 1913 unter Berufung auf § 4 des die Dienstpflichten und die Besoldung der Gemeindebeamten regelnden Ortsstatuts vom 30. März 1900 die Gewährung der Zulage. Der Kläger berief sich demgegenüber auf die Feststellung des Voranschlags. Auf seine unter Beobachtung des § 7 des Kommunalbeamtengesetzes erhobene Klage wurde die Beklagte in der ersten Instanz zur

Zahlung verurteilt. Das Berufungsgericht wies die Klage ab. Die Revision des Klägers wurde zurückgewiesen.

Gründe:

„Nach § 4 des Ortsstatuts, auf das die Anstellungsurkunde Bezug nimmt, hatte der Kläger keinen Rechtsanspruch auf das Aufsteigen in eine höhere Gehaltsstufe. Es war dem Gemeindevorsteher ausdrücklich vorbehalten, wenn nach seinem Ermessen gegen die Berufstätigkeit, den Fleiß oder die Dienstführung eines Beamten begründete Ausstellungen vorliegen, sein Aufrücken in die höheren Gehaltsstufen ganz oder zeitweilig hintanzuhalten. Um einen Rechtsanspruch des Klägers zu begründen, bedurfte es also einer Bewilligung der Zulage an ihn. Eine solche ist in der Feststellung des Voranschlags nicht zu finden. Die Feststellung des Voranschlags bedeutet grundsätzlich nur die Bewilligung der Mittel für die darin vorgesehenen Ausgaben. Sie gibt den mit der Verwaltung der Gemeinde betrauten Organen die Ermächtigung, diese Ausgaben zu machen, begründet aber nicht Rechte Dritter, also auch nicht der Gemeindebeamten, auf die Auszahlung der bewilligten Beträge. Die Bewilligung der Alterszulage an den Kläger könnte daher nur in einer auf Grund der Feststellung des Voranschlags erfolgten Handlung des Gemeindevorstehers gefunden werden, dem die Verwaltung und Vertretung der Gemeinde, wie auch die Anstellung und Beaufsichtigung der Gemeindebeamten oblag (Landgemeindeordnung vom 3. Juli 1891 § 88 Abs. 1, Abs. 4 Nr. 5, 7). Daß der festgestellte Voranschlag sich nicht darauf beschränkt, den Bedarf an Beamtengehältern in Gesamtsummen aufzuführen, sondern in der Anlage zu Kapitel I die Besoldungen der Beamten, darunter auch die des Klägers mit dem um die Alterszulage erhöhten Gehaltsbetrag, einzeln nachweist, kann an der rechtlichen Bedeutung der Feststellung nichts ändern. Die abweichende Meinung des Klägers würde auch zu einer Beeinträchtigung des dem Gemeindevorsteher vorbehaltenen Versagungsrechts führen, die in keiner Weise zu rechtfertigen wäre. Nach § 3 des Ortsstatuts kommen als Anfangstermine für Alterszulagen nicht nur der 1. April, sondern auch der 1. Juli, 1. Oktober und 1. Januar in Betracht. Es ist nicht anzunehmen, daß eine vor dem 1. April erfolgte Feststellung des Voranschlags auch über erst später eintretende Zulagen endgültig bestimmen und damit das im § 4 geregelte Versagungsrecht des Gemeindevorstehers so wesentlich beschränken sollte. Was aber für die später eintretenden Zulagen anzunehmen ist, muß auch für die zum Beginn des Rechnungsjahres, am 1. April, fällig werdenden gelten.

Danach ist schon die Meinung der Revision zurückzuweisen, daß in der Feststellung des Voranschlags eine Bewilligung der Alterszulage an den Kläger überhaupt gefunden werden könne. Wollte man aber selbst hierin dem Kläger folgen, dann müßte doch diese Bewilligung, um die Gemeinde gegenüber dem Kläger zu binden, ihm gegenüber, also nach außen hervorgetreten sein, sei es durch eine allgemeine Bekanntmachung, die dann mittelbar zugleich eine solche für die einzelnen Beamten wäre, sei es durch eine unmittelbare Kundgabe an den Kläger selbst. Eine Bekanntmachung der ersteren Art behauptet die Revision selbst nicht. Eine unmittelbare Kundgabe findet sie mit Unrecht darin, daß der Kläger in seiner Eigenschaft als Kassenrendant den Voranschlag zur Sollstellung erhielt und damit auch von seinem Inhalte Kenntnis bekam. Wenn auch in der Anweisung zur Sollstellung zugleich die Anweisung und Ermächtigung zur Auszahlung der Zulagen an die beteiligten Beamten einschließlich des Klägers selbst lag, so handelte es sich doch nicht um eine Kundgebung an den Kläger als gehaltsberechtigten Beamten. Der vom Berufungsgericht in dieser Beziehung gemachte Unterschied in der Person des Klägers als Vertreters der Kasse und als der Gemeinde gegenüberstehenden Dritten ist nicht nur formell begründet, sondern auch sachlich gerechtfertigt. Das Berufungsgericht erwägt mit Recht, daß der Kläger nicht durch den zufälligen Umstand, daß er Kassenrendant war, einen Vorteil vor den übrigen Beamten haben könne, für die die Anweisung an die Kasse noch keinerlei Recht begründe. In der Anweisung zur Sollstellung ist daher auch nicht eine dem Kläger gegenüber erfolgte Bewilligung der Zulage durch den Gemeindevorsteher zu finden, die die nachfolgende Versagung ausgeschlossen hätte. Der Zahlungsanspruch des Klägers ist demnach mit Recht abgewiesen worden."...

---

56. 1. Welche Zollbehörde ist für die Geltendmachung einer Reichsabgabe gegenüber einer Gewerkschaft zuständig, die neben ihrem Sitze noch einen besonderen Verwaltungssitz in einem anderen Bundesstaate hat?

2. Sind die von einer Gewerkschaft ausgeschriebenen Einzahlungen stempelfrei, wenn die Gewerkschaft es unternimmt, ein anderes Bergwerk pachtweise zu betreiben, und für diesen Betrieb Zubußen ausschreibt, die zu dessen Erhaltung in seinem bisherigen Umfange bestimmt sind?

3. Handelt es sich um den Betrieb eines Bergwerks „in seinem bisherigen Umfange", wenn an Stelle eines abgebauten Stollens ein neuer tieferer Stollen geschlagen wird?

Reichsstempelgesetz v. 3. Juli 1913 §§ 110, 116 Abs. 3, Tarifnr. 1B Abs. 2.

VII. Zivilsenat. Urt. v. 18. März 1919 i. S. Gewerkschaft Fl. (Kl.) w. preuß. Staat (Bekl.). Rep. VII. 217/18.

I. Landgericht Hannover.
II. Oberlandesgericht Celle.

Die Klägerin hat im Jahre 1911 von dem Freiherrn von S. dessen abgebautes Flußspat-Bergwerk „Gottesgabe" unter Ausbedingung eines Vorkaufsrechts auf 20 Jahre gepachtet und Zubußen von insgesamt 215000 ℳ eingezogen, um damit einen neuen tieferen Stollen zu schlagen. Der Beklagte hat hierfür einen Zubußenstempel von 5988 ℳ eingezogen, dessen Rückzahlung die Klägerin mit der Klage beansprucht. Das Landgericht wies die Klage ab; die Berufung der Klägerin wurde zurückgewiesen. Auch die Revision blieb erfolglos.

Gründe:

„Gegen die Rechts- und Parteifähigkeit der Klägerin, die von Amts wegen zu prüfen waren, haben sich Bedenken nicht ergeben. Die Klägerin hat ihren Sitz in Gotha und daneben einen Verwaltungssitz in Hannover. Die Bestimmung eines bloßen Verwaltungssitzes neben dem eigentlichen Sitze ist bei der Gewerkschaft ebenso wie bei der Aktiengesellschaft (RGZ. Bd. 59 S. 108) zulässig (Urt. des RG. vom 19. Januar 1918 V 225/17). Die für den Verwaltungssitz zuständige preußische Oberzolldirektion Hannover, nicht aber die für Gotha zuständige Zollbehörde war im vorliegenden Falle befugt, den Stempel, der nicht eine Landesabgabe, sondern eine Reichsabgabe darstellt, für das Reich einzuziehen, und die auf Rückzahlung gerichtete Klage war dementsprechend gegen die Oberzolldirektion Hannover, wie geschehen, zu richten. Das ergibt sich schon daraus, daß die nach § 116 Abs. 3 des Reichsstempelgesetzes vom 3. Juli 1913 zur Kontrolle der Stempelverwendung erforderliche Einsicht der auf die Stempelpflicht bezüglichen Schriftstücke und Geschäftsbücher naturgemäß nur an dem Orte vorzunehmen ist, an dem die Verwaltung der Gewerkschaft geführt wird.

In der Sache selbst ist die gesetzliche Grundlage für die Entscheidung nicht nur in der allein vom Berufungsrichter in Bezug genommenen Tarifnr. 1B Abs. 2 des Reichsstempelgesetzes vom 3. Juli 1913, sondern auch in der freilich gleichlautenden Vorschrift der Tarifnr. 1d Abs. 3 des Gesetzes vom 15. Juli 1909 zu suchen, da ein Teil der hier in Betracht kommenden Einzahlungen schon vor dem 1. Oktober 1913, dem Tage des Inkrafttretens des Gesetzes vom 3. Juli 1913 (§ 124 das.), ausgeschrieben worden war. Die Stempelpflicht ist an sich begründet. Dazu genügt die Tatsache, daß die klagende Gewerkschaft von ihren Gewerken Beiträge eingefordert hat (RGZ. 79 S. 110). Nur darüber streiten die Parteien, ob die Befreiungsvorschrift durchgreift, nach der die Abgabe ausgeschlossen ist, wenn die Einzahlungen zur Deckung von Betriebsverlusten oder — was hier allein in Frage steht — „zur Erhaltung des Betriebs in seinem bisherigen Umfange" bestimmt waren und verwendet worden sind. Der Berufungsrichter hält die Befreiungsvorschrift aus zwei selbständigen Gründen für unanwendbar, einmal deshalb, weil hier die Zubußen nicht zur Erhaltung des Betriebs in seinem bisherigen Umfange bestimmt gewesen seien, dann aber auch deshalb, weil die Zubußen nicht vom Eigentümer des Bergwerks, für das sie bestimmt waren, sondern vom Pächter des Bergwerks (Klägerin) ausgeschrieben worden seien. Ob der letztere Grund zutrifft, bedarf nicht der Prüfung, da dem Berufungsrichter im Ergebnis, wenn auch zum Teil aus anderen als den von ihm mitgeteilten Erwägungen, darin beizustimmen ist, daß der erstgenannte Grund der Anwendung der Befreiungsvorschrift entgegensteht.

Sieht man zunächst von der persönlichen Beziehung der Rechtsperson, die die Einzahlungen ausgeschrieben hat, zu dem Bergwerke, für dessen Betrieb sie bestimmt waren, ab, so ist nicht zu bezweifeln, daß — objektiv betrachtet — die ausgeschriebenen Einzahlungen dazu bestimmt waren, den Betrieb des Bergwerks „Gottesgabe" in seinem bisherigen Umfange zu erhalten. Nach dem maßgebenden ... Tatbestand ist unstreitig die Ausschreibung erfolgt, „um damit einen neuen tieferen Stollen zu schlagen und dadurch das Bergwerk, dessen damaliger Betrieb sonst nicht hätte weitergeführt werden können, wieder betriebsfähig zu machen". Der Betrieb ist danach, wenn überhaupt, dann doch nur vorübergehend, dadurch unterbrochen worden, daß der höhere Stollen schon abgebaut war. Damit stimmt auch der unbestritten gebliebene Inhalt des vorgetragenen Schriftsatzes der Klägerin vom 17. Januar 1918 überein, wonach das Bergwerk Gottesgabe vor der im Jahre 1911 erfolgten Verpachtung an die Klägerin im Pachtbesitze des Bergbauunternehmers St. war, der den alten Stollen zum größten Teil ausgebaut hatte. Es gehört zum ordnungsmäßigen Betrieb eines Bergwerks, daß allmählich ein Teil des zu erbeutenden Minerals abgebaut und zu dessen Ersatz neues Mineral innerhalb des Grubenfeldes aufgesucht und durch neue Stollen zugänglich gemacht wird. Darin ist keine Erweiterung des Betriebs zu finden; die Absicht geht vielmehr dahin, den Betrieb, der ertragslos oder ertragsarm geworden ist oder zu werden droht, wieder zu einem wie bisher ertragsreichen zu machen. Auf demselben Standpunkte stehen die auch für das Gesetz vom 3. Juli 1913 anzuwendenden, vom Bundesrat zur Auslegung des Reichsstempelgesetzes vom 15. Juli 1909 aufgestellten Grundsätze vom 23. Mai 1912, nach deren Nr. 3a steuerfrei bleiben solche Ausgaben, die sich aus der allmählichen Erschöpfung der Lagerstätten ergeben, also bei einer bestehenden Bergwerksanlage die Kosten für die Bildung neuer Sohlen in größeren Tiefen, sowie die Errichtung neuer bergbaulicher Anlagen in andern Teilen des Grubenfeldes, sofern dafür eine ältere Anlage von ähnlicher Leistungsfähigkeit eingeht. In solchen Fällen handelt es sich nicht um Erweiterung, sondern um Erhaltung des Betriebs. Die dafür aufgewendeten Geldbeträge sollen steuerfrei bleiben, da der Staat selbst an der Erzeugung bergmännischer Ausbeute ein großes eigenes Interesse hat und deshalb die Erhaltung des Betriebs bestehender Bergwerke durch Steuererleichterung fördern will.

Von einer Erhaltung „des Betriebs in seinem bisherigen Umfange" im Sinne der Befreiungsvorschrift kann aber nur die Rede sein, wenn diejenige Rechtsperson, die bisher das Bergwerk betrieben hat — regelmäßig also die Gewerkschaft, der das Bergwerk gehört, — selbst ihren bisherigen Betrieb fortsetzen will und zu diesem Zwecke die erforderlichen Einzahlungen ausschreibt. Eine solche steuerlich schutzwürdige Erhaltung des Betriebs in seinem bisherigen Umfange liegt aber nicht vor, sondern die Neueröffnung eines Betriebs, wenn, wie im vorliegenden Falle, eine Gewerkschaft über ihren bisherigen Bergwerksbetrieb hinaus es unternimmt, ein anderes Bergwerk pachtweise zu nutzen, und von ihren Mitgliedern Beiträge zu dem Zwecke einzieht, diesen neuen Betrieb gewinnbringend zu gestalten. Dann handelt es sich für sie um eine die Steuerbefreiung ausschließende Erweiterung ihres bisherigen Betriebs und um eine neue Kapitalanlage zu gesellschaftlichen Zwecken, die sich nicht schon als Folge des bisherigen gesellschaftlichen Betriebs als wirtschaftlich notwendig erwies.

Zu demselben Ergebnis gelangt man übrigens auch bei Anwendung des vom erkennenden Senat in seinem Urteile RGZ. Bd. 79 S. 108 ausgesprochenen und näher begründeten Grundsatzes, daß die Stempelbefreiung nicht durchgreift, wenn die Zubuße durch den Betrieb eines anderen Bergwerks als desjenigen verursacht worden ist, auf dessen Grundlage sich die die Zubußen ausschreibende Gewerkschaft gebildet hat. Nicht entgegen steht das Urteil RGZ. Bd. 89 S. 311."

---

57. Erstreckt sich die Schadensersatzpflicht für einen körperlichen Unfall auch auf den Mindererlös eines durch den Unfall nötig gewordenen Verkaufs von Geschäftseinrichtungen des Verletzten?

BGB. § 842.

VI. Zivilsenat. Urt. v. 20. März 1919 i. S. F. (Kl.) w. R. (Bekl.). Rep. VI. 370/18.

I. Landgericht III Berlin.
II. Kammergericht daselbst.

Die Frage wurde bejaht.

Aus den Gründen:

„Der Kläger hat vorgetragen, daß er die Geschäftseinrichtung im März 1916 infolge der Verschlimmerung der auf den Unfall zurückzuführenden Gesundheitsstörungen habe verkaufen müssen, daß er hierbei am Erlös einen Verlust von mindestens 6000 *M* erlitten habe, die er zu Friedenszeiten mehr erlöst hätte, und daß dieser Schaden danach Unfallschaden, mithin zu drei Vierteln zu erstatten sei.

Das Berufungsgericht glaubt das Vorbringen ohne sachliches Eingehen aus rechtlichen Gründen zurückweisen zu können: jener Schaden am Erlös der Geschäftseinrichtung sei weder eine Beeinträchtigung der Erwerbsfähigkeit (§ 843 BGB.) noch eine Eigentumsbeschädigung (§ 823 Abs. 1 BGB.), vielmehr ein Kapitalschaden und daher ein allgemeiner Vermögensschaden. Dieser Schaden sei, weil nur fahrlässige Verschuldung in Frage kommen könne, nicht ersatzfähig. Für den dafür angeforderten Betrag ($^3/_4$ von 6000 *M*) sei daher das Klagebegehren abzuweisen, auch wenn die dazu vorgetragenen tatsächlichen Behauptungen des Klägers zutreffen sollten.

Mit Recht findet die Revision hierin eine Verletzung der §§ 823, 842, 249 BGB. Eine Beschädigung des Vermögens einer Person im allgemeinen als unerlaubte Handlung kennt das Bürgerliche Gesetzbuch allerdings nicht; nach feststehenden Rechtsgrundsätzen (vgl. Komm. v. RGR. § 823 Erl. 1) muß der Vermögensschaden gemäß § 823 Abs. 1 die Folge einer widerrechtlichen Verletzung der dort genannten geschützten Rechtsgüter und Rechte oder gemäß § 823 Abs. 2 die Folge einer Zuwiderhandlung gegen Schutzgesetze sein, oder es muß einer der besonderen Tatbestände der §§ 824, 826, 839 vorliegen, wenn ein Anspruch auf Ersatz des Schadens bestehen soll. Diese Voraussetzung ist aber hier zweifellos erfüllt; es liegt eine Verletzung an dem Körper und der Gesundheit vor (Abs. 1 des § 823), worauf die Klage gestützt ist. Solchenfalls ist aber nicht nur der in § 843 näher bezeichnete Schaden — für solche Folgen, die ihrer Natur nach fortlaufend sich erneuern — sondern es sind, nach der ausdrücklichen Vorschrift des § 842 (vgl. Prot. Bd. 2 S. 636) alle Nachteile zu ersetzen, welche die Handlung für den Erwerb oder das Fortkommen des Verletzten herbeiführt. Ist dieser durch die Folgen des Unfalls genötigt worden, sein Erwerbsgeschäft aufzugeben, die Geschäftseinrichtung zu verkaufen oder sonstige Betriebsmittel zu veräußern, so ist eine hierbei in Gestalt eines Mindererlöses eingetretene Vermögenseinbuße rechtlich unbedenklich dem Vermögensschaden zuzuzählen, für den gegebenenfalls der Schädiger dem Verletzten aufzukommen hat. In der Rechtsprechung wurden und werden denn auch Schadensposten wie der hier in Rede stehende ohne rechtliche Beanstandung zuerkannt (vgl. z. B. Warneyer 1908 Nr. 519, 1917 Nr. 265, auch VI 574/14 und im Allgemeinen Komm. v. RGR. § 842). Die Ausführung des Berufungsgerichts beruht auf einer Verwechselung des hier gegebenen Falles einer gegen die Person gerichteten unerlaubten Handlung mit dem anderen, wo diese sich allein gegen das Vermögen des Verletzten gerichtet hat und hiernach im Rahmen des § 823 Abs. 1 gegebenenfalls zu fragen ist, welches Recht der dort gemeinten Art verletzt sei." ...

---

58. 1. Schließt die Bestimmung eines Mietvertrags, daß Abänderungen und Zusätze zur Rechtswirksamkeit der schriftlichen Abfassung und der Unterschrift beider Teile bedürfen, die Gültigkeit einer mündlichen Abrede unter allen Umständen aus?
2. Bedeutung der Zusicherung völliger Brauereifreiheit der vermieteten Gastwirtschaft.

BGB. § 127, § 537 Abs. 2, § 538.

III. Zivilsenat. Urt. v. 21. März 1919 i. S. F. (Bekl.) w. T. (Kl.). Rep. III. 388/18.

I. Landgericht Leipzig.
II. Oberlandesgericht Dresden.

Durch schriftlichen Vertrag vom 5. September 1915 vermietete der Beklagte die in seinem Hause Brüderstraße 11 betriebene Schankwirtschaft auf mehrere Jahre an den Kläger und dessen Ehefrau, und zwar nach der Behauptung des Klägers mit der mündlichen Zusicherung „völliger Brauereifreiheit". Wie der Kläger weiter vorträgt, nahm gleich nach Eröffnung seines Wirtschaftsbetriebs die U.sche Brauerei ihm gegenüber auf Grund angeblich zwischen ihr und dem Beklagten getroffener Vereinbarungen die Schankwirtschaft als zu ihrem Absatzgebiete gehörig in Anspruch und veranlaßte alle mit ihr zu einem Ringe vereinigten Brauereien, dem Kläger die Lieferung von Bier zu verweigern. Deshalb verlangte er im vorliegenden Rechtsstreite unter anderem die Zahlung einer Entschädigung in Höhe von 5800 *M*.

Das Landgericht wies die Klage ab. Das Oberlandesgericht erklärte den Anspruch des Klägers auf Schadensersatz wegen Nichterfüllung der Brauereifreiheitszusicherung dem Grunde nach für berechtigt. Die Revision wurde zurückgewiesen.

Gründe:

... „Nach der unangefochtenen Feststellung des Oberlandesgerichts hat der Beklagte bei den Vertragsverhandlungen dem Kläger mündlich zugesichert, daß die Schankwirtschaft „völlig brauereifrei" sei. Im § 15 des Mietvertrags ist freilich die Bestimmung enthalten, daß Abänderungen und Zusätze zur Rechtswirksamkeit der schriftlichen Abfassung und der Unterschrift beider Teile bedürfen. Diese können aber eine solche Vertragsklausel für den Einzelfall außer Kraft setzen, und das geschieht, wenn sie darüber einig sind, daß für ihre vertraglichen Beziehungen neben dem Urkundeninhalt auch eine bestimmte mündliche

Abrede maßgebend sein soll. Daß die Parteien das bezüglich der obigen Zusicherung übereinstimmend gewollt und zum Ausdrucke gebracht haben, ist vom Berufungsrichter in tatsächlicher Würdigung der Beweisaufnahme für dargetan erachtet worden. Ihre Rechtsgültigkeit ist daher nicht zu beanstanden.

Zutreffend hat das Oberlandesgericht in der Zusicherung der Brauereifreiheit die einer Eigenschaft erblickt. Denn unter den Begriff einer Eigenschaft fallen nach der ständigen Rechtsprechung des Reichsgerichts (vgl. z. B. RGZ. Bd. 61 S. 86) auch solche tatsächlichen oder rechtlichen Verhältnisse von einer gewissen Dauer, welche infolge ihrer Verbindung mit oder ihrer sonstigen Beziehungen zu einer Sache nach der Verkehrsauffassung wertbildend oder werterhöhend zu wirken pflegen. Der Berufungsrichter hat nun eingehend erörtert, daß und weshalb der Kläger, wie auch jeder andere Gastwirt es in seiner Lage getan hätte, ein großes Gewicht darauf legte, hinsichtlich des Bierbezugs an keine Brauerei gebunden zu sein und in seinen Räumen ungehindert das Bier verschänken zu können, das ihm für seinen Betrieb am vorteilhaftesten schien. Er hat weiter erwogen, daß der Kläger der Firma U. gegenüber eine vertragliche Bierbezugsverpflichtung nicht hatte, daß eine solche ihm auch vom Beklagten nicht auferlegt und im Rechtswege daher nicht erzwingbar war. Dagegen bestand die Möglichkeit, daß die Firma U., welche den früheren Inhabern der Gastwirtschaft Bier geliefert hatte, diesen Umstand und ihre bisherigen Beziehungen zu dem Beklagten, wie es denn auch tatsächlich der Fall gewesen ist, dazu benutzen würde, eine wirtschaftliche Waffe gegen den Kläger zu schmieden, um, gestützt auf ihre Zugehörigkeit zum Brauereiringe, ihn zu zwingen, wie seine Vorgänger Bier von ihr zu entnehmen. Deshalb gelangt der Berufungsrichter in durchaus schlüssiger Weise zu dem Ergebnis, daß die Zusicherung der Brauereifreiheit, wenn ihr überhaupt eine praktische Bedeutung beiwohnen sollte, nur den Sinn und Zweck haben konnte und hatte, dem Beklagten die Verpflichtung aufzuerlegen, dafür einzustehen, daß keine Brauerei, insbesondere nicht die Firma U., auf den Kläger in seiner Eigenschaft als Mieter der Gastwirtschaft einen wirtschaftlichen Zwang ausüben würde, um ihn in seiner Bewegungsfreiheit hinsichtlich der Wahl der Bierbezugsquelle zu beschränken. . . .

Unstreitig hat die U.sche Brauerei unter Berufung darauf, daß sie gegen den Beklagten einen vertraglichen Anspruch habe, die Bierlieferung für die Gastwirtschaft übertragen zu erhalten, andere Ringbrauereien veranlaßt, dem Kläger Bier zu verweigern. Das genügt, um Schadensersatzansprüche des Klägers gegen den Beklagten aus den §§ 537 Abs. 2, 538 BGB. auszulösen, ohne daß es darauf ankommt, ob der Rechtsstandpunkt der Firma U., den sie dem Beklagten gegenüber einnahm, gerechtfertigt war oder nicht."

59. Zugehörigkeit einer Schienenanlage zum Fabrikbetriebe im Sinne des § 2 des Haftpflichtgesetzes vom 7. Juni 1871. Voraussetzungen der Schadenshaftung aus dem Verschulden der dort genannten Personen.

VI. Zivilsenat. Urt. v. 3. März 1919 i. S. H. v. D. u. Gen. (Bekl.) w. M. (Kl.). Rep. VI. 326/18.

I. Landgericht Beuthen.
II. Oberlandesgericht Breslau.

Am 12. September 1911 hatten mehrere Schulknaben in Antonienhütte einen mit Räumasche beladenen Kippwagen, der auf einem von der Liebe-Hoffnungs-Zinkhütte über den dortigen Wochenmarkt nach den sogenannten Hüttenteichen führenden Schienenweg unbeaufsichtigt stand, in der Richtung nach den Hüttenteichen in Bewegung gesetzt. Die Liebe-Hoffnungshütte gehört den Beklagten. Der 5 Jahre alte Kläger, der sich auf den vorderen Puffer des Kippwagens gestellt hatte, sprang von dem noch in Bewegung befindlichen Wagen ab und wurde überfahren, wodurch er eine erhebliche Verletzung erlitt. Er verlangt von den Beklagten Schadensersatz auf Grund des Haftpflichtgesetzes (der Anspruch auf Schmerzensgeld nach BGB. § 847 wurde in den Vorinstanzen rechtskräftig abgewiesen).

Das Landgericht erklärte den Klaganspruch, soweit er auf das Haftpflichtgesetz gestützt wird, dem Grunde nach für gerechtfertigt. Das Oberlandesgericht stellte fest, daß die Beklagten als Gesamtschuldner dem Kläger den Schaden aus dem Unfalle vom 12. September 1911 (mit Ausnahme des Schmerzensgeldes) zu ersetzen haben. Die Revision der Beklagten wurde zurückgewiesen aus folgenden

Gründen:

„Die Annahme des Berufungsgerichts, daß die Liebe-Hoffnungshütte (Zinkhütte) der Beklagten eine Fabrik im Sinne des § 2 HaftpflG. darstelle, ist rechtlich nicht zu beanstanden und wird auch von der Revision nicht angegriffen. Dagegen bestreitet die Revision die Richtigkeit der weiteren Annahme des Vorderrichters, daß die zwischen der Hütte und den nahen Hüttenteichen befindliche Schienenanlage zum Fabrikbetriebe gehört, einen Teil der Fabrik gebildet habe. Diese Auffassung läßt jedoch einen Rechtsirrtum nicht erkennen. Allerdings war die Errichtung der Schienenanlage mehrere Jahre vor dem Unfalle des Klägers dadurch veranlaßt worden, daß der Amtsvorsteher die H. v. D.sche Generaldirektion aufforderte, dem Übelstande, daß den Hüttenteichen übelriechende, gesundheitsgefährliche Ausdünstungen entströmten, abzuhelfen, und daß die Generaldirektion sich entschloß, dieser Auflage im Wege der Zufüllung der Hüttenteiche mit Räumasche, die sich aus dem Betriebe der Zinkhütte ergab, nachzukommen. Allein auf den Anlaß, aus dem das Gleis errichtet, und auf den Zweck, der mit der Abladung der Räumasche in die Hüttenteiche erstrebt wurde, kommt es bei der Frage, ob die Schienenanlage zum Fabrikbetriebe gehört habe, nicht entscheidend an. Entscheidend ist vielmehr, daß die Anlage dazu bestimmt war und während mehrerer Jahre ausschließlich dazu verwendet wurde, die jeweils sich ergebende Räumasche aus dem Hüttenwerke fortzuschaffen. Damit war ein so naher Zusammenhang zwischen der auch räumlich unmittelbar an die Hütte sich anschließenden Schienenanlage und dem Hüttenbetriebe hergestellt, daß es sich rechtfertigt, die Anlage samt dem auf ihr stattfindenden Beförderungsbetrieb als zum Fabrikbetriebe gehörend anzusehen. Diese Annahme wird unterstützt durch die Feststellungen des Berufungsgerichts, wonach zufolge einer Anordnung der Generaldirektion der Beklagten der Beförderungsbetrieb stets durch Beamte und Arbeiter der Liebe-Hoffnungshütte erledigt und durch die Abbeförderung der Räumasche nach den Teichen eine für den Hüttenbetrieb vorteilhafte Entlastung der bei den Hüttengebäuden befindlichen Aschenhalden erzielt wurde. An der Zugehörigkeit der Schienenanlage und des Beförderungsbetriebes zur Hütte (Fabrik) wird dadurch nichts geändert, daß zur Zeit des Unfalls des Klägers die Zuschüttung der Teiche schon im wesentlichen vollendet war; denn geringere Mengen von Räumasche wurden auch um jene Zeit noch abbefördert, und eine solche Beförderung fand — wie das Berufungsgericht feststellt — noch am Unfallstage selbst statt. Es ist auch nicht behauptet oder gar festgestellt, daß die Schienenanlage vor dem Unfalle des Klägers einem anderen, von dem Hüttenbetriebe völlig losgelösten Verwendungszwecke dienstbar gemacht worden wäre. Dauerte aber, wie auch das von der Revision angezogene Gutachten des Sachverständigen J. annimmt, die ursprüngliche Zweckbestimmung der Anlage (Abbeförderung von Räumasche zur Auffüllung der Hüttenteiche) zur Zeit des Unfalls noch fort, so ergibt sich nach dem oben Ausgeführten eben daraus ihre fortdauernde Zugehörigkeit zum Betriebe der Liebe-Hoffnungshütte. Mit Unrecht beruft sich die Revision, um die Rechtsauffassung des Berufungsgerichts zu entkräften, darauf, daß der ursächliche Zusammenhang zwischen Unfall und Fabrikbetrieb regelmäßig dann verneint werde, wenn sich der Unfall außerhalb der Fabrikräume bei der Beförderung der fertigen Ware nach ihrem anderweiten Bestimmungsort ereigne. Solche Fälle sind ganz anders geartet als der vorliegende. Denn hier handelt es sich darum, durch die Entfernung der Asche ein der eigentlichen Fabrikationstätigkeit früher oder später durch Eintritt von Platzmangel sich entgegenstellendes Hindernis zu verhüten oder zu vermindern, während in den von der Revision herangezogenen Fällen das fertige Erzeugnis der die Stoffe verarbeitenden oder bearbeitenden Tätigkeit, die Ware, einem für die Verwertung geeigneten Orte entgegengeführt werden soll, für den Transport also der endliche, merkantile Zweck des Unternehmens der herrschende ist. In Fällen der letzteren Art ist, wie ohne weiteres einleuchtet, der Zusammenhang mit dem Fabrikationsbetrieb als solchem viel loser als da, wo Abraum, der sich bei der Fabrikationstätigkeit ergibt, von der Fabrik weggeschafft wird. Die Tatsache, daß der Kläger außerhalb des eigentlichen Hüttenbetriebes verunglückt ist, steht gerade wegen der Zugehörigkeit der Schienenanlage zum Hüttenwerk der Annahme des ursächlichen Zusammenhangs zwischen Unfall und Fabrikbetrieb nicht entgegen.

Auch die Ausführungen des Berufungsgerichts, die dem Nachweis dienen, daß eine zur Leitung oder Beaufsichtigung des Betriebes oder der Arbeiter der Beklagten angenommene Person durch ein Verschulden in Ausführung ihrer Dienstverrichtungen die Körperverletzung des Klägers herbeigeführt habe (§ 2 HaftpflG.), sind frei von Rechtsirrtum. Insbesondere konnte ein Verschulden des Hütteninspektors N. und des mit der Aufsicht über die Zuschüttung der Teiche betrauten Zinkmeisters Kr. unbedenklich darin gefunden werden, daß sie es unterließen, dem Arbeiter Ja., der die mit Räumasche beladenen Kippwagen von der Hütte nach den Teichen zu schaffen hatte, die erforderlichen Anweisungen zu geben, um eine Gefährdung Dritter, namentlich auch spielender Kinder, durch ungesichert auf dem Gleise stehende Wagen nach Möglichkeit auszuschließen. Der Unfall des Klägers ist aber dadurch herbeigeführt worden, daß Ja., der nach der Feststellung des Berufungsgerichts jedenfalls keine ausreichenden Anweisungen bezüglich der Festlegung auf dem Gleise stehen bleibender Wagen erhalten hatte, den hier fraglichen Wagen nur durch einige vor die Räder geschüttete Schaufeln Asche befestigt hat. Ungerechtfertigt ist auch die Auffassung der Revision, es bedeute eine Überspannung der Anforderungen an die zu beobachtende Sorgfalt, daß eine ganz besondere Befestigungsart hätte vorgeschrieben werden sollen. Dies ist um so weniger zutreffend, als die Erteilung bestimmter Anweisungen über die Art der Befestigung für die Betriebsleiter der Beklagten das einfachste und zugleich wirksamste Mittel war, derartigen Unfällen vorzubeugen. Im übrigen vermißt das Berufungsgericht eine Anweisung des Ja. darüber, in welcher Art der Wagen hätte befestigt oder beaufsichtigt werden müssen, um zu verhindern, daß spielende Kinder Zutritt zu ihm hatten und ihn ohne weiteres in Bewegung setzen konnten. Auch die Anordnung hinreichender Beaufsichtigung der auf dem Gleise stehenden Kippwagen hätte hiernach, wie der Berufungsrichter annimmt, genügt, um ein Verschulden der Betriebsleiter auszuschließen.

Endlich rügt die Revision, daß sich das Berufungsgericht mit seiner Annahme, die Angestellten N. und Kr. hätten die erforderliche Unterweisung des Ja. schuldhaft unterlassen, in Widerspruch setze mit der an anderer Stelle, bei Erörterung des Anspruchs auf Schmerzensgeld, getroffenen Feststellung, die von den Beklagten für die Leitung der Hütte angestellten Personen seien bei der Auswahl der Unterangestellten und bei der ihnen über diese obliegenden „Aufsichtsführung“ mit der im Verkehr erforderlichen Sorgfalt verfahren. Ein Widerspruch mag hier vorliegen für den Fall, daß die Aufsichtsführung, von der das Berufungsgericht bei Erörterung der Ersatzpflicht der Beklagten aus § 831 BGB. spricht, auch die Verpflichtung zur Erteilung der erforderlichen Anweisungen an die Unterangestellten umfassen soll. Es braucht jedoch auf den Sinn, den das Berufungsgericht mit der — im § 831 gar nicht erwähnten — „Aufsichtsführung“ verbunden hat, nicht eingegangen zu werden. Denn Voraussetzung der Anwendung des § 2 HaftpflG., bei dem es stets auf die Umstände des einzelnen Falles ankommt, ist nur, daß einer der dort genannten Personen (Betriebsleiter) ein Verschulden in Ausführung ihrer Dienstverrichtungen zur Last fällt, durch das der Tod oder die Körperverletzung eines Menschen herbeigeführt ist. Ohne Belang ist dagegen, ob die Aufsichtsperson (der Betriebsleiter) sorgfältig ausgewählt und ihrerseits von einem übergeordneten Angestellten sorgfältig beaufsichtigt war. Wie oben dargelegt, hat aber der den fraglichen Wagen führende Arbeiter Ja. überhaupt von keiner Seite Anweisungen erhalten, wie es deren zur Sicherheit mit den Wagen in Berührung kommender Dritter bedurfte. Keinenfalls kann der angebliche Widerspruch zur Aufhebung des Urteils führen. Denn die Begründung des vom Berufungsgerichte für gerechtfertigt erklärten Anspruchs aus § 2 HaftpflG. — und nur mit diesem Anspruch ist das Revisionsgericht befaßt — ist in sich schlüssig und weist keinerlei Widerspruch auf. Die Rechtsbeständigkeit dieser Begründung wird aber nicht dadurch erschüttert, daß bei Erörterung eines anderen, rechtlich anders gearteten Anspruchs, gegen dessen auch in zweiter Instanz erfolgte Abweisung Revision nicht eingelegt wurde, eine Feststellung getroffen ist, die mit einer in den Ausführungen über § 2 HaftpflG. enthaltenen Feststellung nicht im Einklange stehen soll. Die Begründung des Anspruchs aus § 2 HaftpflG. läßt keinen Zweifel darüber, daß die Angestellten N. und Kr., mögen sie vielleicht auch sonst bei der Überwachung der Arbeiter mit der erforderlichen Sorgfalt verfahren sein, es doch dem Arbeiter Ja. gegenüber an der Erteilung ausreichender Anweisungen haben fehlen lassen.“

---

60. 1. **Bedeutung der Unfallverhütungsvorschriften der Berufsgenossenschaften.**

2. **Übt die Bestimmung des § 913 RVO., nach welcher der Unternehmer gewisse ihm nach diesem Gesetz obliegende Pflichten,**

darunter auch Einrichtungen auf Grund von Unfallverhütungsvorschriften, auf andere Personen übertragen darf, eine Rückwirkung auf die Anwendung des § 903 RVO. über die Haftung der Unternehmer gegenüber den Berufsgenossenschaften für deren Aufwand aus Betriebsunfällen?

3. Verschulden durch Vernachlässigung der Aufsicht.

VI. Zivilsenat. Urt. v. 13. März 1919 i. S. M. (Bekl.) w. Nahrungsmittel-Industriegenossenschaft (Kl.). Rep. VI. 5/19.

I. Landgericht Halberstadt.
II. Oberlandesgericht Naumburg a. S.

Am 18. Februar 1915 geriet die Ehefrau des Hoteldirektors M. in Sch. im Hotel Br.-Sch. mit der rechten Hand in das Getriebe einer durch Dampf geheizten, mittels Riemen angetriebenen Muldenplättmaschine; die Hand wurde gequetscht und verbrüht. Die klagende Berufsgenossenschaft zahlte der Verletzten eine Unfallrente und verlangte klagend auf Grund des § 903 RVO. von dem Beklagten, der das Hotel im Jahre 1912 in der Zwangsversteigerung erworben hatte, Ersatz ihrer Aufwendungen. Die Vorinstanzen gaben der Klage statt. Auf die Revision des Beklagten wurde das Urteil des Oberlandesgerichts aufgehoben.

Aus den Gründen:

„Das Berufungsgericht hat den Beklagten auf Grund des § 903 RVO. der Klägerin gegenüber für ihre Aufwendungen an die durch den Unfall vom 18. Februar 1915 verletzte Ehefrau M. für verantwortlich und haftbar erachtet, weil er den Unfall fahrlässig mit Außerachtlassung derjenigen Aufmerksamkeit herbeigeführt habe, zu der er vermöge seines Gewerbes besonders verpflichtet war. Er habe unterlassen, die durch § 97 der Unfallverhütungsvorschriften der klagenden Berufsgenossenschaft von 1898/1901 zum Schutze der an Plättmaschinen beschäftigten Personen vorgeschriebene Schutzleiste an seiner Maschine anbringen zu lassen, durch deren Anbringung der Unfall verhütet worden wäre, obwohl er sich hätte sagen müssen, daß der Betrieb der ungesicherten Maschine den daran beschäftigten Personen gefährlich werden könne. Der Beklagte habe zwar wiederholt Veranlassung genommen, über Schutzvorkehrungen, die an der Maschine angebracht werden könnten und sollten, sich zu unterrichten. Dabei habe er es aber bewenden lassen und Maßregeln zur alsbaldigen Abstellung des gefährlichen Zustandes der Maschine nicht getroffen, auch nicht, nachdem am 26. Dezember 1914 ein kleiner Unfall der Arbeiterin W. an der Maschine vorgekommen war. Daß er dem Hotelleiter M. die größte Sorgfalt bei dem Betriebe der Plättmaschine zur Pflicht gemacht habe, genüge nicht; er habe bis zur Beschaffung der Sicherheitsvorrichtung die Maschine außer Betrieb setzen lassen müssen. In der Unterlassung einer solchen Anordnung liege eine Fahrlässigkeit im strafrechtlichen Sinne des § 230 StGB., die den Beklagten nach § 903 RVO. der Klägerin ersatzpflichtig für ihre auf Grund dieses Gesetzes aufgewendeten Leistungen mache.

Der Beklagte hatte zu seiner Entlastung in der Berufungsinstanz behauptet und unter Beweis gestellt: einmal, daß er den Hoteldirektor M. zum selbständigen Betriebsleiter des Hotels bestellt gehabt habe, der vorher schon jahrelang ein anderes Hotel bewirtschaftet habe; für die Beobachtung der Unfallverhütungsvorschriften sei daher dieser, nicht der Beklagte verantwortlich. Ferner: daß er nach dem Unfalle der W. dem Hotelleiter M. gegenüber die vorläufige Außerbetriebsetzung der Plättmaschine bis zur Anbringung der Sicherheitsvorrichtung veranlaßt und bestimmt habe, es solle einstweilen mit der Hand geplättet werden; zur Herstellung der Schutzvorrichtung sei alsbald das Erforderliche angeordnet worden, und gerade am Tage des Unfalls der Frau M. sei der Monteur K. des Fabrikdirektors L. in dem Hotel erschienen, um die Verbesserung an der Maschine vorzunehmen.

Das Berufungsgericht hat beide Beweisanträge abgelehnt. Den ersteren, weil die eigenen Angaben des Beklagten die Behauptung widerlegten; danach habe er selbst die Wasch- und Plättanlage instand und in Betrieb setzen lassen und wegen der Herstellung der Sicherheit der Maschine und etwaiger Schutzvorkehrungen mit dem Fabrikbesitzer L. und dem Hotelbesitzer N. sich in Verbindung gesetzt; er habe sich also selbst als verantwortlich erachtet. Den zweiten Beweisantritt aber, daß der Beklagte nach dem Unfalle der W. die Außerbetriebsetzung der Maschine dem Hotelleiter M. gegenüber angeordnet habe, erachtet das Berufungsgericht für unbeachtlich, da der Beklagte verpflichtet gewesen wäre, auch die Ausführung seiner Anordnung durchzusetzen und zu überwachen; übrigens habe auch M. bei seiner Vernehmung als Zeuge von einer solchen Anordnung nichts erwähnt, obwohl er hierzu Veranlassung gehabt hätte.

Die Zurückweisung beider Beweisanträge bildet den Gegenstand der Revisionsbeschwerde. Diese war für begründet zu erachten.

Der Beklagte hatte, nachdem er das Hotel Br.-Sch. in der Zwangsversteigerung erworben hatte, wegen Instandsetzung der Wasch- und Plättanlage sich an den Fabrikanten L. in W. gewandt. Weder L. noch der Beklagte kannten die Unfallverhütungsvorschrift des angeführten § 97, die deshalb unbeachtet blieb. Die Unfallverhütungsvorschriften der Berufsgenossenschaften (§§ 848 flg. RVO.) sind, wie die Rechtsprechung des Reichsgerichts wiederholt ausgesprochen hat, nicht Schutzgesetze im Sinne des § 823 Abs. 2 BGB., aber sie sind für die Betriebsunternehmer bindende Vorschriften, zu deren Befolgung diese durch Strafen angehalten werden können; die Betriebsunternehmer sind verpflichtet, sich davon Kenntnis zu verschaffen und sie auszuführen (RGZ. Bd. 48 S. 327, Bd. 72 S. 197; Warneyer 1911 Nr. 211, 1915 Nr. 96, 1918 Nr. 172). Ihre schuldhafte Außerachtlassung begründet in der Regel den Tatbestand des § 903 RVO. Die Reichsversicherungsordnung bestimmt nun in § 913, daß der Unternehmer die ihm auf Grund dieses Gesetzes obliegenden Pflichten auch Betriebsleitern und anderen Aufsichtspersonen, soweit es sich jedoch um Einrichtungen auf Grund von Unfallverhütungsvorschriften handelt, allein den ersteren übertragen dürfe. Der Beklagte behauptet, dies im Jahre 1914 dem Hoteldirektor M. gegenüber getan zu haben, den er nach dem vorgetragenen Schriftsatze der ersten Instanz vom 3. Oktober 1917 zum vollständig selbständigen Leiter des Hotelbetriebs in allen seinen einzelnen Teilen mit voller Verantwortung für den Betrieb nur mit der Einschränkung bestellt zu haben behauptet, sobald größere Reparaturen erforderlich würden, dem Beklagten davon Mitteilung zu machen und dessen Genehmigung einzuholen; darin würde dann auch die Übertragung der Pflichten zur Herstellung der Einrichtungen der Unfallverhütungsvorschriften im Sinne des § 913 RVO. enthalten sein. Die Erwägung, mit der das Berufungsgericht den Beweisantrag abgelehnt hat, kann nicht für durchschlagend erachtet werden. Daß der Beklagte selbst um die sichere Herstellung der Plättmaschine und die Anbringung von Sicherheitsvorrichtungen sich bemüht hat, steht nicht im Widerspruche damit, daß er an und für sich die Sorge dafür dem Hotelleiter M. übertragen hatte; hat er ein übriges getan und sich neben diesem selbst um die Sache gekümmert, so beweist dies sein ernstes Bestreben, den Anforderungen des Arbeiterschutzes gerecht zu werden, kann aber nicht als eine die Behauptung der Übertragung dieser Geschäftsbesorgung an den Hotelleiter M. widerlegende Tatsache angesehen werden.

Es kann sich indessen fragen, ob die Bestimmung des § 913 RVO. zu derjenigen des § 903 des Gesetzes überhaupt in Beziehung steht und dessen Anwendung zu beeinflussen geeignet ist. Der erkennende Senat hat sich mit dieser Frage bereits in den Urteilen Jur. Wochenschr. 1918 S. 617 Nr. 7 und Warneyer 1918 Nr. 174 befaßt. In dem ersteren Urteile wurde dahingestellt gelassen, ob § 913 eine Einschränkung des Pflichtenkreises des Unternehmers und seiner Haftung nach § 903 bedeute; in dem zweiten Urteile wurde die Frage an sich bejaht. Obwohl die Bestimmung des § 913 in den Abschnitt der Reichsversicherungsordnung über Strafvorschriften eingeordnet ist und an sich nur die Verantwortlichkeit des Betriebsunternehmers gegenüber den in der Reichsversicherungsordnung angedrohten mannigfachen Strafen und die Befreiung des Unternehmers davon betrifft, ist doch eine Rückwirkung der Bestimmung auf die Anwendung des § 903 unabweisbar. Der

§ 913 stellt an der Spitze den allgemeinen Satz auf, daß der Unternehmer die ihm auf Grund dieses Gesetzes obliegenden Pflichten, darunter auch die Pflicht, die durch die Unfallverhütungsvorschriften gebotenen Einrichtungen zu treffen, Betriebsleitern übertragen darf. Hat er von dieser ihm als dem gewerblichen Betriebsunternehmer durch das Gesetz selbst gewährten Befugnis Gebrauch gemacht, so kann nicht mehr gesagt werden, daß er durch seine Nichtbefolgung der Unfallverhütungsvorschrift diejenige Aufmerksamkeit außer acht gelassen habe, zu welcher er vermöge seines Gewerbes besonders verpflichtet war. Seine Befreiung gegenüber den Strafvorschriften der Reichsversicherungsordnung durch § 913 würde wesentlich an Wert verlieren, wenn er sich trotzdem für die zivilrechtliche Haftung aus § 903 um die Einrichtungen der Unfallverhütungsvorschriften selbst kümmern müßte. Der § 903 begründet nicht eine Verpflichtung des Gewerbeunternehmers nach außen gegenüber Dritten; eine solche würde allerdings durch Bestimmungen, die nur das Verhältnis der Unternehmer zur Berufsgenossenschaft und innerhalb der Berufsgenossenschaft regeln, nicht berührt werden können. Er schafft vielmehr eine Ersatzpflicht gerade gegenüber der Berufsgenossenschaft, und für diese können die Bestimmungen der Reichsversicherungsordnung, die die Verpflichtungen und Befugnisse der Unternehmer und der ihnen gleichgestellten Personen innerhalb der Berufsgenossenschaft ordnen, nicht außer Betracht bleiben. Wird deshalb auch dem Betriebsunternehmer, wenn er von der Befugnis des § 913 Gebrauch macht, nicht die Verantwortung aus § 903 überhaupt genommen, so kann doch insoweit von einem Verschulden seinerseits und von einem Verschulden durch Außerachtlassung der Aufmerksamkeit, zu der er vermöge seines Gewerbes besonders verpflichtet ist, nicht mehr gesprochen werden. Die Behauptung des Beklagten muß deshalb rechtlich Berücksichtigung finden.

Unabhängig von dieser ersten Schutzbehauptung des Beklagten ist die weitere, daß er nach dem Unfalle der W. dem Hotelleiter M. die Weisung erteilt habe, die Plättmaschine vorläufig, bis zur Anbringung einer Sicherheitsvorrichtung, außer Betrieb zu setzen und mit der Hand plätten zu lassen. Die Begründung, mit der das Berufungsgericht diesen ferneren vom Beklagten zu seiner Entlastung angetretenen Beweis ablehnt, kann gleichfalls nicht gebilligt werden. Der Zeuge M. ist ausweislich des Beweisbeschlusses vom 15. April 1918 keineswegs über die hier in Rede stehende Tatsache, sondern allein über andere Punkte vernommen worden. Es kann deshalb nicht ohne weiteres gesagt werden, daß er, da er über die Verhandlung mit dem Beklagten nach dem Unfalle der W. überhaupt bei seiner Vernehmung sich geäußert habe, ohne von der behaupteten Anordnung etwas zu erwähnen, damit eine solche verneint habe. Wenn aber das Berufungsgericht sachlich den Beweisantritt ungenügend findet und von dem Beklagten, der nicht an dem Orte, wo sich das Hotel befindet, seinen Wohnsitz hat, sondern in W. ein anders geartetes gewerbliches Unternehmen betreibt — das Hotel Br.-Sch. hatte er in der Zwangsversteigerung erstehen müssen —, verlangt, er hätte sich nicht damit begnügen dürfen, die Anordnung der Außerbetriebsetzung der Maschine zu treffen, sondern auch deren Befolgung überwachen müssen, so muß dies als eine Überspannung der von dem Gewerbeunternehmer zu betätigenden Sorgfalt erachtet werden. Wenn der Beklagte nicht dem an der Maschine beschäftigten Personal oder einem unteren Angestellten gegenüber, sondern dem sorgfältig ausgewählten fachmännischen Betriebsleiter selbst, mag dieser selbständig im Sinne des § 913 gewesen sein oder nicht, eine solche Weisung erteilt, so muß er sich auf deren Befolgung verlassen können. Er ist damit selbstverständlich nicht der Verpflichtung einer regelmäßigen allgemeinen Beaufsichtigung seiner Angestellten überhoben, wie sie schlechthin in allen menschlichen Verhältnissen erforderlich ist (vgl. Jur. Wochenschr. 1911 S. 95 Nr. 20); einer besonderen Überwachung der Befolgung einer einzelnen Anordnung bedarf es aber nicht, wenn die Zuverlässigkeit des Angestellten anzunehmen ist, und sie ist dem Geschäftsherrn namentlich dann nicht zuzumuten, wenn er nicht am Orte des zu beaufsichtigenden Betriebes selbst wohnt und nicht in der Lage ist, sich kurzer Hand zu jeder Stunde einen Einblick in diesen Betrieb und in die Tätigkeit der Angestellten zu verschaffen. Es kann nicht verlangt werden, daß der Geschäftsherr über den Hotelleiter wiederum noch eine Aufsichtsperson bestelle, die dann naturgemäß abermals beaufsichtigt werden müßte, was eine Aufsicht ohne Ende bedeuten würde."...

---

61. Zur Auslegung des § 7 Abs. 3 des Kraftfahrzeuggesetzes vom 3. Mai 1909.

VI. Zivilsenat. Urt. v. 13. März 1919 i. S. A. (Bekl.) w. L. (Kl.). Rep. VI. 357/14.

I. Landgericht I München.
II. Oberlandesgericht daselbst.

Am 24. September 1912 fuhr der Kraftwagenführer N. des Beklagten mit dessen Kraftwagen wegen einer Reparatur zu einem Münchener Handwerksmann. Nach Erledigung der Reparatur holte er mit dem Kraftwagen in einer Wirtschaft einige Bekannte ab und fuhr mit ihnen nach der Oktoberfestwiese. Bei der Rückfahrt von da zur Stadt bremste N. den Wagen wegen eines Radfahrers, der vor ihm die Straße querte, so daß der Wagen ins Schleudern geriet und hinten nach rechts gerissen wurde. Dadurch wurde der Kläger, der hinten rechts am Kraftwagen in der gleichen Richtung auf einem Fahrrade fuhr, vom Rade und auf die Straße geworfen. Wegen der ihm hierdurch verursachten Verletzungen nahm der Kläger den Beklagten auf Schadensersatz in Anspruch.

Das Landgericht stellte fest, daß der Beklagte den dem Kläger durch den Unfall entstandenen Vermögensschaden zu ersetzen habe. Die Berufung des Beklagten wurde zurückgewiesen, ebenso seine Revision, letztere aus folgenden

Gründen:

... „Die Revision bezeichnet als verletzt den Abs. 3 des §.7 KFG., wonach dann, wenn das Fahrzeug ohne Wissen und Willen des Fahrzeughalters von einem anderen in Betrieb gesetzt wird, dieser anstelle des Halters zum Schadensersatze verpflichtet ist.

Nach der bisherigen Rechtsprechung des erkennenden Senats stellt eine Abweichung von dem vorgeschriebenen oder durch den Auftrag von selbst gegebenen Wege, die der Kraftwagenführer nach der vom Halter gewollten oder jedenfalls nicht gegen dessen Willen erfolgten Inbetriebsetzung des Fahrzeugs eintreten läßt, eine neue Inbetriebsetzung an sich nicht dar; vielmehr handelt es sich hierbei nur um eine Fortsetzung und Ausdehnung derselben Betriebstätigkeit des Wagens außerhalb der vorgeschriebenen Weglinie. Hieran wird auch dadurch nichts geändert, daß die Betriebstätigkeit, etwa durch den Aufenthalt des Fahrzeuglenkers in Wirtschaften oder zu Geschäfts- und Privatbesuchen, Unterbrechungen erfährt, es sei denn, daß die Unterbrechung eine vollständige Inruhesetzung des Fahrzeugs, eine Beendigung der Reise bedeuten würde. Ob letzteres zutrifft, entscheidet sich nach den Umständen des einzelnen Falles; feste, allgemein gültige Grundsätze lassen sich darüber, unter welchen Voraussetzungen die Fahrtunterbrechung eine völlige Inruhesetzung des Fahrzeugs und die Wiederaufnahme der Fahrt eine neue Inbetriebsetzung bedeute, nicht aufstellen. Keinenfalls ergibt sich die völlige Inruhesetzung des Fahrzeugs in dem soeben erwähnten Sinne lediglich daraus, daß der Motor für die Dauer der Unterbrechung abgekurbelt ist; ebensowenig ist entscheidend, ob die Wartezeit sich nur auf wenige Minuten oder auf Stunden erstreckt. Die Befreiung des Fahrzeughalters von der Haftung auf Grund des § 7 Abs. 3 tritt nicht bei einer Abweichung des Lenkers vom Willen des Halters überhaupt, sondern nur dann ein, wenn die Inbetriebsetzung des Kraftfahrzeugs, die Unternehmung der Fahrt ohne Wissen und Willen des Halters, gegen dessen Willen erfolgt ist.

Von diesen insbesondere in den Entscheidungen RGZ. Bd. 77 S. 348 und Seufferts Arch. Bd. 69 Nr. 174 ausgesprochenen Grundsätzen abzugehen, hat der Senat keinen Anlaß. Ihre Anwendung auf den vorliegenden Fall führt zu dem Ergebnis, daß von dem Beginne der Fahrt zum Sattler bis zum Eintritt des Unfalls des Klägers eine weitere, neue Inbetriebsetzung des Fahrzeugs nicht stattgefunden hat. Der Kraftwagen war während der verschiedenen Fahrtunterbrechungen — beim Sattler, bei der Abholung der Bekannten zur Festwiese und auf der Festwiese — nicht ganz außer Tätigkeit gestellt, nicht in den Zustand völliger Betriebsruhe zurückversetzt, mochte der einzelne Aufenthalt kürzere oder längere Zeit gedauert haben und der Motor beim Halten jeweils abgestellt gewesen sein oder nicht. Das Fahrtunternehmen, das mit der Inbetriebsetzung des Wagens für die Fahrt zum Sattler begonnen hatte, war auch nach Erreichung der Oktoberfestwiese noch nicht beendigt, ebensowenig bei der Rückfahrt zur Stadt, als der Unfall sich ereignete.

Die Inbetriebsetzung geschah, wie das Berufungsgericht feststellt, mit dem Willen des Beklagten; denn dieser hatte — so heißt es im Urteile — nichts dagegen einzuwenden und war stillschweigend damit einverstanden, daß N. mit dem Kraftwagen die Fahrt zum Sattler zum Zwecke der Reparatur unternahm. Die Fahrt auf die Festwiese mit seinen Bekannten hat N. dagegen nach der Feststellung des Berufungsgerichts wider den Willen des Beklagten gemacht. Die Sache liegt hiernach, da die Reparatur beim Sattler wirklich erledigt wurde, keinenfalls so, daß der Wagenführer einen erlaubten Zweck nur als Vorwand benützt hätte, um das Fahrzeug von Anfang an zu einem anderen Zwecke in Betrieb setzen und verwenden zu können. Auf diese Gestaltung braucht daher nicht eingegangen zu werden. Hier erfolgte die Inbetriebsetzung und die Ausführung der Fahrt in ihrem ersten Teile zu einem erlaubten Zwecke und erst die Fortsetzung verstieß gegen den Willen des Fahrzeughalters. Diese Auffassung versucht die Revision durch den Hinweis darauf zu erschüttern, daß die ganze damals unternommene Fahrt eine Einheit darstelle und das Einverständnis des Beklagten mit dieser Fahrt im ganzen nicht angenommen werden könne, weil N. das Fahrzeug nicht nur zu der Fahrt zum Sattler, sondern auch zu dem weiteren, unerlaubten Zwecke, der Fahrt nach der Oktoberfestwiese, in Betrieb gesetzt habe. Dem Angriff ist jedoch der Erfolg zu versagen. Es wäre Sache des Beklagten gewesen, eine derartige Behauptung in den früheren Instanzen aufzustellen und Beweis dafür anzutreten. Dies ist aber nach dem Tatbestande des Berufungsurteils nicht geschehen, und auch in den Schriftsätzen des Beklagten ist ein solches Vorbringen nicht enthalten. Im gegenwärtigen Rechtszuge kann dieses tatsächliche Vorbringen nicht nachgeholt werden. Im übrigen würde dadurch, daß N. schon bei der Inbetriebsetzung des Wagens neben der Absicht, zwecks Erledigung der Reparatur zum Sattler zu fahren, zur nachherigen Abholung seiner Bekannten und zur Fortsetzung der

Fahrt mit dem Ziele der Festwiese entschlossen gewesen sein sollte, an dem oben Erörterten nichts geändert. Denn die Inbetriebsetzung zum Zwecke der Vornahme der Reparatur und die Fahrt zum Sattler geschahen nach wie vor zu erlaubtem Zwecke; das insoweit vorhandene Einverständnis des Fahrzeughalters wurde durch den von der Revision angenommenen inneren Vorgang, das Bestehen der erwähnten weiteren Absicht bei N., nicht aufgehoben." ...

---

62. Kommt ein Vertrag in der Person desjenigen zustande, der im Namen eines anderen handelt, ohne erkennbar zu machen, daß dieser Name der eines anderen ist?

BGB. § 164.

V. Zivilsenat. Urt. v. 15. März 1919 i. S. Frau J. (Kl.) w. B. (Bekl.). Rep. V. 242/18.

I. Landgericht Heidelberg.
II. Oberlandesgericht Karlsruhe.

In einer zu M. aufgenommenen Urkunde unter Privatunterschrift vom 13. Oktober 1917 ist beurkundet, daß zwischen der jetzigen Klägerin und „Gutsbesitzer B. aus Cr. in Ostpreußen" ein Vertrag zustande gekommen sei, durch welchen jene an diesen zwei hypothekarisch gesicherte Forderungen von 90000 und 20000 ℳ abzutreten erklärte. Als Abtretungspreis war ein Betrag von 50000 ℳ vereinbart, über dessen Zahlung oder Sicherstellung nähere Bestimmungen getroffen waren. Der Vertrag ist unterschrieben: „Ernst B." Die Verhandlungen mit der Klägerin in M. sind erfolgt durch Anton B., der einen Sohn Ernst B. hat; er besaß von dem Sohne Generalvollmacht, legte sie aber bei den Verhandlungen nicht vor. Die Klägerin hat gegen Ernst B., Gutsbesitzer in Cr., und gegen Anton B., Kaufmann in K., zwei später verbundene Klagen erhoben, mit denen sie Verurteilung der beiden Beklagten als Gesamtschuldner zur Zahlung des Abtretungspreises verlangte.

Das Landgericht verurteilte den Ernst B. zur Zahlung, wies aber die Klage gegen Anton B. ab. Die von der Klägerin deswegen eingelegte Berufung wurde vom Berufungsgerichte zurückgewiesen. Auf die Revision der Klägerin ist das Berufungsurteil aufgehoben und die Sache an das Berufungsgericht zurückverwiesen worden.

Aus den Gründen:

... „Der Berufungsrichter geht davon aus, daß auch gegen Anton B. ausdrücklich aus dem Vertrage vom 13. Oktober 1917 geklagt und aus ihm ein Anspruch auf Erfüllung auch gegen diesen Beklagten hergeleitet werde. Er meint aber, das in erster Instanz festgestellte Sachverhältnis stehe dem entgegen und das neue Vorbringen in der Berufungsinstanz vermöge den Klaganspruch gleichfalls nicht zu rechtfertigen. Danach habe der Beklagte Anton B. den Vertrag auf Grund der ihm erteilten Generalvollmacht als unmittelbarer Stellvertreter seines Sohnes Ernst B. abgeschlossen. Die Klägerin nehme ja aus dem Vertrag auch den Ernst B. als ihren Vertragsgegner in Anspruch; sie könne nicht daneben auch noch den Stellvertreter dieses Vertragsgegners als Selbstkontrahenten in Anspruch nehmen. Denn wenn das Rechtsgeschäft für und gegen den Vertretenen wirksam geworden sei, so erzeuge es für und gegen den Vertreter keine Rechtswirkungen. Wenn die Berufungsbegründung darzulegen versuche, daß Anton B. bei der Verhandlung vom 13. Oktober 1917 zwar von einem Sohne gesprochen habe, der beim Heere sei, und auch davon, daß dieser die Ziegelei erhalten solle, daß er sich aber stets als Selbstkäufer dargestellt habe, so führe sie doch nicht näher aus und stelle nicht unter Beweis, wie und wodurch diese Darstellung als Selbstkäufer erfolgt sei. Gerade wenn Anton B. davon gesprochen habe, daß sein Sohn die Ziegelei erhalten solle, so sei es nicht glaubhaft, daß er sich stets als Selbstkäufer dargestellt habe in dem Sinne, daß er nicht für den Sohn, sondern für sich das Geschäft abschließe. Ein Stellvertreter erkläre übrigens seinen Abschlußwillen und er müsse nur irgendwie zum Ausdruck bringen oder es müßten wenigstens die Umstände ergeben, daß er dies nicht für sich in eigenem Namen, sondern für den Vertretenen, in dessen Namen, tue. Das sei aber im vorliegenden Falle geschehen; denn es sei unzweifelhaft, daß er ausdrücklich den Vertrag auf den Namen des Ernst B. und für ihn abgeschlossen habe, und genau das habe auch die Klägerin gewollt und halte ihrerseits an diesem Abschlusse fest. Daß sie und ihr Rechtsbeistand Dr. F. dabei vielleicht geglaubt hätten, in der Person des Anton B. den von ihm vertretenen Ernst B. selbst vor sich zu haben, mache den Vertreter nicht persönlich als Selbstkontrahenten haftbar. Der Fall liege nicht anders, wie der, wenn jemand in einem Zigarrenladen ein Kistchen Zigarren kaufe und an den Verkäufer bezahle, indem er diesen für den Prinzipal halte, während er nur dessen Angestellter sei.

Mit Recht rügt die Revision, daß diese Ausführungen nicht frei von Rechtsirrtum über die rechtlichen Voraussetzungen des Eintritts der Wirkungen der unmittelbaren Stellvertretung sind und insbesondere eine Verkennung der darüber in § 164 BGB. aufgestellten Rechtsregeln enthalten. § 164 erfordert für die unmittelbare Wirkung für und gegen den Vertretenen, daß die Willenserklärung innerhalb der dem Vertreter zustehenden Vertretungsmacht im Namen des Vertretenen abgegeben werde, wobei es allerdings keinen Unterschied machen soll, ob die Erklärung ausdrücklich im Namen des Vertretenen erfolgt oder ob die Umstände ergeben, daß sie in dessen Namen erfolgen soll. Wenn der Wille, in fremdem Namen zu handeln, nicht erkennbar hervortritt, so soll nach Abs. 2 der Mangel des Willens, in eigenem Namen zu handeln, nicht in Betracht kommen. Diesen Begriff des „in fremdem Namen Handelns“ verkennt der Berufungsrichter anscheinend, indem er darauf entscheidendes Gewicht legt, daß der Beklagte den Vertrag unter dem Namen „Ernst B.“ abgeschlossen habe. Er unterstellt selbst, daß die Klägerin und ihr Rechtsbeistand geglaubt haben mögen — wozu sie auf Grund des Verhaltens des Beklagten Anton B. übrigens allen Anlaß hatten —, daß die vor ihnen stehende Person Ernst B. hieß. Damit ist aber unterstellt, daß es für die Klägerin und ihren Rechtsbeistand nicht erkennbar hervorgetreten ist, daß der Name, unter dem der Beklagte Anton B. das Geschäft abschloß, ein ihm fremder war, daß er also dabei in Vertretung eines anderen handelte. Der von dem Berufungsrichter zur Verdeutlichung angeführte Fall des Kaufes von Zigarren in einem Laden schlägt, wie die Revision zutreffend ausführt, nicht ein. In solchem Falle ist der Wille des Käufers unzweifelhaft, das Geschäft nicht mit einem beliebigen Angestellten, sondern mit dem Prinzipal abzuschließen, und es ist ihm dabei durchaus gleichgültig, ob die ihm gegenüberstehende Person der Prinzipal oder ein Angestellter ist, der im Namen des Prinzipals handelt. Deshalb kommt auf Grund des beiderseitigen Vertragswillens das Geschäft in der Person des Prinzipals zustande, auch wenn nicht erkennbar hervorgetreten ist, daß ein anderer in seinem Namen gehandelt hat (RGZ. Bd. 30 S. 78; Bd. 67 S. 149). Rechtsirrig aber ist es, wenn der Berufungsrichter einen solchen Vertragswillen der Klägerin daraus herleitet, daß sie mit „Ernst B.“ den Vertrag abschließen wollte, in der Annahme, daß die ihr gegenüberstehende Person Ernst B. heiße, während in Wirklichkeit Ernst B. eine ganz andere Person war. Daß die Klägerin den Vertrag auch abgeschlossen haben würde, wenn sie gewußt hätte, daß nicht die Person, mit der sie verhandelte, sondern ein anderer, und zwar der im Felde stehende Sohn des Anton B., den sie nie gesehen hatte, der Vertragsgegner sein sollte, hat der Berufungsrichter nicht festgestellt. Es kann dies auch nicht ohne weiteres angenommen werden, da es sich nicht um einen Barkauf, sondern um Übernahme von erheblichen Verpflichtungen handelt, die der „Ernst B.“ erst in Zukunft erfüllen sollte, also um ein Kreditgeschäft, bei dem die Persönlichkeit des Verpflichteten nicht ohne Bedeutung sein konnte.

Der Berufungsrichter scheint auch die Beweislast zu verkennen, wenn er eine nähere Darlegung von seiten der Klägerin dafür vermißt, daß der Beklagte Anton B. „sich als Selbstkäufer dargestellt habe". Sache des Beklagten wäre es vielmehr gewesen, Umstände darzutun, welche sein Handeln in fremdem Namen erkennbar gemacht hätten. Wenn der Berufungsrichter einen solchen Umstand darin hat finden wollen, daß der Beklagte (wie die Klägerin zugibt) davon gesprochen hat, sein Sohn, der im Felde stehe, solle die Ziegelei erhalten, so stellt er zu Unrecht denjenigen, dem der Kaufgegenstand (übrigens nur ein Teil davon) nach der Absicht des Käufers zugute kommen soll, mit demjenigen gleich, in dessen Namen der Kaufvertrag abgeschlossen wird. Übrigens hat der Berufungsrichter auch (wie die Revision mit Grund rügt) den § 286 ZPO. dadurch verletzt, daß er den von der Klägerin angebotenen Beweis darüber, daß der Beklagte sich stets als Selbstkäufer dargestellt habe, mit der Begründung abgelehnt hat, das sei wegen der oben erwähnten Äußerung des Beklagten „nicht glaubhaft". Der Beweis einer unmittelbar erheblichen Tatsache kann nicht um deswillen abgeschnitten werden, weil aus anderen Tatsachen sich ihre Unwahrscheinlichkeit oder Unglaubhaftigkeit ergibt.

Nicht ohne Grund beanstandet die Revision ferner die Würdigung, welche der Berufungsrichter dem Briefe des Beklagten vom 3. November 1917 zuteil werden läßt, der aus Cr. (dem Wohnorte des Ernst B.) datiert und mit „B..." (dem ausgeschriebenen Familiennamen beider Beklagten) unterschrieben ist und u. a. folgende Sätze enthält:

„Wer hat Ihnen denn den Bären aufgebunden, daß ich die Ziegelei nicht auf meinen Namen gekauft habe? Ernst B. Cr. hat mit Ihnen verhandelt, Ernst B. hat den Vertrag gemacht, Ernst B. Cr. ist Ersteher der Ziegelei Haarssen Nr. 147. Daß ich mich zum Kauftermin habe durch Generalvollmacht vertreten lassen, wird wohl gleichgültig sein."

Der Berufungsrichter meint, dieser Brief beweise keineswegs, daß Anton B. die Hypotheken der Klägerin für sich persönlich, in eigenem Namen gekauft, sondern im Gegenteil, daß er sie gerade für Ernst B. und in dessen Namen erworben habe. Der ganze Brief sei von Anton B. in seiner Eigenschaft als Vertreter des Ernst Böse geschrieben und er bezeichne sich daher selber als Ernst B. Diese Auffassung entspreche durchaus der Rechtsprechung des Reichsgerichts hinsichtlich des Erfordernisses der eigenhändigen Unterschrift des Ausstellers einer Urkunde (§ 126 BGB.), wenn eine Partei sich dabei durch einen Bevollmächtigten vertreten lasse.

Auch diese Ausführung ist nicht frei von Rechtsirrtum. Wenn der Berufungsrichter daraus, daß der Beklagte Anton B. sich in dem Briefe als Ernst B. bezeichnet, entnimmt, daß er den Brief als Stellvertreter des Ernst B. geschrieben und unterschrieben habe, und wenn er ferner darin sogar einen Beweis dafür erblickt, daß dieser Beklagte die Hypotheken für Ernst B. und in dessen Namen erworben habe, so übersieht er, daß es für die Wirkungen der Stellvertretung nicht auf den inneren Willen des Handelnden, sondern auf die Erkennbarkeit dieses Willens von seiten des Empfängers der Willenserklärung ankommt und daß der Inhalt des Briefes gerade deutlich erkennen läßt, daß der Schreiber den Empfänger in dem Glauben belassen will, der Briefschreiber und ebenso derjenige, mit dem er in M. verhandelt und den Vertrag geschlossen hatte, sei Ernst B. Die vom Berufungsrichter für die Zulässigkeit der Unterzeichnung einer Urkunde mit dem Namen des Vertretenen ohne einen die Vertretung andeutenden Zusatz angeführten Urteile des Reichsgerichts befassen sich nur mit der Frage, ob dadurch der in § 126 Abs. 1 BGB. erforderten Schriftform genügt werden könne, ohne über die Folgen der Nichterkennbarkeit der Stellvertretung zu entscheiden.

Dem Berufungsrichter ist zuzugeben, daß dem äußeren Anscheine nach ein gewisser Widerspruch darin liegt, daß die Klägerin sowohl gegen den Ernst B., wie gegen den Anton B. Klage erhoben hat und die Verurteilung beider als Gesamtschuldner verlangt. Die darauf bezügliche Bemerkung des Berufungsrichters ist jedoch nach dem Zusammenhange nicht bestimmt, für sich allein die Entscheidung zu tragen, und dazu auch nicht geeignet. Es könnte nur in Frage kommen, ob etwa auf Grund der von der Klägerin aufgestellten Behauptungen die Klage gegen Ernst B. hätte abgewiesen werden müssen. Doch ist zu beachten, daß die Klägerin den gegen beide Beklagte gerichteten Klaganspruch schon in der Klagschrift ausdrücklich darauf gestützt hat, daß Anton B. hafte, weil er den Vertrag abgeschlossen und die Zahlung des Abtretungspreises zugesagt habe, Ernst B. aber, weil an ihn die Hypotheken abgetreten wurden und er das Grundstück, auf dem die abgetretenen Hypotheken eingetragen waren, ersteigerte. Der gegen Ernst B. gerichtete Klaganspruch gründete sich demzufolge nicht darauf, daß er Vertragskontrahent gewesen sei, sondern stellte sich als ein Bereicherungsanspruch dar, mit der Begründung, daß die Hypotheken auf ihn gediehen seien. Angesichts dieser Klagbegründung kann nicht anerkannt werden, daß der vom Berufungsrichter angenommene Widerspruch in den Behauptungen und rechtlichen Schlußfolgerungen der Klägerin in Wirklichkeit besteht." . . .

---

63. Können bei einer Preiskonvention im Falle des Vertragsbruchs eines Mitglieds die übrigen Mitglieder von dem Vertragsbrüchigen Ersatz des ihnen persönlich entstandenen Schadens verlangen?

II. Zivilsenat. Urt. v. 21. März 1919 i. S. Brauerei Fr. (Kl.) w. Brauerei T. (Bekl.). Rep. II. 287/18.

I. Landgericht Gleiwitz, Kammer für Handelssachen.
II. Oberlandesgericht Breslau.

Die Brauer und Biergroßhändler im oberschlesischen Industriebezirke schlossen im Jahre 1906 eine Konvention zum Schutze ihrer gemeinsamen Interessen. Insbesondere wurden Mindestverkaufspreise festgesetzt und die damit zusammenhängenden Fragen geregelt. Als das Vertragsverhältnis, nachdem es verlängert worden war, seinem Ende zuging, trafen die Beteiligten am 30 März 1909 eine demselben Zwecke dienende neue Vereinbarung, die bestimmte, daß der Vertrag am 1. April 1909 in Kraft trete, längstens bis 1. April 1910 dauere und mit dem Inkrafttreten der neuen Brausteuer erlösche. Zu den Mitgliedern der Konvention gehörten auch die Parteien. Das neue Biersteuergesetz (vom 15. Juli 1909) trat am 1. August 1909 in Kraft.

Nach der Behauptung der Klägerin wurde die Konvention durch Vertrag vom 22. Juli 1909 für die Zeit vom 1. August 1909 bis zum 1. April 1912 verlängert, wobei die Bierpreise erhöht worden seien. Durch Schreiben vom 17. September 1909 erklärte die Beklagte ihren Austritt aus der Konvention. Zugleich setzte sie ihren bisherigen Bierpreis herab. Die Klägerin behauptete, das Vorgehen der Beklagten, deren Kündigung ungerechtfertigt gewesen sei, habe die Konvention zu einer allgemeinen Preisermäßigung genötigt; dadurch habe sie, die Klägerin, in der Zeit vom 21. September 1909 bis zum 31. März 1910 einen Schaden von 26496 ℳ erlitten. Hiervon machte sie mit der Klage einen Teilbetrag von 5000 ℳ geltend.

Beide Vorinstanzen wiesen die Klage ab. Die Revision der Klägerin hatte keinen Erfolg.

Gründe:

„Die Beklagte ist der Klage mit mehreren Einwendungen entgegengetreten, von denen jeder der Vorderrichter zwei als durchgreifend angesehen hat. Der erste Richter weist die Klage ab, indem er annimmt, daß ein Kündigungsrecht der Beklagten bestanden habe und daß ein Schaden der Klägerin nicht dargetan sei. Das Berufungsgericht erachtet diesen zweiten Grund ebenfalls für zutreffend und ist außerdem der Ansicht, daß die Klägerin aus der der Beklagten vorgeworfenen Verletzung des Syndikatsvertrags keine Ansprüche wegen des ihr angeblich erwachsenen persönlichen Schadens ableiten könne.

Bei der Prüfung der letzteren Frage geht das Berufungsgericht davon aus, daß die in Rede stehende Konvention sich als nicht rechtsfähiger Verein im Sinne des § 54 BGB. darstelle. Diese Beurteilung mag zweifelhaft sein. Das Reichsgericht hat in einer Reihe von Erkenntnissen die Merkmale eines solchen Vereins darin gefunden, daß eine auf die Dauer berechnete Verbindung einer größeren Anzahl von Personen zur Erreichung eines gemeinsamen Zweckes vorliegt, die korporativ organisiert ist, einen Gesamtnamen führt und auf einen wechselnden Mitgliederbestand angelegt ist. Bedenken könnten hier nach der Richtung bestehen, ob den Erfordernissen der Namenführung und eines auf die Dauer berechneten Zusammenschlusses genügt ist. Nach der Sachlage kommt es jedoch darauf, ob die Vereinigung unter § 54 BGB. fällt oder ob eine Gesellschaft des bürgerlichen Rechtes oder ein gesellschaftsähnliches Verhältnis vorliegt, nicht entscheidend an. Denn die Beziehungen der Mitglieder untereinander werden, mag das eine oder das andere zutreffen, in erster Reihe durch den der Vereinigung zugrunde liegenden Vertrag bestimmt. In dieser Hinsicht hat aber das Berufungsgericht dem Vertrage der Beteiligten einwandfrei entnommen, daß ein Anspruch wie ihn die Klägerin erhebt, ausgeschlossen sei. Durch die §§ 14 bis 18 der Konvention sind die Folgen des vertragswidrigen Verhaltens ausdrücklich geregelt. Danach hat ein Mitglied, das gegen die Konventionsbestimmungen verstößt, eine Vertragsstrafe von 100 bis 2000 ℳ zu zahlen, die zur Kasse der Vereinigung fließt und in einem näher geordneten Verfahren festzusetzen ist. Das Berufungsgericht faßt diese Regelung dahin auf, daß sie nach dem Willen der Beteiligten die Folgen etwaiger Zuwiderhandlungen ausschließlich bestimme und daß für weitere Ansprüche, insbesondere auch solche einzelner Mitglieder, kein Raum sein solle. Es lehnt also die Annahme ab, daß, wie es nach der Auffassung der Klägerin der Fall wäre, Zuwiderhandlungen ein doppeltes Verpflichtungsverhältnis — einerseits der Gesamtheit, anderseits den einzelnen Mitgliedern gegenüber — nach sich ziehen sollten. Das ist eine Auslegung des Vertrags, gegen die rechtliche Bedenken nicht zu erheben sind, und zwar auch dann nicht, wenn die Konvention sich etwa nicht als Verein, sondern, wie die Revision meint, als Gesellschaft darstellt. Wie der Anspruch der Klägerin als Anspruch aus unerlaubter Handlung zu beurteilen wäre, ist mangels einer dahin gehenden Begründung der Klage nicht zu erörtern.

Hiernach mußte die Revision zurückgewiesen werden ohne daß zu prüfen war, ob das Berufungsgericht einwandfrei auch verneint hat, daß es an dem Nachweis eines der Klägerin erwachsenen Schadens fehle."

---

64. Unterliegt ein Schreiben, in welchem der Verkauf beweglicher Sachen unter Angabe der hierüber durch Fernspruch getroffenen Vereinbarungen bestätigt wird, dem Stempel aus der Tarifst. 32 Abs. 5 des preuß. Stempelsteuergesetzes vom 30. Juni 1909?

VII. Zivilsenat. Urt. v. 21. März 1919 i. S. K. & Comp. (Kl.) w. preuß. Staat (Bekl.). Rep. VII. 382/18.

I. Landgericht Danzig.
II. Oberlandesgericht Marienwerder.

Die Klägerin vereinbarte mit dem Proviantamt in G. mittels Fernspruchs den Verkauf von Früchten an dieses. Sie richtete hierauf an das Festungsmagazin in G. ein Schreiben, in welchem sie den Verkauf unter der Angabe der einzelnen Fruchtarten, ihrer Mengen und der Preise bestätigte. Der für dieses Schreiben erforderte und gezahlte Stempel wird mit der Klage zurückverlangt.

In den Vorinstanzen wurde die Klage abgewiesen. Auf die Revision wurde in der Hauptsache nach dem Klagantrage erkannt.

Gründe:

„Die zu entscheidende Streitfrage ist, ob auf das im Tatbestande erwähnte Schreiben der Klägerin Abs. 5 der von den Kauf- und Tauschverträgen handelnden Tarifst. 32 des Stempelgesetzes vom 30. Juni 1909 zur Anwendung kommt. Nach dieser Gesetzesbestimmung unterliegen einem Stempel vom $^1/_8$ v. H.:

„Beurkundungen von Veräußerungen beweglicher Sachen auch dann, wenn sie nur von einem der Vertragschließenden im Sinne des zweiten Absatzes des § 1 des Gesetzes unterzeichnet und dem anderen Vertragschließenden ausgehändigt sind. Ausgenommen sind Aufzeichnungen, welche im Handelsverkehr über Bestellungen gemacht und entgegengenommen werden (sogenannte Kommissionsnoten)."

Das Berufungsgericht hat in Übereinstimmung mit dem ersten Richter die Frage zuungunsten der Klägerin bejaht. Es führt aus, daß das Schreiben der Klägerin die Erfordernisse der Bestimmung des Abs. 5 enthalte. Es sei aus ihm der wesentliche Inhalt des Vertrags zu entnehmen. Weitere als die im Schreiben wiedergegebenen Vertragsbedingungen seien nicht vereinbart. Durch das Schreiben habe eine Beweisurkunde über den telephonisch erfolgten Geschäftsabschluß zur Vermeidung von Mißverständnissen geschaffen werden sollen. Es handle sich weder um eine historische Erwähnung des abgeschlossenen Geschäfts noch sei als Zweck des Schreibens die Erlangung von Verladungspapieren anzusehen. Das Schreiben habe vielmehr der allgemein bestehenden kaufmännischen Verkehrssitte Rechnung tragen und das abgeschlossene Geschäft im Interesse der Rechtssicherheit noch einmal festlegen sollen. Da hier nur das Bestätigungsschreiben einer Partei vorliege, komme die Stempelfreiheit der sog. Korrespondenzverträge — § 1 Abs. 3 des Gesetzes — nicht in Frage. Wohl aber stelle dieses Schreiben eine einseitige Beurkundung im Sinne des Abs. 5 der Tarifstelle dar, denn es gehöre nicht zum Wesen der Vertragsurkunde, daß die Unterzeichnung durch den anderen Teil nach der Gestalt der Urkunde notwendig oder mit ihrer Fassung vereinbar sei. Wenn auch bei der

Gesetzesvorschrift nach ihrer Entstehungsgeschichte in der Hauptsache an die Möbelleihverträge gedacht sei, schließe doch die Fassung des Gesetzes seine Anwendung auf andere Urkunden und auf in Briefen erfolgte Beurkundungen nicht aus. Der Hinweis der Klägerin auf die Stempelfreiheit der Kommissionsnoten sei verfehlt, Bestätigungsschreiben seien nicht als solche Noten anzusehen.

Die Revision erachtet die Klägerin durch diese Entscheidung für beschwert, sie rügt Verletzung der Tarifst. 32 Abs. 5, des § 1 Abs. 3 StempStG. und Verstoß gegen § 139 ZPO. Der Rüge, daß die zuerst erwähnte Gesetzesvorschrift durch unrichtige Anwendung verletzt ist, war der Erfolg nicht zu versagen.

Dem Berufungsgericht ist darin beizutreten, daß das Schreiben der Klägerin als sog. Bestätigungsschreiben zu beurteilen ist. Nach kaufmännischer Verkehrssitte will die Klägerin den Abschluß des durch Fernsprecher vereinbarten Vertrags über die von ihr verkauften Früchte zur Beseitigung von Mißverständnissen schriftlich wiedergeben. Es trifft auch zu, daß das Schreiben eine Wiedergabe aller für den Abschluß des Kaufgeschäfts wesentlichen Vereinbarungen enthält und daß die Annahme einer nur historischen Erwähnung des Geschäfts (§ 3 Abs. 3 des Gesetzes) ebenso wie die Behauptung der Klägerin, sie habe durch das Schreiben nur die Verfrachtungspapiere erlangen wollen, als mit dem Inhalte des Briefes im Widerspruche stehend abzulehnen sind. Nicht zu folgen aber ist dem Berufungsgericht in seiner Auffassung, daß das Bestätigungsschreiben eines Vertragsteils über den mündlich erfolgten Verkauf beweglicher Sachen ebenfalls als Beurkundung des Veräußerungsgeschäfts im Sinne des Abs. 5 rechtlich zu beurteilen ist. Die Entstehungsgeschichte der Bestimmung wie die den Gesetzesworten zu gebende Auslegung stehen dieser Beurteilung entgegen.

Tarifst. 32 benennt Verträge als Gegenstand der Besteuerung. Grundsätzlich ist deshalb die Besteuerung an die dem § 1 entsprechende Beurkundung der Willenserklärungen beider Teile geknüpft. Von diesem Grundsatze macht Abs. 5 eine Ausnahme. Veranlaßt wurde die Ausnahmebestimmung nach der Begründung zur Gesetzesnovelle durch die Erfahrung, daß bei der Veräußerung beweglicher Sachen der Stempel der Staatskasse vielfach dadurch entzogen werde, daß die Vertragsurkunde nicht von beiden Vertragschließenden, sondern nur von einem Teile, gewöhnlich dem Käufer, unterschriftlich vollzogen und dann dem anderen Teile ausgehändigt werde. Solche Ersparung des gesetzlichen Stempels komme ganz besonders zahlreich auf dem Gebiete des Möbelhandels durch die Benutzung der formularmäßig abgefaßten sog. Möbelleihverträge vor. Nach dem Vorschlage des Entwurfs sollten deshalb auch die einseitig unterzeichneten Vertragsurkunden ebenso wie die zweiseitigen versteuert werden, wenn sie der anderen Vertragspartei, die nicht unterzeichnet hat, ausgehändigt sind (vgl. Drucksachen des preuß. Abgeordnetenhauses Nr. 209 D S. 3832).

In der Kommission wurde nach dem Berichte 560 A die Bestimmung aufrecht erhalten. Es wurde für billig erachtet, den Umsatz beweglicher Sachen so weit als möglich zur Besteuerung heranzuziehen. Von dem Willen der Beteiligten hänge es ab, ob sie schriftliche Verträge darüber errichten wollten. Wenn sie letzteres täten, dann entspräche es der Billigkeit, einseitige Schriftstücke, durch welche genau dasselbe erreicht würde wie durch perfekte schriftliche Verträge, der Steuer zu unterwerfen. In der Hauptsache würden dadurch die Möbelleihverträge getroffen, aber auch wohl andere Verträge.

Bei der Beratung im Plenum wurden Bedenken gegen die Bestimmung geltend gemacht, da die einseitig ausgestellten Schriftstücke nicht den Vertrag ersetzten, sondern nur Beweismittel seien. Die Bestimmung wurde aber in der zweiten und in der dritten Lesung angenommen, nachdem der Regierungsvertreter erklärt hatte, daß Verstempelung nur zu verlangen sei, wenn die Essentialien des Geschäfts aus der Urkunde hervorgingen. In der dritten Lesung wurden dann die Kommissionsnoten auf Antrag des Abgeordneten Waldstein und Genossen, um eine übermäßige Belastung des Handelsverkehrs zu vermeiden, von der Verstempelung ausgeschlossen (vgl. Stenograph. Bericht über die Verhandlungen des Abgeordnetenhauses 21. Legislaturperiode IV. Session 1908/1909 S. 7049, 7212).

In dem Berichte der Finanzkommission (Herrenhaus Nr. 138) heißt es, daß in der Hauptsache durch die Bestimmung die Möbelleihverträge getroffen werden sollen.

Aus dieser Entstehungsgeschichte kommt als erheblich zunächst in Betracht, daß die briefliche Bestätigung eines mündlich oder telephonisch abgeschlossenen Veräußerungsgeschäfts, obschon die kaufmännische Gepflogenheit solcher Bestätigungen allgemein bekannt ist, von keiner Seite erwähnt worden ist. Immer ist nur von Vertragsurkunden, deren einseitiger Vollziehung zum Zwecke der Stempelersparung entgegengetreten werden soll, die Rede. Wenn nun auch die dem Gesetze selbst gegebene Fassung entscheidend ist, läßt sich doch immerhin aus dem erwähnten Umstande ein Anhalt dafür entnehmen, was mit den Gesetzesworten „Beurkundungen von Veräußerungen" gemeint ist. Bei den Möbelleihverträgen, deren einseitige Unterzeichnung den Anstoß zu der Gesetzesbestimmung gegeben hat, werden im Regelfalle formularmäßige Vertragsurkunden verwendet. Auf diese Verträge ist nun allerdings die Gesetzesbestimmung nicht beschränkt und hat auf sie nicht beschränkt werden sollen. Ihr unterliegen die Beurkundungen über die Veräußerung beweglicher Sachen jeder Art. Immer aber hat man bei den Beratungen an Beurkundungen in förmlichen Verträgen gedacht. Vertragsurkunden, die an sich der Vollziehung durch die beiden Vertragsteile bedürfen, bei denen aber als dem Beweiszwecke genügend zur Stempelersparung nur eine einseitige Unterzeichnung erfolgt, sollen durch die Gesetzesbestimmung getroffen werden. Einer darin liegenden Umgehung des Gesetzes soll entgegengetreten und deshalb sollen solche Urkunden, wenn sie dem anderen Teile ausgehändigt sind, stempelrechtlich wie beiderseits vollzogene Verträge behandelt werden. Ist dies aber das mit der Gesetzesbestimmung verfolgte Ziel, so findet darin nicht nur die Nichterwähnung der Bestätigungsschreiben ihre Erklärung, sondern es ergibt sich daraus auch die Folgerung, daß die Bestätigungsschreiben nicht unter die Gesetzesbestimmung fallen, daß bei ihnen die Voraussetzungen nicht vorliegen, die für die Stempelpflicht nach Abs. 5 für die Beurkundung des Geschäfts erforderlich sind.

Bei einer mündlich oder telephonisch vereinbarten Veräußerung beweglicher Sachen ist das keiner Formvorschrift unterliegende Rechtsgeschäft an sich schon durch die erfolgte Einigung abgeschlossen. Die schriftliche Bestätigung soll nur, wie das Berufungsgericht auch von dem Schreiben der Klägerin annimmt, die bei einem solchen Abschlusse leicht vorkommenden Mißverständnisse und Unklarheiten beseitigen, deshalb das Vereinbarte schriftlich wiederholen und es der Nachprüfung des anderen Vertragsteils unterbreiten. Ein solches Schreiben bringt aber nur die Auffassung des Absenders über den Vertragsinhalt zum Ausdrucke und kann naturgemäß auch nur seine Unterschrift tragen. Auch wenn es das Geschäft in allen seinen wesentlichen Vereinbarungen wiedergibt, stellt es noch keine Vertragsurkunde dar, sondern spricht nur den Willen einer Vertragspartei aus, den Vertragsabschluß so, wie sie ihn darstellt, für sich gelten zu lassen. Wesentlich anders ist die Niederschrift des Vertragsinhalts, die schon nach dem Willen beider Teile dazu bestimmt ist, das Geschäft bindend zu beurkunden. Sie soll als Vertragsurkunde gelten und hätte als solche der Vollziehung durch beide Teile bedurft. Aber auch wenn die Niederschrift nur von einem Vertragsteil unterzeichnet wurde und ihr auch eine nur die einseitige Vollziehung vorsehende Fassung gegeben ist, bleibt doch ein, wenn auch stempelrechtlich als Vertrag nicht zu erfassender, förmlicher Kaufabschluß beurkundet.

Diese Erwägungen führen dazu, daß als Beurkundungen über Veräußerungen nur Urkunden im engeren Sinne anzusehen sind, förmliche Vertragsurkunden. Dafür spricht auch der im Gesetze gebrauchte Ausdruck „ausgehändigt sind" Der unterzeichnende Vertragsteil übergibt zum Zeichen des Vertragsabschlusses dem anderen Teile oder übermittelt ihm auf andere Weise das von ihm vollzogene Schriftstück. Das ist, da die Niederschrift die Willenseinigung beider Teile wiedergibt, mehr und anderes als die Übersendung eines die nur einseitige Auffassung des Briefschreibers enthaltenden Bestätigungsschreibens über einen mündlichen oder telephonischen Kaufabschluß. Das über die Stempelfreiheit der sog. Korrespondenzverträge im § 1 Abs. 3 des Ges. Bestimmte wird durch die hier auszulegende Gesetzesstelle nicht berührt, ihr Ziel, der Umgehung des Gesetzes entgegenzutreten, bewegt sich auf einem von diesen Verträgen völlig verschiedenen Gebiete. Überdies handelt es sich hier auch nicht um einen Briefwechsel, sondern zu beurteilen ist nur das Schreiben der Klägerin. Wird man nach dem Ausgeführten sagen müssen, daß der neu eingefügte Abs. 5 der Tarifst. 32 den Abs. 3 des § 1 des Ges. über diese Korrespondenzverträge unberührt läßt, so kann erst recht nicht von Besteuerung eines nur von der einen Seite verfaßten und der anderen übermittelten Schreibens die Rede sein.

Anzuführen ist auch noch, daß bei der Auslegung, nur förmliche Urkunden über Veräußerungsgeschäfte sollten bei einseitiger Unterzeichnung dem Vertragsstempel unterliegen, die für sog. Kommissionsnoten gemachte Ausnahme den Grund des Gesetzgebers erkennen läßt. Kommissionsnoten konnten als förmliche Urkunden angesehen und der Bestimmung unterstellt werden. Das sollte im Interesse der Belästigung des Handelsverkehrs vermieden werden. Bestätigungsschreiben besonders auszunehmen, lag kein Anlaß vor, weil sie, wie ausgeführt, schon an sich nicht unter die Bestimmung fallen und diese bei der ihr gegebenen Auslegung eine Erschwerung des kaufmännischen Verkehrs auch nicht zur Folge hat. Bei Unterstellung der Bestätigungsschreiben unter die Vorschrift des Abs. 5 würde der Handelsverkehr aber mindestens ebenso wie durch eine Verstempelung der Kommissionsnote belastet werden, und eine Belästigung des Verkehrs sollte durch die Bestimmung nicht herbeigeführt werden.

Hiernach ist das Schreiben der Klägerin der erforderten Stempelabgabe nicht unterworfen. Der rechtzeitig erhobene Rückforderungsanspruch der Klägerin ist in der Hauptsache begründet." . . .

---

65. 1. Verkaufsangebot mit Bindung auf bestimmte Zeit und mit der Abmachung, daß ein auf den Kaufpreis anzuzahlender Betrag bei Nichtannahme des Angebots als Entgelt für die Bindung des Antragenden verfällt. Kann der Antragsempfänger die Anzahlung zurückfordern, wenn er an der Annahme durch Umstände gehindert wurde, die er nicht zu vertreten braucht?

2. Sind in solchem Falle auch die Grundsätze vom uneigentlichen Strafgedinge anwendbar?

BGB. §§ 360, 343 Abs. 2.

V. Zivilsenat. Urt. v. 22. März 1919 i. S. P. (Bekl.) w. O. (Kl.). Rep. V. 374/18.

I. Landgericht Bromberg.
II. Oberlandesgericht Posen.

In der notariellen Urkunde vom 14. August 1917 bot der Beklagte sein Rittergut M. mit Bindung bis zum 1. Oktober 1917 zum Kaufe an. Das Angebot wurde gegenüber dem Bruder des Klägers, Landwirt Erich O., erklärt, der zur Entgegennahme des Angebots von dem damals im Felde befindlichen Kläger bevollmächtigt war. Erich O. zahlte auf den Kaufpreis 25000 ℳ an und erklärte zugleich in § 12 der Urkunde namens des Klägers, daß diese 25000 ℳ dem Beklagten überlassen sein sollten, wenn der Kaufvertrag nicht angenommen würde. Die Annahme ist nicht erfolgt. Schon am 15. August 1917 war der Kläger in englische Gefangenschaft geraten, und der Brief, mittels dessen der beurkundende Notar eine Ausfertigung der Verhandlung vom 14. August tags darauf an den Kläger gesendet hatte, kam mit dem Vermerke „vermißt" als unbestellbar zurück. Nunmehr fordert der Kläger die angezahlten 25000 ℳ zurück, indem er geltend macht, daß er zur fristgemäßen Annahme des Kaufangebots infolge seiner Gefangenschaft außerstand gesetzt worden sei, während nach Treu und Glauben das Angebot nur dann hätte gelten sollen, wenn er zur Annahme und zur Einhaltung der Frist imstande wäre. Sein Bruder Erich O. habe zur Verfügung über die angezahlten 25000 ℳ überdies keine Vollmacht gehabt.

Der Beklagte wurde durch das Landgericht klaggemäß verurteilt; auch seine Berufung wie demnächst seine Revision blieben erfolglos, die letztere aus folgenden

Gründen:

„Der Klaganspruch stellt eine Rückforderung im Sinne des § 812 BGB. dar. Während das Landgericht das Klagbegehren deswegen als gerechtfertigt erachtet hat, weil der Kläger „unverschuldet in die Unmöglichkeit gekommen sei, einen Entschluß zu fassen und sich auf das Kaufangebot zu erklären", meint das Berufungsgericht, daß der Kläger den „namens seiner und in Vollmacht" von Erich O. angezahlten Betrag von 25000 ℳ ungeachtet unterbliebener rechtzeitiger Annahme des Kaufangebots aus dem Grunde zurückfordern dürfe, weil das zwischen dem Beklagten und Erich O. über den Verfall der Anzahlung getroffene Abkommen dem Kläger gegenüber überhaupt nicht wirksam geworden sei.

Der Revision ist zuzugeben, daß dieser Entscheidungsgrund nicht als stichhaltig gelten kann. Die Annahme des Berufungsgerichts kommt nämlich darauf hinaus, daß die Wirksamkeit des Abkommens davon abhängig gewesen sei, daß das Kaufangebot mit Einschluß jenes Abkommens dem Kläger zuging und von ihm geprüft werden konnte; nun sei aber das gesamte Kaufangebot, das trotz seiner verschiedenartigen Bestandteile — des einseitigen Vertragsantrags und anderseits des zweiseitigen Abkommens — nur als eine einheitliche Willenserklärung aufgefaßt werden könne, dem Kläger tatsächlich nicht zugegangen und habe ihm wegen seiner Gefangennahme auch nicht zugehen können. Hierbei hat jedoch das Berufungsgericht die wirkliche Rechtslage verkannt. Nach dem in Rede stehenden Abkommen sollten die auf den Kaufpreis im voraus angezahlten 25000 *M* dem Beklagten für den Fall nicht rechtzeitiger Annahme des Angebots „als Gegenleistung" für seine bis zum 1. Oktober 1917 eingegangene Bindung dienen, und gebunden wurde der Beklagte bedingungslos schon durch die Erklärung seines Angebots dem Erich O. gegenüber, da dieser, wie feststeht, zur Entgegennahme des Angebots vom Kläger ermächtigt war (§§ 145, 164 BGB.). Sollte aber der Beklagte die empfangenen 25000 *M* als Entgelt für seine Bindung behalten dürfen, so hätte dieser Grund an und für sich immer zutreffen können, gleichviel an welcher Ursache das Zustandekommen des Vertrags, insbesondere die rechtzeitige Annahme des Vertragsangebots scheiterte, wenn sich nur die Bindung des Beklagten als eine vergebliche herausstellte und das Angebot nicht rechtzeitig erfolgte. Der Kläger hat übrigens auch selbst die Unwirksamkeit des Abkommens keineswegs aus dem vom Berufungsgerichte vertretenen Gesichtspunkte geltend gemacht, sondern nur mit der Behauptung begründet, daß Erich O. von ihm zum Abschlusse des Abkommens nicht ermächtigt gewesen sei. Das Berufungsgericht hat indes das Gegenteil angenommen (freilich ohne nähere Darlegung dieses Standpunktes), und von dieser tatsächlichen Annahme des Berufungsgerichts darf daher auch jetzt nicht zum Nachteile des Revisionsklägers abgewichen werden.

Allein ist auch der Entscheidungsgrund des Berufungsgerichts verfehlt, so ist seine Entscheidung selbst auf Grund der getroffenen Feststellungen gleichwohl gerechtfertigt, weil die Erwägungen des landgerichtlichen Urteils, richtig verstanden, als zutreffend erscheinen. Es ist festgestellt, daß der Kläger von dem Vertragsangebote vom 14. August 1917 mit Einschluß des hier in Rede stehenden Abkommens überhaupt keine Kenntnis erhalten hat und daß solches ausgeschlossen war, weil er schon am 15. August 1917 in englische Gefangenschaft geriet. Mithin läßt sich gar nicht damit rechnen, daß es irgendwie an dem Kläger lag, wenn er die rechtzeitige Annahme des Kaufangebots verabsäumte oder eine Erklärung auf das Angebot überhaupt unterließ. Vielmehr ist unbedenklich anzunehmen, daß der Kläger an der rechtzeitigen Annahme des Angebots durch einen Umstand unbedingt gehindert wurde, den er keinesfalls zu vertreten braucht. War dies aber der Fall, dann darf auch die Verfallabrede nach den hier anzuwendenden Rechtsgrundsätzen gegen den Kläger nicht geltend gemacht werden und kann er jetzt ebensowenig an der Rückforderung der für ihn angezahlten 25000 ℳ gehindert sein, wie er gehindert gewesen wäre, die Zahlung jenes Betrags zu verweigern, wenn die Zahlung noch nicht erfolgt gewesen wäre und der Beklagte sie auf Grund jenes Abkommens gefordert hätte. Es ist ein wiederholt ausgesprochener und ständig festgehaltener Grundsatz, daß die für den Fall einer Unterlassung angedrohte Rechtsverwirkung dann nicht eintritt, wenn die Unterlassung nicht auf ein schuldhaftes Verhalten des Verpflichteten, sondern auf Umstände zurückzuführen ist, welche der Verpflichtete nicht zu vertreten braucht (vgl. Jur. Wochenschr. 1908 S. 234 Nr. 5, 1916 S. 1584 Nr. 3; Gruchot Bd. 57 S. 928; Warneyer 1913 Nr. 223, 1917 Nr. 48). In den damaligen Fällen lag die Sache allerdings so, daß die Rechtsverwirkung abredegemäß wegen nicht rechtzeitiger Erfüllung einer bereits geschuldeten Leistung eintreten sollte (daß ein Darlehen, eine Hypothek bei nicht rechtzeitiger Zinszahlung sofort fällig werden oder ein Mietrecht unter gleicher Voraussetzung erlöschen sollte). In gegenwärtiger Sache sollten die auf das Kaufgeld angezahlten 25000 ℳ schon bei nicht rechtzeitiger Annahme des Kaufangebots dem Beklagten verfallen und anderseits auch der Kläger des Rückforderungsanspruchs im Falle Scheiterns des Kaufes schon unter der nämlichen Bedingung verlustig gehen, während eine Vertragsannahme allerdings nicht als eine vom Antragsgegner geschuldete Leistung angesprochen werden darf. Indes man darf davon ausgehen, daß eine derartige mit einem Kaufangebote verbundene Verfallabrede, wie sie hier getroffen worden ist und wie sie bei den jetzt üblichen Kaufangeboten überhaupt getroffen zu werden pflegt, die Bestimmung hat, demjenigen, der den Kauf anträgt, die Vertragsannahme möglichst zu sichern und ihm daher auf solche Weise zugleich auch eine möglichst sichere Anwartschaft auf die Vertragserfüllung selbst und auf die Leistungen des anderen Teiles zu verschaffen. Läßt sich somit die Vertragsannahme auch nicht schon als die geschuldete Leistung selbst auffassen, so stellt sie doch denjenigen Vorgang dar, der den Antragsteller zur künftigen Leistung verpflichtet und damit dem Antragenden seinerseits den Anspruch auf die Leistung gewährt, und so erscheint es als statthaft, auch als geboten, die hinsichtlich der Rechtsverwirkung für den Fall nicht rechtzeitiger Leistung angenommenen Grundsätze auch im Falle der hier gegebenen Art entsprechend anzuwenden, wo die Verwirkungsabrede oder die Verfallklausel benutzt wird, um zunächst die Begründung des Leistungsanspruchs und damit auch die Bewirkung der erwünschten Leistung selbst wenigstens mittelbar zu sichern. Auch in solchen Fällen entspricht es Recht und Billigkeit, den anderen Teil gegen eine unverschuldete Einbuße zum Vorteile des anscheinend Berechtigten in Schutz zu nehmen.

Zugunsten des Klägers spricht noch eine weitere Erwägung. Es ist in der Rechtsprechung schon darauf hingewiesen worden, daß es sich in Fällen, wie sie aus der Rechtsprechung zuvor dargelegt worden sind, ähnlich verhält wie bei Verwirkung einer Vertragsstrafe wegen Nichterfüllung oder nicht rechtzeitiger Erfüllung (vgl. insbesondere Warneyer 1913 Nr. 223). Dieser Gesichtspunkt greift auch in dem hier gegebenen Falle Platz. Mag nämlich der Verfall der angezahlten 25000 ℳ zugunsten des Beklagten auch als „Gegenleistung" oder als Entgelt für seine Bindung bedungen sein, so stellte er doch, vom Standpunkte des Klägers aus betrachtet, eine Strafe dar, die den Kläger zutreffendenfalls wegen nicht rechtzeitiger Annahme treffen würde. Und daß die Verwirkung einer Strafe Verschulden voraussetzt, ist ebenfalls feststehender Grundsatz, sofern man von dem hier außer Betracht bleibenden Falle des § 339 S. 2 BGB. absieht (vgl. Gruchot Bd. 57 S. 929; Jur. Wochenschr. 1916 S. 1584 Nr. 3). Wiederum ist freilich zu beachten, daß sich der Kläger nach dem in Frage stehenden Abkommen der Strafe nicht für den Fall der Nichterfüllung oder der nicht rechtzeitigen Erfüllung einer Verbindlichkeit unterworfen hat, sondern nur für den Fall, daß er die rechtzeitige Annahmeerklärung unterlasse. Aber das Gesetz selbst stellt auch derartige Fälle, wo dem Strafgedinge nicht eine bereits bestehende Verbindlichkeit zugrunde liegt, sondern „eine Strafe" für den Fall versprochen wird, daß „eine Handlung vorgenommen oder unterlassen" werde, wo also die Vornahme der Handlung oder die Unterlassung gerade durch das Strafversprechen erst gesichert werden soll, als uneigentliches Strafgedinge unter den Gesichtspunkt eines eigentlichen Strafgedinges (§ 343 Abs. 2; Komm. v. RGR. Anm. 1 zu § 393, Anm. 2 zu § 343; Planck Anm. 1a δ zu § 339). Auch hiernach also kommt dem Kläger zustatten, daß er an Verabsäumung der rechtzeitigen Vertragsannahme keine Schuld trägt. Da übrigens auch festgestellt ist, daß dem Kläger jedenfalls selbst die Entschließung darüber vorbehalten sein sollte, ob er den Vertrag überhaupt annehmen wollte oder nicht, so ist auch die Behauptung des Beklagten unwesentlich, daß Erich O. auch zum Vertragsabschlusse ermächtigt gewesen sei.

Ohne Belang ist schließlich auch der Einwand der Revision, den sie der landgerichtlichen Entscheidung gegenüber erhoben hat, bei der die Frage des Nichtverschuldens gleichfalls die entscheidende Rolle spielt: der Einwand nämlich, daß es im Belieben des Klägers gestanden habe, den Vertragsantrag anzunehmen oder nicht anzunehmen, und daß er die Gefahr habe tragen müssen, daß ihm das Vertragsangebot nicht rechtzeitig bekannt gemacht werden konnte. In der ersteren Hinsicht ist übersehen, daß der Kläger unter den obwaltenden Umständen überhaupt nicht in die Lage kam, von seinem Belieben Gebrauch zu machen. Die

Meinung aber, daß der Kläger die Folgen der Fristversäumung unbedingt sich aufbürden lassen müsse, scheitert eben an den oben angestellten Erwägungen."

66. 1. Sind Verbandstoffe Arzneimittel im Sinne des § 376 Abs. 3 der Reichsversicherungsordnung?

2. Darf eine Krankenkasse für den Bezug der Kassenmitglieder aus einer Apotheke die vorherige Abstempelung der ärztlichen Verordnung durch die Kasse vorschreiben?

3. Stellt die Befugnis der Kassenmitglieder zum Bezug aus einer Apotheke ein Rechtsverhältnis zwischen Apotheke und Kasse dar?

III. Zivilsenat. Urt. v. 25. März 1919 i. S. Allgem. Ortskrankenkasse in R. (Bekl.) w. R. (Kl.). Rep. III. 494/18.

I. Landgericht Elberfeld.
II. Oberlandesgericht Düsseldorf.

Der Regierungspräsident in Düsseldorf hatte durch Bekanntmachung vom 22. Dezember 1913 gemäß § 376 Abs. 3 RVO. bestimmt, daß die Mitglieder der Krankenkassen im Regierungsbezirke Düsseldorf gewisse Arzneimittel, darunter Verbandstoffe (Watte, Mull, Gaze, Binden) zu einem von ihm festgesetzten Höchstpreise auch von den Apotheken gegen Bezahlung durch die Kasse beziehen dürfen. Der Kläger hat solche Mittel, insbesondere Verbandstoffe, auf rote Rezeptformulare der Beklagten an deren Mitglieder geliefert und fordert Bezahlung. Die Beklagte lehnt Zahlung ab, weil die Rezeptformulare nicht vorher von ihr gestempelt waren, und will auf Widerklage festgestellt wissen, daß sie nicht verpflichtet sei, dem Kläger Brillen, Bruchbänder, Bandagen, Bäder, Verbandstoffe, insbesondere Verbandwatte, Verbandmull, Mullbinden, Cambricbinden, Gazebinden und Guttaperchapapier und alle anderen ärztlichen Verordnungen, soweit es sich nicht um Arzneien (Medikamente) handelt, zu bezahlen, welche ihre Mitglieder vom Kläger geliefert erhalten haben, ohne daß das vorgelegte Rezeptformular von ihr abgestempelt war.

§ 8 Nr. 4 der Krankenordnung der Beklagten bestimmt nämlich unter der Überschrift „Entnahme der ärztlich verordneten Arzneien und Heilmittel" folgendes: „Brillen, Bruchbänder, Bandagen, Bäder, Massagen und alle anderen ärztlichen Verordnungen, soweit es sich nicht um Arzneien (Medikamente) handelt, sind, sofern solche an der Kasse nicht abgegeben werden, von solchen Lieferanten zu entnehmen, die vom Vorstande zur Lieferung zugelassen sind. Die Kosten hierfür werden aber nur dann von der Kasse bezahlt, wenn die Verordnung vorher mit dem Genehmigungsstempel der Kasse versehen worden ist".

In Ausführung dieser Bestimmung führte die Beklagte zunächst Rezeptformulare mit dem Aufdrucke „Gegen diese Anweisung werden die Arzneien und Verbandstoffe im Kassenlokal oder in den Drogerien, aber nicht in der Apotheke verabfolgt"; diese Formulare wurden als Weisungen, die darauf abzielten, die im Interesse der kranken Mitglieder ergangene Anordnung vom 22. Dezember 1913 gegenstandslos zu machen, vom Regierungspräsidenten unter dem 21. Dezember 1914 für unstatthaft erklärt. Sodann gab die Beklagte Rezeptformulare aus mit dem Aufdrucke „Vor Entnahme der ärztlichen Verordnung sind die Mitglieder verpflichtet, diesen Schein an der Kasse zur Abstempelung vorzulegen" oder „Achtung! Die Mitglieder sind verpflichtet, diesen Schein an der Kasse zur Abstempelung vorzulegen. Erst nach der Abstempelung verpflichtet sich die Kasse zur Bezahlung der ärztlichen Verordnung." Auf solche Formulare, jedoch ohne Abstempelung, hatte der Kläger ärztlich verordnete Mittel an Mitglieder der Beklagten abgegeben. Die Beklagte erklärt im Rechtsstreite, daß sie den liefernden Apotheken nur bei Benutzung abgestempelter Formulare Zahlung zu leisten habe und leiste.

Die Instanzen haben die Klage zugesprochen und die Widerklage abgewiesen.

In der Revisionsinstanz führte die Beklagte aus, nach Wortlaut, Verkehrsauffassung und wissenschaftlichen Äußerungen seien Verbandstoffe keine Arzneimittel; unter solchen seien nur chemisch wirksame Stoffe zu verstehen. Die Verfügung des Regierungspräsidenten vom 22. Dezember 1913 sei sonach insoweit ungültig. Von einem Drucke auf die Mitglieder könne keine Rede sein; im Gegenteile sei ihnen nur eine Bequemlichkeit geboten, nämlich Gelegenheit, die Arzneimittel von der Beklagten selbst zu beziehen und sich dadurch den Gang zur Apotheke zu sparen. Irrtümlich endlich sei die Abweisung der Widerklage als einer wegen Mangels eines Feststellungsinteresses unzulässigen.

Die Revision wurde zurückgewiesen aus folgenden

Gründen:

„1. Schon der Wortlaut und Zusammenhang des § 376 Abs. 2, 3 RVO. — „solche einfachen Arzneimittel, welche sonst ohne ärztliche Verschreibung (im Handverkauf) abgegeben zu werden pflegen" — ergibt, daß alle zur unmittelbaren Krankheitsbehandlung nötigen oder üblichen Mittel, also auch Verbandstoffe, unter den Begriff der Arzneimittel fallen. Bei der Schöpfung des § 376 sind denn auch die Verbandstoffe als Arzneimittel von dem Regierungsvertreter ausdrücklich erwähnt worden. Die Auffassung des Regierungspräsidenten in den Verfügungen vom 22. Dezember 1913 und 21. Dezember 1914 trifft also zu.

2. § 8 Nr. 4 der Krankenordnung zielt schon nach dem Wortlaut unzweideutig darauf ab, die Apotheker von der Lieferung aller ärztlichen Verordnungen mit Ausnahme der eigentlichen Arzneien (Medikamente) gänzlich auszuschließen. Daran wird nichts geändert dadurch, daß die Beklagte in ihrem zweiten Rezeptformulare nicht mehr, wie in ihrem ersten, die Apotheken ausdrücklich ausschließt, auch nicht dadurch, daß die Beklagte erklärt, die auf solche Rezepte nach deren Abstempelung von Apotheken gelieferten Mittel zahlen zu wollen. Die Abstempelung soll die Mitglieder dazu zwingen, auf ihrem Wege vom Arzte zur Lieferstelle zunächst einen Gang zur Kasse der Beklagten einzuschieben und hier eine dem § 8 Nr. 4 der Krankenordnung entsprechende Beeinflussung entweder auf Entnahme vom Lager der Beklagten oder auf Bezug von den zugelassenen Lieferanten, bestimmten Drogisten, über sich ergehen zu lassen. Ein solcher Zwang schädigt die Interessen der zur Versorgung mit Arzneimitteln berechtigten Kassenmitglieder, insofern die Schnelligkeit der Versorgung notleidet und insofern die Freiheit der Auswahl, z. B. bei vorhandenem Glauben an die Vorzüglichkeit oder alleinige Zuverlässigkeit der Apothekerware, angetastet wird; und ein solcher Zwang schädigt insbesondere den Anspruch der Apotheken auf freie und ungehinderte Belieferung der Kassenmitglieder. Die Erklärung der Beklagten, Apothekenlieferungen auf abgestempelte Formulare — also Bezüge durch Kassenmitglieder, die trotz jenes Zwanges und trotz jener Beeinflussung doch die verordneten Mittel von einem Apotheker entnahmen, — zahlen zu wollen, ist nur ein der Beklagten aufgezwungener, die wahre Absicht und den durchschnittlichen Erfolg des Abstempelungszwanges verhüllender Notbehelf. Der Zweck der Abstempelung blieb die möglichst vollständige Ausschließung der Apotheker; sie richtet sich also direkt gegen die Verwirklichung der Verfügung des Regierungspräsidenten vom 22. Dezember 1913; auch sie will, wie der Aufdruck auf dem ersten Formulare, diese Verfügung gegenstandslos machen. Darum ist die Vorschrift der vorherigen Abstempelung und der entsprechende Aufdruck auf den Formularen unwirksam. Es kann im besonderen keine Rede davon sein, daß die Beklagte bestimmen dürfte, wer „Berechtigter" im Sinne des § 376 Abs. 3 RVO. sei. Mit diesem Worte ist nur die Berechtigung zur Versorgung mit Arzneimitteln gemeint (vgl. §§ 183, 216, 218, 219, 223, 556, 590, 592, 596, 614, 615 RVO.), und der Anspruch der Apotheken auf Zahlung durch die Kasse ist lediglich an den bei ihnen erfolgten Bezug der Arzneimittel durch die Kassenmitglieder geknüpft. Diesen Bezug durch hemmende Fesseln einzuschränken und zum letzten Ende zu unterbinden, verstößt gegen den die Apotheken gerade schützenden § 376 Abs. 3. Im beiderseitigen Interesse sollen die Apotheken durch die Anordnung der Verwaltungsbehörde freie Lieferanten der Kassenmitglieder werden, und es

sollen die Vereinbarungen der Kassen mit anderen Personen (§ 375 Abs. 1) in ihrer Gesamtheit für den Verkehr zwischen Kassenmitgliedern und Apotheken durch § 376 Abs. 3 ausgeschaltet sein, nicht nur betreffend die Preise und sonstigen Vorzugsbedingungen, sondern auch betreffend die sonstigen zugehörigen Verkehrsabmachungen.

3. Der Berufungsrichter hält die Widerklage, auch soweit sie auf die Zukunft gerichtet ist, für unzulässig, da sie ein erst künftig mögliches Rechtsverhältnis zum Gegenstande habe.

Dem kann nicht gefolgt werden. Die durch § 376 Abs. 3 und die Anordnung des Regierungspräsidenten zwischen den Apotheken und der Kasse geschaffene Beziehung geht dahin, daß die Kasse bei Bezug durch Mitglieder den Apotheken Zahlung leisten muß. Diese Beziehung ist ein schon gegenwärtiges Rechtsverhältnis zwischen beiden, ein rechtliches Stammverhältnis, durch welches die zukünftigen, einzelnen Bezüge ohne weiteres ergriffen und geregelt werden. An der alsbaldigen Feststellung des Umfanges und der Tragweite dieses Stammverhältnisses hat die Beklagte ein offensichtliches rechtliches Interesse.

Die sachliche Abweisung der Widerklage ergibt sich jedoch, wie der Berufungsrichter selbst bemerkt, aus den Gründen der Klagabweisung."

---

67. Ist eine gegen § 98 des Gesetzes über den Versicherungsvertrag verstoßende Übertragung der Forderung des Versicherungsnehmers nichtig?

BGB. §§ 1128, 1130, 135; VersVG. §§ 97, 98.

VII. Zivilsenat. Urt. v. 25. März 1919 i. S. W. P. (Kl.) w. Leipziger Feuerversicherungsanstalt (Bekl.). Rep. VII. 376/18.

I. Landgericht Königsberg.
II. Oberlandesgericht daselbst.

Der Kläger, der seit Februar 1911 bei der Beklagten gegen Brandschaden versichert war und im Dezember 1911 einen Brandschaden erlitt, forderte mit der Klage Zahlung der Entschädigung und erlangte in erster Instanz wegen eines Teilbetrags seiner Forderung eine verurteilende Entscheidung. Dagegen erkannte auf Berufung der Beklagten das Oberlandesgericht insoweit auf Klagabweisung. Die Revision des Klägers blieb ohne Erfolg.

Gründe:

„Zur Abweisung des in der Berufungsinstanz erörterten Teiles des Klaganspruchs ist der Berufungsrichter aus dem Grunde gelangt, weil der Kläger den Anspruch auf die Versicherungssumme, wie die

Beklagte in der Berufungsinstanz geltend gemacht hat, schon vor der Klagerhebung an einen Dritten abgetreten hatte. Der Kläger hatte behauptet, die Abtretung sei nichtig, weil sie gegen die Vorschriften des § 1128 BGB. und des § 98 VersVG. verstoße. Diesem Einwande tritt der Berufungsrichter mit der Begründung entgegen, ein Verstoß gegen die erwähnten, zum Schutze bestimmter Personen erlassenen Verfügungsverbote würde nicht die Nichtigkeit sondern nur eine relative Unwirksamkeit der Abtretung begründet haben und nur von den verletzten Personen gerügt werden können. Zudem seien die abgebrannten Gebäude nach der eigenen Erklärung des Klägers wiederhergestellt oder ersetzt worden; damit sei die Haftung der Klagforderung überhaupt erloschen und die Übertragung derselben an andere zulässig geworden.

Diese Ausführungen, deren Richtigkeit die Revision bestreitet, erscheinen rechtlich einwandfrei. Durch die Vorschriften in § 1128 BGB. werden die Hypothekengläubiger eines versicherten Hausgrundstücks gegen eine vorzeitige Auszahlung der Versicherungssumme an den Versicherten in der Weise geschützt, daß die Auszahlung der Regel nach erst nach vorheriger Anzeige erfolgen darf und nur, wenn von ihnen innerhalb eines Monats seit dem Empfange der Anzeige der Zahlung nicht widersprochen worden ist. Ist der Versicherer nach den Versicherungsbestimmungen nur verpflichtet, die Versicherungssumme zur Wiederherstellung der versicherten Gebäude zu zahlen, so ist eine diesen Bestimmungen entsprechende Zahlung an den Versicherten den Hypothekengläubigern gegenüber nach § 1130 BGB. wirksam. Für den letzteren Fall, der gegenwärtig vorliegt, ist die Auszahlung der Versicherungssumme an den Versicherungsnehmer durch §§ 97, 98 VersVG. weiter noch dahin beschränkt, daß der Versicherungsnehmer die Zahlung erst verlangen kann, wenn die bestimmungsmäßige Verwendung des Geldes gesichert ist, und daß der Anspruch auf die Versicherungssumme vor der Wiederherstellung des versicherten Gebäudes nur an den Erwerber des Grundstücks oder an solche Gläubiger des Versicherungsnehmers übertragen werden kann, welche Arbeiten oder Lieferungen zur Wiederherstellung des Gebäudes übernommen oder bewirkt haben; jedoch ist eine Übertragung an Gläubiger, die bare Vorschüsse zur Wiederherstellung gegeben haben, wirksam, wenn die Verwendung der Vorschüsse zur Wiederherstellung erfolgt. Alle diese Vorschriften dienen, wie sich aus ihrem Inhalt ohne weiteres ergibt, dem Schutze bestimmter Personen, nämlich der Hypothekengläubiger und derjenigen Personen, die zur Wiederherstellung der zerstörten Gebäude Arbeiten oder Lieferungen übernommen oder bewirkt haben. Sie stellen mithin Veräußerungsverbote im Sinne des § 135 BGB. dar. Eine Verfügung, die ihnen zuwider getroffen wird, ist deshalb keineswegs nichtig, sondern nur jenen bestimmten Personen gegenüber unwirksam, anderen Personen gegenüber ist sie dagegen wirksam und muß von ihnen gelten gelassen werden. Aber auch dem geschützten Gläubiger gegenüber verlieren jene Veräußerungsverbote ihre Wirksamkeit mit der Wiederherstellung der zerstörten Gebäude, da hierdurch der Zweck, dem sie zu dienen bestimmt sind, erreicht ist. Für den jetzt vorliegenden Fall kommen sie, da die versicherten und durch Brand zerstörten Gebäude wieder aufgebaut oder durch Errichtung gleichwertiger Anlagen ersetzt sind, überhaupt nicht in Betracht." ...

---

68. Unter welchen Umständen ist die Verwendung eines fremden Wortzeichens zu einer Angabe über die Bestimmung von Waren erlaubt?

WZG. §§ 12, 13, 20.

II. Zivilsenat. Urt. v. 25. März 1919 i. S. L. L. (Bekl.) w. Pf. (Kl.). Rep. II. 307/18.

I. Landgericht Aachen.
II. Oberlandesgericht Köln.

Die Klägerin fabriziert Nähmaschinen. Die dazu gehörigen Nadeln läßt sie in anderen Fabriken herstellen. Als Warenzeichen auch für Nähmaschinennadeln ist ihr das Wort „Pfaff" geschützt.

Die Beklagte ihrerseits fabriziert Nähmaschinennadeln. Sie vertreibt sie in Nadelbriefchen, auf denen sie die Nähmaschine angibt, für die die Nadeln bestimmt und geeignet sind. Sie fabriziert auch Nadeln für die von der Klägerin hergestellten Nähmaschinen. Zum Vertriebe benutzt sie Nadelbriefchen mit der Aufschrift „Geprüfte Nadeln von Leo Lammertz" — folgt Fabrikzeichen der Beklagten — „zur Pfaff E-, G-, K- und L-Nähmaschine".

Weil durch das besonders hervortretend gedruckte Wort „Pfaff" bei den Abnehmern die unrichtige Annahme hervorgerufen werde, es handle sich um Nadeln, die von der Klägerin hergestellt oder mindestens von ihr geprüft oder empfohlen seien, erhob die Klägerin Klage auf Unterlassung der Verbreitung solcher Nadelbriefchen.

Während das Landgericht die Klage abwies, gab das Oberlandesgericht ihr statt. Die Revision der Beklagten wurde zurückgewiesen.

Gründe:

„1. Das Berufungsgericht erachtet den Unterlassungsanspruch der Klägerin auf Grund der §§ 12, 20 WZG. für gerechtfertigt, indem es annimmt, daß die Aufschrift auf den Nadelbriefchen der Beklagten „Nadeln zur Pfaff-Nähmaschine" die Gefahr einer Verwechslung im Verkehr mit den die gleiche Aufschrift aufweisenden Nadelbriefchen, in denen die Klägerin ihre von andern Fabriken hergestellten Nähmaschinennadeln vertreibt, trotz der im übrigen bestehenden Verschiedenheiten der beiderseitigen Briefchen herbeiführt. Diese Annahme ist damit begründet, daß in den Aufschriften auf den Briefchen der Klägerin das ihr als Warenzeichen geschützte Wort „Pfaff" das Schlagwort bildet und bei ihren Kunden vorzugsweise im Gedächtnis haften bleibt. Die Kunden der Klägerin würden daher, wenn ihnen Nadeln der Beklagten in deren die Worte „Nadeln zur Pfaff-Nähmaschine" tragenden Nadelbriefchen angeboten würden, namentlich bei nur flüchtigem Hinschauen oder Nachdenken zu der Auffassung verleitet, daß sie es mit den ihnen unter der Marke „Pfaff" bekannten und von ihnen unter dieser Marke früher gekauften Fabrikaten zu tun hätten.

Diese Verwechslungsgefahr erachtet das Berufungsgericht auch durch den Zusatz „Nadeln von Leo Lammertz" auf den Briefchen der Beklagten nicht für ausgeschlossen für weite Kreise von Kunden, insbesondere Hausfrauen und andere kleine Kunden, die über die Verhältnisse der Firma Leo Lammertz nicht unterrichtet sind, nicht wissen, daß Leo Lammertz mit der Klägerin nichts gemein hat, oder nicht wissen, wer der Inhaber der ihnen geläufigen Marke „Pfaff" ist. Diese Kunden, so nimmt das Berufungsgericht an, werden beim Lesen der Aufschrift „zur Pfaff-Nähmaschine" leicht zu der Annahme kommen können, daß gerade der in der Aufschrift genannte Leo Lammertz in Beziehungen zu der Marke „Pfaff" stehe, daß er der Inhaber des seine Ware unter der Marke „Pfaff" vertreibenden Geschäfts sei, daß ihm die Marke zustehe und sein Name in der Aufschrift gerade zu dem Zwecke genannt sei, um Zweifel darüber auszuschließen, daß es sich um Waren der ihm zustehenden Marke „Pfaff" handle. Auch werden solche Kunden nach der Annahme des Berufungsgerichts bei der Geneigtheit der Käufer, nur oberflächlich die Aufschriften zu lesen und ihr Auge vornehmlich an einem ihnen bekannten Schlagworte haften zu lassen, leicht über den Namen Leo Lammertz hinweggleiten und wesentlich auf das für sie ausschlaggebende Wort „Pfaff" achten, so daß der Zusatz „Nadeln von Leo Lammertz" kein genügendes Unterscheidungsmerkmal bildet.

Die vorstehenden Ausführungen, welche die Verwechslungsgefahr zwischen den Briefchen der Beklagten und den ihr Warenzeichen „Pfaff" tragenden Briefchen der Klägerin begründen, werden von der Revision mit Unrecht angegriffen. Das Berufungsgericht legt ohne Rechtsirrtum die Auffassung weiter Kreise von Verbrauchern zugrunde, die nicht etwa überhaupt, sondern nur hinsichtlich der Verhältnisse der Beklagten unkundig sind, deren Aufmerksamkeit daher wesentlich durch das auf den beiderseitigen Briefchen stehende, ihnen bekannte Wort „Pfaff" angezogen wird und die deshalb auf die Unterschiede der Briefchen weniger achten. ... Daß die Worte „zur Pfaff-Nähmaschine" an sich, ihrem bloßen Wortlaute nach, sich als Bestimmungsangabe darstellen und daß die Gutgläubigkeit der Beklagten unterstellt wird, steht der Annahme der Verwechslungsgefahr nicht entgegen.

2. Auf § 13 WZG. würde sich die Beklagte gegenüber §§ 12, 20 berufen können, wenn die Worte „zur Pfaff-Nähmaschine" nur eine Angabe über die Bestimmung der in ihren Brieschen befindlichen Nadeln dahin enthielten, daß die Nadeln zur Pfaff-Nähmaschine gebraucht werden könnten. Bei Prüfung dieser Frage geht das Berufungsgericht mit Recht von dem in dem Urteile des erkennenden Senats vom 26. April 1912 II 22/12 aufgestellten Grundsatz aus, daß bei einem Wortzeichen (hier Pfaff) jede Verwendung des geschützten Wortes als warenzeichenmäßige Verwendung anzusehen ist, es sei denn, daß die Art und Weise der Ankündigung auch den unbefangenen Durchschnittsverbraucher klar und unzweideutig erkennen läßt, es handle sich um eine bloße Beschaffenheitsangabe und um eine andere Ware als die des Zeicheninhabers.

Danach ist hier die Anwendung des § 13 WZG. schon aus dem Grunde ausgeschlossen, weil nach der unter 1 erwähnten Feststellung durch das in der Aufschrift auf den Nadelbrieschen der Beklagten neben anderen Worten im Drucke besonders hervortretende Wort „Pfaff" weite Kreise von Verbrauchern, insbesondere auch frühere Kunden der Klägerin, zu der Annahme verleitet werden, es handle sich um Waren, die der Inhaber des ihnen bekannten Warenzeichens „Pfaff" vertreibe. Diesen Verbraucherkreisen erscheinen also die Worte „zur Pfaff-Nähmaschine" auf den Brieschen der Beklagten nicht als bloße Angabe über die Bestimmung der Nadeln, sondern wegen des Wortes „Pfaff" als Zeichen der Zugehörigkeit zu einem bestimmten Geschäftsbetriebe. Jene Worte sind mithin, was ihre Bedeutung für die genannten Verbraucherkreise anbelangt, warenzeichenmäßig auf den Nadelbrieschen der Beklagten verwendet.

Die weiteren Ausführungen des Berufungsgerichts, daß gegenüber einem Wortzeichen nur solche Beschaffenheits- oder Bestimmungsangaben, die allgemein gebräuchlich oder allgemein notwendig sind, nach § 13 WZG. gerechtfertigt seien und daß tatsächlich weder das eine noch das andere hinsichtlich der Worte „zur Pfaff-Nähmaschine" auf den Nadelbrieschen der Beklagten zutreffe, sind daher überflüssig. Sie finden auch rechtlich, wie die Revision hervorhebt, in dem Gesetze keine Stütze. Zwar wird, wenn eine Wortverbindung, in der ein als Warenzeichen geschütztes Wort sich befindet, im Verkehr als Bestimmungsangabe allgemein gebräuchlich und notwendig ist, in der Regel eine Verwechslungsgefahr mit dem geschützten Wortzeichen nicht vorliegen. Umgekehrt aber ist die Verwechslungsgefahr nicht schon deshalb gegeben, weil die gewählte Wortverbindung weder allgemein gebräuchlich noch notwendig, sondern neu und zur Bezeichnung der Bestimmung weder nötig noch zweckmäßig ist. Anderseits genügt zur Anwendung des § 13 WZG. nicht, daß die Wortverbindung an sich geeignet ist, eine Bestimmungsangabe darzustellen und daß sie als solche wahr ist. Sie kann trotzdem im Verkehr für erhebliche Verbraucherkreise, wie das im vorliegenden Falle festgestellt ist, die Gefahr einer Verwechslung mit den Waren des Zeicheninhabers herbeiführen und insoweit die Bedeutung einer Verwendung des Warenzeichens haben.

Es bleibt der Beklagten unverwehrt, auf ihren Nadelbriefchen zu vermerken, daß die darin enthaltenen Nadeln sich zum Gebrauche für die Nähmaschine der Klägerin eignen. Sie darf dies aber nicht in der bisherigen Art, in der besprochenen Wortverbindung tun, weil dadurch über die Bedeutung einer Bestimmungsangabe hinaus in weiten Kreisen von Verbrauchern der Anschein erweckt wird, es handle sich um von der Klägerin vertriebene Nadeln." ...

---

69. Unterwerfung unter Schleppbedingungen durch Anhängen an einen Schleppzug, insbesondere bei der Vertragsklausel „frei Schleppen"?

BinnenschG. § 26.

I. Zivilsenat. Urt. v. 26. März 1919 i. S. F. (Kl.) w. N. N. F. u. Gen. (Bekl.). Rep. I. 284/18.

I. Landgericht Hamburg.
II. Oberlandesgericht daselbst.

Ein Kahn des Klägers wurde von einem Dampfer der Beklagten zu 1 von Hamburg nach Berlin geschleppt und unterwegs beschädigt. Der Kläger behauptete, daß der Beklagte zu 2, der Führer des Dampfers, bei Boizenburg einen ungeeigneten Platz zum Übernachten gewählt und dadurch den Schaden veranlaßt habe. Die Beklagten beriefen sich u. a. darauf, daß in den Schleppbedingungen der Beklagten zu 1 vorgeschrieben sei, ein Unfall müsse bei Vermeidung des Verlustes jedes Entschädigungsanspruchs dem Kapitän sofort und der Beklagten zu 1 binnen 48 Stunden angezeigt werden. Letzteres sei nicht geschehen.

Landgericht und Oberlandesgericht wiesen auf Grund dieser Einrede die Klage ab. Die Revision führte zur Aufhebung des Berufungsurteils.

Gründe:

„Zwischen dem Kläger und der Speditionsfirma R. Gr. in Hamburg war ein Frachtvertrag über Beförderung einer Ladung Kohlen mit dem Kahne des Klägers von Hamburg nach Berlin vereinbart. Der Vertrag enthielt die Klausel „frei Schleppen“. Die Klausel bedeutet, daß die Absenderin das Schleppen des Kahnes auf ihre Kosten zu veranlassen hat. Die Firma ließ das Schleppen durch die Beklagte zu 1 ausführen, indem sie dieser den Kahn des Klägers durch einen sogenannten Überweisungsschein überwies. In dem Scheine ist erklärt, daß die Überweisung auf Grund der Schleppbedingungen der Beklagten zu 1 erfolgt. Es fragt sich, ob nach diesem Sachverhalte die Schleppbedingungen für den Anspruch des Klägers maßgebend sind.

Die Frage ist zu verneinen. Vertragspflicht der Firma R. Gr. war, das Schleppen zu besorgen. Sie bediente sich zur Erfüllung dieser Vertragspflicht der Beklagten zu 1, so daß diese ihre Erfüllungsgehilfin war. Mit einem Erfüllungsgehilfen tritt der Vertragsgegner nicht in vertragliche Beziehungen. Es ging also den Kläger nichts an, zu welchen Bedingungen die Beklagte abzuschließen pflegt, denn er schloß nicht mit ihr ab. Daß er sich auf Anweisung von R. Gr. an einen Schleppzug anhängte, der von einem Dampfer der Beklagten zu 1 geschleppt wurde, enthielt keinen Vertragsschluß mit der letzteren. Ein anderer Rechtsgrund für die Maßgeblichkeit der Bedingungen der Beklagten, als ein Vertragsschluß, ist nicht ersichtlich. Deshalb berühren jene Bedingungen den Kläger nicht und insbesondere berührt es ihn nicht, wenn sie in § 2 Nr. 1 bestimmen, daß jeder Anhängende sich ihnen durch das Anhängen unterwerfe.

Das Berufungsgericht hat angenommen, der Kläger habe, indem er sich von dem Dampfer der Beklagten zu 1 schleppen ließ, den zwischen dieser und R. Gr. geschlossenen Vertrag genehmigt. Gründe für diese Annahme sind nicht gegeben; es sind auch keine Gründe dafür ersichtlich. Wenn ein Kahneigner sich im Schiffbefrachtungsscheine verpflichtet, die vom Absender zu beschaffende Schleppgelegenheit „auf Grund der beteiligten Dampfschiffs-Reederei-Bedingungen zu nehmen“, so mag darin eine im voraus erfolgte Unterwerfung unter jene Bedingungen zu finden sein (Mittelstein in Ehrenbergs Handbuch Bd. 7, 1, § 32 S. 154). Im vorliegenden Falle ist aber eine solche Klausel nicht vereinbart. Nun ist anerkannt, daß bei der Abmachung „frei Dampf“ oder „frei Schleppen“ der Kahneigner Vertragsrechte nur gegen seinen Vertragsgegner, nicht gegen die Schlepperreederei hat (Mittelstein a. a. O. § 70 S. 319). Deshalb würde, wenn man vorliegendenfalls eine vertragliche Bindung zwischen den Parteien annehmen wollte, diese nicht darin bestehen, daß Rechte und Pflichten aus einem Frachtvertrage zur Entstehung gelangten, sondern nur darin, daß der Kahneigner sich den Schleppbedingungen unterworfen hätte. Es liegt zutage, daß das dem Willen des Kahneigners nicht entspricht, denn er hätte damit Lasten auf sich genommen, ohne entsprechende Rechte zu erhalten. Es kann also nur in Frage kommen, ob nach der Verkehrssitte und den Verkehrsanschauungen das bloße Anhängen an einen Schlepper oder an einen Schleppzug dahin auszulegen ist, daß der Kahneigner sich den Schleppbedingungen des Schleppers unterwirft. Diese Frage muß verneint werden. Eine solche Anschauung ist in den beteiligten Verkehrskreisen nicht zum Durchbruch gekommen, wenngleich freilich die Reedereien wünschen mögen, ein solches Ergebnis herbeizuführen. Sie ist auch weder vom Berufungsgerichte festgestellt noch in gerichtlichen Erkenntnissen zutage getreten.

Danach können sich die Beklagten gegenüber dem Kläger nicht auf die Schleppbedingungen berufen."

---

70. 1. Ist das Revisionsgericht, wenn ein Notar wegen Amts- pflicht- und wegen Vertragspflichtverletzung verurteilt ist, trotz Fehlens der Revisionssumme zur Nachprüfung der Vertragshaftung befugt?

2. Amtspflicht des beurkundenden Notars zur Belehrung der Beteiligten. Haftet der Notar wegen Verletzung dieser Pflicht auch einem Dritten, in dessen Interesse die Beurkundung erfolgen sollte?

3. Zur Auslegung des § 2271 Abs. 2 BGB.

III. Zivilsenat. Urt. v. 28. März 1919 i. S. H. (Bekl.) w. B. (Kl.). Rep. III. 505/18.

I. Landgericht Koblenz.
II. Oberlandesgericht Köln.

Dem Kläger steht gegen den vermögenslosen Josef G. in Boston eine Forderung von 1745,29 ℳ nebst Zinsen zu. Der am 12. März 1914 verstorbene Vater des Schuldners, Johann G., errichtete am 9. dess. Mts. ein von dem Beklagten beurkundetes Testament, in dem er unter Abänderung seiner eigenhändigen Testamente vom 25. September 1904, 18. März 1910 und 20. April 1913 seinen genannten Sohn und seine drei Töchter je zu $^1/_4$ zu Erben einsetzte und bestimmte, daß der Sohn sich auf seinen Erbteil unter anderem den Betrag von 3245,29 ℳ nebst Zinsen anrechnen lassen müsse, den der Erblasser für Rechnung seines Sohnes an den Kläger und an die Firma G. zur Tilgung von Schulden des Sohnes „zahle". Unstreitig ist die obige Forderung des Klägers in diesem Betrag enthalten und von dem Erblasser nicht gezahlt worden.

Die drei in diesem Testament erwähnten eigenhändigen letztwilligen Verfügungen hatte der Erblasser gemeinschaftlich mit seiner kurz vor ihm, am 4. Februar 1914, verstorbenen Frau errichtet. In ihnen hatten die Eheleute sich gegenseitig zu Erben eingesetzt und bestimmt, daß nach dem Tode des Längstlebenden ihre drei Töchter und die Abkömmlinge ihres Sohnes Josef sich in den Nachlaß teilen sollten, Josef selbst aber, da er sich in solchem Maße der Verschwendung ergeben habe und so überschuldet sei, daß sein späterer Erwerb erheblich gefährdet werde, nichts erhalten und sein Pflichtteilsrecht durch die Nacherbschaft seiner gesetzlichen Erben und die Verwaltung des Pflichtteils bis zu seinem Tode durch einen Testamentsvollstrecker beschränkt sein solle. Johann G. hat das ihm durch diese gemeinschaftlichen Testamente von seiner Frau Zugewendete nicht ausgeschlagen; diese sind erst nach seinem Tode, am 9. Mai 1914, eröffnet worden. Seine vier Kinder schlugen am 18. dess. Mts. „in ihrer Eigenschaft als Erben ihres Vaters dessen Erbschaft nach ihrer Mutter infolge Berufung durch Testament" aus und nahmen sie als gesetzliche Erben an, und zwar um dem neuen Testamente des Vaters gemäß § 2271 Abs. 2 BGB. zur Wirksamkeit zu verhelfen. Das Nachlaßgericht erklärte aber diese Ausschlagung für unwirksam und bestellte auf Grund der gemeinschaftlichen Testamente einen Testamentsvollstrecker zur Verwaltung des Pflichtteils des Josef G. Die dagegen von Josef G. erhobene Beschwerde wurde von dem Landgerichte zurückgewiesen.

Der Kläger beansprucht nun von dem Beklagten Ersatz des Betrags seiner Forderung gegen Josef G., weil jener bei der Beurkundung des nach § 2271 unwirksamen Testaments vom 9. März 1914 und durch unrichtige Ratserteilung fahrlässig gehandelt und die Nichtbefriedigung der Forderung aus dem Nachlasse des Vaters G. verschuldet habe, der Kläger auch anderweit Ersatz nicht zu erlangen vermöge.

Das Landgericht hat die Klage abgewiesen, das Oberlandesgericht dagegen dem Klagantrag entsprochen. Die Revision des Beklagten hatte Erfolg.

Gründe:

„Das Berufungsgericht stellt fest, dem Beklagten seien vor der Errichtung des Testaments vom 9. März 1914 die früheren Verfügungen des Erblassers vorgelegt und als dessen Wille mitgeteilt worden, daß in dem neuen Testamente Josef G. an Stelle seines Kindes wieder zum Erben eingesetzt, hierbei aber Sorge getroffen werden solle, daß aus dessen Erbteile der Kläger und die Firma G. befriedigt würden. Der Beklagte habe die früheren Testamente durchgelesen und vorgeschlagen, die Leistung des Josef G. an den Kläger in eine solche des Erblassers umzuwandeln, indem der letztere dem Kläger die 1745,29 M erstatte; dieser Vorschlag sei angenommen worden. Auf Grund dieses Sachverhalts nimmt der Berufungsrichter an, daß der Beklagte entsprechend seinem eigenen Vorschlage die Ausstellung einer Urkunde des Erblassers hätte veranlassen sollen, durch die dem Kläger ein unmittelbarer

Anspruch gegen den Erblasser gegeben wäre, daß er aber, wenn er durch die gewählte Art der Beurkundung in dem Testamente den gleichen Erfolg zu erzielen glaubte, verpflichtet gewesen wäre, für die Wirksamkeit des neuen Testaments zu sorgen und den Erblasser über die Notwendigkeit der Ausschlagung des ihm von seiner Frau durch die gemeinschaftlichen letztwilligen Verfügungen Zugewendeten zu belehren. Da die Ausschlagung nicht erfolgt und das neue Testament infolgedessen unwirksam sei, der Beklagte auch nicht seinem eigenen Vorschlag entsprechend den Erblasser selbst als Schuldner des Klägers habe hinstellen lassen, sei dieser um den Betrag seiner Forderung, die bei Gültigkeit des neuen Testaments aus Josef G.s Erbteil und, wenn der Erblasser sich dem Kläger verpflichtet hätte, aus dessen Gesamtnachlasse hätte befriedigt werden können, durch Schuld des Beklagten geschädigt worden. Der Beklagte sei daher auf Grund des § 839 und des § 676 BGB. zum Ersatze des Schadens verpflichtet. Die gegen diese Ausführungen gerichteten Angriffe der Revision sind zum Teil begründet und rechtfertigen die Aufhebung des angefochtenen Urteils.

1. Was zunächst die Haftung des Beklagten aus § 676 BGB. anlangt, so kann zwar der Revision nicht zugegeben werden, daß die hierauf sich beziehenden Ausführungen des Berufungsrichters nicht als selbständiger Entscheidungsgrund gelten könnten, weil der Kläger nur aus § 839 geklagt habe. Denn dieser hatte in dem zweiten Rechtszuge laut seines vorgetragenen Schriftsatzes vom 5. Juni 1916 ausdrücklich eine Haftung des Beklagten aus Rechtsberatung neben der aus § 839 geltend gemacht, da der Beklagte nicht nur mit der Beurkundung des letzten Willens beauftragt, sondern auch und in erster Linie zur Beratung und Rechtsbelehrung zugezogen gewesen sei. Mit der Revision ist aber anzunehmen, daß der Beklagte nur als Notar tätig gewesen ist und nur wegen Verletzung einer Amtspflicht in Anspruch genommen werden kann.

Gegen die Zulässigkeit dieser Abweichung von der angefochtenen Entscheidung könnte freilich ein Bedenken daraus hergeleitet werden, daß der Wert des Beschwerdegegenstandes nur 1745,29 *M* beträgt und die Revision daher nach § 547 Nr. 2 ZPO. in Verb. mit § 70 Abs. 3 GVG., § 39 Nr. 3 Preuß. AG. z. GVG. nur deshalb zulässig ist, weil der Rechtsstreit einen Anspruch gegen einen öffentlichen Beamten wegen pflichtwidriger Unterlassung von Amtshandlungen zum Gegenstande hat. Im gegebenen Falle ist jedoch die Nachprüfung der Haftung des Beklagten wegen Verletzung einer Vertragspflicht durch das Revisionsgericht zu bejahen. Die Klage ist von vornherein in erster Linie auf § 839 BGB. gestützt und aus diesem Gesichtspunkte für begründet erachtet worden. Daneben erklärt der Berufungsrichter auch eine Haftung des Beklagten aus § 676 auf Grund desselben Sachverhalts, wie die aus § 839, für gerechtfertigt. Es handelt sich also nur um eine mehrfache rechtliche Beurteilung desselben Tatbestandes. Das an die rechtliche Beurteilung des Berufungsgerichts nicht gebundene Revisionsgericht hat aber den Rechtsgrund für den erhobenen Schadensersatzanspruch selbständig zu prüfen.

Nach der ständigen neueren Rechtsprechung des erkennenden Senats kann die Erfüllung einer Amtspflicht eines preußischen Notars nicht Gegenstand vertraglicher Bindung sein (vgl. RGZ. Bd. 85 S. 413; Jur. Wochenschr. 1915 S. 1007, 1193; 1916 S. 1116; Gruchot Bd. 59 S. 1055; Warneyer 1916 S. 128, 453 usw.). Damit setzt sich der Berufungsrichter in Widerspruch, wenn er in demselben Verhalten des Beklagten die Verletzung einer Amts- und einer Vertragspflicht findet. Es kommt vielmehr, wenn eine Amtspflichtverletzung gegeben ist, nur eine solche in Betracht.

Eine Amtspflichtverletzung steht nun aber nach dem Vorbringen des Klägers in Frage. Denn der beurkundende Notar ist kraft seines Amtes verpflichtet, den Willen der Beteiligten zu erforschen und in gültiger Fassung und Form urkundlich festzulegen, sie insbesondere auch darüber zu belehren, auf welche Weise sie den mit der Beurkundung erstrebten Zweck erreichen können, und ihnen das dazu taugliche Rechtsgeschäft vorzuschlagen (vgl. RGZ. Bd. 85 S. 339, 412 flg.; Warneyer 1916 453; ZBlFG. 14 S. 656; auch Jur. Wochenschr. 1915 S. 513). Demnach lagen dem Beklagten kraft seines Amtes auch die Pflichten ob, deren Verletzung ihm das Berufungsgericht zur Last legt, die Belehrung über die Notwendigkeit der Ausschlagung der Erbschaft der Frau des Erblassers durch diesen, um die Unwirksamkeit des neuen Testaments zu verhüten, und der Vorschlag, eine den Erblasser zur Zahlung an den Kläger verpflichtende Urkunde auszustellen.

Aus diesem Grunde ist eine Vertragshaftung des Beklagten auf Grund des festgestellten Sachverhalts zu verneinen. Sie würde aber auch dann verneint werden müssen, wenn die in dem angefochtenen Urteile nicht erwähnten Behauptungen des Klägers richtig sein sollten, daß der Kläger, der ein Schwiegersohn des Erblassers ist, am Tage vor der Testamentserrichtung in der Amtsstube des Beklagten gewesen wäre und diesem auseinandergesetzt hätte, um welchen doppelten Zweck es sich bei der Beurkundung handle, sowie daß er sich an dem Tage der Beurkundung an den Besprechungen und Beratungen beteiligt und den Beklagten um Rat gefragt habe. In diesen Vorbesprechungen ist der Abschluß eines besonderen Vertrags zwischen den jetzigen Streitteilen nicht zu finden; der Beklagte ist vielmehr nur zu dem Erblasser in unmittelbare Rechtsbeziehungen getreten und zwar nur als Urkundsbeamter.

2. Dem Berufungsgerichte kann ferner auch darin nicht bei-

gepflichtet werden, wenn es eine schuldhafte Pflichtverletzung des Beklagten darin findet, daß er nicht die Ausstellung einer Urkunde veranlaßt habe, in der sich der Erblasser dem Kläger gegenüber zur Tilgung von dessen Forderung an Josef G. verpflichtete. Dem Willen des Erblassers, nach dem die Schulden des Sohnes aus dessen Erbteile getilgt werden sollten, würde nicht durch die Ausstellung einer solchen Urkunde allein, sondern nur in Verbindung mit der Errichtung eines Testaments, in dem Josef G. zum Erben eingesetzt und die Anrechnung der Forderungsbeträge auf seinen Erbteil angeordnet wurde, entsprochen sein. Vor allem aber ist ein Verschulden des Beklagten zu verneinen. Er konnte mit Fug annehmen, der Erblasser würde seinen von den Beteiligten, auch von dem Kläger angenommenen Vorschlag, diesem den Betrag seiner Forderung in bar oder durch Wechsel, Scheck oder dgl. zu erstatten, sofort ausführen und der Kläger selbst auch für dessen Ausführung sorgen, und er hatte bei dem Verhältnis des Erblassers zu dem Kläger keinen Anlaß, die Sicherung der Ausführung dieses Vorschlags durch Errichtung einer Verpflichtungsurkunde zu veranlassen.

3. Dagegen ist mit dem Vorderrichter in der Unterlassung der Belehrung über die Notwendigkeit, die Erbschaft der Frau des Erblassers aus den gemeinschaftlichen letztwilligen Verfügungen auszuschlagen, die schuldhafte Verletzung einer dem Kläger gegenüber obliegenden Amtspflicht zu finden.

Die Ausschlagung war nach § 2271 Abs. 2 BGB. Voraussetzung für die Wirksamkeit des von dem Beklagten beurkundeten Testaments. Ihr Unterbleiben hat auch in dem gegebenen Falle die Unwirksamkeit dieses Testaments zur Folge gehabt. Allerdings wird in der Rechtslehre vereinzelt die Ansicht vertreten, daß ein korrespektives gemeinschaftliches Testament durch die Errichtung eines neuen, widersprechenden Testaments des überlebenden Ehegatten, also ohne Ausschlagung, hinfällig wird, wenn der letztere, wie hier der Erblasser, vor Ablauf der Ausschlagungsfrist und vor Entscheidung über Annahme oder Ausschlagung des ihm durch das gemeinschaftliche Testament Zugewendeten verstirbt (Strohal, Erbrecht 3. Aufl. Bd. 1 S. 338 flg., § 43a bei Anm. 27 flg.). Dieser Ansicht kann jedoch nicht beigepflichtet werden, da sie mit der gesetzlichen Bestimmung nicht vereinbar ist. Nach § 2271 Abs. 2 erlischt mit dem Tode des einen Ehegatten grundsätzlich das Recht des Überlebenden zum Widerrufe der korrespektiven gemeinschaftlichen Verfügungen, und von dieser Regel läßt das Gesetz, von den Fällen der §§ 2294, 2336 abgesehen, nur für den Fall der Ausschlagung des ihm Zugewendeten eine Ausnahme zu. Das gemeinschaftliche Testament der Eheleute G. ist ferner auch nicht dadurch hinfällig und das neue Testament des Ehemanns nicht dadurch wirksam geworden, daß nach dessen Tode vor Ablauf der Ausschlagungsfrist seine vier Kinder als seine Erben die ihm von seiner Frau hinterlassene Erbschaft formgerecht ausgeschlagen haben. Dies folgt schon daraus, daß die Kinder des Erblassers zu dieser Ausschlagung nicht befugt waren, weil sie nicht zu der Erbschaft ihres Vaters berufen waren. Ihre Berufung kann nur auf dessen neues Testament gegründet werden, da sie in den gemeinschaftlichen letztwilligen Verfügungen nicht eingesetzt waren, und das entbehrte vor der Ausschlagung der Wirksamkeit und sollte solche erst durch diese erhalten. Es bedarf daher keines Eingehens auf die Streitfrage, ob nur der überlebende Ehegatte selbst oder auch dessen Erben zur Ausschlagung mit der in § 2271 Abs. 2 geregelten Wirkung berechtigt sind.

Daß der Beklagte ferner kraft seines Amtes zu der Belehrung über die Notwendigkeit der Ausschlagung verpflichtet war, ergibt sich aus obigen Ausführungen, und angesichts der Bestimmung des § 2271 Abs. 2 ist dem Beklagten diese Unterlassung auch mangels besonderer Entschuldigungsgründe zum Verschulden anzurechnen. Selbst wenn er Strohals Ansicht geteilt und mit dem Tode des Erblassers vor Ablauf der Ausschlagungsfrist gerechnet haben sollte, würde in der Nichtberücksichtigung der herrschenden Meinung, die die Fassung des Gesetzes für sich hat, ein Verschulden zu finden sein; der Beklagte behauptet aber außerdem auch, daß der Erblasser ihm gar nicht so krank erschienen sei, daß er an dessen baldigen Tod gedacht hätte.

In der Unterlassung liegt nach der Lage des Falles auch die Verletzung einer dem Beklagten dem Kläger gegenüber obliegenden Amtspflicht. Nach der Feststellung des Berufungsgerichts war der dem Beklagten mitgeteilte Zweck der Beurkundung unter anderem gerade die Wahrung des Interesses des Klägers. Das genügt aber, um in der Unterlassung der Belehrung über das zur Erreichung dieses Zweckes Notwendige die Verletzung einer Amtspflicht nicht nur gegenüber dem Beteiligten, dessen Erklärung beurkundet wird und an den die Belehrung zu richten ist, sondern auch gegenüber dem Dritten, in dessen Interesse die Beurkundung erfolgen soll, zu finden.

Begründet ist dagegen der Angriff der Revision, der Berufungsrichter habe nicht festgestellt, daß, wenn der Beklagte jene Belehrungspflicht erfüllt hätte, der Erblasser zur Ausschlagung der Erbschaft seiner Frau bereit gewesen wäre. Der Beklagte hat dies ausdrücklich bestritten und als so selbstverständlich, daß es der Erwähnung nicht bedurft hätte, kann man die Ausschlagung selbst bei Unterstellung der von dem Kläger aufgestellten, von dem Berufungsrichter nicht geprüften Behauptungen keineswegs bezeichnen. Ohne eine solche Feststellung ist aber die Haftung des Beklagten nicht schlüssig bejaht; lehnte der Erblasser die Ausschlagung ab, so konnte der Kläger aus dem Erbteile des Josef

G. selbst dann keine Befriedigung erlangen, wenn der Beklagte sich keiner Amtspflichtverletzung schuldig gemacht hätte.

Demnach ist das angefochtene Urteil aufzuheben und die Sache an das Berufungsgericht zurückzuverweisen."

---

71. 1. Schadensersatz wegen Patentverletzung. Hat der Verletzte, wenn er den ihm entgangenen Gewinn geltend macht, von vornherein die Darlegungs- und Beweislast dafür, daß die sein Patent verletzenden Lieferungen ohne die Patentverletzung tatsächlich ihm selber zugefallen sein würden?

2. Wie ist der Schaden zu bemessen, wenn der Verletzte Schadensersatz aus dem Gesichtspunkte der Lizenzgebühr geltend macht?

PatG. § 35.

I. Zivilsenat. Urt. v. 29. März 1919 i. S. Maschinenfabrik K. (Kl.) w. Sch. & S. Maschinenfabrik (Bekl.). Rep. I. 285/18.

I. Landgericht Chemnitz.
II. Oberlandesgericht Dresden.

Aus den Gründen:

„Die Klägerin begehrt für jeden der vom Oberlandesgerichte festgestellten, in die Zeit vom 11. September 1906 bis 23. Januar 1909 fallenden 39 Verletzungsfälle eine Entschädigung von 6000 ℳ, davon ausgehend, daß sie, wenn sie die 39 Tüllwebstühle mit der Treiberbarrenführung an die Abnehmer der Beklagten geliefert hätte, an jedem Stuhle 6000 ℳ verdient haben würde. Sie macht diesen Schadensbetrag geltend nicht nur aus dem Gesichtspunkte des ihr entgangenen Gewinns, sondern auch aus dem des von der Beklagten erzielten Gewinns und ferner auch aus dem Gesichtspunkte der Lizenzgebühr.

Was den Anspruch der Klägerin anlangt, für die von der Beklagten abgesetzten 39 Tüllwebstühle 6000 ℳ als Entschädigung aus dem Gesichtspunkte des von der Beklagten in dieser Höhe erzielten Gewinns zu erhalten, so hat das Oberlandesgericht dies einwandfrei aus tatsächlichen Gründen abgelehnt. Es hält sich auf Grund der Darlegung der Beklagten für überzeugt, daß letztere an der Lieferung der 39 Stühle keinen Gewinn erzielt, vielmehr Verlust erlitten hat. Demgegenüber wäre es Sache der Klägerin gewesen, nachzuweisen, daß gleichwohl Gewinn erzielt worden ist. Dazu hat sie sich außerstande erklärt.

Das Oberlandesgericht hat weiter auch abgelehnt, der Klägerin Entschädigung aus dem Gesichtspunkte des ihr entgangenen Gewinns zuzubilligen. Voraussetzung für die Zubilligung einer Entschädigung aus diesem Gesichtspunkte würde sein, daß die Klägerin, hätte nicht die Beklagte die 39 Tüllwebstühle mit der patentverletzenden Treiberbarrenführung versehen, diese 39 Stühle abgesetzt haben würde. Diese Voraussetzung erachtet das Oberlandesgericht nicht für dargetan. Die Revision rügt, daß zu Unrecht die Beweislast der Klägerin auferlegt worden sei. Dem kann bei richtiger Auffassung der Entscheidung nicht zugestimmt werden.

Bei den 39 Tüllwebstühlen, die die Beklagte mit der patentverletzenden Einrichtung versehen geliefert hat, sind die Lieferungen 1 bis 20, 25 und 26, also 22 Stühle, welche sie an eine Tüllweberei in Plauen abgesetzt hat, zu unterscheiden von den Lieferungen 21 bis 24, 27 bis 39, also von 17 Stühlen, die sie an Firmen des Auslandes geliefert hat. Bezüglich der ersteren stellt das Oberlandesgericht auf Grund erhobenen Beweises einwandfrei fest, daß der Umstand, daß diese Stühle mit der patentverletzenden Treiberbarrenführung versehen waren, nicht ursächlich war für die Lieferung, daß die Plauener Weberei die Stühle vielmehr auch mit jeder anderen Führung bezogen haben würde und zwar nur von der Beklagten, daß aber niemals eine Lieferung dieser Stühle der Klägerin zugekommen wäre. Damit ist widerlegt, daß der Klägerin durch die Lieferung dieser 22 Stühle ein Gewinn entgangen sein kann. Insoweit ist also der Revisionsangriff gegenstandslos.

Was die übrigen, ins Ausland gelieferten 17 Stühle anlangt, so würde es allerdings nicht gerechtfertigt sein, wie die Revision mit Recht hervorhebt, der Klägerin als der Verletzten von vornherein die Beweispflicht dafür aufzuerlegen, daß sie die Stühle an die ausländischen Firmen geliefert haben würde, wenn die Beklagte sie nicht mit der patentverletzenden Treiberbarrenführung versehen hätte. Nach § 252 BGB. gilt als entgangen der Gewinn, welcher nach dem gewöhnlichen Laufe der Dinge oder nach den besonderen Umständen mit Wahrscheinlichkeit erwartet werden konnte, und für die Entschädigung bei Patentverletzungen darf nach der Rechtsprechung des Reichsgerichts (Jur. Wochenschr. 1890 S. 162 Nr. 17) regelmäßig davon ausgegangen werden, daß dem Patentberechtigten an Absatz entgangen ist, was der Nichtberechtigte in unberechtigter Anwendung des Gegenstandes der Erfindung abgesetzt hat. Gemäß § 287 ZPO. hat der Richter sich zunächst unabhängig von einer Darlegungspflicht auf Grund der Umstände des Falles ein Urteil darüber zu bilden, ob durch die unberechtigte Anwendung der patentierten Erfindung mit Wahrscheinlichkeit der vom Verletzer erzielte Absatz dem Berechtigten entzogen wurde. Es ist aber nicht ersichtlich, daß das Oberlandesgericht dem entgegen die Beweispflicht der Klägerin auferlegt habe. Wie das Gutachten des gerichtlichen Sachverständigen M. ergibt, wurde der Tüllwebstuhl durch die der Klägerin patentiert gewesenen Treiberbarrenführung zwar in gewisser Richtung verbessert, aber gegenüber Tüllwebstühlen mit anderen Führungen, z. B. der seit 1906 freien Richterschen Kulissenführung, zur Zeit der in Betracht kommenden

Verletzungen doch nur noch in der Weise, daß die der Klägerin patentierte Treiberbarrenführung die Herausnahme der fertigen Ware erleichterte. Trotz dieses Vorzugs war, wie der Sachverständige ermittelt hat, die Auffassung in den beteiligten Kreisen zu der fraglichen Zeit keineswegs die, daß dem Tüllwebstuhle mit der der Klägerin geschützten Vorrichtung vor anderen, z. B. dem Tüllwebstuhle mit der Richterschen Kulissenführung, allgemein der Vorzug gegeben wurde. Die Auffassung war vielmehr geteilt, und das Oberlandesgericht entnimmt daraus einwandfrei, daß die Stühle mit den verschiedenen Vorrichtungen von 1906 an im Verkehr für annähernd gleichwertig angesehen wurden, daß jedenfalls aber der Tüllwebstuhl z. B. mit der Richterschen Kulissenführung nicht vom Wettbewerbe mit dem Tüllwebstuhle, der die patentierte Treiberbarrenführung hatte, ausgeschlossen war. Von diesen Erwägungen aus bildete sich das Oberlandesgericht, wozu es im Rahmen des § 287 ZPO. befugt war, das Urteil, es könne nicht anerkannt werden, daß in den Fällen 21 bis 24, 27 bis 39 die ausländischen Abnehmer die Tüllwebstühle deshalb von der Beklagten bezogen hätten, weil die Stühle der Klägerin patentierte Treiberbarrenführung zeigten, und daß, wenn die Stühle diese nicht gehabt, sondern z. B. die freie Richtersche Kulissenführung aufgewiesen hätten, sie nicht von der Beklagten, sondern von der Klägerin bezogen worden wären. Das Oberlandesgericht bezeichnet es also im Rahmen des § 287 ZPO. nach den erörterten besonderen Umständen als keineswegs wahrscheinlich, daß die Patentverletzung ursächlich dafür gewesen sei, daß die 17 Stühle Nr. 21 bis 24, 27 bis 39 nicht von der Klägerin geliefert wurden, und stellt in diesem Zusammenhange sein Urteil weiter dahin auf, „die Sachlage sei nicht so, daß es eines Beweises für den ursächlichen Zusammenhang nicht erst bedürfe". Und in diesem Zusammenhang erst erachtet es die Klägerin für beweispflichtig. Das war zutreffend. Dann folgt aber, daß das Oberlandesgericht es auch mit Recht abgelehnt hat, wegen der Fälle 21 bis 24, 27 bis 39 der Klägerin die Entschädigung aus dem Gesichtspunkt eines ihr entgangenen Gewinns zuzuerkennen, denn sie hat den ihr hiernach obliegenden Beweis nicht erbringen können. Die Revision macht hiergegen noch geltend, daß die Beklagte, da sie in den 39 Fällen zwei bis drei Jahre lang das Patent der Klägerin verletzt habe, unter allen Umständen in den Gewerbebetrieb der Klägerin schädigend eingegriffen und ihr Konkurrenz gemacht haben müsse. Diese Erwägung kann aber angesichts der tatsächlichen Beurteilung des Oberlandesgerichts nicht als richtig anerkannt werden. Denn nach dieser Beurteilung, die sich rechtsirrtumsfrei im Rahmen der durch § 287 ZPO. gegebenen Befugnisse bewegt, liegt die Sache eben nicht so, daß durch die 39 Fälle der Klägerin in dem Absatze der Tüllwebstühle überhaupt Konkurrenz gemacht worden ist.

Hiernach blieb für die Entschädigung der Klägerin nur der Gesichtspunkt einer zu zahlenden Lizenzgebühr, die das Oberlandesgericht in Übereinstimmung mit dem von ihm gehörten Sachverständigen M. gemäß § 287 ZPO. auf 1000 ℳ für jeden der 39 Verletzungsfälle geschätzt hat. Die Revision erachtet den Betrag von 1000 ℳ für zu niedrig und will an dessen Stelle den Betrag von 6000 ℳ als gerechtfertigt anerkannt wissen, d. i. die Summe, welche die Klägerin durchschnittlich an einem Tüllwebstuhle mit der patentierten Treiberbarrenführung verdient habe. Sie hebt hervor, was auch schon in den Vorinstanzen geltend gemacht war, daß die Klägerin es nicht nötig gehabt habe, Lizenzen zu erteilen, daß sie vielmehr das Patent ausschließlich für die von ihr hergestellten Tüllwebstühle benutzt, in letzteren großen Absatz gehabt habe und selbst in der Lage gewesen wäre, alle Nachfragen zu befriedigen, daß sie daher, wenn sie sich zur Erteilung einer Lizenz entschlossen haben würde, sich dazu nur gegen Gewährung des vollen von ihr an dem ganzen Tüllwebstuhl erzielbaren Verdienstes von 6000 ℳ herbeigelassen hätte. Deshalb müsse dieser Betrag auch für die Entschädigungslizenz maßgebend sein. Auch will die Revision die Erwägungen des von der Klägerin überreichten Privatgutachtens Professor K.s berücksichtigt wissen. Was dies letztere Gutachten anlangt, das es entsprechend den Ausführungen der Revision für gerechtfertigt erachtet, der Klägerin ihren Gewinn von 6000 ℳ an einem Tüllwebstuhle mit der Treiberbarrenführung als „Monopollizenz" zuzubilligen, so mag es nicht unbedenklich sein, wenn das Oberlandesgericht den Erwägungen des Gutachtens grundsätzlich die Richtigkeit abspricht. Es können Fälle so gelagert sein, daß diesen Erwägungen eine Berechtigung nicht abzusprechen ist. Im gegenwärtigen Falle war aber die Voraussetzung, von der das Gutachten und die Revision ausgehen, daß nämlich die patentierte Treiberbarrenführung der Klägerin in der Fabrikation des Tüllwebstuhls eine Monopolstellung gegeben habe, nach der einwandfreien tatsächlichen Annahme des Oberlandesgerichts nicht gegeben. Die Treiberbarrenführung des klägerischen Patents war keine derartige Verbesserung für den Tüllwebstuhl, daß sie den letzteren, mit der patentierten Treiberbarrenführung versehen, zur Zeit der in Betracht kommenden Verletzungen gegenüber Tüllwebstühlen mit anderen erlaubten Führungen als konkurrenzlos erscheinen ließ und der Klägerin auf Grund des Besitzes der patentierten Treiberbarrenführung eine Monopolstellung auf dem Gebiete des Tüllwebstuhls verschaffte. Des weiteren kann aber der Revision auch nicht darin zugestimmt werden, daß das Oberlandesgericht es rechtsirrtümlich abgelehnt habe, bei der Bewilligung der Lizenzgebühr dem Umstand eine Bedeutung beizumessen, daß die Klägerin, wenn sie sich freiwillig zur Lizenzerteilung entschlossen hätte, diese nicht unter 6000 ℳ bewilligt haben würde und für einen geringeren Betrag zu bewilligen auch nicht nötig gehabt hätte. Für die Bemessung der Entschädigungslizenzgebühr können immer nur die besonderen Umstände des einzelnen Falls in Betracht kommen. Wenn, wovon im gegenwärtigen Falle auszugehen, die Sachlage so ist, daß durch die festgestellten Verletzungen nach dem einwandfreien Urteil des Tatsachenrichters dem Verletzten überhaupt keine schädigende Konkurrenz gemacht wurde, so kann, da die Lizenzgebühr bei der nach § 35 PatG. zu beanspruchenden Entschädigung diesen letzteren Gesichtspunkt nicht außer acht lassen darf, immer nur die nach objektiven Gesichtspunkten zu bemessende übliche Vergütung in Betracht kommen. Hiervon ist auch das Oberlandesgericht ausgegangen. Dabei hat es zutreffend angenommen, daß für die Berechnung der Lizenzgebühr nicht der Wert des ganzen mit der patentierten Einrichtung versehenen Webstuhls, sondern nur der Wert dieser Einrichtung selbst in Betracht zu ziehen ist. Es entspricht das der Übung des Verkehrs, vgl. RGZ. Bd. 92 S. 330, und es ist dies auch im vorliegenden Falle von dem Sachverständigen bestätigt worden." ...

---

72. Sind der anfechtungsweise im Verteilungstermin einer Zwangsversteigerung vom Konkursverwalter erhobene Widerspruch gegen eine Hypothek und die anschließende Widerspruchsklage als Verweigerung einer Leistung des Gemeinschuldners im Sinne des § 41 Abs. 2 KO. aufzufassen und sonach an die Anfechtungsfrist des § 41 Abs. 1 nicht gebunden?

V. Zivilsenat. Urt. v. 29. März 1919 i. S. Konk. P. (Kl.) w. P. u. Gen. (Bekl.). Rep. V. 364/18.

I. Landgericht Verden.
II. Oberlandesgericht Celle.

Durch Altenteils- und Abfindungsvertrag vom 18. Oktober 1912 hatte der Mühlenbesitzer Friedrich P. sein Mühlengrundstück H. Bl. 132 seinem Sohne Karl P. gegen Übernahme der dinglichen und persönlichen Schulden und Lasten zu Eigentum überlassen und übergeben, sich aber die Verwaltung und Nutznießung bis zum 1. April 1918 und für sich und seine Ehefrau ein in den §§ 4 bis 7 des Vertrags näher bezeichnetes Altenteil vorbehalten, auch seinen 5 andern Kindern, den beklagten Geschwistern P., eine Abfindung von je 1000 *M* ausbedungen. Für diese Abfindungen wurde auf dem Grundstück eine Sicherungshypothek von 5000 *M* eingetragen. Der Hypothek standen 44000 *M* andere Hypotheken vor, doch sollen diese nach der Behauptung der Beklagten bis auf 24000 *M* bezahlt gewesen sein.

Im Frühjahr 1914 verkaufte Karl P. das Grundstück, nachdem die Mühle abgebrannt und die Versicherungsentschädigung auf 9904 ℳ festgesetzt war, nach Angabe der Beklagten für 22000 ℳ. Er hatte dafür ein anderes, für den Mühlenbetrieb angeblich günstiger gelegenes Grundstück, H. Bl. 198, erworben und ließ darauf die Abfindungen und das Altenteil, die auf H. Bl. 132 gelöscht wurden, neu eintragen. Die Sicherungshypothek für die Abfindungen von 5000 ℳ kam in Abt. III Nr. 4 an sicherer Stelle zu stehen. Nachdem die Neueintragungen am 27. April 1914 bewirkt waren, verfiel am 22. Juni 1914 Karl P. infolge der durch die Grundstückskäufe und den Mühlenneubau eingetretenen Überschuldung in Konkurs.

Im Zwangsversteigerungsverfahren des Grundstücks H. Bl. 198 kamen die Beklagten laut Teilungsplan vom 17. Januar 1916 mit ihrer Sicherungshypothek zur Hebung. Der Konkursverwalter widersprach aber und hat mit der im Februar 1916 erhobenen Klage die Eintragung der Sicherungshypothek vom 27. April 1914 sowie die Anweisung auf den Versteigerungserlös angefochten. Er machte geltend, daß nach den Feststellungen in anderen Prozessen Karl P. schon vor der Neueintragung der Hypothek, am 14. April 1914, seine Zahlungen eingestellt und daß die Verschiebung der Hypothek die Benachteiligung der Gläubiger bezweckt habe. Der Antrag ging dahin, festzustellen, daß den Beklagten kein Recht auf die Auszahlung des Versteigerungserlöses zustehe, dieser vielmehr unter Abänderung des Teilungsplans der Konkursmasse zu überweisen sei.

Die Beklagten bestritten, daß Karl P. schon vor Eintragung der neuen Hypothek seine Zahlungen eingestellt habe, daß die alte Hypothek, wie der Konkursverwalter behauptet hatte, wertlos gewesen und daß die Gläubiger benachteiligt worden seien.

Während das Landgericht der Klage stattgab, wies das Oberlandesgericht sie ab. Der Revision ist stattgegeben worden aus folgenden

Gründen:

... „Der Berufungsrichter hat die Anfechtung der Hypothekeneintragung auf H. Bl. 198 nach § 41 KO. für verspätet erachtet. Das Konkursverfahren sei am 22. Juni 1914 eröffnet, die Anfechtungsklage aber erst nach Ablauf der einjährigen Ausschlußfrist, im Februar 1916, erhoben worden. Die vom Konkursverwalter geltend gemachte frühere außergerichtliche Anfechtung komme nicht in Betracht (RGZ. Bd. 58 S. 44, Bd. 62 S. 199, Gruchot Bd. 49 S. 1094). Ebensowenig die Ausnahme des § 41 Abs. 2, die auch nach Ablauf der Ausschlußfrist die Verweigerung einer geschuldeten Leistung zulasse, denn es handle sich im vorliegenden Falle nicht um eine schuldrechtliche Leistung, sondern um Geltendmachung des dinglichen Hypothekenrechts. ...

Diese Ausführungen des Berufungsrichters und die darauf beruhende Zurückweisung der Anfechtungseinrede des Konkursverwalters sind unhaltbar. Der den Widerspruch gegen den Verteilungsplan verfolgende Konkursverwalter verweigert die Leistung aus dem Versteigerungserlös zugunsten des Gemeinschuldners und seiner Konkursmasse. Die dem Anspruche der Beklagten entsprechende Verpflichtung des Gemeinschuldners war allerdings, da der persönliche Anspruch im Konkurse nicht verfolgt worden ist, nur dinglicher Natur. § 41 Abs. 2 KO. beschränkt sich aber nicht auf rein persönliche Ansprüche, ist vielmehr, wie vom Reichsgerichte wiederholt ausgeführt worden ist (RGZ. Bd. 62 S. 199, Bd. 84 S. 225), ausdehnend auszulegen und auch auf solche Ansprüche anzuwenden, die aus einem dinglichen Rechte, sei es auch nur mittelbar, durch Versteigerung und Hinterlegung erwachsen sind. Um so weniger kann, bei der Begriffsbestimmung der Hypothek in § 1113 BGB, die Anwendung auf Ansprüche, die dem Hypothekengläubiger gegen den Versteigerungserlös zustehen, einem Bedenken unterliegen.

Das Berufungsurteil war demnach aufzuheben und die Sache zur weiteren Erörterung in die Vorinstanz zurückzuverweisen."

---

73. 1. Zum Grundsatze der Unteilbarkeit der Gefahr im Seeversicherungsrechte. Bedeutung von Policeklauseln, die diesen Grundsatz durchbrechen, insbesondere der Stilliegeklausel.
2. Zum Begriff „Schiff" im Seeversicherungsrecht.

HGB. § 897; Allg. SVB. § 157.

I. Zivilsenat. Urt. v. 29. März 1919 i. S. B. (Bekl.) w. Allg. Vers.-Akt.-Ges. W. u. Gen. (Kl.). Rep. I. 246/18.

I. Landgericht Lübeck, Kammer für Handelssachen.
II. Oberlandesgericht Hamburg.

Die Beklagte hat bei den Klägerinnen laut verschiedenen Policen für die Zeit vom 18. Februar 1916 bis 17. Februar 1917 Versicherung „nur für Seegefahr" auf die dort angegebenen europäischen Reisen des Dampfschiffes „Trave" genommen, und zwar für das Kasko, für das Interesse durch den Mehrwert des Kaskos und / oder sonstiges Interesse sowie für Frachtgelder und / oder behaltene Fahrt. Die Versicherungsprämien sollten von Ende März 1916 an in 4 vierteljährlichen Raten gezahlt werden. Die Klägerinnen verlangen, nachdem die erste Rate bezahlt worden ist, den Rest der Prämien. Die Beklagte hat eingewandt, der Dampfer „Trave" sei am 18. Mai 1916 nahe der schwedischen Küste von einem Unterseeboot torpediert worden und gesunken; daraufhin sei er am 4. September 1916 an einen skandinavischen Bergungsunternehmer verkauft worden, dem auch das Eigentum daran übertragen worden sei. Deshalb seien in Gemäßheit der Policenbedingungen für den Rest der Versicherungszeit die Prämienraten ganz oder zu einem erheblichen Teile nicht verfallen.

Beide Vorbergerichte gaben der Klage statt. Die Revision hatte keinen Erfolg.

Gründe:

„Die Allgemeinen Seeversicherungsbedingungen von 1867, auf welche sich die hier maßgeblichen Policen ausdrücklich beziehen, kennen keinen allgemeinen Grundsatz dahin, daß der Versicherer für die Zeit, während welcher eine Gefahrtragung und damit die Möglichkeit einer Leistung aus dem Versicherungsvertrage für ihn nicht besteht, Versicherungsprämie nicht zu beanspruchen habe. Vielmehr ist dort in § 157 der gegenteilige Grundsatz von der „Unteilbarkeit der Gefahr" in der Weise zum Ausdruck gebracht, daß an sich (vgl. allerdings § 162 Abs. 2 Satz 3), sobald die Gefahr für den Versicherer zu laufen begonnen hat, die ganze Versicherungsprämie verfallen ist und ein Ristorno (Rückgewähr) auch nur teilweise nicht stattfindet. Wenn daher in einem Falle der hier fraglichen Art das „nur für Seegefahr" versicherte Schiff vor Ablauf der Versicherungszeit auf Grund einer nicht durch die Versicherung gedeckten Gefahr, z. B. Kriegsgefahr (Torpedoschuß), total verloren geht, so ist trotzdem grundsätzlich die ganze Prämie verfallen, und zwar auch für denjenigen in die Versicherungszeit fallenden Zeitraum, wo von einer Gefahrtragung des Versicherers und von einem versicherten Eigentum des Versicherungsnehmers oder auch von einem Eigentum überhaupt keine Rede mehr sein kann. Somit bedeuten die hier in Betracht kommenden Bestimmungen der Policen, betr. Rückgewähr eines Teiles der Prämien trotz Beginnes der versicherten Gefahr, Ausnahmen von einer Grundregel und sind demgemäß nicht ausdehnend, sondern nur in strenger Anlehnung an ihren Wortlaut auszulegen. Danach ergibt sich folgendes:

1. Die Klausel der Police:

„Sofern der Dampfer im Laufe des versicherten Zeitraumes verkauft werden sollte, erlischt die Versicherung mit dem Zeitpunkte des Eigentumswechsels gegen pro rata Rückgabe für die nicht gelaufene Zeit, es sei denn, daß eine Vereinbarung getroffen wird betreffs Übertragung der Versicherung auf den Erwerber"

betrifft (ähnlich wie die Vorschrift in § 162 Abs. 2 Satz 3 der Allg. SVB.) nach Wortlaut, Sinn und Zweck nur einen solchen Verkauf und einen solchen Eigentumswechsel, welcher sich auf den Dampfer in seiner Eigenschaft als Seeschiff (vgl. auch RGZ. Bd. 86 S. 430; HGB. § 474, EG. z. HGB. Art. 6) bezieht, und zwar als ein solches Seeschiff, bei welchem eine Übertragung der „nur für Seegefahr" genommenen Versicherung auf einen etwaigen Erwerber vernünftigerweise in Frage kommen könnte. Daß dies bei einem auf dem Grunde des Meeres liegenden Wracke nicht der Fall ist, bedarf keiner weiteren Erörterung. Dasselbe ist aber auch dann anzunehmen, wenn absolute oder relative Reparaturunfähigkeit oder auch nur Reparaturunwürdigkeit des Schiffes vorliegen sollte, wie solche in § 131 AllgSVB. (bezw. §§ 873, 479 HGB.) behandelt ist. Zwar wird ein derartiger Gegenstand, obgleich seine künftige Benutzung als Seefahrzeug in der Regel ausgeschlossen erscheint, sowohl in den Allg. Seeversicherungsbedingungen als auch im Handelsgesetzbuch als „Schiff" bezeichnet, und es werden die betr. Beschädigungen als „Partialschäden" (teilweiser Schaden am Schiff) dem Totalverluste gegenübergestellt. Dies ist aber im Verhältnis des Versicherten zum Versicherer nur dafür von Bedeutung, in welcher Weise die Schäden zu behandeln sind, welche von der Versicherung gedeckt werden. Für die Auslegung der hier maßgeblichen Policenklausel ist dagegen jene Unterscheidung ohne Belang, da eine Übertragung der in jeder Beziehung, insbesondere auch hinsichtlich der Höhe der Prämien, auf ein fahrtüchtiges Schiff zugeschnittenen Versicherung in dem angegebenen Sinne bei einem reparaturunfähigen oder reparaturunwürdigen Schiffe in derselben Weise wie bei einem Wrack außer Frage steht. Daher kommt es hier darauf an, ob zu der Zeit, wo der von der Beklagten behauptete Verkauf und Eigentumswechsel stattgefunden hat, das Kaufobjekt noch den Charakter eines Seeschiffes (Dampfers) derart hatte, daß seine Reparaturfähigkeit und Reparaturwürdigkeit gegeben war. . . .

2. Die ferner von der Beklagten in Bezug genommene Policenklausel lautet in ihrem hier maßgeblichen Teile:

„Wenn das Schiff im Winterlager oder aus anderen Gründen (ausgenommen wegen einer dieser Versicherung zur Last fallenden Havarie) während aufeinander folgender 15 oder mehr Tage in einem Hafen unbeschäftigt still liegt" . . .

Auch diese Klausel verträgt nach Lage der Sache keinerlei ausdehnende Auslegung (vgl. die Urt. des Reichsgerichts vom 9. und 16. Dezember 1916, I 146 und 145/16). Somit kommt nur ein tatsächliches unbeschäftigtes Stilliegen des Schiffes im Winterlager oder Hafen in Betracht. Mit Recht lehnt daher das Berufungsgericht eine Prüfung der Frage ab, ob und für welchen Zeitraum innerhalb der Versicherungszeit das Schiff, wenn die Versenkung nicht erfolgt wäre, in einem Hafen oder Winterlager stillgelegen haben würde. Richtig ist, daß für den Fall, daß das Schiff trotz der Torpedierung einen Hafen hätte aufsuchen können und dort während der Versicherungszeit für den in der Policeklausel vorgesehenen Zeitraum zwecks Reparatur stillgelegen hätte, die Beklagte einen Anspruch auf entsprechende Verringerung der Prämien erlangt hätte. Hieraus kann aber nichts für den gegenwärtigen Streitfall hergeleitet werden. Die Kriegsgefahr und damit auch die Gefahr der Torpedierung und ihrer Folgen ging im Verhältnis der Parteien allein zu Lasten der Beklagten, und die Möglichkeit, daß sie ohne den eingetretenen Kriegsschaden oder bei einer geringeren Wirkung des Torpedoschusses unter Umständen einen Zustand hätte herbeiführen können, der die Beklagte nach dem Versicherungsvertrage zur Herabsetzung oder gänzlichen oder teilweisen Nichtzahlung der Restprämie berechtigte, ändert nichts daran, daß die Beklagte beim Fehlen einer solchen Voraussetzung aus der „nur für Seegefahr" genommenen Versicherung den Versicherern zur vollen Prämienzahlung verpflichtet war."

---

74. Zum Begriff der Gleichartigkeit der Waren im Sinne des Gesetzes zum Schutze der Warenbezeichnungen vom 12. Mai 1894, insbesondere des § 9 Abs. 1 Nr. 1.

II. Zivilsenat. Urt. v. 1. April 1919 i. S. H. & D. (Kl.) w. J. (Bekl.). Rep. II. 244/18.

I. Landgericht Stuttgart.
II. Oberlandesgericht daselbst

Für die Klägerin ist auf Anmeldung vom 18. April 1916 in die Zeichenrolle des Patentamts ein Warenzeichen eingetragen, das aus dem Bilde einer fliegenden Möwe mit den beigesetzten Worten „Unverwüstliche Möwe ein rostfreier Rundfederdruckknopf" und der Abbildung der Reichsmarineflagge besteht. Das Zeichen soll in dem Geschäftsbetrieb einer Metallwarenfabrik verwendet werden und ist bestimmt für Knöpfe, Druckknöpfe, Handschuhknöpfe, Agraffen, Schnallen, Haken, Ösen und Taillenverschlüsse. Auf Grund einer Anmeldung vom 22. April 1916 ist für den Beklagten ebenfalls das Bild einer fliegenden Möwe mit dem Worte „Möwe" eingetragen. Als Geschäftsbetrieb, worin das Zeichen verwendet werden soll, ist angegeben: Handschuhfabrik; geschützt ist es für Handschuhe.

Mit der Klage, deren übrige Ansprüche nicht mehr in Betracht kommen, erstrebt die Klägerin die Löschung des Zeichens des Beklagten, weil es für gleichartige Waren eingetragen stehe wie das Zeichen der Klägerin und diesem so ähnlich sei, daß die Gefahr einer Verwechselung vorliege.

Im Gegensatze zum ersten Richter, der dem Löschungsanspruch stattgab, erkannte das Oberlandesgericht auf Abweisung. Die Revision hatte keinen Erfolg.

Gründe:

„Daß die beiden Zeichen trotz der vorhandenen Abweichungen im Sinne des § 5, § 9 Abs. 1 Nr. 1, § 20 WZG. übereinstimmen, hat das Berufungsgericht bedenkenfrei festgestellt. Es handelt sich nur um die Frage, ob die Waren, für welche die Zeichen eingetragen stehen, — Druckknöpfe einerseits, Handschuhe anderseits — einander gleichartig sind.

Das Berufungsgericht hat diese Frage mit Recht verneint. Wie es näher ausführt, sind äußere Erscheinung, innere Beschaffenheit und Zusammensetzung, Verwendungszwecke, Abnehmerkreis, Ort und Art der Herstellung und des Vertriebs nicht dieselben. Danach kann nicht behauptet werden, daß zufolge der für die beiden Waren geführten Zeichen die Möglichkeit einer Verwechselung oder Täuschung im Verkehr obwalte. Das ist aber nach der Rechtsprechung des Reichsgerichts der entscheidende Gesichtspunkt. Gleichartigkeit läge nur dann vor, wenn der Verkehr in der Verwendung desselben Zeichens einen Hinweis auf die gleiche Herkunftsstelle erblicken würde (vgl. RGZ. Bd. 72 S. 146 und RG. II. 185/16 in Markenschutz und Wettbewerb Bd. 16 S. 141 mit Nachw.).

Was die Revision hiergegen einwendet, bezieht sich auf den Fall, wenn der Beklagte, wie er das in der Tat in Anspruch nimmt, sein Zeichen gerade auf den mit dem Handschuh zu verbindenden Knopf aufdrucken würde. Es ist zuzugeben, daß hier eine Täuschung möglich wäre, indem der Anschein erweckt würde, als wäre dem Beklagten das Zeichen nicht nur für die Handschuhe, sondern auch für den Handschuhknopf geschützt. Allein wenngleich seine Behauptung, daß er auf solche Verwendung des Zeichens ein gesetzliches Recht habe, mißbilligt werden muß, so hätte sie doch nur für die Unterlassungsklage in Betracht kommen können, die indes bereits in erster Instanz rechtskräftig abgewiesen worden ist.

Wird das Zeichen des Beklagten auf dem Handschuh selber, insbesondere durch Aufdruck auf der Innenfläche angebracht, so liegt ein Eingriff in die Rechte der Klägerin nicht vor. Auch die Verwechselung mit den Handschuhen anderer Fabrikanten, die zu ihrem Fabrikat den Knopf der Klägerin verwendeten, könnte dieser keinen Löschungsanspruch verleihen, und zwar auch dann nicht, wenn die andern wegen Minderwertigkeit des Produkts des Beklagten und um die Verwechselung zu verhüten, von einer weiteren Verwendung des Knopfes Abstand nehmen würden. Es bliebe auch dann noch immer dabei, daß eine Gleichartigkeit der Waren nicht gegeben ist; jenes indirekte Interesse darf nicht dazu führen, die gesetzliche Voraussetzung beiseite zu schieben. Zutreffend bemerkt das Berufungsgericht, daß sonst der Zeichenschutz eine viel zu weite Ausdehnung erfahren würde. Alle möglichen Gegenstände, die mit Knöpfen, Haken, Ösen, Agraffen usw. versehen werden,

z. B. Hüte, Schuhe, Männer- und Frauenkleider, Wäschestücke, würden unter den Schutz der Klägerin, einer Metallwarenfabrik, fallen; sie würde mit ihrem Zeichen einen großen Teil der gesamten Konfektionsbranche beherrschen."

---

75. Kann der Gläubiger eines Gesellschafters, der dessen Anteil am Gesellschaftsvermögen hat pfänden lassen, den anderen Gesellschaftern gegenüber Rechnungslegung verlangen und das Moniturverfahren betreiben?

ZPO. § 859; BGB. §§ 717, 719, 725.

II. Zivilsenat. Urt. v. 1. April 1919 i. S. Dr. J. R. (Kl.) w. O. M. (Bekl.). Rep. II. 227/18.

I. Landgericht I Berlin.
II. Kammergericht daselbst.

Der Beklagte und F. G. in Berlin schlossen am 9. Mai 1911 einen Gesellschaftsvertrag zur Aufschüttung und Planierung eines Geländes. Gleich im Beginne der Gesellschaft trat F. G. seine Ansprüche aus dem Vertrag an den Kläger ab. Im Sommer 1913 war der Zweck der Gesellschaft erreicht und diese beendet. Auf Klage F. G.s hat der Beklagte über das Geschäftsergebnis Rechnung gelegt. Sodann hat der jetzige Kläger, indem er die gelegte Rechnung mehrfach beanstandete, im Wege der Klage Zahlung von 14500 *M* beansprucht. Das Landgericht hat durch Teilurteil über einen Betrag von 10000 *M* im Sinne der Klage entschieden. Das Kammergericht hat die Klage in dieser Höhe abgewiesen, weil der Kläger auf Grund der Zession nicht berechtigt sei, auf Rechnungslegung zu klagen und nach gelegter Rechnung das Moniturverfahren zu betreiben. Das ist vom Reichsgerichte bestätigt worden (vgl. RGZ. Bd. 90 S. 19).

Darauf hat der Kläger auf Grund eines vollstreckbaren Titels gegen F. G. dessen Anteil am Gesellschaftsvermögen pfänden lassen, um nunmehr seinen Restanspruch in erster Linie wiederum auf die Zession, sodann aber auf die Pfändung zu stützen. Beide Instanzen haben die Klage abgewiesen. Die Revision des Klägers blieb erfolglos.

Aus den Gründen:

„Die Vorinstanzen haben gegenüber dem Anspruche des Klägers, soweit er sich auf die Abtretung des Gesellschafters G. stützt, an der vom Reichsgerichte gebilligten Rechtsauffassung des Kammergerichts festgehalten. Die Revision stellt die Frage nochmals zur Entscheidung, vermag aber neue durchschlagende Gründe für die entgegengesetzte Auffassung nicht vorzubringen." ... (Wird ausgeführt).

.. „Das von der Abtretung Gesagte gilt auch von der Pfändung. Auch hierin ist den Vorinstanzen beizutreten. Nach § 719 BGB. kann der Gesellschafter über seinen Anteil am Gesellschaftsvermögen nicht verfügen. Gleichwohl kann dieser Anteil nach § 859 ZPO. gepfändet werden. Es ist unter den Parteien streitig, ob die vom Kläger nachträglich erwirkte Pfändung der Forderung auf das Auseinandersetzungsguthaben rechtswirksam zustande gekommen ist. Wie der Vorderrichter mit Recht angenommen hat, kommt hierauf nichts an, weil mit der allen Anforderungen des Gesetzes entsprechend vollzogenen Pfändung des Anteils zugleich auch die Forderung auf das erfaßt worden ist, was dem Gesellschafter bei der Auseinandersetzung zukommen wird (soweit das in Gestalt einer Forderung erscheint). Aber damit hat der Kläger nichts erreicht. Es handelt sich um die Pfändung eines abtretbaren Anspruchs, die inhaltlich nach § 804 ZPO. und § 1273 BGB. keine andere, jedenfalls keine weitergehende Wirkung hat als die Abtretung. Der pfändende Gläubiger muß sich — von anfechtbaren Rechtsgeschäften abgesehen — mit der Vermögenslage seines Schuldners abfinden, so wie er sie vorfindet, und wie er im allgemeinen eine Forderung seines Schuldners überhaupt nicht pfänden kann, die nicht übertragbar ist, so vermag ihm dann auch die Pfändung einer übertragbaren Forderung inhaltlich keine bessere Rechtsstellung zu verschaffen als die Übertragung. Daher stehen die Gründe des voraufgegangenen Teilurteils auch unter der neuen Begründung mit ungeminderter Kraft dem Klaganspruch entgegen.

Vergebens beruft der Kläger sich für seine Auffassung auf § 859 ZPO., wo in Abs. 2 bestimmt wird, daß das in Abs. 1 vom Gesellschaftsanteil Bestimmte auch von dem Erbteil eines Miterben gelten soll. Allerdings erwirbt der Gläubiger, welcher einen Erbteil seines Schuldners hat pfänden lassen, das selbständige Recht, die Auseinandersetzung unter den Erben zu betreiben (§ 86 Abs. 2 FGG.). Aber das beruht darauf, daß nach § 2033 BGB. jeder Miterbe über seinen Anteil an dem Nachlasse verfügen kann, was von dem Gesellschaftsanteile gerade nicht gilt. Wenn die Zivilprozeßordnung sagt, daß der Erbteil nach derselben Vorschrift soll gepfändet werden können, wie ein Gesellschaftsanteil, so bestimmt sie damit darüber nichts, welche Rechte inhaltlich eine solche Pfändung verschafft.

Eher könnte sich die Revision mit einem Scheine von Berechtigung auf § 725 BGB. berufen. Wenn in Abs. 2 daselbst die Bestimmung, daß der pfändende Gläubiger die sich aus dem Gesellschaftsverhältnis ergebenden Rechte nicht geltend machen könne, auf die Zeit beschränkt wird „solange die Gesellschaft besteht“, so legt das ein argumentum a contrario für die Zeit nach der Aufkündigung der Gesellschaft nahe. So wenigstens meint die Revision den Zeitpunkt festlegen zu sollen, an den hierbei das Gesetz denkt. Aber entschieden dagegen spricht der oben angeführte allgemeine Gedanke, daß es mit dem Wesen der Gesellschaft unvereinbar ist, daß sich auf diese Weise, sei es auch nur im Stadium der Liquidation, ein Dritter in die Gesellschaft sollte eindrängen können. Daß man hieran materiellrechtlich nichts hat ändern wollen, ergibt die Entstehungsgeschichte des Gesetzes. Ursprünglich war erwogen worden, ob man nicht dem Gläubiger, der den Anspruch auf das Ergebnis der Auseinandersetzung hat pfänden lassen, in der Gestalt eine Sicherung verschaffen sollte, daß er die Bestellung eines Verwalters betreiben könne, der den Gesellschafter in der Ausübung seiner Rechte zu vertreten hätte (Protokolle der II. Komm. Bd. 2 S. 427). Das wurde abgelehnt, weil es dem Wesen der Gesellschaft nicht entsprechen würde, den übrigen Gesellschaftern eine fremde Person aufzudrängen, wie es denn auch nach Handelsrecht unstreitig nicht zulässig sei, daß der Gläubiger eines Gesellschafters dessen Rechte als solche im Wege der Zwangsvollstreckung ausübe (a. a. O. S. 437). Wenn einem solchen Gläubiger (die Möglichkeit, den Anteil des Gesellschafters am Gesellschaftsvermögen zu pfänden, kam damals noch nicht in Frage) das Recht gegeben wurde, die Gesellschaft sofort zu kündigen, weil dieser auch in der Lage sein müsse, die Auseinandersetzung herbeizuführen, so hat damit offenbar nicht gesagt sein sollen, daß einem solchen Gläubiger das Recht zukomme, anstelle des Gesellschafters an der Auseinandersetzung mitzuwirken. In der Regel wird schon die Kündigung vermöge des eigenen Interesses der Gesellschafter die Auseinandersetzung zwischen ihnen zur Folge haben. Es wird auch unbedenklich anzuerkennen sein, daß der Gläubiger gegen seinen Schuldner einen klagbaren Anspruch darauf hat, daß dieser die Auseinandersetzung betreibt. Auch wird er z. B. gegen eine offene Handelsgesellschaft das amtliche Verfahren auf Löschung der Gesellschaft im Handelsregister als „Beteiligter" betreiben können (Staub HGB. § 137 Anm. 7). Später, nachdem inzwischen zur Abänderung der Zivilprozeßordnung der Vorschlag gemacht war, die Pfändung des Gesellschaftsanteils zuzulassen, hat man die jetzige Fassung des § 725 BGB. beschlossen. Damit war dem Gläubiger die Möglichkeit eröffnet, mit der einen Maßregel zugleich sämtliche Rechte seines Schuldners aus der Gesellschaft insoweit zu erfassen, als diese, weil veräußerlich, auch der Verpfändung und damit auch der Pfändung zugänglich sind. Daß man mehr als eine Vorschrift des Verfahrens erweitern wollen, ist nirgends zum Ausdruck gekommen. Im Gegenteil. damit hätte geben, die Rechte des Pfandgläubigers auch inhaltlich hätte Gerade mit dem Abs. 2 des § 725 BGB. wollte man dem Gedanken vorbeugen, als könne die Vorschrift des jetzigen § 1258 BGB. entsprechende Anwendung finden, nach welchem die Pfändung eines Miteigentums dem Gläubiger die Rechte verleiht, die sich aus der Gemeinschaft der Miteigentümer in Ansehung der Verwaltung der Sache und der Art ihrer Benutzung ergeben (Protokolle Bd. 6 S. 327). Wenn das nur für die Zeit bestimmt worden ist, solange die Gesellschaft besteht, so ist damit noch nicht positiv vorgeschrieben, daß für die Folgezeit der § 1258 BGB. entsprechend anzuwenden sei. Jedenfalls könnte eine entsprechende Anwendung nur insofern in Frage kommen, als dem einzelnen Gesellschafter bei der Auseinandersetzung Sachen, d. h. körperliche Gegenstände, zufallen. Kommt, wie hier, nur eine Forderung in Frage, so bietet die Sachlage nicht die erforderlichen Anhaltspunkte für eine entsprechende Anwendung dessen, was § 1258 vorschreibt. Aber selbst wenn sie das täte, so wäre das noch nicht entscheidend. Hat jeder Gesellschafter nach allgemeinen Rechtsgrundsätzen das unentziehbare Recht, daß ihm nicht ein Dritter als Gesellschafter aufgedrängt werden kann, auch nicht im Stadium der Liquidation, so ist nicht abzusehen, wieso dieses sein Recht dadurch sollte beeinträchtigt werden können, daß sein Mitgesellschafter eine Zwangsvollstreckung über sich ergehen lassen muß. Dazu bedürfte es einer positiven Vorschrift des Gesetzes. Es mag sein, daß man, als man die Pfändung eines Gesellschafteranteils für zulässig erklärte, sich der Tragweite dessen und der Zweifel, die sich daraus für die materiellrechtliche Beurteilung der Rechtslage ergeben könnten, nicht nach jeder Richtung hin völlig bewußt gewesen ist. Aber klar ist, daß man eine positive Vorschrift des genannten Inhalts zu treffen die Absicht nicht gehabt hat. Selbst wenn zuzugeben wäre, daß sich aus der Fassung des § 725 Abs. 2 BGB. ergäbe, die Verfasser seien von der Annahme ausgegangen, daß nach Beendigung der Gesellschaft der Gläubiger die Rechte aus dem Gesellschaftsverhältnis geltend machen könne, so wäre das damit doch noch nicht zur positiven Gesetzesvorschrift erhoben.

Vor allem aber nötigt nichts, die Worte „solange die Gesellschaft besteht" von dem Zeitpunkte der Aufkündigung der Gesellschaft zu verstehen. Es ist nicht richtig, daß mit der Aufkündigung und Auflösung der Gesellschaft diese auch sofort verschwindet. Nur die weitere Verfolgung des Zweckes der Gesellschaft nimmt sofort ein Ende und nur ausnahmsweise erlischt damit auch zugleich jedes gesellschaftliche Rechtsverhältnis unter den Gesellschaftern, das in der Regel vielmehr, weil weiterbestehend, noch der Auseinandersetzung bedarf. Wenn § 730 Abs. 2 BGB. diese Rechtslage in die Worte kleidet, daß insofern die Gesellschaft als fortbestehend gilt, so darf auch die Wendung in § 725 Abs. 2 „solange die Gesellschaft besteht" in dem weiteren Sinne verstanden werden, daß sie das Stadium der Liquidation mitumfaßt.

Bei dieser Sachlage braucht auf das Bedenken nicht eingegangen zu werden, das schließlich unter allen Umständen den Ausschlag gegen den Klaganspruch geben würde und das sich daraus ergibt, daß der

Kläger, ehe er zur Pfändung des Gesellschaftsanteils schritt, den Anspruch auf das Ergebnis der Auseinandersetzung durch Abtretung bereits erworben hatte. Insofern richtet sich die Pfändung des Anteils gegen ein Recht, das dem Schuldner nicht mehr zustand. Sie war insofern, und da weitere Rechte des Schuldners aus dem Gesellschaftsverhältnis nicht in Frage kommen, überhaupt wirkungslos und hat dem Kläger materiell weitere Rechte nicht verschaffen können, als er vermöge der Abtretung bereits besaß."

---

76. 1. Pfändung eines „Urheber- und Verlagsrechts".
2. Ist die Zwangsvollstreckung in das gewerbliche Unternehmen eines Zeitungsverlags als Ganzes zulässig?

ZPO. § 857.

I. Zivilsenat. Urt. v. 2. April 1919 i. S. H. (Kl.) w. B. (Bekl.). Rep. I. 221/18.

I. Landgericht II Berlin.
II. Kammergericht daselbst.

Der Deutsche H.-Verlag G. m. b. H. gab bis Sommer 1915 in Berlin die „Zeitschrift für praktischen Maschinenbau" heraus. Der Beklagte gab eine Zeitschrift „Die Werkzeugmaschine" heraus. Er kündigte an, daß er diese seine Zeitschrift fortan unter dem Titel „Zeitschrift für praktischen Maschinenbau, die Werkzeugmaschine" erscheinen lassen werde.

Der Kläger hatte einen vollstreckbaren Anspruch gegen den Deutschen H.-Verlag G. m. b. H. Auf seinen Antrag wurde „der dem H.-Verlage gegen den Verlag der Zeitschrift für praktischen Maschinenbau zustehende Anspruch auf das Urheber- und Verlagsrecht an dieser Zeitschrift" gepfändet, auch die öffentliche Versteigerung dieses Anspruchs angeordnet. Bei der öffentlichen Versteigerung ersteigerte der Kläger den Anspruch für 500 *M*. Er beantragt, daß auf Grund dieses ersteigerten Rechtes dem Beklagten untersagt werde, seine Zeitschrift mit dem Titel „Zeitschrift für praktischen Maschinenbau, die Werkzeugmaschine" zu versehen und herauszugeben.

Beide Vorinstanzen wiesen die Klage ab. Auch die Revision hatte keinen Erfolg.

Gründe:

„Nach Ausweis des Versteigerungsprotokolls vom 15. September 1917 ist versteigert und dem Kläger zugeschlagen worden der dem Deutschen H.-Verlag G. m. b. H. gegen den Verlag der Zeitschrift für praktischen Maschinenbau zustehende Anspruch auf das Urheber- und Verlagsrecht an dieser Zeitschrift.

Zur Erörterung steht die Frage, ob der Kläger danach berechtigt ist, auf Grund des § 16 UWG. einen Anspruch gegen den Beklagten zu erheben, daß dieser die Bezeichnung seiner Zeitschrift mit dem Titel „Zeitschrift für praktischen Maschinenbau" zu unterlassen habe.

Diese Frage hat das Berufungsurteil mit Recht verneint. Der Anspruch, in den die Zwangsvollstreckung erfolgen sollte, ist im Pfändungs- und Überweisungsbeschluß und demzufolge im Versteigerungsprotokolle nicht klar bezeichnet.

Gepfändet und überwiesen ist ein Anspruch des H.-Verlags gegen den Verlag der Zeitschrift, während es doch nach den Aufdrucken auf der Zeitschrift scheint, daß diese vom H.-Verlag selbst verlegt wird. Es braucht jedoch auf dieses formale Bedenken nicht eingegangen zu werden, weil die Klage sich unter jedem der möglicherweise in Betracht kommenden Gesichtspunkte als unbegründet erweist.

Ansprüche aus Urheberrecht kann der Kläger nicht geltend machen, denn nach § 10 des Urheberrechtsgesetzes vom 19. Juni 1901 / 22. Mai 1910 kann die Zwangsvollstreckung in das Recht des Urhebers nicht ohne dessen Einwilligung erfolgen. Diese Bestimmung gilt auch für das Urheberrecht an einer Zeitschrift nach § 4 des Gesetzes. Da die Einwilligung nicht erfolgt ist, sind Urheberrechte auf den Kläger nicht übergegangen. Es braucht deshalb auf weitere zu diesem Punkte zu erhebende Bedenken nicht eingegangen zu werden.

Ebensowenig vermag sich der Kläger darauf zu stützen, daß Verlagsrechte an der Zeitschrift auf ihn übergegangen seien. Verlagsrechte sind solche Rechte, die aus dem zwischen dem Verleger und dem Urheber abgeschlossenen Verlagsvertrag entspringen. Ein Verlagsrecht setzt also voraus, daß ein vom Verleger unterschiedener Urheber vorhanden ist. Das liegt bei einer Zeitschrift nicht vor, bei der — wie im streitigen Falle — Herausgeber und Verleger zusammenfallen. Deshalb bestehen keine Verlagsrechte, auf Grund deren der Verleger gegen unbefugte Benutzung des Zeitschriftentitels vorgehen könnte.

Weiter könnte in Frage kommen, ob etwa der Zeitschriftentitel als selbständiges Rechtsgut Gegenstand der Pfändung sein konnte. Dem steht jedoch, wie das Berufungsgericht mit Recht ausgeführt hat, entgegen, daß das Recht auf den Zeitschriftentitel nicht ein für sich selbständig und unabhängig vom Zeitschriftenunternehmen veräußerliches Recht ist. Der Zeitschriftentitel kann nicht losgelöst vom Unternehmen, zu dem er gehört, übertragen oder gepfändet werden, ebensowenig wie das bei der Firma eines Kaufmannes möglich ist.

Danach spitzt sich die Entscheidung auf die Beantwortung der Frage zu, ob das gewerbliche Unternehmen des H.-Verlags mit allem

Zubehör, also auch mit dem Zeitschriftentitel, gepfändet werden konnte und vorliegendenfalls gepfändet worden ist. Auf diesen Punkt hat die Revision mit Recht besonderen Nachdruck gelegt.

Zunächst steht ihren Ausführungen jedoch entgegen, daß sich eine Pfändung des gewerblichen Unternehmens aus dem Pfändungs- und Überweisungsbeschluß nach dessen Wortfassung nur schwer herauslesen läßt. Es ist geboten, gerichtliche Verfügungen, die mit so erheblicher Wirkung in die Rechte Dritter eingreifen, wie der vorliegende Beschluß, im Interesse der Rechtssicherheit nicht in zu freier Weise über den erkennbaren Wortsinn hinaus umzudeuten. Wenn im vorliegenden Falle ein Anspruch auf Urheber- oder Verlagsrecht gepfändet und überwiesen worden ist, so liegt die Auslegung, daß damit das ganze gewerbliche Unternehmen gemeint sei, in dem die Zeitschrift verfaßt, herausgegeben und verlegt wird, recht fern.

Aber wollte man auch dieses Bedenken fallen lassen, so würde gleichwohl die Revision keinen Erfolg erzielen können. In der bisherigen Rechtsprechung des Reichsgerichts ist angenommen worden, daß ein gewerbliches Unternehmen als Ganzes nicht gepfändet werden kann (RGZ. Bd. 70 S. 228). Dieser Grundsatz hat zwar von einigen Seiten Widerspruch erfahren (mit eingehender Begründung vom OLG. Dresden in der Leipz. Zeitschr. 1910 S. 333); gleichwohl ist an ihm festzuhalten. Die österreichische Exekutionsordnung hat in den §§ 341 flg. die Zwangsvollstreckung in ein wirtschaftliches Unternehmen zugelassen (vgl. Pisko in Ehrenbergs Handbuch, Bd. 2, 1, § 31 S. 237). Die deutsche Gesetzgebung hat sich nicht auf diesen Standpunkt gestellt. Das deutsche Recht erkennt ein Recht am Unternehmen und die Zulässigkeit der Veräußerung des Unternehmens an. Aber schon die Anschauung, daß die Bestellung beschränkter dinglicher Rechte (Nießbrauch, Pfandrecht) am Unternehmen möglich sei, hat sich nicht durchzusetzen vermocht (vgl. RGZ. Bd. 70 S. 232; Isay, Recht am Unternehmen S. 81; a. M. Pisko a. a. O. S. 235) — im Gegensatze zum französischen Recht, in dem die Verpfändung eines Handelsgeschäfts zugelassen wird (Isay S. 6). Noch viel weniger erscheint die Zwangsvollstreckung in ein Unternehmen nach deutschem Rechte möglich. Das wird außer von der Rechtsprechung des Reichsgerichts auch von der weit überwiegenden Zahl der Schriftsteller anerkannt (Isay S. 198, Pisko S. 237). Ausgenommen sind nur ganz wenige Einzelfälle, Vollstreckung in das Unternehmen der Privateisenbahnen nach preußischem Rechte u. a. Die entscheidende Erwägung ist, daß das deutsche Zivilprozeßrecht keinen Weg eröffnet, eine derartige Vollstreckung vorzunehmen. § 857 ZPO. führt nicht zum Ziele. Es ist unmöglich, auf dem Wege des § 857 Fabrikgrundstücke oder Waren, Maschinen, Geräte, Vorräte oder Forderungen zu pfänden, die alle zu einem Unternehmen gehören oder gehören können, deren Pfändung aber nach dem Gesetz auf andere Weise zu erfolgen hat. Das steht der Zwangsvollstreckung in ein Unternehmen entscheidend entgegen. Gegenüber diesem Bedenken ist es ersichtlich gleichgültig, daß ein Unternehmen nicht nur aus einem Konglomerat der angeführten Gegenstände besteht, sondern daß das geistige Band, die Organisation, die die einzelnen Gegenstände und Menschen zu einem werktätigen Ganzen vereinigt, hinzukommt, und daß hieran nach der Annahme vieler ein einheitliches Recht, ein Recht am Immaterialgute bestehen mag (Isay S. 23). Denn immer bleibt es dabei, daß von einer Pfändung nach § 857, selbst wenn diese das Immaterialgut sollte erfassen können, doch nicht die Grundstücke, die Maschinen, die Waren, die Forderungen erfaßt werden würden. Deshalb ist eine Zwangsvollstreckung in ein Unternehmen als Ganzes unmöglich.

Folgendes mag noch hinzugefügt werden. Selbst wenn man glauben sollte, durch irgendeine ausdehnende Auslegung über diese Bedenken hinweghelfen zu können, so würde davon doch nur dann Gebrauch zu machen sein, wenn eine überwiegende Anschauung sich Bahn gebrochen hätte, die auf einen solchen Weg drängte — wovon, wie erwähnt, nicht die Rede sein kann — und wenn ein solcher Schritt unzweifelhaft ratsam erschiene. Nun ist ja zuzugeben, daß den Gläubigern eines Unternehmens vorhandene Vermögenswerte, nämlich der innere Wert des laufenden Betriebs, entzogen werden, wenn die Zwangsvollstreckung in das Unternehmen unstatthaft ist. Aber anderseits scheinen die Erfahrungen, die in Österreich mit der dort angeordneten Zwangsverwaltung von Unternehmungen gemacht sind, keineswegs aussichtsvoll zu sein (Isay S. 199 flg.), und es steht völlig dahin, ob durch den zwangsweisen Verkauf eines Unternehmens wirklich erhebliche Werte für die Gläubiger gerettet werden würden.

Aus diesen Gründen kann nicht anerkannt werden, daß die Zwangsvollstreckung in ein Unternehmen zulässig ist. Daraus folgt, daß die hier in Rede stehende Pfändung nicht das Unternehmen und deshalb auch nicht das Recht auf den Zeitschriftentitel erfaßte."

---

77. Bedeutung der Zuwiderhandlung gegen Unfallverhütungsvorschriften für den Nachweis der Verursachung eines Unfalls.

BGB. § 823.

VI. Zivilsenat. Urt. v. 3. April 1919 i. S. Rh.-W.sche Baugewerks-Berufsgenossenschaft (Kl.) w. Pr. (Bekl.). Rep. VI. 11/19.

I. Landgericht Duisburg.
II. Oberlandesgericht Düsseldorf.

Am 17. Juli 1913 ist der Kaminbauer N. von Duisburg, während er in dem Maurereibetriebe des Beklagten in Duisburg tätig war, dadurch verunglückt, daß ihm, als er am Fußpunkte eines Kaminneubaues stand, ein von oben an einem Seile heruntergelassener eiserner Kübel, der sich infolge Anschlagens an den Schornstein aus seiner Befestigung gelöst hatte, auf den Kopf fiel und ihm die Schädeldecke und das Genick durchschlug. Für die Witwe des N. wurde von der Klägerin eine Unfallrente festgesetzt. Die Klägerin verlangt nunmehr vom Beklagten als dem Unternehmer gemäß § 903 Abs. 1 und 4 RVO. Ersatz ihrer Aufwendungen, indem sie behauptet, der Beklagte habe den Unfall fahrlässig mit Außerachtlassung der Aufmerksamkeit, zu der er vermöge seines Gewerbes besonders verpflichtet war, herbeigeführt.

Das Landgericht und das Oberlandesgericht wiesen die Klage ab. Auf die Revision wurde das Berufungsurteil aufgehoben und die Sache an das Berufungsgericht zurückverwiesen.

Gründe:

„Insoweit das Berufungsurteil ein Verschulden des Beklagten in der Richtung, daß ein den Unfallverhütungsvorschriften entsprechendes Schutzdach unten am Kaminneubau nicht vorhanden gewesen sei, verneint, ist es von der Revision nicht angefochten. Diese wendet sich vielmehr nur dagegen, daß die Klage abgewiesen ist trotz der festgestellten Zuwiderhandlung des Beklagten gegen § 16 Nr. 12 der Unfallverhütungsvorschriften, wo angeordnet ist, daß bei Beförderung von Materialien in Eimern, Kübeln und dergleichen Gefäßen die Aufzugsseile mit Doppel- oder Karabinerhaken zu versehen seien.

Nach dem Berufungsurteile hat der Beklagte diese Vorschrift insofern außer acht gelassen, als er bei dem fraglichen Kaminneubau die Verwendung von gewöhnlichen einfachen Haken — anstelle von Doppel- oder Karabinerhaken — zur Befestigung der hinauf- und herabzubefördernden Kübel am Aufzugsseile duldete. Darüber, ob sich der Beklagte des Verstoßes gegen die Unfallverhütungsvorschriften bewußt war oder ob er sich um diese Einzelheiten nicht kümmerte und deshalb von der Verwendung einfacher Haken nichts wußte, hat sich das Berufungsgericht nicht ausgesprochen. Es kann aber nicht zweifelhaft sein, daß sich der Beklagte auch im letzteren Falle einer Außerachtlassung derjenigen Aufmerksamkeit, zu der er vermöge seines Gewerbes als Bauunternehmer besonders verpflichtet war (§ 903 Abs. 1 und 4 RVO.), schuldig gemacht haben würde. Der Berufungsrichter hält die Klägerin für beweispflichtig nicht bloß dafür, daß der Beklagte im gegebenen Falle schuldhaft gegen die Unfallverhütungsvorschriften verstoßen habe, sondern auch dafür, daß bei Benutzung von Haken der vorgeschriebenen Art der Unfall des N. verhütet worden wäre; bei Erbringung auch dieses letzteren Beweises, meint das Berufungsgericht, würde der ursächliche Zusammenhang zwischen der Zuwiderhandlung gegen die Unfallverhütungsvorschriften und dem Unfalle dargetan sein. Diese Auffassung verstößt, wie die Revision mit Recht geltend macht, gegen die Grundsätze über die Beweislast.

Die Unfallverhütungsvorschriften stellen den von der zuständigen Behörde kraft öffentlicher Gewalt festgesetzten Niederschlag der in dem betreffenden Gewerbe gemachten Betriebserfahrungen dar. Sie sind, wenn auch keine Schutzgesetze im Sinne des § 823 Abs. 2 BGB., für den Betriebsunternehmer regelmäßig schlechthin bindend und gestatten dem eigenen abweichenden Ermessen des Betriebsinhabers nur in ganz besonders gelagerten Ausnahmefällen einen Spielraum (vgl. Jur. Wochenschr. 1913 S. 197 Nr. 7, 1911 S. 335 Nr. 41). Sinn und Zweck der Unfallverhütungsvorschriften als eines Inbegriffs von Normen, deren Befolgung nach der Erfahrung eine erhöhte Sicherheit gegen Betriebsunfälle bieten soll, führen zu der Annahme, daß die Zuwiderhandlung gegen diese Vorschriften Betriebsunfälle zu verursachen geeignet ist und daß der Zuwiderhandelnde gerade durch die Nichtbefolgung der Vorschriften eine Bedingung des Unfallerfolges gesetzt hat. Dadurch, daß der Schaden möglicherweise auch bei Befolgung der Unfallverhütungsvorschriften eingetreten wäre, wird der ursächliche Zusammenhang nicht ausgeschlossen. Zunächst hat demnach die Klägerin ihrer Beweispflicht genügt, wenn sie die Nichtbefolgung jener Vorschriften seitens des Beklagten dartut. Sache des Beklagten ist es dann, im Wege des Gegenbeweises Umstände darzutun, die den Schluß auf das Vorliegen des ursächlichen Zusammenhanges für den besonderen Fall als unberechtigt erscheinen lassen.

Bei seinen Ausführungen darüber, daß die Klägerin den ursächlichen Zusammenhang zwischen der Außerachtlassung des § 16 Nr. 12 UVV. und dem Unfalle des N. nicht erwiesen habe, ist dem Berufungsgericht übrigens noch eine weitere Unrichtigkeit unterlaufen. Das Urteil geht davon aus, daß es angesichts des § 16 Nr. 12, wonach der Unternehmer die Wahl zwischen Doppelhaken und Karabinerhaken habe, genüge, wenn die Sicherheit, die der Doppelhaken bot, mit der durch den einfachen Haken gewährleisteten Sicherheit in Vergleich gestellt werde. Weiter wird erörtert, auf Grund der Ausführungen der Sachverständigen sei anzunehmen, daß die Arbeiter beim Vorhandensein von Doppelhaken anstelle der einfachen Haken den herabzulassenden leeren Kübel auch nur auf einer Seite — nicht rechts und links, wo sich je eine Öse befand — mittels Hakens (Doppelhakens) an dem Aufzugsseile befestigt haben würden; und außerdem bestehe die Möglichkeit, daß sie den einen verwendeten Doppelhaken nicht ordnungsmäßig, d. h. nicht mit seinen beiden Windungen in die Öse des Kübels eingedreht hätten, in welchem Falle die Gefahr des Herausgleitens aus der Öse beim

Doppelhaken größer sei als beim einfachen Haken. Sieht man nun auch davon ab, daß die hypothetische Feststellung über die Verwendung nur eines Doppelhakens lediglich auf Grund der Anführung von Sachverständigen getroffen ist, wonach ein solcher Brauch oder Mißbrauch beim Herablassen leerer Kübel ziemlich allgemein besteht, so durfte doch die bloße Möglichkeit, daß der etwa verwendete Doppelhaken unvollständig in die Kübelöse eingedreht worden wäre, nicht als festgestellte Tatsache behandelt und als solche gewürdigt werden. Völlig unberücksichtigt ist aber der Gesichtspunkt geblieben, daß der Beklagte dann, wenn der Doppelhaken aus irgendwelchem Grunde — und wäre es auch nur zufolge unsorgfältiger Handhabung von seiten der Arbeiter gewesen — keine hinreichende Sicherheit bot, zur Verwendung des bei richtigem Arbeiten der Feder eine, wie das Berufungsgericht selbst sagt, fast vollkommene Sicherheit bietenden Karabinerhakens verpflichtet war. Insofern war es, worauf auch die Revision hinweist, nicht richtig, wenn das Berufungsgericht die Frage der Verwendung des Karabinerhakens aus seinen Erwägungen gänzlich ausgeschaltet hat.

Endlich ist noch folgendes zu erwähnen. Das Berufungsgericht zieht aus seinen Darlegungen des Inhalts, daß der Klägerin der Beweis für die Verhütung des Unfalls durch Benützung der vorgeschriebenen Haken nicht gelungen sei, einen unrichtigen Schluß. Konnte die Klägerin diesen (ihr zu Unrecht zugemuteten) Beweis nicht erbringen, so hatte das vom Standpunkte des Berufungsrichters selbst aus nur die Folge, daß der ursächliche Zusammenhang zwischen der Nichtbefolgung der Unfallverhütungsvorschriften und dem Unfalle zu verneinen war. Die Frage, ob der Beklagte die durch sein Gewerbe ihm besonders zur Pflicht gemachte Aufmerksamkeit außer acht gelassen hat oder nicht, ist lediglich aus der Gesamtheit der Verhältnisse heraus zu entscheiden, unter denen er dazu gelangte, bei dem Kaminneubau einfache Haken anstelle von Doppel- oder Karabinerhaken verwenden zu lassen. Dabei mag darauf hingewiesen werden, daß irgendwelche Umstände, die ein Abgehen des Beklagten von der Anordnung des § 16 Nr. 12 UVV. als gerechtfertigt erscheinen lassen könnten, weder von ihm selbst angeführt noch sonst ersichtlich sind." ...

---

78. Kann der Inhaber eines nicht eingelösten Verrechnungsschecks seinen Rückgriff gegen den Aussteller ohne weiteres auf Zahlung der Schecksumme richten?

Scheckgesetz vom 11. März 1908 §§ 14, 15, 17.

V. Zivilsenat. Urt. v. 26. Februar 1919 i. S. Sch. (Kl.) w. S. (Bekl.). Rep. V. 327/18.

I. Landgericht I Berlin.
II. Kammergericht daselbst.

Der Kläger war Inhaber eines vom Beklagten ausgestellten Schecks über 5000 M, der von dem Bezogenen trotz rechtzeitiger Vorlegung nicht eingelöst war. Als Zahlungsempfänger war in dem Scheck der Kläger angegeben, doch war der Zusatz „oder Überbringer" beigefügt. Auf der Vorderseite trug der Scheck den Vermerk „nur zur Verrechnung". Der Kläger machte den Beklagten für die Einlösung haftbar und beanspruchte von ihm Zahlung der Schecksumme nebst 5 % Zinsen seit dem Tage der Vorlegung. Das Reichsgericht, das das Berufungsurteil wegen hier nicht interessierender Verstöße aufhob, äußerte sich über obige Frage mit folgenden

Gründen:

„Gegen die Schlüssigkeit des Klaganspruchs bestehen keine rechtlichen Bedenken. Wenn der Scheck auch den Vermerk „nur zur Verrechnung" trug, so ging doch der Regreßanspruch des Inhabers gegen den Aussteller auf Zahlung der Schecksumme. Denn die Verrechnung gilt als Zahlung im Sinne des Scheckgesetzes (§ 14 Abs. 1). Der Umfang der Regreßforderung bestimmt sich gemäß § 17 ScheckG. nach Art. 50 WO. Nach dieser Vorschrift sind aber die Regreßansprüche des Wechselinhabers in erster Reihe auf die nicht bezahlte Wechselsumme gerichtet. Da das Scheckgesetz bei der Regelung des Regreßanspruchs keinen Unterschied zwischen dem Zahlungsscheck und dem Verrechnungsscheck macht, so ist der Inhaber eines nicht eingelösten Verrechnungsschecks berechtigt, seinen Regreß gegen den Aussteller ohne weiteres auf Zahlung der Schecksumme zu richten (vgl. auch Bernstein in Jur. Wochenschr. 1919 S. 51 Anmerkung)." ...

---

79. Zur Bedeutung der Handelssitte für den Verkehr unter Kaufleuten.

HGB. § 346.

II. Zivilsenat. Urt. v. 4. April 1919 i. S. G. & Co. (Kl.) w. The Long Bell Lumber Co. (Bekl.). Rep. II. 230/18.

I. Landgericht Hamburg, Kammer für Handelssachen.
II. Oberlandesgericht daselbst.

Die Beklagte ist eine amerikanische Holzhändlerfirma, die für Deutschland durch den Kaufmann H. vertreten war. Seit Anfang Oktober 1914 verhandelte die Klägerin mit H. über den Abschluß eines Verkaufs amerikanischer Hölzer seitens der Beklagten. Schließlich übersandte er ihr eine „Festofferte" vom 16. Dezember 1914, worauf sie am 21. erwiderte: „Das beregte Pine Lumber & Timber Geschäft ist in Übereinstimmung mit unserer Korrespondenz und mündlicher Unterhaltung nunmehr definitiv in Ordnung; wir bitten Sie, uns jetzt Ihren Kontrakt über dieses Geschäft zur Unterschrift zukommen lassen zu wollen". Als H. darauf einen Vertrag zur Unterschrift schickte, der unter Benutzung eines gedruckten Formulars der Beklagten entworfen war, beanstandete die Klägerin verschiedene darin enthaltene Bestimmungen. Der Meinungsaustausch hierüber zog sich bis in den Januar 1915 ergebnislos hin.

Im Mai 1915 erhob die Klägerin Klage auf Feststellung des Bestehens des Vertrags. Die Beklagte forderte widerklagend die Feststellung, daß die Verhandlungen gescheitert seien.

Im Gegensatze zum ersten Richter, der den Anträgen der Klägerin entsprach, gab das Oberlandesgericht dem Begehren der Beklagten statt. Die Revision wurde zurückgewiesen.

Gründe:

„Die Beklagte bestreitet den Vertragsschluß sowohl wegen unvollständiger Einigung der Parteien (§ 154 Abs. 1 BGB.) wie deshalb, weil es nicht zur Unterzeichnung einer Vertragsurkunde durch beide Teile gekommen ist. In dem angefochtenen Urteile wird die erste Frage offen gelassen, die zweite im Sinne der Beklagten beantwortet.

Das Berufungsgericht stellt nach Vernehmung von Sachverständigen sowie auf Grund eigener Sachkunde fest, daß im Handel mit amerikanischen Hölzern die Beurkundung des Vertrags allgemein üblich sei. Jede amerikanische Firma habe ihr Vertragsformular, vor dessen Unterzeichnung sie keinen Vertrag als geschlossen anerkenne. Auch die Klägerin habe dies gewußt. Nach Ansicht der in Betracht kommenden Kreise gelte der Vertrag erst mit der Unterzeichnung als abgeschlossen.

Diese Begründung reicht völlig aus, um das Urteil zu tragen. Es ist ein Irrweg, wenn das Berufungsgericht aus der von ihm festgestellten Handelssitte erst eine stillschweigende Verabredung der Beurkundung herleitet, um dann den § 154 Abs. 2 BGB. anzuwenden. Die Revision wirft dagegen nicht mit Unrecht ein, neben der durch den Briefwechsel erzielten Einigung könne unmöglich noch eine stillschweigende Verabredung angenommen werden, den Vertrag als einen bloß beabsichtigten zu behandeln und noch ein zweites Mal zu beurkunden. Aber die Konstruktion des Berufungsgerichts ist auch überflüssig. Es bedarf keiner Vermittelung durch einen mehr oder minder fiktiven sogenannten stillschweigenden Vertrag. Die Handelssitte als solche entscheidet; sie würde nach § 346 HGB. auch dann maßgebend sein, wenn sie der Klägerin — was nicht einmal der Fall ist — unbekannt gewesen wäre. Nach der Handelssitte hat ein Vertrag mit einer amerikanischen Holzhändlerfirma über Holzlieferung keine Gültigkeit, ehe nicht ein Formular der Firma ausgefüllt und von beiden Teilen unterzeichnet ist."...

---

80. Welche Rechtswirkung hat die Sicherungsabtretung einer Forderung, wenn der Empfänger die ihm abgetretene Forderung wegen einer eigenen, einem Dritten geschuldeten Verbindlichkeit diesem zur Sicherung wieder abtritt?

VII. Zivilsenat. Urt. v. 4. April 1919 i. S. R. (Bekl.) w. Disk.-Ges. (Kl.). Rep. VII. 350/18.

I. Landgericht Hannover.
II. Oberlandesgericht Celle.

Vor mehreren Jahren erhielt der Kaufmann P. von dem Kaufmanne S. ein Darlehen von 12000 *M* gegen Akzepte des P. in gleicher Höhe. S. diskontierte diese Beträge bei der Rechtsvorgängerin der Klägerin, der W.-L. Vereinsbank. Eine weitere Sicherheit für S. beschaffte P. unter anderem dahin, daß der Schneidermeister R. alle seine Rechte aus dem mit einer amerikanischen Lebensversicherungsgesellschaft abgeschlossenen Lebensversicherungsvertrage vom 30. Dezember 1891 an S. am 18. Oktober 1910 zur Sicherung abtrat. Nach dem Versicherungsschein war die Versicherungssumme von 5000 *M* beim Tode des R. an seine Ehefrau Doris R. zu zahlen. S. trat für die durch die Vereinsbank erfolgte Diskontierung der Akzepte des P. die ihm aus der Abtretung des R. gegen die Versicherungsgesellschaft zustehenden Rechte durch die Urkunde vom 21. Mai 1913 an die genannte Vereinsbank zu deren Sicherung ab. Nach dem Tode der Doris R. stellte die Vereinsbank als Klägerin den Antrag, R. und die Erben der Doris R. zu verurteilen, einzuwilligen, daß die nach dem Lebensversicherungsvertrage zu zahlenden 5000 *M* an die Vereinsbank ausgezahlt werden.

Die Beklagten sind vom Landgericht entsprechend dem Klagantrage verurteilt worden. In der von ihnen beschrittenen Berufungsinstanz, in der an die Stelle der Vereinsbank die jetzige Klägerin getreten ist, wurde der Klagantrag dahin geändert, daß unter Zurückweisung der Berufung festgestellt werde, daß die Ansprüche aus dem Lebensversicherungsvertrage der Klägerin zustehen. Dem letzteren Antrag entsprechend wurde die Berufung zurückgewiesen. Auch die Revision blieb erfolglos.

Aus den Gründen:

„Der Berufungsrichter geht zutreffend davon aus, daß nach den Grundsätzen des für die Beurteilung des Versicherungsverhältnisses noch maßgebenden, übrigens mit den entsprechenden Vorschriften des Bürgerlichen Gesetzbuchs übereinstimmenden Gemeinen Rechtes die Ehefrau R., an die nach dem Versicherungsscheine die Versicherungssumme beim Tode ihres Ehemanns zu zahlen war, ein unentziehbares Recht auf diese Summe erst mit dem Tode ihres Ehemanns erwerben, dieser also bei Lebzeiten über den Versicherungsanspruch frei verfügen konnte, außer wenn etwa die Versicherung von vornherein unwiderruflich zugunsten der Ehefrau abgeschlossen worden oder die Ehefrau späterhin dem Versicherungsvertrage mit Bewilligung der Vertragschließenden beigetreten war. Daß diese Ausnahmefälle hier vorlägen, verneint der Berufungsrichter. . . . (Dies wird gebilligt.)

Unbegründet ist auch der prozessuale Angriff, den die Revision gegenüber der Feststellung des Berufungsrichters, das zwischen P. und S. abgeschlossene Darlehnsgeschäft sei nicht nachweislich wucherisch und deshalb auch nicht nichtig gewesen, dahin erhebt, der Berufungsrichter habe ohne Grund unterlassen, den von den Beklagten benannten Zeugen P. über die Behauptungen zu vernehmen, die von P. im Vorprozeß P. wider S. hinsichtlich des wucherischen Charakters des Darlehnsgeschäfts aufgestellt worden waren. Wäre das letztere Geschäft nichtig, so würde freilich auch das zur Sicherung der Darlehnsforderung dienende (akzessorische) Geschäft der Sicherheitsabtretung an S. nichtig und damit die seitens des S. an die Vereinsbank erfolgte weitere Sicherungsabtretung gegenstandslos gewesen sein (vgl. RGZ. Bd. 38 S. 251, Bd. 47 S. 52, Bd. 63 S. 371). Die Feststellung des Berufungsrichters aber, ein wucherischer Charakter des Darlehnsgeschäfts sei nicht dargetan, ist fehlerfrei. . . .

Die Revision stellt endlich noch zur Nachprüfung die Frage, ob die Beklagten sich darauf berufen können, daß die Forderung des S. gegen P. getilgt ist. Die Nachprüfung kann aber zur Aufhebung des Berufungsurteils nicht führen, wenn man selbst annimmt, daß — was der Berufungsrichter nur unterstellt — diese Tilgung erfolgt ist. Da die Sicherungsabtretung des Versicherungsanspruchs an S. ohne Beifügung einer auflösenden Bedingung geschehen ist, wurde der Anspruch mit der Rechtswirkung auf S. übertragen, daß dieser zur weiteren Abtretung befugt war. Im übrigen entstand für den Abtretenden R. nur der persönliche schuldrechtliche Anspruch gegen S. auf Rückübertragung des Versicherungsanspruchs nach Tilgung der Darlehnsforderung des S. Ein schuldrechtliches Verhältnis zwischen R. — und ebenso den Erben seiner Frau — einerseits und der Bank anderseits bestand nicht und wurde auch nicht dadurch geschaffen, daß bei der weiteren Sicherungsabtretung des Versicherungsanspruchs durch S. an die Bank dieser bekannt war, daß S. den Versicherungsanspruch nur zur Sicherheit seiner Darlehnsforderung abgetreten erhalten hatte. Daß zur Zeit der

Sicherungsabtretung an die Bank S. wegen seiner Darlehnsforderung schon befriedigt gewesen und dies der Bank bekannt gewesen sei, ist nicht behauptet worden. Da auch die weitere Abtretung an die Bank ohne auflösende Bedingung erfolgt ist, begründete sie ebenfalls für den Abtretenden (S.) nur eine persönliche Forderung auf Rückübertragung durch die Bank nach deren Befriedigung. Daß diese schuldrechtliche Forderung durch Abtretung oder sonstwie von S. auf die Beklagten übergegangen sei, ist nicht dargetan. Überdies ist auch vom Berufungsrichter unangefochten festgestellt, daß die von der Bank diskontierten Wechsel, die sich bei den Akten befinden, mindestens im Betrage von 5000 *M* noch nicht eingelöst sind, die Forderung der Bank gegen S., zu deren Sicherung die Abtretung des Versicherungsanspruchs an die Bank erfolgt war, daher jedenfalls in dieser Höhe noch besteht und deshalb die Bank zurzeit auch schuldrechtlich zur Rückübertragung des Versicherungsanspruchs auf S. nicht verpflichtet ist (vgl. RGZ. Bd. 55 S. 394, Bd. 30 S. 275, Gruchot Beiträge Bd. 48 S. 869, Bd. 50 S. 990). Durch die Geltendmachung dieser Nichtverpflichtung mittels der Klage handelt die Bank auch nicht gegen Treu und Glauben, mag sie auch gewußt haben, daß S. nach Tilgung der Schuld des P. zur Rückübertragung der ihm von R. gewährten Sicherheit schuldrechtlich verpflichtet war. Die Bank hat eine Verpflichtung, die ihr gewährte Sicherheit nach Tilgung der Schuld des P. zurückzuübertragen, weder S. gegenüber noch sonst übernommen, und sie hätte sich gewiß auf die Diskontierung der Wechsel nicht eingelassen, wenn die ihr gewährte Sicherheit ihr Ende schon finden sollte, sobald P. das erhaltene Darlehen an S. zurückzahlte. Zur Verfügung über den Versicherungsanspruch war S. durch die an ihn erfolgte Abtretung befugt. Wenn er durch diese Verfügung etwa seine gegenüber P. oder R. übernommene schuldrechtliche Verpflichtung verletzte, so brauchte die Bank aus diesem ihr bekannten Umstande keinen Anlaß zu nehmen, die rechtsgültig erworbene Sicherheit vor ihrer eigenen Befriedigung aufzugeben."

---

81. Bedeutung der Kaufvertragsklausel „glückliche Ankunft vorbehalten".

HGB. § 346.

II. Zivilsenat. Urt. v. 8. April 1919 i. S. Hei. & Co. (Kl.) w. S. M. Ho. & Co. (Bekl.). Rep. II. 442/18.

I. Landgericht III Berlin, Kammer für Handelssachen.
II. Kammergericht daselbst.

Die Klägerin forderte Schadensersatz wegen Nichterfüllung eines am 28. Februar 1916 mit der Beklagten geschlossenen Kaufvertrags über 50 Barrel animalische Fettsäure. Die Beklagte entgegnete, sie habe sich nur mit dem Vorbehalte glücklicher Ankunft der Ware in Lübeck zur Lieferung verpflichtet, die Ware sei aber infolge eines Ausfuhrverbots in Dänemark zurückgehalten worden. Das Landgericht wies die Klage ab. Dagegen machte das Kammergericht die Entscheidung von einem dem Inhaber der Beklagten über den behaupteten Vorbehalt auferlegten Eide abhängig. Es führte aus: Sei der Vorbehalt erfolgt, so sei unzweifelhaft eine ganz bestimmte, konkretisierte Ware verkauft, und da nach dem Ergebnis der Beweisaufnahme die Lieferung dieser Ware der Beklagten ohne Verschulden unmöglich geworden sei, so sei die Beklagte von ihrer Lieferungspflicht befreit und der Schadensersatzanspruch der Klägerin hinfällig. Sei jedoch der Vorbehalt von der Beklagten nicht gemacht worden, so habe sie sich schlechthin verpflichtet, 50 Barrel animalische Fettsäure zu liefern. Da eine objektive Unmöglichkeit, die Ware zu beschaffen, zur Zeit, als sie die Lieferung versprach, nicht vorgelegen habe, so sei sie nach den für den Gattungskauf geltenden Grundsätzen zur Lieferung verpflichtet gewesen. Die Klägerin könne daher, da die Voraussetzungen des § 326 BGB. vorlägen, Schadensersatz verlangen.

Auf die Revision der Klägerin wurde das Urteil des Kammergerichts aufgehoben und die Sache in die Berufungsinstanz zurückverwiesen.

Aus den Gründen:

... „Das Berufungsgericht scheint allerdings anzunehmen, daß die Klausel „glückliche (gute) Ankunft vorbehalten" mit einem reinen Gattungskauf unvereinbar sei, während sie auch bei einem solchen Kaufe wirksam werden kann, sobald sich die Lieferpflicht des Verkäufers auf eine bestimmte Sache beschränkt hat (vgl. RGZ. Bd. 93 S. 171). Allein nach der ganzen Sachlage handelt es sich hier nicht um einen reinen Gattungskauf. Es muß vielmehr als feststehend gelten, daß die Beklagte sich von vornherein nur zur Lieferung aus einer bestimmten, und zwar aus der ihr nach den Aussagen der Zeugen C. und L. kurz vorher von der Aktiengesellschaft Vereinigte Chemische Werke in Ch. verkauften größeren Partie Ware verpflichten wollte, und daß sie diesen ihren Willen, wenn auch unter Verschweigung des Namens ihres Lieferanten, beim Abschluß des Vertrags erkennbar zum Ausdruck gebracht hat. Bei einem beschränkten Gattungskaufe hat aber die Klausel „glückliche Ankunft vorbehalten" sogleich, wie bei einem Spezieskaufe, die Kraft einer auflösenden Bedingung.

Dagegen kann dem ferneren Revisionsangriffe die Berechtigung nicht abgesprochen werden. Die Beklagte hat im Prozesse selbst angegeben, daß die Ware, die aus Dänemark habe kommen sollen, beim Vertragschlusse tatsächlich noch nicht nach Lübeck unterwegs gewesen, sondern von den dänischen Behörden auf Grund eines Ausfuhrverbots zurückgehalten und auch später nicht freigegeben worden sei. Hätte sie daher, wie sie behauptet, die Ware von Anfang an als „angeblich" auf Lübeck schwimmend bezeichnet, so würde sie auf Grund der Klausel „glückliche Ankunft vorbehalten" von der Lieferungspflicht frei geworden sein. Anders läge die Sache aber möglicherweise dann, wenn sie der Klägerin, wie diese behauptet und der Zeuge La. bestätigt hat, beim Vertragschluß erklärt haben sollte, „die Ware sei nach Lübeck unterwegs und ihr Eintreffen werde dort stündlich oder in den allernächsten Tagen erwartet". Denn damit würde sie möglicherweise die Gewähr dafür übernommen haben, daß der Ankunft der Ware in Lübeck ein Ausfuhrverbot nicht entgegenstehe, und sie würde sich alsdann auf jene Klausel wohl nicht berufen können. Nach dieser Richtung hin läßt das Berufungsurteil die erforderliche Prüfung vermissen (vgl. § 346 HGB., § 157 BGB.)." . . .

---

82. Kann der durch einen Unfall an der Gesundheit Beschädigte auf Feststellung klagen, daß im Falle seines Todes der Ersatzpflichtige den Personen, die ihm gegenüber unterhaltsberechtigt sind, nach Maßgabe des § 844 Abs. 2 BGB. den Schaden zu ersetzen habe?

ZPO. § 256.

VI. Zivilsenat. Urt. v. 10. April 1919 i. S. v. St. u. Gen. (Bekl.) w. F. (Kl.). Rep. VI. 16/19.

I. Landgericht Nürnberg.
II. Oberlandesgericht daselbst.

Das Reichsgericht hat die Frage verneint.

Aus den Gründen:

„Es ist kein rechtliches Interesse des Klägers vorhanden, daß die Verpflichtung der Beklagten aus § 844 Abs. 2 BGB. überhaupt, und daß sie alsbald festgestellt werde. Von der Gefahr der Verjährung abgesehen, die hier nicht in Frage kommt, hat das rechtliche Interesse, eine Verpflichtung des Gegners gerichtlich feststellen zu lassen, notwendig und vernünftigerweise zur Voraussetzung, daß über die Verpflichtung ein Zweifel herrscht oder von dem Gegner aufgeworfen wird. Hier handelt es sich um eine Verpflichtung der Beklagten, die klar und deutlich im Gesetz ausgesprochen und von ihnen nie bestritten worden ist. Auch ist kein Interesse des Klägers erkennbar, warum jetzt schon diese Verpflichtung, die erst nach seinem Tode und, wenn er die Unterhaltsberechtigten überlebt, überhaupt nicht eintritt, der Feststellung bedarf. Ein Rechtsschutzbedürfnis für einen derartigen Anspruch ist in der Regel nicht anzuerkennen. Das Urteil des Reichsgerichts in Seufferts Archiv Bd. 55 S. 221, dem das Berufungsgericht anscheinend gefolgt ist, behandelt einen preußischrechtlichen Fall, der, wie ein Blick zeigt, ganz anders liegt." ...

---

83. Inwiefern kann für die Feststellung des ursächlichen Zusammenhanges einer Handlung oder Unterlassung mit einem Schaden die hohe Wahrscheinlichkeit die Gewißheit ersetzen?

VI. Zivilsenat. Urt. v. 10. April 1919 i. S. Sp. (Bekl.) w. W. (Kl.). Rep. VI. 31/19.

I. Landgericht Königsberg.
II. Oberlandesgericht daselbst.

Aus den Gründen:

... „Allerdings kann die Feststellung einer Wahrscheinlichkeit, auch einer hohen Wahrscheinlichkeit, für einen ursächlichen Zusammenhang zwischen einer Handlung oder Unterlassung und einem eingetretenen schädlichen Erfolge nicht die richterliche Feststellung dieses Ursachenzusammenhanges selbst darstellen oder ersetzen; sie kann nur die Grundlage für diese, d. i. für die Gewinnung der richterlichen Überzeugung, daß ein bestimmter Erfolg auf ein bestimmtes Handeln oder Unterlassen zurückzuführen sei, abgeben. Diese Überzeugung selbst muß in dem Urteile des Richters zum Ausdrucke gelangen. Soll eine Person für einen durch ihre Handlung einer anderen zugefügten Schaden verantwortlich gemacht werden, so ist die Feststellung unerläßlich, daß der Schaden auch wirklich durch diese Handlung verursacht worden sei; die bloße Wahrscheinlichkeit einer Schadenszufügung ist kein zum Schadensersatz verpflichtender Tatbestand. Ein sicheres Erkennen ist aber in vielen menschlichen Verhältnissen nicht zu erzielen, weil die menschlichen Erkenntnismittel versagen. Ein hoher Grad von Wahrscheinlichkeit muß dann bei Abwesenheit anderer gleich starker Möglichkeiten dem Richter genügen, seine Überzeugung zu bilden, daß die Handlung des Beklagten, da sie den schädlichen Erfolg herbeizuführen geeignet gewesen sei, den Schaden auch wirklich verursacht habe. Der Kläger hat seiner Beweispflicht genügt, wenn er eine solche Wahrscheinlichkeit dargetan hat, die die Entstehung des Schadens zu erklären geeignet ist; Sache des Gegners ist es dann, eine andere Ursache als tatsächlich wirksam geworden nachzuweisen (vgl. Warneyer 1908 Nr. 303, 1910 Nr. 5, 1911 Nr. 219, 1915 Nr. 50; Jur. Wochenschr. 1908 S. 196 Nr. 10). Niemals kann aber materiellrechtlich eine bloß wahrscheinliche Schadenszufügung eine Schadensersatzverpflichtung begründen; die Wahrscheinlichkeit kann nur das prozeßrechtliche Hilfsmittel sein, die tatsächliche Schadenszufügung als erwiesen anzunehmen und festzustellen. In diesem Sinne sind aber auch die Ausführungen des Berufungsgerichts zu verstehen, das ausdrücklich sagt, ein zwingender Beweis für die Ursächlichkeit der zu geringen Entfernung der Lokomobile vom Scheunendach für die Entstehung des Brandes könne bei der Beschränktheit der menschlichen Erkenntnis nicht verlangt werden, ein hoher Grad von Wahrscheinlichkeit genüge „für die Feststellung dieser Verursachung". Damit ist die Feststellung selbst getroffen und die Überzeugung des Gerichts ausgesprochen, daß dieser Umstand, der zur Erklärung der Entstehung des Feuers nach dem natürlichen Laufe der Dinge geeignet sei, auch wirklich ursächlich geworden sei." . . .

---

84. 1. Liegt bei der Versicherung für fremde Rechnung die Verpflichtung, von einer nach Abschluß des Versicherungsvertrags eingetretenen Gefahrerhöhung dem Versicherer Anzeige zu machen, dem Versicherten oder dem Versicherungsnehmer ob?

2. Welche Rechtsfolgen zieht die Unterlassung dieser Anzeige bei der Kollektivversicherung für fremde Rechnung nach sich?

VII. Zivilsenat. Urt. v. 11. April 1919 i. S. Landesversicherungsanstalt Rheinprovinz (Kl.) w. Frankfurter Allgemeine Versicherungs-Aktiengesellschaft (Bekl.). Rep. VII. 21/19.

I. Landgericht Düsseldorf.
II. Oberlandesgericht daselbst.

Die Klägerin hat durch Vertrag vom 18. August 1914 eine Anzahl ihrer Beamten, darunter den Registrator L., bei der Beklagten gegen Unfall versichert. Mit der Behauptung, L. sei im Juli 1916 über eine Türschwelle gestolpert und dadurch zu Schaden gekommen, hat sie gegen die Beklagte, die eine Entschädigung des Unfalls ablehnte, Klage erhoben. Die Klage ist jedoch abgewiesen und die Berufung der Klägerin ist zurückgewiesen worden.

Auch die Revision der Klägerin blieb erfolglos.

Gründe:

„Durch den Vertrag vom 18. August 1914 hat die Klägerin ihre Angestellten bis zur Höhe der für jede Person beantragten Versicherungssumme gegen die Folgen körperlicher Unfälle versichert, von welchen sie während der Dauer ihres Dienstverhältnisses bzw. ihrer Mitgliedschaft betroffen werden. Die Versicherten sind im Vertrage nach Gruppen mit Namen aufgeführt, für jede einzelne Gruppe ist die vereinbarte Versicherungssumme pro Kopf angegeben. Letztere beträgt in Gruppe II, der der Verletzte L. angehört, pro Kopf 20000 ℳ für den Todesfall, 20000 ℳ für den Fall dauernder Arbeitsunfähigkeit und 10 ℳ tägliche Entschädigung für vorübergehende gänzliche Arbeitsunfähigkeit. Wie hieraus und aus den weiteren Vertragsbestimmungen hervorgeht und auch von keiner Partei in Zweifel gezogen worden ist, handelt es sich nicht etwa um die Versicherung gegen eine gemeinschaftliche Betriebsgefahr, vielmehr ist jeder Versicherte, soweit nicht im einzelnen Falle besondere Einschränkungen festgesetzt sind, gegen alle Unfälle versichert, die ihm während der Dauer seines Dienstverhältnisses bzw. seiner Mitgliedschaft zustoßen, ohne Unterschied, ob sie sich im Betrieb oder außerhalb desselben ereignen.

Der Berufungsrichter faßt das Versicherungsverhältnis als eine Versicherung für fremde Rechnung im Sinne der §§ 74 flg. VersVG. auf. Die Klägerin habe die Versicherung im eigenen Namen für ihre Angestellten abgeschlossen; diese seien bezugsberechtigt. Es handle sich um Unfallversicherung, die Versicherung gelte demnach gemäß § 179 Abs. 2 VersVG. im Zweifel als für Rechnung der Angestellten genommen. Damit stehe es nicht in Widerspruch, daß nach § 7 der Allgemeinen Versicherungsbedingungen die aus einem Unfalle sich ergebenden Leistungen der Beklagten nicht an den von dem Unfalle Betroffenen, sondern an die Klägerin zu erfolgen haben; diese Regelung entspreche vielmehr den nach § 179 Abs. 2 entsprechend anzuwendenden Vorschriften der §§ 75 und 76 VersVG. Diese Auffassung ist zutreffend und wird durch die Angriffe der Revision nicht widerlegt. Die Revision macht geltend, auch die Klägerin selbst habe ein Interesse daran gehabt, ihre Angestellten gegen Unfall zu versichern und dieses ihr eigenes Interesse habe sie durch den Vertrag versichert. Dafür spreche auch der Wortlaut des Vertrags, denn danach habe die Beklagte „der Landesversicherungsanstalt Rheinprovinz in Düsseldorf“ Versicherung gewährt, auch seien nach § 7 des Vertrags die zu gewährenden Entschädigungen an die Klägerin zu leisten, ferner sei die in § 179 Abs. 3 für die Gültigkeit einer Versicherung für eigene Rechnung gegen Unfälle, die einem anderen zustoßen, gemachte Voraussetzung, nämlich die schriftliche Einwilligung des anderen, durch Eintragung der Versicherten in eine Liste erfüllt worden. Diese Ausführungen sind nicht geeignet, die in § 179 Abs. 2 aufgestellte Vermutung zu widerlegen. Gegenüber den im Eingange hervorgehobenen Umständen liefern sie keinen zwingenden Beweis dafür, daß die Klägerin nicht das Interesse ihrer Angestellten, sondern ihr eigenes Interesse an dem Nichteintritte von Unfällen der Angestellten versichert habe. Die Tatsache insbesondere, daß die Angestellten der Klägerin durch Eintragung ihrer Namen in eine Liste ihre Zustimmung zu der Versicherung gegeben haben, hatte im Hinblick auf § 76 Abs. 3 VersVG., wie der Berufungsrichter ausgeführt hat, auch für den Fall der Versicherung für fremde Rechnung rechtliche Bedeutung, weist mithin auch ihrerseits keineswegs mit irgendwelcher Notwendigkeit auf den Abschluß einer Versicherung anderer für eigene Rechnung hin.

Der Berufungsrichter führt weiterhin aus, der Versicherte L. sei zur Zeit des Abschlusses des Versicherungsvertrags gesund gewesen, später aber, im Januar 1915, seien infolge Ausgleitens auf dem Glatteise Schmerzen im rechten Fußgelenk aufgetreten. Seit Ende Januar 1916 sei L. wegen des Fußleidens dem Dienste ferngeblieben, da seitdem der rechte Fuß vollständig gebrauchsunfähig geworden sei; er habe mit dem Fuße nicht mehr auftreten können und sich zur Fortbewegung zweier Krücken bedienen müssen. Dadurch sei eine erhebliche Gefahrerhöhung eingetreten, denn er sei Unfällen durch Anstoßen und Fallen in erheblich höherem Maße ausgesetzt gewesen, als zur Zeit des Abschlusses der Versicherung, da seine Beweglichkeit bedeutend eingeschränkt, ja fast aufgehoben gewesen sei. Der Berufungsrichter zieht hieraus den Schluß, daß die eingetretene Gefahrerhöhung gemäß § 27 VersVG. der Beklagten anzuzeigen gewesen sei. Die Revision macht hiergegen geltend, es handle sich um eine Kollektivversicherung, für eine solche könne aber der Natur der Sache nach eine Anzeigepflicht über die in § 13 der Allgemeinen Versicherungsbedingungen vorgeschriebene Anzeige der beim Abschluß des Vertrags vorliegenden Umstände hinaus nicht angenommen werden, auch werde durch die in der Person eines einzelnen Versicherten entstandene Gefahrerhöhung das Versicherungsverhältnis, das ja doch einen einheitlichen Vertrag darstelle, überhaupt nicht berührt, wie sich auch aus §§ 10 und 11 der Allgemeinen Versicherungsbedingungen ergebe, endlich komme für die Frage, ob die eingetretene Gefahrerhöhung eine erhebliche oder eine unerhebliche gewesen sei, nicht die Versicherung des L., sondern der ganze Vertrag in Betracht, es sei zu prüfen gewesen, ob in bezug auf das ganze Versicherungsverhältnis die Erkrankung des einen Versicherten eine erhebliche Gefahrerhöhung darstelle. Auch diese Einwendungen greifen fehl. Die Angestellten der Klägerin sind nicht gegen eine gemeinschaftliche Gefahr, etwa eine allen gemeinsame Betriebsgefahr, sondern jeder von ihnen ist gegen alle während der Dauer seines Dienstverhältnisses sich ereignenden Unfälle ohne Rücksicht darauf, ob sie sich im Betrieb ereignen oder nicht, versichert. Deshalb kann der Natur der Sache nach die Erheblichkeit der bei einem einzelnen Versicherten eingetretenen Gefahrerhöhung auch nur an den auf seine Person bezüglichen, für die

Gefahr in Betracht kommenden besonderen Umständen bemessen werden. Die Einheitlichkeit des Vertrags steht dem in keiner Weise entgegen. Sie hat auch keineswegs notwendig zur Folge, daß die bei einem einzelnen Versicherten eingetretene Gefahrerhöhung den Versicherer zur Kündigung des gesamten, alle Versicherten umfassenden Vertragsverhältnisses berechtige. Das folgt auch nicht aus den von der Revision in Bezug genommenen §§ 10 und 11 der Allgemeinen Versicherungsbedingungen; im Gegenteil handelt § 11 derselben vom Erlöschen der Versicherung des einzelnen Versicherten im Gegensatze zu § 10, in dem von der Aufhebung des Vertrags im Ganzen die Rede ist. Daraus ergibt sich, daß auch im Versicherungsvertrage die Möglichkeit des Erlöschens der Versicherung eines einzelnen Versicherten im Gegensatze zur Aufhebung des ganzen Vertrags ausdrückliche Anerkennung gefunden hat. Im übrigen ist es nicht die Aufgabe des vorliegenden Rechtsstreits, die Frage zur Entscheidung zu bringen, ob die bei L. eingetretene Gefahrerhöhung der Beklagten nach § 27 VersVG. das Recht gegeben haben würde, das ganze Vertragsverhältnis aufzukündigen.

Der Berufungsrichter hat weiter die Frage geprüft, ob die Anzeige der bei L. eingetretenen Gefahrerhöhung der Klägerin oder dem Versicherten obgelegen habe. Er geht davon aus, daß die Entscheidung dieser Frage nach den Umständen des Einzelfalls und der daraus abzuleitenden mutmaßlichen Absicht der Parteien zu treffen sei, und er entscheidet die Frage dahin, daß im vorliegenden Falle L., der sowohl von dem Abschluß der Versicherung als auch von der Gefahrerhöhung Kenntnis gehabt habe, zur Erstattung der Anzeige an die Beklagte verpflichtet gewesen sei, und daß die Verletzung dieser Pflicht die Beklagte von der Verpflichtung zur Ersatzleistung gemäß § 28 VersVG. befreit habe. Die Revision hält dem entgegen, grundsätzlich sei, wie sich aus den als Ausnahmebestimmungen anzusehenden Bestimmungen in §§ 79, 161, 179 Abs. 3 des Gesetzes ergebe, der Versicherungsnehmer, nicht der Versicherte, der ja zum Versicherer in gar keinem Vertragsverhältnis stehe, zur Anzeigeerstattung verpflichtet, es sei auch nicht festgestellt, daß L. von seiner etwaigen Anzeigepflicht Kenntnis gehabt habe, er habe davon ausgehen dürfen, daß diese der Klägerin als der Versicherungsnehmerin obliege, ein Verschulden L.s sei mithin nicht festgestellt. Wenn nun aber auch L. in keinem Vertragsverhältnis zu der Beklagten stand, so schließt dies doch nicht aus, daß ihm eine Anzeigepflicht hinsichtlich einer nachträglich eingetretenen Gefahrerhöhung angesonnen werden konnte. Er ist doch immerhin diejenige Person, der die Versicherung zugute kommen sollte, und die Rechte aus dem Versicherungsvertrage standen nach § 75 VersVG. ihm zu. Auch das Gesetz legt dem Versicherten bei der Versicherung für fremde Rechnung gewisse Pflichten gegenüber dem Versicherer auf (§§ 79, 161, 179,

181, 182). Willkürlich ist die Meinung der Revision, es handle sich hier um bloße Ausnahmevorschriften, aus denen zu folgern sei, daß andere als eben die im Gesetze namhaft gemachten Verpflichtungen des Versicherten gegenüber dem Versicherer nicht bestünden. Das Gesetz hat vielmehr mit diesen Bestimmungen den Bedürfnissen des Versicherungsverhältnisses bei der Versicherung für fremde Rechnung entsprochen, keineswegs aber die Verpflichtungen des Versicherten auf die vom Gesetze besonders namhaft gemachten Pflichten einschränken wollen. Es handelt sich bei der in Rede stehenden Anzeigepflicht nicht um die Erfüllung einer Vertragspflicht, sondern um die Erfüllung einer bloßen Voraussetzung des Versicherungsanspruchs, dessen Forterhaltung und wirksame Geltendmachung eben die rechtzeitige Mitteilung von dem Eintritt einer erheblichen Gefahrerhöhung an den Versicherer erfordert. Der bei der Versicherung für fremde Rechnung Versicherte kann den Versicherungsanspruch mit Erfolg nur geltend machen, wenn er diejenigen Voraussetzungen erfüllt hat, von deren Erfüllung die Geltendmachung des Anspruchs abhängt und deren Erfüllung nach der Absicht der Vertragschließenden ihm obliegt. Ob nun eine solche Verpflichtung des Versicherten besteht, ist, wie der Berufungsrichter zutreffend ausführt, Sache der Beurteilung des Einzelfalls, die Entscheidung liegt insofern mithin wesentlich auf dem Gebiete des Tatsächlichen. Die Annahme des Vorderrichters, daß im gegebenen Falle dem Versicherten L. die Anzeige der eingetretenen Gefahrerhöhung an die Beklagte obgelegen habe, ist rechtlich nicht zu beanstanden.

Mit diesem Standpunkt ist die Annahme sehr wohl verträglich, daß auch dem Versicherungsnehmer die Verpflichtung obliege, das Seinige zu tun, um eine rechtzeitige Benachrichtigung des Versicherers von dem Eintritt einer Gefahrerhöhung herbeizuführen und nötigenfalls selbst eine zu seiner Kenntnis gelangte Gefahrerhöhung dem Versicherer anzuzeigen. Denn der Versicherungsnehmer steht dem Versicherer als Vertragspartei gegenüber und hat ihm gegenüber alles zu tun, was Treu und Glauben im Versicherungsvertragsverhältnis von ihm erfordern. Der Berufungsrichter ist auf die Frage, ob im vorliegenden Falle der Klägerin eine solche Verpflichtung obgelegen habe, nicht eingegangen, weil er als möglich unterstellt, daß nach der Absicht beider Parteien beim Vertragschluß die Klägerin als Versicherungsnehmerin von der ihr auf Grund des § 27 obliegenden Anzeigepflicht entbunden sein sollte. Mit Bezug hierauf macht die Revision geltend, wenn der Versicherungsnehmer durch Parteiabrede von der ihm gesetzlich obliegenden Anzeigepflicht entbunden werde, so könne nicht angenommen werden, daß der einzelne Versicherte beim Kollektivversicherungsvertrag zur Anzeige verpflichtet sein oder bleiben solle, denn dann würde der mit der Befreiung des Versicherungsnehmers erstrebte Zweck nicht erreicht sein.

In welchem Sinne aber die etwaige Vereinbarung, falls der Berufungsrichter eine wirkliche Vereinbarung und nicht bloß eine unausgesprochen gebliebene Absicht hat zugrunde legen wollen, von den Beteiligten gemeint war, ist wiederum Sache der tatsächlichen Beurteilung und der Nachprüfung des Revisionsgerichts auf seine tatsächliche Richtigkeit entzogen. Übrigens ist kaum anzunehmen, daß die Beklagte auf die Anzeige von der Gefahrerhöhung überhaupt, also auch von seiten des Versicherten, verzichtet haben sollte. Der Berufungsrichter ist zu dem Ergebnis gelangt, daß L. zur Anzeige der Gefahrerhöhung an die Beklagte verpflichtet gewesen sei und daß er diese Verpflichtung aus Fahrlässigkeit unerfüllt gelassen, dadurch aber den Versicherungsanspruch verwirkt habe. Rechtliche Bedenken hiergegen bestehen nach den vorstehenden Ausführungen nicht. Die Revision erhebt in dieser Richtung noch den Einwand, es sei nicht festgestellt, daß L. sich seiner Verpflichtung zur Anzeigeerstattung an die Beklagte bewußt gewesen sei, seiner Pflicht zur Anzeigeerstattung an die Klägerin aber sei er, wie die Urteilsbegründung ergebe, nachgekommen. L. mußte sich aber, um dem Vorwurfe der Fahrlässigkeit zu entgehen, über die ihm als Versicherten obliegenden Pflichten unterrichten und ebenso war es die Aufgabe der Klägerin, das hierzu Nötige zu tun. Eine auf der Unkenntnis der bestehenden rechtlichen Verpflichtungen beruhende Unterlassung der Anzeige ist danach, wie keiner weiteren Begründung bedurfte, ohne weiteres als fahrlässig zu kennzeichnen. Mit der bloßen Anzeige an die Klägerin aber konnte L. seiner Verpflichtung zur Anzeige der Gefahrerhöhung an die Beklagte nicht genügen."

---

85. 1. Zum Inhalt des Stückeverzeichnisses.
2. Frist für Übersendung desselben.
3. „Kann der Kommittent nach § 4 DepotG. wegen verspäteter Übersendung des Stückeverzeichnisses das Geschäft noch zurückweisen, wenn er es vorher bereits schriftlich und durch Abzahlungen anerkannt hat?

Gesetz, betr. die Pflichten der Kaufleute bei Aufbewahrung fremder Wertpapiere, vom 5. Juli 1896 (RGBl. S. 183) §§ 3, 4.

I. Zivilsenat. Urt. v. 12. April 1919 i. S. H. (Bekl.) w. W. u. Gen. (Kl.) Rep. I. 20/19.

I. Landgericht Würzburg.
II. Oberlandesgericht Bamberg.

Der verstorbene Ehemann der Klägerin zu 1 hatte seit etwa 1899 mit der beklagten Firma Börsenspekulationsgeschäfte abgeschlossen. In einem Vorprozesse hatte die Beklagte den Saldo eingeklagt, der sich nach ihrer Meinung zu ihren Gunsten aus der Geschäftsverbindung ergab. Diese Klage ist rechtskräftig abgewiesen worden, und zwar aus dem Grunde, weil ein Geschäft über 180 Stück Johannesburg Investment Shares, 200 Stück A. Goerz & Co. Shares und 50 Stück van Dyk Prop. Shares für den verstorbenen W. nicht verbindlich gewesen sei; die Firma H. (die jetzige Beklagte) habe trotz Aufforderung entgegen der Bestimmung des § 3 des Depotgesetzes vom 5. Juli 1896 nicht rechtzeitig ein Stückeverzeichnis über die angekauften Shares übersandt, weshalb W. mit Recht das Geschäft als für ihn unverbindlich zurückgewiesen habe. Auf diesen Ausführungen fußt die vorliegende Klage. Sie verlangt, daß aus der Abrechnung der Beklagten alle Posten ausgeschieden würden, die sich auf das bezeichnete Geschäft bezögen; dann ergebe sich zugunsten der klagenden Erben des W. einschließlich Zinsen ein Betrag von 4799,20 M, der klagend gefordert werde. Die Beklagte hat eingewendet, das Stückeverzeichnis sei ordnungsmäßig übersandt, das Klageverlangen sei sittenwidrig.

Beide Vordergerichte gaben der Klage statt. Auf die Revision der Beklagten wurde das Berufungsurteil aufgehoben.

Gründe:

„In §§ 3 und 4 DepotG. ist bestimmt, daß der Einkaufskommissionär binnen einer dreitägigen Frist dem Kommittenten ein Stückeverzeichnis der eingekauften Wertpapiere zu übersenden hat. Verstößt der Kommissionär gegen diese Verpflichtung, so kann der Kommittent ihn zur Nachholung auffordern. Die Nachholung hat binnen drei Tagen („Nachholungsfrist") zu erfolgen. Erfolgt sie nicht frist- und formgerecht, so kann der Kommittent innerhalb weiterer dreier Tage erklären, daß er das Geschäft zurückweise und Schadensersatz fordere. Das Kaufgeschäft über die Goerz-, Johannesburg- und van Dyk Shares war im Februar 1907 abgeschlossen. Der Kaufpreis wurde W. belastet, die Stücke seinem Depot gutgeschrieben. Es ergab sich ein Schuldbetrag von über 20000 M für W. Abrechnungen, die ihm erteilt wurden, hat er einschließlich einer Abrechnung per 30. Juni 1907 stets schriftlich anerkannt. Er hat weiter am 30. März 1907 2000 M, am 4. September 1907 1000 M, am 28. Dezember 1907 500 M auf seine Schuld gezahlt. Von Ende Juni 1907 an wurden keine weiteren Geschäfte abgeschlossen. Weitere Abrechnungen hat W. nicht mehr anerkannt. Mit einem Briefe vom 25. November 1909 forderte er Übersendung eines Stückeverzeichnisses über die genannten Wertpapiere. Diesen Brief hat die Beklagte am 26. November 1909 erhalten. Sie sandte das Stückeverzeichnis am 29. November 1909 zwischen 11 und

12 Uhr mittags eingeschrieben, durch Eilboten zu bestellen, von Würzburg nach München ab. Nachts gegen 11 Uhr desselben Tages versuchte ein Postbote den Brief in der Wohnung des W. in München zu bestellen. Er erhielt jedoch keinen Einlaß. Der Brief wurde am 30. November 1909 morgens 7 Uhr 10 Min. W. zugestellt. Dieser hatte bereits am Abend des 29. November der Beklagten geschrieben, daß er das Geschäft zurückweise und Schadensersatz fordere. Im Februar 1910 hat die Beklagte die Minenanteile gegen W. verkauft.

Das Berufungsgericht hat angenommen, daß das Stückeverzeichnis inhaltlich den gesetzlichen Vorschriften genüge, daß es jedoch nicht rechtzeitig übersandt sei, weshalb W. zur Zurückweisung des Geschäfts berechtigt gewesen sei.

Dem kann nicht zugestimmt werden.

Zunächst ist die Frage zu erörtern, ob das Verzeichnis binnen der dreitägigen Nachholungsfrist nur abgesandt oder dem Kommittenten auch zugestellt sein muß. Das Berufungsgericht nimmt das letztere an und stützt sich dabei auf die Ausdrucksweise des Gesetzes, das im § 7 den durch die Übersendung des Verzeichnisses erfolgenden Übergang des Eigentums an den Wertpapieren auf den Zeitpunkt der Absendung des Verzeichnisses verlege, im übrigen aber, besonders bei den Fristbestimmungen, stets von Übersendung (nicht von Absendung) spreche. Dieser Wechsel im Ausdrucke sei nicht zufällig noch auf Ungenauigkeit zurückzuführen; er beweise, daß unter Übersendung auch das Zugehen des Verzeichnisses an den Kommittenten verstanden sei, daß also auch die Zustellung innerhalb der dreitägigen Frist erfolgen müsse, was im vorliegenden Falle nicht geschehen sei. Allein diese Auslegung preßt den Wortlaut des Gesetzes zu stark. Im § 7 kam es darauf an, den Zeitpunkt des Eigentumsüberganges genau festzulegen. Deshalb hat das Gesetz in dieser Bestimmung einen objektiv genau feststellbaren Zeitpunkt, nämlich den der Absendung, das ist der Aufgabe an die Post, der Einlegung in den Briefkasten, für maßgebend erklärt. Bei den übrigen Bestimmungen handelte es sich zunächst darum, anzuordnen, welche Verpflichtung dem Kommissionär obliege. Diese Verpflichtung ist nach dem üblichen Sprachgebrauch als Übersendung des Verzeichnisses bezeichnet. Erst nachdem das Gesetz diese Verpflichtung festgestellt hatte, konnte es daran anschließend in logischer Folge anordnen, daß die gebotene Handlung binnen einer dreitägigen Frist zu erfolgen habe. Der Wechsel im Ausdruck erklärt sich also ungezwungen daraus, daß im § 7 nur der maßgebende Zeitpunkt festzulegen war, wogegen im § 3 zunächst die Handlung festzustellen war, zu der der Kommissionär verpflichtet sein sollte.

Materiell fällt weiter erheblich gegen die vom Berufungsgerichte gebilligte Auslegung ins Gewicht, daß es bei einer so kurz bemessenen

Frist gesetzgeberisch nicht angezeigt erscheinen konnte, dem Kommissionär die Gefahr einer Verzögerung der Briefbestellung aufzubürden. Es ist außerdem zu berücksichtigen, daß bei weit voneinander entfernten Orten ein sehr großer Teil der Frist durch die Briefbeförderung, beispielsweise in ländlichen Verhältnissen, in Anspruch genommen werden würde. Diese Erwägungen sprechen gegen die Auslegung des Berufungsgerichts. Es ergibt sich auch aus den Vorarbeiten, daß der Gesetzgeber auf einem anderen Standpunkte gestanden hat. Zwar ist nirgends ganz scharf gesagt, daß eine binnen drei Tagen erfolgende Absendung rechtzeitig sei. Aber in der Begründung zum Entwurf vom 3. Dezember 1895, S. 78, heißt es doch zur Rechtfertigung der schon in diesem Entwurf enthaltenen, später Gesetz gewordenen Bestimmung wie folgt: „Die dem Kommissionär gemachte Auflage, dem Kommittenten binnen drei Tagen nach Ausführung der Kommission ein Stückeverzeichnis zu übersenden, stellt sich somit als die Verpflichtung dar, innerhalb dieser Frist das constitutum possessorium zu vollziehen und dadurch den Kommittenten zum Eigentümer der bezogenen Wertpapiere zu machen." Gegen diese Ausführung hat sich bei den gesetzgeberischen Verhandlungen nirgends ein Widerspruch erhoben. Der Gesetzgeber konnte nicht, wie angeführt die Fristen für die Übersendung des Verzeichnisses und für die Eigentumsübertragung gleichstellen, wenn er nicht der Meinung war, daß, wie für die Eigentumsübertragung, so auch für die Übersendung des Verzeichnisses binnen dreier Tage in gleicher Weise die Absendung der entscheidende Zeitpunkt sein sollte. Endlich ist auch darauf hinzuweisen, daß diejenigen Schriftsteller, die sich über den streitigen Punkt ausgesprochen haben, die Absendung innerhalb dreier Tage für rechtzeitig erachten und zwar, soweit ersichtlich, ohne Ausnahme; vgl. **Lusensky** (dessen Meinung von besonderem Gewicht ist, da er als Regierungskommissar an den gesetzgeberischen Verhandlungen teilgenommen hat) Kommentar, 3. Auflage, S. 66; **Breit** Kommentar, § 4, I, 3; **Düringer-Hachenburg**, Bd. 3, Anhang I, S. 701, C 1; **Weidmann**, Kommissionsgeschäft Bd. 1. S. 154, c; **Staub**, § 384, Anm. 47, eingangs; **Ritter**, § 384, S. 614. Danach ist die Übersendung des Stückeverzeichnisses rechtzeitig erfolgt.

Sie ist auch, wie mit dem angefochtenen Urteil entgegen den Ausführungen der Kläger angenommen werden muß, in gehöriger Form erfolgt. Das Berufungsgericht führt auf Grund des Gutachtens der Handelskammer zu Berlin aus, daß die Art der Bezeichnung der Stücke dem Zwecke des Verzeichnisses genügte. W. habe auf Grund seiner langjährigen Geschäftsverbindung die genauere Bezeichnung der Papiere und deren Nennwert kennen müssen und habe sie auch gekannt; er habe also aus dem Verzeichnis sein Recht auf die Stücke ohne Schwierigkeit geltend machen können, wenn er gewollt habe. Diese Ausführungen sind überzeugend; sie erledigen ohne weiteres die Rüge der Kläger, daß es im Verzeichnis an einer Angabe fehle, wie groß der Nennwert der Stücke sei und ob es sich um Namensstücke oder Inhaberstücke handle. Letztere Angabe war zur Identifizierung der Stücke nicht erforderlich, und der Angabe des Nennwerts bedurfte es nicht, da dieser dem W. bekannt war. Ähnlich liegt es mit dem Fehlen der Angabe, welche der drei mit dem Schlagworte Johannisburg bezeichneten Aktiengesellschaften gemeint war. Im Gesetz ist nicht angeordnet, daß das Stückeverzeichnis ungültig und unwirksam ist, wenn es nicht die sämtlichen im Gesetz angegebenen Einzelheiten über die angeschafften Stücke aufführt. Vielmehr ist es zulässig, den Inhalt des Verzeichnisses aus den zwischen den Parteien gepflogenen Verhandlungen zu ergänzen. Das Verzeichnis braucht nicht das zu sagen, was ohnehin zwischen den Parteien selbstverständlich ist. Erforderlich ist nur, daß es seiner doppelten Zweckbestimmung gerecht wird. Diese Zweckbestimmung besteht einmal darin, daß der Kommittent eine klare Mitteilung darüber erhält, welche Stücke für ihn angeschafft worden sind, und zweitens darin, daß die Stücke objektiv so genau identifiziert werden, daß zweifelsfrei festgestellt werden kann, an welchen Stücken durch Übersendung des Verzeichnisses Eigentum übertragen wird. Diesen Erfordernissen entspricht das streitige Verzeichnis. Dem W. brauchte nicht mitgeteilt zu werden, welche der drei Johannisburg-Gesellschaften in Frage stand, denn er hatte in seinem Briefe vom 25. November 1909 selbst schon vorher erklärt, daß es sich um Johannisburg Investment Shares, also nicht Estate Cpy oder Golf Fields Shares, handele. Zur objektiven Identifizierung der Stücke genügte die Angabe ebenfalls, denn für Bankfachleute war nach dem Gutachten ohnehin klar, daß die Investment Cpy gemeint war. Aus diesen Gründen entsprach das übersandte Verzeichnis den gesetzlichen Erfordernissen.

Hinzugefügt soll werden, daß noch von einem anderen Gesichtspunkt aus die Entscheidung des Berufungsgerichts einer näheren Erörterung bedürfen würde. Der Kauf der Minenaktien ist im Februar 1907 erfolgt. Das Stückeverzeichnis ist erst $2^3/_4$ Jahre später, im November 1909, gefordert. Damals hatte W. bereits die Abrechnung vom 30. Juni 1907 schriftlich anerkannt, auch hatte er auf die aus dem streitigen Geschäfte sich ergebende Schuld drei Abzahlungen zu 2000 *M*, 1000 *M* und 500 *M* geleistet, wie beides vom Berufungsgerichte festgestellt wird. Durch diese mehrfachen Anerkenntnisse hat nun zwar W. auf sein Recht, ein Stückeverzeichnis zu verlangen, nicht verzichtet und nicht verzichten können, denn ein solcher Verzicht kann nach § 3 Abs. 2 des Gesetzes in wirksamer Weise für das einzelne Geschäft nur schriftlich und ausdrücklich erfolgen. Aber es erhebt sich die Frage, ob er das im § 4 zugestandene Recht auf Zurückweisung des Geschäftes nicht durch seine mehrfachen Anerkenntnisse verloren hat. Es könnte scheinen, als ob für die Verneinung der Frage spräche, daß solchenfalls für den Kommissionär ein weniger starker Antrieb für die Erfüllung der Übersendepflicht bestände. Dieser Grund ist jedoch nicht von erheblicher Kraft, da ja der Kommittent auf die Übersendung des Verzeichnisses und damit auf die Möglichkeit der Zurückweisung des Geschäftes gänzlich verzichten kann. Für die Bejahung der Frage würde sprechen, daß es wenig angezeigt erscheint, zuzulassen, daß der Kommittent eventuell nach völliger Erledigung und Abwicklung des Geschäftes alles Geschehene nachträglich rückgängig machen und das anerkannte und ausgeführte Geschäft als für ihn unverbindlich zurückweisen könne, und zwar durch Rechtshandlungen, die er schon vor den Anerkenntnissen hätte vornehmen können. Nur wenn ganz besondere Gründe vorlägen, könnte man annehmen, daß derartiges dem Willen des Gesetzgebers entspreche.

Auf diese Bedenken war hinzuweisen. Einer Entscheidung bedarf die aufgeworfene Frage nicht, da sich schon aus den vorstehenden Erörterungen ergibt, daß der Revision stattzugeben ist." . . .

---

86. Entfällt für den auf Schulderlaß der Erblasserin gestützten Klagantrag eines Miterben, festzustellen, daß die Schuld an den Nachlaß nicht bestehe, das rechtliche Interesse dadurch, daß der verklagte Miterbe in dem Rechtsstreite den Erlaß der Schuld anbietet?

ZPO. § 256.

VI. Zivilsenat. Urt. v. 14. April 1919 i. S. P. (Kl.) w. F. (Bekl.). Rep. VI. 350/18.

I. Landgericht Dresden.
II. Oberlandesgericht daselbst.

Die Parteien haben neben anderen Personen die am 5. März 1908 verstorbene Witwe Auguste Karoline K. beerbt. Bei der Auseinandersetzung des Nachlasses entstanden unter den Erben Streitigkeiten insbesondere über die Beträge, welche die Parteien sowie andere Miterben von der Erblasserin als Schenkungen und Darlehen erhalten hatten und welche auf die Erbteile anzurechnen waren. Mit dem Antrage der vorliegenden Klage ist verlangt, durch Urteil festzustellen, daß der Kläger den K.schen Erben nicht mehr 46400 ℳ — mehr oder weniger — schulde, daß er insbesondere der Beklagten als Erbin der Witwe K. keinen ihrem Erbteil entsprechenden Teilbetrag dieser 46400 ℳ — mehr oder weniger — schulde. Außerdem war beantragt, die Beklagte zu verurteilen, sie habe die Aufstellung gewisser wider den Kläger gerichteter Behauptungen zu unterlassen. Dieses Unterlassungsbegehren ist in beiden Vorinstanzen abgewiesen, das Berufungsurteil insoweit nicht angefochten worden. Das Feststellungsbegehren hat der erste Richter gleichfalls abgewiesen. Das Berufungsgericht dagegen hat ihm teilweise willfahrt. Die Revision der Beklagten bestreitet, daß ein Feststellungsinteresse im Sinne des § 256 ZPO. gegeben sei. Sie wurde zurückgewiesen.

Aus den **Gründen**:

... „Gegen die im Urteil ausgeführte Anerkennung des Feststellungsinteresses, insbesondere gegen die Annahme, der Kläger habe ernstlich mit der Gefahr zu rechnen, daß die Beklagte, wenn nicht das Nichtbestehen der streitigen Forderungen ihr gegenüber festgestellt werde, das Bestehen behaupten und geltend machen werde, wendet die Revision der Beklagten ohne Grund ein, es sei nicht ersichtlich, woraus diese Gefahr gefolgert werden solle. Das Berufungsgericht hat an der angegriffenen Stelle seiner Urteilsbegründung sich hierüber ausführlich ausgelassen, worauf zu verweisen genügt. Das Ergebnis seiner insoweit tatsächlichen Erwägungen ist der Nachprüfung in der Revisionsinstanz entzogen.

Das Berufungsgericht würdigt weiter die von der Beklagten im Rechtsstreit abgegebene Erklärung, sie habe schon früher auf die Forderung verzichtet und nehme diesen Standpunkt auch jetzt noch ein, nach doppelter Richtung: Daß in der Vergangenheit ein Erlaß (Verzicht) erklärt und, wie nötig (RGZ. Bd. 72 S. 171), als Vertrag zustande gekommen sei, hält das Berufungsgericht nicht für glaubhaft, weil die Beklagte auf Bestreiten nichts Näheres über das Zustandekommen anzugeben gewußt hat. Insoweit liegt eine lediglich tatsächliche Würdigung vor, die keinen Rechtsverstoß erkennen läßt. Eine im Rechtsstreit abgegebene Erlaß- oder Verzichtserklärung aber erachtet das Berufungsgericht nicht für durchgreifend aus rechtlichen Gründen: ein darin zu findendes Erbieten der Beklagten, dem Kläger die in Frage stehenden Schulden zu erlassen, habe dieser nicht anzunehmen brauchen und ablehnen können, ohne gegen Treu und Glauben zu verstoßen. Er habe ein Recht darauf, daß festgestellt werde, ob die Forderungen, soweit er sie bestreitet, entstanden und ob die übrigen, deren Untergang er behauptet, so wie er angibt, erloschen seien. Die Revision wendet hiergegen ein, allerdings habe der Kläger solchen Verzicht nicht anzunehmen brauchen, aber er hätte ihn annehmen können und deshalb nicht zu klagen brauchen. Insofern habe, wenn die Behauptung der Beklagten richtig war, kein Rechtsschutzinteresse bestanden. Ein Anerkenntnis im Prozesse, das der Beklagten die Kosten aufgebürdet hätte, sei übrigens dieser nicht zuzumuten gewesen.

Auch die hiermit angegriffenen Erwägungen des Berufungsgerichts sind indessen frei von Rechtsirrtum. Die Annahme der Revision, weil der Kläger einen ihm im Rechtsstreite von der Beklagten angebotenen Schulderlaß hätte annehmen können, fehle es am Rechtsschutzinteresse, trifft jedenfalls auf die hier gegebene Sachlage nicht zu. Die Beklagte hat dem Kläger, wie auch im vorliegenden Rechtsstreit und im besonderen Zusammenhange mit seinem Unterlassungsbegehren zur Genüge erörtert worden ist, gerade den Vorwurf gemacht, er habe bei der Nachlaßauseinandersetzung den übrigen Miterben seine Schulden teilweise unrechtmäßig verschwiegen oder sonstwie zu verbergen gesucht, dadurch sich und seinen Kindern zum Schaden der übrigen Beteiligten ein Übererbe verschafft und dergleichen mehr. Sein Interesse daran, festgestellt zu sehen, daß und inwieweit die streitigen Forderungen schon zur Zeit des Erbfalls, weil von der Erblasserin ihm erlassen, nicht mehr bestanden haben, ist offenbar; er braucht nicht statt dessen einen Erlaß oder Verzicht, wie von der Beklagten angeboten, anzunehmen, als ob die Forderungen noch bestünden. Jenes Interesse wird durch eine solche Erlaß- oder Verzichtserklärung der Beklagten gegebenenfalls nach Sachlage überhaupt nicht berührt, weil der Feststellungsausspruch, wie begehrt, auf ein inhaltlich anderes Ziel gerichtet ist."

---

87. Hat die Mutter eines Kriegsteilnehmers, der ledig war und in ihrem Haushalte gelebt hatte, als von ihm stillschweigend ermächtigt zu gelten, während seiner Einziehung ein Armenrechtsgesuch für ihn bei Gericht einzureichen?

VI. Zivilsenat. Urt. v. 14. April 1919 i. S. D. (Kl.) w. B.-G.er Straßenbahn (Bekl). Rep. VI. 33/19.

I. Landgericht Bochum.
II. Oberlandesgericht Hamm.

Das Reichsgericht hat die Frage bejaht.

Aus den Gründen:

... „Die Mutter des Klägers, der zum Heer eingezogen war, hat am 7. August 1918, elf Tage vor Ablauf der Berufungsfrist, also rechtzeitig für ihn beim Oberlandesgericht ein schriftliches Gesuch um Bewilligung des Armenrechts eingereicht. Am 14. August forderte das Gericht sie auf, binnen zehn Tagen die Vollmacht des Klägers vorzulegen. Die Vollmacht ist am 23. August bei dem Gericht eingelaufen und gleichen Tages das Armenrecht bewilligt worden. Die Berufungsfrist war jedoch bereits am 18. August verstrichen.

Das Oberlandesgericht hat die Wiedereinsetzung in den vorigen Stand verweigert. Es sei kein unabwendbarer Zufall, daß der Kläger so spät seine Vollmacht beigebracht habe. Da er als Kriegsteilnehmer nicht die Aussetzung des Verfahrens erwirkt habe, so habe er rechtzeitig persönlich das Armenrecht beantragen müssen, wozu er so gut wie seine Mutter imstande gewesen sei, da er sich damals nicht im Felde, sondern anscheinend in Minden oder Paderborn befunden habe. Schon nach Verkündung des landgerichtlichen Urteils habe er die Einlegung der Berufung und die Einreichung des Armenrechtsgesuchs vorbereiten, insbesondere Vollmacht hierfür ausstellen können. Auch seine Mutter habe sich deswegen mit dem Armenanwalte der ersten Instanz benehmen können. Die Auflage des Gerichts, das nicht wußte, wann das Urteil zugestellt worden, die Vollmacht binnen zehn Tagen einzureichen, bedeute keinen unabwendbaren Zufall für den Kläger, der daraus nicht schließen mußte, daß er mit der Berufung bis zum Ablauf der zehn Tage warten dürfe.

Diese Ausführungen liegen neben der Sache. Daher kann auf sich beruhen, wie weit sie von Feststellungen des Berufungsgerichts getragen sind. Entscheidend ist allein, ob das bei dem Oberlandesgerichte rechtzeitig eingegangene Gesuch, das es als begründet erachtet hat, als Gesuch des Klägers anzusehen war. Das Gesuch um Bewilligung des Armenrechts ist an keine Förmlichkeit gebunden. Es kann von der Partei selbst oder von einer von ihr bevollmächtigten Person gestellt werden. Die Vollmacht bedarf im letzteren Falle keiner Form. Sie kann ausdrücklich oder stillschweigend erteilt werden. Laut des Armutszeugnisses war der Kläger ledig, hat mit seiner Mutter den gleichen Haushalt geführt und stand seit Kriegsausbruch im Felde; zuletzt befand er sich in wechselnden Garnisonen. Unter solchen Verhältnissen mußte seine Mutter ohne weiteres als stillschweigend von ihm ermächtigt gelten, während seiner Einziehung seine Interessen zu wahren und unverschiebliche Geschäfte, die ihm keinen Nachteil bringen konnten, soweit er an ihrer Besorgung behindert war, für ihn vorzunehmen. Auch ohne ausdrückliche Vollmacht war sie deshalb für befugt zu halten, das Armenrechtsgesuch für ihn anzubringen. Hegte das Gericht hierüber Zweifel, so konnte es das Gesuch mit der Auflage bewilligen, die Vollmacht bei Vermeidung der Entziehung des Armenrechts nachzubringen. Statt dessen setzte es sieben Tage nach Eingang des Gesuches eine Frist von zehn Tagen zur Vorlage der Vollmacht und versetzte dadurch den Kläger in den Irrtum, daß ihm kein Rechtsnachteil erwachsen werde, wenn er diese Frist einhalte.

Mithin war es für den Kläger ein unabwendbarer Zufall, daß das Oberlandesgericht das Gesuch nicht vor Ablauf der Berufungsfrist bewilligt hat. Daß der Antrag auf Wiedereinsetzung in den vorigen Stand gegen die Versäumung dieser Frist rechtzeitig gestellt wurde, ist außer Streit."...

88. 1. Inwiefern hat der Fabrikant die durch Beschlagnahme der Rohmaterialien verursachte Unmöglichkeit der Leistung deshalb zu vertreten, weil er sich nicht vor der Beschlagnahme effektiv eingedeckt hat?
2. Anforderungen an den Nachweis, daß die Leistung unmöglich geworden ist.

II. Zivilsenat. Urt. v. 15. April 1919 i. S. Fe. & Co. (Kl.) w. v. F. G. m. b. H. (Bekl.). Rep. II. 435/18.

I. Landgericht Elberfeld.
II. Oberlandesgericht Düsseldorf.

Am 5. Oktober 1914 verkaufte die Klägerin, die eine Gerberei betreibt, der Beklagten 300 Häute Patronentaschenleder, lieferbar 50 Häute im Oktober, 100 im November, 150 im Dezember, in Teillieferungen von je 10 Häuten. Sie hat der Käuferin im ganzen $125^1/_2$ Häute geliefert, die letzte am 21. Dezember. Unter dem 22. November war eine Verfügung des Kriegsministers ergangen, durch welche sämtliche Rohhäute von bestimmtem Mindestgewichte beschlagnahmt wurden. Durch Brief vom 18. Dezember erklärte die Klägerin der Beklagten, sie könne mit Rücksicht auf diese Verfügung und weil die übrigen Rohmaterialien im Preise gestiegen seien, die rückständigen Häute nicht mehr für den vereinbarten Preis von 17 *M* liefern, müsse vielmehr 25 *M* fordern. Die Beklagte erwiderte im Briefe vom 22. Dezember, daß sie auf Erfüllung in vereinbarter Weise bestehe, und setzte eine Nachfrist bis 25. Dezember. Am 28. Dezember schrieb die Klägerin hierauf, sie sei durch die Beschlagnahme von allen Lieferungen entbunden; entsprechend der ihr zugeteilten Quote brauche sie nur 70 % ihrer bisherigen Abschlüsse zu erfüllen, und zwar zu entsprechend höheren Preisen; wenn die Beklagte nicht bis zum 31. Dezember ihre Einwilligung erkläre, sei sie von weiteren Lieferungen entbunden und stelle solche sofort ein. Am 23. Januar 1915 hat die Beklagte der Klägerin noch einmal eine Nachfrist bis 30. Januar gesetzt. Zu einer weiteren Lieferung ist es nicht gekommen.

Die Klägerin fordert den Restpreis für die gelieferte Ware. Die Beklagte macht Anspruch auf Schadensersatz wegen Nichterfüllung des Vertrags geltend. Sie rechnet gegen die eingeklagte Forderung auf und fordert im Wege der Widerklage 10000 *M*.

Das Landgericht hat die Klage abgewiesen und die Klägerin nach dem Antrage der Widerklage verurteilt. Die hiergegen von der Klägerin eingelegte Berufung ist vom Oberlandesgerichte zurückgewiesen worden. Auch die Revision hatte keinen Erfolg.

Gründe:

„Der Vorderrichter erklärt den der Klägerin obliegenden Beweis, daß sie infolge der Beschlagnahme der Rohhäute ohne ihr Verschulden außerstand gesetzt worden sei, zu liefern, für nicht erbracht. Die hiergegen von der Revision vorgebrachten Bedenken sind zum Teil nicht ohne Berechtigung.

Der Vorderrichter verweist darauf, daß nach einer Auskunft der Kriegsleder-Aktiengesellschaft noch nach dem 22. November Häute-Auktionen stattgefunden haben, auf denen die Klägerin sich hätte eindecken können. Demgegenüber führt die Revision aus, daß die Kriegsleder Aktiengesellschaft erklärt habe, durch die Beschlagnahme seien alle bestehenden Lieferungsverträge unerfüllbar geworden, die erwähnten Auktionen hätten nicht stattfinden dürfen. Dieses Bedenken besteht in der Tat. Die Beschlagnahme hat zwar nur den Handel mit Rohhäuten zum Gegenstand und schließt auch diesen keineswegs schlechthin aus. Indem sie sich unverkennbar der Art anschließt, wie im Verkehr der Handel mit Rohhäuten sich tatsächlich abspielt, läßt sie den Weg, den das Produkt von dem Einzelgefälle beim Schlachter usw. bis zur Aufsammlung beim Großhändler durchläuft, insofern frei, als Lieferungen vom Schlachter über die Sammler (Kleinhändler) bis zum Großhändler — unter Einhaltung gewisser Beschränkungen in der Zulassung zu diesem Handel — unverwehrt sind und nur der Weg vom Großhändler zur Gerberei gesperrt ist, der vielmehr über die Kriegsleder-Aktiengesellschaft geht. wo die planmäßige Verteilung auf die einzelnen Gerbereien erfolgt. Es wäre denkbar, daß jene Auktionen gleichwohl nicht mit der allgemeinen Beschlagnahme der Häute in Widerspruch gestanden haben, nämlich dann nicht, wenn an der Versteigerung nur die zugelassenen „Großhändler" sich haben beteiligen dürfen. Aber gerade dann auch hätten diese Auktionen der Klägerin keine Gelegenheit geboten, sich mit Rohmaterial zu versehen. Für sie bestand keine Möglichkeit, sich ohne Verstoß gegen die Beschlagnahmeverfügung einzudecken, und es kann nicht als ein Moment der Vertragsverletzung verwertet werden, daß sie es nicht getan hat. . . .

Mit Unrecht dagegen vermißt die Klägerin die genügende Würdigung ihrer Behauptungen, daß sie Mitte Dezember ihren ganzen Bestand aufgearbeitet gehabt habe, daß sie erst am 28. Dezember wieder Häute habe erhalten können, und daß die ihr zunächst gelieferten Häute gerade für die Zwecke der Beklagten nicht verwendbar gewesen seien. Daraus würde sich noch nicht die Unmöglichkeit der Leistung ergeben. Einmal ist nicht ersichtlich, weshalb die Klägerin nicht aus dem bis Mitte Dezember aufgearbeiteten Material sollte haben liefern können, und sodann ist darauf hinzuweisen, daß die Klägerin sehr wohl noch im Januar und selbst später noch hätte liefern können und zu liefern verpflichtet war. Denn die Beklagte hatte zwar zunächst bis 25. Dezember, dann wiederum bis 31. Januar Nachfrist gesetzt, sie hatte aber die wesentliche Erklärung, daß nach Ablauf der Frist Annahme der Leistung abgelehnt werde, in keinem der Fälle abgegeben. Sie hätte angebotene Leistung nicht ablehnen können, und daß es nicht zu weiteren Leistungen gekommen ist, hat nur an dem Verhalten der Klägerin gelegen, die offenbar entschlossen war, jedenfalls dem Gegner mit aller Bestimmtheit erklärt hatte, daß sie zu dem vereinbarten Preise nicht liefern werde.

Alles Gesagte trifft aber gar nicht den entscheidenden Grund des Vorderrichters, der die Möglichkeit, daß die Klägerin im Dezember und später deswegen nicht hat erfüllen können, weil es ihr an den erforderlichen Häuten gefehlt habe, unterstellt, aber annimmt, daß sie diese Unmöglichkeit der Leistung zu vertreten habe.

Es wird ausgeführt, der Vertrag sei zu einer Zeit geschlossen, als der Krieg bereits zwei Monate dauerte und mit einer längeren Dauer desselben und zunehmenden Schwierigkeiten in der Beschaffung von Rohstoffen gerechnet wurde; seit Anfang November seien in einzelnen Bezirken Auktionen von Viehhäuten verboten worden. Wer unter solchen Umständen von ihm herzustellende Waren verkaufe und ohne einschränkende Klausel auf bestimmten Termin verspreche, müsse die erforderlichen Rohstoffe in seinem Besitze haben oder doch möglichst bald nach dem Abschluß anschaffen, was der Klägerin im vorliegenden Falle auch möglich gewesen wäre. Sie habe zwar am 1., 2. und 6. Oktober Deckungskäufe in ausreichendem Umfange vorgenommen, aber auf spätere sukzessive Lieferung, und wenn sie sich hierauf verlassen habe, so habe sie das auf ihre Gefahr getan. Es erscheine unbillig, daß sie diese Gefahr auf den Käufer abwälzen wolle; sie habe sich durch Vorbehalte im Vertrage sichern müssen, was indessen nicht geschehen sei.

Danach bezweifelt der Vorderrichter nicht, daß die Anfang Oktober mit K. W. und namentlich mit B. getätigten Abschlüsse ernsthaft gemeinte Eindeckungen gewesen sind. Er macht der Klägerin zum Vorwurf eines vertretbaren Verschuldens, daß sie sich auf solche Lieferungsgeschäfte verlassen und nicht vielmehr zur sofortigen Lieferung gekauft hat. Das wird von der Revision mit Recht beanstandet. Das Verfahren der Klägerin entspricht so sehr einer rationellen Betriebsweise der Fabrikation, die sich nicht ohne wesentliche Beeinträchtigung des wirtschaftlichen Erfolges mit Massen von einstweilen unverwendbaren Rohstoffen belasten kann, sowie den natürlichen Bedingungen der tatsächlichen Beschaffung der Häute, die in ständigem Laufe der Dinge so einkommen, wie sie bei den Schlachtungen des Viehes gewonnen werden, wie sie „fallen"; es entspricht denn auch so sehr den im Verkehr üblichen Gepflogenheiten, daß es ganz besondere Umstände sein müssen, welche es im einzelnen Falle verbieten, sich daran zu halten. Der Vorderrichter verweist auf die Entscheidung des Reichsgerichts Bd. 93 S. 17, wo in Beziehung auf einen im Dezember 1914 vorgenommenen Verkauf von Braugerste allerdings sehr allgemein gesagt wird, daß, wer unter Verhältnissen, wie sie damals obwalteten, in unsicherer Kriegszeit Waren wie Braugerste verkaufe, sie im Besitz oder dergestalt in seiner Verfügungsmacht haben müsse, daß er sie zur Erfüllung seiner Verpflichtung jederzeit greifen könne; verlasse er sich auf Deckungskäufe mit Dritten, von denen er nicht bestimmt wisse, daß sie im Besitze der Ware, zur Lieferung imstande und völlig verlässig seien, so tue er das auf seine Gefahr; die im Frieden unter normalen Verhältnissen geltende Regel, daß der Großhändler auch Waren verkaufen darf, die er erst beschaffen muß, werde im Kriege durchbrochen. Indessen, so allgemein das lautet, so gilt es doch nur und wird auch in dem angezogenen Urteile nur ausgesprochen unter der Voraussetzung der Umstände, wie sie im dortigen Falle vorgelegen haben. Es läßt sich diese Frage gar nicht anders als unter der Würdigung aller gegebenen Umstände von Fall zu Fall entscheiden. Was von Braugerste im Dezember 1914 gegolten hat, darf nicht ohne weiteres auf Häute im Oktober und November 1914 übertragen werden. Ob man — wie die Revision meint — am 5. Oktober 1914 mit einer bald bevorstehenden Kriegsbeendigung allgemein bestimmt gerechnet hat, muß allerdings dahingestellt bleiben. Aber es ist nicht ohne weiteres abzulehnen, wenn die Revision ferner behauptet, daß zu einer so außergewöhnlichen Eindeckung, wie der Vorderrichter verlange, keine Veranlassung, ja nicht einmal die Möglichkeit vorgelegen habe, weil, wenn alle Gerbereien so hätten verfahren wollen, es zu einer dem augenblicklichen Bedürfnis gar nicht entsprechenden Nachfrage und damit zu den größten wirtschaftlichen Schädigungen hätte führen müssen.

Indessen vermag dieses Bedenken der Revision nicht zum Erfolge zu verhelfen. Denn es bleibt dabei, daß die Klägerin die Unmöglichkeit der Erfüllung beweisen muß, und der Vorderrichter konnte von der Erhebung der in dieser Richtung angebotenen Beweise absehen, weil schon die aufgestellten Behauptungen nicht ausreichen, die Unmöglichkeit der Erfüllung schlüssig zu begründen. Die Klägerin beruft sich ausschließlich auf die Hinderung durch behördliche Beschränkungen des freien Handels. In Frage kommt hierfür indessen nur die allgemeine Verfügung des Kriegsministers vom 22. November. Denn wenn auch schon vorher einzelne Korpskommandeure Auktionen verboten haben, so gibt das allein noch kein Bild des Marktes und keinen ausreichenden Boden für die Schlußfolgerung, daß ein Bezug von Häuten der Klägerin unmöglich gewesen ist. Schon vor dem 22. November ist sie mit ihren Lieferungen stets im Rückstande gewesen. Sie sollte liefern im Oktober 50, bis 20. November etwa 65 Häute Tatsächlich sind geliefert im Oktober 18, bis 20. November 43 Stück. Mag sie nun auch vom 23. November an zum freien Bezug von Häuten nicht mehr berechtigt und verpflichtet gewesen sein und erst am 28. Dezember eine Zuweisung von Häuten erhalten haben, die sie fur den hier fraglichen Zweck nicht verwenden konnte, so bleibt doch unaufgeklärt, weshalb sie nicht bis 22. November wenigstens das bis dahin geschuldete Quantum geliefert hat. Dazu kommt, daß die Klägerin nach ihrer eigenen Erklärung bis Mitte Dezember Bestände zur Aufarbeitung zur Verfügung gehabt hat, und es scheint, daß diese Bestände es gewesen sind, aus denen sie der Beklagten dann noch 64 1/2 Stück geliefert hat, statt fälliger 129 Stück. Die Klägerin hätte, um die Unmöglichkeit der Leistung darzutun, eine vollständige Aufstellung hergeben müssen, aus der sich ihr Bestand bei Abschluß des Vertrags und der Fortgang der Arbeiten sowie der Verbleib ihrer Fabrikate im einzelnen hätte ersehen lassen. Da sie gleichzeitig noch andere Abschlüsse zu erfüllen hatte und gegenüber der vielleicht vorliegenden Unmöglichkeit, alle Gläubiger zu befriedigen, jedenfalls vom 23. November an für eine gleichmäßig anteilweise Befriedigung aller hätte Sorge tragen müssen, hätte sie auch darüber, daß und wie das geschehen ist, die erforderlichen Behauptungen auf- und unter Beweis stellen müssen, was um so mehr geboten war, als die an verschiedene Abnehmer gleichzeitig gerichteten Schreiben der Klägerin vom 18. Dezember die Annahme nahe legen, daß sie darauf ausgegangen ist, denjenigen vorzugsweise zu befriedigen, der sich auf eine Erhöhung des Preises einlassen würde. Dabei hat die Klägerin es an der erforderlichen tatsächlichen Begründung ihres Standpunktes fehlen lassen, obwohl die Beklagte auf das Unzulängliche des gegnerischen Vorbringens ausdrücklich hingewiesen hatte."

---

89. 1. Ist für die Prüfung der örtlichen Zuständigkeit des Gerichts das Vorbringen des Klägers zur Zeit der Klagerhebung oder zur Zeit der Urteilsfällung maßgebend?

2. Was hat der Kläger zur Begründung des Gerichtsstandes nach § 32 ZPO. darzutun?

3. Ist das Recht eines Ausländers zur Führung eines Namens in Deutschland nach deutschem Rechte zu beurteilen?

4. Kann eine Klage wegen unbefugter Führung eines adligen Namens auf § 360 Nr. 8 StGB. gestützt werden?

BGB. §§ 12, 823; EG. z. BGB. Art. 7 flg., 28, 30; ZPO. §§ 12, 32; StGB. § 360 Nr. 8.

IV. Zivilsenat. Urt. v. 12. Dezember 1918 i. S. v. B. (Kl.) w. St. (Bekl.). Rep. IV. 328/18.

I. Landgericht Marburg.
II. Oberlandesgericht Kassel.

Der Kläger beantragt, den in Basel wohnhaften Beklagten zu verurteilen, daß er es unterlasse, innerhalb des Deutschen Reichs für sich und seine Ehefrau dem Namen „St." den Zusatz: „von B." zu geben, und zwar unter Androhung einer für jeden Fall der Zuwiderhandlung festzusetzenden Strafe.

Zur Begründung hat er in der Klageschrift ausgeführt: Der Beklagte sei mit einer Tochter des verstorbenen von B. verheiratet und habe drei Kinder aus dieser Ehe. Vor etwa $1^1/_2$ Jahren habe der König von Preußen das Gesuch des jetzt verstorbenen Schwiegervaters des Beklagten, daß dem Beklagten und seinen Angehörigen gestattet werde, ihrem Namen den Zusatz „von B." zu geben, abschlägig beschieden. Trotzdem habe sich der Beklagte in letzter Zeit wieder beikommen lassen, für sich selbst und seine Frau dem Namen St. den Zusatz „von B." zu geben.

Der Kläger hat dann im Laufe des Rechtsstreits noch dargelegt, daß sich der Beklagte auch sonst noch des Zusatznamens „von B." bedient habe. Er habe in einigen Fällen den Zusatznamen auch ohne Beifügung eines Trennungsstriches gebraucht.

Der Beklagte hat unter Widerspruch gegen Klagänderung um Abweisung der Klage gebeten. Er hat die Einrede der mangelnden örtlichen Zuständigkeit erhoben und erklärt, daß er sich zur Hauptsache nicht einlasse und den gesamten Inhalt seiner Schriftsätze nur insoweit vorgetragen haben wolle, als es für seine Einrede der Unzuständigkeit von Bedeutung sei.

Das Landgericht und das Oberlandesgericht haben übereinstimmend die Klage wegen mangelnder örtlicher Zuständigkeit abgewiesen, weil der Beklagte im Inlande keinen allgemeinen Gerichtsstand habe und auch ein besonderer Gerichtsstand, insbesondere der Gerichtsstand des § 32 ZPO., im Inlande nicht gegeben sei.

Das Berufungsgericht führt aus, daß nach dem zur Zeit der Urteilsfällung vorliegenden unstreitigen Sachverhalt ein objektiv rechtswidriges Verhalten des Beklagten nicht dargetan sei, weil er nach dem für ihn maßgeblichen Schweizer Rechte berechtigt gewesen sei, den Zusatznamen „von B." unter Beifügung eines Trennungsstriches auch in Deutschland zu gebrauchen, daß dies aber auch dahingestellt sein könnte, da aus den vom Kläger vorgebrachten Tatsachen nicht gefolgert werden könne, daß der Beklagte schuldhaft rechtswidrig gehandelt habe, hiernach aber das Vorliegen einer „unerlaubten Handlung“ im Sinne des § 32 ZPO. nicht schlüssig dargetan sei.

Die Revision des Klägers ist zurückgewiesen worden.

Gründe:

„Es ist mit dem Vorbergerichte davon auszugehen, daß die Zuständigkeit des angerufenen Gerichts nur begründet ist, wenn im Inland ein besonderer Gerichtsstand für den Beklagten besteht, daß als solcher nur der des § 32 ZPO. in Frage kommt und daß dieser eine unerlaubte Handlung im Sinne des Bürgerlichen Gesetzbuchs voraussetzt.

Weiter ist davon auszugehen, daß im vorliegenden Falle die Tatsachen, von denen die Zuständigkeit des angerufenen Gerichts abhängig ist, mit denjenigen Tatsachen zusammenfallen, die zur Begründung des erhobenen Anspruchs selbst geltend gemacht werden müssen, und daß es deshalb nach feststehender Rechtsprechung des Reichsgerichts eines Nachweises der für die Begründung der Zuständigkeit vorgebrachten Behauptungen nicht bedurfte; vgl. besonders RGZ. Bd. 29 S. 371, Bd. 61 S. 71; Jur. Wochenschr. 1901 S. 396 Nr. 3. „Der Gedanke ist der, daß andernfalls die nach der Struktur des Prozesses vorgesehene präjudizielle besondere Erörterung jener Prozeßvoraussetzung der Zuständigkeit dann nicht stattfinden könnte, wenn der Nachweis der Kompetenztatsachen mit der ganzen sachlichen Untersuchung zusammenfällt.“

Das ist, wie gleichfalls vom Reichsgerichte wiederholt ausgesprochen ist, nicht dahin zu verstehen, daß bloße Rechtsbehauptungen genügen, um die Zuständigkeit zu begründen, daß vielmehr die tatsächlichen Angaben des klägerischen Vorbringens bei zutreffender rechtlicher Würdigung das Vorliegen der klagebegründenden Tatsache, hier also der unerlaubten Handlung, ergeben müssen (vgl. u. a. Jur. Wochenschr. 1912 S. 643 Nr. 15).

Auch diese Grundsätze hat das Berufungsgericht im wesentlichen nicht verkannt. Für die Frage, ob das Vorliegen einer unerlaubten Handlung schlüssig begründet ist, kommt in erster Linie der Inhalt der Klagschrift in Betracht. Dieser ist auch allein maßgebend in dem Sinne, daß durch Vorbringen neuer Tatsachen im Sinne einer Klagänderung die Zuständigkeit nicht nachträglich begründet werden kann. Er ist aber nicht allein entscheidend, wenn sich aus den später vom Kläger selbst vorgetragenen Tatsachen die Unzuständigkeit des Gerichts zur Zeit der Urteilsfällung ergibt. Denn es ist allgemeiner Grundsatz, daß die Behauptungen einer Partei ohne Rücksicht auf ihre Bestrittenheit gegen die Partei gelten, welche sie vorbringt.

Zur Begründung einer Klage aus unerlaubter Handlung muß der Kläger Tatsachen behaupten, aus denen sich -- abgesehen von der sowohl zum Tatbestande des § 12 als auch des § 823 BGB. gehörigen objektiven Rechtswidrigkeit — ein schuldhaftes Verhalten des Beklagten ergibt, also Tatsachen, aus denen sich entnehmen läßt, daß der Beklagte sich der Rechtswidrigkeit seines Tuns bewußt oder aus Fahrlässigkeit nicht bewußt gewesen ist. Von diesem Erfordernis kann, was die vom Landgericht angeführte Entscheidung des Kammergerichts vom 28. Mai 1901 (Rechtsprech. der OLG. Bd. 3 S. 86) anscheinend verkennt, auch hier, wo die Verletzung eines Namensrechts in Frage steht, nicht abgesehen werden. Denn das Bürgerliche Gesetzbuch hat in den §§ 823flg. an dem Verschuldungsprinzip als Regel festgehalten und dieses Prinzip nur in einigen nachfolgenden Bestimmungen durchbrochen. Die in diesen Ausnahmebestimmungen geregelten Schuldverhältnisse sind dem aus der Verletzung des Namensrechts entspringenden Schuldverhältnis keineswegs gleichgeartet. Für die Ausdehnung des Verursachungsprinzips auf die Schadenshaftung für Verletzung eines Persönlichkeitsrechts kann ein Bedürfnis nicht anerkannt werden (vgl. auch RGZ. Bd. 24 S. 394).

Ob auch die Behauptung eines aus dem Mißbrauche des Namens erwachsenen Vermögensschadens zur schlüssigen Begründung der Klage aus unerlaubter Handlung gehört, kann unerörtert bleiben.

Denn zweifellos hat das Berufungsgericht auf Grund des beachtlichen Klagvorbringens und des unstreitigen Sachverhalts, wie er ihm zur Zeit der Urteilsfällung vorlag, mit Recht angenommen, daß weder ein rechtswidriges noch ein schuldhaftes Verhalten des Beklagten schlüssig begründet sei. Nicht beachtlich ist die erst im Laufe des Prozesses aufgestellte Behauptung des Klägers, daß der Beklagte den Zusatznamen „von B." auch ohne Trennungsstrich gebrauche. Zwar nicht, wie das Berufungsgericht ausführt, deshalb, weil diese Behauptung nicht erwiesen ist (denn auf den Beweis der Klagbehauptung kommt es für die Zuständigkeitsfrage nicht an), wohl aber deshalb, weil darin eine — übrigens auch vom Beklagten gerügte — Änderung des ursprünglichen Klagvorbringens liegt. Denn ursprünglich hat, wie das Berufungsgericht hervorhebt, der Kläger nur behauptet, daß der Beklagte den Zusatznamen mit dem Trennungsstrich führe. Das ergibt auch der Inhalt der Klagschrift, wo lediglich die Unterzeichnung der Todesanzeige mit dem Zusatznamen „von B." gerügt wird, die unstreitig diesen Trennungsstrich enthielt.

Der Kläger hat die Tatsachen, aus denen der Beklagte ein Recht herleitet, den Zusatznamen von B. mit dem Trennungsstriche zu führen, sämtlich zugegeben und sich zu eigen gemacht. Diese Tatsachen ergeben aber nach der rechtlich unanfechtbaren Annahme des Berufungsgerichts, daß dem Beklagten in Wirklichkeit ein solches Recht zusteht, daß also sein Handeln nicht „unbefugt" oder „objektiv widerrechtlich" war.

Zutreffend geht das Berufungsgericht davon aus, daß nach den Grundsätzen des internationalen Privatrechts diese Frage nach dem Heimatrechte (der Staatsangehörigkeit) des Beklagten zu beurteilen ist (vgl. v. Bar, Theorie Bd. 1 S. 290; v. Gierke, Deutsch. Privatrecht Bd. 1 S. 223; v. Meili, Intern. Ziv.- u. Handelsrecht S. 257; RGZ. Bd. 29 S. 127; Seuff. Arch. Bd. 45 Nr. 264).

Die in der Literatur vertretene abweichende Auffassung (vgl. Zitelmann, Intern. Privatrecht Bd. 1 S. 138, Bd. 2 S. 819), wonach das Gebietsstatut entscheiden soll, ist vom Standpunkte des positiven deutschen internationalen Privatrechts abzulehnen. Die Vorschriften der Art. 7 flg. EG. z. BGB. sind von dem Gedanken beherrscht, daß das Personalstatut als Regel und das Gebietsstatut (Art. 28) als Ausnahme anzusehen ist. Eine analoge Anwendung der in Art. 28 getroffenen Regelung auf das Namensrecht kann nicht schon damit gerechtfertigt werden, daß dieses Recht ebenso wie die dinglichen Rechte mit dem negatorischen Schutze ausgestattet ist.

Ist nach Vorstehendem das Schweizer Recht für die Frage nach dem Rechte des Beklagten zur Anwendung zu bringen, so ist die weitere Annahme des Berufungsgerichts, daß sich in der Schweiz ein Gewohnheitsrecht gebildet habe, wonach den dortigen Staatsangehörigen ganz allgemein die Berechtigung zustehe, den Namen ihrer Ehefrauen als Zusatznamen mit einem Trennungsstrich ihrem eigenen Namen beizufügen und diesen Gesamtnamen nunmehr als „Ehenamen" zu führen, in diesem Rechtszug unangreifbar (§ 549 ZPO.).

Es fragt sich nur noch, ob Art. 30 EG. der Anwendung des Schweizer Rechtes entgegensteht. Nach der Auslegung, die das Reichsgericht ständig dieser Bestimmung gegeben hat, muß die Frage verneint werden. Denn es kann nicht angenommen werden, daß der Gebrauch des Namens in Deutschland so, wie er vom Kläger behauptet ist, geeignet sein würde, die Grundlagen des deutschen staatlichen oder wirtschaftlichen Lebens anzugreifen (RGZ. Bd. 60 S. 296, Bd. 93 S. 182).

Rechtlich und prozessual nicht zu beanstanden sind auch die weiteren Ausführungen des Berufungsgerichts, mit denen auf Grund des unstreitigen Sachverhalts die schlüssige Darlegung eines schuldhaften Verhaltens verneint ist. Nachdem der Kläger sich auf den Boden der Tatsachen gestellt hatte, aus denen der Beklagte seine Befugnis zum Gebrauche des Doppelnamens auch in Deutschland herleitete, mußte er, um die Zuständigkeit des angerufenen Gerichts zur Zeit der Urteilsfällung zu begründen, weitere Tatsachen angeben, die geeignet waren, die Schlußfolgerung zuzulassen, daß der Beklagte selbst nicht an eine ihm nach Schweizer Recht zustehende Befugnis geglaubt oder wenigstens an dieser gezweifelt habe. Die in dieser Richtung vom Kläger angegebenen Tatsachen hat das Berufungsgericht geprüft, aber aus tatsächlichen Erwägungen für unschlüssig erachtet, die einen Rechtsirrtum nicht erkennen lassen.

Unbegründet ist endlich der Revisionsangriff, das Berufungsgericht habe den § 360 Nr. 8 StGB. übersehen. Die Zulässigkeit des Rechtswegs für eine auf diese Vorschrift gestützte Klage auf Unterlassung der Führung des Adelsprädikats kann freilich nicht schon deshalb verneint werden, weil die Zugehörigkeit zum Adel eine Frage des öffentlichen Rechtes ist (Jur. Wochenschr. 1901 S. 173 Nr. 36; Urteil des RG. v. 24. Juni 1909 IV 533/08 u. a.). Denn damit wird die Nachprüfung im ordentlichen Rechtswege nicht ausgeschlossen, wenn auf Unterlassung geklagt wird und jene Frage daher nur als Inzidentpunkt für die Entscheidung in Betracht kommt. Allein zur Schlüssigkeit einer solchen Klage würde mindestens die Behauptung gehören, daß der Beklagte sich mit dem Gebrauche des Namens die Zugehörigkeit zum preußischen Adel anmaße, und auch der Klagantrag müßte erkennen lassen, daß die Unterlassung einer solchen Anmaßung begehrt wird. Im übrigen würde in Frage kommen, ob — sofern es sich hier überhaupt um ein „Schutzgesetz" im Sinne des § 823 Abs. 2 handelt — für eine auf Unterlassung gerichtete Klage wegen Verletzung eines solchen Schutzgesetzes das erforderliche Rechtsschutzbedürfnis gegeben ist (vgl. RGZ. Bd. 77 S. 217, Bd. 88 S. 129, Bd. 91 S. 265), und ob daher die Abweisung der Klage in diesem Falle zwar nicht wegen mangelnder Zuständigkeit, wohl aber wegen Mangels jener anderweiten gleichartigen Prozeßvoraussetzung aufrecht zu erhalten wäre."

---

90. 1. Zur Auslegung der in einer Seeversicherungspolice enthaltenen Klausel „die Versicherung deckt auch die direkte Kriegsgefahr, als Wegnahme, Beschädigung oder Zerstörung der Güter durch Kriegsschiffe, Kaper, Torpedos oder Seeminen."

2. Was ist unter „direkter" Kriegsgefahr zu verstehen?

3. Deckt eine Güterversicherung auch den Erlös, der für die versicherten Güter erzielt wird?

4. Zu den Begriffen „Nehmung" (Beschlagnahme) und „Wegnahme".

HGB. §§ 849, 848; Allg. SVB. von 1867 §§ 101, 100.

I. Zivilsenat. Urt. v. 26. März 1919 i. S. F., Allg. Vers.-Akt.-Ges. (Bekl.) w. K. Malzkaffee-Fabriken (Kl.). Rep. I. 262/18.

I. Landgericht I Berlin, Kammer für Handelssachen.
II. Kammergericht daselbst.

Die Klägerin hat bei der Beklagten einen Posten Gerste versichert, der auf dem englischen Dampfer „Trevalgan" von Odessa nach Rotterdam unterwegs war. Der Versicherung sind die Allgemeinen Versicherungsbedingungen der Beklagten für den Seetransport und daneben noch besondere Bedingungen, die in der Police verzeichnet waren, zugrunde gelegt worden, darunter folgende Klausel:

„Die Versicherung deckt auch die direkte Kriegsgefahr, als Wegnahme, Beschädigung oder Zerstörung der Güter durch Kriegsschiffe, Kaper, Torpedos oder Seeminen. Jedoch haftet der Versicherer nicht für die Kosten, welche entstehen aus dem freiwilligen Aufenthalt wegen Kriegsgefahr, aus der Anhaltung, der Blockade des Aufenthaltshafens, der Zurückweisung von einem blockierten Hafen, der Ausladung, Lagerung und Weiterbeförderung der Güter wegen Kriegsgefahr ... und ferner nicht für den Verderb und Verminderung der Güter sowie für andere Schäden, die während der infolge der Kriegsgefahr stattfindenden Ausladung und Lagerung der Güter eintreten. Das Risiko für den Versicherer beginnt erst mit der erfolgten Einladung in den Dampfer und endet unter allen Umständen in dem Augenblick, in dem die Güter im Bestimmungshafen an das Land gelangen."

Der Dampfer „Trevalgan" änderte nach Kriegsausbruch seine ursprüngliche Reise insofern, als er am 11. August 1914 nach London fuhr, von dort am 16. August 1914 wieder auslief und am 18 August 1914 in Barry bei Cardiff ankam. Die versicherte Gerste wurde in London oder Barry gelöscht und in England verkauft. Der Erlös wurde zunächst bei einer englischen Bank für Rechnung, wen es angeht, hinterlegt, später aber nebst den aufgelaufenen Zinsen von den englischen Behörden beschlagnahmt und durch englische Prisengerichtsurteile für gute Prise erklärt. Die Klägerin behauptet Totalverlust im Sinne von § 36 der „Allgemeinen Versicherungsbedingungen für den Seetransport" und verlangt Zahlung eines Teiles der Versicherungssumme. Die Beklagte behauptet, daß ein durch die Versicherung gedeckter Schade nicht vorliege.

Beide Vorinstanzen gaben der Klage statt. Auf die Revision der Beklagten wurde das Berufungsurteil aufgehoben und die Sache in die Berufungsinstanz zurückverwiesen.

Gründe:

„1. Zutreffend führt das Berufungsgericht aus, daß die hier maßgebliche Kriegsklausel der Seeversicherungspolice jede „Gefahr" deckt, die als „direkte Kriegsgefahr" im Sinne der genannten Klausel anzusehen ist. Die Bedeutung des Wortes „als" vor einer Aufzählung von Einzelfällen kann verschieden sein. Es kann damit die nachfolgende Aufzählung als erschöpfend bezeichnet werden sollen, es kann aber auch diese Aufzählung nur als Anführung von Beispielen gemeint sein, die eine Ergänzung gestattet. Das letztere ist in einem Falle der hier vorliegenden Art nach dem gewöhnlichen Sprachgebrauch anzunehmen, wonach in solchem Zusammenhange das Wort „als“ nichts anderes bedeutet wie „und zwar“ in dem vom Reichsgericht in RGZ. Bd. 90 S. 325 erörterten Sinne. Der Versicherer hätte, wenn er dem Worte „als“ eine andere als diese Bedeutung beigelegt wissen wollte, dies deutlich in der von ihm verfaßten Policeklausel zum Ausdruck bringen müssen. Es kommt hinzu, daß in dem nachfolgenden, mit dem Worte „jedoch“ eingeleiteten Satze der Klausel eine Reihe von Einzelfällen aufgezählt ist, die von der Kriegsversicherung nicht gedeckt sein sollen, was ganz überflüssig sein würde, wenn die in dem vorhergehenden Satze mit den Worten „Wegnahme, Beschädigung oder Zerstörung der Güter durch Kriegsschiffe, Kaper, Torpedos oder Seeminen“ vorgenommene Aufzählung erschöpfend wäre (vgl. auch RGZ. Bd. 90 S. 326). Zu Unrecht nimmt die Revision nach dieser Richtung hin Bezug auf die Entscheidung des Reichsgerichts in RGZ. Bd. 92 S. 414, da die dort behandelte Klausel anstatt des hier fraglichen Wortes „als“ die einen anderen Sinn ausdrückenden Worte „bestehend in“ enthält.

2. Bei Prüfung der Frage, was als „direkte Kriegsgefahr“ im Sinne der Police anzusehen ist, ist zu beachten, daß es sich hier nicht um einen im Seeversicherungsrechte grundsätzlich festgelegten Begriff handelt. Insbesondere wird weder in den einschlägigen Vorschriften des Handelsgesetzbuchs, die nach Art. 48 der „Allgemeinen Versicherungsbedingungen für den Seetransport“ subsidiär heranzuziehen sind, noch auch in den Allg. Seeversicherungsbedingungen von 1867 der Begriff der „direkten Kriegsgefahr“ als solcher erwähnt. Anderseits rechtfertigt der Umstand, daß die in der Police als „direkte Kriegsgefahr“ aufgezählten Beispiele nur kriegerische Handlungen durch Seestreitkräfte oder Seekriegsmittel betreffen, nicht — wie die Revision will — den Schluß, daß auch nur solche Handlungen als „direkte Kriegsgefahr“ im Sinne des Versicherungsvertrags zu gelten haben. Dagegen spricht schon, daß zu den Maßnahmen, die ihrem Wesen nach in erster Linie als direkte Kriegsgefahr erscheinen, die Beschlagnahme durch kriegführende Mächte zwecks Konfiskation und diese Konfiskation selbst gehören, die erstere aber, wie auch im deutschen Prisenrecht anerkannt ist (vgl. z. B. Deutsche Prisengerichtsordnung vom 15. April 1911 § 23), nicht nur auf See und durch Seestreitkräfte, sondern auch am Lande und durch Landtruppen, Hafenbehörden usw. erfolgen kann, und die letztere Sache richterlicher Behörden ist (vgl. auch RGZ. Bd. 90 S. 326). Dagegen sprechen aber auch die im zweiten, mit „jedoch“ eingeleiteten Satze der fraglichen Kriegsklausel aufgezählten Ausnahmen. Diese betreffen keineswegs nur durch Seestreitkräfte vorgenommene kriegerische Handlungen und hätten anderseits als Ausnahmen nicht besonders erwähnt

zu werden brauchen, wenn sie nicht an sich als Fälle „direkter Kriegsgefahr" im Sinne des Vertrags anzusehen wären. Diese Ausnahmen lehnen sich nun durchweg an diejenigen Fälle an, welche im § 849 HGB. und im § 101 Allg. SVB. von 1867 zu den Schäden gerechnet werden welche „zunächst durch Kriegsgefahr" verursacht sind, und welche in der Entscheidung vom 29. November 1916 RGZ. Bd. 89 S. 140 als „unmittelbar durch die Kriegsgefahr" verursachte Schäden, bei denen die Kriegsgefahr „die causa proxima des Schadens war" (vgl. auch RGZ. Bd. 67 S. 255) bezw. eine „typische" Kriegsgefahr im Gegensatze zur typischen Seegefahr vorlag, den in § 848 HGB., § 100 Allg. SVB. behandelten, „mittelbar" durch Kriegsgefahr verursachten Schäden gegenübergestellt werden. Danach rechtfertigt es sich, als durch „direkte Kriegsgefahr" im Sinne der hier fraglichen Police verursachte Schäden solche anzusehen, welche im § 849 HGB. (§ 101 Allg. SVB.) als „die zunächst durch Kriegsgefahr verursachten Schäden" bezeichnet sind und wovon die dort gemachten Aufzählungen von Einzelfällen besonders hervorstechende Beispiele hervorheben (vgl. auch Urt. des RG. v. 19. Mai 1917 I 26/17; Sieveking, Seeversicherungsrecht § 849 Anm. 8). Es mag sein, daß eine solche Schlußfolgerung nicht in allen Fällen gezogen werden kann, wo in einer Seeversicherungspolice die „direkte Kriegsgefahr" erwähnt wird, wie z. B. in der in RGZ. Bd. 90 S. 325 behandelten Police die Einleitung der Aufzählung der nicht mitversicherten Ausnahmefälle durch das Wort „infolgedessen" auf eine andere Auslegung hinweist. Dies ändert aber nichts an der Berechtigung der für den gegenwärtigen Spezialfall vertretenen Auslegung.

3. Die hier maßgebliche Police bezeichnet sich als eine solche „auf Güter", und als Gegenstand der Versicherung sind daselbst ausdrücklich die hier fraglichen Güter bezeichnet worden. Diese Güter sind, wie zwischen den Parteien unbestritten und auch der Entscheidung des Berufungsgerichts zugrunde gelegt ist, in England aus dem Dampfer „Trevalgan" ausgeladen und verkauft worden; der Erlös ist hinterlegt und späterhin auf Grund eines in England eingeleiteten prisengerichtlichen Verfahrens kondemniert worden. Das Berufungsgericht meint, es könne dahingestellt bleiben, unter welchen Umständen die Güter nach England geschafft sind und wie es zu ihrem Verkauf daselbst gekommen ist. Denn jedenfalls sei eine direkte Kriegsgefahr in dem hier maßgeblichen Sinne dadurch gegeben, daß der hinterlegte Erlös der Güter beschlagnahmt und durch ein in England erfolgtes prisengerichtliches Verfahren kondemniert sei. Der Verkauf der Ware sei nicht etwa die vermittelnde Ursache für die Kondemnation des Erlöses gewesen, vielmehr habe sich durch den fraglichen Verkauf nur der Gegenstand der Kondemnation geändert.

Diesen Ausführungen kann nicht beigetreten werden. Sie finden weder in den Spezialvorschriften des vorliegenden Versicherungsvertrags noch in den subsidiär anwendbaren Vorschriften des Handelsgesetzbuchs eine Stütze. Zwar ist nach den Grundsätzen des Seeversicherungsrechts als versicherter Gegenstand nicht die Sache selbst, sondern das Interesse des Versicherungsnehmers an der Sache anzusehen (RGZ. Bd. 83 S. 168; Sieveking § 779 Anm. 15). Dies ändert aber nichts daran, daß es hier für die Frage, ob ein Versicherungsfall im Sinne der Police vorliegt oder nicht, ausschließlich auf das Schicksal der versicherten Güter selbst ankommt (vgl. jedoch auch § 859 HGB.). Es ist daher, da nach der Sachlage weder ein Abandon im Sinne von Art. 38, 39 der Allgemeinen Versicherungsbedingungen für den Seetransport noch auch Kosten usw. im Sinne von § 849 Abs. 2 HGB., § 101 Abs. 2 Allg. SVB. in Frage kommen, zu prüfen, ob ein Totalverlust der Güter im Sinne von Art. 36 der gen. Allgemeinen Versicherungsbedingungen für den Seetransport, etwa durch ihren Verkauf in England oder auf andere Weise, eingetreten und gegebenenfalls, ob dieser Totalverlust von der Beklagten zu vertreten ist. Dafür ist von maßgeblicher Bedeutung, wie die Ware nach England gekommen und dort zum Verkauf gebracht worden ist.

4. Die in Art. 2 der Allgemeinen Bedingungen erfolgte Freizeichnung „von Kriegsmolest" sowie von demjenigen „Schaden, welcher durch Verfügung von hoher Hand, Weg- oder Beschlagnahme seitens irgendeiner Macht oder Behörde . . . verursacht wird," geht nur so weit, als nicht die besonders vereinbarte Kriegsklausel eingreift.

Anderseits fällt eine „notgedrungene Änderung der Reise" trotz der Vorschrift in Art. 1 der Allgemeinen Bedingungen dann nicht unter die Versicherung, wenn sie auf Kriegsmolest zurückzuführen ist, ohne daß ein Fall der „direkten Kriegsgefahr" im Sinne der mehrerwähnten Policenklausel vorliegt. Dabei ist folgendes zu berücksichtigen.

In den Urteilen des Reichsgerichts vom 16. Juni 1917 RGZ. Bd. 90 S. 327 und vom 14. Februar 1917 I 167/16 ist zutreffend ausgeführt, daß in der bei Ausbruch des gegenwärtigen Krieges von der britischen Admiralität den englischen Schiffen erteilten Weisung, britische Häfen anzulaufen, eine Nehmung (Beschlagnahme, Wegnahme — hier gemeint im engeren Sinne, nicht im Sinne der durch richterliche Behörden auszusprechenden Konfiskation, Kondemnation, Einziehung) der an Bord befindlichen Güter nicht erblickt werden kann. Dies hindert aber nicht, eine solche amtliche Weisung als ein wesentliches Moment heranzuziehen bei Prüfung der Frage, ob eine — nach obigem nicht auf Beschlagnahme beschränkte — „direkte Kriegsgefahr" im Sinne der Police und ein dadurch verursachter Schade vorliegt. Ferner würde in dem Falle, wo das Schiff nicht gemäß Art. 1 der Allgemeinen Versicherungsbedingungen für den Seetransport, sondern zur Vermeidung der Kriegsgefahr von seinem Wege nach einem neutralen Hafen abgewichen und in einen englischen Hafen eingelaufen sein sollte, zwar im Prinzip gemäß § 848 HGB. ein von der hier fraglichen Versicherung nicht gedeckter „Kriegsmolest“ vorliegen. Dieses Prinzip würde aber durchbrochen sein, wenn der etwaige Kriegsmolest als „direkte Kriegsgefahr“ in dem oben dargelegten Sinne anzusehen sein sollte. Dabei würde nicht nur ein direkter Zwang der britischen Behörden, sondern auch entsprechend den in der Entscheidung des Reichsgerichts vom 19. Mai 1917 I 26/17 dargelegten Grundsätzen der Fall in Betracht kommen, wo etwa das Schiff, um die Gefahr der Aufbringung (die allerdings für ein englisches Schiff in der fraglichen Gegend damals nicht besonders naheliegend gewesen sein dürfte) zu vermeiden, die Reise in den neutralen Hafen aufgegeben hat. Schließlich würde auch unter Umständen ein mit dem Kriege zusammenhängender zwangsweiser Verkauf der Güter in England von Bedeutung sein können und zwar auch dann, wenn die Verbringung der Güter dahin für sich allein von der Versicherung nicht gedeckt sein sollte.“ ...

---

91. Ist es trotz der Vorschrift in § 2065 BGB. zulässig, einen Nacherben unter der aufschiebenden oder auflösenden Bedingung einzusetzen, daß der Vorerbe nicht anders über den Nachlaß verfügt, und dem Nacherben unter einer solchen Bedingung Vermächtnisse aufzuerlegen?

IV. Zivilsenat. Urt. v. 16. April 1919 i. S. preuß. Staat (Bekl.) w. L. L. als Testamentsvollstrecker der Witwe F. L. (Kl.). Rep. IV. 58/19.

I. Landgericht Hannover.
II. Oberlandesgericht Celle.

In seinem am 14. Februar 1905 errichteten Testament ernannte F. L. seine Frau zur Vorerbin und unter der Voraussetzung, daß diese nicht eine anderweite letztwillige Verfügung treffe, seine Nichte E. L. zur Nacherbin. Er befreite die Vorerbin in dem höchsten zulässigen Umfange von den Beschränkungen und Verpflichtungen des Bürgerlichen Gesetzbuchs, erklärte sie zur freien Verfügung über die Erbschaft für berechtigt und fügte hinzu, sie solle auch befugt sein, durch letztwillige Verfügung über die Erbschaft anders, als in diesem Testamente geschehen sei, zu verfügen oder Zusätze zu dem Testament zu machen. Der Nacherbin legte er für den Fall, daß sie zur Nacherbfolge gelange, die Verpflichtung auf, Neffen und Nichten von ihm sowie Geschwisterkindern und Geschwisterenkeln der Frau je 10000 ℳ als Vermächtnis auszuzahlen.

Nach seinem und der Vorerbin Tode kam es zwischen den Parteien wegen der Erbschaftssteuer zum Prozeß, in dem das Oberlandesgericht ein dem Beklagten ungünstiges Urteil erließ. Die Revision des Beklagten wurde zurückgewiesen.

Aus den Gründen:

„Das Oberlandesgericht erörtert zunächst die Frage, ob es etwa gegen die Vorschrift in § 2065 BGB. verstieß, wenn der Ehemann L. seine Nichte E. L. unter der Voraussetzung zu seiner Nacherbin ernannte, daß seine als Vorerbin eingesetzte Frau nicht eine anderweite letztwillige Verfügung errichte, und wenn er weiter bestimmte, die Frau solle berechtigt sein, durch letztwillige Verfügung über die Erbschaft anders, als in diesem Testamente geschehen sei, zu verfügen oder Zusätze zu diesem Testamente zu machen. Wäre die Frage zu bejahen, so ... würden die Anordnungen des Ehemannes L. der Rechtswirksamkeit entbehren. Das Oberlandesgericht verneint aber die Frage ... und hält die getroffene Regelung der Nachfolge in das Vermögen für zulässig. Sie widerspreche, so sagt es, dem § 2065 nach dem Grundgedanken, dem diese Vorschrift dienen solle, nicht, sondern mache die Verfügung des Erblassers insoweit zulässigerweise von der auflösenden Bedingung einer anderweiten Verfügung durch Testament der Vorerbin abhängig.

Die Annahme des Oberlandesgerichts, daß F. L. seine Nichte unter einer auflösenden Bedingung zur Nacherbin eingesetzt habe, nennt die Revision unmöglich, die der überlebenden Ehefrau beigelegte Befugnis zur letztwilligen Verfügung über den Nachlaß erscheint ihr mit deren Stellung als Vorerbin unvereinbar. Sie folgert daraus, daß die Witwe als Vollerbin anzusehen sei; höchstens, meint sie, könne die Nichte als unter einer aufschiebenden Bedingung von ihrem Onkel zur Nacherbin berufen gelten.

Die Rüge ist unbegründet. Daß es trotz der Vorschrift in § 2065 (über dessen Sinn und Bedeutung vgl. Motive Bd. 5 S. 30, 35, 41 und Protokolle Bd. 5 S. 15flg., insbes. S. 19) zulässig ist, einen Nacherben unter der — sei es aufschiebenden, sei es auflösenden — Bedingung einzusetzen, daß der Vorerbe nicht anders über den Nachlaß verfüge, hat der erkennende Senat nicht nur in dem vom Oberlandesgericht angeführten Urteile Jur. Wochenschr. 1910 S. 820 Nr. 42, sondern auch in dem gerade den Fall einer auflösenden Bedingung behandelnden Urteile vom 13. Dezember 1915 IV 255/15 ausgesprochen. Der Ansicht des Senats hat sich das Bayerische Oberste Landesgericht angeschlossen (Sammlung von Entsch. Bd. 17 Abt. A S. 18); sie wird auch in der Rechtslehre meist vertreten. Ihr steht das Urteil des VII. Zivilsenats vom 10. Januar 1919 VII 301/1918, auf das sich die Revision beruft, nicht entgegen. Dort ist lediglich gesagt, es werde nur unter besonderen Umständen Raum für die Auffassung sein, daß die Anordnung einer Nacherbschaft vorliege, die unter die Bedingung gestellt sei: wenn der Vorerbe eine Verfügung von Todes wegen unterlasse. Die rechtliche Möglichkeit einer solchen Anordnung ist also auch dort anerkannt. Eher könnte die Revision das Urteil RGZ. Bd. 79 S. 32 für ihre Ansicht ins Feld führen. Der damals entschiedene Fall lag aber immerhin anders als der jetzt zu entscheidende. Wie es sich damit indes auch verhalten möge, jedenfalls ist an dem in den Urteilen vom 16. Juni 1910 und 13. Dezember 1915 ausgesprochenen Grundsatze festzuhalten. Hat der Vorerbe die Befugnis, die Berufung des Nacherben durch letztwillige Verfügung in Wegfall zu bringen, so bleibt allerdings bis zum Tode des Vorerben bei einer aufschiebenden Bedingung zweifelhaft, ob der Nacherbe dereinst wirklich zur Nacherbschaft gelangt oder nicht, und bei einer auflösenden Bedingung ungewiß, ob er Nacherbe bleibt oder nicht. Allein eine solche Ungewißheit ist bei bedingten letztwilligen Zuwendungen regelmäßig vorhanden. Trotzdem läßt das Gesetz die Einsetzung auch des Nacherben unter einer aufschiebenden Bedingung sogar ausdrücklich zu (§ 2108 Abs. 2 Satz 2); ebensowenig ist an der Zulässigkeit der Einsetzung auch des Nacherben unter einer auflösenden Bedingung zu zweifeln (vgl. § 2075). Dadurch allein, daß dem Vorerben vom Erblasser die Befugnis beigelegt ist, die Berufung des Nacherben durch letztwillige Verfügung zu beseitigen, wird er noch nicht zum Vollerben. Er bleibt vielmehr durch die angeordnete Nacherbschaft so lange in seinem Erbrechte beschränkt, als nicht mit seinem Ableben gewiß wird, daß er eine die Nacherbschaft beseitigende Verfügung von Todes wegen getroffen hat. Auch das ist in den Senatsurteilen vom 16. Juni 1910 und 13. Dezember 1915 bereits ausgesprochen. Ist es hiernach trotz der Vorschrift in § 2065 zulässig, einen Nacherben auch unter der auflösenden Bedingung einzusetzen, daß der Vorerbe nicht anders über den Nachlaß verfügt, so kann für die Anordnung von Vermächtnissen, die dem Nacherben unter einer derartigen Bedingung auferlegt sind, nichts anderes gelten. Im Streitfall ist es übrigens, wenn die Vorerbin keine anderweite letztwillige Verfügung getroffen hat, im Ergebnis gleichgültig, ob man die Bedingung als auflösende oder als aufschiebende ansieht."...

---

92. Kann der Rechtsstreit auch noch in der Berufungsinstanz an das zuständige Gericht verwiesen werden?

ZPO. § 505; Bekanntm. zur Entlastung der Gerichte vom 9. September 1915 § 27.

IV. Zivilsenat. Urt. v. 16. April 1919 i. S. B. (Kl.) w. B. (Bekl.). Rep. IV. 45/19.

I. Landgericht III Berlin.
II. Kammergericht daselbst.

Die Frage ist bejaht worden aus folgenden

Gründen:

... „Schon vor dem Erlaß der Bekanntmachung vom 9. September 1915 war es streitig, ob auf Grund des § 505 ZPO. in der Berufungsinstanz eine Verweisung an das zuständige Gericht ausgesprochen werden könne. Für die Verneinung der Frage berief man sich auf § 523 ZPO., wonach auf das Verfahren vor dem Berufungsgerichte nur die in erster Instanz für das Verfahren vor den Landgerichten geltenden Vorschriften entsprechende Anwendung fänden, während der § 505 nur im Verfahren vor den Amtsgerichten gelte (Stein, Bem. zu § 523, Noten 42, 44 zu § 505 ZPO.; Seuffert in Buschs Zeitschr. Bd. 40 S. 200; a. M. Skonietzki-Gelpcke, Bem. 7 zu § 505).

Aber wenn auch die Frage nach dem früheren Rechte verneint werden müßte, so hat doch diese Rechtslage durch § 27 jener Verordnung eine Änderung erfahren. Denn danach soll § 505 ZPO. auch im landgerichtlichen Verfahren gelten. Er muß deshalb nach § 523 auch in der Berufungsinstanz angewendet werden, es sei denn, daß sich aus § 27 der Verordnung selbst oder aus den Vorschriften der Zivilprozeßordnung über die Berufung etwas Abweichendes ergibt. Keines von beiden ist der Fall.

Zunächst steht § 27 Satz 2 der Anwendung des § 505 ZPO. in der Berufungsinstanz nicht im Wege. Er bedeutet bei der gemäß § 523 ZPO. stattfindenden „entsprechenden" Anwendung, daß das Verfahren vor dem angegangenen erstinstanzlichen Gericht und demjenigen, an das die Sache verwiesen wird, eine Instanz bildet. Es gilt also ganz dasselbe, was in § 31 GKG. für den Fall vorgeschrieben ist, daß eine Sache zur anderweiten Verhandlung an das untere Gericht zurückverwiesen wird (§§ 538, 539, 565 ZPO.). Entsprechend ist bei einer in der Berufungsinstanz erfolgenden Entscheidung unter dem „angegangenen" Gericht im Sinne des § 505 Abs. 3 ZPO. nur das Gericht erster Instanz, nicht etwa auch das Berufungsgericht zu verstehen.

Auch aus den besonderen für die Berufung gegebenen Vorschriften ist kein Bedenken gegen die Anwendbarkeit des § 27 VO. und des § 505 ZPO. in zweiter Instanz zu entnehmen. Grundsätzlich muß allerdings die Berufungsinstanz ebenso wie die erste (§ 300) mit einem

Endurteile schließen. Das gilt auch, wenn es sich nur um die Frage der Zuständigkeit handelt (§§ 275, 528 ZPO.). Daran wird indes bei Anwendung des § 27 in zweiter Instanz nichts geändert. Das Urteil des Landgerichts muß, soweit es die Abweisung der Klage ausspricht, aufgehoben werden. Das kann nur durch Urteil geschehen. Mit der Aufhebung ist aber für das Berufungsgericht freie Bahn für die Anwendung des § 27 VO. in Verb. mit § 505 ZPO. geschaffen. Ebenso wie § 300 für die erste Instanz eine Einschränkung erfahren hat, gilt Entsprechendes für die zweite. Sachlich ohne Bedeutung ist es, ob man demjenigen Teile der Entscheidung, durch den die Verweisung ausgesprochen wird, die rechtliche Natur eines Beschlusses beilegt, oder ob man ihn mit Rücksicht auf die im § 523 ZPO. nur vorgeschriebene „entsprechende" Anwendung als Bestandteil des Urteils ansehen will. Jedenfalls muß die Anwendung des § 505 Abs. 2 ZPO. zu dem Ergebnis führen, daß die ganze Entscheidung, also nicht nur die Verweisung selbst, sondern auch das über die Zuständigkeitsfrage ergehende Urteil unanfechtbar ist. Sonst würde auch der Zweck des § 27 VO., eine tunlichste Abkürzung des Verfahrens herbeizuführen, nicht erreicht. Der Ausschluß eines Rechtsmittels gegen Urteile, die über die Zuständigkeit entscheiden, ist in der Prozeßordnung auch nichts Ungewöhnliches (§§ 10, 549 Abs. 2 ZPO.).

Das Berufungsgericht meint, der § 523 könne die Anwendung des § 27 VO. nicht rechtfertigen. Denn erstere Bestimmung sei getroffen, als die andere (§ 27) noch gar nicht in Betracht gekommen sei, und diese letztere Bestimmung wolle lediglich das Verfahren vor den Landgerichten und nicht auch dasjenige in der Berufungsinstanz regeln. Das Berufungsgericht verkennt damit die Tragweite des § 27. Die Verordnung hat nicht, wie das Berufungsgericht annimmt, die Bedeutung eines selbständig neben der Zivilprozeßordnung stehenden Gesetzes, sondern sie greift organisch in die Vorschriften der Zivilprozeßordnung ein, ändert diese und wird damit selbst ein Bestandteil der Zivilprozeßordnung. Wenn man also heute auf Grund des § 523 ZPO. prüfen will, welche Vorschriften für das Verfahren vor den Landgerichten gelten, muß man den § 27 VO. berücksichtigen.

Das weitere Bedenken des Berufungsgerichts, es sei mit der ganzen Gestaltung des Verfahrens nach der Zivilprozeßordnung nicht vereinbar, daß bei Anwendung des § 27 auf das Berufungsverfahren die Aufhebung des erstinstanzlichen Urteils durch Beschluß erfolge, erledigt sich durch das vorstehend darüber Gesagte.

Bei Billigung der Auffassung des Berufungsgerichts würde schließlich auch, wie die Revision mit Recht geltend macht, der Zweck des § 27 VO. nur in unvollkommener Weise erreicht, der dahin ging, die weitläufigen Streitigkeiten über die Zuständigkeit, die häufig mehrere

Instanzen durchlaufen und schließlich ohne sachliche Entscheidung mit einer Zurücknahme oder Abweisung der Klage enden, zu vermeiden....

Die Entscheidung des Berufungsgerichts beruht hiernach auf einer Verletzung des § 27 VO. und des § 505 ZPO. Aus §§ 557, 565 Abs. 3 Nr. 1 ZPO. ergibt sich, daß auch in dieser Instanz noch die Verweisung an das zuständige Landgericht ausgesprochen werden kann.

Es erscheint auch zulässig, im Revisionsurteil über die Kosten der Berufung und Revision zu entscheiden. Sie gehören zu den „Mehrkosten", d. h den durch die Erhebung der Klage bei dem unzuständigen Gerichte veranlaßten Kosten, die nach § 505 Abs. 3 ZPO. grundsätzlich den Kläger treffen.

Da der Kläger bereits in der Berufungsinstanz hilfsweise den Antrag gestellt hat, den Rechtsstreit an das zuständige Gericht zu verweisen, erschien es angemessen, von der Vorschrift des § 6 GKG. Gebrauch zu machen."

---

93. 1. Kann der Anspruch des Verletzten auf die Leistungen der gesetzlichen Unfallversicherung als „sonstiges Recht" im Sinne des § 823 Abs. 1 BGB. angesehen werden?
2. Unfall eines Jugendlichen im landwirtschaftlichen Betrieb?
3. Unterlassung der Unfallanzeige seitens des Betriebsunternehmers.

Unfallversicherungsges. f. Land- u. Forstwirtschaft vom 5. Juli 1900 §§ 146, 7, 70.

VI. Zivilsenat. Urt. v. 28. April 1919 i. S. H. u. Gen. (Kl.) w. J. (Bekl.). Rep. VI. 34/19.

I. Landgericht Frankfurt a. O.
II. Kammergericht Berlin.

Am 1. August 1912 ist der Kläger Max H., damals etwa 13jährig, dadurch körperlich verletzt worden, daß er, in Gemeinschaft mit dem ersteheIichen Sohne der Beklagten Karl K. an der Häckselmaschine der Beklagten sich betätigend, die linke Hand an die Messer der — nicht mit einer Messerverkleidung versehenen — Maschine brachte.

Das Berufuugsgericht hat die Klage auf Grund des Unfallversicherungsgesetzes für Land- und Forstwirtschaft vom 5. Juli 1900 § 146, soweit sie auf Schmerzensgeld gerichtet war, vollständig abgewiesen und im übrigen nur Ersatz für die ersten dreizehn Wochen nach dem Unfall zuerkannt. Die Revision des Klägers blieb ohne Erfolg.

Aus den Gründen:

„Die Revision hat zunächst zur Nachprüfung gestellt, ob die Annahme des Berufungsgerichts zutreffe, daß der Unfall des Klägers Max H. sich im landwirtschaftlichen Betriebe der Beklagten ereignet habe. Die Ausführung des Berufungsgerichts, daß die Betätigung des Verletzten an der Maschine keine bloß spielartige, tändelnde gewesen und daß sie mit Einwilligung der Beklagten geschehen sei, bewegt sich ausschließlich auf tatsächlichem Gebiet, ist insoweit der Nachprüfung in der Revisionsinstanz entzogen und trägt die Entscheidung, wonach der Verletzte seines jugendlichen Alters ungeachtet als Arbeiter im Betriebe der Beklagten verunglückt ist. (Für die zutreffend vom Berufungsgericht angeführte Rechtsprechung des Reichsversicherungsamtes — Amtl. Nachr. 1899 S. 774 und 1901 S. 420 — sei weiter noch auf das Handbuch der Unfallversicherung 3. Aufl. Bd. 2 S. 15 unter b und auf Breithaupt, Rechtspr. des RVA., S. 432flg. unter Nr. 3 bis 12 verwiesen. Vgl. auch RGZ. Bd. 66 S. 42.) Gemäß § 146 landw. UVG. war daher die Haftung der Beklagten wie geschehen einzuschränken.

Auch soweit die Klage auf das Verhalten der Beklagten nach dem Unfall, im besonderen auf die Unterlassung der in § 70 das. vorgeschriebenen Unfallanzeige, gestützt ist, war dem Berufungsgerichte darin beizutreten, daß nach den gegebenen Umständen, insbesondere bei der Zweifelhaftigkeit der Rechtslage, der Beklagten diese Unterlassung nicht als Verschulden im Sinne des BGB. §§ 276, 823 anzurechnen ist. Hiernach kann unerörtert bleiben, ob jene Vorschrift überhaupt als ein den Schutz des Verunglückten bezweckendes Gesetz im Sinne des § 823 Abs. 2 BGB. angesehen werden könnte (vgl. dagegen Warneyer 1909 Nr. 227). Daß, wie die Revision meint, auch der Abs. 1 des § 823 anwendbar sei, trifft nicht zu. Dafür, daß die durch den Unfall eingetretene Verletzung des Körpers und der Gesundheit durch das dem Unfall nachgefolgte Verhalten der Beklagten ungünstig beeinflußt worden wäre, liegt nichts vor. Und daß aus dem Verhalten der Beklagten ein schädigender Eingriff in das durch den Unfall an und für sich entstandene Recht des Verunglückten auf die Leistungen der gesetzlichen Unfallversicherung entnommen werden könnte, kann der Klage nicht zur Stütze dienen. Nach fester Rechtsprechung des Reichsgerichts (Komm. v. RGR. § 823 Anm. 9) sind unter „sonstigen Rechten“ im Sinne des § 823 Abs. 1 nur solche zu verstehen, die mit dem voraufgeführten Eigentum und den weiter genannten Rechtsgütern Leben, Körper, Gesundheit, Freiheit das gemeinsam haben, daß sie von jedermann beachtet werden müssen, — ausschließliche Rechte, die alle Personen binden und deshalb auch von allen verletzt werden können. Nicht dahin zählen Forderungsrechte, ebensowenig aber auch das der

Unfallversicherungsgesetzgebung entspringende Recht des Verletzten auf die Leistungen dieser Versicherung, deren Gegenstand (GewUVG. § 8, landw. UVG. § 7) der Ersatz des durch Körperverletzung oder Tötung entstandenen Schadens ist. Auf diesen Schadensersatz ist der Anspruch gerichtet, der dem Verletzten aus dem Unfalle gegen den Träger der Versicherung, die Berufsgenossenschaft, erwächst. Dieser Anspruch ist nur persönlich gerichtet, insoweit, wenngleich auf öffentlichrechtlicher Grundlage erwachsen, den Forderungsrechten gleichartig und mithin nicht geeignet, als „sonstiges Recht" im Sinne des § 823 Abs. 1 zu gelten."...

---

94. Kann die Ehescheidungsklage aus dem Grunde abgewiesen werden, daß der klagende Ehegatte, weil er sich wegen einer besonders schweren Eheverfehlung innerhalb der Frist des § 1571 BGB. zur Scheidungsklage nicht entschließen konnte, sie auch nicht erhoben haben würde, wenn er von der jetzt geltend gemachten leichteren Verfehlung innerhalb der Frist erfahren hätte?

BGB. §§ 1564, 1571.

VI. Zivilsenat. Urt. v. 28. April 1919 i. S. R. Ehem. (Widerbekl.) w. R. Ehefr. (Widerkl.). Rep. VI. 368/18.

I. Landgericht Zwickau.
II. Oberlandesgericht Dresden.

Aus den Gründen:

... „Auch die Widerklage der Beklagten, die allein noch im Streit steht, hält das Oberlandesgericht für unbegründet. Wegen des Ehebruchs des Klägers mit der K. habe sie das Recht auf Scheidung gemäß § 1571 BGB. verloren, weil sie unterlassen habe, innerhalb der sechsmonatigen Frist seit dem Empfange der gemäß § 1571 Abs. 2 Satz 2 an sie gerichteten Aufforderung vom 13. September 1916 die Scheidungsklage zu erheben. Aus dem gleichen Grunde könne sie auch wegen des ehewidrigen Verhaltens des Klägers zur Sch. und zur Helene R. die Scheidung nicht mehr beanspruchen, selbst wenn sie hiervon erst im Laufe des Prozesses Kenntnis erlangt haben sollte. Denn es sei zu unterstellen, daß sie, wenn sie sich wegen des Ehebruchs mit der K. trotz des mit der Nichtbefolgung der Aufforderung verbundenen Rechtsverlustes zur Scheidungsklage nicht entschließen konnte, diese Klage auch dann nicht erhoben haben würde, wenn sie die verhältnismäßig leichteren Verfehlungen des Klägers mit der Sch. und der R. schon zu einer Zeit erfahren hätte, als die Frist des § 1571 noch lief.

Diese Erwägung ist unrichtig gedacht und von Rechtsirrtum beeinflußt. Das Berufungsgericht läßt offen, ob die Ehewidrigkeiten des

Klägers gegen die Sch. und die R., die es nicht näher schildert, Scheidungsgründe bilden, und ob die Beklagte erst während des Prozesses Kenntnis davon erlangt hat. Für die Revisionsinstanz ist also davon auszugehen, daß es sich bei den Ehewidrigkeiten um Scheidungsgründe handelt, und daß dafür die Frist des § 1571 noch nicht abgelaufen ist. In diesem Falle ist es aber gleichgültig, was die Beklagte getan oder unterlassen haben würde, wenn sie früher von den Scheidungsgründen Kenntnis erhalten hätte. Entscheidend ist nur, daß sie jetzt deswegen die Scheidung begehrt, und ob das Begehren berechtigt ist. Sollte aber das Berufungsgericht der Meinung sein, daß die Beklagte, weil sie früher hierwegen keine Klage erhoben haben würde, jetzt auch kein Gehör finden kann, so wäre das rechtsirrig. Davon, daß sie auf den Scheidungsanspruch verzichtet hätte, ist keine Rede. Im übrigen hat das Gesetz die Fälle, in denen der Rechtsverlust eines Scheidungsgrundes eintritt, erschöpfend geregelt, und es steht dem Gerichte nicht zu, sie auf einem Umweg auszudehnen. Wenn ein Ehegatte über Fehltritte des andern hinweggesehen hat, so folgt daraus nicht, daß er auch künftige oder solche, die ihm erst später bekannt werden, verzeihen will. Er kann sehr wohl zu der Überzeugung kommen, daß seine Nachsicht an einen Unwürdigen verschwendet war, oder daß sich eine gedeihliche Ehe doch nicht aufrecht erhalten läßt.

Hiernach war das Urteil aufzuheben." ...

---

95. Ist das Nachlaßgericht befugt, ein anderes Amtsgericht zu ersuchen, den Erben, der die Ausstellung eines Erbscheins beantragt hat, über die sein Erbrecht begründenden tatsächlichen Verhältnisse zu vernehmen und ihm die vorgeschriebene eidesstattliche Versicherung abzunehmen?

BGB. §§ 2354, 2356; FGG. § 2; GVG. §§ 158 flg.

IV. Zivilsenat. Beschl v. 28. April 1919 i. S. Erbschein R. Beschw.-Rep. IV. 1/19.

I. Amtsgericht Mainz.
II. Oberlandesgericht Darmstadt.

Die Frage ist bejaht worden aus folgenden

Gründen:

„Das Amtsgericht in Rüdesheim ist in seiner Eigenschaft als Nachlaßgericht durch den schriftlichen Antrag der Anna Eva R. in Mainz vom 6. Februar 1919, in dem sie als angebliche einzige Schwester und Erbin des zuletzt in Geisenheim wohnhaften Peter R. die Erteilung eines Erbscheins nach ihrem Bruder beantragte, mit dieser Angelegenheit befaßt worden, und es hatte nun nach Maßgabe der gesetzlichen Vorschriften von Amtswegen für die Beschaffung der erforderlichen Unterlagen Sorge zu tragen (§ 2358 BGB., § 12 FGG.). Innerhalb des Bereichs der so begründeten Zuständigkeit war es nach § 2 FGG. und § 158 GVG. befugt, das Amtsgericht in Mainz zu ersuchen, von der in dessen Bezirke wohnenden Erbin die in den §§ 2354 bis 2356 BGB. vorgeschriebenen Erklärungen entgegenzunehmen (vgl. Beschluß des Kammergerichts vom 23. Dezember 1912, Jahrb. Bd. 44 S. 102). Die Zulässigkeit eines solchen Ersuchens an sich scheint auch weder vom Amtsgericht in Mainz noch von dem Oberlandesgericht in Darmstadt in Abrede gestellt zu werden. Beide Gerichte rechtfertigen vielmehr die Ablehnung der vom Amtsgericht in Rüdesheim im Schreiben vom 12. Februar 1919 beantragten Aufnahme der eidesstattlichen Versicherung damit, daß ein ordnungsmäßiger Antrag auf Erteilung eines Erbscheins nicht vorliege. Das Oberlandesgericht sagt in dieser Beziehung zunächst, es könne keinem Zweifel unterliegen, daß der Antrag vom 6. Februar 1919 den Vorschriften der §§ 2354 flg. BGB. nicht entspreche, daß in ihm insbesondere Angaben in Gemäßheit des § 2354 Abs. 1 Nr. 3 und 4 und Abs. 2 vollständig fehlten. Danach scheint das Oberlandesgericht anzunehmen, daß durch den Antrag, weil in ihm jene Angaben nicht enthalten waren, ein Verfahren vor dem Amtsgericht in Rüdesheim in rechtswirksamer Weise nicht eröffnet worden und das Amtsgericht vor Behebung des Mangels zu dem Erlaß des Rechtshilfeersuchens nicht befugt gewesen sei. Eine solche Auffassung läßt sich aber aus den gesetzlichen Vorschriften nicht rechtfertigen. Es ist zwar im § 2354 gesagt, daß, wer die Erteilung des Erbscheins beantrage, die dort vorgeschriebenen Angaben zu machen habe. Aber weder aus dem Wortlaute dieser Vorschrift noch aus den Vorarbeiten ergibt sich ein Anhalt dafür, daß diese Angaben bereits in dem Antrag auf Erteilung des Erbscheins enthalten sein müßten. Fehlen sie, so ist es nach § 2358 BGB. Sache des Nachlaßgerichts, die Ergänzung des Antrags zu veranlassen.

Das Oberlandesgericht führt weiter aus, das Amtsgericht in Rüdesheim habe das Amtsgericht in Mainz um Aufnahme der in § 2356 Abs. 2 BGB. vorgeschriebenen eidesstattlichen Versicherung ersucht. Eine solche sei aber nur zu bestimmten Angaben möglich, die hier in wesentlichen Teilen noch fehlten. Sie herbeizuführen und dadurch erst die genügende Grundlage für die eidesstattliche Versicherung zu schaffen, gehöre zu den Verpflichtungen des ersuchenden Gerichts ebensogut, wie bei einem Ersuchen um Beweiserhebung der Erlaß eines inhaltlich derart gestalteten Beweisbeschlusses, daß daraufhin ohne weiteres die Beweiserhebung stattfinden könne. Dabei wird auf den Beschluß des Reichsgerichts vom 21. November 1899 (Jur. Wochenschr.

1899 S. 826 und Gruchot Bd. 44 S. 1187) verwiesen. Auch dieser Standpunkt ist nicht zu billigen. In jenem Beschluß ist die Ablehnung des Ersuchens um Zeugenvernehmung für gerechtfertigt erklärt worden, weil in dem Beweisbeschlusse die Tatsachen, über welche die Zeugen vernommen werden sollten, nicht angegeben waren und es nicht Sache des ersuchten Richters sein könne, auf Grund der Akten dasjenige Beweismaterial zu ermitteln, das für die von ihm zu vernehmenden Zeugen in Betracht komme. Anders liegt der Fall, wenn ein Erbe über die tatsächlichen Verhältnisse vernommen werden soll, aus denen sich sein Erbrecht ergibt. Welche Tatsachen dafür erheblich sein können, ist ohne weiteres aus den erbrechtlichen Vorschriften des Bürgerlichen Gesetzbuchs ersichtlich, und es bedarf daher nicht wie bei einem Beweisbeschlusse der Formulierung bestimmter Fragen durch den ersuchenden Richter. Überdies würde der letztere dazu ohne vorherige Anhörung des Erben, die durch das Rechtshilfeersuchen gerade vermieden werden soll, gar nicht in der Lage sein. Denn die Einzelheiten ergeben sich erst aus der Vernehmung des Erben. Das ersuchte Gericht hatte im vorliegenden Falle um so weniger Anlaß, das Ersuchen abzulehnen, als ohne weiteres ersichtlich war, daß die Feststellung des Erbrechts der Antragstellerin ohne besondere Schwierigkeit würde erfolgen können.

Ausdrücklich war nun allerdings das Ersuchen des Amtsgerichts in Rüdesheim nur auf die Aufnahme einer eidesstattlichen Versicherung gerichtet. Aber nach dem Inhalte der Akten, namentlich der zwischen den beiden Amtsgerichten bereits seit September 1918 gewechselten Schreiben, konnte es, wie dieses Amtsgericht in der Beschwerdeschrift zutreffend hervorhebt, nicht zweifelhaft sein, daß es den Zweck verfolgte, die Antragstellerin zunächst über die ihren Antrag begründenden Tatsachen vernehmen und im Anschlusse daran die eidesstattliche Versicherung nach Maßgabe des § 2356 Abs. 2 BGB. entgegennehmen zu lassen. Diesem Ersuchen mußte das Amtsgericht in Mainz entsprechen, da keiner der Ausnahmefälle des § 159 Abs. 2 GVG. vorliegt. Die anscheinend vom Oberlandesgerichte vertretene Ansicht, daß vor Abgabe der Erklärung auch sämtliche nach § 2356 BGB. erforderliche Urkunden hätten beigebracht werden müssen, findet im Gesetze keine Stütze. Es steht nichts im Wege, daß diese Urkunden nachträglich eingereicht werden. Wegen Fehlens dieser Urkunden durfte das Amtsgericht in Mainz übrigens das Ersuchen schon deshalb nicht ablehnen, weil es nicht Sache des ersuchten Richters ist, die Richtigkeit des vom ersuchenden Richter eingeschlagenen Verfahrens nachzuprüfen. Schließlich war das Amtsgericht in Mainz auch in der Lage, der Erbin die Beibringung der nach seiner Ansicht noch fehlenden Urkunden aufzugeben, da dies im Rahmen des Ersuchens gelegen haben würde."

96. 1. Was ist unter den „persönlichen Eigenschaften" des anderen Ehegatten in § 1333 BGB. zu verstehen?

2. Ist aus Vorgängen während der Ehe, die darauf hindeuten, daß ein Ehegatte trotz der ihm bekannt gewordenen sittlichen Verfehlungen des anderen Ehegatten die Ehe fortsetzen wolle, schlüssig zu entnehmen, daß der Ehegatte, wenn er von solchen Verfehlungen vor der Ehe Kenntnis erlangt hätte, die Ehe eingegangen sein würde?

VI. Zivilsenat. Urt. v. 7. April 1919 i. S. W. (Bekl.) w. W. (Kl.). Rep. VI. 221/14.

I. Landgericht Dresden.
II. Oberlandesgericht daselbst.

Die Parteien sind seit 4. Dezember 1911 miteinander verheiratet; seit 11. Juli 1912 leben sie voneinander getrennt. Die Klägerin hat Klage erhoben auf Nichtigkeitserklärung ihrer Ehe mit dem Beklagten. Die Eheanfechtungsklage stützt sie auf die Behauptungen, daß der Beklagte widernatürliche Unzucht mit Männern treibe und auch vor der Eheschließung getrieben habe; Kenntnis davon habe sie erst am 9. Juli 1912 erlangt.

Das Landgericht wies die Anfechtungsklage ab.

Auf die Berufung der Klägerin änderte das Oberlandesgericht das Urteil der ersten Instanz ab und erklärte die Ehe der Parteien für nichtig.

Die Revision des Beklagten wurde zurückgewiesen aus folgenden

Gründen:

„Das Landgericht hat für erwiesen erachtet, daß der Beklagte seit dem Jahre 1904 mit dem Zeugen L. unsittliche homosexuelle Beziehungen unterhalten habe, daß er daher zur Zeit der Eheschließung mit einem sittlichen Makel behaftet war, der an und für sich geeignet gewesen wäre, die Klägerin bei Kenntnis der Sachlage von der Eheschließung mit ihm abzuhalten. Es erachtet aber nicht für dargetan, daß die Klägerin sich durch diesen Mangel von der Eheschließung hätte abhalten lassen, wenn er ihr bekannt gewesen wäre, und schließt dies aus Äußerungen der Klägerin, die diese nach Erlangung jener Kenntnis getan habe, und die ihre Bereitschaft zur Fortsetzung der Ehe trotz jenes Makels ausdrückten. . . .

Das Berufungsgericht gelangt zu denselben Feststellungen über die vor der Ehe von dem Beklagten gepflogenen widernatürlichen geschlechtlichen Beziehungen zu männlichen Personen. Es nimmt tatsächlich an, daß es sich dabei nicht um Verfehlungen handle, die sich der Beklagte nur gelegentlich habe zuschulden kommen lassen; alle Verfehlungen bildeten vielmehr zusammen eine einzige Kette. Mit dem

Landgerichte nimmt das Berufungsgericht ferner an, daß die festgestellten Verfehlungen des Beklagten an sich geeignet waren, die Klägerin bei Kenntnis der Sachlage und bei verständiger Würdigung des Wesens der Ehe von der Schließung der Ehe mit dem Beklagten abzuhalten. Im Gegensatze zum Landgerichte kommt es aber auch zu der Überzeugung, daß die Klägerin, wenn sie die Verfehlungen gekannt hätte, den Beklagten nicht geheiratet haben würde. Umstände, die dagegen sprechen, oder eine Bestätigung der Ehe lägen nicht vor. Die vom Landgerichte zugunsten der Erhaltung der Ehe verwertete Äußerung der Klägerin gegenüber der Zeugin N. und anderen Personen betreffe nur während der Ehe verübte Verfehlungen des Beklagten, von dessen vorehelichen Vergehungen sie noch keine Kenntnis gehabt habe. Es sei aber ein anderes, ob eine Frau davon absehe, einen sittlichen Makel ihres Ehemannes zur Anfechtung oder Scheidung der Ehe zu benutzen, oder ob sie ihn auch dann geheiratet haben würde, wenn sie den Makel, der die Ehe anfechtbar mache, bereits vor der Eheschließung erfahren hätte.

Die Revision des Beklagten gegen dieses Urteil war nicht für begründet zu erachten.

Die Bestimmung des § 1333 BGB. erfordert für die Anfechtung der Ehe den Irrtum eines Ehegatten über die Person oder über persönliche Eigenschaften des anderen Ehegatten. Nur die letzteren kommen im gegebenen Falle in Frage. Unter einer persönlichen Eigenschaft ist eine Beschaffenheit zu verstehen, die der Person, von der sie ausgesagt wird, derart wesentlich zukommt, daß sie als Ausfluß und Betätigung ihres ganzen Wesens erscheint (RGZ. Bd. 52 S. 306). Eine geistige oder sittliche Beschaffenheit einer Person ist aber nicht unmittelbar wahrnehmbar; sie wird erschlossen aus den Handlungen. Wird eine Mehrheit gleichartiger Handlungen festgestellt, so wird der Schluß auf eine Eigenschaft des Menschen, sich nach der Richtung dieser Handlungen zu betätigen, gerechtfertigt erscheinen. Eine Einzelhandlung schlimmster Art kann immer noch eine Gelegenheitshandlung sein, etwa auf Verführung von außen beruhen und den Eigenschaften der Person fremd bleiben. Bei einer Reihe von Handlungen ist dagegen von vornherein ein Zusammenhang mit dem Wesen des Menschen, von dem sie ausgingen, anzunehmen. Wenn das Berufungsgericht im gegebenen Falle ausspricht, es handle sich bei den widernatürlich unzüchtigen und bei den sonstigen unzüchtigen Handlungen des Beklagten, die festgestellt wurden, nicht um Verfehlungen, die sich der Beklagte nur gelegentlich habe zuschulden kommen lassen, vielmehr bildeten alle diese Verfehlungen eine einzige Kette, so ist damit zum Ausdrucke gebracht, daß das Berufungsgericht eine Eigenschaft des Beklagten, ein Handeln aus einer Wesensrichtung heraus annimmt. Daß dabei ausdrücklich das

Wort „Eigenschaft" gebraucht wird, ist nicht erforderlich, wenn nur das Wesen des Begriffs getroffen ist (vgl. Jur. Wochenschr. 1907 S. 257 Nr. 17, 1911 S. 543 Nr. 20; Warneyer 1917 Nr. 43).

Die weitere Voraussetzung für die Anfechtung der Ehe nach § 1333 BGB. ist, daß der anfechtende Ehegatte, wenn er bei der Eheschließung Kenntnis von der persönlichen Eigenschaft des andern gehabt hätte, bei verständiger Würdigung des Wesens der Ehe von der Eingehung der letzteren sich würde haben abhalten lassen. Das Berufungsgericht tritt hier mit Recht dem Landgericht entgegen, das aus Äußerungen der Klägerin gegenüber dritten Personen während der Ehe, die sich lediglich darauf beziehen, ob die Klägerin die einmal geschlossene Ehe fortzusetzen willens sei oder nicht, einen schlüssigen Beweis dafür entnehmen wollte, daß sie, weil sie zur Fortsetzung der Ehe mit dem Beklagten bereit gewesen sei, auch gegen deren Eingehung keine Bedenken gehabt haben würde, selbst wenn sie von allen Sittlichkeitsverfehlungen des Beklagten Kenntnis gehabt haben würde. Zutreffend führt das Berufungsgericht aus, daß es etwas anderes sei, ob eine Ehefrau aus natürlicher Scheu davon absehe, einen sittlichen Makel des Ehemannes zum Anlaß einer Anfechtung oder eines Scheidungsbegehrens zu nehmen, nachdem die Ehe einmal geschlossen sei, oder ob sie bei Kenntnis dieses sittlichen Makels vor Eingehung der Ehe diese geschlossen haben würde. Es darf und muß von vornherein davon ausgegangen werden, daß eine richtig empfindende Frau mit einem unnatürlichen Geschlechtsneigungen ergebenen Manne eine Ehe nicht eingehen wird. Es ist deshalb auch als eine genügende Begründung der Überzeugung des Berufungsgerichts, daß die Klägerin bei Kenntnis der Sachlage die Ehe mit dem Beklagten nicht eingegangen sein würde, anzusehen, wenn das Berufungsgericht, nachdem es festgestellt, daß die Verfehlungen des Beklagten an sich geeignet gewesen seien, eine Frau bei solcher Kenntnis von der Eingehung der Ehe abzuhalten, ausspricht, daß Umstände, die dagegen sprächen, weder aus der Zeit vor der Eheschließung noch aus der Zeit nach ihr vorliegen. Das natürliche Empfinden mußte, wie anzunehmen ist, die Klägerin von der Eingehung der Ehe unter solchen Umständen abschrecken. Wenn deshalb keine besonderen Umstände gegeben sind, die dennoch den tatsächlichen Schluß ergeben, die Klägerin würde auch bei rechtzeitiger Kenntnis von den sittlichen Verirrungen und Eigenschaften des Beklagten die Ehe mit ihm geschlossen haben, so war das Berufungsgericht berechtigt, daraufhin die Feststellung zu treffen, daß die Klägerin, wenn sie die Verfehlungen gekannt hätte, den Beklagten nicht geheiratet haben würde."

---

97. 1. Voraussetzung und Tragweite des Firmenschutzes nach § 16 UWG

2. Inwieweit dürfen als Warenzeichen geschützte Worte nach § 13 WZG. zu Angaben über die Herstellungsart oder die Beschaffenheit von Waren verwendet werden?

II. Zivilsenat. Urt. v. 29. April 1919 i. S. Birr Sprudel-Ges. (Bekl.) w. Birr. Mineralbrunnen (Kl.). Rep. II. 380/18.

I. Landgericht Köln, Kammer für Handelssachen.
II. Oberlandesgericht daselbst.

Die Klägerin ist mit ihrer Firma „Birresborner Mineralbrunnen Aktiengesellschaft" im Jahre 1913 in das Handelsregister zu Düsseldorf eingetragen worden. Schon seit 1898 ist das Wortzeichen „Birresborner Mineralbrunnen" der Rechtsvorgängerin der Klägerin, der offenen Handelsgesellschaft Birresborner Mineralbrunnen H. L. & E., und demnächst, auch jetzt noch, der Klägerin durch Eintragung in die Zeichenrolle des Patentamts geschützt. Die Beklagte wurde mit ihrer Firma: „Birresborner Sprudel-Gesellschaft mit beschränkter Haftung" erst 1915 in das Handelsregister in Köln eingetragen. Sie benutzt ihre Firma unter starker Hervorhebung der Worte „Birresborner Sprudel" in geschäftlichen Ankündigungen und versieht auch ihre Flaschen mit einer von ihr überreichten Etikette von roter Farbe mit weißer Aufschrift, die außer der auf einem Wappenschilde in kleiner Schrift angebrachten Bezeichnung „Phönix-Quelle" (so nennt die Beklagte ihre in Birresborn belegene Mineralquelle) im oberen Teil auf schwarzem Grunde die stark hervorgehobenen Worte „Birresborner Sprudel" enthält. Die Klägerin versieht ebenfalls ihre Flaschen mit einer für sie als Warenzeichen eingetragenen Etikette, die auf gelblich weißem Grunde in roter Schrift das kräftig hervorgehobene Wort „Birresborn" enthält. Weil die Bezeichnung „Birresborner Sprudel" in hohem Maße geeignet sei, Verwechselungen mit ihrer Firma und ihrer Ware hervorzurufen, erhob die Klägerin, gestützt auf § 16 UWG. und §§ 12, 20 WZG., Klage und beantragte, der Beklagten unter Strafandrohung zu untersagen, im geschäftlichen Verkehr die Bezeichnung „Birresborner Sprudel" zu benutzen, die Beklagte auch zur Löschung dieser Bezeichnung im Firmenregister zu verurteilen.

Durch Urteil des Landgerichts wurde die Klage abgewiesen, auf Berufung der Klägerin aber von dem Oberlandesgerichte zugesprochen. Die Revision der Beklagten hatte keinen Erfolg.

Gründe:

„Das Berufungsgericht nimmt zunächst die Gefahr einer Verwechselung der beiden Firmen im Geschäftsverkehr an. Es geht davon aus, daß allgemeiner Erfahrung gemäß die Worte „Mineralbrunnen" und „Sprudel" ganz gleichbedeutend gebraucht werden. Es hält die Verwechselungsgefahr für erwiesen durch die von der Klägerin eingereichten Schriftstücke, auf Grund deren es insbesondere feststellt, daß gerade auch Kunden der Klägerin und zwar zu einer Zeit, als die beklagte Gesellschaft noch gar nicht errichtet war, die Klägerin sowohl als ihr Erzeugnis als „Birresborner Sprudel" bezeichneten. Erhöht sei die Verwechselungsgefahr, weil in beiden Firmen das erste Wort den Gewinnungsort des Wassers bezeichne und weil erfahrungsgemäß bei den Erzeugnissen aus natürlichen Quellen die beliebteste Kennzeichnung dem Gewinnungsort entnommen werde und deshalb dieser, wo er an erster Stelle steht, die Bedeutung eines Schlagworts erhalte. Dadurch verschwinde jedenfalls die schon an sich geringe sprachliche Unterscheidung zwischen „Mineralbrunnen" und „Sprudel" als Unterscheidungsmerkmal.

Aus denselben Gründen wie die Gefahr einer Verwechselung der beiden Firmen nimmt das Berufungsgericht eine solche Gefahr an bezüglich der beiderseitigen Etiketten, weil es den Verbrauchern hauptsächlich auf das Schlagwort „Birresborner" ankomme, welches die Beklagte in gleicher Verbindung mit dem Worte „Sprudel" bringe wie die Klägerin mit dem gleich bedeutenden „Mineralbrunnen", so daß dagegen die Verschiedenheiten der Etiketten zurückträten.

Da nun außer der bereits im Tatbestand erwähnten Etikette die Worte „Birresborner Mineralbrunnen" für die Klägerin als Warenzeichen eingetragen sind, erachtet das Berufungsgericht den Anspruch der Klägerin gegen die Beklagte auf Unterlassung des Gebrauchs der Worte „Birresborner Sprudel" im Geschäftsverkehr sowohl auf Grund der Firmenführung der Klägerin wie auf Grund ihres Warenzeichenrechts für begründet.

1. Die Angriffe der Revision gegen die vom Berufungsgericht angenommene Verwechselungsgefahr sowohl hinsichtlich der beiden Firmen als hinsichtlich der beiden eingetragenen Warenzeichen der Klägerin einerseits und der Etikette der Beklagten anderseits sind unbegründet. Es liegt nichts dafür vor, daß das Berufungsgericht nicht von dem richtigen Grundsatz ausgegangen sei, wonach entscheidend ist die Anschauung der im Verkehr mit der üblichen Sorgfalt verfahrenden Verbraucher. Rechtlich war das Gericht nicht gehindert, deshalb, weil das Wort Birresborn eine Ortsangabe enthält, diesem Worte die unterscheidende Kraft in der Firma und den beiden Warenzeichen der Klägerin beizumessen. Eine erhöhte Verwechselungsgefahr durfte im vorliegenden Falle, weil erfahrungsgemäß gerade bei Erzeugnissen aus natürlichen Quellen die beliebteste Kennzeichnung der Gewinnungsort bildet, aus der an erster Stelle erfolgten Verwendung des letzteren in beiden

Firmen hergeleitet werden, wenn auch die in beiden Firmen gewählte Wortfolge in der Eigenart der deutschen Sprache begründet ist.

Was insbesondere die beiderseitigen Etiketten betrifft, von denen nur diejenige der Klägerin im Warenzeichenregister eingetragen ist, so ist nicht ersichtlich, daß bei Annahme der Verwechselungsgefahr unter Verletzung des § 286 ZPO. die verschiedene Art der Aufmachung nicht hinreichend gewürdigt wäre. . . .

2. Ist demnach davon auszugehen, daß die Beklagte im geschäftlichen Verkehr eine Firma benutzt, welche bei jeder Art ihrer Benutzung geeignet ist, Verwechselungen mit der Firma der Klägerin hervorzurufen, so ist ohne weiteres der Anspruch der Klägerin auf Unterlassung der Benutzung der Worte „Birresborner Sprudel" in der Firma der Beklagten gemäß § 16 UWG. begründet. Und auch die begehrte Löschung jener beiden Worte im Firmenregister ist gerechtfertigt, wie es die Löschung der ganzen Firma gewesen sein würde, weil auf andere Art dem Mißbrauch der Firma nicht wirksam entgegengetreten werden kann. In ihrer jetzigen Gestalt ist die Firma unzulässig. Es bleibt der Beklagten unbenommen, die beiden fraglichen Worte durch Einfügung von Zusätzen, die die Verwechselungsgefahr ausschließen, zur Bildung einer neuen Firma zu verwenden. Der Schutz des § 16 UWG. ist der Firma der Klägerin nicht deshalb versagt, weil sie gemäß § 20 HGB. von dem Gegenstande des Unternehmens entlehnt ist und außer dem vorgeschriebenen Zusatz „Aktiengesellschaft" nur Worte enthält, welche an sich geeignet sind, jeden in Birresborn belegenen Mineralbrunnen zu bezeichnen. Dadurch, daß die Klägerin diese Worte in ihre Firma aufgenommen hat, haben sie in ihrer Eigenschaft als Firmenbestandteile, als Teile des Handelsnamens der Klägerin, individuelle Bedeutung erlangt, kennzeichnen sie das Geschäft der Klägerin (RGZ. Bd. 78 S. 265). Da die Klägerin diese Firma befugterweise zuerst angenommen hat, hat sie gemäß § 16 UWG. das Recht erlangt, anderen die Benutzung verwechselungsfähiger Firmen zu untersagen. Eine dem § 13 WZG. entsprechende Vorschrift für die Firma besteht nicht.

Das Recht der Klägerin aus § 16 UWG. geht nur dahin, der Beklagten die Benutzung der Worte „Birresborner Sprudel" in ihrer Firma, nicht auch dahin, ihr jede Verwendung dieser Worte, insbesondere zur Bezeichnung ihrer Waren, zu untersagen. Es ist ihr durch § 16 UWG. nicht verboten, im geschäftlichen Verkehr die Tatsache hervorzuheben, daß ihr Brunnen, ihr Sprudel in Birresborn liegt und namentlich ihre Ware mit einer dahingehenden Bezeichnung, etwa „Birresborner Sprudel" zu versehen, sofern die Verwendung dieser Worte dem Durchschnittsverbraucher nicht etwa als Erwähnung der Firma der Beklagten erscheint. Das ist nicht ohne weiteres der Fall und namentlich nicht bezüglich der Etikette, womit die Beklagte ihre Waren versieht, festgestellt. Die Worte „Birresborner Sprudel" auf der Etikette der Beklagten können daher nur als Bezeichnung der Ware der Beklagten in Betracht kommen. Als solche aber ist sie der Beklagten zu untersagen auf Grund der §§ 12, 20 WZG., weil trotz einzelner Abweichungen die Gefahr der Verwechselung im Verkehr mit den beiden für die Klägerin eingetragenen Warenzeichen infolge der Verwendung jener beiden Worte in der Etikette der Beklagten festgestellt ist. Nun würde die Beklagte sich zwar gegenüber den §§ 12, 20 auf § 13 WZG. berufen können, wenn jene beiden Worte so, wie sie auf der Etikette der Beklagten verwendet sind, nur eine Angabe über den Ort der Herstellung und die Beschaffenheit der Ware darstellten. Das Berufungsgericht entnimmt aber ohne Rechtsirrtum aus der Art und Weise der Anbringung jener Worte in der Etikette der Beklagten, daß sie dort dem Durchschnittsverbraucher nicht als reine Orts- und Beschaffenheitsangabe, sondern als Zeichen der Herkunft aus einem bestimmten Betriebe erscheinen, daß sie also warenzeichenmäßig verwendet sind. Es geht dabei mit Recht von dem vom erkennenden Senat in dem Urteile vom 26. April 1912 II 22/12 aufgestellten Grundsatz aus, daß jede Verwendung der als Zeichen (hier der Klägerin) geschützten Worte in geschäftlichen Ankündigungen als warenzeichenmäßige Verwendung anzusehen ist, es sei denn daß die Art und Weise der Ankündigung auch den unbefangenen Durchschnittsverbraucher klar und unzweideutig erkennen läßt, es handle sich um eine bloße Beschaffenheitsangabe und um eine andere Ware als die des Zeicheninhabers. Für den vorliegenden Fall stellt das Berufungsgericht fest, daß gerade hier der Durchschnittsverbraucher nicht weiß, ob es sich bei der mit der Etikette der Beklagten versehenen Ware um eine andere Ware als die der Klägerin handelt.

Es ergibt sich, daß der Beklagten zu untersagen war, in ihrer Firma und im geschäftlichen Verkehr, insbesondere in ihrer Etikette, die Bezeichnung „Birresborner Sprudel" zu benutzen."

---

98. Unter welchen Voraussetzungen beginnt im Pensionsfestsetzungsverfahren der Lauf der Fristen zur Einlegung der Beschwerde an den Departementschef und zur Erhebung der gerichtlichen Klage?

Preußisches Gesetz, betr. die Pensionierung der unmittelbaren Staatsbeamten, vom 27. März 1872 § 23.

III. Zivilsenat. Urt. v. 29. April 1919 i. S. Sch. (Kl.) w. preuß. Staat (Bekl.). Rep. III. 305/18.

I. Landgericht Beuthen.
II. Oberlandesgericht Breslau.

Der Kläger war aus seinem Dienste als Lokomotivführer infolge Verurteilung zu Gefängnis und Ehrverlust am 31. März 1904 entlassen worden und hatte mit einer im September 1907 erhobenen Klage wegen eines am 26. Dezember 1899 erlittenen Unfalls (Gehirnerschütterung durch Fall auf den Hinterkopf) eine Unfallspension gefordert. Diese Klage hat eine sachliche Würdigung und Entscheidung bisher nicht gefunden. Der Berufungsrichter hatte nämlich den Anspruch abgewiesen: zunächst durch Urteil vom 1. Oktober 1908, weil dem Kläger infolge seiner strafgerichtlichen Verurteilung Rechte aus dem Beamtenfürsorgegesetz vom 2. Juni 1902 überhaupt nicht zustünden; sodann, nach Aufhebung dieser Entscheidung durch Revisionsurteil vom 19. Oktober 1909, unter dem 11. Juni 1910 wegen Nichtanmeldung des Anspruchs innerhalb der nach § 8 Abs. 2 des Fürsorgegesetzes vorgeschriebenen Frist. Gegen diese rechtskräftig gewordene Entscheidung erhob der am 26. Juni 1912 wegen Geisteskrankheit entmündigte Kläger durch den ihm bestellten Vormund Ende Juni 1913 die Nichtigkeitsklage, da der Kläger schon zur Zeit der Erhebung der Klage, im September 1907, geisteskrank gewesen sei. Dies und folgeweise die Nichtigkeit des Urteils vom 11. Juni 1910 stellten die auf die Nichtigkeitsklage nach einander ergangenen beiden Entscheidungen des Berufungsgerichts fest, wiesen aber den Klaganspruch wiederum ab: die durch Revisionsurteil vom 30. Mai 1916 aufgehobene Entscheidung vom 18. November 1915 wiederum wegen Versäumung der Anmeldungsfrist, — während die nunmehr von der Revision angefochtene Entscheidung vom 22. April 1918 damit begründet ist, daß gegen die den Anspruch ablehnende Entscheidung der Eisenbahndirektion vom 9. Mai 1906 die Beschwerde an den Departementschef nicht rechtzeitig binnen der gesetzlichen sechsmonatigen Frist, sondern erst verspätet am 18. März 1907 erhoben worden sei.

Die Revision des Klägers hatte wiederum Erfolg.

Gründe:

„Die Revision beschwert sich darüber, daß der Berufungsrichter die unter Beweis gestellte Behauptung des Klägers, er sei bereits seit Dezember 1905, schon zur Zeit seines ersten Unfallspensionsgesuchs vom 7. Dezember 1905, geisteskrank gewesen, für unerheblich erachtet und den Beweis nicht erhoben hat. Eines Eingehens auf diesen Revisionsangriff bedarf es nicht. Denn schon aus einem andern, weiter reichenden Grunde ergibt sich die Aufhebung des angefochtenen Urteils.

Es ist ein aus den Gesetzen folgender, ständig festgehaltener Grundsatz der Rechtsprechung, daß die Bestimmungen der Fristen zur Einholung der den Rechtsweg erst eröffnenden Vorentscheidungen der Verwaltungsbehörden ebenso objektive, jedem Belieben entzogene Normen sind, wie die Vorschriften über die Fristen zur Erhebung der Klage nach Erschöpfung der Verwaltungsinstanzen. Erneuerte Bitten und Anträge vermögen die gesetzlichen Wirkungen des Fristablaufs nicht zu beseitigen, — auch dann nicht, wenn die zu freiwilliger Gewährung der erhobenen Bitten jederzeit befugte Verwaltungsbehörde auf solche Bitten und Anträge sachlich eingeht und etwa weitere Ermittelungen anstellt. Andernfalls wäre es solchen immer wieder wiederholten Bitten und Anträgen anheimgegeben, die Fristen je aufs neue schrankenlos hinauszuschieben und so den Zweck der gesetzlichen Fristbestimmungen, die Klarlegung der rechtlichen Ansprüche in möglichst kurzer Zeit, völlig zu vereiteln (vgl. ROHG. Bd. 24 S. 416; RGZ. Bd. 26 S. 24, Bd. 47 S. 46). Dieser Grundsatz setzt aber voraus, daß der eine Unfallspension beantragende Beamte klar erkennen konnte und mußte, sein Anspruch sei in dem einzelnen Bescheide von der betreffenden Verwaltungsinstanz endgültig, für immer und für jedwede zukünftige Neugestaltung der Unfallsfolgen, abgelehnt. Andernfalls würden die Fristen zur Anrufung des Departementschefs und zur Erhebung der gerichtlichen Klage zu gefährlichen, Unsicherheit, Streit und unbilligen Rechtsverlust erzeugenden Verfahrensvorschriften werden, während sie doch in beiderseitigem Interesse die Rechtsverfolgung durch klare und kurze Abstufung des Verfahrens einer möglichst schnellen Entscheidung zuführen wollen.

Vorliegend handelt es sich um die abweisenden Bescheide der Eisenbahndirektion vom 2. April und 9. Mai 1906. Der Berufungsrichter erachtet den zweiten Bescheid vom 9. Mai für den entscheidenden und rechnet von ihm ab die sechsmonatige Frist. Es ist nicht ersichtlich und verständlich, warum der erste Bescheid vom 2. April auf die Seite geschoben werden durfte; war schon er ein endgültiger, so mußte die Frist bereits vom 2. April berechnet werden. Wenn so schon der Berufungsrichter selbst einem Zweifel und einem Belieben in der Auffassung der beiden Bescheide Raum gibt, dann kann auch dem Kläger nicht zugemutet werden, daß er über die Natur der Bescheide zu zweifelsfreier Klarheit kam; dann war es möglich und nahe liegend, daß der Kläger auch den zweiten Bescheid noch nicht für einen in der Instanz endgültigen erachtete. Zudem stand die Ursächlichkeit des Unfalls für die Dienstunfähigkeit und die geistige Erkrankung des Klägers in Frage. Die fortschreitende Entwickelung des Zustandes und der Krankheit des Klägers konnte einen neuen, gegenwärtigen, von den früheren Bescheiden noch nicht umfaßten, deren tatsächliche Grundlage überholenden Befund ergeben. Dementsprechend ist der Minister verfahren. Auf die Eingabe des Klägers vom 18. März 1907 — die der Minister in seiner Verfügung vom 24. Juli 1907 als eine „Vorstellung" bezeichnet, nicht schon, wie in der Auskunft an den Berufungsrichter vom 21. Dezember 1917, als eine „Beschwerde gegen die ablehnenden Bescheide der Eisenbahndirektion vom 2. April und 9. Mai 1906“ — hat er dem Kläger am 30. April 1907 durch die Eisenbahndirektion eröffnen lassen, daß dieser innerhalb der nächsten 8 Tage durch einen bestimmten Arzt untersucht werden solle, und hat dem Kläger sodann unter dem 24. Juli 1907 den Bescheid gegeben: „Der von Ihnen erhobene Anspruch auf Gewährung einer Pension nach dem Unfallfürsorgegesetz ist unbegründet. Nach dem vorliegenden ärztlichen Gutachten sind Sie infolge des am 26. Dezember 1899 erlittenen Betriebsunfalls nicht dienstunfähig geworden. Auch ist das Ihre Erwerbsfähigkeit beschränkende Nervenleiden auf den erwähnten Betriebsunfall nicht zurückzuführen.“ Dieser Bescheid verwies also in keiner Weise auf die vorgängigen Eisenbahndirektionsbescheide und hatte nicht den diesen seiner Zeit zugrunde gelegten, sondern den nunmehr neu vorhandenen und erhobenen Krankheitszustand und Untersuchungsbefund zum Gegenstande, geschweige daß er eine an sich jeden weiteren Rechtsanspruch ausschließende Wirkung der vor länger als sechs Monaten erlassenen Direktionsbescheide auch nur andeutete. Die so lautende Verfügung des Ministers konnte und durfte die Auffassung bestätigen, es seien die vorgängigen Direktionsbescheide nur je vorläufige, der späteren Entwickelung der Krankheit und den damit später sich ergebenden Beweismöglichkeiten nicht vorgreifende Ablehnungen „zurzeit“ gewesen; sie konnte und durfte sehr wohl als erster und zugleich letzter schlechthin endgültiger Verwaltungsbescheid erscheinen.

Diese besondere Zweifelhaftigkeit und Unklarheit der Sachlage schützt vor dem Präjudiz des Verlustes des Klagrechts infolge fruchtlosen Ablaufs einer mit den Direktionsbescheiden beginnenden Beschwerdefrist. Sie schützt sowohl den Kläger selbst, falls er bis zum 9. November 1906 noch nicht geisteskrank war, als dessen Vormund, falls der Kläger schon seit Dezember 1905 geisteskrank war oder während der sechs Monate vom 9. Mai bis 9. November 1906 in Geisteskrankheit verfiel. Bestand die Geisteskrankheit schon seit Dezember 1905, so beruhten die nicht etwa von Amts wegen zu erlassenden und erlassenen, sondern lediglich auf Antrag ergangenen Direktionsbescheide vom 2. April und 9. Mai 1906 auf einer nichtigen Grundlage, nämlich auf dem Unfallpensionsgesuch des geisteskranken Klägers vom 7. Dezember 1905, welches ihr alleiniger Anlaß und dessen Erledigung ihr alleiniges Ziel war, und sie konnten dem geisteskranken Kläger nicht zugestellt werden; sie entbehrten also jeder Rechtswirksamkeit. Diesfalls lag dem Vormunde, der schon in der Nichtigkeitsklage von 1913 hatte behaupten lassen, der Kläger sei bereits mehrere Jahre vor der Klage vom September 1907 geisteskrank gewesen, nur ob, die Verwaltungsvorbescheide nachzuholen, und dies hat er während des weiter laufenden Rechtsstreits in der Zeit von November 1917 bis Februar 1918 getan. Die Nachholung genügt auch für den Fall, daß der Kläger gerade erst nach den ihm noch richtig zugestellten Direktionsbescheiden vom 2. April und 9. Mai 1906 geisteskrank geworden war und der Vormund diese Gestaltung des Verlaufs, obwohl sie bisher trotz vieler ärztlicher Untersuchungen und Zeugnisse nicht festgestellt ist, etwa erkennen konnte. Auch der Vormund durfte bei voller Kenntnis aller vorgängigen Verwaltungsverfügungen trotz des gerichtsseitigen Hinweises auf § 23 PensG. im Termine vom 6. April 1917 die Direktionsbescheide als noch nicht endgültige, also als noch nicht eine Beschwerdefrist eröffnende erachten. Es war sogar natürlich, daß ihm die ihm vom Berufungsrichter aufgebürdete Erkenntnis völlig fern bleiben mußte, nunmehr habe er die Sechsmonatsfrist einzuhalten und müsse nunmehr er im Jahre 1912 oder 1913 oder gar 1917 den Minister nochmals um Abänderung der Direktionsbescheide vom April/Mai 1906 ersuchen, trotzdem der Beklagte in dem auf die Klage vom September 1907 anhebenden Rechtsstreit immer wieder die materielle Richtigkeit des Ministerbescheids vom 24. Juli 1907 auf das nachdrücklichste behauptet, dargelegt und unter Beweis gestellt hatte.

Das Berufungsurteil kann hiernach nicht aufrecht erhalten bleiben; es muß vielmehr auch dieser zweite gegen den Klaganspruch erhobene formelle Einwand zurückgewiesen und dem Berufungsrichter nunmehr die sachliche Entscheidung über den Klaganspruch aufgegeben werden."

---

99. Ist der Notar kraft seines Amtes verpflichtet, sich vor der Beurkundung eines Kaufvertrags über Grundstücke davon zu überzeugen, ob die Beteiligten, insbesondere der Käufer, zuverlässige Kenntnis von dem Hypothekenstande haben?

III. Zivilsenat. Urt. v. 29. April 1919 i. S. Sch. (Bekl.) w. B. (Kl.). Rep. III. 402/18.

I. Landgericht Köln.
II. Oberlandesgericht daselbst.

Der Kläger kaufte im Juni 1914 von dem Architekten N. ein Grundstück in Köln zum Preise von 20000 *M*, wofür Hypothek bestellt werden sollte. Da als Eigentümer des Grundstücks nicht N., sondern der Kaufmann L. eingetragen war, von dem N. seinerseits das Grundstück gekauft hatte, so wurden von dem Beklagten als Notar mehrere Urkunden folgenden Inhalts aufgenommen: In einer Urkunde vom

9. Juni 1914 verkaufte ein Architekt B. als Vertreter ohne Vertretungsmacht für L. das Grundstück um 20000 ℳ an den Kläger. Bezüglich des Kaufpreises war bemerkt, daß er durch Verrechnung getilgt sei. Der Käufer erklärte in der Urkunde, damit bekannt zu sein, daß auf dem Grundstück eine Hypothek von 8000 ℳ eingetragen sei. In zwei anderen Urkunden vom gleichen Tage erklärte der Kläger, dem N. je 10000 ℳ zu schulden, wofür er Hypothek bestellte. In einer Urkunde vom 12. Juni 1914 genehmigte L. den Verkauf. Später stellte sich heraus, daß auf dem Grundstücke mehrere bei den Verhandlungen nicht berücksichtigte Hypotheken eingetragen waren. Ein deshalb vom Kläger gegen N. betriebener Rechtsstreit endigte mit der vergleichsweisen Aufhebung des Kaufes. Der Kläger verlangte nun Schadloshaltung wegen der ihm durch den Kauf verursachten Kosten und Steuerleistungen vom Beklagten, weil dieser bei der Beurkundung fahrlässig gehandelt, insbesondere trotz Auftrags das Grundbuch nicht eingesehen habe.

Die erste Instanz erklärte den Klaganspruch dem Grunde nach für gerechtfertigt. Die Berufung des Beklagten wurde zurückgewiesen. Auf die Revision des Beklagten wurde das Berufungsurteil aufgehoben und die Sache an das Berufungsgericht zurückverwiesen.

Gründe:

„Das Berufungsgericht läßt dahingestellt, ob ein Auftrag zur Einsicht des Grundbuchs erteilt worden war, und findet eine schuldhafte Verletzung der dem Beklagten gegenüber dem Kläger obliegenden Amtspflicht in der Unterlassung der Einsicht, weil zur sachgemäßen Vorbereitung eines Kauf- und Auflassungsvertrags eine zuverlässige Kenntnis des Grundbuchinhalts gehöre, und diese Kenntnis der Notar im vorliegenden Falle bei den unklaren Eigentumsverhältnissen nur durch Einsicht des Grundbuchs hätte erlangen können. Was zur Begründung der Revision vorgebracht wird, richtet sich weniger gegen den vom Berufungsgericht aufgestellten Grundsatz als gegen seine Anwendung auf den vorliegenden Fall und ist nicht geeignet, die Revision zu stützen. Insbesondere kann, wenn man die Ausführungen des Berufungsgerichts zusammenhält, nicht angenommen werden, daß es den Inhalt der notariellen Urkunden verkannt habe. Es braucht aber auf die Revisionsangriffe im einzelnen nicht eingegangen zu werden. Das Berufungsurteil kann nicht aufrecht erhalten werden, weil der darin aufgestellte Grundsatz nicht berechtigt ist. Der erkennende Senat hat wiederholt ausgesprochen, daß der preußische Notar nicht kraft seines Amtes, sondern nur im Falle eines besonderen dahingehenden Vertrags die Pflicht zur Grundbucheinsicht hat (vgl. Urteil vom 27. September 1918, Jur. Wochenschr. 1919 S. 241). An diesem Grundsatz ist auch für den vorliegenden Fall festzuhalten. Wenn auch die sachgemäße Vorbereitung eines Kaufvertrags über Grundstücke eine Klarstellung des

Grundbuchinhalts erfordert, so ergibt sich daraus doch noch nicht eine Pflicht des Notars zur Grundbucheinsicht. Die Klarstellung kann auch in anderer Weise geschehen. Der besondere Grund aber, aus dem das Berufungsgericht hier die Notwendigkeit der Grundbucheinsicht durch den Notar folgert, nämlich eine Unklarheit der Eigentumsverhältnisse, trifft nach dem festgestellten Sachverhalte nicht zu. Es stand fest, daß das zu verkaufende Grundstück noch dem L. gehörte und daß N., der es von L. gekauft hatte und an den Kläger verkaufen wollte, mangels Eintragung im Grundbuche noch nicht Eigentümer geworden war.

Die Verletzung einer Amtspflicht kann also nicht darin gefunden werden, daß der Beklagte das Grundbuch nicht eingesehen hatte, als er die Beurkundung vornahm. Wohl aber muß es grundsätzlich als die Amtspflicht des Notars betrachtet werden, daß er sich vor der Beurkundung eines Kaufvertrags über Grundstücke davon überzeugt, daß die Beteiligten, insbesondere der Käufer, zuverlässige Kenntnis von dem Hypothekenstande haben. Das folgt aus dem in der Rechtsprechung anerkannten allgemeinen Grundsatze, daß der Notar sich nicht ohne weiteres mit äußerlich einwandfreien Erklärungen der Beteiligten begnügen darf, vielmehr ihren wirklichen Willen erforschen muß, um danach der Urkunde den Inhalt zu geben, der dem Willen der Vertragsteile und dem Zwecke der Urkundenerrichtung entspricht (RGZ. Bd. 85 S. 409). Daß für den Willen der Beteiligten bei einem Kaufvertrag über Grundstücke die Belastungsverhältnisse eine wesentliche Rolle spielen, bedarf keiner Darlegung. Der hier aufgestellte Grundsatz entspricht einem dringenden Bedürfnis und dient auch dem eigenen Interesse der Schadensersatzansprüchen ausgesetzten Notare. Erfahrungsgemäß entstehen sehr oft Schädigungen und Streitigkeiten daraus, daß die Beteiligten beim Vertragsschluß über den Inhalt des Grundbuchs, insbesondere über Hypotheken und andere Belastungen, nicht oder nicht genügend unterrichtet sind. Dem läßt sich mit Erfolg nur dadurch vorbeugen, daß der Notar selbst die Beteiligten aufmerksam macht und feststellt, ob sie sich zuverlässige Kenntnis von dem Inhalte des Grundbuchs verschafft, ob sie es selbst eingesehen haben, oder auf welche Unterlagen sich sonst ihre Kenntnis stützt. Läßt sich auf diese Weise eine genügende Klarheit nicht gewinnen, so muß der Notar, wenn er das Grundbuch nicht selbst einsehen will oder kann, die Beteiligten wenigstens darauf aufmerksam machen, daß die Beurkundung nur auf ihre Gefahr geschehen könne. Das letztere kann auch in dringlichen Fällen geschehen. Der Beklagte kann sich daher nicht damit entschuldigen, daß die Beteiligten es mit der Aufnahme der Urkunden eilig hatten. Eine Ausnahme ließe sich nur denken, wenn der Notar nach den besonderen Umständen des Falles, insbesondere nach der Persönlichkeit der Beteiligten, ohne weiteres davon überzeugt sein darf, daß sie sich von dem Inhalte des Grundbuchs zuverlässig unterrichtet haben, wenn sie eine Beurkundung verlangen. Aus den Feststellungen des Berufungsgerichts ist nicht zu entnehmen, daß der Beklagte seiner Amtspflicht in der angegebenen Richtung nachgekommen ist. Es ist nicht einmal festgestellt, aus welchem Anlaß und auf wessen Veranlassung das Bekenntnis des Käufers bezüglich einer Hypothek von 8000 *M* in den Kaufvertrag aufgenommen worden ist. Da das Berufungsgericht unter diesem Gesichtspunkte den Sachverhalt noch nicht geprüft, auch die Parteien nicht zur Äußerung veranlaßt hat, und es namentlich geboten erscheint, dem beklagten Notar Gelegenheit zur Verteidigung zu geben, so muß die Sache unter Aufhebung des Berufungsurteils zur Verhandlung und Entscheidung an das Berufungsgericht zurückverwiesen werden." . . .

---

100. Unterliegt der Anspruch des Pächters auf die Übertaxe des Pachtinventars der Verjährungsvorschrift des § 558 BGB.?

III. Zivilsenat. Urt. v. 29. April 1919 i. S. P. (Kl.) w. J. (Bekl.). Rep. III. 433/18.

I. Landgericht Gnesen.
II. Oberlandesgericht Posen.

Der Beklagte hat an den Kläger sein Rittergut Sch. für die Zeit vom 1. Juli 1892 bis dahin 1910 verpachtet. In § 6 des Pachtvertrags ist bestimmt, daß die dem Pächter übergebenen Inventarstücke bei Pachtbeendigung nach dem Werte der vorhandenen Taxe zurückgewährt werden müßten. Die am 4. Juli 1892 vorgenommene Inventuraufnahme stellte sich auf 37607 *M*, die Aufnahme vom 10. Juli 1910 auf 56954,67 *M*. Schon in einem Vorprozesse verlangte der Kläger als Teilbetrag des Unterschieds beider Taxen 4200 *M*, die ihm rechtskräftig zugesprochen wurden. Späterhin berühmte er sich des Anspruchs auf weitere 10200 *M* und verlangte mit der nunmehrigen Klage wiederum einen Teilbetrag von 6000 *M*. Der Beklagte erhob Feststellungswiderklage dahin, daß überhaupt kein weiterer Anspruch mehr bestehe.

Das Landgericht hat unter Abweisung der Widerklage der Klage teils unbedingt, teils eidbedingt entsprochen. Das Berufungsgericht hat die Klage abgewiesen und gemäß der Widerklage erkannt, weil sämtliche Ansprüche des Klägers verjährt seien. Die Revision wurde zurückgewiesen.

Gründe:

„Der Auffassung des Berufungsgerichts, daß der Anspruch des Klägers auf den Mehrwert des Inventars gemäß §§ 558, 581 BGB. verjährt sei, ist beizutreten. Auf das im Jahre 1892 begründete Pachtverhältnis, das nach Art. 170, 171 EG. z. BGB. dem preußischen Allgemeinen Landrecht untersteht, finden gemäß Art. 169 das. die Vorschriften des Bürgerlichen Gesetzbuchs über die Verjährung in dem Sinne Anwendung, daß nicht bloß dessen allgemeine Verjährungsregeln, sondern auch die von ihm für die einzelnen Schuldverhältnisse gegebenen Verjährungsvorschriften Platz greifen (RGZ. Bd. 62 S. 330). In § 558 BGB. ist eine sechsmonatige Verjährungsfrist für die Ersatzansprüche des Verpächters wegen Veränderungen und Verschlechterungen der Pachtsache sowie für die Ansprüche des Pächters auf Ersatz von Verwendungen und auf Gestattung der Wegnahme einer Einrichtung festgesetzt. Daß diese Verjährungsfrist sich auf die bezeichneten Ansprüche jeder Art bezieht, einerlei ob sie sich unmittelbar aus dem Gesetze oder aus besonderen Vertragsbestimmungen ergeben, ist in Übereinstimmung mit dem Schrifttum vom Reichsgerichte bereits in RGZ. Bd. 62 S. 330, Bd. 66 S. 363 ausgesprochen und begründet worden. Die Behauptung des Klägers, daß die mit der Klage verfolgte Forderung kein Pachtanspruch sei, sondern ein Anspruch aus Kauf, weil Übergabe und Rückgabe des Inventars sich im Wege des Rückkaufs vollziehe, geht fehl. Nach der rechtlich einwandfreien, nicht angefochtenen Auslegung kommt dem § 6 des Pachtvertrags die Bedeutung zu, daß die Parteien bei der Beendigung der Pacht den Wertunterschied auszugleichen haben, der sich aus der Vergleichung der Anfangs- und Schlußtaxe des Inventars ergibt. Die Rechtslage war gemäß §§ 597flg. I 21 ALR. die, daß der Verpächter nicht bloß Eigentümer der übergebenen Inventarstücke blieb, sondern auch als Eigentümer des gesamten Inventars als einer Sachgesamtheit galt; den Pächter traf die Gefahr des Bestands und Wertes des Inventars, für dessen ordnungsmäßige Erhaltung er zu sorgen hatte (vgl. Eccius Preuß. Privatrecht Bd. 2 S. 222).

Verwendungen des Pächters im Sinne vermögenswerter, auf die Sache gemachter Leistungen liegen unzweifelhaft dann vor, wenn der Pächter an Stelle der ursprünglich ihm vom Verpächter übergebenen Inventarteile aus eigenen Mitteln neue Inventarstücke angeschafft hat. Nach der tatsächlichen, auf die lange Pachtzeit gegründeten Annahme des Berufungsgerichts traf dies bei den meisten Inventarstücken zu. Um Verwendungen des Pächters handelte es sich aber auch dann, wenn er die ihm übergebenen Inventarstücke durch von ihm bestrittene Ausgaben verbessert oder erhalten und so den gesamten Inventarwert gesteigert hat. Nun besteht allerdings die auch vom Berufungsgericht angedeutete Möglichkeit, daß die bei der Rückgabe des Inventars festgestellte Übertaxe teilweise durch eine Preissteigerung bewirkt wurde, die nur in den verschiedenen Wertverhältnissen zur Zeit der Übergabe und der Rückgabe ohne Mitwirkung von Leistungen des Pächters ihren Grund hatte. Dies kann aber nicht zu einer auch nur teilweisen Unanwendbarkeit des § 558 BGB. führen. Der Ersatzanspruch des Pächters auf die Übertaxe ist ein einheitlicher Anspruch. Der Pächter hat Anspruch auf den Betrag, um den der Wert des ganzen Inventars den früheren Wert übersteigt. Es wäre ein unhaltbares, dem Zwecke der Gesetzesvorschrift zuwiderlaufendes Ergebnis, für die Verjährungsfrage zwischen den einzelnen Gründen, die zur Veränderung des Wertes im Laufe der Pachtzeit geführt haben, unterscheiden zu wollen. Eine solche Unterscheidung wäre praktisch schwer durchführbar, da vielfach die Grenze dafür, ob eine Wertsteigerung auf die Leistungen des Pächters oder Veränderungen in den Wertsverhältnissen zurückzuführen sei, eine flüssige ist. Der Grundgedanke des § 558 geht dahin, daß innerhalb kurzer Frist nach der Beendigung des Miet- oder Pachtverhältnisses die Ersatzansprüche geltend gemacht werden müssen, weil das Interesse beider Parteien eine möglichst rasche Auseinandersetzung fordert. Auch für die Forderungen aus Anlaß der Rückgabe des Inventars hat dieser Grundgedanke seine volle Berechtigung. Es entspricht daher dem Zwecke und der Bedeutung des § 558, den gesamten Anspruch des Pächters auf einen Überinventarbetrag der dort enthaltenen Verjährungsvorschrift zu unterwerfen."

---

101. Wann hat der Inhaber eines älteren Patentes gegenüber dem Inhaber eines jüngeren ein rechtliches Interesse an alsbaldiger Feststellung der Abhängigkeit des jüngeren Patentes?

ZPO. § 256; PatG. § 4.

I. Zivilsenat. Urt. v. 30. April 1919 i. S. P. Akt.-Ges. (Kl.) w. B. (Bekl.). Rep. I. 27/19.

I. Landgericht Düsseldorf.
II. Oberlandesgericht daselbst.

Die Klägerin besitzt die ausschließliche Lizenz an dem Patent 197111, durch welches ein Verfahren zur Wasserreinigung mittels basenaustauschender Aluminatsilikate geschützt ist. Der Beklagte ist Inhaber des jüngeren Patentes 270324, welches ein Verfahren zur Herstellung gut basenhaltiger Aluminatsilikate betrifft. Im Jahre 1913 räumte er einem gewissen v. B. das Recht ein, das Patent 270324 für einen bestimmten Preis erwerben zu können. Von diesem Rechte hat v. B. bisher keinen Gebrauch gemacht. Er bemühte sich aber um die Verwertung des Patentes und bot es auch der Klägerin zum Erwerb an, mit dem Hinzufügen, daß andernfalls ein bedeutender Konzern das Patent ausbeuten würde. Bei seinen Bemühungen bediente er sich der Mitwirkung des Patentanwalts W. Dieser richtete an die Klägerin die Frage, ob sie behaupte, daß die Verwendung der nach Patent 270324 hergestellten Stoffe in das Patent 197111 eingriffe, und ob sie gegebenenfalls geneigt sei, eine Lizenz zur Benutzung dieses Patentes zu erteilen. Die Klägerin erwiderte hierauf, daß sie die Benutzung der bezeichneten Stoffe als eine Verletzung des Patentes 197111 ansehen würde. Zugleich ersuchte sie W. um eine Erklärung, ob von ihm und seinem Auftraggeber die Abhängigkeit des Patentes 270324 vom Patent 197111 anerkannt würde. Da W. einer solchen Erklärung in seinem Antwortschreiben auswich und bemerkte, daß über die Frage der Abhängigkeit „die zuständige Stelle" zu entscheiden hätte, so erhob die Klägerin gegen den Beklagten Klage auf Feststellung, daß die nach Patent 270324 hergestellten Erzeugnisse zum Zwecke der Wasserreinigung während der Dauer des Patentes 197111 nicht ohne Einwilligung der Klägerin verwendet werden dürften. Der Beklagte erklärte, dies nicht bestreiten zu wollen, er beantragte aber die Abweisung der Klage, weil die Voraussetzungen des § 256 ZPO. für die Feststellungsklage nicht gegeben seien.

Das Landgericht entsprach dem Klagantrage; das Oberlandesgericht wies die Klage ab. Auf die Revision wurde die Entscheidung des Landgerichts wieder hergestellt.

Gründe:

„Darüber, daß die Verwendung der nach dem jüngeren Patente des Beklagten herzustellenden Erzeugnisse zum Zwecke der Wasserreinigung einen Eingriff in das ältere Patent 197111 darstellt, daß also insoweit Abhängigkeit des jüngeren von dem älteren Patente vorliegt, besteht nach der vom Beklagten im gegenwärtigen Rechtsstreit abgegebenen Erklärung, dies nicht bestreiten zu wollen, keine Meinungsverschiedenheit unter den Parteien. Es handelt sich daher nur darum, ob gleichwohl die Voraussetzungen des § 256 ZPO. für die richterliche Feststellung dieser Abhängigkeit gegenüber dem Beklagten gegeben sind. Der Beklagte ist der Inhaber des jüngeren, als abhängig von dem älteren in Betracht kommenden Patentes, aber auch noch der materielle Eigentümer dieses jüngeren Patentes, da dem v. B. vertraglich nur ein noch nicht ausgeübtes Erwerbsrecht zugesichert ist.

Die Revision vertritt in erster Linie folgenden Standpunkt: Das im § 256 ZPO. erforderte Feststellungsinteresse müsse dem Inhaber eines älteren Patentes — und dem stehe hier die Klägerin als ausschließliche Lizenzinhaberin gleich — gegenüber dem Inhaber eines jüngeren, als abhängig in Anspruch genommenen Patentes grundsätzlich dann zuerkannt werden, wenn wie hier die praktische Ausübung des als abhängig in Anspruch genommenen jüngeren Patentes bevorstehe und schon in die Wege geleitet sei. Es könne dem Inhaber des älteren Patentes nicht zugemutet werden zu warten, bis eine Patentverletzung vorliege. Bei der beschränkten Dauer eines Patentes müsse dem Inhaber des älteren Patentes die Möglichkeit gegeben sein, alsbald die Frage der Abhängigkeit festgestellt zu wissen, und das geeignete Mittel hierzu sei allein die Feststellung der Abhängigkeit gegenüber dem Inhaber des jüngeren Patentes, da sie gemäß § 325 ZPO. die Abhängigkeit umfassend auch gegen Rechtsnachfolger regle. Dieser grundsätzliche Standpunkt entspreche einer vernünftigen Prozeßökonomie, und das hiernach anzuerkennende Feststellungsinteresse könne auch nicht dadurch beseitigt werden, daß der Inhaber des jüngeren Patentes wie hier erklärt habe, die Abhängigkeit nicht bestreiten zu wollen.

Dieser grundsätzliche Standpunkt der Revision ist nicht gerechtfertigt. Was die Revision dafür geltend macht, begründet lediglich, daß der Inhaber des älteren Patentes überhaupt ein rechtliches Interesse an der Feststellung der Abhängigkeit des jüngeren Patentes habe, und daran ändert auch nichts, daß hier die praktische Ausübung des jüngeren Patentes bevorsteht, was nach dem gewöhnlichen Laufe der Dinge regelmäßig der Fall ist. Das rechtliche Interesse an der Feststellung der Abhängigkeit überhaupt genügt nicht als Voraussetzung des § 256 ZPO. Der Schwerpunkt liegt vielmehr darin, daß das rechtliche Interesse an alsbaldiger Feststellung anzuerkennen ist, und zwar an alsbaldiger Feststellung gegenüber dem Beklagten. Wie ein Schuldner nicht zu jeder beliebigen Zeit und ohne Grund auf Feststellung der Rechte des Gläubigers, wie auch niemand ohne Grund van einem Eigentümer auf Feststellung seines Eigentums in Anspruch genommen werden kann, sondern dies nur zulässig ist, wenn durch das Verhalten des in Anspruch genommenen Beklagten das Gläubiger- oder Eigentümerrecht gefährdet oder wenigstens die begründete Besorgnis einer Gefährdung gerechtfertigt ist, so kann auch der Inhaber des jüngeren Patentes auf Feststellung der Abhängigkeit nur in Anspruch genommen werden, wenn er die Rechtslage des Inhabers des älteren Patentes — oder des Inhabers der ausschließlichen Lizenz an demselben — durch sein Verhalten gefährdet oder erkennbaren Anlaß zur Besorgnis einer solchen Gefährdung gibt. . . .

Mit der Revision mußte aber in Abweichung von der Auffassung des Oberlandesgerichts anerkannt werden, daß diese letztere Voraussetzung im vorliegenden Falle gegenüber dem Beklagten trotz seiner im Prozeß abgegebenen Erklärung, die Abhängigkeit nicht bestreiten zu wollen, vorhanden ist. Es kommt in Betracht, daß durch die ausweichenden Erklärungen des Patentanwalts W., auch wenn er nicht, wie das Oberlandesgericht einwandfrei festgestellt hat, Bevollmächtigter des Beklagten war, die Abhängigkeit der beiden Patente in nicht mißzuverstehender Weise bestritten worden ist. Es liegt kein Grund für die Annahme vor, daß andere Interessenten an der Verwertung des abhängigen Patentes zur Frage der Abhängigkeit eine von der des W. abweichende Stellung einnehmen, wie diese ja auch die des v. B. ist, der zunächst ein Erwerbsrecht an dem Patente behufs Verwertung desselben zugesichert erhalten hat. W. hat die Klägerin ja auch für die Frage der Abhängigkeit auf die „zuständige Stelle", also auf den Prozeßweg, verwiesen. Diese Sachlage war aber dem Beklagten in der Klagschrift dargelegt, also bekannt. Sie ergibt eine erhebliche Gefährdung der Rechtslage der Klägerin in bezug auf das Verhältnis der beiden Patente, was bei der jederzeit bevorstehenden praktischen Ausübung des jüngeren Patentes durch den hinter W. stehenden v. B. und andere von letzterem anzuwerbende Interessenten keiner Begründung bedarf. Diese Gefährdung konnte der Beklagte als Inhaber und zurzeit noch allein Verfügungsberechtigter des jüngeren Patentes mit Wirkung gegen alle Rechtsnachfolger, auch gegen die hinter W. stehenden Interessenten, gemäß § 325 ZPO. leicht dadurch beseitigen, daß er, wenn ihm wirklich daran gelegen war, daß die Abhängigkeit nicht mehr in Zweifel gezogen werden könnte, den Feststellungsanspruch anerkannte und damit ein Urteil gemäß § 307 ZPO. ermöglichte. An der Beseitigung der Gefährdung der Rechtslage der Klägerin war aber offensichtlich dem Beklagten nicht gelegen. Denn dadurch, daß er lediglich erklärte, die Abhängigkeit nicht bestreiten zu wollen, war diese Gefährdung nicht beseitigt, und indem er nur diese Erklärung im Prozeß abgab, im übrigen aber die Abweisung der Klage unter Bestreiten des Feststellungsinteresses erstrebte, ließ er erkennen, daß er die durch W. hervorgerufene Unsicherheit der Rechtslage der beiden Patente auch seinerseits unterstützte. Die Sache liegt also so, daß auch der Beklagte selbst durch sein Verhalten gegenüber der Klage die Rechtslage der Klägerin noch weiter gefährdet, und mit Rücksicht hierauf mußte das Interesse der Klägerin an der alsbaldigen Feststellung der Abhängigkeit auch gegenüber dem Beklagten anerkannt werden." ...

---

102. Nach welchen Grundsätzen ist der Verkäufer von der Lieferpflicht befreit, wenn die vereinbarte Versendungsart für absehbare Zeit unmöglich geworden ist und der Käufer die Geltendmachung seiner Rechte verzögert?

BGB. §§ 242, 447.

III. Zivilsenat. Urt. v. 2. Mai 1919 i. S. H. (Kl.) w. H. Akt.-Ges. (Bekl.). Rep. III. 509/18.

I. Landgericht Königsberg.
II. Oberlandesgericht daselbst.

Mit Schluß vom 6. Februar 1914 hat die Klägerin von der Beklagten 600 Kubikmeter kieferne Seitenbretter in verschiedenen Stärken, Längen und Breiten, 70 % blank garantiert, zum Preise von 50,50 *M* für den Kubikmeter cif Rotterdam gekauft; die Abladung sollte vom Juni bis September 1914 in Teilposten, die Regulierung gegen „girierte Verladedokumente in Kasse abzüglich 2 % Skonto, Seefracht netto Kasse unter Berechnung der Seefracht mit 3 m/m Untermasse" erfolgen. Die Beklagte hat anfangs Juli 1914 eine Lieferung gemacht, ist aber seither mit dem Reste von 363,405 Kubikmetern im Rückstande geblieben und hat auf eine Anfrage der Klägerin am 18. November 1916 erklärt, daß die Klägerin auf weitere Lieferung nicht mehr rechnen könne. Mit der im Dezember 1916 erhobenen Klage verlangte die Klägerin die Lieferung des Rückstandes, und zwar nach Wahl der Beklagten entweder 6 bis 7 Monate nach Eintritt der Verschiffungsmöglichkeit zu 55,50 *M* cif Rotterdam oder sogleich, und wiederum nach ihrer Wahl mit Schiff zum Preise von 55,50 *M* cif Rotterdam oder mit der Bahn frei Waggon Königsberg um 49,30 *M*.

Das Landgericht hat der Klage entsprochen, das Berufungsgericht sie abgewiesen. Die Revision blieb erfolglos aus folgenden

Gründen:

„Zur Entscheidung steht die Frage, ob die Beklagte an den Schluß der Parteien, den sie nach den ursprünglichen Vertragsbestimmungen bis Herbst 1914 zu erfüllen hatte, auch noch Ende 1916 gebunden gewesen sei. Das Berufungsgericht hat die Frage verneint und dies dahin begründet: Die Vereinbarung der Versendung des Holzes von Königsberg auf dem Seewege nach Rotterdam sei als wesentlicher Bestandteil des Kaufvertrags anzusehen, so daß bei der durch die Kriegsverhältnisse eingetretenen Unmöglichkeit der Benutzung dieses Seewegs die Beklagte von ihrer Lieferpflicht frei geworden sei. Weiterhin aber hätten sich die Verhältnisse für die Beklagte seit Herbst 1914 derart verschoben, daß für sie die von der Klägerin hinausgezogene Lieferung einen ganz anderen Inhalt bekommen habe und daß sie deshalb der Beklagten nicht mehr habe zugemutet werden können; die Beklagte habe auch die lange Verzögerung der Geltendmachung der klägerischen Ansprüche bis zum November 1916 als einen Verzicht der Klägerin auf ihre Vertragsrechte auffassen dürfen. Es mag nun dahin stehen, ob der Bestimmung über die Versendungsart des Holzes auf dem Seewege nach Rotterdam nach den Umständen des vorliegenden Falles die Bedeutung einer wesentlichen Vertragsabrede mit der Wirkung beizumessen ist, daß im Falle der Unmöglichkeit dieser Versendungsart der Vertrag in sich zusammenfällt. Dem Ergebnis des Berufungsgerichts ist jedenfalls, abgesehen von der unten näher erörterten Frage des Verzichts, beizutreten.

Nach der getroffenen Feststellung hatte die Beklagte zur Erfüllung des Schlusses das Holz aus einem bestimmten Stapel vorgesehen. Auf eine Anfrage der Klägerin vom 24. April 1915, ob die Ware gut eingeschobert und so vor Verblauen gesichert sei, hat die Beklagte umgehend erwidert, daß dies nur bezüglich einzelner Holzstärken zutreffe, bei den Stärken 30 und 33 aber nicht gelungen sei, und hat der Klägerin an Stelle des unmöglichen Seewegs nach Rotterdam den Seeweg nach Hamburg, Lübeck oder Stettin vorgeschlagen. Die Klägerin hat jedoch in ihrer Antwort vom 6. Mai 1915 diesen Vorschlag abgewiesen, da sie wegen der hohen Fracht das Holz nur in Rotterdam entgegennehmen könne, und hat außerdem hervorgehoben, daß sie an der im Schlusse festgesetzten Höchstgrenze von 30% nichtblanker Hölzer beharre. Die Beklagte hat am folgenden 12. Mai erwidert, daß sie die Lieferung der Stärken 30 und 33 nicht bewirken könne, weil sie zum größten Teil verblaut seien; die Erhaltung der Güte der anderen Stärken sei zweifelhaft, da die Verladung nach Rotterdam im laufenden Jahre ungewiß sei, sie also keine Garantie für deren gute Abfertigung im nächsten Jahre übernehmen könne; sie schlage deshalb der Klägerin die Aufhebung des Schlusses vor. Dieses Angebot wies die Klägerin am 14. Mai mit der Erklärung zurück, die Angelegenheit bis zum Eintritt der Verschiffungsmöglichkeit zurückzustellen. Nunmehr ruhte der Verkehr der Parteien bis zur Anfrage der Klägerin vom 13. November 1916, ob der Versand jetzt möglich sei, die die Beklagte mit Lieferungsweigerung beantwortete.

Bei dieser Sachlage bestehen zwar Bedenken gegen die Auffassung des Berufungsgerichts, daß die Beklagte einen Verzicht der Klägerin auf ihre Vertragsrechte habe annehmen dürfen, weil die Klägerin in dem dem langen Schweigen der Parteien vorausgehenden Briefe vom 14. Mai 1915 ausdrücklich die Zurückstellung der Sache ausgesprochen, also den Willen, ihre Rechte nicht aufzugeben, der Beklagten kundgegeben hat. Trotzdem aber rechtfertigte die Sachlage die Entbindung der Beklagten von der Lieferpflicht. Denn es ist durch die lange Hinausschiebung der Erfüllung die wirtschaftliche Lage der Beklagten eine ganz andere geworden, als sie zu der im Vertrage bestimmten Lieferzeit war. Die Beklagte mußte den Kaufpreis und dessen Verzinsung für das von ihr zur Kauferfüllung bereit gestellte Holz entbehren. Sie war insbesondere mit der Verpflichtung der Aufbewahrung des Holzes, die ihr wegen der drohenden Gefahr der Verschlechterung erhebliche Mühen und Kosten verursachte, belastet; die Belastung war um so drückender, als die Klägerin die unbedingte Einhaltung der im Vertrage festgesetzten Menge des blanken Holzes forderte. In Betracht kommt endlich die vom Berufungsgerichte festgestellte, sehr erhebliche Steigerung der Holzpreise, die es der Klägerin ermöglichte, auf Kosten der Beklagten zu spekulieren. Bei solcher Sachlage widersprach die über ein Jahr hinausgezogene Geltendmachung der klägerischen Lieferungsrechte den Vertragspflichten der Klägerin. Gibt auch im allgemeinen eine solche Verzögerung dem Schuldner keinen Befreiungsgrund, so muß dies doch dann angenommen werden, wenn durch die Verzögerung die wirtschaftliche Lage des Schuldners derart ungünstig verändert wird, daß ihm die fernere Erfüllung nicht mehr zugemutet werden kann. Der Vorschrift des § 242 BGB., daß der Schuldner die Leistung so zu bewirken habe, wie Treu und Glauben mit Rücksicht auf die Verkehrssitte es fordern, entspricht die Pflicht des Gläubigers, den ihm zustehenden Anspruch unter Einhaltung der gleichen Grundsätze geltend zu machen. Hiermit steht das Verhalten der Klägerin nicht im Einklang. Obwohl durch die Kriegsverhältnisse der Seeweg nach Rotterdam für nicht absehbare Zeit verschlossen war, hat die Klägerin bis zur Klagerhebung auf dessen Einhaltung trotz eines Gegenvorschlags der Beklagten beharrt. Treu und Glauben geboten ihr aber, wenn sie an der Lieferung festhalten wollte, der Beklagten innerhalb einer nach Maßgabe der Verhältnisse angemessenen Frist eine andere Versendungsart anzuweisen, die weder deren Mühewaltung steigerte noch ihre Interessen beeinträchtigte. Dies ist, wie das Berufungsgericht zutreffend angenommen hat, nicht geschehen. Da aber die veränderte wirtschaftliche Lage der Beklagten lediglich auf das Verhalten der Klägerin zurückzuführen ist, so war diese nach Ablauf der langen Zeit zur Geltendmachung ihres Kaufanspruchs nicht mehr befugt." . . .

---

103. Unter welchen Voraussetzungen ist eine planmäßig mittels wissentlich unrichtiger Einwendungen bewirkte Prozeßverzögerung als Verstoß gegen die guten Sitten im Sinne des § 826 BGB. zu beurteilen?

VI. Zivilsenat. Urt. v. 8. Mai 1919 i. S. N. (Kl.) w. F. (Bekl.) Rep. VI. 346/18.

I. Landgericht I Berlin.
II. Kammergericht daselbst.

Aus den Gründen:

„Der Kaufmann Benjamin M. reichte am 30. Dezember 1913 bei dem Landgericht I in Berlin eine auf Zahlung von 17599 ℳ (aus Darlehen und Dienstvertrag) gerichtete Klage gegen die F. & Co. G. m. b. H. und gegen die Gesellschaft für Präzisionstechnik m. b. H. ein, deren beider Geschäftsführer der jetzige Beklagte F. war. Die beklagten Gesellschaften — in der Person ihres Geschäftsführers — bestritten zunächst nur die Aktivlegitimation des Klägers M.: dieser habe die Klagforderung an seinen Vater Hermann M., in Krajowa (Rumänien) wohnhaft, abgetreten. Der Kläger M. gab dies zu, behauptete aber, sein Vater habe ihm noch vor der Klagerhebung die Forderung zurückübertragen, was auch dem Beklagten sogleich mitgeteilt worden sei. Nachdem hierüber Hermann M. durch das zuständige rumänische Gericht am 29. Mai 1914 als Zeuge vernommen worden war, wurden im Schriftsatze der Beklagten vom 28. Juli 1914 fünf Einwendungen angekündigt. Bezüglich zweier (Beträge von 154,90 und 133,60 ℳ betr.) wurde durch Beschluß vom 31. Juli 1914 Beweiserhebung angeordnet, in der Folge aber nicht vollzogen, da der Kläger M. seinen Anspruch um jene Beträge mit zusammen 288,50 ℳ ermäßigte. Bezüglich der drei weiteren Einwendungen — einer Provisionsforderung von 3000 ℳ (5000), einer Schadensersatzforderung von 8477,90 ℳ (anfänglich 20000 ℳ) und der Behauptung des Verzichts auf die eingeklagte Gehaltsforderung — wurde durch den Beschluß vom 31. Juli 1914 nähere tatsächliche Begründung angeordnet. Hierauf bezügliche Ausführungen wurden in dem Schriftsatze der Beklagten vom 8. Dezember 1914 gegeben. Nach weiterem Schriftwechsel erging am 15. Januar 1915 ein Beschluß dahin, daß, wenn die Parteien nicht den vom Gerichte vorgeschlagenen Vergleich schlössen — Klagermäßigung auf 13000 ℳ, zahlbar 4000 ℳ sofort, der Rest in Dreimonatteilbeträgen von 3000 ℳ, Verzicht der Beklagten auf die Gegenforderungen, Kostenregelung — der Geschäftsführer der beklagten Gesellschaften einen Eid dahin zu leisten habe, es sei nicht wahr, daß er dem Kläger M. gesagt habe, die von ihm verlangten 15000 ℳ müßten die Beklagten ja doch zahlen, er werde aber den Prozeß hinzuziehen wissen. Der Vergleich kam am 28. Januar 1915 zustande. Schon die erste Zahlung indessen wurde nicht geleistet; beide Beklagten gerieten am 27. März 1915 in Konkurs.

Für den Ausfall macht der Kläger N. im vorliegenden Rechtsstreit aus abgetretenen Rechten des Benjamin M. den Beklagten F. verantwortlich. Die Klage erhebt unter Berufung auf § 826 BGB. den Vorwurf, der Beklagte habe bei der Führung des Vorprozesses als Geschäftsführer der damals beklagten beiden Gesellschaften dem Kläger dadurch in einer gegen die guten Sitten verstoßenden Weise vorsätzlich Schaden zugefügt, daß er wider besseres Wissen gegen den damaligen Klaganspruch Einwendungen erhoben und dadurch geflissentlich den Prozeß verzögert habe, wodurch es dann gekommen sei, daß der damalige Kläger M. aus dem Vergleiche vom 28. Januar 1915 nichts mehr habe beitreiben können. . . .

Der erste Richter findet in dem Bestreiten der Klagbefugnis des M., wie geschehen, keinen Sittenverstoß, vielmehr eine nach den Umständen sachlich gebotene Maßnahme. Auf die weiter vorgeschützten Einwendungen des Vorprozesses brauche nicht eingegangen zu werden, da zwischen ihrer Geltendmachung und dem eingetretenen Schaden kein ursächlicher Zusammenhang bestehe. Wäre auch nur die Aktivlegitimation bestritten worden, so hätte ein nach Erledigung der hierüber angeordneten Beweiserhebung ergehendes vollstreckbares Erkenntnis dem Kläger frühestens Ende Juli 1914 zur Verfügung gestanden, damals aber seien die beklagten Gesellschaften bereits zahlungsunfähig gewesen.

Das Berufungsgericht verkennt im allgemeinen nicht, daß in der wider besseres Wissen und zum Zwecke der Prozeßverschleppung erfolgenden Erhebung unbegründeter Einwendungen unter Umständen ein Verstoß gegen die guten Sitten liegen könne. Bezüglich der Bestreitung der Klagbefugnis indessen glaubt das Berufungsgericht weder einen Sittenverstoß noch den Schädigungsvorsatz noch den ursächlichen Zusammenhang mit dem eingetretenen Schaden annehmen zu können. Bezüglich der weiteren Einwendungen hält das Berufungsgericht dafür, daß sie überhaupt nicht ohne weiteres unbegründet gewesen seien, wofür auf die Ermäßigung der Klagansprüche im Vorprozesse (um 288,50 *M*) und im Vergleiche vom 28. Januar 1915 (um 4000 *M*) hingewiesen wird. In allen diesen Richtungen hat die Revision Einwendungen erhoben. Sie konnte indessen keinen Erfolg haben.

Anlangend die Bestreitung der Klagbefugnis hat das Berufungsgericht die Behauptung des jetzigen Klägers als richtig unterstellt, daß der im Vorprozesse von den beklagten Gesellschaften erhobene Einwand, Benjamin M. habe die Forderung an seinen Vater abgetreten, insofern unbegründet gewesen sei, als dieser sie noch vor der Klagerhebung an seinen Sohn zurückübertragen gehabt, daß der Beklagte hiervon auch schon bei der Erhebung des Einwandes hinreichende Kenntnis gehabt habe. Aus den dafür vom Kläger vorgetragenen Äußerungen des Beklagten schließt das Berufungsgericht auch im Sinne der Klage, daß der Beklagte die Absicht gehabt habe, den Vorprozeß durch unbegründete Einwendungen hinzuziehen, nicht aber, daß der Beklagte dies tun wollte, um den Kläger M. um seine Forderung zu bringen. Im Gegenteil lassen jene im angefochtenen Urteil angeführten Äußerungen nach Ansicht des Berufungsgerichts gerade die Absicht des Beklagten hervortreten, M. zu befriedigen; nur daß der Beklagte für die Zahlung eine für die von ihm vertretenen beiden Gesellschaften günstigere Zeit habe abwarten wollen, in der ihnen die Zahlung leichter als gegenwärtig fallen würde. Eine Prozeßverschleppung aber, auch mit Hilfe wissentlich unrichtiger Einwendungen, verstoße nicht schon dann gegen die guten Sitten, wenn dadurch wie hier der Schuldner vorläufig gegen die Beitreibung geschützt und eine bessere wirtschaftliche Lage, die dem Schuldner die Befriedigung des Gläubigers erleichtere, abgewartet werden solle. Der gesetzliche Vertreter einer Gesellschaft habe doch auch zunächst die Interessen der von ihm vertretenen Gesellschaft zu wahren und erst in zweiter Linie die Interessen ihrer Gläubiger. Möchten auch die beiden vom Beklagten vertretenen Gesellschaften zu Beginn des Vorprozesses oder auch noch im Juli 1914 in der Lage gewesen sein, Benjamin M. zu befriedigen, und möge auch der Beklagte dies gewußt haben, so habe der Beklagte doch, ohne damit gegen die guten Sitten zu verstoßen, die Befriedigung durch Prozeßverschleppung auch mit wissentlich unrichtigen Einwendungen auf eine spätere Zeit verschieben können, von der er hoffen mochte, daß die Gesellschaften dann in einer wirtschaftlich günstigeren Lage sich befinden würden. Daß er keinen Grund zu einer solchen Hoffnung gehabt hätte, lasse weder das Klagvorbringen noch das Beweisergebnis der ersten Instanz (über die Vermögenslage der Gesellschaften Ende Juli 1914) erkennen.

Der Revision ist zuzugeben, daß diese Sätze in der Allgemeinheit, die ihre Fassung aufweist, Bedenken erregen.

Angesichts einer planmäßig mittels wissentlich unrichtiger Einwendungen bewirkten Prozeßverzögerung wird grundsätzlich davon auszugehen sein, daß ein solches Verhalten gegen die guten Sitten verstößt, sofern nicht besondere Umstände des Falles nach dem allgemeinen und durchschnittlichen Maßstab der herrschenden sittlichen Anschauungen eine andere Beurteilung rechtfertigen. Nach diesem Maßstabe wird, wenngleich in der maßgebenden Verfahrensordnung (§ 138 Abs. 1 ZPO.) eine Wahrheitspflicht nicht ausdrücklich aufgestellt ist, doch in aller Regel anzunehmen sein, daß die Mißbilligung der bewußten Unwahrheit, der Lüge, ebenso wie sie aus dem Prozeßzwecke, der auf die Pflege des Rechtes gerichtet ist, folgt[1], auch dem Anstandsgefühl aller billig und gerecht Denkenden entspricht, zumal dann, wenn mittels solchen wahr-

---

[1] Über die prozeßrechtliche Beurteilung der „Lüge im Prozeß" vgl. bes. Hellwig, Lehrbuch des ZP. Bd 2 § 71 S. 40 flg.; Stein, ZPO. vor § 128 unter V 7, auch IV 3 zu Fußnote 63 flg.: Neumann, Jur. Wochenschr. 1908 S. 641, 665; Hellwig das. S. 664 u. D. Jur.-Zeit. 1909 Sp. 137; Rich Schmidt das. Sp. 39 u. 255; Binding das. Sp. 161. Ihre Mißbilligung folgt (nach Hellwig, Stein) aus dem Prozeßzweck, der Pflege des Rechtes ist; daß dies nicht dazu geführt hat, im geltenden Rechte Rechtssätze zu schaffen, die es gestatten, lügnerisches Prozeßvorbringen als unbeachtlich beiseite zu schieben, steht im übrigen außer Streit und Zweifel. — Über die standesdienstliche Beurteilung des Rechtsanwalts, der im Prozesse wissentlich unwahre Behauptungen aufgestellt hat, s. bes Entsch. des EGH. für deutsche Rechtsanwälte Bd. 4 S. 25, 31, Bd. 5 S. 76 Bd. 7 S. 95, Bd. 8 S. 41, 178, Bd. 16 S. 447. D. E.

heitswidrigen Verhaltens dem Gläubiger die ihm rechtlich zustehende, im geordneten Verfahren verfolgte Befriedigung über den Zeitpunkt, zu dem sie geschuldet ist, hinaus vorenthalten wird. Daran könnte auch an und für sich die vom Berufungsgericht ausgesprochene Erwägung, daß der Beklagte als gesetzlicher Vertreter der Schuldner zunächst für deren Interessen, nicht für die ihrer Gläubiger zu sorgen gehabt habe, nichts ändern. Diese Interessenlage wäre, jedenfalls für sich allein, nicht genügend, das in Rede stehende Verhalten des Beklagten zu entschuldigen. Dagegen wird allerdings der Beweggrund, die Absicht als allgemeine Zweckrichtung des Willens, für diese Beurteilung ins Gewicht fallen können. Es kann daher nicht für ohne weiteres rechtsirrig erachtet werden, wenn das Berufungsgericht auf die im übrigen tatsächliche und insoweit hier nicht nachzuprüfende Annahme abgestellt hat, der Beklagte habe bei jener Prozeßverzögerung nicht die Absicht verfolgt, den Kläger M. zu schädigen oder gar um seine Forderung zu bringen, „im Gegenteil" ihn zu befriedigen beabsichtigt zu einer den Schuldnern günstigeren Zeit. Die Revision vermißt eine Feststellung darüber, ob der Beklagte einen Anhalt dafür gehabt habe, daß die Lage der Schuldner sich bessern werde, und weist darauf hin, daß die Nichtzahlung einer fälligen Forderung immer eine Schädigung des Gläubigers darstelle. Es kann in der Tat bezweifelt werden, ob nicht nach Umständen, außer dem vom Berufungsgerichte hervorgehobenen Mangel einer böswilligen Absicht der Prozeßverschleppung, weiter zu verlangen sein wird, daß der Schuldner die volle Überzeugung habe, sein Verhalten werde zu keiner Schädigung des Gläubigers — auch nicht etwa gegen seine, des Schuldners, Absicht — führen. Eine Feststellung in dieser Hinsicht liegt im Berufungsurteile nicht vor; die Annahme, daß der Beklagte eine Besserung der Lage erhofft haben möge, ist, wie keiner Ausführung bedarf, dem nicht für gleichwertig zu erachten.

Es bedarf indessen einer weiteren Verfolgung dieses Gesichtspunkts hier nicht, da das Berufungsgericht weiter festgestellt hat, der Beklagte sei sich, indem er durch den unbegründeten Einwand der mangelnden Aktivlegitimation den Prozeß hinzog, keineswegs dessen bewußt gewesen, daß er dem Kläger M. hierdurch Schaden zufüge. Damit ist das in § 826 BGB. erforderte subjektive Tatbestandsmoment des Schädigungsvorsatzes ausgeschlossen. Ob die insoweit in Rede stehende Würdigung des Berufungsgerichts in den Tatsachen ihre völlige Stütze findet, ist in der Revisionsinstanz nicht nachzuprüfen. Ein Rechts- oder Prozeßverstoß erhellt insoweit nicht. Insbesondere kann die Beurteilung des Berufungsgerichts zu diesem Punkte nicht etwa schon damit ausgeräumt werden, daß, wie die Revision hervorhebt, die Nichtzahlung einer fälligen Schuld immer eine Schädigung des Gläubigers darstelle. Darüber, worin solcher Schaden, insbesondere ein etwaiger Schaden aus der Verzögerung der Leistung, bestanden habe, ob dieser nicht etwa durch den gesetzlichen Zinslauf als ausgeglichen zu gelten habe, und über damit Zusammenhängendes waren keine Behauptungen aufgestellt.

Durch die Feststellung, daß der Beklagte sich bei seinem Verhalten einer Schädigung des Klägers M. nicht bewußt gewesen sei, wird auch der weitere von der Revision geltend gemachte rechtliche Gesichtspunkt erledigt, die Erhebung eines wissentlich unwahren Einwandes stellte eine Täuschung des Gerichts dar, womit für die beklagten Gesellschaften ein rechtswidriger Vermögensvorteil verfolgt und das Vermögen des Klägers M. beschädigt worden sei, daher auch § 823 Abs. 2 BGB. verb. mit § 263 StGB. eingreife (vgl. RGSt. Bd. 19 S. 93 mit Nachw., Bd. 51 S. 211 u. ö.). Es braucht daher hierauf nicht näher eingegangen zu werden (vgl. RGSt. Bd. 5 S. 321, Bd. 20 S. 391, Bd. 26 S. 28, Bd. 32 S. 3, Bd. 36 S. 118 mit weiteren Anführungen, Bd. 40 S. 9). ... Daß durch die Annahme, die weiteren Einwendungen seien nicht völlig unbegründet gewesen, der Vorwurf des Sittenverstoßes hinfällig wird und auch die Feststellung eines Schädigungsvorsatzes im Sinne des § 826 BGB. damit ausgeschlossen erscheint, bedarf keiner Ausführung."...

---

104. Kann sich der Empfänger einer befristeten Erklärung auf die Verspätung berufen, wenn der Absender alles getan hat, um das rechtzeitige Eintreffen zu bewirken, und der verspätete Eingang ausschließlich auf Umstände zurückzuführen ist, welche in der Person des Empfängers liegen?

BGB. § 130.

II. Zivilsenat. Urt. v. 9. Mai 1919 i. S. C. (Bekl.) w. K. (Kl.). Rep. II. 400/18.

I. Landgericht Konstanz.
II. Oberlandesgericht Karlsruhe.

Durch notariellen Vertrag vom 25. Juni 1914 wurde der Kläger an der Union Wasserversorgungs- und Pumpenindustrie Gesellschaft m. b. H., deren bisheriger alleiniger Gesellschafter Leo C., der Sohn der Beklagten, war, mit einer Stammeinlage von 30000 *M* beteiligt. Leo C. verpflichtete sich aber, auf ein bis 1. April 1915 auszusprechendes Verlangen des Klägers dessen Stammeinlage Zug um Zug gegen Zahlung von 30000 *M* am 1. Juli 1915 zurückzuerwerben, und gewährleistete gleichzeitig dem Kläger für den nämlichen Fall einen Mindestgewinn von 6 %, also 1800 *M*. Außerdem verpflichtete sich die Beklagte ihrerseits für den Fall, daß Leo C. den Anteil des Klägers trotz eines von diesem bis zum 1. April 1915 geäußerten Verlangens am 1. Juli 1915 nicht erwerben oder auch dem Kläger an diesem Tage die 30000 *M* nicht zahlen sollte, am genannten Tage die Stammeinlage von 30000 *M* Zug um Zug gegen Zahlung von 30000 *M* vom Kläger zu erwerben.

Am 30. März 1915 sandte der Kläger einen Einschreibebrief an Leo C., worin er das im Vertrage vom 25. Juni 1914 vorgesehene Verlangen auf Wiederabnahme des Geschäftsanteils ausgesprochen hatte. Der Brief war an die bisherige Adresse des Empfängers in Charlottenburg gerichtet. Wohnung und Geschäftsräume der Gesellschaft m. b. H., deren Geschäftsführer er war, befanden sich vereint in demselben Hause. Der Brief konnte aber nicht bestellt werden, da C. vorher Wohnung und Geschäftsräume anderweit vermietet hatte und nach Bukarest gereist war. Aus diesem Grunde und weil niemand in den früheren Räumen C.s den Brief in Empfang nehmen wollte, legte der Postbote ihn auf dem Postamte nieder. Als dann C. am 5. April zurückkehrte und in einem Gasthof abstieg, erfuhr er von dem Pförtner seiner früheren Wohnung, daß ein Einschreibebrief für ihn abgegeben sei. Er holte sich diesen dann am 6. oder 7. April ab.

Der Kläger hat trotz dieses Vorganges von C. und der Beklagten Rückerwerb des Geschäftsanteils und Zahlung der 30000 *M* verlangt. Beide haben sich geweigert, diesem Verlangen zu entsprechen. Der Kläger hat deshalb Klage gegen die Mutter C.s erhoben und Verurteilung zur Zahlung von 30000 *M*, gegebenenfalls gegen Abtretung der Stammeinlage, beantragt. Er hat vortragen lassen, daß sich die Beklagte auf den verspäteten Empfang des Einschreibebriefes durch ihren Sohn nicht berufen dürfe, da dieser den rechtzeitigen Eingang arglistig verhindert habe. Im übrigen habe sie sowohl als ihr Sohn auf die Geltendmachung eines Einwandes auf Grund des verspäteten Eintreffens verzichtet und Rückerwerb der Einlage und Zahlung der 30000 *M* versprochen.

Die Beklagte hat bestritten, daß ihr Sohn den rechtzeitigen Eingang des Einschreibebriefes arglistig verhindert habe und daß von ihnen auf den Einwand der verspäteten Erklärung verzichtet und Zahlung versprochen worden sei Zudem würde nach Wegfall des ursprünglichen Abkommens eine Neubegründung desselben wiederum gemäß § 15 GmbHG. notarieller oder gerichtlicher Form bedurft haben.

Während der erste Richter die Klage abwies, gab das Berufungsgericht ihr statt. Die Revision der Beklagten hatte keinen Erfolg.

Gründe:

„Das Berufungsgericht geht davon aus, daß der Kläger den Rückerwerb seiner Stammeinlage und die Rückzahlung der 30000 *M* nicht, wie es im Vertrage vom 25. Juni 1914 vorgesehen war, vor dem 1. April 1915 verlangt habe, und daß, falls etwa der Empfänger C. das rechtzeitige Eintreffen des das Verlangen aussprechenden Einschreibebriefes arglistig verhindert haben sollte, ein solches Verhalten nicht der Beklagten entgegengehalten werden könne. Es ist aber der Auffassung, daß die Beklagte sowohl als auch ihr Sohn nachträglich auf die Geltendmachung eines Einwandes wegen der verspäteten Erklärung verzichtet und die Wiederabnahme der Stammeinlage und Zahlung der 30000 *M* zugesagt hätten. Die Revisionsangriffe wenden sich nur gegen diese Feststellung, wohingegen der Revisionsbeklagte im Gegensatze zum Berufungsgerichte den Standpunkt vertritt, daß die nach seiner Behauptung von Leo C. verübte arglistige Verhinderung des rechtzeitigen Eintreffens des Einschreibebriefes auch der Beklagten zur Last falle.

Es bedarf keiner Erörterung der Revisionsangriffe. Das angefochtene Urteil ist schon deshalb aufrechtzuerhalten, weil die Beklagte das verspätete Eintreffen des Einschreibebriefes, in welchem der Kläger das Verlangen auf Rücknahme und Auszahlung der Stammeinlage ausgesprochen hatte, nicht zu ihren Gunsten geltend machen kann. Der Kläger hat unstreitig die im Vertrage vom 25. Juni 1914 vorgesehene Willenserklärung am 30. März 1915 durch eingeschriebenen Brief an die letzte Adresse des Leo C. befördert. Wohnung und Geschäftsräume befanden sich im selben Hause. Der Kläger konnte sonach damit rechnen, daß ein für den Empfänger bestimmter Brief unter allen Umständen hier bestellt werden würde. Darauf, daß dieser zu jener Zeit auf Reisen war, kann es nicht ankommen. Ein Kaufmann, der noch dazu Geschäftsführer einer Gesellschaft m. b. H. ist, trifft in solchen Fällen dafür Sorge, daß an seine Geschäftsadresse gerichtete Briefe ihn oder einen Vertreter erreichen (vgl. Brodmann in Ehrenbergs Handbuch Bd. 4, Abt. II, S. 20). Jedenfalls liegt dem Geschäftsmanne die Pflicht, sich in genannter Hinsicht vorzusehen, dann ob, wenn er Verträge abgeschlossen hat, welche ihn in die Lage bringen, bis zu einem festgesetzten Termin entscheidende Erklärungen des anderen Teiles zu erwarten. Hat derjenige, welchem der Vertrag eine befristete Rechtsausübung einräumt, alles getan, was in seinen Kräften stand, um unter Anpassung an die gegebenen Einrichtungen seine Erklärung dem anderen Vertragsteile rechtzeitig zugehen zu lassen, und ist der Mißerfolg, d. h. das verspätete Eintreffen dieser Erklärung, lediglich auf Umstände zurückzuführen, welche in der Person des Empfängers lagen, so muß die Erklärung als rechtzeitig zugegangen erachtet werden (vgl. auch RGZ. Bd. 58 S. 406).

So aber liegt die Sache nach den oben wiedergegebenen Feststellungen des Berufungsgerichts hier. Der Kläger hatte seine Erklärung rechtzeitig durch eingeschriebenen Brief an die letzte Adresse des Leo C.

abgesandt. Die Postbestellung hat dort nicht bewirkt werden können, weil der Empfänger vorher Wohn- und Geschäftsräume aufgegeben hatte, ohne den Absender zu benachrichtigen oder Sorge dafür zu tragen, daß Postsendungen ihn oder einen Vertreter in gewöhnlichem Verlauf erreichten. Erst einige Tage nach Ablauf der Erklärungsfrist hat er Schritte getan, um sich in den Besitz des die Erklärung enthaltenden Briefes zu setzen. Unter diesen Umständen muß dieser als ihm rechtzeitig zugegangen erachtet werden."

---

105. Von welchem Zeitpunkt ab und in welcher Höhe kann ein Beamter, der im Reichsdienst einen Betriebsunfall erlitten hat und darauf in den preußischen Staatsdienst zurückgetreten ist, Ersatz der Kosten des Heilungsverfahrens beanspruchen?

Unfallfürsorgegesetz für Beamte und für Personen des Soldatenstandes vom 15. März 1886/18. Juni 1901 §§ 1, 6, 9; Reichsbeamtengesetz vom 18. Mai 1907 § 57 Abs. 1 Nr. 2.

III. Zivilsenat. Urt. v. 13. Mai 1919 i. S. R. (Kl.) w. Deutsch-Südwestafrika (Bekl.). Rep. III. 310/18.

I. Landgericht I Berlin.
II. Kammergericht daselbst.

Im Dezember 1905 wurde der als Polizeikommissar im preußischen Staatsdienste stehende Kläger zur Verwendung im Kolonialdienste bis zum 31. März 1909 unter Wahrung seines Dienstalters beurlaubt und dem Gouvernement von Deutsch-Südwestafrika zur kommissarischen und widerruflichen Verwendung überwiesen. Am 23. Januar 1907 zog er sich eine Quetschung des rechten Fußes zu, als er als kommissarischer Distriktschef von Swakopmund den Anordnungen des Gouverneurs entsprechend zur Einwanderungsüberwachung einen auf der dortigen Reede liegenden Dampfer besteigen wollte. Mit Rücksicht auf seinen Gesundheitszustand wurde er im Mai 1907 nach Deutschland beurlaubt. Sechs Monate, bis zum 13. Dezember 1907, wurde ihm das volle Auslandsdiensteinkommen von 6900 *M* belassen; von da ab erhielt er nur Bezüge in Höhe seines pensionsfähigen Gehalts von 3300 *M*. Nach Beendigung des ihm von der preußischen Regierung bis zum 31. März 1909 erteilten Urlaubs wurde er am 1. April 1909 in den preußischen Staatsdienst zurückübernommen und der Polizeiverwaltung in Essen als Polizeikommissar überwiesen. Er bezog nun wieder sein Gehalt als Polizeikommissar wie vor der Übernahme in den Kolonialdienst. Zum 1. April 1912 wurde er, ohne vorher wieder Dienst getan zu haben, mit einem Ruhegehalte von 2004 ℳ und einer widerruflichen Erhöhung von 900 ℳ in den Ruhestand versetzt.

Mit der Behauptung, daß der Unfall vom 23. Januar 1907 auf ein Verschulden des Gouverneurs von Deutsch-Südwestafrika zurückzuführen sei und erhebliche Störungen seiner Gesundheit zur Folge gehabt habe, beansprucht der Kläger mit der am 10. Juli 1908 erhobenen Klage Ersatz des ihm durch den Unfall erwachsenen Schadens, vor allem der Kosten der Rückreise nach Deutschland, des Kuraufenthalts in Hofheim und Wiesbaden und der sonstigen Kur- und Arzneikosten. In einem zweiten Rechtsstreite hat er Erhöhung des Ruhegehalts gefordert und eine Unfallpension auf Grund des Reichs-Beamtenunfallfürsorgegesetzes vom 18. Juni 1901 rechtskräftig zuerkannt erhalten (vgl. RGZ. Bd. 86 S. 6, Bd. 87 S. 352).

In dem vorliegenden Rechtsstreit erklärte das Landgericht einen Teil der erhobenen Ansprüche, unter Abweisung der übrigen, dem Grunde nach für gerechtfertigt. Auf die Berufung des Beklagten wies das Kammergericht durch Teilurteil den Kläger auch mit jenen Ansprüchen ab mit Ausnahme eines Teilanspruchs, über den es die Entscheidung noch vorbehielt. Die Revision des Klägers wurde zum Teil für begründet erachtet.

Aus den Gründen:

„... Die Klage kann nur auf § 1 Abs. 6 BUFG. gegründet werden, nach welchem dem verletzten Beamten „nach dem Wegfalle des Diensteinkommens" „die noch erwachsenden Kosten des Heilverfahrens" zu ersetzen sind. ...

Das Berufungsgericht hat angenommen, daß dem Kläger ein Anspruch auf Ersatz der Kosten des Heilverfahrens erst vom 1. April 1912 ab, vom Tage seines Ausscheidens aus dem preußischen Staatsdienste, zustehe. Demgegenüber macht die Revision mit Recht geltend, daß nicht dieser Zeitpunkt, sondern der Austritt des Klägers aus dem Dienste des Schutzgebiets, der 1. April 1909, maßgebend sei. Unter dem Diensteinkommen, dessen Wegfall nach § 1 Abs. 6 BUFG. die Voraussetzung für den Ersatz der Heilungskosten bildet, kann unmöglich etwas anderes verstanden werden als unter dem Diensteinkommen im Sinne des Abs 1 desselben § 1, von dem die Unfallpension des verletzten Beamten berechnet wird, und das ist in dem vorliegenden Falle das Diensteinkommen des Klägers als Kolonialbeamter, nicht sein Gehalt als preußischer Polizeikommissar. Hierfür spricht ferner auch die Vorschrift des § 6, nach der der Bezug der Unfallpension „mit dem Wegfalle des Diensteinkommens" beginnt. Daß hiermit nur derselbe Zeitpunkt wie im § 1 Abs. 6 gemeint ist, kann schon nach dem Wortlaute keinem Zweifel unterliegen. Es wird aber auch durch die Entstehungsgeschichte des Gesetzes bestätigt. Der Abs. 6 des § 1 ist von dem Reichstag in den Entwurf des Gesetzes vom 15. März 1886 eingeschaltet worden. In der Sitzung vom 4. Februar 1886 (Stenogr. Ber. S. 876) wurde nun die Beschränkung des Anspruchs auf die Heilungskosten auf die Zeit nach dem Wegfalle des Diensteinkommens von dem Antragsteller damit begründet, solange ein Beamter sein volles Diensteinkommen erhalte, liege kein Grund vor, weiter für ihn zu sorgen, wenn er infolge eines Unfalls erkrankt sei; deshalb werde mit dem Antrage nicht beabsichtigt, dem Beamten neben dem Diensteinkommen den Ersatz der Kosten des Heilungsverfahrens zu geben, sondern gerade so wie er die übrigen Wohltaten des Gesetzes erst dann genießen solle, wenn er aus dem Dienste austrete, solle das auch in Bezug auf die Kosten des Heilverfahrens gelten. Deshalb beantragte der Antragsteller außer der Abänderung des § 1, den Eingang des (dem jetzigen § 6 entsprechenden) § 4 des Entwurfs: „Der Bezug der Pension beginnt mit dem Wegfalle des Diensteinkommens" dahin zu fassen: „Die in § 1 gedachten Bezüge beginnen mit dem Wegfalle des Diensteinkommens." Bei der dritten Beratung des Gesetzentwurfs im Reichstage wurde dann auf Antrag desselben Abgeordneten, der die Abänderung ausdrücklich nur als eine redaktionelle bezeichnete, die zeitliche Beschränkung des Heilungskostenanspruchs in den Abs. 6 des § 1 statt in den § 4 eingerückt (Sitzung vom 15. Februar 1886, Stenogr. Ber. S. 1087 und Drucksache Nr. 144). Unter dem Diensteinkommen in § 6 kann nun aber ebenfalls nur dasjenige verstanden werden, welches der durch den Unfall verletzte Beamte als Reichsbeamter (§ 1 Abs. 1) bezogen hat. Bezieht er nach seinem Ausscheiden aus dem Reichsdienst, in dem er den Unfall erlitten hat, ein Diensteinkommen im Staatsdienste, so schiebt dieser Umstand nicht etwa den Beginn des Bezugs der Unfallpension hinaus, sondern hat gemäß dem nach § 9 BUFG. anwendbaren § 57 RBG das Ruhen dieser Pension insoweit zur Folge, als der Betrag dieses neuen Diensteinkommens unter Hinzurechnung der Unfallpension den Betrag des von dem Beamten vor seinem Ausscheiden aus dem Reichsdienste bezogenen Diensteinkommens übersteigt. Nicht anders verhält es sich mit dem Anspruch auf Erstattung der Heilungskosten. Der § 9 des Gesetzes erklärt „die für die Beteiligten geltenden Bestimmungen über die Pension", also auch den § 57 RBG., nicht nur auf die Unfallpension, sondern allgemein „auf die nach den §§ 1 bis 3 zu gewährenden Bezüge", also auch auf den Anspruch auf Ersatz der Kosten des Heilungsverfahrens, für anwendbar. Damit auch diese von den Vorschriften des jetzigen § 9 mitgetroffen würden, wurde bei der zweiten Beratung des Gesetzentwurfs in der Reichstagssitzung vom 4. Februar 1886 die Fassung des § 7 des Entwurfs geändert (Stenogr. Ber. S. 887).

Die Anwendung dieser Vorschriften auf Schutzgebietsbeamte ergibt sich aus den Kaiserlichen Verordnungen vom 9. August 1896 Art. I und vom 23. Mai 1901 Art. I. Ihrer Anwendung auf den vorliegenden Fall steht auch der vom Berufungsgerichte hervorgehobene Umstand nicht entgegen, daß der Kläger bei seinem Eintritt in den Kolonialdienst preußischer Beamter war, als solcher nur zur Verwendung in diesem Dienste beurlaubt wurde und mit dem Ablaufe des Urlaubs ohne weiteres in den preußischen Staatsdienst zurücktrat. Daß die Vorschrift des § 57 Abs. 1 Nr. 2 RBG. auch auf solche Beamte Anwendung findet, die vor ihrem Eintritt in den Reichsdienst Staatsbeamte waren und das Staatsdienstverhältnis nach dem Ausscheiden aus dem Reichsdienste fortsetzen, ergibt sich aus den Ausführungen des in RGZ. Bd. 92 S. 395 veröffentlichten Urteils des erkennenden Senats zu der entsprechenden Vorschrift des § 36 Abs. 1 Nr. 3 des Mannschaftsversorgungsgesetzes, und für den hier gegebenen Sonderfall ist eine Ausnahmebestimmung nicht getroffen. Nach Art. III der Kaiserlichen Verordnung vom 23. Mai 1901 geht allerdings ein Kolonialbeamter, der dauernd oder vorübergehend nicht mehr zum Tropendienste, wohl aber zum Dienst in der Heimat fähig ist, der im Dienste des Schutzgebiets erworbenen Ansprüche auf Gehalt, Pension, Wartegeld und Hinterbliebenenversorgung verlustig, wenn er das Anerbieten ablehnt, ihn unter Wahrung seines früheren Ranges und Dienstalters in den Staatsdienst, aus dem er in den Dienst des Schutzgebiets übernommen ist, wieder aufzunehmen. Daraus ist aber nicht, wie der Beklagte meint, zu folgern, daß der Schutzgebiets- und der Staatsdienst im Sinne der hier in Betracht kommenden Vorschriften als ein einheitlicher anzusehen, das Diensteinkommen in dem letzteren dem in jenem im Sinne des § 1 Abs. 6 BUFG. gleichzustellen sei. Die genannten Kaiserlichen Verordnungen enthalten endlich auch keine dem § 29 Abs. 2 des Kolonialbeamtengesetzes vom 8. Juni 1910 entsprechende Bestimmung, daß mit der Aufnahme des Schutzgebietsbeamten in den heimischen Staatsdienst alle bis dahin nicht fällig gewordenen Ansprüche aus dem bisherigen Dienstverhältnis erlöschen, soweit nicht ein anderes bestimmt ist. Dieses Erlöschen versteht sich nicht etwa, wie in der Begründung zu dem Entwurfe des Kolonialbeamtengesetzes (Drucksache Nr. 387 der RT.-Verh. 1909/1910, S. 35 zu § 28) anscheinend angenommen ist, von selbst. Es würde zu großen Härten führen, was auch bei der Abfassung des Kolonialbeamtengesetzes anerkannt ist und zu verschiedenen Ausnahmevorschriften (§ 29 Abs. 1 Satz 3, §§ 30, 31, 35) Anlaß gegeben hat, und kann schon deshalb ohne besondere Bestimmung nicht als gewollt angesehen werden. Es steht aber auch im Widerspruche mit der ausdrücklichen Vorschrift des Art. I Nr. 4 der Verordnung vom 23. Mai 1901, nach der auf eine durch den früheren Schutzgebietsbeamten im Staatsdienste neu erdiente Pension die Vorschrift des § 58 Abs. 2 RBG. Anwendung findet.

Demnach steht dem Kläger der Anspruch auf Ersatz der Kosten des Heilungsverfahrens nicht nur insoweit zu, als diese nach dem 1. April 1912 erwachsen sind, sondern auch für die Zeit vom 1. April 1909 bis zum 31. März 1912, aber nur mit der aus § 57 Abs. 1 Nr. 2 RBG. sich ergebenden Einschränkung. Nach dieser Bestimmung fällt jedoch der Anspruch auf die Heilungskosten nicht etwa stets dann fort, wenn das neue Diensteinkommen in dem Staatsdienst unter Hinzurechnung der Unfallpension den Betrag des früheren Diensteinkommens im Kolonialdienst erreicht oder übersteigt. Da vielmehr nach § 1 BUFG. Unfallpension und Heilungskosten zusammen unter Umständen den Betrag des bisherigen Diensteinkommens des verletzten Beamten überschreiten können und dieser durch den Eintritt in den Staatsdienst keine Schmälerung jener Bezüge erleiden darf, muß die entsprechende Anwendung des § 57 Abs. 1 Nr. 2 zu dem Ergebnis führen, daß der in den Staatsdienst eingetretene frühere Reichsbeamte seinen Anspruch auf die Unfallbezüge (Unfallpension und Heilungskosten) nur insoweit verliert, als sein neues Diensteinkommen sowohl das frühere als auch die Unfallbezüge, die ihm an sich zukommen, übersteigt. Es bedarf daher im Einzelfalle der Feststellung der Höhe der Heilungskosten, auf die der Beamte nach § 1 Abs. 6 BUFG. Anspruch erheben kann. Da das Berufungsgericht bisher weder die dem Kläger zukommenden Heilungskosten noch auch den Betrag seines Diensteinkommens als preußischer Polizeikommissar in der Zeit vom 1. April 1909 bis dahin 1912 und der ihm etwa in dieser Zeit gewährten Unfallbezüge festgestellt hat, ist die Sache unter Aufhebung des Urteils, soweit dieses den Kläger mit seinen Ansprüchen für diese 3 Jahre abweist, an das Berufungsgericht zurückzuverweisen." ...

---

106. 1. Sind Zahnärzte, soweit es sich um die von ihnen bewirkten Lieferungen künstlicher Zahnersatzstücke handelt, als Gewerbetreibende im Sinne des § 76 RStempG. in der Fassung vom 26. Juni 1916 anzusehen?

2. Unterliegen die Einnahmen der Zahnärzte für solche Lieferungen dem Warenumsatzstempel der Tarifnr. 10 des genannten Gesetzes?

VII. Zivilsenat. Urt. v. 11. April 1919 i. S. preuß. Staat (Bekl.) w. P. (Kl.). Rep. VII. 68/19.

I. Landgericht Magdeburg.
II. Oberlandesgericht Naumburg a. S.

Der Beklagte hat vom Kläger wegen seiner Einnahmen für künstliche Zahnersatzstücke für die Zeit vom 1. Oktober bis Ende Dezember 1916 einen Warenumsatzstempel von 8,70 ℳ eingezogen. Mit der Klage wird die Rückzahlung der Abgabe verlangt. Das Landgericht wies die Klage ab. Das Oberlandesgericht erkannte dem Klagantrag entsprechend. Auf die Revision des Beklagten wurde das Berufungsurteil aufgehoben und die Entscheidung des Landgerichts wiederhergestellt aus folgenden

Gründen:

„Den Gegenstand des der Steuerforderung des Beklagten zugrunde liegenden Warenumsatzstempels der Tarifnr. 10 RStempG., Fassung vom 26. Juni 1916, bilden die für Warenlieferungen der Gewerbetreibenden als Gegenleistung erlangten Zahlungen. Die Parteien streiten in erster Reihe darüber, ob der Kläger im Streitfalle die an Zahnleidende abgegebenen künstlichen Zahnersatzstücke (Zahngebisse, Einzelzähne u. dgl.) im Betrieb eines Gewerbes im Sinne des § 76 das. geliefert hat. Die Gewerbeordnung bezeichnet die Zahnärzte als Gewerbetreibende (§ 29 Abs. 1, 3, 5 und § 147 Abs. 1 Nr. 3; vgl. RGZ. Bd. 66 S. 139, 143), bestimmt aber in § 6 allgemein, also auch für Zahnärzte, daß die Gewerbeordnung „auf die Ausübung der Heilkunde" keine Anwendung findet. Die Unanwendbarkeit dieses Gesetzes, das im wesentlichen gewerbepolizeiliche Zwecke verfolgt, schließt aber nicht die Anwendung der Steuervorschriften des Reichsstempelgesetzes aus. Diesem liegt, soweit es sich um den Warenumsatzstempel handelt, ein selbständig bestimmter Begriff des Gewerbebetriebs zugrunde. Er beschränkt sich nicht auf die Erweiterung des Kreises der der Gewerbeordnung unterworfenen Wirtschaftszweige (§ 76 Abs. 2 S. 1 RStempG.), sondern ändert auch, wie die Entstehungsgeschichte der Tarifnr. 10 und der § 76 Abs. 2 S. 3 RStempG. ergeben, den Begriff des Gewerbebetriebs gegenüber der Gewerbeordnung und abweichend von dem auch sonst üblichen Sprachgebrauche dahin ab, daß zur Annahme eines Gewerbebetriebs im Sinne des § 76 „eine auf Erzielung von Einnahmen aus Warenumsätzen gerichtete geschäftliche Tätigkeit" ausreicht, auch wenn diese Tätigkeit nicht auf Erzielung von Gewinn abgestellt ist. Des Näheren ist dies in dem Urteile des erkennenden Senats vom 10. November 1918 (RGZ. Bd. 94 S. 209) dargelegt. Die vorstehende Begriffsbestimmung des Gewerbebetriebs im Sinne der Tarifnr. 10 trifft auf die Berufstätigkeit der Ärzte, insbesondere auch der Zahnärzte, zu. Wenn in anderen, nicht das Steuerrecht betreffenden Urteilen des Reichsgerichts davon ausgegangen wird, Ärzte und Zahnärzte seien nicht als Gewerbetreibende im gewöhnlichen Sinne des Wortes und im Sinne der Gewerbeordnung anzusehen, weil diese Personen ihren Beruf nicht als reine Erwerbstätigkeit, sondern auch zur Förderung des allgemeinen Wohles zu betreiben und öffentlichrechtliche Pflichten zu wahren haben, so entfällt dieser Grund für die Entscheidung der vorliegenden Steuerfrage schon deshalb, weil hier von dem Erfordernis einer Erwerbsabsicht gänzlich abgesehen wird. Der Umstand, daß der Arzt seinen Beruf auch im öffentlichen Interesse und auf Grund vorhergegangener wissenschaftlicher Ausbildung ausübt, begründet an sich ebensowenig eine Freiheit von der Abgabenpflicht als bei dem zur Versteuerung seines Diensteinkommens herangezogenen höheren Staatsbeamten.

Ist hiernach an der Anwendbarkeit des § 76 RStempG. nicht zu zweifeln, so bleibt zu erörtern, ob im übrigen die Erfordernisse der Tarifnr. 10 hier gegeben sind. Ob im Streitfalle schon der Zuf. Nr. 2 der Tarifnummer zutrifft, wonach alle entgeltlichen Warenlieferungen der Abgabe unterliegen, bedarf nicht der Erörterung, denn jedenfalls ist die Steuerpflicht aus dem Zuf. Nr. 3 der Tarifnummer begründet. Danach stehen den Warenlieferungen Lieferungen aus Werkverträgen gleich, wenn der Unternehmer das Werk aus seinerseits zu beschaffenden Stoffen herzustellen verpflichtet ist und es sich hierbei nicht bloß um Zutaten oder Nebensachen handelt. Derartige Lieferungen beweglicher Sachen haben die Natur der sogenannten Werklieferungen im Sinne des § 651 BGB. und sie unterliegen im wesentlichen den Vorschriften über den Werkvertrag, wenn die vom Unternehmer herzustellende Sache eine nicht vertretbare ist (Abs. 1 das.). Daß diese Bedingung bei der Herstellung und Lieferung von Zahngebissen sowie zur Schließung von Lücken bestimmten künstlichen Einzelzähnen u. dgl. zutrifft, ist nicht zu bezweifeln. Die Größe, Gestalt und sonstige Beschaffenheit des künstlichen Gebisses, die Größe, Gestalt, Farbe und der Stoff der Einzelzähne sind in jedem Einzelfalle dem vorhandenen Bedürfnis besonders anzupassen. Der Zahnarzt, der die Lieferung (Einpassung und Einsetzung) des Zahnersatzstücks übernimmt, ist verpflichtet, das Werk selbst oder durch einen anderen (Zahntechniker) aus von ihm zu beschaffenden Stoffen herzustellen, dem Besteller die hergestellte Sache zu übergeben und ihm das Eigentum an der Sache zu verschaffen. Er ist verpflichtet, das Werk so herzustellen, daß es die zugesicherten Eigenschaften hat und nicht mit Fehlern behaftet ist, die den Wert oder die Tauglichkeit zu dem vertragsmäßigen Gebrauche aufheben oder mindern, auch etwaige Fehler zu beseitigen (§ 651 Abs. 1 und § 633). Der Abs. 2 des § 651, wonach nicht ein Werklieferungsvertrag, sondern ein reiner Werkvertrag anzunehmen ist, wenn der Unternehmer nur zur Beschaffung von Zutaten und sonstigen Nebensachen sich verpflichtet hat, scheidet hier aus. Zwar ist für die zweckmäßige Herstellung, Einpassung und Einsetzung der Zahnersatzstücke eine besondere Sachkunde und Erfahrung notwendig, das hat aber nicht zur Folge, daß dieser Leistung des Zahnarztes gegenüber die Zahnersatzstücke als bloße Zutaten oder

Nebensachen anzusehen seien. Es handelt sich bei dieser Leistung des Zahnarztes weniger um eine Ausübung der Heilkunde, als um eine gegenüber künftigen Erkrankungen und sonstigen körperlichen Störungen zur Vorbeugung vorgenommene Ersetzung abgegangener, für die Aufrechterhaltung der Gesundheit schwer entbehrlicher Körperteile, die gerade regelmäßig voraussetzt, daß die bei der Einsetzung der künstlichen Ersatzstücke in Anspruch genommenen natürlichen Teile des Mundes frei von Krankheitserscheinungen sind. Die heilende Tätigkeit des Zahnarztes tritt hierbei in ihrer Bedeutung zurück gegenüber der technischen Seite der Leistung, die unter Umständen auch von einem geschickten und erfahrenen Zahntechniker vorgenommen werden kann. Ob die Lieferung von Füllmasse bei Zahnplombierungen (vgl. Nr. IV der Auslegungsgrundsätze des Bundesrats vom 23. Oktober 1916, RGBl. 1916 S. 383) stets als Lieferung bloßer Zutaten anzusehen sei, braucht hier nicht entschieden zu werden, denn das Füllen noch vorhandener natürlicher Zähne kann als Lieferung künstlicher Zahnersatzstücke, um die allein es sich im jetzigen Rechtsstreite handelt, nicht angesehen werden. Die vorstehenden Ausführungen stehen nirgends in Widerspruch mit dem die Anwendung der Tarifnr. 10 Zus. 3 ablehnenden Urteile des erkennenden Senats vom 12. November 1918 (RGZ. Bd. 94 S. 126), bei dem es sich nicht um die Lieferung beweglicher Sachen, sondern um die Ausführung von Bauten aus eigenen Rohstoffen auf fremdem Grund und Boden handelt. War hiernach der Anspruch des Beklagten auf die ihrer Höhe nach unbestrittene Abgabe begründet, so mußte das die Klage abweisende erstinstanzliche Urteil, wie geschehen, wiederhergestellt werden."

---

107. 1. Kann ein Miterbe die Auseinandersetzung ablehnen, weil nach dem Teilungsplan einzelne Nachlaßbestandteile vorläufig ungeteilt bleiben sollen?

2. Inwieweit kann ein Miterbe die Berichtigung der Nachlaßverbindlichkeiten vor der Teilung verlangen?

3. Macht es insoweit einen Unterschied, ob die Auseinandersetzung von einem Miterben oder einem Testamentsvollstrecker betrieben wird?

BGB. §§ 2042 flg., 2046, 2204.

IV. Zivilsenat. Urt. v. 16. April 1919 i. S. R. u. G. (Bekl.) w. R. (Kl.). Rep. IV. 412/18.

I. Landgericht I Berlin.
II. Kammergericht daselbst.

Der am 9. Mai 1914 in Berlin verstorbene Medizinalrat Dr. Ubbo R. hat in seinem am 15. März gl. Js. errichteten Testamente seine zwei Söhne und seine Tochter, die Klägerin, als Erben eingesetzt und die Tochter zur Testamentsvollstreckerin ernannt. Der Sohn Friedrich R. ist nach dem Vater gestorben und von seiner Witwe und seinen Kindern, den Beklagten, beerbt worden. Zum Nachlasse des Medizinalrats R. gehören unter anderen zwei in Berlin gelegene Hausgrundstücke, Neue Friedrichstr. 48 und Straußbergerstr. 4, bezüglich deren im Testamente bestimmt ist, daß das erstere den beiden Söhnen gemeinschaftlich, das letztere der Tochter erblich zufallen solle. Die Wohnungseinrichtung ist der Tochter zugewiesen, das vorhandene Kapitalvermögen soll gleichheitlich unter die Erben geteilt werden. Zum Nachlasse gehört auch noch Grundbesitz in Ostfriesland, bezüglich dessen im Testamente keine Bestimmung getroffen ist. Die erwähnten Hausgrundstücke sind mit Hypotheken belastet und zwar Neue Friedrichstr. 48 mit 825000 *M*, Straußbergerstr. 4 in nicht angegebener Höhe.

Die Klägerin trägt vor, die ihr als Testamentsvollstreckerin obliegende Auseinandersetzung des Nachlasses erfordere die Auflassung der bezeichneten Grundstücke an diejenigen Erben, denen sie nach dem Testamente zufallen sollten; das Grundstück Straußbergerstr. 4 habe sie an sich selbst aufgelassen, bezüglich des Grundstücks Neue Friedrichstr. 48 aber weigerten sich die nach dem Testamente damit Bedachten, die Auflassung entgegenzunehmen; auch die Verwaltung des letztgenannten Grundstücks wolle sie nicht weiterhin behalten; das Kapitalvermögen sei geteilt. Sie hat gegen ihren Bruder Richard und gegen die Erben ihres Bruders Friedrich Klage erhoben mit dem Antrage, sie zu verurteilen, die Auflassung des Grundstücks Neue Friedrichstr. 48 entgegenzunehmen und die Verwaltung des Grundstücks zu übernehmen; die Klage gegen Richard R. hat sie noch in erster Instanz für erledigt erklärt, weil er sich zur Entgegennahme der Auflassung bereit erklärt habe.

Das Landgericht hat die Beklagten zur Entgegennahme der Auflassung verurteilt, das Kammergericht hat ihre Berufung zurückgewiesen. Auf die Revision der Beklagten ist das Berufungsurteil aufgehoben worden.

Gründe:

„Die Beklagten verweigern die Entgegennahme der ihnen angesonnenen Auflassung des Grundstücks Neue Friedrichstr. 48 mit doppelter Begründung. In erster Reihe machen sie geltend, es handle sich um eine bloße Teilauseinandersetzung, auf die sie sich von vornherein nicht einzulassen brauchten, denn zum Nachlasse gehörten doch auch die Ländereien in Ostfriesland, bezüglich deren eine Teilung überhaupt noch in keiner Weise auch nur vorgeschlagen sei. Das Berufungsurteil sagt hierzu, es handle sich nicht um eine unzulässige Teilauseinandersetzung, denn eine Auseinandersetzung hinsichtlich jener Ländereien komme deswegen noch nicht in Frage, weil an ihnen der lebenslängliche Nießbrauch einer Verwandten des Erblassers zustehe. Hiergegen besteht kein rechtliches Bedenken. Die Beklagten machen selbst nicht geltend, daß das vorläufige Unterbleiben der Teilung jener Ländereien irgendwie mit ihren Interessen im Widerspruch stehe; im übrigen ist es Sache der tatsächlichen Würdigung im einzelnen Falle, ob trotz der aus besonderen Gründen erfolgenden Zurückstellung der Teilung hinsichtlich einzelner Nachlaßbestandteile eine ordnungsmäßige Auseinandersetzung im Sinne des § 2042 angenommen werden kann oder nicht.

In zweiter Reihe vertreten die Beklagten den Standpunkt, daß dann, wenn mit der Auflassung des in Rede stehenden Grundstücks eine endgültige Auseinandersetzung des Nachlasses beabsichtigt sei, dieser der § 2046 Abs. 1 BGB. entgegenstehe, indem die Nachlaßverbindlichkeiten, nämlich die auf den Grundstücken lastenden Hypothekenschulden, noch nicht berichtigt seien. Das Berufungsgericht meint, dieser Einwand greife hier nicht durch. Es folgert aus dem Testamente des Erblassers und aus der Natur der Sache, daß nach dem Willen des Erblassers die Grundstückslasten, auch soweit der Erblasser persönlicher Schuldner dieser Lasten gewesen sei, nur diejenigen der Erben treffen sollten, denen das belastete Grundstück zufalle; infolgedessen sei die auf dem Grundstücke Neue Friedrichstr. 48 lastende Hypothekenschuld nach § 2046 Abs. 2 als eine solche Nachlaßverbindlichkeit anzusehen, die nur einigen Miterben zur Last falle, und die Beklagten könnten nach der bezeichneten Vorschrift deren Berichtigung nur aus dem verlangen, was ihnen aus der Auseinandersetzung zukomme. Sie seien aber in der Lage, die Berichtigung der auf dem fraglichen Grundstücke ruhenden Verbindlichkeiten selbst vorzunehmen, nachdem ihnen das Grundstück aufgelassen sei; die Auseinandersetzung könne durch die im übrigen auch schwierige und zeitraubende Berichtigung der Hypothekenschulden nicht aufgehalten werden.

Diese Erwägungen können nicht als zutreffend anerkannt werden. Zwar begegnet die Annahme des Berufungsgerichts, daß nach dem Willen des Erblassers die Grundstückslasten nur diejenigen der Erben treffen sollten, denen er die einzelnen Grundstücke zuwies, keinem Bedenken, wohl aber sind die daraus gezogenen rechtlichen Folgerungen zu beanstanden. Die Vorschrift in § 2046 Abs. 2 bietet keine Grundlage für die Anschauung des Berufungsgerichts, daß für die Berichtigung der darin erwähnten Verbindlichkeiten der Abs. 1 außer Wirksamkeit trete; denn Abs. 2 spricht nur von den zur Berichtigung derartiger Verbindlichkeiten zu verwendenden Mitteln, aber nicht davon, wann die Berichtigung zu erfolgen habe, und aus dem Zusammenhalte der drei Absätze des § 2046 ergibt sich deutlich, daß auch in Abs. 2 von einer vor der Teilung des Nachlasses vorzunehmenden Berichtigung der Verbindlichkeiten die Rede ist. Die Erwägung des Berufungsgerichts, daß ja die Beklagten selbst aus dem ihnen aufzulassenden Grundstücke die Verbindlichkeiten berichtigen könnten, läßt außer acht, daß es für die Beklagten einen wesentlichen Unterschied macht, ob in solcher Weise verfahren wird oder ob die Berichtigung durch die dazu berufene Testamentsvollstreckerin vor der Nachlaßteilung geschieht. Ersteren Falles träfe die Beklagten die uneingeschränkte Haftung für die Nachlaßverbindlichkeiten gemäß §§ 2058flg. BGB. und zwar nach doppelter Richtung: sie müßten einerseits nicht nur für die Schulden haften, die auf dem ihnen zufallenden Grundstücke lasten, sondern für alle Nachlaßschulden, also namentlich auch für die Hypothek auf dem Grundstücke Straußbergerstr. 4, und sie würden anderseits nicht nur mit dem ererbten, sondern auch mit ihrem sonstigen Vermögen haften. Gegen diese weitgehende Haftung will das Gesetz die Erben durch die Vorschrift in § 2046 Abs. 1 schützen, und sie kann ihnen nicht gegen ihren Willen von den Miterben durch die Art der Teilung aufgezwungen werden. Das Berufungsurteil ist auf den Gesichtspunkt, daß durch das von der Klägerin eingeschlagene Verfahren die Beklagten mit einer Haftung über ihren Erbteil hinaus belastet würden, überhaupt nicht eingegangen; bezüglich der den Beklagten drohenden Haftung für die Hypothekenschuld auf Straußbergerstr. 4 sagt es, aus den Erklärungen der Klägerin gehe hervor, daß sie die anteilmäßige Mithaftung der Beklagten an den Schulden ihres Grundstücks nicht fordere. Dabei wird jedoch außer acht gelassen, daß es nicht auf den Willen der Klägerin ankommt, daß vielmehr die Mithaftung gegenüber den Gläubigern kraft Gesetzes eintritt (§ 2058). Die Klägerin scheint allerdings den Standpunkt einzunehmen, als ob die Hypotheken so sicher seien, daß eine persönliche Haftung gar nicht in Frage kommen könne; aber die Beklagten hatten sich ausdrücklich gegen eine ihnen aus dieser Richtung drohende Gefahr verwahrt, und eine Feststellung, daß dies grundlos wäre, ist nicht getroffen.

Das Berufungsgericht hat, wie erwähnt, für seine Entscheidung auch den aus dem Testamente zu entnehmenden Willen des Erblassers in Betracht gezogen und zwar in dem Sinne, daß durch ihn die Anwendung des Abs. 2 von § 2046 gerechtfertigt werde; es hätte nahe gelegen, auf die Frage einzugehen, ob nicht der Erblasser eine Teilungsanordnung nach § 2048 BGB. sowohl hinsichtlich der Grundstücke als auch hinsichtlich der darauf ruhenden Lasten zu treffen beabsichtigte, an welche auch die Beklagten gebunden wären. In dieser Instanz kann jedoch die Frage nicht erledigt werden, denn dazu bedürfte es noch einer weiteren Feststellung über den Willen des Erblassers, die von hier aus nicht erfolgen kann. Wenn auch wohl dem Willen des Erblassers nicht die alsbaldige Heimzahlung der Hypotheken, sondern ihr Weiterbestand und ihre Übernahme durch die Erben entsprechen mag, so ist es doch fraglich, ob er den einzelnen Erben hat zumuten wollen, die persönliche Haftung auch für die auf dem Grundstücke der anderen Erben lastenden Hypotheken — wenigstens zeitweilig, vgl. § 416 BGB. — zu übernehmen. Solange aber darüber keine Klarheit besteht, läßt sich nicht sagen, daß das Vorgehen der Klägerin im Einklange, das Verhalten der Beklagten im Widerspruche mit dem Willen des Erblassers stehe. Deshalb mußte die Aufhebung des Berufungsurteils und die Zurückverweisung der Sache in die Vorinstanz erfolgen....

Die Klägerin hatte auch geltend gemacht, daß sie, wenn nicht schon als Miterbin, so doch jedenfalls in ihrer Eigenschaft als Testamentsvollstreckerin das Recht habe, von den Beklagten die Entgegennahme der Auflassung zu verlangen, und das Landgericht hatte dem zugestimmt und seine der Klage stattgebende Entscheidung in dieser Weise begründet. Das Berufungsgericht ist dagegen der Anschauung, daß auch der Testamentsvollstrecker nach § 2204 an die Vorschriften des § 2046 gebunden ist. Hierin ist dem Berufungsgerichte beizutreten. Bedenken nach dieser Richtung sind auch von der Klägerin in der Revisionsinstanz nicht erhoben worden."

---

108. Steht nach erfolgter Abnahme des mangelhaften Werkes dem Besteller ein nicht unter die Verjährungsvorschriften des § 638 BGB. fallender Erfüllungsanspruch zu?

VII. Zivilsenat. Urt. v. 2. Mai 1919 i. S. F. (Bekl.) w. Sch. (Kl.). Rep. VII. 35/19.

I. Landgericht I Berlin.
II. Kammergericht daselbst.

Die Frage ist verneint worden.

Aus den Gründen:

„Die Klägerin fordert mit der Klage von dem Beklagten, der durch Vertrag vom 17. Oktober 1910 den Umbau des der Klägerin gehörigen Pschorrhauses übernommen und ihn auch ausgeführt hat, daß er die von ihm gelieferten Pissoiranlagen durch mangelfreie ersetze....

Die gegen diesen Anspruch seitens des Nebenintervenienten in zulässiger Weise aus § 638 BGB. erhobene Verjährungseinrede hat der Berufungsrichter mit der Erwägung als unbegründet zurückgewiesen, daß mit der Klage nicht die Beseitigung eines Mangels des gelieferten Werkes im Sinne des § 638, sondern Erfüllung des Werkvertrags nach § 633 gefordert werde und deshalb die Verjährungsvorschrift des § 638 überhaupt nicht in Frage komme. Mit Recht greift die Revision diese Auffassung des Berufungsrichters als rechtsirrig an. Hat der Unternehmer das bestellte Werk abgeliefert und ist es seitens des Bestellers tatsächlich abgenommen, wie vorliegend nach dem Vorbringen der Parteien als unstreitig anzunehmen ist, so steht dem Besteller ein Anspruch auf Erfüllung des Vertrags durch Herstellung eines neuen mangelfreien Werkes nicht mehr zu, vielmehr hat er wegen vertragswidriger Beschaffenheit des Werkes — abgesehen von der Einrede des nichterfüllten Vertrags — nur die in den §§ 633 bis 635 vorgesehenen Rechtsbehelfe, wie dies der erkennende Senat bereits in seinem Urteile RGZ. Bd. 57 S. 375 ausgesprochen hat. Begehrt der Besteller Beseitigung einer einen Teil des übertragenen und abgenommenen Gesamtwerkes bildenden Anlage, weil dieser Teil des Werkes der Vertragsabrede nicht entspricht, und verlangt er Ersetzung der mangelhaften Anlage durch eine solche von vertragsmäßiger Beschaffenheit, so fordert er damit allerdings, daß der Unternehmer seiner ihm aus dem Werkvertrag erwachsenen Verpflichtung zur Herstellung eines vertragsmäßigen Werkes nachkommt, aber dieses Verlangen stellt sich nach der vom Gesetze getroffenen Regelung als das im § 633 vorgesehene Verlangen der Beseitigung eines Mangels dar, für das in § 638 die besonderen Verjährungsfristen vorgeschrieben sind. Die von dem Berufungsrichter ausgesprochene Abweisung der Verjährungseinrede ist deshalb mit der von ihm gegebenen Begründung nicht haltbar." ...

---

109. Kann ein Ehegatte von dem wegen Krankheit von ihm getrennt lebenden anderen Ehegatten unter Umständen verlangen, daß er zur Wiedererlangung seiner Gesundheit eine Heilanstalt aufsucht?

BGB. §§ 1353, 1354.

IV. Zivilsenat. Urt. v. 5. Mai 1919 i. S. Ehem. M. (Bekl.) w. Ehefr. M. (Kl.). Rep. IV. 30/19.

I. Landgericht Stendal.
II. Oberlandesgericht Naumburg a. S.

Die Parteien sind Eheleute, leben aber seit Jahren voneinander getrennt. Für ihre Ehe besteht der gesetzliche Güterstand des Bürgerlichen Gesetzbuchs. Mit der jetzt zur Entscheidung stehenden Klage verlangt die Klägerin die Aufhebung der dem Manne zustehenden Verwaltung und Nutznießung ihres eingebrachten Vermögens. Das Landgericht wies die Klage ab, das Oberlandesgericht gab ihr statt. Die Revision des Beklagten hatte Erfolg.

Aus den **Gründen:**

... „Die von der Klägerin geforderte Aufhebung der dem Beklagten zustehenden Verwaltung und Nutznießung sieht das Oberlandesgericht auf Grund des § 1418 Abs. 1 Nr. 2 BGB. als gerechtfertigt an. Es ist der Meinung, daß der Beklagte verpflichtet sei, der Klägerin den Unterhalt durch Entrichtung einer Geldrente zu gewähren, daß er diese Verpflichtung verletzt habe und daß sein Verhalten auch die Besorgnis einer erheblichen Gefährdung des Unterhalts für die Zukunft rechtfertige.

Die Annahme, daß der Beklagte verpflichtet sei, der Klägerin den Unterhalt durch Entrichtung einer Geldrente zu gewähren, begründet das Oberlandesgericht folgendermaßen: Die Klägerin sei psychisch erkrankt, sie leide an Hysterie, und ihr Leiden sei von solcher Art, daß es durch Wiederherstellung der ehelichen Gemeinschaft zweifellos verschlimmert werden würde, da sich bei ihr die Idee einer systematischen schädigenden Behandlung festgesetzt habe, die ihr der Beklagte angedeihen lasse. Sie sei deshalb für befugt zu erachten, die Herstellung der ehelichen Gemeinschaft gemäß § 1353 Abs. 2 Satz 1 BGB. abzulehnen. Sei das aber der Fall, so könne sie ihren Aufenthalt nach eigenem Ermessen wählen. Dabei habe sie nur darauf Rücksicht zu nehmen, daß der Aufenthalt ihrer Genesung förderlich sei und den Lebensverhältnissen der Parteien entspreche. Daß der Aufenthalt der Klägerin in dem Haushalt ihres Bruders, in dem sie jetzt lebe, diesen Vorbedingungen nicht entspreche, habe der Beklagte nicht dargetan. Sein Erbieten, die Klägerin in der Heil- und Pflegeanstalt U. oder in der Anstalt in G. unterzubringen, sei danach unerheblich. Denn da sich die Klägerin von der ehelichen Gemeinschaft fernhalten dürfe, so sei die Frage ihres Aufenthaltsortes keine das gemeinschaftliche eheliche Leben betreffende Angelegenheit, in der dem Beklagten nach § 1354 BGB. die Entscheidung zustehen würde. ...

Der gegen diese Begründung von der Revision erhobene Angriff schlägt durch.

Von der Revision nicht bemängelt ist die Annahme des Oberlandesgerichts, die Klägerin sei psychisch erkrankt und ihr Leiden von solcher Art, daß es durch die Wiederherstellung der ehelichen Gemeinschaft verschlimmert werden würde. Aber aus der Erkrankung der Klägerin und dem Umstande, daß sich in ihr die Idee einer systematischen schädigenden Behandlung festgesetzt hat, die ihr der Beklagte angedeihen lasse, folgt zunächst nur, daß sie nicht verpflichtet ist, die eheliche Lebensgemeinschaft in vollem Umfange wiederherzustellen, daß sie insbesondere berechtigt ist, die Wiederherstellung der häuslichen Gemeinschaft, wie sie früher bestanden hat, abzulehnen. Nicht aber ergibt sich daraus ohne weiteres, daß die Klägerin in jeder Beziehung von der ehelichen Gemeinschaft befreit, daß sie namentlich in der Wahl ihres Aufenthalts vom Beklagten völlig unabhängig wäre und nur darauf Rücksicht zu nehmen hätte, daß der Aufenthalt ihrer Genesung förderlich ist und den Lebensverhältnissen der Parteien entspricht. Das in dem Erbieten des Beklagten, die Klägerin in einer der bezeichneten Anstalten unterzubringen, liegende Verlangen, daß sie sich auf seine Kosten zur Wiedererlangung ihrer Gesundheit in eine Heilanstalt begebe, um nach ihrer Genesung zu ihm zurückzukehren, mag zwar in § 1354 BGB. keine Stütze finden. Es fragt sich aber, ob es nicht nach § 1353 gerechtfertigt ist.

Das Oberlandesgericht geht selbst von § 1353 aus, indem es das entscheidende Gewicht darauf legt, daß die Klägerin die Herstellung der ehelichen Gemeinschaft gemäß § 1353 Abs. 2 Satz 1 ablehnen könne, weil sich das Herstellungsverlangen des Beklagten als Rechtsmißbrauch darstelle. § 1353 spricht von der Verpflichtung zur „ehelichen" Lebensgemeinschaft. Die eheliche Lebensgemeinschaft schließt zwar regelmäßig die Verpflichtung zur häuslichen Gemeinschaft ein, wird aber durch deren Aufhebung nicht notwendig beeinträchtigt. Es ist vielmehr anerkannten Rechtens (vgl. Mot. Bd. 4 S. 124, Prot. Bd. 4 S. 111 und Warneyer 1918 Nr. 210), daß die eheliche Gemeinschaft unter Umständen auch ohne die häusliche Gemeinschaft bestehen kann. Dementsprechend hat das Reichsgericht die Klage auf Herstellung des ehelichen Lebens im Sinne des § 1353 nicht bloß zur Beseitigung eines räumlichen Getrenntlebens, sondern auch in Fällen zugelassen, in denen ein häusliches Zusammenwohnen der Ehegatten gar nicht in Frage kam, es sich vielmehr nur darum handelte, ein dem Wesen der Ehe nach den besonderen Umständen des Falles entsprechendes Verhalten des anderen Teiles herbeizuführen. Das ist insbesondere gerade in Fällen geschehen (vgl. RGZ. Bd. 51 S. 182 und Bd. 59 S. 256), in denen, wie hier, ein Ehegatte von dem wegen Krankheit getrennt lebenden anderen Ehegatten verlangte, daß er zur Wiedererlangung seiner Gesundheit eine Heilanstalt aufsuche und damit das Hindernis, das der Erfüllung seiner Verpflichtung zur vollen ehelichen Lebensgemeinschaft entgegenstand, nach Möglichkeit beseitige. Die Rechtsprechung des Reichsgerichts hat zwar in der Rechtslehre hier und da Widerspruch erfahren, jedoch ist an ihr festzuhalten. Die Verpflichtung eines kranken Ehegatten, zur Ermöglichung voller Wiedervereinigung unter Umständen eine Heilanstalt aufzusuchen, ergibt sich ohne weiteres aus dem sittlichen Wesen der Ehe, das (vgl. Mot. Bd. 4 S. 104 und RGZ. Bd. 87 S. 62), wie im Schuldrechte Treu und Glauben, im Eherechte die Grundlage bildet, von welcher bei der Auslegung des Gesetzes und bei der Beurteilung aller Rechtsverhältnisse der Ehegatten untereinander auszugehen ist. Das

Oberlandesgericht hätte deshalb prüfen müssen, ob es nach Lage der Sache im Sinne des § 1353 einen Rechtsmißbrauch darstellt, wenn der Beklagte nicht wünscht, daß die kranke Klägerin bei ihren Verwandten bleibt, die nach seiner Behauptung ein Interesse daran haben, sie und ihr Vermögen in den Händen zu behalten, sondern von ihr verlangt, daß sie zum Zwecke der Wiedererlangung ihrer Gesundheit eine Heilanstalt aufsuche. Daß sein Erbieten, die Klägerin auf seine Kosten in einer Heilanstalt unterzubringen, etwa nicht ernst zu nehmen wäre, ist nicht festgestellt, ebensowenig, daß der Aufenthalt in einer Heilanstalt zu einer Genesung der Klägerin und damit zur Ermöglichung einer späteren völligen Wiedervereinigung doch nicht führen würde.

Einer Untersuchung der Frage, ob das Verlangen des Beklagten einen Mißbrauch seines Rechtes darstellt (wofür die Klägerin beweispflichtig wäre), hat sich das Oberlandesgericht überhaupt nicht, mindestens aber nicht in einer die Sache tatsächlich und rechtlich erschöpfenden Weise unterzogen. Es übersieht nicht, daß der von ihm vertretenen Auffassung das Urteil des erkennenden Senats vom 10. Juni 1911 (Warneyer 1911 Nr. 381) entgegengehalten werden könnte, das in einem Falle ergangen ist, in dem sich der auf Entrichtung einer Geldrente aus § 1361 BGB. verklagte Ehemann einer an schwerer Nervenzerrüttung leidenden Frau erboten hatte, dieser ein ganzes Stockwerk seines Hauses zur alleinigen Verfügung zu stellen und ihr dabei jede erforderliche ärztliche Behandlung und Krankenpflege zuteil werden zu lassen. Dort hat der Senat ausgesprochen, die Verpflichtung zur ehelichen Lebensgemeinschaft im Sinne des § 1353 bleibe auch dann fortbestehen, wenn eine persönliche Begegnung der Ehegatten bis auf weiteres vermieden werden müsse; selbst dann habe der Mann ein Recht darauf, an der Fürsorge für die Frau, soweit es angeht, unmittelbar teilzunehmen, weil es darauf ankomme, die Hindernisse einer vollen Wiedervereinigung nach Möglichkeit und sobald es sein kann zu beseitigen, dem Manne aber, der die Mittel dafür aufzubringen habe, auch die Gelegenheit geboten sein müsse, soviel wie möglich selbst sich darum zu kümmern und dazu beizutragen. Das Oberlandesgericht meint, diesen Ausführungen sei unbedingt beizupflichten, im vorliegenden Falle gehe es aber wegen der krankhaften Abneigung der Klägerin gegen den Beklagten nicht an, daß er unmittelbar an der Fürsorge für sie teilnehme. Dabei legt es aber dem im angeführten Urteile gebrauchten Ausdruck „unmittelbar" eine Bedeutung bei, die ihm nicht zukommt. Eine persönliche Teilnahme, an die das Oberlandesgericht offenbar denkt, kam auch dort nicht in Frage, und eine krankhafte Abneigung der Frau gegen den Mann bestand dort ebenfalls. Der damals entschiedene Fall hat mit dem jetzt vorliegenden um so mehr Ähnlichkeit, als sich auch hier der Beklagte, wenn die Klägerin eine

Heilanstalt nicht sollte aufsuchen wollen, erboten hat, ihr in seinem zweigeschossigen Gutshaus eine gesonderte Wohnung einzuräumen oder an seinem Wohnort eine Mietwohnung zu beschaffen, ihr alles zu ihrem Unterhalt Erforderliche zur Verfügung zu stellen und auch eine besondere Aufwartung zu halten. Auch dieses Erbieten des Beklagten hat das Oberlandesgericht nicht oder doch nicht ausreichend gewürdigt. Sein Urteil unterliegt deshalb wegen ungenügender Erörterung der entscheidenden Frage, ob dem Beklagten im Sinne des § 1353 ein Mißbrauch seines Rechtes zur Last fällt, der Aufhebung. Die Frage, welchem Ehegatten in den Fällen, in denen der eine verpflichtet erscheint, zur Wiedererlangung seiner Gesundheit eine Heilanstalt aufzusuchen, die Auswahl der Heilanstalt zusteht, ist bis jetzt von keiner Seite angeschnitten. Auch die Antwort auf sie ist auf Grund der besonderen Umstände des gegebenen Falles letzten Endes aus § 1353 Abs. 2 Satz 1 zu gewinnen." ...

---

110. Erfordert die Erlangung eines vollstreckbaren Titels gemäß § 371 Abs. 3 HGB. die Bezifferung der Forderung, deretwegen das Zurückbehaltungsrecht beansprucht wird?

II. Zivilsenat. Urt. v. 6. Mai 1919 i. S. Sch. (Kl.) w. S. (Bekl.) Rep. II. 367/18.

I. Landgericht Hamburg.
II. Oberlandesgericht daselbst.

Der Kläger kaufte von dem Beklagten im Mai 1916 einen Eisenbahnwagen Speisefett zu 2,50 *M* das Pfund. Der Wagen enthielt 6610 kg Fett. Er wurde nach Altona gesandt, wo ihn der Kläger, nachdem eine chemische Untersuchung ergeben hatte, daß die Ware nur 38,4 % Fett, dagegen 52,9 % Wasser und 8,7 % Stärkemehl und Salz enthielt, wegen vertragswidriger Beschaffenheit der Ware dem Beklagten zur Verfügung stellte. Der Kläger hatte dem Beklagten bereits am 19. Mai 1916 1000 *M* und einige Tage später 20000 *M* auf den Kaufpreis bezahlt. Weil der Beklagte ihm zugesichert habe, daß die Ware ca. 50 % Schmalz und ca. 50 % andere edle Bestandteile enthalte, und weil die Ware auch nicht Handelsgut mittlerer Art und Güte sei, erhob der Kläger Klage mit dem Antrag, ihm zu gestatten, sich wegen seiner Forderung auf Rückzahlung der 21000 *M* und auf Ersatz des ihm entgangenen Verdienstes — er will die Ware wenigstens mit 5060 *M* Verdienst weiterverkauft haben — sowie der von ihm gemachten Auslagen aus dem Erlöse der in Altona lagernden Ware zu befriedigen.

Auf Anordnung des Prozeßgerichts im Wege der einstweiligen Verfügung wurde die dem Verderben ausgesetzte Ware öffentlich verkauft und der 19018,85 *M* betragende Erlös bei der Gerichtskasse in Altona hinterlegt. Dem entsprechend geänderten Antrage des Klägers gemäß wurde der Beklagte vom Landgerichte verurteilt, darin zu willigen, daß die hinterlegten 19018,85 *M* nebst aufgelaufenen Zinsen dem Kläger zwecks Befriedigung wegen seiner Forderung auf Rückzahlung der angezahlten 21000 *M* und auf Ersatz des ihm entgangenen Gewinns sowie der von ihm gemachten Auslagen ausgekehrt werden.

Auf die Berufung des Beklagten wurde die Entscheidung von einem dem Kläger auferlegten Eide abhängig gemacht. Für den Fall der Eidesweigerung sollte die Klage abgewiesen werden. Für den Fall der Eidesleistung wurde der Beklagte verurteilt, in die Auskehrung der hinterlegten 19018,85 *M* nebst Zinsen an den Kläger zu willigen und zwar — abweichend von dem landgerichtlichen Urteile — zwecks Befriedigung wegen seiner Schadensersatzforderung von 26256,40 *M*, da dem Kläger nicht nur als Schadensersatz die Rückerstattung der angezahlten 21000 *M*, sondern auch als entgangener Gewinn im ganzen 5256,40 *M* zugebilligt wurden.

Die Revision des Beklagten führte zu einer Änderung der für den Fall der Eidesleistung ausgesprochenen Folge.

Gründe:

„Das Berufungsgericht stellt fest, daß die gelieferte Ware dem Kläger als Kunstspeisefett und zwar unter dem Namen „Specosa" verkauft worden ist, daß sie aber weniger als 40% Fett und mehr als 50% Wasser und eine ziemliche Menge in solche Ware überhaupt nicht gehörigen Stärkemehls enthielt, daß sie daher nach den bestehenden Verkehrsanschauungen nicht als Speisefettt, auch nicht als Kunstspeisefett gelten kann. Das Berufungsgericht erachtet daher den Wandlungsanspruch des Klägers, da er beim Kaufabschluß den Mangel zwar nicht kannte, aber seine Unkenntnis auf grober Fahrlässigkeit beruhte, gemäß §§ 459, 460 Satz 2 BGB. dann für begründet, wenn — was durch Leistung des dem Kläger auferlegten Eides festgestellt werden soll — der Beklagte dem Kläger zugesichert hat, daß die Ware aus etwa 50% Schmalz und etwa 50% anderen edlen Bestandteilen bestehe. Dann soll der Wandlungsanspruch gegeben sein, aber hinter den weitergehenden Schadensersatzanspruch zurücktreten.

Rechtlich ist dazu zu bemerken, daß der Kläger nicht einen Wandlungsanspruch, sondern einen Schadensersatzanspruch wegen Nichterfüllung des Kaufvertrags geltend gemacht hat und zulässigerweise im Rahmen des letzteren außer Ersatz des ihm entgangenen Gewinnes auch Rückerstattung des gezahlten Kaufpreises und Erstattung der in Erwartung der Erfüllung gemachten Aufwendungen begehrt. In diesem Sinne ist bereits in dem landgerichtlichen Urteile festgestellt, daß der Kläger mit der Klagschrift Klage auf Schadensersatz wegen Nichterfüllung erhoben hat. Das trifft nur insofern nicht zu, als nicht auf Leistung von Schadensersatz geklagt ist, sondern gemäß § 371 Abs. 3 HGB. auf Gestattung der Befriedigung aus der vom Kläger zurückbehaltenen Ware wegen seiner Schadensersatzforderung. Nur für diese letztere Klage war die örtliche Zuständigkeit des Landgerichts in Hamburg gemäß § 371 Abs. 4 HGB. begründet, da der Beklagte seinen Wohnsitz nicht in dem Bezirke des Landgerichts hatte.

Ist die durch den Eid festzustellende Zusicherung des Beklagten erfolgt, so ist übrigens auch der geltend gemachte Schadensersatzanspruch gemäß § 463 BGB. ohne weiteres begründet, da die zugesicherte Eigenschaft nach der festgestellten Art des Mangels der Ware zweifellos schon zur Zeit des Kaufes gefehlt hat. . . .

Im Falle der Eidesleistung sind alle Voraussetzungen für die Klage aus § 371 Abs. 4 HGB. gegeben. Es steht dann fest, daß der Kläger gegen den Beklagten eine fällige Forderung auf Schadensersatz wegen Nichterfüllung eines zwischen beiden geschlossenen beiderseitigen Handelsgeschäfts hat und daß für ihn deswegen gemäß § 369 HGB. ein Zurückbehaltungsrecht an den von dem Beklagten ihm abgelieferten Waren begründet wurde. Durch die Versteigerung der im Eigentum des Beklagten verbliebenen Ware ist deren Erlös an ihre Stelle getreten, so daß der Beklagte gegen die Hinterlegungsstelle ein Forderungsrecht auf Auszählung des Erlöses hat, während dem Kläger anstelle seines früheren Zurückbehaltungsrechts an der Ware nunmehr zwecks Sicherung seiner Befriedigung aus dem Erlöse ein Verfügungen des Beklagten über das Forderungsrecht hinderndes Recht zusteht. Kraft des letzteren ist der Kläger berechtigt, seine Befriedigung wegen der Schadensersatzforderung durch Einziehung der Forderung des Beklagten gegen die Hinterlegungsstelle zu verwirklichen (§ 1282 BGB., § 371 Abs. 2 HGB.). Die Verurteilung des Beklagten, dies zu gestatten, begehrt Kläger mit der Klage. Diese Verurteilung ist im Falle der Eidesleistung in der Form gerechtfertigt, wie sie in dem landgerichtlichen Urteil ausgesprochen ist. Mit Recht rügt die Revision, daß das angegriffene Urteil die zu befriedigende Schadensersatzforderung des Klägers über die unstreitig gemachte Bezahlung von 21000 *M* hinaus auf 26256,40 *M* beziffert, indem es in seiner Begründung die Zusprechung von 5256,40 *M* als Ersatz für entgangenen Gewinn für berechtigt erachtet. Abgesehen davon, daß das Berufungsgericht die in der Klage neben anderen Auslagen erwähnten Aufwendungen für Porto und Fracht mit 196,40 *M* nicht als entgangenen Gewinn zusprechen durfte, verkennt es die Natur der Klage, die nicht auf Leistung, Zahlung eines Geldbetrags als Schadensersatz, sondern nur auf Erlangung eines vollstreckbaren Titels zur Verwertung des Zurückbehaltungsrechts zwecks Befriedigung wegen der Schadensersatzforderung des Klägers gerichtet ist. Es bedurfte nicht der Erlangung eines vollstreckbaren Titels für die Schadensersatzforderung selbst, in welchem Falle diese allerdings ziffermäßig zu bestimmen gewesen wäre. Ein solcher Titel war für den Kläger so wenig nötig wie für den Pfandgläubiger, der sich gemäß § 1228 BGB. aus der verpfändeten Sache oder gemäß § 1282 aus der verpfändeten Forderung befriedigen will. Es genügte die Feststellung, daß dem Kläger eine individualisierte Forderung zustand, deretwegen er das Zurückbehaltungsrecht hatte. Eine Bezifferung dieser Forderung war nicht nötig; der Kläger hat sie auch, wie die Revision mit Recht hervorhebt, nicht beantragt, und zwar, wie die Klageschrift ergibt, absichtlich nicht beantragt.

Es ergibt sich, daß die Revision mit der Maßgabe zurückzuweisen ist, daß die Folge der Eidesleistung die Verurteilung des Beklagten in der in dem landgerichtlichen Urteile gewählten Form auszusprechen ist. Auf die Kostenentscheidung hat diese Änderung keinen Einfluß, da sie dem Antrage des Klägers entspricht und der Streitwert nur durch den hinterlegten Erlös bestimmt wird. Daß dem Kläger überhaupt ein Gewinn entgangen ist, steht bei dem billigen Einkaufspreise fest; ob er in der in der Klageschrift erwähnten Höhe gerechtfertigt ist, bedurfte keiner Entscheidung."

111. Fortdauer der Prozeßvollmacht des bisherigen Armenanwalts nach Beiordnung eines anderen.

ZPO. §§ 84, 87.

III. Zivilsenat. Urt. v. 9. Mai 1919 i. S. N. (Kl.) w. G. m. u.-Grube, AG., (Bekl.). Rep. III. 556/18.

I. Landgericht Gleiwitz.
II. Oberlandesgericht Breslau.

Der Kläger war bis zur Schlußverhandlung erster Instanz von dem Rechtsanwalt Dr. B. als Armenanwalt vertreten worden. Auf einen von Rechtsanwalt N. für B. eingereichten Antrag wurde durch einen in der Schlußverhandlung verkündeten Gerichtsbeschluß N. an Stelle des Dr. B. dem Kläger als Armenanwalt beigeordnet. N. verhandelte im Anschluß daran sofort für den Kläger und wurde auch in dem die Klage abweisenden Urteil als Prozeßbevollmächtigter des Klägers bezeichnet. Das Urteil wurde auf Betreiben des Beklagten am 2. November 1916 dem Rechtsanwalte Dr. B. und am 22. Dezember 1916 dem Rechtsanwalte N. zugestellt. Die am 2. Dezember 1916 eingelegte Berufung des Klägers wurde vom Berufungsgericht als unzulässig verworfen, weil zur Zeit der Zustellung vom 2. November 1916 Dr. B. nicht mehr Prozeßbevollmächtigter des Klägers gewesen, die Berufungsfrist daher durch diese Zustellung nicht eröffnet worden und die Einlegung der Berufung nach § 516 Abs. 2 ZPO. wirkungslos gewesen sei. Auf die Revision des Klägers wurde das Berufungsurteil aufgehoben und die Sache an das Berufungsgericht zurückverwiesen.

Gründe:

„Das Berufungsgericht stellt selbst fest, daß Rechtsanwalt Dr. B. bis zur Schlußverhandlung der ersten Instanz Prozeßvollmacht des Klägers gehabt habe und in Verhandlungen wiederholt für ihn aufgetreten sei. Diese Prozeßvollmacht konnte nur auf prozeßordnungsmäßigem Wege aufgehoben werden. Dazu genügte die Beiordnung eines anderen Anwalts ebensowenig, wie etwa der beigeordnete Anwalt schon durch die Beiordnung zum Prozeßbevollmächtigten der armen Partei wird (RGZ. Bd. 89 S. 42). Zur Aufhebung der Prozeßvollmacht bedarf es vielmehr einer Erklärung, die namens der Partei an das Gericht und an den Gegner abgegeben wird. Nach § 87 Abs. 1 ZPO. erlangt dem Gegner gegenüber die Kündigung des Vollmachtsvertrags erst durch die Anzeige des Erlöschens der Vollmacht, in Anwaltsprozessen erst durch die Anzeige der Bestellung eines anderen Anwalts rechtliche Wirksamkeit. Entsprechendes muß für das Verhältnis zum Gericht gelten. Eine ausdrückliche Anzeige dieser Art hat im vorliegenden Falle nicht stattgefunden. Die Anzeige bedarf nun zwar, wie im Anschluß an RGZ. Bd. 38 S. 416 überwiegend angenommen wird, keiner besonderen Form, insbesondere nicht der Zustellung eines Schriftsatzes. Sie kann auch in schlüssigen Handlungen, z. B. durch sachliches Verhandeln eines neuen Anwalts, geschehen (vgl. RGZ. Bd. 89 S. 42, 44). Eine solche stillschweigende Anzeige kann aber nur dann angenommen werden, wenn das Verhalten der Partei zu erkennen gibt, daß sie nicht mehr durch den bisherigen, sondern nur noch durch einen anderen Prozeßbevollmächtigten vertreten sein wolle. Der Ausdruck dieses Willens ist weder in den Vorgängen der Schlußverhandlung noch in dem späteren Verhalten des Klägers zu finden. In der Verhandlung trat im Anschluß an die Verkündung des beiordnenden Beschlusses der dadurch beigeordnete Rechtsanwalt N. für den abwesenden Kläger auf. Er hatte keinen Anlaß, zum Fortbestand der Prozeßvollmacht des Rechtsanwalts Dr. B. Stellung zu nehmen. Sein Auftreten kann daher nur dahin verstanden werden, daß er für den Kläger tätig sein wolle. Ist aber sein Verhalten in diesem beschränkten Sinne zu verstehen, dann kann auch in dem Verhalten des Klägers, der zu diesem Vorgange, soweit er davon überhaupt erfuhr, schwieg, nichts weiter gefunden werden als eine Genehmigung der Prozeßführung des Rechtsanwalts N. Die Vollmacht des Rechtsanwalts Dr. B. war also, als ihm am 2. November 1916 das Urteil zugestellt wurde, noch nicht erloschen. Das Urteil konnte ihm wirksam zugestellt werden. Ob er bis dahin neben N. noch für den Kläger tätig war, ist unerheblich. Ebenso ist im Hinblick auf § 84 ZPO. für die Wirksamkeit der Zustellung vom 2. November 1916 ohne Bedeutung, ob in diesem Zeitpunkt auch N. Prozeßbevollmächtigter des Klägers war. Die innerhalb der gesetzlichen Frist des § 516 Abs. 1 ZPO. eingelegte Berufung war daher zulässig. Es muß demgemäß das Berufungsurteil aufgehoben und die Sache an das Berufungsgericht zurückverwiesen werden."

---

112. 1. Klageberechtigung des Teilhabers einer offenen Handelsgesellschaft zur Abwehrklage auf Unterlassung weiterer gegen die Gesellschaft gerichteter beleidigender Behauptungen.

2. Zulässigkeit der vorbeugenden Unterlassungsklage, wenn die zu untersagende Handlung unter öffentliche Strafe gestellt ist, die Strafverfolgung aber nur im Wege der Privatklage stattfindet?

3. Ist die Abwehrklage auf Unterlassung weiterer ehrverletzender Behauptungen auch dann zulässig, wenn dem Behauptenden der Schutz der Wahrnehmung berechtigter Interessen (§ 193 StGB.) zur Seite steht?[1]

VI. Zivilsenat. Urt. v. 12. Mai 1919 i. S. Dr. L. (Bekl.) w. G. (Kl.). Rep. VI. 374/18.

I. Landgericht I Berlin.
II. Kammergericht daselbst.

Der Kläger ist Mitinhaber eines in Berlin von der offenen Handelsgesellschaft G. & Co. betriebenen Wäschegeschäftes, in dem die Waren durch Provisionsreisende unmittelbar an die privaten Verbraucher abgesetzt werden. Der Beklagte ist Leiter der Zentralstelle zur Bekämpfung der Schwindelfirmen in L.; in dieser Eigenschaft hat er Personen, die wegen der mit den Reisenden der Firma des Klägers abgeschlossenen Verträge auf Kauf von Wäschestücken in Prozesse geraten waren, die Dienste der genannten Zentralstelle angeboten und sie aus

[1] Vgl. zu 2.: Bd. 77 S. 217, Bd. 82 S. 59, Bd. 88 S. 180, Bd. 91 S. 265 und 350; zu 3.: Bd. 78 S. 256, Bd. 82 S. 59 und die angezogenen Entscheidungen im 88. und 91. Bde.

ihren Erfahrungen um weiteres Material gebeten. In einem Rechtsstreite Sch. w. H. — die 1916 aufgelöste Firma Berliner Wäscheindustrie vorm. J. Sch. stand mit der Firma des Klägers in engster Verbindung — richtete er an den Prozeßvertreter des Beklagten Rechtsanwalt S. in Berlin am 19. August 1915 ein Schreiben, in welchem er die Firma des Klägers als eines „der zweifelhaftesten Wäscheversandgeschäfte" bezeichnete und aussprach, daß „allem Anscheine nach" die Firma Kenntnis von den Betrügereien ihrer Reisenden habe oder sie gar zu den unreellen Machenschaften anstifte. Der Kläger hat nun gegen den Beklagten Klage erhoben mit dem Antrage, daß er verurteilt werde, die Behauptung zu unterlassen, daß die Inhaber der Firma G. & Co. allem Anscheine nach von Betrügereien ihrer Reisenden Kenntnis hätten und diese sogar zu unreellen Machenschaften anstifteten, und überhaupt Behauptungen aufzustellen, wodurch dem Kläger als Teilhaber der Firma G. & Co. ein unreelles kaufmännisches Verhalten nachgesagt werde.

Das Landgericht wies die Klage ab; das Kammergericht verurteilte abändernd den Beklagten bei Androhung einer Geldstrafe von 1500 *M* für jeden Fall der Zuwiderhandlung zur Unterlassung der aufgestellten Behauptung, im übrigen — hinsichtlich des allgemeinen Antrags auf Unterlassung ähnlicher Behauptungen — wies es die Berufung zurück.

Auf die Revision des Beklagten wurde dieses Urteil aufgehoben aus folgenden

Gründen:

„Die Revision des Beklagten macht zuerst geltend, aus dem Berufungsurteil erhelle nicht, worauf das Gericht seine verurteilende Entscheidung stütze, auf § 823 oder § 824 oder § 826 BGB., ob der eingerichtete und ausgeübte Gewerbebetrieb oder die geschäftliche Ehre oder der Kredit des Klägers als verletzt betrachtet werde. Dieser Revisionsangriff ist unbegründet. Das Berufungsurteil führt im Einklange mit der Rechtsprechung des Reichsgerichts aus, daß von einem widerrechtlichen Eingriff in den Gewerbebetrieb nur bei einem unmittelbaren Angriffe gegen den Bestand des Gewerbebetriebs, dessen tatsächlicher Hinderung oder rechtlicher Verneinung die Rede sein könne, und es spricht ausdrücklich aus, daß es im gegebenen Falle an der unmittelbaren Antastung der Grundlagen des Gewerbebetriebs des Klägers fehle. Ebenso klar und unzweideutig ist die Anwendung des § 826 BGB. abgelehnt; von einem Verstoße des Beklagten gegen die guten Sitten könne, wenn man die sachliche Berechtigung seines in gutem Glauben betätigten Vorgehens ins Auge fasse, ebenfalls keine Rede sein. Die Anwendung des § 824 BGB. ist von dem Berufungsgerichte nicht besonders erörtert worden; indem es aber bemerkt, ein Unterlassungsanspruch könne nur insoweit in Betracht kommen, als der Beklagte sich einer

Beleidigung des Klägers oder seiner Firma schuldig gemacht habe, ist auch dieser rechtliche Gesichtspunkt abgelehnt. Denn wenn auch § 824 BGB. einen ähnlichen Tatbestand behandelt wie § 186 StGB., so ist doch hierbei von einer Beleidigung, einer Verletzung der persönlichen Ehre, nicht die Rede; ob auch Kredit und Fortkommen des Klägers und seiner Firma im Sinne des § 824 BGB. als Gegenstand der Angriffe des Beklagten angesehen werden können, darüber hat sich das Berufungsgericht nicht ausgelassen. Aus allen seinen Ausführungen ist aber so viel klar, daß es seine Verurteilung lediglich auf Grund des § 186 StGB. in Verb. mit § 823 Abs. 2 BGB. ausgesprochen hat.

Die Klagebefugnis des Klägers wird von der Revision zu Unrecht bemängelt. Nach den Tatbeständen der Urteile der Vorinstanzen ist die Firma G. & Co. eine offene Handelsgesellschaft, also keine besondere juristische Persönlichkeit neben den physischen Personen der Gesellschafter. Als Gegenstand beleidigender Angriffe nach §§ 185 bis 187 StGB. können auch nur physische Personen in Betracht kommen, da nur solchen eine persönliche Ehre zu eigen ist. Die Teilhaber einer offenen Handelsgesellschaft sind nicht verschieden von dieser, sie sind nicht ihre Vertreter, sondern sie bilden in ihrer Gemeinschaft die Gesellschaft; in den Angriffen gegen die Gesellschaft werden sie getroffen; in der „Ehre“ der offenen Handelsgesellschaft und deren Firma wird unmittelbar die Ehre der Gesellschafter angegriffen und verletzt.

Ohne Rechtsirrtum erblickt das Berufungsgericht in dem Klaganspruch eine vorbeugende Unterlassungsklage, die auf der Grundlage lediglich gegenständlich rechtswidriger Angriffe gegen die Ehre des Klägers durch den Beklagten in der Vergangenheit die Verhütung ihrer Wiederholung und das Verbot dieser Wiederholung für die Zukunft bezweckt. Es handelt sich um eine Abwehr fernerer Störungen, nicht um die Beseitigung einer gegenwärtigen; die Handlung, die die Grundlage des Unterlassungsanspruches bildet, liegt in der Vergangenheit und hat einen dauernden widerrechtlichen Zustand, dessen Beseitigung in Frage stünde, nicht hinterlassen (vgl. RGZ. Bd. 82 S. 59).

Es kommt nun zunächst in Frage, ob für die erhobene vorbeugende Unterlassungsklage nach Maßgabe der Rechtsprechung des Reichsgerichts ein Rechtsschutzbedürfnis anzuerkennen ist. Die bezeichnete Rechtsprechung hat ein solches im allgemeinen dann verneint, wenn die Handlung, deren Unterlassung gefordert wird, durch ein Strafgesetz unter öffentliche Strafe gestellt ist. Das Berufungsgericht geht davon aus, daß dieser Gesichtspunkt für die Versagung der Unterlassungsklage nicht zutreffe, wenn die Strafverfolgung nur im Wege der Privatklage möglich sei, oder wenigstens nur insoweit zutreffe, als es sich um ganz allgemeine Vorwürfe des Beklagten, nicht um bestimmte tatsächliche Behauptungen handle. Diese Stellungnahme des Berufungsgerichts entspricht jedoch nicht der Rechtsprechung des erkennenden Senats, der zwar in der Entscheidung RGZ. Bd. 77 S. 217 noch dahingestellt ließ, ob das Rechtsschutzbedürfnis für die Unterlassungsklage auch gegenüber der bloßen Privatklage zu verneinen sei, in der Entscheidung RGZ. Bd. 82 S. 59 aber aussprach, daß grundsätzlich ein Unterschied zwischen öffentlicher Strafverfolgung und Privatklage in dieser Frage nicht gemacht werden könne. Es muß, auch wenn die Handlung nur im Wege der Privatklage strafrechtlich verfolgbar ist, im einzelnen Falle ein besonderes Rechtsschutzbedürfnis nachgewiesen werden, sei es, daß im Einzelfalle dem Verletzten die Abwehr ungewöhnlich erschwert sei oder die Privatklage keinen ausreichenden Schutz darstelle. Dabei ist der Senat auch in den späteren Entscheidungen RGZ. Bd. 88 S. 130 und Bd. 91 S. 265 und 350 verblieben. Die Frage, ob besondere Umstände vorliegen, die für den gegebenen Fall neben der Möglichkeit der Strafverfolgung im Wege der Privatklage ein Bedürfnis für eine Zivilklage auf Unterlassung als gegeben erscheinen lassen, hätte daher auch in der vorliegenden Sache der Prüfung bedurft.

Das Berufungsgericht hat nun aber weiter hinsichtlich der vorbeugenden Unterlassungsklage in Anlehnung an die Entscheidung des Reichsgerichts RGZ. Bd. 60 S. 7 ausgesprochen: Jeder auch nur gegenständlich widerrechtliche Eingriff in ein vom Gesetze geschütztes Recht berechtige zu einer Klage auf Unterlassung, wenn weitere Wiederholungen zu befürchten sind. Das Schuldmoment komme bei einer solchen Klage nicht in Betracht, ebensowenig die Wahrnehmung berechtigter Interessen. Die Ausschaltung des Schuldmoments für die Unterlassungsklage ist nach Inhalt und Zweck der vorbeugenden Unterlassungsklage, die der abwehrenden Eigentumsklage nachgebildet ist und nur das Vorliegen eines gegenständlich rechtswidrigen Eingriffes in das geschützte Recht voraussetzt, zutreffend; hinsichtlich der Ausschaltung der Frage der Wahrnehmung berechtigter Interessen bei den Angriffen des Beklagten verkennt indessen das Berufungsgericht die Tragweite der Entscheidung RGZ. Bd. 60 S. 6. Hier wie in den weiteren Entscheidungen bei Warneyer 1914 Nr. 17, 1915 Nr. 20 lag der Tatbestand vor, daß die gegenständliche Unwahrheit der behaupteten Tatsache feststand; das Berufungsgericht hat jedoch den Beweis der Wahrheit der behaupteten Tatsache dem Beklagten aufgebürdet und lediglich diesen Beweis nicht für geführt erachtet. Das ist rechtsirrig. Daß die Wahrnehmung berechtigter Interessen auch für die vorbeugende Unterlassungsklage, wenn diese auf Grund der §§ 185, 186 StGB. in Verb. mit § 823 Abs. 2 BGB. wegen eines widerrechtlichen Angriffes gegen die Ehre des Klägers erhoben wird, nicht an sich gleichgültig sein kann, ergibt sich aus dem Umstande, daß die Wahrnehmung berechtigter Interessen nicht sowohl die Schuldhaftigkeit des Handelnden als die

Widerrechtlichkeit des Handelns ausschließt (vgl. auch RGZ. Bd. 82 S. 59, 63). Demgemäß ist auch in den Entscheidungen Warneyer 1918 Nr. 95 und Urt. vom 25. Oktober 1913 VI 349/13 — hier sowohl für § 193 StGB. wie für § 824 Abs. 2 BGB. — (vgl. dazu Komm. v. RGR. Vorb. 6 IIIb vor § 823) ausgeführt, daß zunächst durch die Wahrnehmung berechtigter Interessen der Äußerung der Charakter der Widerrechtlichkeit genommen werde; aber die Interessen hören auf, berechtigte zu sein, sobald der Betroffene bewiesen hat, daß die Äußerung objektiv unwahr ist. Erbringt der Betroffene den Beweis der Unwahrheit der von dem Beklagten über ihn aufgestellten Behauptungen, so kann er auf Grund dieser Beweisführung jede Wiederholung derselben, auch eine solche, die an sich in den Grenzen der Wahrnehmung berechtigter Interessen gelegen wäre, verbieten lassen. Hiervon ist auch im gegebenen Falle auszugehen. Steht dem Beklagten der Schutz des § 193 StGB. zur Seite, so kann der Kläger von ihm die fernere Unterlassung der Behauptung nur dann verlangen, wenn er seinerseits den Nachweis der Unwahrheit der Behauptung führt, also der Tatsache, daß er und die übrigen Inhaber der Firma G. & Co. von den „Betrügereien", d. i. von den unreellen Machenschaften ihrer Reisenden bei der Aufnahme ihrer Bestellungen, wie sie in dem Urteil erster Instanz dargestellt worden sind, keine Kenntnis gehabt und sie dazu auch nicht in irgendeiner Weise angestiftet haben. Dem Berufungsgericht ist darin zuzustimmen, daß, obwohl die Äußerung des Beklagten in die Form des Verdachts gekleidet ist — mehr als einen solchen Verdacht mochte und konnte der Beklagte redlichen Glaubens nicht aussprechen — damit doch die Behauptung einer Tatsache aufgestellt ist. Dann muß aber nunmehr der Kläger den Beweis der Unwahrheit übernehmen, um dem Beklagten die Berufung auf den § 193 StGB. zu entziehen. Von diesem Gesichtspunkt aus hat aber das Berufungsgericht den Sachverhalt nicht betrachtet; es nimmt nur an, daß der Beklagte den Beweis der Wahrheit zu führen nicht vermocht und es unterlassen habe, bestimmte einzelne Fälle vorzubringen und bestimmte Tatsachen zur Begründung seines Verdachtes zu bezeichnen. Ob diese letztere Begründung zutrifft, kann hier unerörtert bleiben, weil dem Beklagten, sofern ihm die Wahrnehmung berechtigter Interessen zuzubilligen ist, dieser Beweis nicht obliegt. Deshalb sind auch die Prozeßbeschwerden der Revision nicht weiter zu prüfen, die die Nichterhebung der von dem Beklagten noch angetretenen Beweise rügen, aus denen sich ergeben soll, daß die zahlreichen Fälle unreeller Machenschaften der Reisenden und die Jahre hindurch fortlaufend überaus große Anzahl von Prozessen der Firmen J. Sch. und G. & Co. gegen die Besteller nicht wohl die Geschäftsinhaber ohne Kenntnis von den Ausschreitungen der Reisenden lassen konnten.

Ob der Beklagte in Wahrnehmung berechtiger Interessen gehandelt hat, hat das Berufungsgericht nicht geprüft: es war dazu von seinem, allerdings rechtsirrigen, Standpunkt aus auch nicht veranlaßt. Der Beklagte ist Leiter der Zentralstelle zur Bekämpfung der Schwindelfirmen und hat als Geschäftsführer dieser Stelle gehandelt, als er den die Grundlage des gegenwärtigen Prozesses bildenden Brief an den Rechtsanwalt S. als den Prozeßvertreter einer von der Firma J. Sch. beklagten Partei schrieb. Es handelt sich um keine öffentliche Äußerung gegenüber unbeteiligten Dritten, sondern um ein unmittelbar zum Zwecke der Bekämpfung der unreellen Machenschaften in den Reisegeschäften der Wäscheindustrie, zur Sammlung von Überführungsmaterial gegen solche Firmen und zur Unterstützung der von ihnen durch die Reisenden auf unreelle Weise gewonnenen Besteller in ihrer Rechtsverteidigung gegenüber jenen Firmen an den berufenen Vertreter gerichtetes Schreiben. Nach den Grundsätzen, wie sie in der Rechtsprechung mehrfach entwickelt worden sind (vgl. RGZ. Bd. 60 S. 5) wird daher der Schutz des § 193 StGB. dem Beklagten nicht versagt werden können; Form und Umstände der Äußerung aber lassen das Vorhandensein einer Beleidigung nicht erkennen." . . .

---

113. 1. Sorgfaltspflicht des mit einer Geldbeförderung beauftragten Beamten.
2. Welches Recht ist für die Haftung des Beamten gegenüber dem Staate in der Rheinprovinz maßgebend?
3. Wird die Haftung des Beamten gegenüber dem Staate durch ein mitwirkendes Verschulden anderer Beamter, insbesondere solcher, welche als verfassungsmäßig berufene Vertreter des Staates anzusehen sind, beeinflußt?

III. Zivilsenat. Urt. v. 13. Mai 1919 i. S. D. (Kl.) w. preuß. Staat (Bekl.). Rep. III. 545/18.

I. Landgericht Köln.
II. Oberlandesgericht daselbst.

Die Zollkasse des Zollamts I für Stempelsteuer in Köln hatte am 20. August 1917 die Summe von 13000 *M* der dortigen Reichsbankhauptstelle zu übermitteln. Der erste Kassenbeamte beauftragte den seit dem 17. Juli 1917 als Hilfsamtsdiener bei der Kasse beschäftigten früheren Kellner Th. mit der Überbringung des Geldes, und den Kläger, der seit mehr als 10 Jahren als Vollziehungsbeamter im Zolldienste stand, mit dessen Begleitung. Auf dem Wege zur Reichsbank trat der Kläger mit Th. in ein Haus in der Langgasse ein, um dort von einem Zigarrenhändler N. einen Steuerbetrag von 6,68 *M* einzuziehen. Er verhandelte auf dem Flur des Hauses mit der Frau N. und stellte dieser eine Quittung über den Steuerbetrag aus. Während er hiermit beschäftigt war, entfernte sich Th. mit den 13000 *M*. Th. wurde erst nach einiger Zeit ergriffen; das Geld war verloren. Die Zollverwaltung machte den Kläger für den Verlust verantwortlich und erließ einen Defektenbeschluß, daß er den Fehlbetrag von 13000 *M* zu ersetzen habe. Dagegen hat der Kläger Klage erhoben mit dem Antrage, den Defektenbeschluß aufzuheben und festzustellen, daß er nicht verpflichtet sei, dem Beklagten den Schaden zu ersetzen.

Die Klage ist in beiden Rechtszügen abgewiesen worden; auch die Revision wurde zurückgewiesen.

Gründe:

„Nach dem festgestellten Sachverhalte trifft den Kläger zwar nicht der Vorwurf eines groben Verschuldens, wie dies vom Land- und Berufungsgericht angenommen ist, aber doch der eines fahrlässigen Verhaltens überhaupt. Ihm, dem an Stelle des ersten Beamten der Zollkasse die Verantwortung für die sichere Beförderung der Geldsumme gemäß den Dienstvorschriften übertragen war, lag es ob, diesem Geschäfte seine volle Aufmerksamkeit zu widmen. Er hatte dafür einzustehen, daß das Geld weder von Dritten entwendet, noch von dem Träger des Geldes, dem Hilfsamtsdiener Th., veruntreut oder aus Unachtsamkeit verloren würde. Zu seinen Aufgaben gehörte es deshalb auch, den Th. zu überwachen, und zwar ohne Rücksicht darauf, ob dieser in seiner bisherigen, nur einmonatigen, Dienstzeit beim Zollamt einen Anlaß zum Mißtrauen gegeben hatte oder nicht. Er durfte deshalb ohne besondere dringliche Gründe mit der Geldbeförderung keine sonstigen Amtsgeschäfte verbinden, welche seine Aufmerksamkeit von der Überwachung des Th. ablenken konnten. Er handelte fahrlässig, indem er auf dem Wege zur Reichsbank sich darauf einließ, die Einziehung eines kleinen Steuerbetrages vorzunehmen. Mochte er auch vielleicht der hiermit gegebenen Gefahr, die Überwachung des Th. zu vernachlässigen, durch erhöhte Sorgfalt haben begegnen können, so hat er es doch an dieser fehlen lassen. Er hat, wenn auch nur für kurze Zeit, den Th. aus den Augen gelassen und diesem es so ermöglicht, sich mit dem Gelde zu entfernen.

Dieses Verschulden des Klägers ist jedoch nach Lage der Sache nicht als ein grobes, sondern nur als ein geringes anzusehen. Sein Verschulden wird insbesondere zwar nicht beseitigt, aber doch wesentlich gemildert dadurch, daß er annehmen durfte, daß bei der Auswahl des Th. zum Geldüberbringer von der Anstellungsbehörde mit der gebotenen Sorgfalt verfahren sei. Fehlt es somit an den Voraussetzungen für den Erlaß eines Defektenbeschlusses nach § 10 der Verordnung vom 24. Januar 1844, so kann doch seine Klage keinen Erfolg haben, sofern er nach materiellem Rechte auch bei geringem

Verschulden zum Schadensersatz verpflichtet ist. Denn er beschränkt sich nicht auf das Verlangen der Beseitigung des Defektenbeschlusses, sondern er beantragt die Feststellung, daß er überhaupt nicht zum Ersatze des Schadens verpflichtet sei. Es bedarf deshalb im vorliegenden Falle nicht der Stellungnahme zu der Streitfrage, ob in dem Verfahren, das nur die Klage gegen den Defektenbeschluß zum Gegenstande hat, das Gericht über den Einwand zu entscheiden hätte, daß auch mangels der Voraussetzungen des Defektenbeschlusses eine Ersatzpflicht des in Anspruch genommenen Beamten nach allgemeinen Rechtsgrundsätzen bestehe, oder ob es sich darauf zu beschränken hätte, die Voraussetzungen des Defektenbeschlusses sachlich nachzuprüfen. Letztere Meinung wird im Gegensatze zu der in der Rechtsprechung herrschenden Auffassung im Schrifttum, insbesonders von Pieper, Anm. 3 zu § 144 RBG., und von Brand, Beamtenrecht S. 852/853, vertreten.

Eine Ersatzpflicht des Klägers aber besteht auch bei nur geringem Verschulden, mag man die Haftpflicht des Beamten gegenüber dem Staate in der Rheinprovinz nach den — sinngemäß anzuwendenden — Grundsätzen des Bürgerlichen Gesetzbuchs, nach französischem Rechte oder nach den Bestimmungen der §§ 88 flg. ALR. II, 10 beurteilen. Letztere erachtet der erkennende Senat auf Grund der Anschauung, daß im Einheitsstaate das Verhältnis des Staatsbeamten zum Staat, von ganz besonderen Ausnahmefällen und Sonderbestimmungen abgesehen, nur einheitlich geregelt sein kann, und daß eine Verschiedenheit dieses Verhältnisses im Einheitsstaate je nach dem Orte der Anstellung des Beamten, oder gar ein Wechsel dieses Verhältnisses mit dem Wechsel des Amtssitzes für ausgeschlossen angesehen werden muß, in Abweichung von seiner früher in RGZ. Bd. 63 S. 431 ausgesprochenen Auffassung auch in der Rheinprovinz für anwendbar.

Die Haftpflicht des Klägers wird auch nicht dadurch ausgeschlossen, daß diejenigen Beamten, welche den Th. mit der Überbringung des Geldes beauftragten, verabsäumt hatten, über seine Persönlichkeit bei der Polizeibehörde Auskunft einzuholen, und sie so in Unkenntnis darüber geblieben wären, daß Th. bereits wegen Diebstahls vorbestraft war. Unrichtig ist allerdings die Annahme des Berufungsgerichts, daß dieses Verhalten anderer Beamter mit dem eingetretenen Schaden nicht in ursächlichem Zusammenhange stehe. Wer einen vertrauensunwürdigen Menschen zum Kassenboten bestellt, gibt diesem damit eine Gelegenheit zur Veruntreuung und schafft damit eine Bedingung für den durch die tatsächliche Veruntreuung des Geldes seitens dieses Kassenboten eintretenden schädigenden Erfolg, und zwar eine Bedingung, welche nach den Grundsätzen des adäquaten Zusammenhanges als eine beachtliche Ursache angesehen werden muß. Dieser ursächliche Zusammenhang wird auch nicht dadurch beseitigt, daß gleichzeitig Maßnahmen zur Verhütung einer Veruntreuung, wie hier durch die Beiordnung eines Begleiters, getroffen werden. Es liegt auf der Hand, daß durch eine solche Maßregel das Entweichen des Geldträgers bei der Beförderung des Geldes durch belebte Straßen nicht unbedingt verhindert werden kann; im Gedränge auf der Straße, durch schnelles Entfliehen in ein Grundstück mit mehreren Ausgängen, kann dem zur Unterschlagung Entschlossenen die Möglichkeit sich bieten, seine Absicht trotz aller Sorgfalt des Begleiters auszuführen.

Aber das Verschulden anderer Beamter kann den Kläger von seiner Verantwortung nicht befreien, auch dann nicht, wenn es sich dabei um Beamte handelt, welche als verfassungsmäßig berufene Vertreter des Staates nach § 31 BGB. anzusehen sind. Die mit der Kassenverwaltung betrauten Beamten, gleichviel ob sie in leitender Stellung sich befinden oder in mittlerer oder Unterbeamtenstellung stehen, haften dem Staate für die ordnungsmäßige Erledigung der Kassengeschäfte, soweit sie ihnen obliegt, einschließlich der sicheren Aufbewahrung und Beförderung der Gelder. Entsteht ein Verlust öffentlicher Gelder durch das Verschulden verschiedener Beamter, so haften diese dem Staate nebeneinander als Gesamtschuldner; insbesondere gilt dies nach § 90 ALR. II, 10 auch für Vorgesetzte, die durch vorschriftsmäßige Aufmerksamkeit die Amtsvergehung ihrer Untergebenen hätten hindern können. Diese Beamten handeln auch bei der Auswahl und der Beaufsichtigung der ihnen unterstellten Beamten in Erfüllung ihrer Pflicht gegenüber dem Staate, nicht gegenüber den Mitbeamten, die an der sorgfältigen Auswahl der anderen Beamten ein Interesse haben könnten. Die Voraussetzung einer entsprechenden Anwendung des § 254 Abs. 2 Satz 2 in Verb. mit § 278 BGB. würden also, wenn man auch grundsätzlich die entsprechende Anwendung dieser privatrechtlichen Vorschriften auf das Verhältnis zwischen dem Staate und seinen Beamten zulassen wollte, nicht gegeben sein." . . .

---

114. Genügt immer schon der objektive Verstoß gegen ein Verbotsgesetz, um die Rückforderung nach § 817 Satz 2 BGB. auszuschließen?

II. Zivilsenat. Urt. v. 16. Mai 1919 i. S. B. (Bekl.) w. offene Handelsgesellschaft E. R. (Kl.). Rep. II. 20/19.

I. Landgericht Cleve.
II. Oberlandesgericht Düsseldorf.

Am 11. Januar 1917 bot der Beklagte, der im Kreise Cleve wohnt, der in Mühlhausen i. Thür. ansässigen Klägerin eine Partie holländischen Wollgarns an, das Pfund zu 21 ℳ gegen vorherige Bezahlung durch Scheck. Die Klägerin akzeptierte das Angebot am

12. Januar und ließ ihm einen Scheck zugehen, worauf er ihr 375 Pfund Garn übersandte. Sie beantragte darauf bei der Kriegsrohstoffabteilung des Kriegsministeriums in Berlin die Freigabe, wurde aber abschlägig beschieden, da der Beklagte zum Verkaufe nicht berechtigt gewesen sei. Das Garn wurde enteignet, wobei die Klägerin 5,72 ℳ für das Pfund ausgezahlt erhielt. Mit der Klage nimmt sie den Beklagten auf Rückerstattung des gezahlten Mehrbetrags in Höhe von 5745,18 ℳ nebst Zinsen in Anspruch.

Beide Vorinstanzen gaben der Klage statt. Die Revision wurde zurückgewiesen.

Gründe:

„Die Bundesratsverordnung über die Sicherstellung von Kriegsbedarf vom 24. Juni / 25. November 1915 (RGBl. S. 357, 778) bestimmt in § 1 und § 4, daß Gegenstände des Kriegsbedarfs und solche, die bei der Herstellung oder dem Betriebe von Kriegsbedarfsartikeln zur Verwendung gelangen, unbeschadet der Zuständigkeit der Militärbefehlshaber auch durch Anordnung der Kriegsministerien beschlagnahmt werden können. Die Beschlagnahme hat die Wirkung, daß die Vornahme von Veränderungen an den von ihr berührten Gegenständen verboten ist und rechtsgeschäftliche Verfügungen nichtig sind. Auf Grund dieser Verordnung haben die vier Kriegsministerien durch Bekanntmachung vom 31. Dezember 1915 sämtliche Vorräte an Web- und Strickgarn mit Beschlag belegt.

Hiernach hat die Klägerin, als sie den Kaufpreis an den Beklagten zahlte, eine Nichtschuld gezahlt. Der § 6 der Bundesratsverordnung enthält ein Verbot von absoluter Wirkung, das nicht nur, wie die Veräußerungsverbote des § 135 BGB., den Schutz einer bestimmten Person bezweckt; der Vertrag, der gegen das Verbot verstieß, war nach § 134 BGB. nichtig. Überdies ergibt sich die Nichtigkeit aus § 306 das., da es von vornherein unmöglich war, das Eigentum an den beschlagnahmten Sachen zu übertragen (vgl. RGZ. Bd. 92 S. 34).

Den Einwand aus § 814 BGB., daß die Klägerin ihre Nichtverpflichtung gekannt habe, weist das Berufungsgericht mit bedenkenfreier Begründung zurück. Wie es tatsächlich feststellt, hat sie das Garn, das soeben erst aus Holland eingeführt war, noch für frei angesehen und nur gemeint, zu Weiterverfügungen der Zustimmung der Kriegswollbedarfs-Aktiengesellschaft zu bedürfen. Diese Feststellung genügt aber auch, um den aus § 817 Satz 2 entnommenen weiteren Einwand zu widerlegen. Mit Unrecht beruft sich die Revision auf das Urteil RGZ. Bd. 72 S. 46. In dem dortigen Falle, in dem ein Konkurs durch Zwangsvergleich beendet war, hatte der Rückforderungskläger, ein Sohn des Gemeinschuldners, ein Sonderabkommen erfüllt, wodurch ein einzelner Gläubiger begünstigt war. Er hatte dabei zwar die Tatsache der Bevorzugung des Gläubigers vor den übrigen gekannt, nicht aber gewußt, daß er durch die Teilnahme an dem Abkommen gegen § 181 KO. verstieß. Der I. Zivilsenat bestätigte die Abweisung der Klage, weil schon der objektive Verstoß gegen das Verbotsgesetz die Rückforderung ausschließe. Ob dem für den damaligen Fall beigetreten werden dürfte, kann zweifelhaft erscheinen. Es läßt sich manches dafür vorbringen, daß der Ausschluß der Rückforderung, der ersichtlich als Strafe für eine an den Tag gelegte verwerfliche Gesinnung gedacht ist, schlechthin nur bei bewußtem Zuwiderhandeln gegen das Gesetz stattfinden soll. Doch mag das auf sich beruhen. Jedenfalls könnte der Satz, daß schon der objektive Verstoß der Kondiktion entgegenstehe, nur für solche Verbotsgesetze gerechtfertigt werden und hat auch sicherlich nur für solche vom I. Zivilsenat aufgestellt werden sollen, die kraft ihrer inneren Bedeutung und der langen Zeit ihrer Geltung in das Allgemeinbewußtsein des Volkes übergegangen sind, so daß sie regelmäßig als bekannt vorausgesetzt werden dürfen. Derartiges steht im vorliegenden Falle nicht in Frage. Hier handelt es sich um wirtschaftliche Maßnahmen, die auf Grund einer Blankettverordnung des Bundesrats vom Kriegsministerium getroffen und noch dazu in völlig unzulänglicher Weise, durch Polizeiblätter, veröffentlicht waren. Die Kenntnis dieser Bestimmungen ist auch bei Geschäftsleuten, deren Gewerbebetrieb dadurch berührt wird, nicht ohne weiteres vorauszusetzen. Nichts aber spricht dafür, den unwissentlichen Verstoß gegen ein in solchen Bestimmungen enthaltenes Verbot durch Zufügung eines Rechtsnachteils, wie es der Ausschluß des Rückforderungsrechts sein würde, zu bestrafen.

Der Beklagte hatte sodann noch geltend gemacht, daß die Klägerin stillschweigend auf die Rückforderung verzichtet habe. Das Berufungsgericht bemerkt hierzu, die Nichtigkeit des ganzen Geschäfts ziehe auch die Nichtigkeit etwaiger Nebenabreden nach sich. Der Revision mag zugegeben werden, daß diese Begründung die Sache nicht erschöpft. Ein Verzicht auf die Rückforderung würde auch dann wirksam sein, wenn er nicht dem Kaufvertrage, sondern der Zahlung als Nebenabrede beigefügt wäre (vgl. RGZ. Bd. 56 S. 353 flg.). Indes sind schlüssige Umstände für einen Verzicht überhaupt nicht behauptet worden. Unstreitig haben die Parteien die Rechtslage verkannt. Daß ein Handel mit Garn gesetzlich verboten war, haben sie nicht gewußt, sondern nur mit der Möglichkeit gerechnet, daß das Garn durch Verfügung einer Behörde beschlagnahmt werden könnte. Wenn die Klägerin für einen solchen Fall auf die Rückforderung verzichtet hat, so folgt daraus nicht, daß sie das Geld auch unter den Verhältnissen, die tatsächlich bestanden, dem Beklagten hätte zahlen wollen."

115. 1. Welche Behörde ist zur Vertretung des preußischen Staates berufen gegenüber der Ruhegehaltsklage eines Beamten, welcher zunächst in den einstweiligen Ruhestand versetzt worden war und demnächst, nach Verlegung seines Wohnsitzes, mit Pension in den endgültigen Ruhestand getreten ist?

2. Zum Begriff der die Klagefrist in Lauf setzenden Entscheidung im § 23 des preußischen Pensionsgesetzes vom 27. März 1872/30. April 1884.

Preuß. Ges. v. 24. Mai 1861, betr. die Erweiterung des Rechtsweges, § 3.

III. Zivilsenat. Urt. v. 16. Mai 1919 i. S. v. B. (Kl.) w. preuß. Staat (Bekl.). Rep. III. 562/18.

I. Landgericht I Berlin.
II. Kammergericht daselbst.

Dem Kläger wurde, nachdem er als Regierungspräsident in Hannover am 17. März 1903 gemäß § 87 Nr. 2 des Disziplinargesetzes vom 21. Juli 1852 in den einstweiligen Ruhestand versetzt worden war und darauf seinen Wohnsitz in Berlin genommen hatte, durch Beschluß des Staatsministeriums vom 30. April 1915 die nachgesuchte Entlassung aus dem Dienste mit Pension erteilt. Seine Pension wurde durch Erlaß des Finanzministers und des Ministers des Innern von demselben Tage auf 9519 *M* festgesetzt. Am 16. Juli 1917 teilte ihm die Ministerial-Militär- und Baukommission in Berlin mit, daß bei der Festsetzung seines Ruhegehaltes der durchschnittliche Wohnungsgeldzuschuß unrichtig mit nur 690 *M* anstatt mit 1134 *M* angerechnet worden sei, und daß seine Pension deshalb 9852 *M* anstatt der früher festgesetzten Summe betrage. Der Kläger beantragte nunmehr eine anderweite Berechnung seiner Pension unter Zugrundelegung eines Gehaltes von 13000 *M*, wie es den Regierungspräsidenten nach der Besoldungsordnung vom 26. Mai 1909 zustand. Der Finanzminister und der Minister des Innern lehnten durch Schreiben vom 2. November 1917 diesen Antrag ab, und zwar sowohl wegen Ablaufs der Ausschlußfrist des § 23 PensG. als wegen sachlicher Unbegründetheit. Darauf erhob der Kläger Klage mit dem Antrage, den Beklagten zu verurteilen, die ihm zustehende Pension nach einem pensionsfähigen Diensteinkommen von 14134 *M* auf 10602 *M* statt auf 9852 *M* festzusetzen und ihm für die Zeit vom 1. Mai 1915 ab den Fehlbetrag von 750 *M* jährlich nachzuzahlen.

Die Klage wurde in beiden Rechtszügen abgewiesen. Auch die Revision wurde zurückgewiesen aus folgenden

Gründen:

„1. Die Urteile des Land- und Berufungsgerichts bezeichnen die Regierungspräsidenten in Potsdam und Hannover als die gesetzlichen Vertreter des beklagten Staates. Es kann jedoch nur der Regierungspräsident in Hannover als zur Vertretung des Staates im vorliegenden Falle berufen angesehen werden. § 3 des Gesetzes vom 24. Mai 1861, betr. die Erweiterung des Rechtsweges, bestimmt, daß die Klage wegen vermögensrechtlicher Ansprüche der Staatsbeamten aus ihrem Dienstverhältnis gegen die Provinzialbehörde zu richten ist, in deren Amtsbezirk der Beamte zu der Zeit, wo der streitige Anspruch entstanden ist, vermöge seines dienstlichen Wohnsitzes seinen persönlichen Gerichtsstand gehabt hat. Aus dem Wortlaute dieser Bestimmung ist die Frage, wer im vorliegenden Falle zur gesetzlichen Vertretung des Staates berufen sei, nicht zu beantworten, denn der in den einstweiligen Ruhestand versetzte Beamte hat keinen dienstlichen Wohnsitz mehr. Nach dem Zwecke des § 3 aber, der offenbar dahin geht, die Wahrnehmung der staatlichen Rechte derjenigen Behörde zu übertragen, welche im allgemeinen als mit den für die Entscheidung in Betracht kommenden tatsächlichen Verhältnissen am meisten vertraut anzusehen ist, muß hier die Provinzialbehörde des Bezirkes als die zuständige erachtet werden, in dem der Beamte seinen letzten dienstlichen Wohnsitz gehabt hat.

2. Mit Recht hat das Berufungsgericht angenommen, daß die Ausschlußfrist für die Beschreitung des Rechtsweges nach § 23 PensG. durch die Entscheidung der Minister des Innern und der Finanzen vom 30. April 1915 in Lauf gesetzt ist, und daß durch die Mitteilung der Ministerial-Militär- und Baukommission vom 16. Juli 1917 diese Frist nicht von neuem eröffnet ist.

In ständiger Rechtsprechung haben das preußische Obertribunal (Entsch. Bd. 61 S. 40), das Reichsoberhandelsgericht (Bd. 24 S. 114) und das Reichsgericht den Grundsatz festgehalten, daß derjenige Erlaß der zuständigen obersten Landes- oder Reichsbehörde, welcher dem Beamten auf seinen Antrag auf Versetzung in den Ruhestand eröffnet, daß seinem Antrage stattgegeben und die ihm zustehende Pension auf einen bestimmten Betrag festgesetzt werde, die Entscheidung ist, von deren Kundgebung die Frist für die Beschreitung des Rechtsweges beginnt (vgl. RGZ. Bd. 31 S. 130, Bd. 36 S. 74, Bd. 47 S. 46; Jur. Wochenschr. 1911 S. 829 Nr. 53). Von diesem Rechtsgrundsatze, dem auch das Schrifttum, insbesondere in den Erläuterungen zum Reichsbeamtengesetz, allgemein zustimmt, ist der erkennende Senat auch in neuester Zeit niemals abgewichen, insbesondere auch nicht in dem von der Revision angezogenen Urteile RGZ. Bd. 92 S. 116. Der Versuch der Revision, aus dem Wortlaute des § 23 PensG. herzuleiten, daß nur eine solche Entscheidung der Minister des Innern und der Finanzen die Ausschlußfrist in Lauf setze, welche auf eine Beschwerde oder doch auf eine Vorstellung des Beamten, mit der ein weitergehender Anspruch geltend gemacht worden, ergangen sei, welche also die Ablehnung eines geforderten höheren Ruhegehaltes enthalte, ist verfehlt. Gerade der Wortlaut dieser Vorschrift in der Fassung des Gesetzes vom 30. April 1884 ergibt mit völliger Klarheit, daß die Entscheidung des Departementschefs und des Ministers der Finanzen maßgebend ist, ohne Rücksicht darauf, ob sie auf eine Beschwerde oder zur sonstigen Abweisung weitergehender Ansprüche des Beamten ergangen ist, oder schlechthin auf den Antrag des Beamten, ihn in den Ruhestand zu versetzen. Die Entscheidung über die Versetzung in den Ruhestand erfolgt nach der gemäß § 22 Abs. 2 des Gesetzes erfolgten Ordnung bei einer großen Zahl von Beamten nicht unmittelbar durch den Departementschef, sondern durch ihm nachgeordnete Behörden. In § 23 wird nun sowohl diese Entscheidung der nachgeordneten Behörden als die — sei es im Beschwerdewege, sei es unmittelbar ergehende — Entscheidung des Departementschefs und des Finanzministers berücksichtigt und bestimmt, daß die Klage innerhalb sechs Monaten nach Bekanntmachung „dieser" Entscheidung, d. h. dieser letzteren, der des Departementschefs und des Finanzministers, zu erheben ist. Nichts deutet darauf hin, daß diese die Klagefrist in Lauf setzende Entscheidung eine andere wäre als die im § 22 Abs. 1 bezeichnete.

Die Meinung der Revision, daß der Beamte, der die Entscheidung des Departementschefs und des Finanzministers über die Höhe seines Ruhegehalts zunächst widerspruchslos hingenommen hat, noch nach Jahren dagegen vorstellig werden könne mit dem Erfolge, daß erst die daraufhin ergehende Entscheidung die Frist für die Klagerhebung in Lauf setze, widerspricht auch durchaus dem Zwecke der Vorschrift, die Ordnung des Staatshaushalts zu sichern.

Die Mitteilung der Ministerial-Militär- und Baukommission vom 16. Juli 1917 und die Entscheidung der Minister des Innern und der Finanzen vom 2. November 1917 konnten die einmal abgelaufene Frist zur Beschreitung des Rechtsweges nicht von neuem eröffnen, weil sie nur eine dem Kläger günstige Änderung der Ruhegehaltsfestsetzung, zufolge einer anderweiten Berechnung des Wohnungsgeldzuschusses, brachten. Wenn in dem Urteile des erkennenden Senats RGZ. Bd. 62 S. 238 gesagt ist, daß wenn — wie dies auch hier anscheinend der Fall gewesen ist — durch eine Erinnerung der Oberrechnungskammer die Änderung einer das Ruhegehalt festsetzenden Entscheidung veranlaßt wird, der Rechtsweg gegen die die Änderung aussprechende Verfügung von neuem eröffnet werde, so bezieht sich dies selbstverständlich nur auf eine die frühere Pensionsfestsetzung zuungunsten des Beamten ändernde Verfügung. Auch bei der Kommissionsberatung des Abänderungsgesetzes vom 30. April 1884 im Abgeordnetenhause (vgl. Drucks. 1883/1884 Bd. 4 Nr. 140) ist nur der Fall einer Herabminderung des festgesetzten Ruhegehalts aus Veranlassung einer Erinnerung der Oberrechnungskammer als ein solcher bezeichnet, der den Rechtsweg von neuem eröffne. Vgl. auch § 2 des Ges. vom 24. Mai 1861."

Register.

Die Zahlen bedeuten die Seiten.

A. Sachregister.

A

V

B. Gesetzesregister.

1. Reichsgesetze.

a. Bürgerliches Gesetzbuch.

b. Einführungsgesetz zum Bürgerlichen Gesetzbuche.

c. Handelsgesetzbuch von 1897.

d. Einführungsgesetz zum Handelsgesetzbuche.

e. Wechselordnung in der Fassung der Bekanntmachung vom 3. Juni 1908 (RGBl. S. 327).

f. Gerichtsverfassungsgesetz.

g. Zivilprozeßordnung.

2. Landesrecht.

3. Ausländisches Recht.

Österreich.

C. Zusammenstellung der Entscheidungen nach der Zeitfolge.

Zusammenstellung

der

im fünfundneunzigsten Bande, der neuen Folge fünfundvierzigsten Bande,

mitgeteilten Entscheidungen

nach

Oberlandesgerichtsbezirken.

Berichtigungen.

Bd. 94 S. 363 Z. 14/15 v. u. statt „notariellen" lies „materiellen".

FSC
www.fsc.org
MIX
Papier | Fördert
gute Waldnutzung
FSC® C083411

Kolibri 360 GmbH
Ferdinand-Jühlke-Straße 7
99095 Erfurt, Deutschland
produktsicherheit@kolibri360.de